检察学

JIANCHAXUE

主 编 王庆品

中国政法大学出版社

2025·北京

声　　明　　1. 版权所有，侵权必究。

　　　　　　2. 如有缺页、倒装问题，由出版社负责退换。

图书在版编目（CIP）数据

检察学 / 王庆品主编. -- 北京：中国政法大学出版社, 2025. 2. -- ISBN 978-7-5764-1823-1

Ⅰ. D926.3

中国国家版本馆CIP数据核字第2024P51L04号

出 版 者	中国政法大学出版社
地　　址	北京市海淀区西土城路 25 号
邮寄地址	北京 100088 信箱 8034 分箱　邮编 100088
网　　址	http://www.cuplpress.com（网络实名：中国政法大学出版社）
电　　话	010-58908586(编辑部) 58908334(邮购部)
编辑邮箱	zhengfadch@126.com
承　　印	固安华明印业有限公司
开　　本	787mm×1092mm　1/16
印　　张	25
字　　数	600 千字
版　　次	2025 年 2 月第 1 版
印　　次	2025 年 2 月第 1 次印刷
定　　价	120.00 元

《检察学》编委会

主　编　王庆品
编　委　孟庆瑜　陈玉忠　伊士国　付燕江　孟国平　田文利
撰稿人（以参与编写章节先后为序）
　　　　王　勇　梁均智　李红英　谷文硕　李雪平　赵学军　薛晨光
　　　　段志刚　范华瑶　菅子超　郑静雅　王　琳　赵昊宏　田　旭
　　　　贺　玮　金　磊　程恩刚　白　倩　姚合平　高瑞林
统　稿　李雪平　高瑞林　梁均智

《检察学》编委会成员简介

主　编
王庆品：河北省保定市人民检察院党组书记、检察长
编　委
孟庆瑜：河北大学党委副书记、校长，教授，博士研究生导师
陈玉忠：河北大学法学院教授，博士研究生导师
伊士国：河北大学法学院副院长，教授，博士研究生导师
付燕江：河北省保定市人民检察院党组副书记、副检察长
孟国平：河北省保定市人民检察院党组成员、政治部主任
田文利：河北省保定市人民检察院二级高级检察官
撰稿人
王　勇：河北大学法学院副教授，法学博士，参与编写绪论。

梁均智：河北省保定市人民检察院政治部干部处处长，参与编写绪论及第八、十章，参与全书统稿。

李红英：河北大学法学院副教授，法学硕士，参与编写第一章。

谷文硕：河北省涿州市人民检察院综合业务部主任，参与编写第一、二、十一章。

李雪平：河北大学法学院讲师，法学博士，参与编写第二、九、十一章，参与全书统稿。

赵学军：河北大学法学院副教授，法学博士，参与编写第三章。

薛晨光：河北省保定市人民检察院第四检察部主任，参与编写第三章。

段志刚：河北省保定市人民检察院四级高级检察官，参与编写第三章。

范华瑶：河北大学法学院讲师，法学博士，参与编写第四章。

菅子超：河北省保定市冀中地区人民检察院驻保定监狱检察室副主任，参与编写第四、五章。

郑静雅：河北省人民检察院干部，法学硕士，参与编写第五、十章。

王　琳：河北大学法学院副教授，法学博士，参与编写第六章。

赵昊宏：河北省博野县人民检察院党组书记、代检察长，参与编写第六章。

田　旭：河北大学法学院副教授，法学博士，参与编写第七章。

贺　玮：河北省保定市人民检察院第四检察部副主任，参与编写第七章。

金　磊：河北大学法学院讲师，法学博士，参与编写第八章。

程恩刚：河北省保定市人民检察院检务督察部主任，参与编写第九、十二章。

白　倩：河北省保定市人民检察院第八检察部主任，参与编写第十章。

姚合平：河北农业大学人文社会科学学院法律系主任，副教授，法学硕士，参与编写第十二章。

高瑞林：河北省保定市人民检察院办公室主任，参与全书统稿。

序　言

《左传》有云："太上有立德，其次有立功，其次有立言，虽久不废，此之谓不朽。"在漫长的中国历史上，"立言"一般指对当时及后世有积极影响的著书立说，教材之类的书籍、专著等，也包含在"立言"的范畴。

上世纪90年代初，我从中国政法大学毕业后，一直在检察机关工作。四年的法学高等教育时光、三十余年的检察职业生涯，将近四十年的光阴，我都沉浸在法学理论与实务中。怎样为新时代的检察理论、实践及发展进行一些有益的探索？用什么方式能为高校法学专业师生提供一些必要的知识帮助？如何把检察工作用一种有效的载体呈现在社会大众面前……这些问题，我一直在思考。随着深入接触司法实务、检察工作越来越多，尤其是与检察同仁、高校师生、社会各界的交流越来越多，大家普遍认为，编撰一本系统介绍检察理论、渊源、制度、实务、发展前景等内容的教材，非常有必要。"究检察之际，通时代之变，成一家之言"，采取类似古人"立言"的方式，我们编委会为大家呈现了这部《检察学》教材。

编撰《检察学》这部教材，主要出于以下三个原因：

一是落实党和国家法学教育政策的需要。近年来，中共中央办公厅、国务院办公厅印发了《关于加强新时代法学教育和法学理论研究的意见》（下称《意见》），《意见》明确了法学教育、法学理论研究在推进全面依法治国中的重要地位及作用，为高等学校法学教育提出了新的目标和要求。《意见》指出，要"坚持以习近平法治思想为统领，通过抓好核心教材、编好主干教材、开发新形态教材等，构建中国特色法学教材体系"。《检察学》的编撰，是深刻契合《意见》精神，认真落实"开发新形态教材"要求的具体实践。

二是帮助法学专业师生研究学习的需要。法学教材类著作体系里，《法理学》《民法学》《刑法学》《经济法学》等教材类别繁多。就"公检法"而言，诸如《公安学基础理论》《公安学新论》《侦查学》《审判学》等涉及公安、法院系统的教材也较多，而系统介绍检察理论、实践等内容"集检察学科之大成"的教材,却屈指可数。进入新时期,中国检察制度取得长足发展,编写一部系统总结阐述检察理论及实践的教材类著作势在必行。通过了解,广大高校法学专业本科生、研究生及许多法学专业教师,也十分需要一部系统性的"检察学"教材。

三是面向社会公众普及检察工作的需要。生活中,"公检法"的简称大部分人耳熟能详,提起公安局、法院,很多人能知道公安局、法院的基本职能、作用,然而说起检察院,不少人往往是一头雾水,以为是检查身体的医疗机构。把"检察院"写成"检查院"的"笔误"比比皆是。检察工作与广大人民群众的生产生活息息相关,社会公众也需要更多地了解检察工作。作为长期深耕检察事业这片沃土的检察干警,我们有义务编撰一部系统性、普及型、易读懂的"检察学问小百科全书",更好地向大家进行检察理论及实践的法治宣传。

2022年7月,编撰《检察学》正式提上日程。《检察学》的编撰,得到了上级领导、驻保高校和同事们的大力支持。尤其是保定有河北大学、河北农业大学等得天独厚的高校学术资源,为《检察学》编撰提供了丰厚的"理论沃土"。河北大学既是河北法学教学实践的高地,也是国内法学理论研究的重地。长期以来,保定市人民检察院与河北大学保持着密切合作关系,双方在检察前沿理论研究、检察实务问题探讨、卓越法治人才培养、法治宣传培训教育等方面进行了密切合作,结出了丰硕成果。参编的老师,既有深厚的理论功底,又有精湛的专业素养,更有浓厚的编写兴趣。同时,保定检察机关里汇集了一批理论扎实、业务娴熟、善于钻研的同事们,很多检察人员都是理论素养较高、司法经验丰富的"专家型人才"。这些有利条件,为《检察学》编撰奠定了扎实的人才基础。

两年多的编撰过程中,大家齐心协力、数易其稿、精心打磨,集体讨论框架结构五次,召开阶段性座谈会八次,个别沟通不计其数……河北大学孟庆瑜校长,法学院陈玉忠教授、伊士国教授、李雪平老师,以及其他参与撰写的老师,对该书的编撰倾注了大量的时间、智慧和心血。河北省人民检察院的郑静雅同志、河北农业大学的姚合平教授,也对该书的编撰,作出了突出贡献。保定检察机关的同事们,担当奉献、刻苦钻研,进行了大量卓有成效的工作。同时,也非常感谢中国政法大学出版社,为该书的顺利出版给予了大力支持和帮助。

《检察学》这本书,既有检察概念、检察制度、历史沿革等一般的基础理论,又有刑事检察、民事检察、行政检察、公益诉讼检察、未成年人检察、检察侦查、检察管理、检察职业道德等司法实务的系统阐述,还有中国特色社会主义检察制度发展的前沿探讨,是一本系统介绍检察学科的"集大成者"。该书既是对检察理论的总结,也是对法学教材的丰富,更是大众获取检察知识的良好参考。

希望《检察学》一书能够成为高校学生的教辅用书、检察同仁的参考资料、法学爱好者的必选读物。由于编者水平有限，书中纰漏、失误在所难免，希望广大读者给予批评指正。您的意见建议将会使该书不断完善。同时，随着时间推移，也希望该书能够持续修订、再版。

是为序。

王庆品

于河北省保定市

目 录

绪 论 检察学概论 ·· 001
  第一节 检察与检察制度 ·· 001
    一、"检察"一词的由来 ·· 001
    二、检察的概念 ·· 002
    三、检察制度的内涵、特征 ·· 005
  第二节 检察制度的法律渊源 ·· 010
    一、宪法 ·· 010
    二、法律 ·· 010
    三、司法解释 ·· 011
    四、检察规范性文件 ·· 011
    五、地方性法规 ·· 012
    六、国际条约 ·· 012
  第三节 检察学的学科任务与研究对象 ·· 012
    一、检察学的学科任务 ·· 012
    二、检察学的研究对象 ·· 017
  第四节 检察学的学科性质和体系 ·· 021
    一、检察学的性质 ··· 021
    二、检察学的体系 ··· 025
  第五节 检察学的研究方法和意义 ·· 027
    一、检察学的研究方法 ·· 027
    二、检察学的研究意义 ·· 031

第一章 检察制度的历史沿革 ... 033

第一节 大陆法系检察制度的产生和发展 ... 033
一、大陆法系检察制度的历史起源 ... 034
二、大陆法系检察制度的演变与发展 ... 036
三、大陆法系检察制度形成的历史动因 ... 042

第二节 英美法系检察制度的产生和发展 ... 043
一、英美法系检察制度的历史起源 ... 044
二、英美法系检察制度的演变与发展 ... 045
三、英美法系检察制度形成的历史动因 ... 048

第三节 苏联检察制度的产生和发展 ... 048
一、苏联检察制度的历史起源 ... 048
二、苏联检察制度的演变与发展 ... 051
三、苏联检察制度形成的历史动因 ... 055
四、当代俄罗斯检察制度概述 ... 057

第四节 中国检察制度的历史和发展 ... 059
一、古代御史制度 ... 059
二、近代检察制度 ... 063
三、新中国检察制度的建立和发展 ... 066
四、我国香港特区、澳门特区的检察制度 ... 071

第二章 中国特色社会主义检察制度 ... 074

第一节 中国特色社会主义检察制度的理论基础 ... 074
一、权力监督理论 ... 074
二、列宁的法制统一思想 ... 076
三、中国特色社会主义理论 ... 078
四、法治国家理论 ... 080

第二节 中国特色社会主义检察制度的基本特点 ... 081
一、检察机关具有独立的宪法地位 ... 082
二、检察机关具有严密的组织体系 ... 082
三、检察机关承担多重职能 ... 083
四、检察机关秉持客观中立立场 ... 083
五、检察权受到多重制约 ... 084

六、检察制度具有动态发展、不断完善的特点 ········· 084

第三节 中国特色社会主义检察机关 ········· 086
一、检察机关在宪法中的规定 ········· 086
二、检察机关在国家政治体制中的地位 ········· 087
三、检察机关在司法体制中的地位 ········· 091
四、检察机关组织结构与领导体制 ········· 096
五、检察机关基本功能 ········· 098
六、检察官制度 ········· 100

第三章 刑事检察 ········· 103

第一节 逮捕权 ········· 103
一、检察院逮捕权的概念 ········· 103
二、逮捕权的行使主体与方式 ········· 104
三、检察院批准、决定逮捕的程序 ········· 107

第二节 公诉权 ········· 108
一、公诉权的概念 ········· 108
二、公诉权的内容 ········· 109
三、公诉裁量权 ········· 119

第三节 检察侦查权 ········· 123
一、检察侦查权的概念 ········· 123
二、检察侦查权的范围 ········· 125
三、检察侦查权的内容 ········· 127

第四节 刑事检察监督 ········· 131
一、刑事立案监督和侦查活动监督 ········· 131
二、刑事审判监督 ········· 134
三、刑事执行监督 ········· 136

第四章 民事检察 ········· 139

第一节 民事检察概述 ········· 139
一、民事检察的概念 ········· 139
二、民事检察的范围 ········· 139
三、民事检察的特征 ········· 140

第二节　民事检察内容 … 142
一、社会治理型民事检察监督 … 143
二、公权制约型民事检察监督 … 148

第三节　民事检察程序 … 152
一、社会治理型民事检察监督的程序 … 152
二、民事审判检察监督的程序 … 160
三、民事执行检察监督的程序 … 171

第五章　行政检察 … 174

第一节　行政检察概述 … 174
一、行政检察的概念 … 174
二、行政检察的内容 … 175
三、行政检察的原则 … 176
四、行政检察的理念 … 177

第二节　行政检察监督内容 … 179
一、对行政裁判结果的监督 … 179
二、对行政审判程序中审判人员违法行为的监督 … 179
三、对行政诉讼执行的监督 … 181
四、对行政非诉执行案件的监督 … 182
五、对行政违法行为的监督 … 185
六、行政争议实质性化解 … 185

第三节　行政检察监督程序 … 187
一、受理的相关程序 … 187
二、审查的方式 … 189
三、行政检察监督的具体方式 … 192

第六章　公益诉讼检察 … 195

第一节　公益诉讼检察概述 … 195
一、公益诉讼检察的概念与基本特征 … 195
二、公益诉讼检察的起源与发展 … 197
三、公益诉讼检察的任务 … 204
四、公益诉讼检察的内容 … 206
五、公益诉讼检察的范围 … 207

第二节 公益诉讼检察的程序 ... 209
一、公益诉讼检察的相关法律法规 ... 209
二、公益诉讼检察的管辖 ... 209
三、公益诉讼检察的基本程序 ... 211

第三节 行政公益诉讼 ... 212
一、行政公益诉讼的概念和特点 ... 213
二、行政公益诉讼的功能 ... 213
三、行政公益诉讼的基本原则 ... 214
四、行政公益诉讼的程序 ... 216

第四节 检察民事公益诉讼 ... 220
一、检察民事公益诉讼的内涵 ... 221
二、检察民事公益诉讼的法理基础 ... 222
三、检察民事公益诉讼的价值功能 ... 225
四、检察民事公益诉讼的程序 ... 227

第五节 刑事附带民事公益诉讼 ... 229
一、刑事附带民事公益诉讼的内涵与特征 ... 230
二、检察机关提起刑事附带民事公益诉讼的历史沿革 ... 233
三、检察机关提起刑事附带民事公益诉讼的意义 ... 233

第六节 支持起诉 ... 235

第七章 未成年人检察 ... 236

第一节 未成年人检察概述 ... 236
一、未成年人检察的产生和发展 ... 236
二、未成年人检察的概念 ... 238

第二节 未成年人检察单设的必要性 ... 239
一、未成年人检察工作对象的特殊性 ... 240
二、未成年人检察工作指导理念的特殊性 ... 242

第三节 未成年人检察的内容 ... 244
一、未成年人刑事检察 ... 245
二、未成年人民事、行政和公益诉讼检察 ... 251

第四节 未成年人检察的程序 ... 252
一、未成年人刑事检察的程序 ... 252

二、未成年人民事、行政和公益诉讼检察的程序 …………………………………… 259

第八章　控告申诉检察 …………………………………………………………… 264

第一节　控告申诉检察概述 …………………………………………………… 264
　　一、控告申诉检察的相关概念 ……………………………………………………… 264
　　二、控告申诉检察的分合历史 ……………………………………………………… 266
　　三、控告申诉检察权属与职能 ……………………………………………………… 268

第二节　控告申诉检察的内容 ………………………………………………… 270
　　一、信访 ……………………………………………………………………………… 270
　　二、控告 ……………………………………………………………………………… 273
　　三、申诉 ……………………………………………………………………………… 277
　　四、国家赔偿 ………………………………………………………………………… 279
　　五、司法救助 ………………………………………………………………………… 280

第三节　控告申诉检察程序 …………………………………………………… 282
　　一、信访工作程序 …………………………………………………………………… 282
　　二、控告工作程序 …………………………………………………………………… 283
　　三、申诉办案程序 …………………………………………………………………… 290
　　四、国家赔偿办案程序 ……………………………………………………………… 294
　　五、司法救助办案程序 ……………………………………………………………… 297

第九章　专门检察 …………………………………………………………………… 300

第一节　专门检察概述 ………………………………………………………… 300
　　一、我国专门检察制度的历史沿革 ………………………………………………… 300
　　二、我国专门检察制度与国外专门检察制度的比较 ……………………………… 301
　　三、我国专门检察制度的不足和未来展望 ………………………………………… 303

第二节　军事检察制度 ………………………………………………………… 306
　　一、军事检察制度的历史沿革 ……………………………………………………… 307
　　二、军事检察院的机构设置 ………………………………………………………… 309
　　三、军事检察院的职责和权限 ……………………………………………………… 309

第三节　铁路运输检察制度 …………………………………………………… 310
　　一、铁路运输检察制度的历史沿革 ………………………………………………… 310
　　二、铁路运输检察院的任务和职责 ………………………………………………… 313

第十章　检察管理 … 314

第一节　党务管理 … 314
一、党务管理的概念与基本原则 … 314
二、强化党务管理的实践探索 … 315
三、新时代党务管理面临的新形势 … 318

第二节　案件管理 … 318
一、案件管理工作的制度演进 … 319
二、加强案件管理工作的重大意义 … 320
三、案件管理工作的职责 … 320

第三节　队伍管理 … 321
一、强化检察队伍管理须坚持的原则 … 322
二、加强检察队伍建设的新要求 … 323
三、优化检察队伍管理的建议 … 324

第四节　检务保障管理 … 327
一、检务保障的发展历程 … 327
二、检务保障的基本原则 … 328
三、检务保障工作的主要职责 … 329

第五节　检察信息化管理 … 330
一、检察信息化管理的意义 … 330
二、检察信息化管理的实践探索 … 331
三、数字检察背景下信息化管理的未来展望 … 333

第六节　检务督察 … 335
一、检务督察的源起 … 335
二、检务督察的工作方式 … 335
三、检务督察的工作职责 … 336

第十一章　检察职业道德 … 340

第一节　检察职业道德概述 … 341
一、检察职业道德的概念及特征 … 341
二、检察职业道德的特征 … 342
三、检察职业道德的功能 … 345

第二节　检察职业道德规范 … 348

一、检察职业道德规范的含义及渊源 ………………………………… 348
　　二、检察职业道德的基本准则 …………………………………………… 351
　　三、检察职业道德的规范评价 …………………………………………… 354
第三节　检察官职业责任 …………………………………………………… 355
　　一、检察官职业责任的概念 ……………………………………………… 355
　　二、检察人员纪律责任 …………………………………………………… 356
　　三、检察官刑事责任 ……………………………………………………… 364

第十二章　中国特色社会主义检察制度发展展望 …………………… 370
第一节　中国特色社会主义检察制度发展的时代背景 ……………………… 370
　　一、理论基础和思想指南 ………………………………………………… 370
　　二、市场经济与中国特色社会主义检察制度 …………………………… 371
　　三、中国特色检察制度发展的新要求 …………………………………… 373
　　四、人民群众需求变化对检察工作的新要求 …………………………… 374
第二节　中国特色社会主义检察制度发展方向 ……………………………… 375
　　一、坚持党对检察工作的绝对领导 ……………………………………… 375
　　二、健全检察机关能动服务大局制度体系 ……………………………… 376
　　三、强化对执法司法活动的制约监督 …………………………………… 377
　　四、完善检察机关司法体制综合配套改革制度体系 …………………… 378
　　五、构建现代化检察管理制度体系 ……………………………………… 379
　　六、健全数字检察制度体系 ……………………………………………… 380
第三节　中国特色社会主义检察制度国际影响力展望 ……………………… 381
　　一、西方检察制度对我国的影响 ………………………………………… 381
　　二、中国特色社会主义检察制度的对外交流与合作 …………………… 382
　　三、中国特色社会主义检察制度国际影响力展望 ……………………… 384

后　记 ……………………………………………………………………… 386

绪 论
检察学概论

第一节 检察与检察制度

一、"检察"一词的由来

在古汉语中,"检"具有以下四种不同的含义:第一种是指法度、法制。《荀子·儒效》载:"礼者,人主之所以为群臣寸尺寻丈检式也。"《旧唐书·刘蕡传》载:"京师,诸夏之本也,将以观理,而豪猾时逾检。"第二种是指察验、考查。《汉书·食货志下》载:"均官有以考检厥实,用其本贾取之,毋令折钱。"《后汉书·闵仲叔传》载:"骠骑(东平王仓)执法以检下,故臣不敢不至。"第三种是指约束;制止。《尚书·伊训》载:"与人不求备,检身若不及。"孔颖达疏:"检,谓自摄敛也。"第四种是指操行。《三国志·魏书·曹仁传》载:"仁少时不修行检。"[1] 除此之外,"检"字还有文书草稿、封书题签等字义。而"察"的字义是指仔细看;详审;调查;考察等,源于《论语·卫灵公》所载"众恶之,必察焉;众好之,必察焉"。可见,"检察"一词,既指检视察验,又指检举制止。[2]

我国两千多年的封建社会,统治者都贯彻"明君治吏不治民"的指导思想,设立了自上而下、自成体系的御史制度。御史的职能在各个朝代不尽相同,但纠察百官、监督狱讼是其重要职能。而御史的这些职能,与汉语中"检察"的意思较为接近,因而御史的工作有时称"检事""纠察",御史所在的官署有的朝代叫"台察""察院""都察院"。如《通志·魏·高恭传》就写道:"御史检事,移付司直。"意即将所有纠劾的事项与典章律令相对照查验,如果发现有违制的情况,就依照典章律令的规定移交有关部门处理。[3] 明朝皇帝朱元璋说:"国家立三大府,中书总政事,都督掌军旅,御史掌纠察,朝廷纲纪尽系于此,而台察之任尤清要。"[4] 这表明我国封建社会御史的

---

[1] 李伟民主编:《法学辞源》,黑龙江人民出版社2002年版,第2908页。
[2] 龙宗智:《检察制度教程》,法律出版社2002年版,第1页。
[3] 谭金土:《法言与法相》,远方出版社2001年版,第111页。
[4]《明史·职官志》,转引自王桂五主编:《中华人民共和国检察制度研究》,法律出版社1991年版,第37页。

职能，既具有监督的性质，又与"检察"的本意相近。

作为现代司法制度中的检察制度，形成于西方，"检察"这一词是由我国清朝末年由英语的 public prosecution 翻译而来。清朝末年，清政府迫于国外帝国主义和国内变法思潮的双重压力，学习西方的政治、法律制度，实行"变法修宪"，将西方的检察制度引入中国。public prosecution 的原意为告发、检举、指控、公共起诉。然而，修法大臣沈家本等人在起草我国法律时，没有将英语 public prosecution 直译成"指控"或"公共起诉"，而是创造性地将其翻译为"检察"，其原因在于西方的检察制度特别是清廷所主要借鉴的法国、德国、日本等国的检察制度，其检察官都履行对刑事案件提起公诉、监督、指挥警察侦查和监督法官审判等职能，这既与"检察"一词所包含的"检视、查验""检举、制止"的意思相近，又与我国封建社会御史的职能具有一定的相似之处。可见，修法大臣的这一翻译，既揭示了西方检察制度所蕴含的"指控""监督"的内涵，又传承了我国封建御史制度"纠察百官、监督狱讼"所蕴含的"监督"内核。

二、检察的概念

据考证，在汉语中，"检"字作为动词的意义是"考查、查验"和"约束、制止"。"察"字与其相近，即"细看、详审"或"考察、调查"。《辞海》引李贤之语称："检，犹察也"。可见"检察"一词，既指检视查验，又指检举制止。在汉语中，"检"字作为名词还有"法制"的意义，如"规检、检式"，其涵义与"检察"作为一项法律制度更为贴近。在《现代汉语词典》中，"检察"的含义是指检举核查、考察等。

"检察"一词在现代司法制度中特指为一种司法职能，即由特定官员和机关代表国家向法院提起诉讼及执行相关业务的职能。我国在学习、参考和借鉴西方司法制度时，把这种司法职能称为"检察"。由于各国政治法律制度的传统与结构的不同，所以中外学者对检察的解释有不同主张或表述，正是因为这种不同，导致当前理论界对检察权和检察机关的性质争论不休。对"检察"的理解，存在以下三种观点[1]：

第一，检察是一种以刑事公诉为主要职能的活动。这种观点认为检察的基本职能是追诉犯罪。法国学者卡斯东·斯特法尼在其所著的《法国刑事诉讼法精义》一书中将检察官表述为"法律授权进行公诉的司法官"。日本《法学小辞典》将检察定义为"公益代表根据法律规定的权限对刑事案件提起公诉、对判决的执行进行监督的行为"；日本平凡社出版的《世界大百科事典》把检察解释为"执行刑事案件的公诉事务及其附带的工作"。《美国法律词典》将检察官表述为"是在追究被指控实施了犯罪行为的被告人的程序中代表国家的律师"。美国学者约翰·雅各比在其著作《美国检察官研究》中认为"检察官是主持追诉的政府官员"。在美国，检察官与律师是同一个词，或

---

[1] 孙谦：《检察：理念、制度与改革》，法律出版社 2004 年版，第 46~49 页。

者将检察官也视为政府一方的律师。我国的部分学者认为"检察一词是反映检察机关工作的性质、内容及其特性的专门概念,检察就是专门的法律监督"。[1]我国也有部分学者认为,检察机关是代表国家承担控诉职能的公诉人,检察权是一种公诉权。检察活动中对警察的领导、指挥、监督,对裁判的执行进行监督等权力是从公诉权中派生出来的,是为检察权所承担的诉讼职能服务的。[2]

除了刑事公诉这一主要职能外,检察机关还履行由公诉衍生的职能和与检察机关的性质相适应的其他职能。

公诉在刑事诉讼中处于侦查与审判之间,具有承前启后的作用:一方面,公诉承接侦查,当侦查机关通过对案件的侦查,认为犯罪嫌疑人的行为构成犯罪并需要追究刑事责任时,便将案件移送检察机关进行审查,从而使案件进入公诉程序;另一方面,它开启审判之门,即案件一旦诉至法院,法院就应审理并作出裁判。由于公诉与侦查、审判具有上述密切联系,因而公诉往往衍生出以下两种职能:其一,监督、引导、指挥侦查直至直接侦查的职能。由于侦查是为公诉做准备、为公诉服务的,因而侦查必须服从于公诉,侦查所获证据必须符合公诉的要求。因此,检察机关为了有效公诉,就往往需要对侦查发挥主导作用,这种"主导作用"通常采用三种形式来表现:首先是监督和引导侦查;其次是指挥侦查;最后是直接对某些特殊的案件进行侦查和对侦查机关侦查不足的案件进行补充侦查。一般来说,英美法系国家的检察机关具有一定的监督、引导侦查的职能,如《英国犯罪起诉法》规定,检察机关拥有对警察侦查行为一定的监督权和建议权;为了防止警察对应当提起诉讼的案件不提起诉讼,警察局长应当将本辖区内的每一严重犯罪通知检察官;检察机关在侦查阶段要给予警察必要的司法建议,指导警察收集能充分证明案件事实的证据。[3]大陆法系国家的检察机关则具有监督、指挥侦查和直接侦查的职能。如德国、意大利的检察官是侦查主持机关,而警察仅是侦查辅助机关。法国、日本的检察官、警察同为侦查机关,但法国的检察官如果亲临现场,司法警察立即卸其职责,而由检察官本人继续侦查。检察官也可以指示司法警察继续侦查。日本的司法警察可以对刑事案件独立进行侦查,但检察官可以就侦查程序中应注意的事项向警察发出一般性指示,认为必要时,可以自行侦查。可见,大陆法系国家的检察官均可监督、指挥警察侦查或者直接侦查。其二,监督审判的职能。由于公诉的目的是追究被告人的刑事责任,因而被告人是否被追究了刑事责任以及被追究的责任是否适当,这是检察机关所关心的。因此,检察机关往往需要对法院的裁判实施监督,其中,大陆法系国家基于发现事实和维护成文法权威的需要,检察机关一般拥有广泛的审判监督权,不仅可以对法院的不当判决提出抗诉,不论该

---

[1] 王桂五主编:《中华人民共和国检察制度研究》,法律出版社1991年版,第240页。
[2] 郝银钟:《中国检察权研究》,载陈兴良主编《刑事法评论》(第5卷),中国政法大学出版社2000年版,第128~130页。
[3] 宋英辉、陈永生:《英美法系与大陆法系国家检察机关之比较》,载孙谦、刘立宪主编:《检察论丛》(第1卷),法律出版社2000年版,第556页。

判决是否生效和是否有利于被告人,而且可以监督审判程序是否合法,发现审判程序有违反刑事诉讼之情形时,"须立即对之加以更正"。[1]有的国家还对法官的行为实施监督,如在法国,检察官还"有权审查初级法院的案件,参加解决各种法律问题的会议,对法官进行考核和监督,发现问题记入考勤簿,并向司法部部长报告"。[2]英美法系国家基于一事不再理原则和法官造法的传统,对检察机关上诉权的范围、理由一般限制较严,但检察机关对审判也有一定的监督职责,如在美国,对犯有可诉罪恶的被告人宣告无罪释放时,总检察长有权对案件的法律问题提请联邦参议院复议;地方检察官也有权对法院判决中的法律错误要求原审法院复议。[3]英国皇家检察总长在案件被宣告无罪时,有权就案件的法律问题提请上诉法院复议;地方检察官可以就法院判决中的法律错误进行审判监督,要求原审法院复议。[4]

在与检察机关的性质相适应的其他职能方面,如在刑事司法活动中指挥、监督判决的执行;对某些涉及国家或公共利益的民事、行政案件提起或参与诉讼;对民事、行政案件的裁判实施监督;充当政府律师和法律顾问;等等。特别是在法律明确规定检察机关是法律监督机关的国家,检察机关的职能往往更为广泛,如苏联检察机关拥有一般监督职能,它要求检察机关不仅要追究违法犯罪行为,而且要对政府的各部委、地方会议和地方政府、企事业单位、农村经济政治组织以及其他社会组织、公职人员和公民是否遵守法律的情况实行监督。这种监督要求这些被监督机关和组织发布的规范性文件符合宪法和法律,公职人员和公民都准确统一地执行遵守法律。[5]

第二,检察即国家设定的专门法律监督权力,具有维护法制的功能。检察活动的目的是维护国家法制,东西方的检察制度都具有共同的目的,即维护国家法制。[6]列宁说:"检察长有权利和义务做的只有一件事:注意使整个共和国对法制有真正一致的了解,不管任何地方差别,不受任何地方影响。"[7]大陆法系国家也普遍强调检察机关的护法功能。例如,在德国,认为检察官代表"国家的法律意志"。[8]《牛津法律大辞典》认为检察官"在所有案件中,它主要关心的是法律应被正确地解释和运用"。[9]大陆法系的一些国家往往称检察机关为"护法机关"或"法律守护人"。检察对法制的守护,主要是通过三个方面来实现的:首先,行使公诉等诉讼职能,维护法制。通过使用公诉手段将违反法制的人送上法庭以追究其责任,达到修补和恢复被损害的法

---

[1] [德]克劳思·罗科信:《刑事诉讼法》(第24版),吴丽琪译,法律出版社2003年版,第65页。
[2] 何勤华主编:《检察制度史》,中国检察出版社2009年版,第183页。
[3] 刘兆兴:《两大法系国家检察机关在刑事诉讼中的职权比较》,载《外国法译评》1995年第3期。
[4] 何勤华主编:《检察制度史》,中国检察出版社2009年版,第242页。
[5] [苏]B. N. 巴斯科夫等:《苏联检察院组织法诠释》,刘家辉等译,中国检察出版社1990年版,第95页。
[6] 龙宗智:《检察制度教程》,法律出版社2002年版,第4页。
[7] 《列宁全集》(第43卷),人民出版社1987年版,第195页。
[8] 陈志雄:《法治国检察官之侦察与检察制度》,载《台大法学论丛》1998年第3期。
[9] 参见《牛津法律大辞典》(中文版),第610页,转引自王桂五主编:《中华人民共和国检察制度研究》,法律出版社1991年版,第14页。

制的目的。其次,坚守客观公正的法制立场,维护公民权利。检察机关不应当仅仅是追诉犯罪的机关,它也应当是客观公正地执行法律的机关,对有利和不利于被告的各种情形予以全面关注,既注意打击犯罪,又强调保护人权。最后,实施司法监督,保证依法办案。检察机关在司法活动中,担负监督警方侦查、制约法院裁判、监督判决执行的责任,旨在防止司法活动中对法制的破坏。检察机关在诉讼中行使检察权的一切行为都是行使法律监督的活动,包括公诉在内的活动是法律监督的表现形式。"检察"一词是反映检察机关工作的性质、内容及其特性的专门概念,检察就是专门的法律监督。

第三,从诉讼职能的角度看,检察是以公诉为中心、对整个诉讼过程负有监督作用的一项职能活动。公诉活动不仅包括检举指控,也包括对违法犯罪情况的"检视、查验",即调查。侦查或调查都围绕公诉、服务公诉而进行。从检察的职能特点以及在司法制度的相互关系看,检察活动还具有一种重要的功能,即依法监督,维护法制的功能,并提出检察活动具有主动性、法律性和监督性的特性。

以上三种观点都认为检察作为国家的职能活动,包括公诉和一定的监督职能。争论的核心问题在于对公诉与监督的关系认识不同。第一种观点认为公诉是本质,监督是为公诉服务的。第二种观点认为监督是本质,公诉是检察监督活动的一部分。第三种观点把公诉和监督并列起来,分别作为"检察"所包含的内容。因此,界定检察概念,解决争论焦点的关键是厘清公诉和监督之间的关系。上述三种观点都在一定程度上反映了检察的本质属性。它们之间的区别是不同的司法制度背景和国家体制模式导致的。

综括以上,通过对"检察"的理解,根据我国的宪法规定和政治体制,在我国,检察的概念大致上可以定义为:检察是国家检察机关代表国家追诉或检控违法犯罪的职权行为或活动,这种职权行为或活动既包括对违法犯罪事实的调查(侦查)、揭露、公诉、证明,也包括对违法的纠正以及对适用法律的监督。其目的是维护社会的公平,伸张正义,维护宪法和法律的统一正确实施,促进良好的法治秩序,保障社会的正常运行。

三、检察制度的内涵、特征

检察制度是关于国家检察机关的性质、任务、组织体系、组织和活动的原则以及工作制度的总称。从具体内容上看,检察制度应涵盖检察组织、检察人员配置以及检察工作三大部分,其中检察组织包括检察机关的地位、组织系统、机构设置、领导方式等。检察人员配置包括检察人员的产生、任职、考核、奖惩等制度。检察工作部分则在于说明检察机关的职权与行使检察权所应遵守的原则与程序,以上三方面相互关联,构成了检察制度的完整体系。检察制度产生于一定的社会需求,它的满足特定社会需求的作用,就是检察制度的社会功能。这种社会功能表现在:①检察制度在司法系统中的功能。一般而言,检察制度在一个国家的司法系统中具有以下四个方面的功能；一是维系现代司法的合理构架，实现诉讼公正；二是实现诉讼的专业化，提高诉讼水平；三是实现公诉制度要求，维护国家和社会的利益；四是实现司法权的制衡，保障公民的权益。②检察制度的社会政治功能。在我国，作为社会主义国家，由于制度上的某种一体化特点，检察制度的社会政治功能更为突出，主要表现在：一是通过专门的法制守护机关健全法制；二是保证司法制度的合理运行以维护法治；三是兼顾法治原则与特定的社会政治需求，有效贯彻国家政策。

（一）检察制度的内涵

人类社会自从有了纠纷，就产生了解决纠纷的方式。在人类社会早期，大家生活在一种原始、自由、平等且没有公共权力的环境中，私力救济、血亲复仇成为当时典型的解决纠纷的方式。随着人类文明的发展，诉讼制度逐渐确立。在人类历史上，对违法犯罪的追究主要有两种形式：弹劾式诉讼制度和纠问式诉讼制度。弹劾式诉讼制度是人类摒弃原始血亲复仇制度后采用的一种诉讼形态，是学者普遍认为的世界最早的刑事诉讼模式。这种诉讼制度形成于古罗马时期，由于当时统治秩序混乱，人类认识水平和能力有限，人们解决纠纷的形式主要靠纠纷双方私人或者部落力量，其结果也就取决于双方力量的大小对比。[1]由此产生的弹劾式诉讼是一种个人享有控告犯罪的绝对权利，国家审判机关不主动追究犯罪，而是以居中仲裁者的身份处理刑事案件的诉讼模式。[2]其主要特征是：国家不介入起诉，没有国家追诉机关，诉讼由被害人或者其他人提出控告；控诉与审判职能分立，实行不告不理原则，没有被害人或者其他人的控告，法官就不能进行审判；被害人和加害人诉讼地位平等，对各自的诉讼主张负责举证，共同主导诉讼的进行和结局，由行政官员担当的裁判者居中听审并作出裁断；对于疑难案件的处理，实行神示证据制度，法官求助于神灵的启示来认定事实和判断双方的是非曲直。公元476年西罗马帝国灭亡，欧洲逐步进入封建时代。随着人们对犯罪观念的转变，犯罪不再被简单地认为是对私人利益的侵害，而是对国家统治秩序的破坏。为了巩固中央集权的君主专制统治、加强对农民起义以及对异己力量的镇压，于是加强了对犯罪的追究。这期间，欧洲大陆国家普遍以纠问式诉讼制度代替了弹劾式诉讼制度。不再实行不告不理原则，即使没有被害人或者其他人的控告，裁判者也可以依职权主动追究犯罪，控诉职能与审判职能合一行使；当事人特别是被告人的诉讼地位客体化，沦为被拷打、逼问的对象，刑讯合法化和制度化，原告和证人也可以被刑讯；侦查和审判都秘密进行，实行书面审理方式；实行法定证据制度，证据的种类、运用和证明力大小均由法律预先规定，法官在审理案件过程中不得自由评断和取舍。在此阶段，国家控诉制度日趋完备，其中最明显的标志是建立了检察制度。[3]

一般认为，检察制度创始于欧陆中世纪的法国和英国，国王律师和国王代理人分

---

[1] 汪海燕：《刑事诉讼模式的演进》，中国人民公安大学出版社2004年版，第56~58页。
[2] 陈卫东主编：《刑事诉讼法》，中国人民大学出版社2015年版，第13页。
[3] 汪海燕：《刑事诉讼模式的演进》，中国人民公安大学出版社2004年版，第83页。

别演变为现代检察官，英国和法国就成为检察制度的发源地，它们分别是英美法系和大陆法系检察制度的代表。早在12世纪，法国就出现了代表国王参加诉讼的代理人。14世纪中叶，在法国的刑事诉讼中最终设置了国王检察官。从这一时期起，独立于任何私人而发动控诉的职责落在了国王检察官的身上。这样，在国王的权威日益扩张的时刻，从习惯中产生了客观上负责代表社会利益的专门的控诉人制度。我们称这些专门的控诉人机关为"检察院"。[1]英国11世纪至12世纪进入封建社会，处于封建割据状态，各领地在司法上自成体系。为了维护王室利益、加强王权，1166年，英王亨利二世设立了专司向法院控告重大刑事案件、起公诉人作用的12名陪审员组成陪审团，规定凡属重大刑事案件，如暗杀、强盗、抢劫、窝藏犯罪、伪造货币或文件、纵火等，都由当地12名陪审员向法院提出控告。13世纪40年代至80年代，英国出现了国王律师和国王法律顾问，代表国王就涉及王室利益的财产诉讼和行政诉讼案件进行起诉。1461年，国王律师改名为英国总检察长，国王法律顾问改名为国王辩护人。1515年，国王辩护人又改名为英国副总检察长。封建社会的检察制度具有以下两个特点：一是检察官为封建国王的代理人、法律顾问或律师；二是没有单独设立的检察机关，而是在各级法院附设检察机关。由于检察官身份的不独立，从而形成了控审不分的纠问式诉讼模式。在这种诉讼模式下，国家司法机关对犯罪的追究不再以私人控诉为必备条件，而是依职权直接纠举和审判。作为唯一的司法检控主体，审判机关集侦查和控诉职能于一身，可以任意对当事人或被告人进行秘密审讯和刑讯逼供，从而导致枉法擅断、任意出入人罪之风盛行。资产阶级革命在反封建司法专制过程中，建立起"三权分立"制度，随着国家职能分工越来越细，国家管理的专业化程度越来越高，推进了司法制度的发展，不仅司法权与行政权分立，而且司法权又分为审判权和检察权，并且司法机关从"审检合署"过渡到"审检分立"。由于审判机关不再承担侦控任务，因而以独立身份代表国家追究犯罪的现代检察机关以及与之相适应的一整套检察制度也随之产生。现代检察制度适应了人类社会司法制度进步的趋势，它不仅能够从根本上克服纠问式诉讼的陋习，而且也避免了个人和团体追究犯罪能力过弱的弊端，因而得到了现代国家的普遍承认。[2]

当今世界上有三种类型的检察制度：以英国、美国为代表的英美法系的检察制度；以德国、法国为代表的大陆法系的检察制度；以中国为代表的社会主义国家的检察制度。其中英美法系和大陆法系的检察制度都属于资本主义国家的检察制度。资本主义国家奉行"三权分立"原则，从行政机关制约审判机关活动的需要出发，其检察机关大都隶属于行政机关。检察机关的主要权力是提起刑事诉讼，追究犯罪，以公益代表人的身份参加民事、行政诉讼。社会主义国家的检察机关从属于最高国家权力机关，与行政机关、审判机关并列，并独立行使职权，除提起刑事诉讼、出庭支持公诉外，

---

[1] [法]卡斯东·斯特法尼等：《法国刑事诉讼法精义》（上），罗结珍译，中国政法大学出版社1999年版，第68页。
[2] 谭世贵主编：《中国司法制度》，法律出版社2005年版，第114~115页。

还享有广泛的法律监督权。

综上，检察制度是国家的一项重要的政治制度，是现代司法制度的重要组成部分，是有关国家检察机关组织机构、性质、任务、职权、活动原则等一系列制度的总和。[1] 检察制度的内涵，应当从以下三个方面来理解：

第一，检察制度的规范渊源。检察制度是由一系列规则构成的规范体系。这些规则的渊源主要来自四个方面：一是国家立法机关制定的规范性文件，如国家立法机关制定的宪法、组织法、实体法、程序法以及检察官法等法律文件中有关检察机关的机构设置、职权范围、程序规则以及人员和管理等方面的规定；二是法律授权有关国家机关颁布的有关检察机关组织、管理、活动规则的各种规范性文件；三是对检察机关具有领导权的有关主体作出的各种指示、训令、决定；四是国家缔结或者批准的国际条约中有关直接规定或约束检察机关活动的条款等。这些规范性文件中，有些是专门就检察机关作出的规定；有些是包含了检察机关的职权配置、活动原则等内容；有些是检察机关与其他国家机关应当共同遵守的规则。它们都可以构成检察制度的规范渊源。全面了解中国的检察制度，就应当全面了解中国有关机关依照其职权制定的规范性文件和中国参加的有关国际公约中的规定。

第二，检察制度的范围。检察制度在范围上，涉及三个层面的内容：一是检察机关的外部关系，即检察机关在整个国家机构体系中的定位，在履行职能过程中与其他国家机关的关系。如检察机关在国家组织体系中与国家权力机关、其他国家机关的关系，检察机关与侦查机关、审判机关的关系，与执政党的关系等，检察机关的职权配置在国家权力配置中的地位及其与其他国家权力的关系。二是检察机关之间的关系，即检察机关作为一个独立的国家机关序列，在不同级别的检察机关之间通过什么样的方式来联系，如何形成一个彼此联系、互相协作的系统。如全国各地、各级检察机关的设置及其相互关系，检察权在各级检察机关之间的分配与运作等。三是检察机关内部的关系，即一个检察机关内部的机构设置、领导关系以及各个机构之间的权力配置和相互关系等。

第三，检察制度的形态。检察制度的表现形态，可以从不同的角度进行考察。从规范层面上考察，检察制度表现为相对静止的形态；从运作层面考察，检察制度则表现为相对运动的形态。静态的检察制度是有关检察制度的规范体系。检察制度首先表现为一系列预设的、在相对较长的时间内不发生变化的规则体系，具有相对固定的特点。动态的检察制度是静态的检察制度通过检察机关履行职能的实践活动体现和实现的实际运行的检察制度。检察制度在实践中表现为检察机关在一系列职能活动中发挥规范作用并被灵活运用着的规则体系。在检察机关的管理活动、职能活动中，有关检察机关的各种相对固定的规则体系不断地发挥作用，处在不断地运动之中。

静态的检察制度与动态的检察制度是相互依存、相互促进的。检察机关的职能活

---

[1] 甄贞等：《21世纪的中国检察制度研究》，法律出版社2008年版，第1页。

动，把检察制度的规范渊源具体化，使之在社会生活中发挥作用，并且检验着检察制度的设置是否科学、是否合理、是否适应本国社会经济文化发展的现实需要。检察机关的职能活动源源不断地为检察制度的发展完善提供素材、营养和经验，是检察制度发展的不竭源泉。当然，检察机关的职能活动如果违背了检察制度设置的初衷，或者未能充分有效地发挥其应有的职能作用，或者滥用了检察权，都可能给检察制度的发展带来负面的影响。

检察制度的形态还可以分为实然的检察制度和应然的检察制度。实然的检察制度是按照已有的法律建立起来的实际运行的、正在现实社会生活中发挥着作用的检察制度。应然的检察制度是未来的理想状态的检察制度。应然的检察制度是实然的检察制度改革完善的发展方向；从实然的检察制度不断地过渡到应然的检察制度，是检察制度发展完善的渐进发展过程。

因此，研究检察制度，既要研究静态的检察制度，注重对有关检察机关的组织结构、职权配置等法律规范的分析阐述和问题研究，也要研究动态的检察制度，关注检察机关的职能活动以及制度规则的实际运行状况；既要研究实际存在的检察制度，注重检察机关依照现有法律和规定充分发挥职能作用，也要研究检察制度未来发展的趋势，关注检察体制和工作机制改革。

（二）检察制度的特征

与其他制度相比，检察制度具有以下三个特点：

第一，检察制度是一种法律制度。"检察"是一种独立的法律现象，具有一定的特殊性。首先，它是伴随着国家法制的推行而产生的，其产生的宗旨是为了维护法律的实施。其次，检察活动的主体是国家授权的专门机构，[1]并代表国家行使职权，其职权范围是由国家赋予的。最后，检察的活动范围和活动方式受到法律的严格限制。因此，在现代世界各国，对检察机关的设置、权力和活动，都是由法律加以规定的，从而形成每个国家的检察制度。并且世界各国的检察制度也是该国法律制度乃至国家制度的重要组成部分。检察制度具有国家性和法律性的特征。

第二，检察制度是一种司法制度。现代检察制度是伴随着司法分权而形成的，检察机关的职权和活动空间主要是司法领域，所以，检察制度又是司法制度的重要组成部分。一个国家的检察制度，无论是具体内容和特征方面，还是在职能作用的发挥方面，总是受该国司法制度的总体设计和运行状况的制约。检察制度本身也反映了各个国家司法制度的特征，影响着司法制度的总体运行。

第三，检察制度与一定社会的政治、经济、文化和社会发展之间具有极为密切的联系。检察制度是人类文明发展到一定程度的社会需要，反映了社会发展过程中特别是建设和维系法治国家的过程中维护法律尊严和保障人权的双重需要，以及特定国家

---

[1] 即使是在某些检察官独立行使职权的制度下，他也是以国家的名义并作为国家机构中的独立主体被设置的。

在特定时期的特殊需要。检察制度的具体内容既是根据一定社会的政治、经济、文化中长期形成的基本价值和传统来确定的，也是由这种基本价值和传统来支撑的。各个国家检察制度的不同特点，在很大程度上，也是由于这种基本价值的不同而形成的。深刻认识一定社会政治、经济、文化的基本价值以及社会发展的客观需要，对于认识和理解特定国家特定时期的检察制度及其发展变化，具有十分重要的意义。

第二节 检察制度的法律渊源

一、宪法

宪法是国家最高权力机关经由特殊程序制定和修改的，综合性地规定了我国的社会制度、经济制度、政治制度、国家机构及其活动原则、公民的基本权利和义务等重要内容的法律，是国家的根本法，是治国安邦的总章程，在我国的法律体系中具有最高的法律地位和法律效力，也是制定一切法律的根据，一切法律、行政法规和地方性法规都不得同宪法相抵触。我国《宪法》[1]第134条规定："中华人民共和国人民检察院是国家的法律监督机关。"检察机关和检察制度是根据宪法确立的。宪法还规定了一些与检察制度直接有关的原则，这些规定成为检察制度的基本原则和重要内容。

二、法律

这里所指的法律是狭义上的、作为一种法的渊源的法律。根据我国宪法的规定，我国最高权力机关及其常设机关有权制定法律。《宪法》第62条第3项规定全国人民代表大会行使制定和修改刑事、民事、国家机构的和其他的基本法律的职权。第67条第2项规定全国人民代表大会常务委员会行使制定和修改除应当由全国人民代表大会制定的法律以外的其他法律的职权。这里值得注意的是对基本法律和非基本法律的区分。

基本法律由全国人大制定和修改，在全国人大闭会期间，全国人大常委会也有权对其进行部分补充和修改，但不能同其基本原则相抵触。1979年7月1日第五届全国人民代表大会第二次会议通过的，历经三次修正的《人民检察院组织法》是我国检察制度的主要法律渊源。除此之外，《刑事诉讼法》《民事诉讼法》《行政诉讼法》等基本法律也是我国检察制度的主要法律渊源。

基本法律以外的法律，又称非基本法律，是指由全国人民代表大会常务委员会制定和修改的，规定和调整除基本法律调整以外的关于国家和社会生活某一方面基本问题的法律。1995年2月28日第八届全国人民代表大会常务委员会第十二次会议通过的《检察官法》就属于这一类。

---

[1] 为表述方便，本书涉及我国法律，省去"中华人民共和国"字样，直接使用简称，全书统一，后不赘述。

全国人民代表大会常务委员会所作的决议和决定。这种决议和决定如果它的内容是规范的，应该视为狭义的法律，是我国法律的渊源之一。如1981年6月10日第五届全国人民代表大会常务委员会第十九次会议通过的《关于加强法律解释工作的决议》。该《决议》赋予了检察机关以法律解释权，也属于检察制度的法律渊源之一。

三、司法解释

司法解释是指最高司法机关在适用法律解决具体案件时，对如何应用法律所作的具有法律约束力的阐释和说明，它包括"审判司法解释"和"检察司法解释"。审判司法解释，是指最高人民法院对审判工作具体应用法律问题所作的解释。检察司法解释，是指最高人民检察院对检察工作中具体应用法律问题所作的解释。检察司法解释主要表现为以下两种形式：一是最高人民检察院单独制定的司法解释。如最高人民检察院于2019年12月2日通过的《人民检察院刑事诉讼规则》，1999年8月6日通过的《关于人民检察院直接受理立案侦查案件立案标准的规定（试行）》，2001年10月11日制定的《人民检察院民事行政抗诉案件办案规则》（已失效），2002年3月25日通过的《人民检察院办理未成年人刑事案件的规定》（已失效）等，这是检察解释的主干部分。二是最高人民检察院会同最高人民法院共同制定的司法解释。如最高人民检察院会同最高人民法院于1997年6月27日发布的《关于办理人民法院、人民检察院共同赔偿案件若干问题的解释》（已失效），2001年12月17日发布的《关于适用刑事司法解释时间效力问题的规定》等。

四、检察规范性文件

这是由最高人民检察院制定的规范性文件。这类规范性文件是基于法律的授权或基于检察管理的需要而制定的。就法律效力而言，它与司法解释处于同一位阶，但不同于司法解释。司法解释是直接为具体运用法律服务的，而检察规范性文件是为检察管理服务的。检察规范性文件主要规定以下三种内容：一是机构管理方面。如1980年4月1日发布、2008年修订的《人民检察院检察委员会组织条例》（已失效），1995年11月15日通过（1998年11月4日，2003年5月27日修订）的《最高人民检察院检察委员会议事规则》（已失效）等。二是队伍建设方面。如2000年5月25日发布的《人民检察院监察工作条例》（已失效），2004年6月21日发布的《检察人员纪律处分条例（试行）》（已失效），2002年1月18日发布的《检察官培训条例（试行）》（已失效）等。三是业务管理方面。如1998年10月21日发布的《关于完善人民检察院侦查工作内部制约机制的若干规定》（已失效），2000年5月29日发布的《关于加强渎职侵权检察工作的决定》，2006年3月27日发布的《人民检察院扣押、冻结款物工作规定》（已失效）等。

五、地方性法规

这是指地方人民代表大会及其常务委员会颁布的地方性法规中涉及检察制度、检察监督的规定。如 2008 年 9 月北京市人民代表大会常务委员会通过的《关于加强人民检察院对诉讼活动的法律监督工作的决议》。

六、国际条约

条约是国际法的最主要渊源,缔约国忠实履行条约所确定的义务,是国际社会法律秩序得以维护的基本条件。1990 年 9 月 7 日联合国第八届预防犯罪和罪犯待遇大会审议通过了《关于检察官作用的准则》,并经联合国大会决议批准,该准则成为世界各国发挥检察官作用的共同行动指南。《关于检察官作用的准则》主要从以下两个方面提出了发挥检察官作用的行为准则:一是从保障机制上提出了保障检察官作用的行为准则,这主要是针对国家提出的;二是从行为机制上提出了保证检察官发挥作用的行为准则,这主要是针对检察官提出的。这些行为准则,既是对世界各国实践中带有共同性的经验的高度概括性总结,是检察官发挥作用的最基本的保障,是不同社会制度国家之间达成的基本共识,同时也是国际社会对检察官履行职责的最低要求,是不同制度的国家、不同检察制度下的检察官必须共同遵守的基本准则。[1]一旦我国签署、批准加入该准则,它也将成为我国检察制度的渊源之一。

第三节 检察学的学科任务与研究对象

一、检察学的学科任务

"十九世纪思想史的首要标志就在于知识的学科化和专业化,即创立了以生产新知识、培养知识创造者为宗旨的永久性制度结构。多元学科的创立乃基于这样的一个信念:由于现实被合理地分成了一些不同的知识群,因此系统化研究便要求研究者掌握专门的技能,并借助于这些技能去集中应对多种多样、各自独立的现实领域。"[2]这说明,各种不同的学科产生于社会分工所形成的各种不同的独立的领域对于不同的知识群的专业需求,学科产生后,这些不同的学科便以其专业的技能去应对社会上不同的专业领域。可见,学科产生于社会实践的需求,并反过来为社会实践服务。

学科与理论不同。学科是由众多理论以一定的内在逻辑关系组合起来的理论系统,

---

[1] 张智辉、[加] 杨诚主编:《检察官作用与准则比较研究》,中国检察出版社 2002 年版,中文序言第 4~5 页。

[2] [美] 华勒斯坦等:《开放社会科学:重建社会科学报告书》,生活·读书·新知三联书店 1997 年版,第 9 页。

是以科学理论为核心材料和其他材料建构起来的具有系统化的知识体系，是比科学理论更广和更深的认识形式。一门学科，是关于一种（或一类、一个）对象的全面而系统的科学知识。学科是关于对象的完整的知识体系，理论只是学科大厦中的材料，二者在逻辑上是上位与下位的关系。从分散的理论到学科，从学科界限不明确，到学科界限分明，是理论更趋向成熟的标志。学科与理论比较，更具全面性和深刻性。但是，它们的基本特点是相同的，即它们都来源于实践，服务于实践。理论发展为学科，反映社会分工这种社会实践对系统理论的需求。社会需要是学科产生的动力，学科产生后，社会需要就成为学科所承担的社会义务，构成学科的直接任务，即学科任务。学科任务是社会赋予学科的社会历史使命，在宏观上决定学科的性质、名称、对象、范围、内容等基本理论框架，决定学科在学科群中的位置及作用，是确定和评价整个学科理论的根据和标准。学科必须明确并承担起自己的社会义务，适应社会需要，贯彻学科任务；否则，研究者就会从根本上违背学科产生的初衷，失去理论的发展前途。所以，学科建设的首要问题是明确并贯彻学科任务。[1]

检察学是随着我国检察制度的建立和检察工作的开展应运而生的，它是适应专门法律监督和检察工作的客观需要而产生的。所以，检察学的直接任务是为建立科学的中国特色社会主义检察理论体系，为完善检察制度、强化法律监督、推进检察事业创造良好的理论环境，提供有力的理论支持和科学的决策依据。总体来说，检察学的学科任务主要包括以下四个方面的内容：[2]

第一，检察学研究应当从国家政治制度、比较研究和历史发展的角度深刻论证我国现代检察制度存在的历史必然性和现实合理性，为完善中国特色社会主义检察制度提供理论依据。

中国的检察机关是以马克思列宁主义为指导的、中国共产党领导下的法律监督机关。因此，检察学的研究，首先是从宪法的角度对中国特色社会主义检察制度的内在规律性进行探讨，结合人民民主专政、人民代表大会制度、民主集中制、法律监督理论，充分论证社会主义检察制度的必然性和合理性。例如，从我国检察机关在国家权力结构中的定位出发，探讨我国人民民主专政的国体决定了检察监督不仅包括对职务犯罪的监督，还包括对执法和守法的监督，如检察机关对公安机关侦查的监督，对人民法院审判的监督。再如，从我国人民代表大会议行合一的政治体制出发，以人民代表大会制度理论为指导，强调检察制度是"由人民代表大会制度决定和产生的一项法律监督制度"，"是在人民代表大会制度下，从其他国家职能中彻底分离与专门化"的一项国家制度。[3]检察学应当从比较研究的角度对检察机关的性质问题作出积极的回应，反驳中国应当走三权分立道路、检察机关应当作为单纯的起诉机关的观点，深入

---

[1] 王牧：《学科任务是学科建设的根据——关于〈检察学〉学科建设若干问题的思考》，载《检察日报》2008年12月1日。

[2] 张智辉、李哲：《检察学的学科使命与理论体系》，载《人民检察》2007年第15期。

[3] 王桂五主编：《中华人民共和国检察制度研究》，法律出版社1991年版，第165页。

剖析中国检察机关在现行政治体制下的合理性和必要性。例如,有些学者提出,世界各国的检察机关都没有法律监督权,因此,中国检察机关作为法律监督机关是政治上的怪胎。其实,如果深入考察他国的检察制度,就会发现,各国的检察机关都需要遵循客观义务,并不以追求案件的胜诉为唯一目的,也不是单纯的公诉机关。再如,西方国家并非没有行使监督职能的机关,有些国家在缺乏监督机关导致警察违法、专横的情况下,设立一定的监督机构保障司法的公正。例如,英国2004年公布的《警察改革方案》决定成立"英国投诉警方独立监察委员会",负责处理所有对警方的投诉,并负责该类案件的侦查起诉。在加拿大,也设有类似的警察执法监督机构。因此,应当采用比较的方法,将检察制度与该国的国体、政体,与该国的历史传统和现实国情结合起来,在引用、研究国外检察制度的时候力争全面、系统化,从比较法的角度深层次地检讨各国检察制度的得失成败,从中找出真正有利于中国检察制度发展的先进经验,不能因为国外的检察机关不是法律监督机关,就机械地做出中国的检察机关也不能具有法律监督性质的武断结论。检察学研究还应当从历史的角度入手,加强对检察机关法律监督属性的历史研究,探讨现行检察机关的法律监督属性对中国古代御史制度、新民主主义革命时期检察制度、新中国检察制度的一脉相承和批判继承问题,从中深入论证中国检察机关法律监督机关地位的历史合理性。从中国古代社会检察御史产生、发展的轨迹以及担负的职能看,御史制是适应封建统治的需要而产生的,在巩固封建统治、监督封建官吏保持清廉方面发挥了重要作用。御史制度对皇权的制约、对朝中官员的监督、追诉犯罪以及对审判活动的监督,虽然与现代检察制度的基础具有本质上的差异,但是其所反映的权力制约原理和思想理论基础,与现代检察制度的基本原理具有诸多相同或相似之处,特别是作为中国法律文化传统,有许多值得继承和借鉴的地方。从我国近现代检察机关发展的历史看,我国检察机关经历了新民主主义时期、解放初期新中国检察机关的设立、20世纪50年代后期因"左"的思想受到波折、"文化大革命"期间被撤销、"文化大革命"结束后拨乱反正并重建、改革开放新时期博兴的曲折发展历程,与社会主义法制具有同兴同衰的命运。由此得出的经验教训证明,我国什么时候重视法律监督,什么时候社会主义民主法制就发展,什么时候削弱以致取消法律监督,什么时候社会主义民主就受到损害以致破坏。[1]因此,从历史的角度进行深入剖析,加强中国检察机关法律监督地位的论述,也应当是检察学研究的重要学科使命。

第二,检察学研究要从国家权力配置的角度论证检察权配置的科学性及其具体内容,为保障检察权的正确运行提供智力支持。

检察机关行使法律监督职能的核心和基本出发点是正确履行宪法和法律赋予的各项职责,维护法律的统一正确实施。检察学研究应当从国家权力配置的角度,阐明法律赋予我国检察机关的各项法律监督职权的合理性和必要性。一方面,对检察学合理

---

[1] 朱孝清:《中国检察制度的几个问题》,载《中国法学》2007年第2期。

内涵的研究，应当以宪法和法律为依据，从检察机关的法律监督地位出发，探讨中国检察机关为有效履行其法律监督职能应当依法享有的权力。检察机关依法履行审查批准和决定逮捕、公诉、部分职务犯罪侦查以及对刑事诉讼、民事诉讼和行政诉讼实施法律监督等职能，是检察机关法律监督属性的必然要求。另一方面，对检察权合理内涵的研究，还应当立足于检察机关的基本职能，研究如何强化检察机关的各项职能，通过各项具体职能的完善和强化，增强检察机关履行法律监督职责的能力。当前理论界对检察权的构成存在争议，如检察机关是否应当行使职务犯罪侦查权、检察机关是否应当享有审查批捕权等。对于这些质疑，需要检察学的深入研究，从检察机关的法律监督职能入手，加强对检察权合理配置的研究，并应当研究如何完善检察权的配置，以便检察机关能够更好地行使检察权，履行法律监督职能。法律赋予检察机关的检察权，在检察机关内部应当如何科学配置，也是检察学需要重点研究的问题。从检察权科学运行的角度看，检察学的研究不仅应当考察中国检察机关应当具有哪些权力，还需要研究这些权力在检察机关内部如何配置。例如，检察机关的职务犯罪侦查权由几个部门行使更为适宜，审查批捕部门和审查起诉部门到底应当采用捕诉一体的模式还是捕诉分离的模式，检察一体的体制下检察长的领导与检察官依法行使职权的关系问题，检察长与检察委员会在重大案件和重要事项决策中的关系问题等，都需要从检察权合理配置的角度进行研究。从履行法律监督职责的现实需要看，我国检察机关作为法律监督机关，其全面履行法律监督职责的现实需要也要求检察学的研究关注检察权的科学配置。检察机关对整个诉讼活动都享有法律监督的权力，但在检察权的实际运行中，确实存在着一定程度的法律监督不到位或者法律监督不力的问题。究其原因，在于法律监督权在检察机关内部还需要更为科学的配置。而如何现实地解决这些问题，就需要从检察权科学配置的角度，研究检察机关的法律监督权应当由哪些内设机构具体行使，如何通过诉讼的手段具体落实检察机关的法律监督权，检察机关各内设机构在法律监督权行使上的相互配合和互相制约等。检察学的研究要能够从理论上回答这些问题。

第三，检察学研究要着力研究制约检察事业发展的制度性、机制性问题，为完善相关立法，推动检察体制和工作机制改革提供理论支撑。

检察体制和工作机制，是相互联系的两个概念。检察体制是工作机制的前提和基础，工作机制是对检察体制的落实和深化。党的十六大报告指出，从制度上保证审判机关和检察机关依法独立公正地行使审判权和检察权。改革和完善检察体制和工作机制，能够提高检察机关工作的效率，增强检察机关工作的权威性，对于强化检察机关的法律监督职能，推动检察工作创新发展具有非常重要的作用。但是，检察体制和工作机制的研究往往容易被理论研究所忽视，被认为是理论含量不高的问题。同时，由于检察体制和工作机制的问题不属于实体法或者程序法的范畴，更多的是工作改革和制度创新的问题，因此也是从事实体法或者诉讼法研究的学者不太轻易涉足的领域。但是，在检察权的实际运行中，确实存在着诸多制约检察事业发展的制度性、机制性问题，而这种实践需要与理论研究的脱节性和不相匹配性更需要我们对检察体制和工作机制问题在检察学的学科体系下进行理论性、系统性的研究，为完善相关立法服务。

对于检察实践中存在的制约检察权行使的检察体制和检察工作机制问题，应当从立法的角度进行深入论证，配合《人民检察院组织法》和《刑事诉讼法》《民事诉讼法》《行政诉讼法》等法律的修改，加强理论研究，积极提出立法意见和建议。一方面，要从法律上细化有关检察体制和工作机制的相关问题，使检察权的行使真正落到实处。例如，检察机关行使法律监督权的具体程序和方式、方法，检察长列席审判委员会的效力和作用，检察机关有没有必要设立地方的派出检察机构，人员编制较少的基层检察院是否有必要设立目前的十几个内设机构，检察机关如何科学地管理案件等。另一方面，要从立法层面构建检察权运行的保障机制。例如，在检察机关立案监督权的行使上，立法上仅仅规定检察机关具有立案监督权是不够的，还需要从加强被监督对象的义务角度着手，由立法明确规定公安机关不接受立案监督的法律后果，为检察权的运行提供制度保障。类似这样的问题，都需要进行深入的研究和充分的论证，才有可能在立法中得以规定。而对这类制约检察权行使的体制性、机制性问题的研究，正是检察学研究的重要学科任务。

第四，检察学研究要加强对检察工作实践经验的理论概括，探索检察工作的基本规律，提供解决实践问题的新方法、新思路。

任何法学学科的研究，都应当坚持理论与实践相结合。检察学作为以检察制度和检察实践为主要研究对象，以检察机关的检察职能为主要依托的学科，更应该关注学科研究的实践性。在检察学的研究中，除了从理论的层面进行分析、论证之外，还应当从鲜活的检察实践出发，研究检察实践中遇到的疑难问题和重点问题，探索检察工作的基本规律，为检察改革提供理论支撑。这是因为，检察改革都是源自检察工作的实际需要，甚至是实践中迫切需要解决的问题。检察实践中对各项工作改革的有益探讨，如果不加以归纳总结，只能对某一特定地区的检察机关的执法情况有所改善，而如果将检察改革的成果进行理论上的概括，探索检察工作的基本规律，就会对整个检察机关的执法能力和执法水平产生广泛的、深远的影响。例如，检察学应当进一步研究总结人民监督员试点工作的得失，提出在我国解决对检察权的运行进行监督的可行办法；总结我国目前检察机关进行的检察工作机制改革，探讨如何更加科学地构建检察机关业务、队伍与信息化"三位一体"机制建设等。

同时，检察学研究应当在我国目前转型期的新形势下，探讨应对新形势下出现的新问题的新思路和新方法。例如，在党中央提出构建社会主义和谐社会和实施宽严相济的刑事司法政策的新形势下，检察学研究就应当深刻把握构建社会主义和谐社会的要求，认真研究和思考如何加强和改进检察工作。又如，如何正确对待检察机关独立行使职权与服务大局关系问题，如何在认真履行法律监督职责的过程中正确处理同有关机关之间的关系，检察机关是否应当借鉴恢复性司法的合理内涵进行适当的和解、调解工作，是否应当引进暂缓起诉制度，如何落实刑事政策，等等，都是需要检察学研究和回答的问题。

二、检察学的研究对象

每一门学科都有其特定的研究对象。"科学研究的区分，就是根据科学对象所具有的特殊的矛盾。因此，对于某一现象的领域所特有的某一种矛盾的研究，就构成某一门科学的对象。"[1]检察学的研究对象是检察学建立的基础，它制约着检察学学科体系的内涵和边界，也是它区别于其他学科的主要根据。只有明确检察学特定的研究对象，才能使检察学研究做到有的放矢，才能抓住检察学学科建设的主要矛盾，取得良好效果。关于检察学的研究对象，目前主要有以下四种观点：

第一种观点认为，检察学的研究对象是检察制度和检察活动，检察制度是检察学研究的主要对象，检察活动是检察学研究的重要对象，主要包括检察执法活动和检察法律监督活动。检察制度规定检察活动的主体、活动方式、活动程序和原则。检察活动必须依照检察制度中的法律规定进行。把检察制度和检察活动中规律性的东西上升为理论，就是检察学研究的任务。[2]持这种观点的学者认为，检察学的研究范围是研究对象的展开或具体化，主要包括：一是检察制度的起源、本质、类型、特点、内容和发展趋势。二是各国检察立法例和检察实践经验，我国立法的内容、分类、原则和体系。三是检察机关在国家体制中的地位和作用，包括检察机关的领导体制；性质、任务和职权等。四是检察机关的机构设置及其内部制约机制，检察人员的任免和奖惩。五是检察监督在法律监督系统中的地位，检察监督的对象、范围、要求、程序和原则。六是检察管理的科学化和检察工作的办公现代化。七是经典著作中关于检察制度的论述，党和国家关于检察工作的政策和决定。八是国外检察理论。

第二种观点认为，检察学以检察制度及其运作为对象，主要研究内容包括五点：一是研究检察法律制度。从内容看，它包括检察机关组织方面的制度，也包括检察机关履行其职能的各种制度。从层次上看，它要研究检察规范体系，包括关于检察制度建设的宪法原则和规范；关于检察机关工作和建设的法律规范，司法解释层次上的检察制度规范。从研究类型看，它既要研究实有规范，又要研究应有规范。二是研究检察制度建设实践。三是研究检察理论。检察理论是对检察制度建设以及检察活动规律性的学理概括，是分析法律制度、研究实际操作的思维工具。四是研究国外的检察制度和实践，以借鉴其有益经验。五是研究我国检察制度的历史发展，总结经验教训。[3]

第三种观点认为，检察学的研究对象是检察制度和检察权。上述观点均以检察制度作为检察学的主要研究对象，而均对检察权关注不够，检察学研究至少应给予检察

---

[1]《毛泽东选集》（第1卷），人民出版社1991年版，第309页。
[2] 周其华：《中国检察学》，中国法制出版社1998年版，第16页。
[3] 龙宗智：《检察学研究的对象、范畴与方法》，载《人民检察》2007年第15期。

权和检察制度以同等的重视。检察权与检察制度是内容与形式、目的与手段、抽象与具体的关系。检察权与检察制度的关系是如此密切,以至于难以分割开来进行研究,要研究检察制度就必然会牵涉检察权。检察学对检察权、检察制度的研究,往往须交叉进行,研究检察制度的目的是科学地配置检察权,独立公正地行使检察权;研究检察权的配置、运行与完善,对科学建构、创新完善检察制度具有至关重要的意义。检察权、检察制度成为检察学的两大研究对象,有着深远的历史与现实意义。[1]

第四种观点认为,"检察学"的名称不如"检察法学"这个名称准确。"检察法学"要研究有关"检察"事业或活动的法律,所研究的对象,在性质上属于规范,而不属于事实。尽管有关检察机关从事法律监督活动的法律规范所规定的内容必然会形成"法定"的检察事实,但是,必须明确的是:"检察法学"研究对象的性质属于有关法律监督活动的法律规范,而不是检察事实。这是规范学和事实学所必须加以区别和明确的东西,否则就会发生错误。规范学的对象是法律规范,事实学的对象是社会事实。前者的主要研究方法是注释,追求对法律规范含义的深入理解。后者的主要研究方法是实证,追求对社会现象的规律性认识。按照名称的准确含义,"检察学"和"检察法学"的研究对象和方法都应有所不同。法学(不包括法理学,这里是指有法律规范为依托的部门法学)从它产生那天起,它的任务就是注释本国的法律规范。法学的产生来源于社会精确执法的需要。如果法律可以不必精确执行,司法和执法存在随意性,法学就没有必要产生,也不会产生。精确司法和执法,需要对法律的精确理解。这在客观上就要求对法律有精确的解释,而且,首先和主要是对本国法律的解释。即使要了解外国的法律,目的也是深入理解本国法律的含义。正是这样的法学学科任务,决定了法学有两个基本特点:一是注释性;二是本国性。不管是什么法学,就这个学科本身来说,首先和主要的任务是注释好本国的现行法律。[2]

检察制度是宪法和法律规定的关于检察机关的设置、性质、任务、职权、组织体系、活动原则、检察人员配置以及各项检察工作制度的总称。检察权是检察制度的核心内容,是检察学研究的重点,检察权应当成为检察学的研究对象。检察制度必然研究检察权,但检察权与检察制度在逻辑上是一种并列关系,将检察权与检察制度并列作为检察学的研究对象无助于合理构建检察学体系。同时将检察学局限于对现行检察法律规范的解释,将检察学等同于注释检察法学,则大大缩小了检察学的研究范围,不利于检察学的发展。检察学作为一门综合性的法学分支学科,有着自己的研究对象和理论体系,其中研究对象应当包括检察法律制度、检察实践和检察理论。以上三个方面的内容不限于当代中国的检察法律制度、检察实践和检察理论,而是包括古今中外的检察法律制度、检察实践和检察理论。但本书主要以当代中国检察法律制度、检

---

[1] 徐汉明、周理松、阮志勇:《检察学若干基本问题探讨——以中国检察学理论体系的科学构建为基点》,载《法学评论》2008年第4期。

[2] 王牧:《学科任务是学科建设的根据——关于〈检察学〉学科建设若干问题的思考》,载《检察日报》2008年12月1日。

察实践和检察理论为研究对象。

（一）检察法律制度

检察学将检察法律制度作为研究对象，其中《人民检察院组织法》《刑事诉讼法》《民事诉讼法》《行政诉讼法》等基本法律中涉及检察制度的内容是检察学的主要研究对象。此外其他法律、法规、司法解释及最高人民检察院制定的检察规范性文件，也都属于检察学研究的对象。这一研究内容属于法律解释学的范畴。法律解释是指对法律的内容和含义所作的说明。法律文本即法律的书面语言表达形式，由概念、术语、规则、原理、制度组成。法律具有抽象的特点，并且法律语言具有特殊化、模糊性、多义性和不确定性等特点，这就决定了法律需要解释，才能为社会公众所知悉和理解。法律解释不是低层次的学问，对法律的注释也是一种理论。法律解释方法多种多样，比如文义解释方法、体系解释方法、历史解释方法、价值衡量方法、社会学解释方法、目的解释方法、扩张解释方法、限缩解释方法等。但各种解释方法之间可能会发生冲突，当不同的解释方法得出多种结论或不能得出合理结论时，最终起决定作用的是目的解释。目的解释是根据法律规范的目的，阐明法律条文真实含义的解释方法。如我国宪法规定，中华人民共和国人民检察院是国家的法律监督机关。在不同的场合、针对不同的问题，法律监督概念的内涵、外延有很大的不同。法律监督就其概念来说，有广义和狭义两种含义。广义的法律监督是指保证法律在现实生活中统一、正确实施的一切监督。法律监督，从它所监督的角度，可以分为立法监督、行政监督和司法监督。狭义的法律监督是指人民检察院依据法律授权，按照法定程序，采用诉讼手段及其他手段，对执法、司法和守法活动实施具有法律效力的检察以及督促纠正违法的专门性国家活动。所以对于检察机关的法律监督，我们只能从狭义上去理解。

我国现代检察制度，就其基本构架而言，是向国外借鉴和引进的。创制检察制度以及检察制度比较发达的国家，都有相对成熟的检察制度建设经验，并形成了检察制度建设的理论体系。它们的制度、实践和理论，值得我们研究。不管是大陆法系国家还是英美法系国家，在刑事诉讼法中都规定了检察制度。有的国家还制定了涉及检察制度的特别法，如日本1947年颁布的《检察厅法》，英国1985年颁布的《犯罪追诉法》等。这些内容我们都应当加以研究比较，以资借鉴。另外，1990年9月7日联合国第八届预防犯罪和罪犯待遇大会审议通过了《关于检察官作用的准则》，并经联合国大会决议批准，该准则成为世界各国发挥检察官作用的共同行为指南，我们必须对之加强研究。

（二）检察实践

检察学是一门实践性很强的应用型学科，因此，必然将检察实践作为自己的研究对象，即研究检察法律制度在检察实践中的适用和实施情况。从总体上来看，检察学的研究主要是不断总结检察实践经验，概括出检察实践活动的规律，提炼、抽象和升华为理论，并反过来又指导和应用于检察实践活动。这一过程是游走于实践到理论再到实践的过程。离开了检察实践，检察学便也成了无本之木。

检察学的研究首先应从检察实践中获得研究的基本素材，通过实证分析，从经验实证和逻辑实证等不同角度，对检察实践进行分析，从中发现问题并解释问题。这一过程是检察学研究的基础，是发现真问题的要求，也是理论归纳的前提。在实证分析的基础上，归纳出核心范畴和研究的逻辑起点，逐步实现理论的抽象。当然，对于检察制度相关法律的注释、检察制度的比较研究、检察制度改革的对策设计也是非常重要的，但是，这些研究都需要建立在对检察实践的了解和理解的基础上，而不应是纯粹的书斋式学术理论研究。[1]

检察机关实施法律监督是通过各项具体的检察活动来体现的。检察学应当从理论上对检察活动中的丰富经验进行概括、总结，探索其规律，发现和解决检察实践中存在的问题，从而推动和指导检察工作的开展。检察实践是检验检察制度是否合理、是否完善的标准，研究检察实践可以提出改进立法的意见。检察理论创新必须深入检察实践，关注重大的现实问题。当前，我国正处于司法体制改革期、社会转型期和提高检察队伍素质关键期，正面临着强化法律监督的历史机遇与挑战。只有深入实践，联系实际，敏锐反映新变化，具体分析新情况，正确回答新问题，检察理论才会形成新的观点、新的学说，从而实现理论创新。检察理论研究要紧跟检察实践的新发展，把那些来源于实践、行之有效的经验及时总结并升华为理论，进一步揭示检察工作的内在规律，丰富其理论内涵，使检察工作更好地发挥其指导实践的作用。实践是知识的源泉，检察学离开了实践，便成为无源之水、无本之木。检察学只有扎根于检察实践之中，不断总结实践、服务实践、促进实践，才能使自己获得新的繁荣和发展。

(三) 检察理论

检察理论分为检察基础理论和检察应用理论两种。检察基础理论着重研究和论证我国检察制度的理论基础、发展完善等宏观性基础理论问题；检察应用理论着重研究和解决检察机关法律监督工作实践中的具体性、应用性的问题。

与其他国家的检察制度相比，我国的检察制度有许多自己的鲜明特色。对具有中国特色的社会主义检察制度进行科学的说明和概括以及理论的论证和完善，构建具有中国特色的检察理论体系，对涉及检察制度的理论问题作出全面、系统的回答，是我国检察理论研究的主要任务和内容。检察基础理论包括中国特色社会主义检察制度的合理性和必然性研究、检察权的科学配置和监督制约机制研究、法律监督制度的合理性和内容及手段研究等涉及我国检察制度、检察工作基础性重大理论问题的研究。检察基础理论研究为具有中国特色的检察制度存在、发展和完善提供强大的理论基础和动力。离开了基础理论研究，检察应用理论研究只能是浅尝辄止、就事论事，也就失去了正确的发展方向和理论基础。

检察应用理论研究则是针对检察工作实践中的具体应用问题展开的理论研究，如

---

[1] 巩富文、胡铭：《检察学的学科定位与理论体系——兼及检察学的研究现状、对象与范围》，载《人民检察》2008 年第 13 期。

法律监督方式的改进、工作机制的完善、管理制度的科学化、基层人民检察院建设的模式等工作层面的问题,以及检察机关在实施刑法、刑事诉讼法等部门法中遇到的一些具体法律应用问题的研究和解决等。检察应用理论既是对基础理论研究成果的检验,也是对基础理论研究工作的促进。没有丰富的应用理论研究成果,基础理论研究就难以深入和发展。只有扎实地开展应用理论研究,检察基础理论才能有的放矢、落到实处。

检察基础理论研究与检察应用理论研究相互联系、互相促进。鉴于中国检察制度独树一帜,其发展历经曲折。学理界一些同志以西方的模式为参照系来评价、质疑我国的检察制度,而检察基础理论研究中在一些重大理论问题,如检察制度的合理性、检察权配置等问题上存在着较大分歧。检察基础理论研究的前瞻性、科学性和系统性都亟待加强,有分量、有影响的成果不多,对一些重大理论问题研究得不深入。面对各种理论观点的挑战,明显暴露出检察理论创新不够、理论储备不足、理论观点说服力和吸引力不强等弱点。因此,必须加强检察基础理论研究,把检察基础理论研究摆在更加重要的位置。

第四节 检察学的学科性质和体系

学科性质是指某一学科不同于其他学科的、属于本学科特有的基本属性。把握学科性质,有利于界定该学科的基本内涵,建立该学科的基础理论,建构该学科的基本框架,营造该学科的内容体系,提炼该学科的基本知识,提升该学科的科学水平。对于学习者来说,了解学科性质,有助于掌握其概念,理解其基础理论,领会其基本知识,从而提高学习效率及知识应用能力。

一、检察学的性质

检察学属于一门什么学科,主要应当根据学科任务、研究对象、具体内容以及学科指导思想、学科研究方法等因素加以确定。检察学是一门独立的综合性法学应用学科。检察学的学科性质,可以从以下三个方面来理解。

(一) 检察学属于重要的法学学科

人们对世界的认识,从涉及的对象而言,可区别为两类:一类是客观的物质世界;另一类则是人们的主观世界。前者代表着人类作为自然界的产物,对其依存的环境所进行的探究与追问;后者则是源于"对人类的本性、人类彼此之间的关系、人类与各种精神力量的关系以及他们所创造并生活于其间的社会制度进行理智的反思",而更多地表现为对社会关系、社会制度以及人的理想、激情或情感的探讨。[1]前者属于自然科学研究的对象,后者属于社会科学研究的对象。社会科学是以人类在社会中的行为及由此行为产生的社会现象的学科,它以探讨社会现象的本质与规律为主要任务。简

---

[1] 胡玉鸿:《法学方法论导论》,山东人民出版社2002年版,第52页。

而言之，社会科学的研究对象就是社会现象及人与人之间的关系。法学也是研究人与人之间的社会关系的科学，属于社会科学的范畴。

此外，检察是一种以刑事公诉为主要职能、以维护国家法制为主要目的的活动。对这种活动所涉及的有关问题，如检察活动的主体构架、职权范围、活动方式、活动原则等事项，通过法律的形式加以规定，就是检察学所要研究的检察制度。特别是现代，随着法治的进步，人权意识的增强，刑事公诉活动必须严格依照法定程序进行。检察制度更是法律制度不可或缺的重要组成部分。研究检察制度的学问，自然应当是法学的一个分支学科。检察制度虽然属于政治制度、司法制度，但总体上归属于法律制度，作为政治制度、司法制度的检察制度，要通过宪法、法律的形式表现出来；检察机关和检察活动都因法而存，依法而行，并以护法为目的。对检察制度的研究，也必须运用法学的基本原理，以法律制度为核心来展开。因此，无论是检察学研究对象本身的性质，还是检察学研究的内容，都决定了它必然是一门法学学科。

（二）检察学是一门独立的综合性法学学科

现代科学发展，呈现出一种"两极"趋势：一方面，学科高度分化，分工日益细密；另一方面，不同学科交叉渗透，整合性日益增强。在这种分化与整合的基础上，产生出一系列新的、具有综合性的边缘学科。边缘法学是法学体系中的一类特殊分支学科，是法学与其他社会科学或自然科学因研究对象的交叉重叠而产生的一类分支法学学科。检察学是法学与其他学科的综合。检察学归属于法学，但与法学之外的多门学科有交叉关系，因而体现了法学与其他学科的综合。例如，检察学与政治学联系紧密。检察学研究的重点是检察制度，而检察制度是国家政治制度体系中的一项重要制度，是政治学研究对象之一。政治学的研究核心是国家问题，同时也涉及与其相关的各种政治现象。检察制度是检察学研究的重点内容，其本身又是国家政治体制中的一项重要内容，检察监督更是如此，无论是检察监督的制度起源，还是检察监督的价值以及检察监督的具体制度构建，如果脱离国家政治体制，我们便很难给出有充足说服力的解释。又如，检察学的研究必然要吸收其他学科的知识，如行政管理学、社会学、心理学、教育学、经济学、统计学、职业道德学、职业伦理学等内容。再如，检察机关在履行职责中，需要对犯罪包括职务犯罪实施侦查，需要运用法医学、物证痕迹检验学、信息学、司法会计学等学科知识。因此，检察学是在广泛吸收、融合其他社会科学理论和成果的基础上建构起来的一门新兴学科，是一门多学科相互渗透、兼容并蓄的综合性边缘学科。检察学既具有法学的"基因"，也具有非法学的"基因"，但从总体看，它应定性为法学学科。

但是，检察学并不是各种学科的杂糅和拼凑，而是一门与相关学科虽然有很大联系却又独成体系的专门学科。我国法理学对法学内部的学科划分，通常采用两个标准：一是从法律部门划分的角度来进行分类。由于法律被划分为宪法、行政法、刑法、民法、商法、诉讼法等多种法律部门，与之相应便有了宪法学、行政法学、刑法学、民法学、商法学、诉讼法学等相对独立的法学学科。这一划分标准的基本依据是：每一个独立的法律部门都有其特定的调整对象，因而每一个相对独立的部门法学都有其特有的研究对象和研究领域。二是从认识论的角度来进行分类。把法学区分为理论法学和应用法学，理论法学综合研究法的基本概念、原理和规律等，应用法学则主要研究国内法和国际法的结构和内容，以及它们的制定、解释和适用。[1]用上述标准来衡量和界定检察学在法学学科中的属性，可以看到它与那些以部门法律为依托的部门法学有着十分明显的区别。检察学作为一个法学学科，没有它赖以独立的专门的法律部门，而是依托于与检察活动密切相关的多个法律部门，如宪法、刑事法、民商法和行政法等，作为检察学研究对象的检察制度和检察活动不是单一部门法的制度和活动，而是对各个法律部门的综合运用，因此检察学又是一门综合性的法学学科。[2]不仅如此，它也不能被简单地归类于理论法学或应用法学。检察学之所以是独立的学科是因为它有自己的独立的研究对象。其他学科虽然也可以从各自学科的角度对检察制度的某些方面或者领域进行研究，但只有检察学才能对检察制度、检察实践及其规律进行全面系统的研究，形成比较完整的专门学科。作为一门自成体系的独立学科，它的理论、应用和历史必定有自己的独特内核。检察学在吸收其他学科的理论和知识时，将赋予其新的内涵，从而克服其他学科囿于自身的研究对象、范围和内容，而一般地涉及检察制度的理论和实践的局限性，从而提升和推进检察理论的层次。

同时，检察学自身还可以划分出许多分支学科，这也体现了检察学的综合性。随着检察理论研究的不断深入，包括外国检察学、比较检察学、检察史学、检察心理学、检察管理学、检察文化学、公诉学、职务犯罪侦查学、侦查监督学、民事行政诉讼检察学、监狱监所检察学、职务犯罪预防学等分支学科在内的检察学学科群将会形成，这也将成为反映检察学研究兴起和升级的一个标杆。[3]

（三）检察学是一门应用性法学学科

以一定的研究层面为标准，可以将法学分为理论法学和应用法学。理论法学是以法律现象的共同问题和一般规律为研究对象的学科，它为其他法学学科提供必要的原理、原则和基本范畴。应用法学是法学体系中具有较强针对性和实用价值的法学分支学科。这类分支学科之所以称为应用法学，并不是说它们没有各自的基本理论，而只是说它们主要以研究国内或国际的现行法律和法制实践为主旨。检察学是理论性与实践性的统一。所谓理论性是人们对从实践中获得的感性认识和具体经验进行理性的思考、总结、概括、提炼为一种知识或者思想体系。科学理论是客观实践的准确反映，能够正确地反映客观事物的本质和规律，并经得起客观实践的检验。同时，它又必然会对客观实践起到巨大的指导作用。检察学源自检察实践，从检察实践中概括出检察

---

[1] 龙宗智：《中国法学学科体制中检察学的定位》，载《国家检察官学院学报》2008年第4期。

[2] 石少侠：《检察学：学科构建的必要与可能——兼谈检察学与其他法学学科的关系》，载《人民检察》2007年第15期。

[3] 巩富文、胡铭：《检察学的学科定位与理论体系——兼及检察学的研究现状、对象与范围》，载《人民检察》2008年第13期。

理论；检察理论研究服务于检察实践，对检察实践起指导作用。检察理论研究，是推动检察工作不断发展的客观需要。理论是实践的先导和行动的指南。越是实践中急需解决的问题，越要首先在理论上作出回答，以便通过理论研究及其成果来指导实践。这就要求我们以与时俱进的精神，认真研究和解决检察工作面临的新情况、新问题，把在实践中探索出的新经验及时上升为理论，探求检察工作规律，指导检察工作创新，增强工作主动性和预见性，促进法律监督能力不断提高，推动检察工作取得更大的成效。因此，检察学具有鲜明的理论与实践统一的学科特点，而且更注重实践性，强调应用性。[1]

关于检察学在法学体系中的定位问题。目前我国主要根据法律部门进行划分。由于我国法律划分为宪法、行政法、刑法、民法、商法、诉讼法等多种法律部门，与之相应，法学学科便分为宪法学、行政法学、刑法学、民法学、商法学、诉讼法学等相对独立的二级法学学科，在二级学科下还有第三层次的分支学科，如诉讼法学又可以分为刑事诉讼法学、民事诉讼法学和行政诉讼法学等分支学科。因此，关于检察学的学科定位问题，其实质也就是要确定检察学在这一法学体系中是属于与宪法学、诉讼法学等并列的二级学科，还是属于第三层次的分支学科；如果属于第三层次的分支学科，它又属于哪一个二级学科下的分支学科。

一个学科是否属于某一个二级学科下的分支学科，关键在于它的研究范畴尤其是大部分基本范畴能否为这一个二级学科所涵盖。从检察学的基本范畴来看，大部分的基本范畴如检察侦查、公诉、诉讼监督，虽然不能被刑事诉讼法学所涵盖，但都能被诉讼法学所涵盖，因为在诉讼法学这一个二级学科下，除了刑事诉讼法学外，还包括民事诉讼法学、行政诉讼法学和证据法学等。而且，从检察学的核心范畴检察监督来看，虽然强调了法律监督的检察机关专属性，但重点还是在于法律监督这一部分上。而检察机关的法律监督，除了诉讼监督必须通过诉讼途径外，其他的法律监督，如检察侦查、公诉等也只能通过诉讼来实现，检察学的主要研究领域还是在诉讼领域内。因此，从目前来看，由于检察学的研究范畴已经基本上为诉讼法学所涵盖，检察学很难取得与诉讼法学这个二级学科并列的地位，将检察学定位为一门与刑事诉讼法学、民事诉讼法学、行政诉讼法学相并列的、从属于诉讼法学的三级分支学科还是比较恰当的。同时，以检察制度与检察活动为对象的检察学，其体系构成中还应当包括以下分支学科：其一，研究检察制度特别是中国检察制度的检察制度学；其二，纵向反思检察制度的产生、发展与历史沿革的检察史学；其三，横向比较各国检察制度并从中探寻共同规律和独有特色的比较检察学；其四，研究基于不同的检察职能而进行的各种检察活动所形成的分支检察学，如公诉学、职务犯罪侦查学、侦查监督学、民事行政诉讼检察学、监狱监所检察学、职务犯罪预防学等。[2]

---

[1] 贾春旺：《加强理论研究构建中国特色社会主义检察理论体系》，载《求是》2005年第13期。
[2] 石少侠：《浅谈检察学的性质、特点与体系》，载《国家检察官学院学报》2008年第2期。

二、检察学的体系

"任何一门科学成熟的标志,总是表现为将已经取得的理性知识成果——概念、范畴、定律和原理系统化,构成一个科学的理论体系。这种理论体系不是零碎知识的成果,也不是一些定律的简单拼凑,更不是许多科学知识的机械凑合,而是有一定内部结构的相对完整的知识体系。"[1]一门学科是否建立了科学完整的理论体系是关系其能否存在、发展和繁荣的核心问题。学科体系关乎学科内容的全局,体现着学科理论的原则、精神和实质。

（一）关于检察学体系的研究现状

检察学的理论体系,是检察学研究对象与内容的内在本质联系。如何审慎地看待以往所取得的检察学研究成果并从中吸取科学成分,如何创建符合时代发展趋势、符合中国国情、符合检察权运行规律、符合社会主义法治理念的检察理论,并形成内容完备、协调统一、对检察实践具有积极指导意义的中国特色社会主义检察学体系,是当前检察理论研究所必须完成的基础工作和重要课题。关于检察学的体系,主要有以下五种观点：

第一种观点是"两部分"说。该种观点认为,检察学可分为总论和分论两大部分。总论包括检察学概论、检察制度比较研究等；分论包括检察监督结构概述、侦查监督、审判检察、监所检察、公职人员职务犯罪检察、青少年犯罪检察等。[2]

第二种观点是"三部分说"。该种观点认为,检察学的理论体系应包括检察学总论、检察职能论、检察管理论三个部分。检察学总论包括：检察学概论；中国检察制度的历史沿革；外国检察制度；检察权及其性质；我国检察制度的指导思想；我国检察机关的法律地位以及外部关系；我国检察机关的职责；我国检察机关的活动原则；检察心理学,包括检察心理学概述、检察官心理结构、检察官的心理特点等。检察职能论包括：检察机关自侦案件的侦查；检察机关的司法审查；公诉；检察机关的法律监督；检察机关其他方面的职能制度。检察官理论包括：检察官任免制度；检察官回避制度；检察官等级制度；检察官考核制度；检察官培训制度；检察官奖励制度；检察官惩戒制度；检察官管理机构及其职能制度；检察官保障制度。[3]

第三种观点是"四部分说"。该种观点认为,检察学应从检察权基本原理到检察制度,再到检察具体工作,以及域外检察、检察制度史等不同层面,进行分层次、系统化的研究,由检察权的基本原理、检察制度、检察工作、域外检察的研究与检察制度史的研究等四部分构成。[4]

---

[1] 彭漪涟主编：《概念论——辩证逻辑的概念理论》,学林出版社1991年版,第2页。
[2] 王然冀主编：《当代中国检察学》,法律出版社1989年版,第10页。
[3] 巩富文、胡铭：《检察学的学科定位与理论体系——兼及检察学的研究现状、对象与范围》,载《人民检察》2008年第13期。
[4] 张智辉、李哲：《检察学的学科使命与理论体系》,载《人民检察》2007年第15期。

第四种观点是"五部分说"。该种观点认为，检察学由总论、职能论（法律监督论）、程序论、组织论和管理论等五部分构成。[1]

第五种观点认为，检察学体系的划分和形成，最直接的目的是促进检察学研究的深入发展，服务于检察培训和教学工作。它毕竟不同于检察学专著（专著可以就检察学范畴体系中的任何一个范畴或者就某项业务进行专门研究），必须考虑两个方面的要求或者标准：一是检察学知识的系统性，既要层次分明，避免重复，便于研究和掌握有关检察制度的各方面的知识，又要把检察活动涉及的各个方面和检察学发展所必需的基础性研究纳入其中，便于检察学的应用和创新。二是与检察教学和职业培训的课程设置相衔接，基本理论与应用理论适当分开，专项检察业务与检察管理适当分离，便于根据培训时间长短和具体目标灵活安排课程。根据上述两项标准，将检察学学科体系划分为应用检察学和理论检察学两部分。应用检察学包括专门检察学和检察管理学两部分。其中专门检察学分为职务犯罪侦查学、公诉学、刑事诉讼监督学、民事行政检察学、军事检察学、职务犯罪预防学、检察技术学等；检察管理学分为检察政策学、检察官管理学、检察业务管理学、检察行政管理学等。而理论检察学分为一般检察学、比较检察学、检察史学和检察社会学四种。一般检察学又称"检察学基础理论""检察学总论"。比较检察学研究法系间的检察制度比较、国别间的检察制度比较、个别国家或地区检察制度研究等。检察史学分为中国检察制度史、国外检察制度史、检察制度断代史。检察社会学分为研究检察工作、检察改革和检察政策的社会效果、党和国家的政策要求以及检察机关的应对策略等。[2]

（二）本书的检察学体系

检察学理论体系的架构不是检察理论的简单罗列，它是根据检察学研究对象的内在联系，按照社会科学建设的共同规律以及检察学自身的特点，从学科理论体系的逻辑起点出发，利用社会科学的一般研究方法和符合检察学自身学科特点的研究方法，通过缜密思考、合理布局，而形成的内部结构相对完整的知识体系。检察学理论体系的建构应当避免把检察学的内容与检察立法、检察实践的内容简单等同起来，使检察学成为检察立法的简单注释和检察实践的简单归纳总结。检察学体系应当具有相对的稳定性和适度的前瞻性，同时对检察立法、检察实践应当具有指导性。遵照这一指导思想，综合考虑上述观点的合理因素，紧密围绕检察学的研究对象，本书将检察学的体系分为绪论、总论、分论三部分：第一编绪论，包括检察学概述；检察学的研究对象、范畴和学科体系；检察学的沿革、研究重点和研究方法；检察制度的起源与发展。第二编总论，包括检察机关的宪法地位；检察权；检察机关的体制与组织结构；检察机关的活动原则。第三编分论，包括检察机关的侦查制度；检察机关的逮捕、起诉制度；检察机关的司法监督制度；检察机关的其他方面职能；检察机关的司法解释制度；

---

[1] 王桂五主编：《中华人民共和国检察制度研究》，中国检察出版社2008年版。
[2] 谢鹏程：《论检察学的体系》，载《中外法学》2008年第5期。

检察改革。本书以马列主义、毛泽东思想、邓小平理论和"三个代表"重要思想、科学发展观、习近平新时代中国特色社会主义思想为指导，根据我国法律规定和检察工作的实践经验，以建构具有中国特色的社会主义检察制度为主线，在吸收以往研究成果的基础上，全面分析、系统阐述我国检察理论和实践，并结合宪法、法律的规定以及中共中央关于司法改革意见，全面论述检察学的有关内容。

第五节　检察学的研究方法和意义

一、检察学的研究方法

（一）检察学研究方法论原则

我国的检察学是以中国特色社会主义检察制度为主要研究对象的检察学，是中国特色社会主义的检察学。对于检察学的研究，就是进行中国特色社会主义检察理论体系建设，因而必须坚持以下三种方法论原则：

第一，坚持以中国特色社会主义理论体系为指导。中国特色社会主义理论体系是中国各族人民团结奋斗的共同思想基础，是建设中国特色社会主义的行动指南，因而也必然是检察学研究的行动指南。检察学研究只有以中国特色社会主义理论体系为指导，才能科学认识检察制度的发展规律，全面反映人民群众对检察工作的要求和期待，坚持检察理论体系建设的正确方向，抵制各种错误思潮的影响，防止以西方国家的司法理念、检察模式来评判甚至否定我国的检察制度，防止以西方错误的政治观点、法学观点来研究构建我国的检察理论体系。

第二，坚持立足中国国情。我国检察制度是我国国情下的检察制度，是与我国政治、经济、社会发展状况和历史文化传统紧密联系的。检察学必须与这些具体国情相适应。脱离了中国的具体国情，再好的理论也是没有生命力的。所以，检察学研究必须从中国的国情出发，形成有中国特色的理论成果。"中国国情"最主要的内容，就是中国共产党、人民代表大会制度、处于并长期处于社会主义初级阶段。从这个基本国情出发，检察学的开展必须有利于坚持中国共产党的领导、有利于坚持社会主义道路、有利于坚持人民代表大会制度，并充分考虑我国的历史文化传统、经济社会发展状况和司法工作实际，既不能落后于时代，又不能超越历史阶段。

立足国情与放眼世界是统一的，在立足国情的同时，还要拓宽视野，放眼世界。要注意吸收和借鉴外国检察制度和检察理论发展的有益成果，分析各国检察制度和检察理论的不同特点和优势，并注意分析这些特点和优势产生的政治、经济、社会背景和原因，从而准确地把握现代检察制度的发展趋势，遵循检察制度发展的共同规律，借鉴符合我国国情、能够为我国所用的文明成果。

第三，坚持理论创新。创新是理论研究的生命，中国特色社会主义检察理论不同于外国，更应坚持理论创新。要以理论创新促进体制机制创新，又通过体制机制创新促进理论创新，从而使检察理论随着检察实践的发展而不断发展，始终站在时代前列，实现与时俱进。

（二）检察学研究的基本方法

辩证唯物主义和历史唯物主义是我国社会科学研究和社会实践的一般方法，也是学习、研究和应用检察学的基本方法。结合检察学研究的特点和实际情况，要特别注意以下四种具体研究方法的运用。

1. 解释学研究方法

从检察学的学科性质而言，既然将"检察学"作为法学的一个分支学科，其研究方法首先是法律解释学的文本研究。所谓法律解释学的文本研究方法，是指通过对法律文本的理解和解读，揭示法律概念、规范与原则的内容和含义的研究方法。法律规范有的浅显易懂，有的晦涩难懂、含义深邃，需要通过解释来揭示和释明。法律解释学是介于立法学与法律社会学之间的中介学科，它要在规范与事实之间架起一座桥梁，其所从事的工作是一种语言转换，是一种从法律的概念、规范到司法生活语言的转换。

检察学，首先是作为一门法学存在的，因此，其主要的研究方法应当是"法学方法论"，即法律解释学。检察学研究应当着力于揭示宪法和法律关于检察官和检察机关的权力以及权力行使程序的规范的理解和解释。在我国现有的检察理论研究中，从宪法的高度对检察制度的内容、含义和要求泛泛而谈的较多，真正准确运用法律解释方法，如学界公认的文义解释、体系解释、历史解释、目的解释、扩张解释、限缩解释、当然解释、类推解释等法律解释方法来分析问题、解决问题的并不多，这就使得现行检察制度在解释论上的一些基本问题长期得不到解决，极大地影响了检察制度的改革和发展。例如，我国宪法和刑事诉讼法明确规定了检察机关依法独立行使检察权的原则，但是，什么是"检察权"，立法规定的确切含义是什么，却长期得不到解决，即便在检察机关内部也没有形成统一的意见。有的认为，检察权的内容有五项：公诉权、公务犯罪侦查权、逮捕权、诉讼监督权、非诉讼监督权。有的认为，检察机关的职权可以概括为以下四方面：一是对职务犯罪的侦查权；二是批准和决定逮捕的权力；三是公诉权；四是诉讼（包括刑事诉讼、民事诉讼、行政诉讼）监督权。有的则认为，检察权应当分为三类：公诉权、检察侦查权和诉讼监督权，将批准逮捕和决定逮捕权列为一项权力或一类权力不妥，因为批准逮捕是检察机关在刑事诉讼中对公安机关等部门侦查活动诉讼监督方式之一，因而属于诉讼监督权的范畴，决定逮捕权是检察机关对自侦案件的侦查权的一部分，应划归侦查权。又如关于人民检察院依法对刑事诉讼进行法律监督，但什么是"法律监督"，从立法文本的角度讲，检察院在审判中能否对法官实施当庭监督，尤其是在法官出现程序违法时，检察官能否要求其纠正违法行为，这些重大的权力配置问题，却很少看到从事检察理论研究的学者从法律解释的角度，运用文义解释、论理解释等方法予以阐明。因此，检察学研究首先应当注重解释学研究，这是确立检察学法学学科属性的基础。

2. 比较与借鉴的方法

一切事物，只有互相比较才能见差异，只有互相借鉴才能促进发展进步。检察学的研究也是如此。比较研究包括纵向比较和横向比较。

纵向比较就是古今比较，以古为镜，总结前人经验教训，评判是非得失，继承其精华，摒弃其糟粕，做到古为今用。对中国检察制度的研究，不能采取历史虚无主义的态度，而是应当坚持运用历史研究的方法，解决中国检察制度的历史起源问题，并据此对中国检察权的基本配置得出妥当的结论。

横向比较就是进行中外检察制度之间的比较研究。检察官制度并非中国所独有，中国的检察制度虽然具有自身特色，但仍然属于世界检察制度的一部分，仍然应当遵循世界各国检察制度发展的一般规律和原理。在国际上，随着各国检察官制度的发展，已经逐步形成了关于检察官角色和检察制度设计的一系列共识性经验，如联合国《关于检察官作用的准则》，这些共识性经验体现了检察制度发展的一般规律和基本原理，构成了检察制度设计不能轻易违背的"底限正义"。我们要坚持解放思想、实事求是、与时俱进，站在社会主义法治建设全局的高度，在维护国家利益和最广大人民群众根本利益的前提下，通过对世界不同法系、不同国家制度的对比研究后，拓宽检察学的研究视野，揭示检察制度的一般特点和规律，继续吸收、借鉴国外有益做法和成功经验，积极进行制度、体制、机制、方法创新，不断完善我国社会主义检察制度，繁荣检察理论。

3. 实证研究方法

实证研究方法是一种通过对经验事实的观察和分析来建立和检验各种理论命题的科学研究方法，其目的是发现事实、提供证据，以便将结论或制度建立在扎实的基础之上。法律是社会实践的产物，对于检察监督的实际效果以及存在的问题，都应当进行实地调查研究，取得第一手资料，进行定量分析。近年来，世界各国法学研究更加注重经验性实证方法，并将其研究成果直接运用于立法、司法改革和法律教育。以现实主义的态度和经验实证方法研究解决中国的检察问题，为构建中国特色的检察制度提供了合理可行的政策和方案。这种研究方法既适用于反思本土法律文化，也适用于对西方检察制度的评价，同时可以与现行立法或制度建构相衔接。实证研究的最终目标是尽可能发现事实或提供最充分的证据，以便将结论或制度建构建立在扎实的前提或基础之上。为了减少错误信息和对公众的误导，从事检察理论研究的学者应该基于第一手资料和客观事实展开研究和论证。

就我国检察学研究而言，理论上的推演对于检察制度的发展完善固然重要，但更重要的是来自实证层面上的经验和技术支撑。为此，我国在进行检察制度设计和改革时不能仅仅停留在纸面上的理论推演，而必须进行深入、详细的实证调查，使我们的研究和结论建立在实证支撑的基础上，以便切实把握实践中问题产生的根源所在进而对症下药。[1]实证分析包括一般性实证分析与个案分析。前者是指对一些普遍性的调

---

[1] 万毅：《检察学研究要在争鸣中寻求共识》，载《法学》2007年第9期。

查、统计所获得的资料和数据进行理论分析,后者是以个案为对象进行分析得出理论上的启示与结论。总的看来,在当前的检察理论研究中,一般性论述较多,实证分析,尤其是在检察理论研究中的个案分析比较缺乏,因此削弱了理论的说服力和影响力。

4. 综合性研究方法

综合本来是一种哲学的思维结构,它是指为了形成较为完整的观点或体系,有意识地将各部分或各种因素结合在一起,并认为由此获得的知识整体比各部分的单纯的集合会更完整地表现真理。检察学是社会科学,也是交叉性学科,其学科性质及研究对象决定了其研究方法上的多样性和综合性。一方面,它要利用传统的研究方法,包括阶级分析方法、比较研究法、抽象法、综合归纳法、历史分析与逻辑分析法、语义解释的方法、实证分析法等,发挥各种研究方法的长处并加以综合运用。另一方面,更要利用价值论、系统论、控制论、运筹学、信息论、管理学等最新成果,拓展我们的思维,进行深层次探索,以求更深层、更准确地揭示检察制度产生和发展的内在关系。比如,利用系统论的方法,对于我们更好地分析、研究检察制度具有积极的意义。系统论的主要思想是:系统是指相互作用的并具有一定整体功能和整体目的的诸要素所组成的整体。在内部,这些要素相互作用,形成一定的结构;对外部,这些要素所构成的整体与环境相互联系,表现出一定的功能,具有一定的目的。"要素—结构—系统—功能—环境"构成了系统五位一体的关系。系统具有的一般特征是整体性、联系性、层次性、目的性和动态性。通过这种方法,可以更好地说明中国特色检察制度在中国生长、发展的必然性、合理性。[1]

检察学是一门具有综合性的新兴学科。例如,研究检察机关的法律监督,涉及政治学的监督制衡理论及国家治理方法;研究检察组织结构,则涉及国家法及司法制度理论和方法;研究刑事检察的制度和程序,如起诉与不起诉制度、检察机关侦查制度等,直接涉及刑事诉讼法和刑法;研究民事诉讼监督、行政诉讼监督,涉及民事诉讼法、行政诉讼法及民法和行政法。可以说,缺乏相关支援性知识的检察研究,必然是肤浅的、不成熟的。因此,检察学要求从多种角度,运用多种学科知识进行综合性研究。运用综合性的研究方法,包括法学其他学科的知识和方法,如宪法学、组织法学、刑事诉讼法学、民事诉讼法学、行政诉讼法学、侦查学、律师学以及监狱法学等。同时,综合性研究方法还不限于法学学科,哲学、政治学、经济学、社会学、文化学、历史学等学科知识和研究方法都应学习与借用。例如,社会学的"标签理论"(一个人被贴上某种"标签"后,会出现一种"标签化"倾向),可以用来分析公民被贴上"罪犯"的"标签"后对其心理和行为的影响,从而进一步认识检察工作贯彻"宽严相济"刑事政策,正确应用不起诉制度,对于缩小社会消极面,减少刑事再犯率的意义。[2] 运用综合研究法,有助于研究工作在历史与现实、他国与我国、一般与特殊、宏观与微

---

[1] 陈国庆、石献智:《试论检察学的学科独立性及其理论体系的构建》,载《人民检察》2008年第4期。

[2] 龙宗智:《检察学研究的对象、范畴与方法》,载《人民检察》2007年第15期。

观、理论与实践、动态与静态等方面实现有机结合,使检察学研究更加全面、深入,取得更好的效果。

二、检察学的研究意义

尽管现代意义上的检察制度追根溯源已逾数百载,但是"检察"在中国被以"学"称之或冠以"学科"之名则只是近些年的事,其历史之短暂屈指可数。时值当代,在法学学科内部的二级学科、三级学科及边缘学科已经林林总总的情形下,为什么还要构建一个独立的检察学学科?其必要性、正当性、可能性何在?这是检察学研究必须回答的前提性问题。对此,我们认为,检察学的产生不仅是社会科学特别是法学发展的必然结果,是对特定对象和独立领域进行专门研究的必然要求,是促进检察事业科学发展的必要条件,也是我国检察理论研究和检察实践成果积累的光辉结晶。

第一,检察学研究是坚持和丰富中国特色社会主义理论体系的需要。中国特色社会主义检察学,是中国特色社会主义检察理论体系,也是中国特色社会主义理论体系的重要组成部分。中国特色社会主义理论体系是全国各族人民团结奋斗的共同思想基础,是建设中国特色社会主义的行动指南。检察学研究有助于我们坚持和丰富中国特色社会主义理论体系:一方面,坚持以中国特色社会主义理论体系为指导,推进中国特色社会主义检察理论体系建设,澄清在制度上的重大理论是非,用中国特色社会主义理论体系牢固地占领检察理论阵地,并以正确的检察理论指导检察实践活动,对于实现依法治国的基本方略,推进社会主义法治建设具有重大的现实意义。另一方面,中国特色社会主义理论体系是一个不断丰富发展的、开放的理论体系,中国特色社会主义检察制度既然是中国特色社会主义制度的重要组成部分,中国特色社会主义检察理论体系的丰富和发展,就必然会推进中国特色社会主义理论体系的丰富和发展。因此,推进中国特色社会主义检察理论体系建设,使之立足国情,符合规律,适应时代要求,充分体现中国特色社会主义理论的基本精神,是丰富中国特色社会主义理论体系的一个重要方面。

第二,检察学研究是巩固和发展中国特色社会主义检察制度的需要。中国特色社会主义检察制度与资本主义的检察制度具有本质区别,因而不能用资本主义的政治理论和检察理论来说明和评判,而必须从中国检察制度的实际出发,努力构建中国特色社会主义检察学,通过检察学的研究,对涉及检察制度的重大问题作出全面、系统的理论回答,对中国特色社会主义检察制度作出科学的理论概括。新中国成立以来,我国检察事业屡经曲折,检察机关甚至一度被撤销,其主要原因是"左"的思想影响,但与缺乏科学完备的理论体系不无关系。检察机关恢复重建后,检察制度不断完善,法律监督职能得到切实发挥,为保障法律的统一正确实施,维护社会和谐稳定和公平正义,促进改革开放和经济社会发展,作出了重要贡献,其原因主要是党的路线方针正确,同时与重视检察学研究、注意发挥检察学的指导作用也是分不开的。在当前乃至将来相当长的时期内,中国特色社会主义检察制度仍会面临来自理论和实践的新挑战,受到西方政治思潮和法学思潮的影响;检察工作在新形势下也会不断遇到新的情况和问题。我们只有加强检察学研究,全面认识检察制度和检察工作发展的规律,不断地破解检察工作和检察改革中的难题,回应各种质疑和挑战,才能使检察制度建立在坚实的理论之上,始终坚持正确的政治方向,进一步提高工作的主动性和预见性,充分发挥职能作用,从而巩固和发展中国特色社会主义检察制度。

第三,检察学研究是强化和提高检察队伍政治素质和专业素质的需要。检察理论体系建设是加强检察队伍思想政治建设的重要工程。理论上成熟是政治上成熟的基础。坚持用中国特色社会主义理论体系武装全体检察人员,用中国特色社会主义检察理论指导工作,才能使检察人员在纷繁复杂的情况下明辨是非,增强政治敏感性和鉴别力。检察理论体系建设又是建设高素质、专业化检察队伍的重要途径和基础。检察人员参与建设中国特色社会主义检察理论体系的过程,既是进一步认识检察工作规律、科学解释法律监督原理、掌握正确理论的过程,也是掌握实情、加强理性思考、解决履行职责和执行法律政策中疑难问题的过程。因此,推进检察学研究,不仅有利于提高检察人员的理论素养,提高执法能力和水平,而且有利于引领良好风气,培养高雅志趣,增强严格、文明、公正执法的自觉性。

第四,检察学研究是促进检察学学科发展的需要。检察学是检察理论的高级形态和发展形式,不仅标志着检察理论的体系化、范畴化以及基本观点与方法论的统一,而且意味着在法学的学科体系中取得了相对独立的地位,成为一门专业化的学问。因此,加强检察学研究是提高检察理论研究水平的重要途径。

检察学是法学专业教育和检察官职业教育的必要学科设置,是学习和掌握有关检察制度及其发展规律的系统知识的理论体系。这些年来,由于检察学本身的发展不够以及高质量教材的缺乏,法学专业教育和检察官职业教育的质量和效果都受到了一定程度的影响。只有在检察学充分发展的基础上,才能编写出高质量的相关的专业教材,才能保证教学质量。

检察学成为法学中的一个分支学科,不仅能够通过法学专业教学传播检察学知识,而且有利于吸引大学和科研机构专业研究人员投身检察学研究,从而有力地推动检察学的发展。

第一章
检察制度的历史沿革

检察制度，如果从作为法律监督的实质内容的角度理解，中国古代社会早已有之，但作为现代司法制度的检察制度，则形成于西方。一般认为，西方检察制度起源于封建时期的法国和英国，随着欧洲资产阶级革命的胜利，在法国、英国相继建立了资产阶级的检察制度，随后美国、德国、日本等国家亦建立了资产阶级的检察制度。十月革命胜利后，苏联建立起社会主义检察制度，包括中国在内的其他社会主义国家在借鉴苏联的经验基础上结合本国的国情，相继建立起各自的检察制度。由于不同时期、不同国家对检察制度的理解不同，检察制度的起源亦表现出多样性，呈现出不同的发展历程和特点。为此，学界依照不同的划分标准，对检察制度进行了类型划分。有的学者按照检察制度的阶级本质和社会作用的不同，把检察制度划分为封建社会检察制度、资本主义检察制度和社会主义检察制度[1]。按照法律体系划分，多数学者认为检察制度分为大陆法系检察制度、英美法系检察制度、社会主义检察制度三种类型[2]。从检察制度起源时间上划分，可分为"中国古代法律监督制度、近代西方检察制度和现代各国检察制度"。从产生地域的不同划分，可分为"西方检察制度和东方苏联检察制度、中国检察制度"。从形成类型的不同划分，可以分为"大陆法系检察制度、英美法系检察制度、苏联社会主义检察制度、中国古代法律监督制度、中国近代检察制度、中国当代法律制度"[3]，等等。本章综合诸多上述观点，采用多数学者的划分方式，将检察制度分为大陆法系检察制度、英美法系检察制度、苏联检察制度和中国检察制度四种类别，下面分别阐述不同检察制度的历史沿革。

第一节 大陆法系检察制度的产生和发展

大陆法系，也称罗马-日耳曼法系，是指"以古罗马法为基础、以19世纪初《法国民法典》为历史传统而产生和发展起来的国家和地区法律制度的总称"[4]。古罗马法是大陆法系产生的基础，其在"西方法的嬗变史上所具有的不可取代的开拓性地位，

---

[1] 周其华：《中国检察学》，中国法制出版社1998年版，第70页。
[2] 朱孝清、张智辉主编：《检察学》，中国检察出版社2010年版，第51页。
[3] 刘方：《检察制度史纲要》，法律出版社2007年版，内容提要。
[4] 付子堂主编：《法理学初阶》（第5版），法律出版社2015年版，第189~190页。

必然对后世检察制度的产生发挥了重要的作用",这一时期的"公诉"的起诉方式、不告不理原则、律师制度、监察官制度等"诸多制度为检察制度的萌生培育了必需的土壤"[1]。但古罗马时期并没有产生检察制度,一般认为,"西方于近代确立检察制度的事实,最早见于大陆法系传统的法国和英美法系传统的英国"[2]。除法国外,欧洲的德国、意大利、荷兰、葡萄牙也采用大陆法系检察制度,亚洲的日本、韩国以及曾为法国殖民地的国家均不同程度地借鉴或采纳法国检察制度,其中法国、德国、日本等国家检察制度的产生和发展对大陆法系检察制度作出了重大的贡献。

一、大陆法系检察制度的历史起源

大陆法系检察制度是由法国早期的国王代理人演变而来,"现今多数国所采用检察制度之发端,实在中古之法国","法国国王有所谓'代理人'"者,代国王办理其一身上之事务。……后竟代国王赴审判厅提起民事诉讼矣[3]。其他大陆法系国家的检察制度都效仿或借鉴、采纳过法国的检察制度,尽管这些国家由于政治、经济、文化、历史、价值观等不同因素的影响,在检察制度上存在差异并在历史发展中相互影响,但是"从历史的角度追溯大陆法系检察制度的产生,首先应当探索法国检察制度的起源[4]"。

法国的历史可上溯到法兰克王国时期,公元476年西罗马帝国灭亡前后,在原古罗马统治的高卢地区相继建立了西哥特王国、勃艮第王国、法兰克王国等一系列国家,"其中存在时间最长,影响最大的无疑是克洛维创建的法兰克王国[5]"。法兰克王国经过墨洛温王朝到了卡洛林王朝查理时期,"把法兰克国家扩张成为西罗马帝国以来西方最大的帝国[6]"。随着公元800年罗马教皇立奥三世为查理的哈皇帝加冕,法兰克王国遂成为查理曼帝国,"查理曼的统治为欧洲新兴的封建制度的创立和发展文化教育事业作出了重大贡献,对后来的西欧封建社会产生了巨大影响[7]"。公元814年查理大帝去世,不久国家陷入内战,公元843年查理大帝的三个孙子在凡尔登举行会议,签订《凡尔登条约》,把查理曼帝国一分为三,为东法兰克王国、西法兰克王国和意大利[8]。在此基础上,形成了德意志、法兰西和意大利三个国家的雏形,其中西法兰克王国发展为法国。

---

[1] 何勤华主编:《检察制度史》,中国检察出版社2009年版,第3页。
[2] 刘方:《人类社会检察制度起源刍议》,载《中国检察官》2006年第12期。
[3] [日]冈田朝太郎、松冈义正、小河滋次郎、志田钾太郎口授,郑言笔述,蒋士宜编纂,陈颐点校:《检察制度》,中国政法大学出版社2003年版,第6页。
[4] 朱孝清、张智辉主编:《检察学》,中国检察出版社2010年版,第52页。
[5] 吕一民:《法国通史》,上海社会科学院出版社2012年版,第13~14页。
[6] 张芝联主编:《法国通史》,北京大学出版社2009年版,第33页。
[7] [德]乌维·维瑟尔:《欧洲法律史:从古希腊到〈里斯本条约〉》,刘国良译,中央编译出版社2016年版,第211页。
[8] 张芝联主编:《法国通史》,北京大学出版社2009年版,第43页。

西法兰克王国（即法兰西王国）初期，处于封建割据状态，当时法兰西有许多公国和伯国，这些大封建主"形式上承认法国国王为宗主，实际上完全独立，俨然为自己领地内的君主。他们在领地内有颁布法律、作战媾和、收税和审判等大权"[1]。这种封建割据现象非常严重，司法权不统一，在法国北部"这一很大区域内实行的是不成文的习惯法，在南部很小的区域施行的是罗马的成文法"[2]。在中世纪中期，"法国仍旧保留着众多不一的司法审判与管辖机构，除了在巴黎的国王法院之外，还有数量众多的公爵们的庭院法庭"[3]，这时的国王法院只能管辖王室领地之内发生的案件，而大小领主建立的领地法院则有权对其掌控的领地行使司法管辖权，在领地法院中，其司法诉讼制度受自治观念支配，采取弹劾式的诉讼方式，坚持不告不理原则，多采用私诉的形式。到了12世纪初，王室领地不断扩大，王权得到加强，国王便设立了代理人，"由代理人出席国王法院审判庭，代表国王提起租税等内容的诉讼，其职能类似于以后的检察官，但他们还不是专职的国家官吏[4]"。13世纪，路易九世进行了司法改革，他多次颁布法令，在"王室领地内禁止司法决斗，并将叛逆、铸伪币、伪造王室法令、非法携带武器等案件均收归王室法庭审理"，在王室领地之外实行"国王四十日"，"即法国任何诸侯受到侵害后，在40天内不得实施报复，可以向王室法庭上诉，请求仲裁。血亲复仇也在被禁之列"[5]，通过一系列改革，路易九世将司法权牢牢地控制在自己手中。16世纪，王家司法体系越来越具有全面性，尤其是，1552年亨利二世设立了61个初等法院，每个法院配备9名法官，从而完成了王国的司法统一[6]。在国王加强对法院的掌控过程中，"伴着誓证和决斗的旧有私人起诉程序被罗马教会法的追诉程序所替代"[7]。13、14世纪以职权审讯为特征的纠问式诉讼方式代替了原来的弹劾式诉讼方式，并通过以后的一系列法律加以肯定和完善。随着纠问式诉讼模式的确立，国王逐渐以全社会利益代表的身份接管了各个阶层的司法权，国王代理人的职权随之不断扩张。1302年，菲利普四世颁布敕令，进一步规范了代理人的职责，规定"代理人要和总管、地方官吏等一样进行宣誓，经过宣誓，可以以国王的名义参加有关国王利益的一切民刑诉讼，凡涉及作为王室收入的罚金和没收财产的诉讼，都不准采取私人起诉的方式提起，而转由作为国王代理人的国王代理官提起[8]"。国王代理人制度开始向检察官制度转化。此时，国王代理人仍可以受理其他人委托的法律事

---

[1] 张芝联主编：《法国通史》，北京大学出版社2009年版，第51页。
[2] [德]乌维·维瑟尔：《欧洲法律史：从古希腊到〈里斯本条约〉》，刘国良译，中央编译出版社2016年版，第303页。
[3] [德]乌维·维瑟尔：《欧洲法律史：从古希腊到〈里斯本条约〉》，刘国良译，中央编译出版社2016年版，第331页。
[4] 姜伟主编：《中国检察制度》，北京大学出版社2009年版，第3页。
[5] 吕一民：《法国通史》，上海社会科学院出版社2012年版，第36页。
[6] [法]乔治·杜比主编：《法国史》（上卷），吕一民等译，商务印书馆2010年版，第604页。
[7] [德]乌维·维瑟尔：《欧洲法律史：从古希腊到〈里斯本条约〉》，刘国良译，中央编译出版社2016年版，第331页。
[8] 孙谦主编：《中国检察制度论纲》，人民出版社2004年版，第7页。

务。1319年菲利普五世发布敕令曾禁止国王代理人代理不涉及国王财产或权益保护的案件，除非有普遍利益的需要[1]。直到1579年国王代理人才排他性地代理国王事务[2]。1498年，路易十二颁布《普罗亚条例》，其中对国王检察官的权限本身专门作了正式而详细的规定，"检察官除了有权对一切普通的刑事案件提起诉讼之外，还具有受理民众控告、侦查犯罪、向法院请求惩罚犯罪、执行罚金没收等刑罚，以及以公益代表人的资格出席民事审判并陈述意见、监督司法行政事务等广泛的权力"。这部法律进一步确认了"将检察官官署设在法院之内的传统模式"，"从而成为近代法国检察机关的滥觞"[3]。1539年，国王法兰西斯一世颁布法案，强制法国所有法庭都必须统一采用"纠问式程序"，从此"国王检察官在每一个刑事案件中都代表王权和公共利益为成为一方当事人，即行使控告方职权"[4]。1670年国王路易十四颁布《路易十四刑事条例》进一步加固了"检察官控制检控权的国家化体制"。在最高审判机关中设立检察长；在各级审判机关中设立检察官和助理检察官，条例明确规定，在法国"只有检察官是刑事监控权力的真正主体，受害人只能提出民事赔偿请求"[5]。此时，检察官的职责主要有刑事案件的起诉权、预审判决前提交书面意见书、最终判决前提交书面最终意见书、对判决提起上诉、对于判决的执行、对监狱的运行进行监督等。从此，基本形成了法国的检察制度，这为法国大革命胜利后建立现代意义的检察制度奠定了基础。

二、大陆法系检察制度的演变与发展

法国检察制度是大陆法系检察制度的代表和起源，其他国家均从本国的实际国情出发，在借鉴法国检察制度的基础上建立起本国的检察制度，并形成自己的特点。法国现代检察制度的真正出现是在18世纪末的法国大革命时期，随着法国大革命影响和拿破仑的武力征服，法国检察制度传播到大陆法系的其他国家，如德国、比利时、意大利、葡萄牙、日本、韩国等，在借鉴法国检察制度的基础上建立起本国的检察制度，其中德国和日本的检察制度代表着借鉴或仿照法国检察制度的两种典型。

（一）法国现代检察制度的产生和发展

1789年法国资产阶级革命摧毁了封建君主专制制度，传统的检察机关曾一度被边缘化甚至废除。此时，英国的陪审团制度、弹劾主义诉讼程序、治安法官制度等传入法国，检察官不再享有起诉权及监督权。到1790年，旧检察制度被废除，新设置的国王委员和公诉人取代旧制度中检察官的职责，国王委员专门负责"向法院请求法律的适用与监督刑罚的执行"，公诉人的主要职责"是在刑事诉讼中承担指控与辩论职责"。1791年9月法国再次修改刑事司法制度，"正式确立了英国刑事司法权力的制度建构。

---

[1] 甄贞等：《检察制度比较研究》，法律出版社2010年版，第6页。
[2] 魏武：《法德检察制度》，中国检察出版社2008年版，第5页。
[3] 黎敏：《西方检察制度史研究——历史缘起与类型化差异》，清华大学出版社2010年版，第117~118页。
[4] 黎敏：《西方检察制度史研究——历史缘起与类型化差异》，清华大学出版社2010年版，第118~119页。
[5] 黎敏：《西方检察制度史研究——历史缘起与类型化差异》，清华大学出版社2010年版，第142页。

刑事检控方面的私人代行公诉和起诉陪审团制度成为正式生效的制度"[1]，将旧制度中由检察官专门掌控的刑事监控权分散给了治安法官、起诉陪审团和公民个人，"治安法官由选举产生，负责审前侦查和控诉审查；起诉陪审团（由8名成员组成）负责对是否提起追诉提出意见；公众控诉人则仅负责审判时之辩论，而不主动检举、追诉犯罪"[2]。由于国王委员试图在新的法院中重建旧制度下检察院的精神和方法，与革命精神背道而驰，随着国王路易十六被送上断头台，国家采取共和政体，1792年制宪会议制定《犯罪和刑罚法》，国王委员被政府委员所取代，公诉人制度不变[3]。至此，法国的刑事诉讼已经被改造成英国式的民众追诉的方式。

但来自英国的制度与大革命时期的法国的国情并不相符，无法应付革命时代混乱复杂的社会治安局面，无法满足打击抢劫、盗窃等犯罪的需要。1799年宪法取消了公众控诉人，其控诉职能由政府委员行使。1801年法律恢复了传统的检察官公诉制度和预审法院制。1807年《法国民事诉讼法典》规定"检察官可以作为主当事人或者从当事人参加民事诉讼"[4]，从而确定了检察院的民事检察权。1808年《法国刑事诉讼法典》，将欧洲两种传统程序即对抗元素与纠问元素有机结合起来，形成新的"混合纠问制"[5]。在这一制度下，恢复了检察官起诉、调查、监督的权限。该法典规定："由检察院追诉案件，向法官提出要求适用法律的具体主张和支持该主张的基本依据，代表国家的公诉权。""检察院对'现行犯罪'享有调查权，作为司法警察的高级长官，指挥司法警察侦查犯罪"，"负责监督预审法官工作"[6]。1810年《法国司法组织法典》最终确定了检察院制度，该法律规定"总检察长在其辖区范围内对刑事案件进行公诉，监督各法院秩序的维护，他们还监督辖区内的所有司法警察和司法助理人员"，对总检察长的任命、纪律惩戒和领导由司法部部长行使，整个司法组织系统严密，级别分明。至此，上述三部法典，确定了检察院的组织形式和职责，明确规定了检察院的调查权、公诉权和监督权[7]，标志着法国资产阶级的检察制度真正建立。

进入现代社会后，法国检察制度进行了若干改革。1958年12月22日的司法改革"将治安法院改为初审法院，设立检察官，使检察机关的组织发展到最初一级法院"，但这并没有太大改变检察机关的组织。同年，新刑事诉讼法，扩大了警察和检察官权限，赋予了检察官对几乎所有犯罪案件侦查追诉的职权，但同时又规定"预审法官在调查犯罪时，不受检察官监督指挥"。1967年7月，法国立法肯定了检察机关设于法院的惯例。[8]1970年7月10日法律、1972年7月20日和8月28日法令、1993年7月

---

[1] 黎敏：《西方检察制度史研究——历史缘起与类型化差异》，清华大学出版社2010年版，第157页。
[2] 段明学：《比较检察制度研究》，中国检察出版社2017年版，第4页。
[3] 黎敏：《西方检察制度史研究——历史缘起与类型化差异》，清华大学出版社2010年版，第160页。
[4] 甄贞等：《检察制度比较研究》，法律出版社2010年版，第12页。
[5] 黎敏：《西方检察制度史研究——历史缘起与类型化差异》，清华大学出版社2010年版，第323页。
[6] 甄贞等：《检察制度比较研究》，法律出版社2010年版，第12页。
[7] 甄贞等：《检察制度比较研究》，法律出版社2010年版，第12页。
[8] 张培田：《检察制度本源刍探》，载《中国刑事法杂志》2000年第5期。

27日宪法性法律和1994年2月5日组织法、2001年6月25日法律、2004年3月9日法律等，均对检察制度作了一些修改和完善[1]，但法国检察制度的基本格局没有发生大的变化。

法国的检察制度是典型的大陆法系检察制度。在机构设置方面，法国的检察机关分设于最高法院、上诉法院和大审法院等各级法院中，由司法部向各级法院派驻检察官，实行审检合署，但独立行使职权，其名称、等级和管辖的范围等均对应于其附设的法院。法国检察机关层次清楚，等级分明，其司法官被认为是"行政权力在法院的代表人"，1958年12月22日条例第5条确立了检察院的等级原则："检察院的司法官由其等级上级领导和监督，并被置于护玺大臣即司法部长的权威下。"[2]司法部部长是检察机关的最高领导，检察机关的每个成员都应当接受司法部部长的领导。司法部部长直接领导总检察长和上诉法院检察长。下级检察官要接受上级检察官的领导和监督，驻上诉法院检察长对上诉法院辖区内各检察院的所有官员均拥有上司之权力，共和国检察官对其助理和其辖区内的驻违警罪法院的检察院的官员行使领导权。这种上下级的领导关系，体现了法国检察机关内部实行垂直的一体化管理。

在职能方面，法国检察机关拥有广泛的职权。首先在刑事诉讼中，检察官的职权主要包括受理犯罪举报、领导和监督侦查、调控公诉范围、出庭支持公诉和监督刑罚执行。[3]受理犯罪举报方面，共和国检察官接受申诉和举报，并决定是否予以处理。在领导和监督侦查方面，接受犯罪举报后，在预审开启之前，检察机关司法官个人可以采取有关现行重罪或轻罪的所有调查措施，或者由检察官领导司法警察对犯罪案件进行最初的调查，查证所有已实施的犯罪行为，并在其中监督司法警察的行为。在调控公诉范围方面，共和国检察官的责任是查寻或命令查寻是否存在犯罪行为，然后根据法律规定作为如何处理的决定，如果是重罪，共和国检察官必须作出请求预审法官进行司法调查的决定，并对预审过程中采取的措施进行法律监督。依据调查结果，检察院享有提起公诉的自由裁量权，可以作出提起公诉、适用替代追诉措施或不予追诉的决定。当检察院向法院进行公诉后，则代表国家出庭公诉，可以参加法庭辩论，提出公诉请求，也可以对法院的判决提出上诉等。在监督刑罚的执行方面，检察院不仅是将刑罚判决交付执行的唯一权力机关，而且它还具有一定的评估权，并定期视察各个监狱机构。在民事诉讼中，检察官可以代表国家和公共利益参与诉讼活动。对法国行政法院和审计法院审理的案件，检察官有权参加诉讼。同时还负有对律师、司法鉴定人员、司法和解人等职业人员以及户籍管理等人员的活动进行法律监督等职能等。

可见，法国检察官作为政府派往法院的代理人，作为行政权力对司法权力加以制衡的主要力量，起着专门司法监督的作用。

---

[1] 朱孝清、张智辉主编：《检察学》，中国检察出版社2010年版，第55页。
[2] 魏武：《法德检察制度》，中国检察出版社2008年版，第27页。
[3] 甄贞等：《检察制度比较研究》，法律出版社2010年版，第37页。

(二) 德国检察制度的形成和发展

1. 德国检察制度的形成

公元 843 年的《凡尔登条约》，把查理曼帝国一分为三，其中东法兰克王国则是德国的雏形。东法兰克王国同样处于封建割据状态，各地普遍实行的是日耳曼民俗法司法程序，即典型的对抗式诉讼程序。刑事检控权力的私人化和地方化是普遍现象。1231 年德意志国王弗里德里希二世与诸侯签订了《有利于诸侯的条例》，赋予了每位诸侯在其领地内至高无上的独立权，从而形成了德国长达几百年分裂的局面。条例"正式放弃了法律的帝国统一性和国王对伯爵的司法权授予"，"标志着司法完全成为邦国的事情"。[1]随着罗马法的复兴以及罗马法、教会法等在德国的传播，到 15 世纪初，在德意志各邦国的世俗司法中普遍使用教会法院的纠问式司法程序。1532 年 6 月 27 日，德意志国王查理五世正式公布了《卡罗林纳刑事法院法典》，"标志着纠问式司法程序的合法性在德意志地方邦国中得到承认。传统对抗式程序与新的纠问式程序混合并存的局面在世俗司法中广泛蔓延"。[2]随之，在德国出现了检察制度的萌芽。在普鲁士，从 1540 年，纠问程序取代对抗式程序起，原来设在高等法院代表和维护选帝侯的利益尤其是经济利益的司库的职责逐渐扩大到刑事领域，到了 17 世纪，司库的职责进一步扩大，"在刑事诉讼中，有权进行调查，待调查结束后向法官递交调查结果；受法官委托，它还可执行逮捕，提起控诉""作为国库代表参加与财政有关的诉讼以及维护法庭秩序等"。[3]1553 年巴伐利亚国的法律规定，针对刑事犯罪，财务官可以代表邦君提出公诉。从 17 世纪后半期，德意志的一些邦国开始走向政治统治权的统一和法律的统一，刑事司法成为君主政体全力争取和控制的领域，1726 年德意志王国的邦国特里维的刑事法典建立有王室财务官负责对犯罪提出刑事公诉的制度。[4]但是，直到法国大革命前，在德国从来没有出现全国性的检察机构。

随着法国军队攻入德意志帝国之后，也给德意志国家带来了法国资本主义民主制度。德国的一些邦国陆续采用了法国式的检察制度。其中 1831 年在巴登邦、1841 年在汉诺威等地也相继建立起检察机构。[5]普鲁士在 1846 年 6 月 17 日通过设立检察机关的法案，并首先在柏林上诉法院的刑事审判中被迅速适用。刑事司法中正式导入检察官参与，规定由国家检察官垄断公诉。这也是德国历史上第一次由专门的现代检察官出席刑事审判，垄断行使公诉权，普鲁士法律规定，检察官由国家司法部部长领导，并对其负责。[6]各邦对法国式检察制度的采用，为统一后的德意志统一检察体制奠定了历史基础。

---

[1] 黎敏：《西方检察制度史研究——历史缘起与类型化差异》，清华大学出版社 2010 年版，第 274 页。
[2] 黎敏：《西方检察制度史研究——历史缘起与类型化差异》，清华大学出版社 2010 年版，第 305 页。
[3] 何家弘主编：《检察制度比较研究》，中国检察出版社 2008 年版，第 151 页。
[4] 黎敏：《西方检察制度史研究——历史缘起与类型化差异》，清华大学出版社 2010 年版，第 314 页。
[5] 何勤华主编：《检察制度史》，中国检察出版社 2009 年版，第 167 页。
[6] 黎敏：《西方检察制度史研究——历史缘起与类型化差异》，清华大学出版社 2010 年版，第 336 页。

2. 德国检察制度的发展

1871年，普鲁士铁血宰相俾斯麦统一了德意志，伴随着政治统一及随之而来的立法和刑事司法体制改革，全国性的检察系统终于建立。1877年颁布了建构统一德国检察制度的核心法律——《法院组织法》和《刑事诉讼法》。《法院组织法》规定了检察院职能、内部组织结构及其在刑事诉讼中的职责。《刑事诉讼法》确定刑事诉讼实行职权与公诉原则。依照这两部法律，德国检察院设在法院之内，合署办公，但职权相互独立。"在帝国法院设检察长一名，检察官一名或几名；在联邦高等法院、各地方法院分别设检察官一名或几名。"[1]刑事检控权由国家检察官垄断性地统一行使，公诉由检察官依职权和程序而为，实行强制追诉与起诉主义。由于统一后德国各邦司法上仍享有自主权，初步形成一个二元结构的德国检察系统，即帝国检察机关与邦检察机关，这两大系统都严格按照科层制原则组建。1924年的《法院组织和刑事司法条例》，规定检察机关在一定条件下有权选择向独任刑事法官还是陪审法院提起公诉，从而加强了检察院的权力。[2]

法西斯统治时期，检察机关成为实行恐怖的工具。第二次世界大战后，联邦德国重新恢复了资产阶级民主法制建设，检察制度重新得到发展。1941年7月15日《检察官参与民事法律案件法》赋予了检察院在所有普通法法院审理的民事法律争端中的参与权，以便在民事程序中以及在决定有关案情时贯彻执行民族共同体的意志。[3]第二次世界大战后，联邦德国重新恢复了资产阶级民主法制建设，检察制度重新得到发展。1975年1月，修改后的德国刑事诉讼法继续扩张检察官的职能。"检察机关取得了非刑事的制裁权（亦称惩罚性措施），另外对一些犯罪行为（特别是小额的侵犯财产的不法行为），不起诉也无需再征得法院同意。"[4]到1994年不起诉权力进一步扩大。1991年德国统一，整个德国使用的是联邦德国的法律，联邦德国的检察制度亦因此适用于整个德国。

德国的检察制度在很大程度上受法国检察制度的影响，同时因国情不同又有自己的特点。在机构设置上，德国的检察机关的设置在对应的普通法院内，均隶属于司法部。德国设有联邦最高法院检察院（总检察院）、州法院检察院和市法院检察院，初审法院的检察事务由市检察院负责，其管辖范围与法院一致，但相对法院，独立行使职权，这些内容与法国检察制度相似。但是，德国是联邦制国家，其检察机关也分为联邦检察机关系统和州检察机关系统。在检察机关的领导体制上，德国联邦总检察长和副检察长受联邦司法部部长领导，各州检察院和高级检察院受州、高级检察院检察长统一领导，州、高级检察院检察长受州司法部部长领导，上级检察院与下级检察院之间是领导与被领导的关系，联邦检察院与州检察院之间虽然没有领导与被领导的关系，

---

[1] 何勤华主编：《检察制度史》，中国检察出版社2009年版，第168页。
[2] 魏武：《法德检察制度》，中国检察出版社2008年版，第159页。
[3] 魏武：《法德检察制度》，中国检察出版社2008年版，第160页。
[4] 甄贞等：《检察制度比较研究》，法律出版社2010年版，第151页。

但前者对后者的业务有指导权限。德国检察官在行使职务时只代表所隶属的检察机关的首长。在职权范围上,德国检察机关依法享有对刑事案件的侦查权和侦查指挥权、提起和支持公诉权等;在民事诉讼中德国检察官享有调查取证权、起诉权、上诉权、抗告权以及对裁决执行的监督权;检察官还可以参与任何行政诉讼等,但是在审判监督权方面德国检察权属于行政权,不能干预司法权,在民事诉讼和行政诉讼方面审判影响的力度和作用要比法国弱得多。

(三) 日本检察制度的形成和发展

公元646年,日本经过"大化改新",进入封建社会,此后学习中国,建立了一套符合日本国情的封建统治制度。其中,模仿中国御史台而设弹正台,"主要负责中央行政的监察,京城内风俗的取缔,揭发、奏闻自左大臣太政官制下仅次于太政大臣的第二位高官以下官员的违法行为",并"接受告发,对嫌犯进行追诉"。[1]1192年,日本进入幕府时期,幕府将军成为实际的统治者,其从幕府中央到地方普遍设有"奉行"一职,其职责中有"掌管司法、处理诉讼、弹劾犯罪一项"。[2]弹正台与"奉行"的职责包含着现代检察制度的内容。

明治维新后,日本先仿效法国,1872年(明治五年)太政官发布《司法职务定制》,其中第六章、第七章分别对检事职制和检事章程作了规定,检察官分为六等,分别是大检事、权大检事、中检事、权中检事、少检事、权少检事。检察官是"保障宪法及人民权利,扶良除恶,监督审判当否的'公益代表人'",[3]并明确了检察官有诉讼的程序启动权、司法监督权等职权。此法令的颁布,被视为日本现代检察制度的出现。[4]

1880年(明治十三年),日本颁布了以1808年《法国刑事诉讼法典》为蓝本制定的《治罪法》,这是日本历史上第一部专门的刑事诉讼法典。这部法典区分了公诉与私诉,对公诉罪采取检事起诉的国家追诉主义、起诉独占主义和不告不理原则。[5]同年12月,颁布《各省使职制与事务章程》,完善了检事、检事部两个系列,至此,通过全盘移植法国的立法经验,标志着法国式日本现代检察制度的形成。

1889年(明治二十二年)2月11日颁布《日本宪法》,标志着日本的法制发展开始转而学习普鲁士、德意志的模式,于1890年颁布《裁判所构成法》《刑事诉讼法》《民事诉讼法》等法律,依照上述法律,日本建立起更倾向于德国式的检察制度,于法院裁判所内附设检事局,但检事局并非裁判所的从属机构,检事官同法官一样,都被视为服从司法省司法行政管辖的司法官。检事官的职权为"对刑事案件提起公诉,办理事务方面之手续,请求裁判所准确地适用法律,以及监视执行判决,在民事方面当认为必要时,可以请求通知和陈述意见。对裁判所所属或与之有关的司法和行政案件,

---

[1] 何勤华主编:《检察制度史》,中国检察出版社2009年版,第189~190页。
[2] 何勤华主编:《检察制度史》,中国检察出版社2009年版,第191页。
[3] 裴苍:《日本国检察制度》,商务印书馆2004年版,第4页。
[4] 朱孝清、张智辉主编:《检察学》,中国检察出版社2010年版,第58页。
[5] 何勤华主编:《检察制度史》,中国检察出版社2009年版,第197页。

作为公益代表人行使法律上属于其职权的监督事务"。[1]

第二次世界大战以后,日本的检察制度在保留了大陆模式的同时,又引进了英美法系的法律观念。1947年制定和颁布了第一部《检察厅法》,规定检察厅在法院之外单独设置,不再附设于法院之内,结束了审检合署的历史,标志着日本现代检察制度的进一步完善。

从明治维新到第二次世界大战后,日本现代检察制度的发展,经历了学习借鉴法国检察制度、德国检察制度到借鉴美国式的三权分立下的检察制度因素,走出了一条不同于法、德、美等国的发展之路,形成了适合于日本司法活动的独特的检察制度。在机构设置上,经历了审检合署到审检分离的变化,第二次世界大战后,在法院之外,单独设立与法院对应的最高、高等、地方和区四级检察厅。在领导体制上,检察厅仍属法务省。法务省有权了解、指导检察厅的工作,但只对检察厅进行一般的监督。同时检察厅又有相对独立性,奉行检察官一体化原则,整个检察机关形成以最高检察厅为最高领导的全国性检察机关。在职权方面,日本的刑事诉讼实行国家追诉主义和检察官起诉独占主义,检察机关是唯一能够提起刑事诉讼的诉讼主体;日本检察官拥有广泛的侦查权,可以自行调查犯罪嫌疑犯和案情关系人,并可以直接收集证据;只有在证据确凿并且足以作出有罪判决之时,日本检察官才决定起诉;日本采用起诉便宜主义。[2]另外,日本检察官有权作为公益代表,参与民事诉讼;有些情况下,检察官也可以代表当事人进行民事诉讼。

三、大陆法系检察制度形成的历史动因

(一) 中央集权制的形成是产生大陆法系检察制度的历史起因

从10世纪到12世纪,欧洲封建制度经历了一个特殊时期:封建割据,"权力碎化成诸多独立的细胞,在每个细胞中,主人,即领主,以其私人名义掌握指挥权和惩罚权"。[3]封建制度的发展是以削弱王权为代价的,这时的国王只是和平和正义的化身。国王的权力只限于王室领地。领主统领各大封建领地,享有独立权力,他们不认为"对国王负有任何形式的义务",这一时期,法国事实上被分割成十几个以古代部落为基础建立起来的国家。[4]无论是国王,还是领主,在领地内均设立法庭,彰显他们的权力。国王和领主通过向法庭委派自己的代理人,来实现对法庭的控制权,国王派遣国王代理人参加庭审,一方面为了维护王室利益,另一方面监督地方贵族或领主法庭审理案件,最终把封建领主的司法权置于王室法庭的管辖之下。法国检察官的起源是国王代理人制度。这个制度的形成和发展是随着法国王室在王国境内政治权力统一进

---

[1] 裘索:《日本国检察制度》,商务印书馆2004年版,第5页。
[2] 裘索:《日本国检察制度》,商务印书馆2004年版,第8~10页。
[3] [法]乔治·杜比主编:《法国史》(上卷),吕一民等译,商务印书馆2010年版,第313~314页。
[4] [法]乔治·杜比主编:《法国史》(上卷),吕一民等译,商务印书馆2010年版,第323页。

程的推进而逐渐建立起来的，在13、14世纪，法国国王菲利普·奥古斯都、路易九世、菲利普三世、菲利普四世时期等通过一系列战争、联姻、继承、购买等多种方式兼并土地，扩大王室的领地，"在所有王室领地兼并的地区，司法总管都渗透了进来，随之而来的还有卡佩王朝的制度和法兰西岛的艺术"，[1]随着国王权力的加强，逐步建立起中央集权的统一国家，国王的司法权，也扩大到全国各地，在这一过程中，国王代理人制度开始向国家的检察官制度发展。

（二）私诉制度向公诉制度的转化是大陆法系检察制度诞生的催化因素

法国早期主要采用弹劾式的诉讼形式，实行私诉制度，即由被害人本人或者亲族提起，国王代理人最初也是以私诉的方式，代表国王提起租税等内容的诉讼。后来随着国王权力的加强，以职权审讯为特征的纠问式诉讼方式代替了弹劾式诉讼方式，公诉制度代替了私诉制度，国王逐渐以全社会利益代表的身份接管了各个阶层的司法权，原来国王代理人逐渐演化成国家起诉人。尽管在纠问式诉讼方式下，并没有实现审判权和控告权的完全分离，法官仍享有对犯罪行为的各项追诉权，但以私诉为特征的弹劾式诉讼方式向以公诉为特征的纠问式诉讼方式的转化，却是检察制度形成的基本原因之一，催化了检察制度的诞生。

（三）控审分离是大陆法系检察制度形成的关键因子

一般认为，控审分离是现代检察制度形成的重要标志之一。法国中世纪，控诉职能与审判职能并没有完全分离，法官仍享有对犯罪行为的各项追诉权，当时，国王派遣代理人的目的除了告发犯罪外，还有一个目的就是控制司法权，监督法庭的审判行为。但是如果不能彻底地实现控审分离，法院成为"全能法院"，兼有刑事诉讼的侦查、起诉、审理和执行，可能会出现司法的专横，最终难以实现司法公正和社会正义。为此，法国在大革命后借鉴英国人的做法，实行了控告权和审判权的分离。1808年《法国刑事诉讼法典》全面规定了检察官在刑事诉讼法中的地位和职权，规定了公诉活动的基本原则和具体程序。从而建立了法国现代检察制度的框架：检察官服从司法部部长的命令，检察机关是与审判机关分庭抗礼的司法行政机关，刑事诉讼中有权指挥司法警察进行犯罪侦查；提起公诉、维持追诉；指挥监督预审法官；执行裁判；出席关系到公益的民事诉讼案件的审判庭并发表意见；监督审判以及在司法行政上有权监督警察、律师。[2]法国控审分离的实现，标志着大陆法系现代检察制度的成熟。

第二节　英美法系检察制度的产生和发展

英美法系，又称普通法法系，是"以英国中世纪的法律，特别是以普通法为基础产生和发展起来，以英国法和美国法为代表，以及在英美法律传统的影响下所形成的，

---

[1] [法]乔治·杜比主编：《法国史》（上卷），吕一民等译，商务印书馆2010年版，第445页。
[2] 孙谦主编：《中国检察制度论纲》，人民出版社2004年版，第8~9页。

具有共同外部特征的各个国家与地区的法律制度的总称"。[1]英美法系检察制度是英美法系国家司法制度的重要组成部分，其形成过程离不了国家法律制度的起源、发展和演变。"检察制度的基本内容、构成形式、本质特征、运行模式，无不受到一个国家政治制度和基本司法制度的制约和影响。"[2]英美法系国家的检察制度必然受英美法系法律传统的影响，从而形成了与大陆法系检察制度相对应的英美法系检察制度。英美法系检察制度最初起源于英国，美国的检察制度在现今世界范围内影响深远。

一、英美法系检察制度的历史起源

有学者认为，检察制度的起源不存在大陆法系与英美法系之分，"当今英美法系国家实施检察制度，其实也根源于法国，之所以在许多方面又异于法国，乃是各国国情、形势等多种因素的影响所致"。[3]一个国家某个制度的形成，一方面建立在其国家的政治、经济、文化、历史、价值观等因素的基础之上，另一方面可能要借鉴或移植其他国家的某些制度。英美法系国家的检察制度也不例外，要想厘清英美法系检察制度的起源，必须结合英美法系主要国家法制发展的历史进行研究，分析英美法系国家法制发展对其检察制度的影响，区别于大陆法系检察制度的特征，并分析英美法系检察制度形成的历史动因。

英国在10世纪前，所有的刑事犯罪的起诉方式都是通过私诉的方式进行的，其诉讼被称为"伤害诉讼"，类似于近代的侵权诉讼。[4]1066年，诺曼底公爵威廉征服英国，建立了以国王为代表的封建集权君主制国家。亨利一世和亨利二世时期，中央集权制度又得到进一步巩固和强化。[5]随着国王权力的加强，国王司法权也不断扩大，建立了专职法院和巡回审判制度，实现了司法的中央集权化。首先通过在国王法院推行陪审团宣誓调查法，吸引更多的诉讼当事人向国王法院投诉，逐渐把陪审制度推广到各类案件中。在刑事诉讼中，1166年，亨利二世再次颁布《克拉灵顿诏令》，其规定："当巡回法院到某郡开庭时，郡长应从各百户区召集12名骑士或'合法自由人'，从各村镇召集4名'合法自由人'出席，经宣誓后检举自亨利二世继位后本地发生的一切抢劫、谋杀、盗窃、纵火等重大刑事犯罪嫌疑人，是为大陪审团（grandjury）即控诉陪审团（juryofindictment）的最初萌芽。"[6]1176年的《北安普顿法令》，进一步扩大了陪审团检举犯罪的种类。这时的控诉陪审团不仅负责案件的起诉，而且还负责案件的审理。在现实中，这种控诉与审判职能相结合的方式往往导致判决的不公。1352年，爱德华三世颁布诏令，禁止控诉陪审团参与案件的审判，并另设一个由12人

---

[1] 付子堂主编：《法理学初阶》（第5版），法律出版社2015年版，第194页。
[2] 刘方：《检察制度史纲要》，法律出版社2007年版，第34页。
[3] 陈国庆、石献智：《检察制度起源辨析——兼论检察机关的职能定位》，载《人民检察》2005年第9期。
[4] 程汉大、李培锋：《英国司法制度史》，清华大学出版社2007年版，第377页。
[5] 程汉大、李培锋：《英国司法制度史》，清华大学出版社2007年版，第24页。
[6] 程汉大、李培锋：《英国司法制度史》，清华大学出版社2007年版，第265页。

组成的陪审团即"小陪审团"对案件进行实体审理。这一诏令实施的直接后果就是两个陪审团构成人员和职能的彻底分开，即"大陪审团"与"小陪审团"的明确划分。其中"大陪审团"负责审查案件的初步资料，决定是否向法庭起诉，如果同意并决定起诉，就在起诉书上签署"正当诉状"；如果认为起诉的证据不足，就在起诉书上签署"不正当诉状"，案件即告终止。可见，英国当时的大陪审团已经演变成为一个专门负责侦查、起诉的机关，与现代检察机关的公诉职能类似，但还不能认为是现代检察制度。直到1933年大陪审团体制被取消，在大陪审团存续的800多年间，不仅使得它成为普通法刑事诉讼结构的标准组成部分，而且也是英国社会自1166年以来刑事司法与检控权力机制一个最鲜明的制度特点。[1]

亨利二世在建立起诉陪审团体制的同时，考虑到英格兰社会自盎格鲁-撒克逊时期以来就存在私诉控诉传统，于是兼顾英国社会传统和王权的现实需要，一方面把重大犯罪的检控权赋予了起诉陪审团，另一方面保留了日耳曼私人刑事控诉权力。为此，在英格兰，每一个人包括国王在内，都有权以私人的身份、以国王或公共利益的名义提起刑事检控，但是，由于国王的特殊身份决定他不可能在案件中亲自出庭，因此，13世纪时，英王开始派律师代替他起诉。国王律师的主要职责是：担任国王法律顾问；就支付租金和偿还土地的案件支持控诉；对被宣告开除出皇家官员的人起诉；保护王室任命牧师的权力；调查杀人案件，进行听审；等等。1461年，爱德华四世正式将国王律师改称为总检察长（Attorney General），并设置国王辩护人。1515年，国王辩护人定名为副总检察长，除了代表国王进行诉讼外，总检察长和副总检察长还兼有多重身份，不能事必躬亲，很多重要的诉讼工作由财政部律师承担。19世纪中叶以后，财政部律师除了作为政府各部门民事案件的咨询人和代理人外，开始介入刑事案件。1841年财政部律师的职能范围扩展到指导和协助警察办理起诉事宜[2]。总检察长、副总检察长和财政部律师在职能上与日后的检察长十分相似，这为英国近代检察制度的建立奠定了基础，而控诉陪审团的出现、刑事私诉的存续、总检察长的设置等也为英美法系分权型的检控体制奠定了基础。

二、英美法系检察制度的演变与发展

（一）英国检察制度的演变和发展

英国进入现代社会后，随着国际化趋势和资本主义商品经济的发展，越来越多的诉讼，使得中世纪的起诉陪审团无法适用近代社会的发展，私诉体制流弊丛生。因此，英国一方面通过立法不断完善既有的官方检控机制，保证私诉体制的运行；另一方面在1879年设置皇家检察长，承担部分公诉职能。

前者，主要通过加强警察等的权力以保证私诉体制运行。近代以来，为了应付日

---

[1] 黎敏：《西方检察制度史研究——历史缘起与类型化差异》，清华大学出版社2010年版，第59页。
[2] 程汉大、李培锋：《英国司法制度史》，清华大学出版社2007年版，第382页。

益严峻的犯罪形势,英国警察逐渐走到刑事检控权力体制的前台,1829年英国议会通过了《大都市警察法》,规定了警察在刑事方面的职责为预防和调查犯罪。19世纪以后,警察负责很多刑事指控,作为私人刑事控诉的补充,"警察调查与对犯罪提出控诉的权力本身是他们的法律职责和工作内容"。[1]英格兰警察行使检控权时,如果遇到法律上的难题,往往会聘请专业的事务律师或出庭律师给予帮助,从而使得治安法官、大陪审团等的调查、起诉等部分刑事权力让渡给警察。

后来,在1879年,英国颁布了《犯罪起诉法》,设立了检察长一职,规定检察长在总检察长监督之下提起和从事刑事诉讼,以及向与刑事程序相关的警察、法庭书记员和其他人提供建议或帮助[2]。1908年的《犯罪起诉法》,把原财政部律师——检察长管辖的刑事起诉部门独立出来,由内政部任命的专职检察长负责管理。在保留私人起诉和警察起诉的传统下,进一步扩大了检察长的职权,授权检察长可以在诉讼的任何阶段接管私人起诉或警察起诉的刑事案件,使得检察长负责全部的刑事诉讼活动但仍要接受总检察长的监督。至此,最终确立了近代名副其实的检察制度。但是,这一检察机构仅仅存在于中央政府层面,地方上没有专职检察官,非重大案件仍然依靠警察或警察雇佣的律师起诉。

为了解决警察起诉所带来的一系列问题,英国政府从20世纪20年代开始探索改革的路径。1946年的《犯罪起诉条例》规定,检察长有权对所有案件决定是否起诉,在一些案件中,警察虽然可以起诉,但必须向检察长报告。1985年《犯罪起诉法》规定"设立一个独立的自成系统的皇家检察署",由检察长担任首长,下设若干个地区,每个地区设一位首席皇家检察官,具体负责该区的起诉事务,原来的地方起诉律师机构被改造成了皇家检察署的下属地区机构,[3]标志着英国统一、独立的全国性检察制度的确立。在机构设置上,英国形成了以检察长为核心,实行三级垂直领导体制,皇家检察署是承担公诉的主要职能部门,也是一个全国性的检察机关。皇家检察署的主要负责人是检察长,其职责主要是对英格兰、威尔士等地警察所启动的刑事诉讼程序独立地审查和起诉。不过相对于英格兰、威尔士和北爱尔兰而言,苏格兰的检察制度则比较接近大陆法系国家检察制度。

总之,英国的刑事起诉,在长期的历史发展中经历了一个从职能分散到逐渐集中的过程,随之产生的检察制度则在不断完善的检察职能中得到充实和加强。直到今天,虽然法律规定检察机构可以干预和接管自诉案件,但实际上英国的刑事起诉,一直保持着传统的个人自诉传统,检察权也具有一定的分散特征,除了皇家检察署之外,英国的反严重欺诈局、财政律师等机构仍有一定的检察权。

(二) 美国检察制度的演变和发展

在英美法系的国家中,另一个比较有代表性的国家是美国。美国的历史要追溯到

---

[1] 黎敏:《西方检察制度史研究——历史缘起与类型化差异》,清华大学出版社2010年版,第237页。
[2] 程汉大、李培锋:《英国司法制度史》,清华大学出版社2007年版,第387页。
[3] 程汉大、李培锋:《英国司法制度史》,清华大学出版社2007年版,第400页。

1607年至1733年英国在北美建立的13块殖民地。在美国独立前，英国向这些殖民地派驻检察官，并设有检察长一职。1643年，弗吉尼亚殖民地总督任命理查德·李出任该地历史上第一位总检察长，作为英王的代表，其职责包括提供法律咨询、负责与英国司法部门保持联系并就某些法律问题征求意见。理查德仅在被指控的不法行为直接危及王室利益的情况下才参与案件调查、起诉状起草以及参与大陪审团对案件调查等工作。[1] 其后，各殖民地纷纷效仿，设立总检察长职位，其中有些总检察长已具有明确的起诉职能。

17世纪前期移民北美大陆的除英国人外，还有法国人、荷兰人、德国人、西班牙人等，在移民过程中，均不同程度地保留了本民族的传统文化，形成了不同殖民地之间存在着文化和社会习惯的差异。1620年，美国历史上第一个公民公约——《五月花号公约》明确肯定了美国地方自治原则，为各个殖民地检察制度的差异性发展奠定了基础。1653年，纽约地区建立了一个以荷兰法院为模式的殖民地法院，其中司法官的主要职责是"在刑事案件的审判中提起公诉"。[2] 1664年，英国获得对纽约殖民地的统治权后，在法院中融入英国习惯法，取消司法官，但保留了公诉制度，由司法行政官实施。1704年，康涅狄格议会通过法律建立检察院，为北美殖民地创设首家永久性检察机关奠定了基础。[3] 在此基础上，州和地方的检察制度开始建立起来了，但是殖民地总检察长是英国政府的代表，而地方检察官则是地方任命的官员，为此两者在行使权力中不可避免地产生冲突。

美国独立后，1787年，美国召开立宪会议，颁布宪法，确立美国为联邦制的国家。美国法律制度中承袭了许多英国的法律制度，同时也有自己的特点。包括弗吉尼亚州在内的多数州适用英国普通法，但也有少数州适用大陆法系法律。在检察制度方面，根据1789年《司法法》规定，"在每个联邦司法区任命一个有经验的人充任检察官，对联邦犯罪进行起诉"，联邦总检察长的职责为"在最高法院起诉涉及美国国家利益的案件，向总统提供法律意见以及解答政府各部门就其业务方面提出的疑问"。[4] 但是联邦总检察长与联邦检察官没有监督与被监督、领导与被领导的关系。1870年，议会通过《设立司法部法》，根据这部法律，"司法部负责涉及美国国家利益的所有刑事检察与民事诉讼"，"赋予总检察长和司法部监督联邦法律执行权"。[5] 随后，美国成立司法部，联邦总检察长兼任司法部部长。自此，正式形成了美国检察制度的格局。

19世纪，美国各州检察系统仍然保持分散性特点。[6] 到20世纪初期，美国联邦检察系统呈现出分散和集中结合的特性。[7] 美国的检察制度，在组织体系上存在着联邦

---

[1] 张鸿巍：《美国检察制度研究》，人民出版社2009年版，第19页。
[2] 何家弘主编：《检察制度比较研究》，中国检察出版社2008年版，第5页。
[3] 张鸿巍：《美国检察制度研究》，人民出版社2009年版，第20页。
[4] 张鸿巍：《美国检察制度研究》，人民出版社2009年版，第21页。
[5] 张鸿巍：《美国检察制度研究》，人民出版社2009年版，第22页。
[6] 何家弘主编：《检察制度比较研究》，中国检察出版社2008年版，第7页。
[7] 何家弘主编：《检察制度比较研究》，中国检察出版社2008年版，第7页。

检察系统和州检察系统，两者各自独立，不存在隶属关系，美国联邦总检察长兼任司法部部长。在职权方面，美国检察机关提供法律咨询、参与民事诉讼、具有一定的侦查权、公诉权。值得注意的是，美国目前除了检察机关外，大陪审团也享有公诉权。

三、英美法系检察制度形成的历史动因

（一）英国普通法体系的形成是英美法系检察制度形成的基础

在英国国王建立中央集权统一国家的过程中，国王及其王室法官将国王的敕令和英国习惯法相融合，逐渐形成通行全国的普通法。国王依靠普通法打击封建贵族，加强国王的权力。国王权力的加强和普通法的形成相辅相成，使得以私诉体制和陪审团为主体的英国刑事司法体制继续在对抗制的轨道上前进，为分权型的检察体制奠定了基础。

（二）私诉制度始终影响着英美法系检察制度的发展

私诉是指由被害人及其亲属直接行使刑事诉权的一种制度，是所有国家共有的古代诉讼习惯，由于英国素有注重个人权利的文化传统，私诉制度这一传统得以延续，曾长期是英国诉讼制度中的基本起诉形式。在这种诉讼形式中，所有犯罪行为都被认为是公民自己的事情，即使亨利二世在1166年创建大陪审团检控机制之时，仍然保留了私人控诉者的权利。即使1461年英国国王设置了总检察长和副总检察长，在私诉体制下，他们的刑事检控权力并不比任何私人检控者优越，他们与普通私人检控者的最大不同不在于权力的大小，而在于行使权力的案件类型的区别。直到18世纪，英国还是检察检控权留给地方、社会，私诉体制的传统观念导致英国的检察制度只能在保留传统的基础上缓慢地发展与完善。

（三）陪审团起诉方式的演变是促使英美法系检察制度形成的一个重要因素

英国的大陪审团控诉制度，始终是英格兰刑事司法的重要因素。自12世纪起，英国就开始实行大陪审团制度，14世纪中叶，爱德华二世在大陪审团外，另设立小陪审团，由小陪审团参与法庭审讯，而大陪审团则专门负责提起诉讼，促成起诉与审判的分离，也使得刑事起诉由个人的私诉转化成一个具有公共性质的社会公共起诉团体的起诉。陪审团并非国家机构，陪审团的起诉也并非公诉，又由于19世纪以来，英国建立了强大的警察机关，并行使刑事起诉职能，从而限制了起诉陪审团向现代意义的"公诉"的转变，制约了作为公权力的检察机构的发展和完善。

第三节　苏联检察制度的产生和发展

一、苏联检察制度的历史起源

俄国主要是由东斯拉夫人建立的国家，公元8世纪前东斯拉夫人各部落还处于分

散的状态，到了 8 世纪，东斯拉夫人的社会经济生活取得了比较迅速的发展，促进了氏族公社的瓦解，到公元 9 世纪中叶，进入阶级社会，建立了封建性质的国家，随着统治者不断向周边扩张，10 世纪初建立起基辅罗斯，它构成了未来的俄国中央集权制国家的雏形。[1] 12 世纪中叶，基辅公国灭亡，国家陷入封建割据状态，14 世纪莫斯科公国崛起，到 16 世纪初，俄罗斯统一国家的版图已经基本形成。[2] 1547 年伊凡四世亲政加冕典礼上，宣布伊凡四世是罗马独裁者恺撒的继承人和上帝派到人间的君主，俄语称沙皇。[3]

1689 年彼得一世宣布亲政，当时的俄国还是一个经济、政治、军事、文化教育上落后的国家，内忧外患不断，彼得一世励精图治，力图改革俄国的政治和法律制度。其中，为了加强中央集权并同政府机构中的渎职和贪污腐败行为作斗争，彼得一世于 1711 年颁布法令建立监察官制度，设立监察官，作为沙皇的特命钦差大臣，其职责是"秘密监视各种公务，察访冤狱，监视国库收支等。如有人营私舞弊，不论其职位多高，监察官均应向枢密院检举告发。凡被告发者，科以罚款，罚金半数入官，半数奖给监察官"。[4] 这一制度的效果并不理想，甚至出现了监察官滥用职权、贪污受贿等问题，因此，彼得一世决定改革监察机构，设立新的检察制度。1722 年 1 月 12 日和 4 月 27 日，彼得一世先后颁布了《设立总检察长的诏令》和《关于总检察长职权的命令》两部法律，正式取代了过去的监察机构。根据前部法令，宣布效仿法国设立以总检察长为首的检察机关，并在参政院中设立总检察长和检察长，其他国家机关设立检察官。检察机关公开实施监督检察活动，这是其与监察机构最大的不同。根据后部法令，在商业法院、宫廷法院及教会机构均设立检察官，检察官的主要职责包括：监督法院活动，对违反法律的行为提出改正建议，对不合法的裁定提出抗诉并要求予以取消或者修改，对已实施逮捕的刑事犯的审理进行监督，对国库资金的流向进行监督。[5] 检察官还可以通过总检察长向元老院或各官署提出异议，并可以迫使国家行政机关的决议或者决定暂停执行。[6] 此时沙俄检察权的主要内容是维护法律，监督法律的执行，因此总检察长被称为"国家的眼睛"。[7]

彼得一世去世后，他所创建的检察制度形同虚设，到 1741 年伊丽莎白颁布法令，检察制度得以重新恢复，叶卡捷琳娜二世上台后，检察机关的监督职能不仅全面恢复，还有了进一步的发展。这主要体现在两个方面，一是参政院总检察长监督权力的扩展，二是省一级建立了地方检察机构。在总检察长权力扩展方面，通过 1763 年参政院改革法令，总检察长不仅参加法典的编纂工作，还要负责监督全国的行政机构。1767 年检

---

[1] 张建华：《俄国史》（修订版），人民出版社 2014 年版，第 4~5 页。
[2] 张建华：《俄国史》（修订版），人民出版社 2014 年版，第 16 页。
[3] 张建华：《俄国史》（修订版），人民出版社 2014 年版，第 19 页。
[4] 张建华：《俄国史》（修订版），人民出版社 2014 年版，第 42 页。
[5] 王海军、张雅芳：《俄罗斯检察权的历史及转型》，载《金陵法律评论》2017 年第 2 期。
[6] 张寿民：《俄罗斯法律发达史》，法律出版社 2000 年版，第 79 页。
[7] 何家弘主编：《检察制度比较研究》，中国检察出版社 2008 年版，第 210 页。

察官还获得了参与犯罪侦查工作的权力。1780年，总检察官监督财政支出，此后相继负责监督"货币流通"，负责保护移民、监管邮政机构，负责监管参政院各办公机构、印刷机构等，通过一系列的改革，总检察长的权力大大提升。[1]二是在省一级建立地方检察机构。1775年叶卡捷琳娜二世颁布《关于检察官和司法稽查官的职责》，规定省级各类法院中均设检察官和司法稽查官，司法稽查官是检察官的助手。检察官的职责包括：向总督报告法院执行法律的情况，命令执行情况及警察侦查案件的相关情况。法院审理涉及官方利益的案件时，在作出判决之前必须向检察长作出通报并听取检察长的意见。[2]总之，"检察官和司法稽查官要在维护政府利益，监督法院是否遵守国家各项法律的同时，还负责监督省内各类司法机构的运转情况"。[3]叶卡捷琳娜二世实施的检察机构改革对于发展与完善俄国检察制度有着重要意义。

到了沙皇亚历山大二世时期，检察制度发生了根本性变化。1857年，沙皇第二厅在《民事诉讼条例》草案中提出了改革检察制度的问题，但是并未对改革方案的细则问题做出相应计划。1859年—1861年关于诉讼制度改革计划中对检察机关改革的主要目标为限制检察机关的监督权，扩大检察官在刑事案件审判中的公诉权。[4]1862年，沙皇政府颁布了《司法改革基本原则》，提出要在法院设立检察官，在必要的情况下还可以设置助理检察官职务，帮助总检察长兼司法部大臣行使最高监督权，但其活动主要限于司法领域。[5]同年，国务会议通过了《关于检察机关的基本规定》，规定检察机关的使命是对俄罗斯联邦境内是否准确和一致地执行法律实施监督。确认了检察机关的组织和活动原则：检察监督机关的统一和集中原则、下级检察长仅服从上级检察长原则、检察长不可更换原则、检察长独立地作出决定不受地方机关干涉原则。总检察长和各省检察长均由沙皇任免，下级检察长由俄罗斯帝国的总检察长任免。[6]在此基础上，随后沙皇政府起草改革法令。1864年，沙皇亚历山大二世颁布了《审判条例》，进行了司法改革，建立了资产阶级性质的司法制度和诉讼程序，设立了陪审法院、检察机关和律师团体，其中检察机关的职责为参加刑事诉讼、提起刑事控诉、监督罪行侦查、支持法院中的论罪，并有时参加民事诉讼；赋予了检察官某些行政管理方面的职能，参加关于城市和地方自治事务、农民事务、工厂事务和兵役事务的各种省务会议的工作，也参加精神病人证明的特别会议[7]。经过这次司法改革，检察机构由监督政权机关活动的机关变成了一个负责刑事起诉和审前调查的机构，检察官也因此成为改革后刑事审判中的关键性角色，"成了一名活跃的公诉人，也是负责案件起诉

---

[1] 郭响宏：《俄国1864年司法改革研究》，陕西师范大学2011年博士学位论文，第75~76页。
[2] 张寿民：《俄罗斯法律发达史》，法律出版社2000年版，第80页。
[3] 郭响宏：《俄国1864年司法改革研究》，陕西师范大学2011年博士学位论文，第19页。
[4] 郭响宏：《俄国1864年司法改革研究》，陕西师范大学2011年博士学位论文，第77页。
[5] 郭响宏：《俄国1864年司法改革研究》，陕西师范大学2011年博士学位论文，第77页。
[6] [俄] Ю. Е. 维诺库罗夫主编：《检察监督》（第7版），刘向文译，中国检察出版社2009年版，第29页。
[7] 谢鹏程主编：《前苏联检察制度》，中国检察出版社2008年版，第13页。

的关键人物，而不只是监督官",[1]俄罗斯现代检察制度从此开始建立,[2]直至1917年十月革命后才被废除。

二、苏联检察制度的演变与发展

(一) 苏维埃俄国检察机关的建立

1917年10月，十月革命胜利，摧毁了俄国旧的国家机器，沙皇政府建立的检察制度也被废除了。1917年11月24日，苏俄人民委员会颁布《关于法院的第一号法令》，宣布"撤销现有的全部审判机关……代之以根据民主选举而成立的法院"。"废除现有的法院侦查员制度、检察监督制度、律师制度和私人代理制度。""在整个诉讼程序未经改革以前，刑事案件的侦查，由地方审判员一人负责处理，但凡关于拘留人犯和起诉的决定书，必须经过地方法院全体议决核准"，"凡是享有公民权利的未丧失名誉的男女公民，都可以担任控诉人或辩护人（侦查阶段也包括在内），以及在民事案件中担任代理人"。[3]通过这些规定，撤销了十月革命前的检察机关，并采取了一些过渡性的措施和方法。在新的检察机关建立前，苏维埃政府通过一系列法令，对法制状况实施监督的职能，由许多国家权力机关和管理机关共同承担，包括全俄中央执行委员会、人民委员会、司法人民委员部、国家监督人民委员部、地方各级苏维埃和地方各级司法机关等。[4]

1918年—1920年，国内战争胜利后，关于建立苏维埃检察机关的问题提上日程。根据列宁的倡议，1921年，苏俄司法人民委员部起草了《检察监督条例》，在起草的过程中，在检察机关的职权和组织原则上发生了分歧，列宁写了一封名为《论"双重"从属制和法制》的信给中央政治局，阐明了苏维埃检察机关的基本组织和活动原则，认为检察机关的建立必须反对双重从属制，实行垂直领导，实行全面的法律监督。[5]全俄中央执行委员会接受列宁的意见，1922年5月28日，第九届全俄中央执行委员会第三次会议通过了《检察监督条例》，建立起新型的社会主义的检察机关。条例规定检察机关的根本任务是"监督是否遵守法律和正确进行同犯罪所作的斗争"。[6]1922年11月11日，第九届全俄中央执行委员会第四次会议通过的《苏俄法院组织条例》第6条再次确认，"国家检察机关的任务是：对于一般的遵守法律情形实行监督，直接监督

---

[1] 郭响宏：《俄国1864年司法改革研究》，陕西师范大学2011年博士学位论文，第78页。
[2] 曾宪义主编：《检察制度史略》（第2版），中国检察出版社2008年版，第278~279页。
[3] [苏] В.Г.列别金斯基、Д.И.奥尔洛夫编：《苏维埃检察制度（重要文件）》（第2版），党凤德等译，中国检察出版社2008年版，第8~9页。
[4] 刘向文：《谈俄罗斯联邦检察制度的历史发展》，载《俄罗斯中亚东欧研究》2008年第6期。
[5] 朱孝清、张智辉主编：《检察学》，中国检察出版社2010年版，第75页。
[6] [苏] В.Г.列别金斯基、Д.И.奥尔洛夫编：《苏维埃检察制度（重要文件）》（第2版），党凤德等译，中国检察出版社2008年版，第173页。

侦查与调查工作的进行,以及在法庭上支持控诉"。[1]通过以上法令在俄罗斯并确立了全俄集中统一的检察机关体系,规定了检察机关的组织原则和检察机关的任务。在此期间,白俄罗斯、乌克兰、阿塞拜疆等苏维埃共和国[2]相继通过检察监督条例和法院组织条例建立了检察机关和明确了检察机关的任务。

(二) 苏联检察机关体系的建立

1922年12月30日,俄罗斯、乌克兰、白俄罗斯和外高加索等联合起来成立了统一的苏维埃社会主义共和国联盟,简称苏联。1924年1月31日苏联第二次全苏维埃代表大会批准了《苏维埃社会主义共和国联盟根本法(宪法)》,第7章第46条规定了联盟检察机关的组成和职能。"苏维埃社会主义共和国联盟最高法院检察长、副检察长均由苏维埃社会主义共和国联盟中央执行委员会主席团任命之。苏维埃社会主义共和国联盟最高法院检察长负责拟具一切应由苏维埃社会主义共和国联盟最高法院解决的问题的意见书,在最高法院审判庭支持公诉,如不同意苏维埃社会主义共和国联盟最高法院全体会之判决时,得向苏维埃社会主义共和国联盟中央执行委员会主席团提出抗议。"第9章第63条规定:"苏维埃社会主义共和国联盟最高检察长依靠苏维埃社会主义共和国联盟中央执行委员会之特别决定,对苏维埃社会主义共和国联盟联合国家政治管理局行为之是否合法,负检察责任。"[3]这是苏联历史上第一部规定检察制度的宪法。

1923年11月23日,苏联中央执行委员会根据《苏联宪法》批准通过了《苏维埃社会主义共和国联盟最高法院条例》,规定了苏联最高检察长和副检察长的设置和职权。其中规定苏联最高检察长和副检察长"由苏联中央执行委员会主席团任命,并配置于苏联最高法院",其职权包括是否合法的一般监督、审判监督、"根据苏联中央执行委员会主席团的特别决议,苏联检察长对苏联国家政治保卫局的活动是否合法,实行监督"。[4]但联盟检察机关与各加盟国检察机关并非隶属关系,而是互相并列的两套检察系统。

1929年苏联中央执行委员会和人民委员会决议批准了《苏联最高法院和最高法院检察机构条例》,其中第二编细化和完善了苏联最高法院检察机构的组织、职能和最高检察长的职权、权利和义务等。[5]

---

[1] [苏] В.Г.列别金斯基、Д.И.奥尔洛夫编:《苏维埃检察制度(重要文件)》(第2版),党凤德等译,中国检察出版社2008年版,第185页。

[2] [苏] В.Г.列别金斯基、Д.И.奥尔洛夫编:《苏维埃检察制度(重要文件)》(第2版),党凤德等译,中国检察出版社2008年版,第176、204页。

[3] 法学教材编辑部《外国法制史》编写组编:《外国法制史资料选编》(下),北京大学出版社1982年版,第866、869页。

[4] [苏] В.Г.列别金斯基、Д.И.奥尔洛夫编:《苏维埃检察制度(重要文件)》(第2版),党凤德等译,中国检察出版社2008年版,第235页。

[5] [苏] В.Г.列别金斯基、Д.И.奥尔洛夫编:《苏维埃检察制度(重要文件)》(第2版),党凤德等译,中国检察出版社2008年版,第295~299页。

1933年6月20日，苏联中央执行委员会和人民委员会"为了巩固苏联社会主义法制和为了保护公有制，使其免受破坏社会的分子的侵害"，颁布了《关于设立苏联检察院》决议，决定设立独立的苏联检察院，并规定了苏联检察长的职权。[1]1933年12月17日，苏联中央执行委员会和人民委员会批准通过了《苏联检察院条例》，撤销苏联最高法院检察机构，设立独立检察院，改变了审检合署的体制。根据条例规定，"苏联检察院的主要任务，是在苏联全境内巩固社会主义法制并保护公共所有制，使其免遭破坏社会的分子的侵害"。"苏联中央执行委员会所任命的苏联检察长，领导苏联检察院。苏联副检察长由苏联中央执行委员会主席团批准。""苏联检察长向苏联人民委员会、苏联中央执行委员会和苏联中央执行委员会主席团负责。"苏联检察院的职权是：监督苏联、各加盟共和国各主管机关，以及各地方政权机关的决议和命令是否符合于苏联宪法、苏联政府的决议和苏联政府的命令；监督各审判机关在适用法律上是否正确和统一；追究刑事责任，并在全苏联各级法院支持控诉；根据特别条例监督国家政治保卫总局、民警局和劳动改造机关的活动是否合法和正确；对各加盟共和国检察院的工作，作一般性的领导。[2]新建立的检察机关领导体制，仍然没有把检察院的统一和集中领导的原则贯彻到底。各加盟共和国检察院依旧是双重领导体制，既服从苏联检察长又服从各联盟共和国司法人民委员部，直到1936年7月设立统一的苏联司法人民委员部，各联盟的检察机关才直属于苏联检察长，完成了全苏联检察机关的集中领导。

（三）苏联检察机关体系的发展

1936年12月通过的《苏联宪法》，又称"斯大林宪法"，其中第九章第113—117条明确规定了检察机关的地位、职能和作用。"斯大林宪法"明确规定了苏联检察院是苏联最高法律监督机关，苏联检察长享有最高监督权，"对于各部及其所属机关，个别公务员以及苏联公民是否严守法律之最高检察权，均由苏联总检察长行使之"，"苏联总检察长，由苏联最高苏维埃任命之，任期七年"。[3]该宪法规定了检察机关实行集中统一的垂直领导体制，"各共和国、边区、省检察长以及自治区共和国与自治省检察长，由苏联总检察长任命之，任期五年"；"州、区及市检察长、由加盟共和国检察长呈经苏联总检察长批准后任命之，任期五年"。[4]并规定了检察机关独立行使职权的原则，"各检察机关独立行使职权，不受任何地方机关干涉，只服从苏联总检察长"。[5]

---

[1] [苏] В. Г. 列别金斯基、Д. И. 奥尔洛夫编：《苏维埃检察制度（重要文件）》（第2版），党凤德等译，中国检察出版社2008年版，第336页。

[2] [苏] В. Г. 列别金斯基、Д. И. 奥尔洛夫编：《苏维埃检察制度（重要文件）》（第2版），党凤德等译，中国检察出版社2008年版，第342页。

[3] 法学教材编辑部《外国法制史》编写组编：《外国法制史资料选编》（下），北京大学出版社1982年版，第887页。

[4] 法学教材编辑部《外国法制史》编写组编：《外国法制史资料选编》（下），北京大学出版社1982年版，第887页。

[5] 法学教材编辑部《外国法制史》编写组编：《外国法制史资料选编》（下），北京大学出版社1982年版，第887页。

苏联检察机关及其地方机关所实行的对于确切执行法律的监督，保证着苏联法制的真正一致地适用。

1941年至1945年苏联卫国战争期间，战争的胜利是首要任务。国防委员会发布的决定，一切机关、组织和公民都要遵守。所以，"监督确切执行国防委员的决议及有关公民行为，保障社会秩序和消灭犯罪的法规，是成立检察机关最重要的工作"。[1]为适应战时体制，检察机关的组织和活动原则也发生了变化，在被宣布实施战争状态地区的区域检察机关改组为军事检察机关，被实施战争状态的铁路检察机关、水上检察机关也划归军事检察机关，受军事总检察长领导。1946年3月9日，第二届苏联最高苏维埃第一次会议通过《关于苏联检察长定名为苏联总检察长的法令》，苏联检察长定名为苏联总检察长。[2]

1955年5月24日，苏联最高苏维埃主席团通过《苏联检察监督条例》，这是检察监督立法进一步发展的重要里程碑。该条例依据苏联宪法具体详细地规定了检察机关的地位、职权、组织机构和作用等。[3]将最高监督职能细化到检察监督的各个基本领域，规定了实施检查监督的法律手段。[4]1959年2月27日，通过了《关于在苏联检察院和各加盟共和国检察院里成立院务委员会的决议》。[5]

1977年10月7日，苏联通过了新宪法，这部宪法首次以专章的篇幅确认了检察机关的法律地位，进一步强化了检察机关的集中统一原则。1979年11月30日，苏联最高苏维埃通过了《苏联检察机关法》，规定了检察机关的组织、检察机关的活动，并且把"检察机关体系各级机关任务和活动的各个基本方向具体化了"，[6]在1982年和1987年，先后进行了两次修改补充，一直生效到1991年12月底苏联解体前。[7]

根据苏联宪法和检察机关的相关法律，苏联检察机关的组织体系按照集中统一的原则，建立起垂直领导体系，苏联总检察长由苏联最高苏维埃任命；加盟共和国、自治共和国、边疆区、州和自治州的检察长，由苏联总检察长任命；自治专区、区和市的检察长，由加盟共和国检察长任命，并经苏联总检察长批准。[8]检察机构的检察监督范围包括对各种国家管理机关、企业、机构和组织，公职人员和公民遵守法律的一般监督、对调查机关和预审机关执行法律情况的监督、对法院审理案件时适用法律情况的监督、对拘留所、看守所执行法院指定的惩罚和其他强制性措施时遵守法律情况

---

〔1〕 谢鹏程选编：《前苏联检察制度》，中国检察出版社2008年版，第36页。

〔2〕 [苏] В.Г. 列别金斯基、Д.И. 奥尔洛夫主编：《苏维埃检察制度（重要文件）》（第2版），党凤德等译，中国检察出版社2008年版，第386页。

〔3〕 [苏] В.Г. 列别金斯基、Д.И. 奥尔洛夫主编：《苏维埃检察制度（重要文件）》（第2版），党凤德等译，中国检察出版社2008年版，第411~419页。

〔4〕 [俄] Ю.Е. 维诺库罗夫主编：《检察监督》（第7版），刘向文译，中国检察出版社2009年版，第34页。

〔5〕 [俄] Ю.Е. 维诺库罗夫主编：《检察监督》（第7版），刘向文译，中国检察出版社2009年版，第35页。

〔6〕 [俄] Ю.Е. 维诺库罗夫主编：《检察监督》（第7版），刘向文译，中国检察出版社2009年版，第36页。

〔7〕 何家弘主编：《检察制度比较研究》，中国检察出版社2008年版，第217页。

〔8〕 何家弘主编：《检察制度比较研究》，中国检察出版社2008年版，第218页。

的监督等。[1]

三、苏联检察制度形成的历史动因

十月革命后,苏联创造了新型社会主义检察制度。苏联检察制度与大陆法系和英美法系检察制度相比,有两大差异:一是苏联检察机关在追诉犯罪、监督审判等司法监督外,强调检察机关的一般监督权,突出了检察机关的法律监督的性质。二是苏联检察机构则自成独立体系,独立设立检察院,内部实行高度垂直统一领导,整个检察系统直接隶属于国家最高权力机关,既不附属于法院,又不受政府节制,各级检察机关独立行使职权,不受任何地方机关干涉,只服从苏联总检察长。苏联不同于其他国家检察制度的形成不是偶然的,它有着深刻的历史原因,具体分析如下。

(一)社会主义法制需要新型的检察制度的建立

十月革命胜利后,为建立和巩固新生的苏维埃政权,创建和完善新的司法制度必不可少。1920年11月,苏维埃人民取得了反对外国武装干涉和反革命分子的卫国战争的胜利,国家结束了战争状态开始转向和平建设时期,法制建设被提上日程。1921年12月俄罗斯共产党第十一次全俄代表大会决议,提出了当前的任务是创建法制。"由于劳动人民的胜利,保证了苏维埃俄罗斯获得了和平,即令这和平是暂时的和不巩固的,但它已使得我们由国内、外战线上的军事紧张的状态转向和平的经济建设,因此,在生活的各方面奠立严格的革命法制的基础,就成了当前的任务,对破坏苏维埃政权所制定的法令及其所维护的秩序的机关、公职人员以及公民,要加以严厉处罚,同时,对于公民的人身及财产应加强保护。"[2]随后在第九届全俄苏维埃代表大会上,作出了建设社会主义法制的决定。[3]为了建立新的经济关系,获得人民的支持,为了同抵制国家法令的旧国家机关和旧国家官吏作斗争,解决中央和地方的矛盾等一系列困难,巩固新生政权和进行和平建设,就必须加强中央集权的统一领导,必须创制新的统一的法律和法律监督。于是,1922年苏维埃政权制定了民法典、劳动法典、土地法典、刑法典、刑事诉讼法典和民事诉讼法典,并进行了司法改革,把司法权统一交给法院行使,同时建立了检察制度。

(二)列宁关于维护法制统一的思想主导了苏联检察制度的形成

列宁等苏俄共产党人在马克思主义理论的指导下,结合当时苏俄所处的国内外的历史环境,领导了十月革命的胜利和苏维埃政权的建设。列宁指出"无产阶级国家代替资本主义国家,非通过暴力革命不可",[4]"马克思的意思是说工人阶级应当打碎、

---

[1] 何家弘主编:《检察制度比较研究》,中国检察出版社2008年版,第217-218页。
[2] [苏] В.Г.列别金斯基、Д.И.奥尔洛夫编:《苏维埃检察制度(重要文件)》(第2版),党凤德等译,中国检察出版社2008年版,第165页。
[3] [苏] Л.Н.古谢夫编:《苏联和苏俄刑事诉讼及法院和检察院组织立法史料汇编(1917—1954)》(上册),王增润等译,法律出版社1958年版,第405页。
[4] 《列宁选集》(第3卷),人民出版社2012年版,第128页。

摧毁'现有国家机器',而不只是简单地夺取这个机器",[1]而是建立自己的革命政权——无产阶级革命政权。因此,必须打碎旧的国家机器和法律制度,才能建立无产阶级专政。因此,在社会主义检察机关建立之前,列宁对沙俄的旧的国家机器、旧的检察机构是持否定态度的,列宁在《苏维埃政权的当前任务》中提道,"无产阶级革命的无可置疑的任务并不是改良审判机关……而是完全消灭、彻底铲除全部旧法院及其机关"。[2]

十月革命后,苏维埃政权通过法律撤销了旧的审判机关,废除了检察监督制度。在苏维埃检察机关建立前,由多个机关负责对法律实施实行监督的,其监督作用难以充分发挥。为此,建立独立的、完整的检察机关体系提上日程。其中,列宁关于维护法制统一的思想主导了苏联检察制度实行集中统一的原则,建立了自上而下的垂直领导体制。在1921年起草《检察监督条例》的过程中,中央委员会内就检察院的领导体制上,发生了激烈的争论。拥有决定权的中央委员会的大多数委员表示反对"地方检察长只能由中央委任并只服从中央节制的办法",他们主张"实行对所有一切地方工作人员规定的所谓'两重'从属制,"即"一面服从其所属中央人民委员部,一面又服从地方的省执委会"。[3]为此,列宁抱病写了《论"两重"从属制与法制》一文,列宁认为两重从属制影响威胁到法制统一,坚持"地方检察机关只能服从中央",实行垂直领导,并在文中阐述"关于法制一层,不能有加路格省或喀山省的法制,而只应是全俄罗斯统一的,甚至是全苏维埃联邦共和国统一的法制"。"检察长的唯一职权是:监视全共和国内对法律有真正一致的了解,既不顾任何地方的差别,也不受地方的影响。检察长的唯一职权,就是把案件提交法院去判决。""检察长的责任是要使任何地方当局的任何决定都不与法律相抵触,也只有从这一观点出发,检察长才必须抗议一切非法的决定,同时检察长无权停止决定本身制执行,而只是必须设法使对法制的了解在全共和国内,都是绝对一致的。"[4]列宁从保证法律统一出发,提出建立自上而下的垂直领导的检察机关体系、检察机关的法律监督职能等观点成为苏维埃检察机关组织和活动的理论基础。

(三)俄国检察制度的传统影响了苏联检察制度的构建

18世纪初,彼得大帝为了巩固刚刚形成的中央集权的统治,在枢密院内设置了总检察长,负责领导驻各政府机关和各级法院的检察官。职权是监督各级官吏和地方当局是否遵守沙皇的法令。可见,俄国检察制度从设立之初就突出其法律监督的性能。虽然从1864年司法改革,检察机关具有了代表国家实行公诉的权力,失去了一般监督

---

[1]《列宁选集》(第3卷),人民出版社2012年版,第140页。

[2][苏]В.Г.列别金斯基、Д.И.奥尔洛夫编:《苏维埃检察制度(重要文件)》(第2版),党凤德等译,中国检察出版社2008年版,第5页。

[3][苏]В.Г.列别金斯基、Д.И.奥尔洛夫编:《苏维埃检察制度(重要文件)》(第2版),党凤德等译,中国检察出版社2008年版,第166页。

[4][苏]В.Г.列别金斯基、Д.И.奥尔洛夫编:《苏维埃检察制度(重要文件)》(第2版),党凤德等译,中国检察出版社2008年版,第165~168页。

权，但是检察权仍隶属于沙皇。十月革命胜利后，苏维埃政权在粉碎旧国家机器和法律制度的同时，也为建立新的法律秩序努力着，并试图建立相应的法律监督制度，由此可知，从新的检察制度建立开始，国家检察机关的任务之一就是对于一般的遵守法律情形实行监督，这种一般监督权规定，表明了一种历史传统经验的影响。

四、当代俄罗斯检察制度概述

（一）从苏联检察机关向独联体各成员国检察机关的过渡

1991年年底苏联解体，独立国家联合体（简称"独联体"）成立后，苏联检察机关改组为独联体检察机关，成立了由独联体总检察长、副总检察长和独联体各成员国总检察长组成的检察委员会。鉴于各成员国已经独立，独联体检察机构的监督职能逐渐向独联体各成员国的检察机关转移，独联体各成员国检察机关也开始实行双重领导体制，即各级检察长既服从本成员国总检察长的领导，也服从本共和国的最高国家权力机关。[1]

（二）俄罗斯联邦现行检察制度的初步建立

1991年11月5日，俄罗斯联邦最高苏维埃通过了《关于组建俄罗斯联邦社会主义共和国统一检察机关体系的决议》，该决议决定，根据1978年《俄罗斯联邦宪法》，"在现有检察机关的基础上，组建由俄罗斯联邦总检察长领导的统一的检察机关体系"。[2] 1992年1月17日，俄罗斯联邦最高苏维埃通过了《俄罗斯苏维埃联邦社会主义共和国检察机关法》，共7编54条。该法规定了检察监督的目的、检察机关的组织和活动原则、检察监督的对象和范围、检察机关的体系和组织、检察长的任务和权限以及检察机关的干部政策等内容。1992年检察院组织法在继承1979年检察院组织法的基础上有所改变。比如，在检察监督目的中改变了1979年检察院组织法中捍卫国家利益、维护社会利益、维护公民的权利与自由的排列顺序，首先保障的是法律至高无上、法律的统一和健全，其次维护人和公民的权利和自由，最后是由法律保护的社会和国家利益。[3] 在检察监督中取消了检察机关对法院实施监督的职能，只规定了检察长参与法院审理案件。1992年4月17日，俄罗斯第六次人民代表大会通过决议，使用两个同等效力的国名"俄罗斯联邦"和"俄罗斯"。此后俄罗斯的法律不再冠以"俄罗斯苏维埃联邦社会主义共和国"。[4]

由于俄罗斯联邦属于转型时期，其司法改革也属于转型期的司法改革，其检察制度的转变也经历着一个逐渐完善的过程。

1993年12月12日，以公民公决形式通过了《俄罗斯联邦宪法》，该宪法规定：

---

[1] 何家弘主编：《检察制度比较研究》，中国检察出版社2008年版，第218页。
[2] 何家弘主编：《检察制度比较研究》，中国检察出版社2008年版，第219页。
[3] 何家弘主编：《检察制度比较研究》，中国检察出版社2008年版，第219页。
[4] 朱孝清、张智辉主编：《检察学》，中国检察出版社2010年版，第82页。

"俄罗斯联邦检察机关是一个下级检察长隶属于上级检察长和俄罗斯联邦总检察长的集中统一体系。""它规定了俄罗斯联邦总检察长及其他检察长的任免程序。"[1]这部宪法降低了联邦检察机关的法律地位,缩小了俄罗斯联邦总检察长的职权范围。1995年11月17日俄罗斯联邦总统签署联邦法律第168号令,批准了《俄罗斯联邦检察机关法的修改补充法》,俄罗斯联邦检察机关法不断进行修改完善,最近一次修改是2022年12月29日,"通过颁布的法律修改了81次,通过俄罗斯联邦宪法法院发布的裁决修改了5次。"[2]整部法律共8编82条,整体来说现行俄罗斯联邦检察机关法的基本框架没有发生大的变动,其核心内容为"检察机关的职权和检察机关行使职权的保障"。

根据现行检察机关及相关法律规定,俄罗斯联邦检察机关实行垂直领导体制。俄罗斯检察机关法规定:"俄罗斯联邦检察机关遵循下级检察长服从上级检察长和俄罗斯联邦总检察长的原则开展工作。俄罗斯联邦总检察长领导俄罗斯联邦检察系统,俄罗斯联邦总检察长对该法赋予检察机关的任务负有完成的责任。""俄罗斯联邦总检察长领导俄罗斯联邦总检察院、俄罗斯联邦主体检察院和与其同级的检察院。""俄罗斯联邦主体检察院及与其同级的军事检察院和其他专门检察院,由相应的俄罗斯联邦主体检察长、军事检察长和其他专门检察长领导。俄罗斯联邦主体检察长和与其同级的检察长领导下级检察机关。""市、区检察院及与其同级的军事检察院和其他专门检察院,由相应的市、区检察长、军事检察长和其他专门检察长领导。"[3]

现行俄罗斯检察机关的主要职能是对法律执行情况的监督。现行《俄罗斯联邦检察机关法》第1条规定了俄罗斯联邦检察院行使职权的职权范围,并在第三编、第四编、第四编之一、第六编第47条具体规定了检察机关职权的具体内容:包括执法监督、对遵守人和公民的权利和自由的监督;对从事特侦、调查和初步侦查工作的机关的执法监督;对执行刑罚和法院裁定的强制措施的机关和机构的管理部门以及关押被拘留人员和被逮捕人员的场所的管理部门的执法监督;检察官参与法院的案件审理;在国际机构、外国和国际(跨国)法院、外国和国际仲裁法院(仲裁法庭)代表和维护俄罗斯联邦的利益;负责协调执法机关共同打击各类犯罪;国际合作;检察长有权出席联邦立法机关和行政机关、俄罗斯联邦主体的代表机关(立法机关)和行政机关以及地方自治机关的会议;俄罗斯联邦检察机关有权参与立法工作等11个方面。[4]

俄罗斯检察机关法规定了检察机关行使职权的保障主要有:法律保障、财政和信息技术保障、检察人员的人身和财产保护及其物质保障和社会保障等。[5]

---

[1] [俄] Ю. Е. 维诺库罗夫主编:《检察监督》(第7版),刘向文译,中国检察出版社2009年版,第38页。

[2] 李生:《俄罗斯联邦检察院法主要内容及其启示》,载《人民检察》2023年第12期。

[3] 李生:《俄罗斯联邦检察院法主要内容及其启示》,载《人民检察》2023年第12期。

[4] 《俄罗斯联邦检察院法》,载 https://www.spp.gov.cn/spp/llyj/202303/t20230320_608969.shtml,2023年8月26日访问。

[5] 李生:《俄罗斯联邦检察院法主要内容及其启示》,载《人民检察》2023年第12期。

第四节　中国检察制度的历史和发展

我国《宪法》第134条规定："中华人民共和国人民检察院是国家的法律监督机关。"从广义的检察权着眼，可以把检察制度理解为法律监督制度，"认为这种特定意义上的检察制度——法律监督制度，最先起源于古代中国并且在内容和形式上都表现得十分完美"。[1]清末修律过程中，引进了西方的检察制度，1931年11月中华苏维埃共和国临时政府成立，人民检察制度诞生，时至今日，发展成中国特色社会主义的检察制度。纵观中国检察史，既有历史的积淀和传承，又有他国的移植和借鉴，梳理中国检察制度的历史发展，有助于我们对当代中国检察制度的认识和理解。

一、古代御史制度

在清朝末年以前，我国有着一套系统、完整的法律监督体系，其主要表现为秦汉以来逐步形成的御史制度。在长达两千年的历史发展中一直承担着综合监督的职责，虽然其机构名称、组织形式和权力范围因朝代不同而有所差异，但它的基本功能却没有发生根本性的变化。御史的主要职责是监督、纠察内外百官违法和参与司法审判、监督司法审判等多种职能。

（一）秦汉御史制度

御史制度正式产生于战国至秦朝。秦朝设置了三公之一御史大夫掌管法律监督职责，察举非法。《秦简·尉杂》规定"岁雠辟律于御史"，[2]意思是说廷尉每年到御史处核对法律条文，可知御史有核对廷尉法律条文的职责。御史大夫为副丞相，地位低于丞相而高于廷尉。秦朝在诸郡派驻监御史，监察地方官违法之事。监御史不属于地方官职，不受制于地方，而是由中央委派，受御史大夫统领。

汉承秦制，西汉初期中央设御史大夫，《通典·卷二十四·职官六》载：御史大夫下设两丞，一曰御史丞，一曰中丞，亦谓中丞为中执法。每朝会"举不如仪者"[3]，监察中央官吏违法者。汉成帝绥和元年（公元前8年）改御史大夫为大司空，其监察职能则由其属官御史中丞所承担，以御史中丞为台首，掌法律监督职责。御史中丞专责"具殿中……察举非法"，[4]"以其列在殿中，掌兰台秘书。外督部刺史，内领侍御史，受公卿奏事，举劾按章"。[5]汉宣帝时，治书侍御史"掌以法律当天下奏谳，定其是

---

[1]　刘方：《人类社会检察制度起源刍议》，载《中国检察官》2006年第12期。王桂五主编：《中华人民共和国检察制度研究》，法律出版社1991年版，第25~36页。
[2]　睡虎地秦墓竹简整理小组编：《睡虎地秦墓竹简》，文物出版社1978年版，第109~110页。
[3]　《汉书·叔孙通传》。
[4]　（唐）杜佑：《通典》卷二十四。
[5]　《唐六典》。

非。"[1]并组成专门承担监察职责的御史台,这是我国专门监察机关创立之始。[2]东汉时,中央仍设御史台,以御史中丞为长官,其下设佐吏治书侍御史,"掌选明法律者为之。凡天下谳疑事,掌以法律当其是非","共平廷尉奏事,罪当轻重",[3]说明御史台的主要职责是监督法律的贯彻实施。

对于地方的监察,汉朝有一个变化的过程,汉初废除秦朝的监御史,由丞相府派遣"丞相史"监察郡、县。汉武帝元封五年(公元前106年)废除监察郡国的丞相史,分全国为十三州部,每个州部设部刺史一人,秩六百石直属御史大夫。以"六条问事"纠举地方郡守的行政违法和司法违法行为。汉代还规定了刺史的"录囚徒"的职责,主要是对监狱中的在押犯人定期进行省录,复核案情、检察是否判错,发现冤狱,给予平反的制度。《后汉书·百官志》记载:"诸州常以八月巡行所部郡国录囚徒",[4]这也是监督司法审判的一种方式。负责京师所在州的监察官员称司隶校尉。司隶校尉负责"掌察举百官以下,及京师近郡犯法者"。[5]汉武帝征和四年(公元前89年)初置,据说在西周时已有此官,"以掌徒隶而巡察,故云司隶"。[6]西汉时,司隶校尉受御史大夫节制,秩比二千石,位在司直下,但职权很重,与御史中丞大致相仿,并可纠举包括丞相在内的百官,直接弹劾三公。东汉时期,司隶校尉在皇帝面前与尚书令、御史中丞均专席独坐,被称为"三独坐",可见司隶校尉地位之尊崇。

刺史制和御史台的出现,标志着秦朝确立的御史制度发展到东汉已经基本定型。[7]由于秦汉时期御史制度处于初创时期,御史台除监察职权外,还有其他的权能,如秦朝的御史兼管文秘之类的事务,御史大夫还协助丞相与皇帝商讨国家大事,拥有决策权,汉代的御史大夫还承担统兵职务等。

(二) 唐宋元时期的御史制度

魏晋南北朝时期御史的主要任务仍是举劾非法、督查百官、维护国家法律政令。御史台名义上不再属于少府,而成为由皇帝直接领导的独立监察机构,其长官为御史中丞。两晋御史中丞的职责为"与司隶校尉分督百僚,自皇太子以下,无所不纠,初不得纠尚书,后亦纠之"。[8]御史中丞的属官有治书侍御史、侍御史、殿中侍御史等,名目繁多,因事设置,职权不统一,处于发展中。魏晋以后,不设专门的地方监督机构,而由中央派遣巡御史巡视地方,监督官吏。

御史制度到了隋唐时期已趋于完善,法律监督职责相对独立,唐御史萧至忠称御

---

[1] 《历代职官表》。
[2] 曾宪义主编:《检察制度史略》(第2版),中国检察出版社2008年版,第9页。
[3] 《后汉书·百官志》。
[4] 曾宪义主编:《检察制度史略》(第2版),中国检察出版社2008年版,第25页。
[5] 《后汉书·百官志》。
[6] 《汉书·百官公卿表》注引师古曰。
[7] 朱孝清、张智辉主编:《检察学》,中国检察出版社2010年版,第86页。
[8] 《通典·职官志》。

史台为"人君耳目"。[1]唐玄宗时,御史台设"三院",台院、殿院、察院制开始形成,分别由侍御史、殿中侍御史、监察御史若干人组成。《唐六典》规定,御史由皇帝直接颁诏任命,或由御史大夫委任,吏部无权过问。[2]御史台的台长御史大夫"掌邦国刑宪、典章之政令,以肃正朝列"。"天下之人有称冤而无告者,与三司诘之。(三司:御史大夫,中书,门下。大事奏裁、小事专达。)凡中外百僚主事应弹劾者,御史言于大夫,大事则方幅奏弹,小事则署名而已"。"若有制使覆囚徒,则与刑部尚书参择之。凡国有大礼,则乘辂车以为之导。"侍御史"掌纠举百僚,推鞫狱讼。其职有六:一曰奏弹;二曰三司,三曰西推,四曰东推,五曰赃赎,六曰理匦"。[3]殿中侍御史"掌殿廷供奉之仪式"。监察御史"掌分察百僚,巡按郡县,纠视刑狱,肃整朝仪"。"凡决囚徒,则与中书舍人、金吾将军监之。"监察御史在京,则分察尚书省六部,以第一人察吏部、礼部,兼监察使;第二人察兵部、工部,兼馆驿使;第三人察户部、刑部,岁终议殿最。甚至尚书省诸司七品以上官员开会,必须事先"牒报"御史台,监察御史一人列席旁听,"监其过谬"。[4]察院遂成为御史台三院中最重要的职能部门。并且还赋予了御史"风闻弹奏"之权,如"纠举不实"或"弹劾涉虚"也不承担法律责任,但必须是出以公心将所闻之事上奏或弹劾。反之,要承担刑事责任。《唐律疏议·斗讼律》规定:"诸诬告人者,各反坐。即纠弹之官,挟私弹事不实者,以如之","据令应合纠弹者,若有憎恶前人,或朋党亲戚,挟私饰诈,妄作纠弹者,并同'诬告'之律"。[5]并且规定监察御史对官吏的犯法必须举发,如果"知有犯法不举劾者""纠弹之官减(罪官)二等(处罚)"。若司法机构统摄之官与掌领之官,"知所部有犯法不举劾者,减罪人罪三等(处罚)。"[6]三院御史行使监察权,各有其侧重点。同时,三院御史的职掌又互有交叉,如弹奏之责,三院御史皆有;出巡本应由监察御史,但"州县官有罪,品高则侍御史,卑则监察御史按之",[7]即在州县高官犯事须委使按察时,侍御史也可出使巡按。

宋朝秉承唐朝的制度,中央设御史台监督百官,御史中丞为长官,下设三院。宋朝御史制度又有所发展,由于台院只设侍御史一人,并且是御史中丞之副,其纠举百官和承诏治狱之职归于殿院和察院,三院制组织趋向两院制转化。御史必须由皇帝亲自任命,允许风闻弹奏,不受任何限制。察院设监察御史六人,"掌分察六曹及百司之事,纠其谬误"。[8]以监察御史为六察官。规定"凡六察之事,稽其多寡当否,岁终

---

[1]《大学衍义补·重台谏之任》。
[2]《唐六典》。
[3]《唐六典》。
[4]《唐六典》。
[5]《唐律疏议·斗讼律》。
[6]《唐律疏议·斗讼律》。
[7]《资治通鉴·唐武则天后长安四年》。
[8]《宋史·职官志》卷一六四。

条具殿最，以诏黜陟。[1]"其中"吏察"察吏部及审官院、三班院；"户察"为户部三司及司农寺；"刑察"为刑部、大理寺、审刑院；"兵察"为兵部与武学；"礼察"为礼部与太常寺；"工察"为工部、少府与将作等。其后有所变化，但基本职责没有多大变动。

元代御史制度的变化，将台院并入察院，将殿院降为殿中司，仅掌朝廷礼仪制度，察院成为御史台内最主要的机构，还设立了江南诸道行御史台和陕西诸道行御史台，作为御史台的派出机构，在全国设立了二十二道肃政廉访司，监督地方。元朝还制定相关法律，明确规定了御史的职责。如《设立宪台格例》中明确规定：中书省枢密院"凡有奏禀公事，与御史台一同闻奏"。[2]元仁宗年间辑成《风宪宏纲》，作为专门的监察条令予以颁行。《风宪宏纲》对监察官的纠察、体察和纠劾的职责给予了详细而具体的规定，如"虫蝻生发飞落，不即时捕打申报及部内有灾伤，检视不实，委监察并行纠察"，"诸公事行下所属，而有枉错者，承受官司，即须执中，若再申，不从不报者，申都辖上司，不从不报者，委监察纠察"。这些极为具体地规定了监察御史对上至中央机构、下至地方官员的纠察监督之权，事关政治、经济、民事、审判等等各个方面，无不在御史的监督之中，而这些规定为法律监督提供了前提和依据。

（三）明清时期的御史制度

明洪武十五年（1382年），明太祖出于强化封建行政监督机构的需要，把御史台更名为都察院，扩大了机构设置与权力。明朝都察院作为中央一级行政监督的执行机构，直接对皇帝负责，不受其他部门的干预。都察院长官为左、右都御史，他们二人共同负责都察院的工作，"职专纠劾百司，辩明冤枉，提督各道，为天子耳目风纪之司，凡大臣奸邪，小人构党，作威福乱政者，劾；凡百官猥茸贪冒坏官纪者，劾；凡学术不正，上书陈言变乱成宪，希进用者，劾；遇朝觐，考察同吏部司贤否陟黜，大狱重囚会鞫于外朝，偕刑部、大理谳平之。其奉敕内地，拊循外地，各专其敕行事"。[3]其中，右都御史侧重全国行政监督的工作，左都御史侧重司法监督和参与司法审判。

与此同时，明朝又在地方设置十三道监察御史，作为中央行政监督机构的派出单位，主管所辖区域行政监督工作，"主察纠内外百司之官邪，或露章面劾，或封章奏劾。在内两京刷卷，巡视京营，监临乡、会试及武举，巡视光禄，巡视仓场，巡视内库、皇城、五城，轮值登闻鼓"。[4]明朝为强化行政监督，防止地方官吏擅权违法，特别设立御史巡按制度。由皇帝钦派都御史或副都御史等高级官吏出使巡按省府州县。他们作为皇帝的"耳目之司"，拥有很大的威权，一般都要加上"总督兼巡按""提督兼巡按"等衔，出使省府州县各地，执行行政监督的各项大权。凡"大事奏裁，小事

---

[1]《宋史·职官志》卷一六四。
[2]《元典章·台纲》，《元史·世祖纪》，转引自曾宪义主编：《检察制度史略》，中国检察出版社1992年版，第117页。
[3]《明史·职官志二》。
[4]《明史·职官志二》。

主断",对一般官吏的贪污腐败犯罪以及行政违法行为,外放巡按均有权立即处置,不受当地官府的干预。另外,朱元璋在废除宰相制度后,设六科给事中以监督六部的行政活动,具体是在六部中分设吏、户、礼、兵、刑、工六科,各以给事中一人领事,左、右都给事中各一人作为辅佐。六科给事中作为皇帝派往六部实行监督的代表,有权审查六部长官上奏皇帝的文书。此外,六部奉旨办理的行政事务,应于六科给事中处办理登记手续,以备后查。这样就形成了都察院弹劾百官,六科给事中监督六部的监察体制。

清朝基本沿袭明制,中央监察机关仍为都察院。为了加强皇权,把原来分别附属于六部、职掌封驳的六科给事中归并于都察院。六科给事中与十五道监察御史(后来增至二十二道)共同行使对六部及内外官的监察权,合称"科道"。雍正年间还创制了"科道密折言事制度",规定科道官员每日一人上一道密折,一折奏陈一事,加强了对官吏的监督。

明朝洪武年间制定,正统年间修订颁布的《宪纲条例》明确规定了监察官员的选用、职责、监察纪律等内容,是一部非常完备的监察法规。清朝的监察法规主要有顺治十八年(公元1661年)制定的《巡方事宜十款》,规定了巡按代表皇帝出巡所纠弹的范围以及考核御史等内容。乾隆年间制定的《钦定台规》和《都察院则例》则是历代监察法的集大成者,规定了都察院的法律监督的主要职责,都察院主官都御史和各道御史的职权范围,监督的对象,监督的原则等,清朝是监察法规最为完备的时期。

从以上历代的御史制度的梳理可知,虽然各个时期御史机关的具体职权不尽相同,但是从今天看来,古代中国御史机构的职责主要有监督中央与地方官员行政法纪行为、监督中央和地方的司法审判、参与司法审判、受理申诉、监督纠正错误的刑事裁判、监督死刑执行等,多数朝代在法律中均有明确的规定,并颁布于天下。

二、近代检察制度

随着清末修律的展开,清末检察改制,开始了中国近代检察制度的历史起点。

(一)晚清检察制度

清光绪三十二年(公元1906年),清廷实行中央官制改革,从此拉开了引进西方司法制度的序幕。随着清末修律的展开,清政府先后颁布了《大清新刑律》《大理院审判编制法》《各级审判厅试办章程》《法院编制法》等法律,为建立新的检察机关以及实施检察事务提供了相应的法律依据。在《大理院审判编制法》和《各级审判厅试办章程》中具体规定了检察机关的职权范围,初步确立了检察制度。根据《大理院审判编制法》规定,检察厅有刑事公诉、监督执行、指挥司法警察等职权,"检察官于刑事有提起之责,检察官监视判决后正常施行","各城谳局内附设检察局,城谳局内之检察局管辖地段内警察须听其指挥"。根据《大理院审判编制法》第7条规定,检察官还有协同大理院及其所辖各审判厅、局调查一切案件之职责。[1]根据《各级审判厅试办章程》第四章"检察通则"[2]对检察官的职权、上级检察厅监督下级检察厅,检察厅之补助机关、检察官刑事公诉、参与民事诉讼及办公制度等作了较为完整、明确的规定。其检察职权主要有:刑事提起公诉;收受诉状,请求预审及公判;指挥司法警察官逮捕犯罪者;调查事实,搜查证据;保护民事公益,陈述意见;监督审判并纠正违误;监视判决之执行;查核审判统计表。

1910年2月7日,《法院编制法》被批准颁行,该法共16章164条,其中第11章"检察厅"、第12章"推事及检察官之任用"相对集中地规定了检察机关的性质、机构设置、职权、检察官选任管理制度等重要事项。关于机构设置,实行审检合署,将检察机关设置在法院内,《法院编制法》规定各审判衙门分别配置检察厅,即初级检察厅、地方检察厅、高等检察厅、总检察厅,实行四级制。地方及高等审判分厅、大理院分院,分别配置地方及高等检察分厅、总检察厅分厅。虽然检察机关的设置与审判机关相对应,但是检察机关独立行使职权,实行控审分离,且检察机构仿照大陆法系检察机关的"检察一体化"组织形式。关于检察官的职权,《法院编制法》规定,检察官关于刑事方面的职权有:搜查处分、提起公诉、实施公诉、监察判断之执行;民事方面的职权有:为诉讼当事人或公益代表人实行特定事宜的职权;各检察厅检察官可调度司法警察。关于检察官的选任和管理的规定,《法院编制法》规定,检察官应按照《法官考试任用暂行章程》经二次考试合格者,才准任用,并对这二次考试的资格条件以及学习检察官、代理检察官制度、检察官的执业禁止情形、任命方式、待遇、惩戒等内容作了规定。[3]

随着《法院编制法》的颁行,检察机构设置、检察官职权及选任管理等制度的颁布施行,近代检察制度建立了起来。虽然由于人才缺乏、经费不足等各种现实困难,新式检察制度在实践中步履维艰,但是这些法律法规的制定和颁布施行以及近代检察机关的建立和运行为民国时期检察制度的继续发展奠定了基础。

(二)中华民国北京政府时期检察制度

中华民国北京政府时期的检察制度在基本继承和沿用了晚清检察制度基础上,根据当时的具体情形有所发展。民国初年,沿袭清末定制,司法机构实行四级三审制,各级检察机关附设于各级审判机构内,但职权独立,与同级审判机关地位平等,不受其管辖。1914年袁世凯通过政治会议颁布法律,将全国三分之二的地方审检厅和全部初级审检厅撤销。[4]1915年6月,司法部颁布了修正的《法院编制法》,检察机关变更为三级制,删除初级检察厅。段祺瑞政府期间,恢复四级制,在地方分庭或司法公

---

[1] 谢如程:《清末检察制度及其实践》,上海人民出版社2008年版,第53页。
[2] 《各级审判厅试办章程》共120条,其中检察通则为22条。
[3] 谢如程:《清末检察制度及其实践》,上海人民出版社2008年版,第69~70页。
[4] 曾宪义主编:《检察制度史略》(第2版),中国检察出版社2008年版,第167页。

署内设置检察官。[1]这一制度一直延续到1928年。

这一时期检察官的职权是通过颁布一些法规，在清末原有职权的基础上，做了更为详细的规定。这些法规主要有修正《法院编制法》《修正各级审判厅试办章程三条》《地方审判厅刑事简易庭暂行规则》《民事非常上告暂行条例》《县知事兼理司法事务暂行条例》《县知事审理诉讼暂行章程》《高等分庭暂行条例》《修正陆军审判条例》《海军审判条例》《司法部酌定华洋诉讼办法》《修正审理无约国人民民刑事诉讼章程》《法律适用条例》《民事诉讼条例》和《刑事诉讼条例》等。依据这些法律法规，这一时期检察制度的变化主要表现在：在基层由县知事兼理司法，在撤销了初级审检厅后，北京民国政府规定"凡未设审判衙门地方，所有民、刑诉讼案件，均由县知事兼理，或设审判处以管辖之"。[2]因此行政长官兼理检察事务，从而在县一级地方行政权、审判权、检察权合而为一；在军队中设立了军事检察机关，在军队中设立的军事检察官，主要由宪兵军官和军、师、旅的副职充任，[3]享有对于军人及其军队有关人员侦查逮捕并送交审判的职权，从而加强对军队的管理；在职权方面，在清末检察官职权的基础上，一方面规定得更为具体，另一方面根据民国的情况又有所变化，如在提起公诉方面，法律对检察官公诉进行了限制，扩大了刑事自诉的范围，如法律只允许对判决中运用证据欠妥部分提起上诉，妨害个人、集团安全、信用、名誉的犯罪，泄露机密罪、强奸罪，必须由被害人自诉，涉及这类案件检察官不能提起公诉。

（三）南京国民政府检察制度

南京国民政府建立后，在继续沿用北京政府时期的司法制度和检察制度基础上，南京国民政府的司法体制发生了许多变化。1927年8月16日，国民政府发布第148号训令，宣布"裁撤各级检察厅并改定检察长名称"，规定"应自本年十月一日起将各级检察厅一律裁撤，所有原日之检察官暂行配置于各级法院之内，暂时仍旧行使检察官之职权。其原设之检察长及监督检察官一并改为各级法院之首席检察官"。[4]后又发布命令延后实行。至此，自检察制度引入中国，检察机关专设的传统结束。[5]1931年公布《民事诉讼法》和1932年实施《法院组织法》后则正式将四级三审制改为三级三审制，分别设最高法院、高等法院和地方法院。"最高法院设检察署，置检察官若干人，以一人为检察长。其他法院及分院各置检察官若干人，以一人为首席检察官，其检察官员额仅有一人时，不置首席检察官。"[6]检察官仍附设于各级法院中，与1932年《法院组织法》颁布前不同的地方，在于只在最高法院设置检察署，其他各级法院只设检察官，不设检察机关，检察官"对于法院，独立行使其职权"。至此，审检机构的设

---

[1] 曾宪义主编：《检察制度史略》（第2版），中国检察出版社2008年版，第167页。
[2] 曾宪义主编：《检察制度史略》（第2版），中国检察出版社2008年版，第167页。
[3] 曾宪义主编：《检察制度史略》（第2版），中国检察出版社2008年版，第168页。
[4] 闵钐编：《中国检察史资料选编》，中国检察出版社2008年版，第92页。
[5] 黄俊华：《南京国民政府检察制度研究（1927—1937）》，人民出版社2019年版，第43页。
[6] 参见《法院组织法》第26条，载吴经熊编：《六法全书》，会文堂新记书局1935年版，第613页。

置模式正式由清末和北京政府时期的审检合署变为南京国民政府时期的检察官合署和配置制的混合体。[1]

这一时期有关检察官的职权主要通过一系列法律加以规定。1927年12月26日，国民政府最高法院颁布实施了《最高法院办事章程》，该章程第3章"检察官"明确规定了检察官的各项权限。其中第35条详细列出五项检察官职务："一、刑事案件显然不合程序者，得批驳之；二、刑事案件系合法定程序者，即送刑庭审理，但上告案件应附具意见书；三、发现下级法院其裁判有不当情形认为应行上告、控告或抗告者，得指挥该管检察官提起之；四、第23条规定之事件（诉讼人径向本院声明上诉者，应代为转知该管法院核办，并批示照知）；五、其他事件。"[2]同时，南京国民政府还公布实施了《最高法院检察官办事权限暂行条例》《各省高等法院检察官办事权限暂行条例》《地方法院检察官办事权限暂行条例》等法律，更为详细地规定了各级检察官的各项职权。1932年5月20日《民事诉讼法》开始实施，该法全部删去了《民事诉讼条例》中关于检察官参与民事诉讼程序的规定，原来由检察官所行使的职权全部转由法官来执行。至此，自清末以来检察官参与民事诉讼的历史宣告结束。[3]

1932年颁布的《法院组织法》和1935年颁布的《刑事诉讼法》规定的检察官的主要职权有：实施侦查、提起公诉、协助自诉、担当自诉及指挥刑事判决的执行；其他法令所定职务的执行。[4]

三、新中国检察制度的建立和发展

以1949年10月1日中华人民共和国的诞生为标志，中国检察制度开始进入一个历史发展的新时代，新中国的检察制度走过了一条从创建、发展与波折、中断再到恢复发展[5]的马蹄形前进道路，整体而言其历程可分为改革开放前中华人民共和国检察制度的初创与曲折、改革开放之后中国检察制度的重建与完善两个时期。

（一）新中国检察制度的初建和曲折时期

伴随着中华人民共和国的成立，诞生了新中国的检察制度，其萌芽可以追溯到新民主主义革命时期。早在工农民主政权创建初期，1931年7月《鄂豫皖区苏维埃临时组织大纲》中规定在革命法庭内设立"国家公诉员"，这是根据地早期设置检察机构的一种组织形式。[6]随后，在各级审判机关内部附设检察人员，采取配置制。1934年2月17日《中华苏维埃共和国中央苏维埃组织法》规定，在中央执行委员会之下，设立最高法院，在最高法院内设立检察长1人，副检察长1人，检察员若干，负责最高法

---

[1] 王桂五主编：《中华人民共和国检察制度研究》，中国检察出版社2008年版，第33页。
[2] 曾宪义主编：《检察制度史略》，中国检察出版社1992年版，第242~243页。
[3] 黄俊华：《南京国民政府检察制度研究（1927—1937）》，人民出版社2019年版，第243页。
[4] 参见《法院组织法》第28条，载吴经熊编：《六法全书》，会文堂新记书局1935年版，第613、450页。
[5] 王桂五主编：《中华人民共和国检察制度研究》，中国检察出版社2008年版，第40页。
[6] 曾宪义主编：《检察制度史略》，中国检察出版社1992年版，第276页。

院的检察事宜,具体职权是检察员对经过两审后案件(两级终审制)尚有不同意见时,还可以向司法机关提出抗议(抗诉)。[1] 在地方,设立省裁判部、区裁判所。1932年《裁判部的暂行组织及裁判条例》规定,省裁判部设检察员1人至5人,县裁判所设检察员2人至3人。区裁判所则不设检察员。具体规定了检察员的工作与任务,主要有:逮捕权、预审权、提出公诉与抗诉权。抗日战争和解放时期,检察机构随着革命政权的变化而发生相应的改变,基本上实行审检合署和配置制混合体模式,如1939年《陕甘宁边区高等法院组织条例》规定在边区法院内设置检察处,设有检察长和检察员,各县司法处设置检察员,"独立行使其检察职权"。其检察长的职权有:执行检察任务;指导并监督检察员的工作;处理检察员的一切事务;分配并督促检察案件的进行;决定案件的裁定或公诉;指定检察员莅庭陈述对于案件的处理意见;对高等法庭判决有不同意见有权向边区政府提出控告。检察员的职权是:关于案件的侦查;关于案件的裁定;关于证据的搜集;提起公诉,撰拟公诉书;协助或担当自诉;为诉讼当事人或公益代表人;监督判决之执行;在执行职务时,如有必要,得咨请当地军警帮助。[2] 其他解放区同样设有检察员、检察处,如东北解放区、晋察冀边区、苏皖边区的审判委员会中设有检察员。

新中国成立后,我国开始了新的检察制度的创建。1949年9月21日,中国人民政治协商会议第一届全体会议在北京召开。会议通过了《中国人民政治协商会议共同纲领》和《中央人民政府组织法》,为创建新的检察制度提供了法律依据。《中国人民政治协商会议共同纲领》规定要建立人民司法制度。《中央人民政府组织法》第5条具体规定:"……组织最高人民法院及最高人民检察署,以为国家的最高审判机关及检察机关。"第28条规定:"最高人民检察署对政府机关、公务人员和全国国民之严格遵守法律,负最高的检察责任。" 10月22日成立最高人民检察署,后中央人民政府主席批准了新中国第一部关于检察制度的单行法规《最高人民检察署暂行组织条例》,为全面系统地建立检察制度奠定了法律基础。这部组织条例共17条,主要规定了检察机关的地位、领导体制、职权和内部管理制度等内容。

第一,检察机关的地位和领导体制。中央人民政府最高人民检察署"受中央人民政府委员会之直辖","为全国人民最高检察机关,对政府机关、公务员和全国国民之严格遵守法律,负最高的检察责任。全国各级人民检察署均独立行使职权,不受地方机关干涉,只服从最高人民检察署指挥"。[3] 最高人民检察署隶属中央人民政府,在国家机构体系中实行垂直领导的体制。

第二,检察机关的职权。最高人民检察署直接行使并领导下级人民检察署行使下列职权:检察全国各级政府机关及公务人员和全国国民是否严格遵守人民政协共同纲领及人民政府的政策方针与法律、法令;对各级司法机关之违法判决提起抗议;对刑

---

[1] 曾宪义主编:《检察制度史略》,中国检察出版社1992年版,第292页。
[2] 曾宪义主编:《检察制度史略》,中国检察出版社1992年版,第277页。
[3] 闵钐编:《中国检察史资料选编》,中国检察出版社2008年版,第389页。

事案件实行侦查，提起公诉；检察全国司法与公安机关犯人改造所及监所之违法措施；对于全国社会与劳动人民利益有关之民事案件及一切行政诉讼，均得代表国家公益参与之；处理人民不服下级检察署不起诉处分之声请复议案件。[1]

第三，内部领导制度。实行与检察署委员会议相结合的检察长负责制，以检察长为主席的检察署委员会议，"议决有关检察工作的政策方针、重大案件及其他重要事项，并总结经验""如检察委员会议意见不一致时，取决于检察长"。[2]此外，还规定了最高人民检察署的内部机构设置和行使检察权时与其他有关机关的关系等。

1951年9月，中央人民政府委员会第十二次会议审议通过了《最高人民检察署暂行组织条例》《各级地方人民检察署组织通则》，对检察机关的设置和职权做了进一步规定，将垂直领导体制改为双重领导体制，"及地方人民检察署受上级人民检察署的领导""同时受同级人民政府委员会之领导"。[3]依据上述法律，在全国范围内加强各级检察机关的建设，到1953年已经初具规模。

1954年至1966年为中国检察制度的发展和波折时期。1954年9月20日，第一届全国人民代表大会第一次会议通过了我国第一部《宪法》，对人民检察院的设置、职权、领导关系和活动原则等作了原则规定。9月21日，通过了第一部《人民检察院组织法》，比较系统地规定了人民检察院的设置、职权、行使职权的程序、组织与活动的原则及检察人员的任免等基本内容。这两部法律进一步发展和完善了新中国的检察制度。主要表现为：其一，改变了检察机关的名称。将各级人民检察署改为各级人民检察院，从而形成"三院制"。其二，调整了检察机构的设置。"设立最高人民检察院、地方各级人民检察院和专门人民检察院"，[4]取消了最高人民检察署分署，增加了专门人民检察院的设置。其三，重新确定了检察机关的垂直领导体制。其四，调整了检察机关内部的领导制度。将原来的"检察委员会议"改为"检察委员会"，它"在检察长的领导下，处理有关检察工作的重大问题"。[5]其五，适当调整了检察机关的职权。删去了检察机关参与行政诉讼和"处理人民不服下级检察署不起诉处分之声请复议事项"的职权；增加了"对于侦查机关的侦查活动是否合法实行监督"权和"对刑事判决的执行"监督权。[6]随后，我国检察制度得到快速发展，至1955年底，全国各级检察机关基本建立起来，1956年上半年，各级铁路、军事等专门人民检察院亦基本建立。

1957年下半年至1966年，由于"左"的思想的影响，检察制度的发展遭到严重挫折。检察机关一度与最高人民法院和公安部合署办公，面临着被撤销的危险。1966年"文化大革命"开始，全国检察机关受到暴力冲击，到1968年全国检察机关的工作实

---

[1] 闵钐编：《中国检察史资料选编》，中国检察出版社2008年版，第389~390页。
[2] 闵钐编：《中国检察史资料选编》，中国检察出版社2008年版，第390页。
[3] 闵钐编：《中国检察史资料选编》，中国检察出版社2008年版，第394页。
[4] 闵钐编：《中国检察史资料选编》，中国检察出版社2008年版，第401页。
[5] 闵钐编：《中国检察史资料选编》，中国检察出版社2008年版，第401页。
[6] 闵钐编：《中国检察史资料选编》，中国检察出版社2008年版，第401页。

际上被迫停止。1968年根据批转《关于撤销高检院、内务部、内务办三个单位，公安部、高法院留下少数人的请示报告》，最高人民检察院和军事检察院及地方人民检察院先后被撤销，人民检察制度从此中断。1975年《宪法》用宪法的形式肯定了撤销检察机关的事实。

(二) 改革开放后新中国检察制度的重建和发展时期

1978年党的十一届三中全会以来，我国检察制度得以重建和发展。1978年《宪法》和1979年的《宪法》修正，重新对检察制度作了原则性规定，基本上恢复中断前检察机关的设置和职权。1979年7月第五届全国人民代表大会第二次会议通过了第二部《人民检察院组织法》《刑法》《刑事诉讼法》等法律，我国的社会主义法制建设进入了新的时期。1979年《人民检察院组织法》继承了1954年《人民检察院组织法》的基本内容，同时有了新的发展。其一，它首次明确规定了人民检察院是国家的法律监督机关。其二，将检察机关的领导体制改为双重领导制。规定"最高人民检察院领导地方各级人民检察院和专门人民检察院的工作，上级人民检察院领导下级人民检察院的工作"，同时，"地方各级人民检察院对本级人民代表大会和本级人民代表大会常务委员会负责并报告工作"。其三，明确规定"检察委员会实行民主集中制，在检察长的主持下，讨论决定重大案件和其他重大问题"。其四，适当地调整了职权，主要是取消了"一般监督"职能，把检察机关的权力局限在专门的法律监督范围内。此外，对检察机关行使职权的程序、内部机构的设置等方面也作了相应的调整和补充。[1] 1982年《宪法》第3条第3款规定了"国家行政机关、审判机关、检察机关都由人民代表大会产生，对它负责，受它监督"，从而进一步明确了我国检察机关在国家机构中的地位及其与权力机关之间的关系。随后，国家又陆续颁布和批准了一系列的法律、法规和决定，进一步完善了检察制度，随着相关立法的不断完备，检察机关的建设和检察工作的实践也不断地发展，检察工作逐渐走向正规化、规范化。

1990年9月3日最高人民检察院和最高人民法院联合发布《关于开展民事、经济、行政诉讼法律监督试点工作的通知》，标志着检察机关民事、行政审判法律监督工作的正式启动。1995年11月10日最高人民检察院反贪污贿赂总局成立，标志着检察机关惩治贪污腐败犯罪工作逐步实现正规化、专业化。

1995年2月28日第八届全国人民代表大会常务委员会第十二次会议通过了《检察官法》，对于健全和完善中国检察制度具有重要作用。该法有利于促进中国检察官逐步脱离行政化的管理模式，建立起一套较为完备的、适应检察工作特点和检察官职业特征的科学管理制度。

1996年和2012年全国人大对《刑事诉讼法》进行了两次大修，从1999年到2011年全国人大通过的8个《刑法修正案》对检察机关的传统执法理念和查办职务犯罪和刑事检察产生了很大的影响。其中，1996年《刑事诉讼法》修改对检察机关的影响，

[1] 闵钐编：《中国检察史资料选编》，中国检察出版社2008年版，第406~410页。

"保留了检察机关对国家工作人员职务犯罪的受案管辖,取消了检察机关对一般经济犯罪的受案管辖;废除免予起诉制度;强化检察机关在刑事诉讼中的控诉职能"。[1]2012年《刑事诉讼法》修改对检察机关办案模式的影响主要体现在:在证据制度方面,规定不得强迫任何人证实自己有罪,确立了非法证据排除制度;在强制措施方面,强调检察机关在批准逮捕后对羁押必要性的审查,严格限制采取强制措施后不通知家属的例外规定;在辩护制度方面,明确犯罪嫌疑人在侦查阶段可以委托辩护人,完善辩护律师会见和阅卷的程序,扩大法律援助的适用范围;在侦查程序方面,完善了讯问犯罪嫌疑人、被告人的规定,强化对侦查活动的监督;在审判程序方面,规定二审案件应当开庭审理的范围,完善了上诉不加刑原则,规范发回重审制度;在执行程序方面,增加社区矫正的规定。另外,还增设了特别程序,其中包括未成年人附条件不起诉程序、公诉案件和解程序、犯罪嫌疑人、被告人逃匿、死亡案件违法所得的没收程序和精神病人强制医疗程序。[2]

为了促进检察机关正确履行法律监督职责,接受人民群众的监督,1998年10月25日,最高人民检察院印发了《关于在全国检察机关实行"检务公开"的决定》的通知。2000年2月和5月最高人民检察院办公厅分别下发了《关于在审查起诉部门全面推行主诉检察官办案责任制的工作方案》《关于在民事行政检察部门推行主诉检察官办案责任制的意见》,在全国各地检察机关开始试行主诉检察官办案责任制度。

2000年8月最高人民检察院将审查批捕厅改为侦查监督厅,审查起诉厅改名为公诉厅。随后,各地方检察厅的内设机构也相应地进行调整。公诉机构名称的出现,是"刑事检察职能的真正归位"。[3]

最高人民检察院扎实推进人民监督员制度改革,历经了先期试点、扩大试点、全面实施、深化改革等发展阶段,先后于2004年、2010年、2015年出台了《关于实行人民监督员制度的规定(试行)》《关于实行人民监督员制度的规定》《关于人民监督员监督工作的规定》,并会同司法部于2016年联合印发了《人民监督员选任管理办法》,人民监督员制度逐步确立并不断完善。2018年10月26日,第十三届全国人大常委会第六次会议修订通过的《人民检察院组织法》第27条明确规定:"人民监督员依照规定对人民检察院的办案活动实行监督。"至此,人民监督员制度正式成为一项国家法律确立的制度,步入正规化、法治化的发展轨道。

2017年6月27日,第十二届全国人民代表大会常务委员会第二十八次会议通过《关于修改〈中华人民共和国民事诉讼法〉和〈中华人民共和国行政诉讼法〉的决定》,将检察机关提起公益诉讼写入这两部法律,标志着检察机关提起公益诉讼制度正式确立。2018年10月、2019年4月,公益诉讼检察职权又写进修改后的《人民检察院组织法》《检察官法》。2018年12月,最高人民检察院专设公益诉讼检察机构,地

---

[1] 刘方:《新中国检察制度史概略》,法律出版社2013年版,第285页。
[2] 刘方:《新中国检察制度史概略》,法律出版社2013年版,第329页。
[3] 刘方:《新中国检察制度史概略》,法律出版社2013年版,第312页。

方检察机关同步部署,从而把人民检察院的检察职能从刑事、民事、行政检察职能扩展到公益诉讼检察职能。

新中国的检察制度随着中国特色社会主义法治的发展而日益完善,并在社会主义法治建设中发挥着越来越重要的作用。

四、我国香港特区、澳门特区的检察制度

香港、澳门、台湾自古以来是中国不可分割的组成部分,由于历史的原因,香港、澳门、台湾的检察制度各具有自己的特点。

(一)香港特区检察制度

香港的检察制度是随着香港法律制度的变迁而逐步形成的,香港在1841年被英国人占领前适用的是清朝的法律,1841年英国占领香港,发布"义律公告",该公告称:"……凡有礼仪所关乡约律例,率准仍旧,亦无丝毫更改之谊。且为奉国主另降谕旨之先,拟应照《大清律例》规矩主治居民,除不得拷讯研鞠外,其余稍无所改。凡有长老治理乡里者,仍听如旧,惟须禀明英官治理可也。倘有英民及外国人等至害居民,准尔即附近官前禀明,定即为尔查办。"[1]该公告在香港法制史上产生了深远的影响。1843年6月《南京条约》在香港换文后,港英政府建立了香港立法局,并制定了一系列维持社会秩序的法律。1844年10月,香港立法局颁布《香港高等法院条例》,规定除了例外情况,一切适用于英国的法律原则上都适用于香港。香港由此纳入英国普通法体系。香港的检察制度是在英国法的基础上建立起来的,由律政司署、警署和廉政公署组成完整的刑事检控体系。律政司署是香港最大的法律机构,是负责检察工作的主要机关,隶属布政司署,属于行政序列。但律政司署职权广泛,涉及立法、刑事检控、民事检察、法律政策制定和改革等多项重要的工作。[2]1974年,廉政公署建立,是由香港总督领导的负责对贪污贿赂案件进行预防教育、调查及检控的独立机构。

1997年7月1日,香港回归祖国,依照"一国两制"原则,根据《香港特别行政区基本法》的规定,香港实行高度自治,"享有行政管理权、立法权、独立的司法权和终审权"。"香港原有法律,即普通法、衡平法、条例、附属立法和习惯法,除同本法相抵触或经香港特别行政区的立法机关作出修改者外,予以保留。"据此,回归后的香港特别行政区检察制度也基本上沿袭了港英政府时代的检察制度。仍有律政司、廉政公署和警察署共同承担检控职能。香港特区的检察机关是律政司,由回归前的律政司署发展而来,承担着对大部分刑事犯罪的检察职能。依照《香港特别行政区基本法》第63条规定:"香港特别行政区律政司主管刑事检察工作,不受任何干涉。"除此之

---

[1] 苏亦工:《义律公告与一岛两制——香港二元化法制的确立》,载香港法律教育信托基金编:《中国内地、香港法律制度研究与比较》,北京大学出版社2000年版,第37~38页。
[2] 樊崇义等主编:《域外检察制度研究》,中国人民公安大学出版社2008年版,第385页。

外，律政司还是香港最大的法律机构，还承担着政府的法律咨询和法律工作职责，是行政机关，并与布政司并列，其首长律政司司长向特别行政区长官负责。廉政公署是直接受香港特别行政区行政长官领导的独立的反贪污机构。涉及官员职务犯罪的案件统一由香港特区廉政公署受理管辖，须移送律政司审查起诉。警察署同样承担着检控的职能。对于轻罪案件，警方可以依法直接向法院提起诉讼，无须律政司授权，重大、复杂案件，则由警方在侦查终结后交由律政司审查，并决定是否提起公诉。[1]

（二）澳门特区检察制度

16世纪中叶以后澳门被葡萄牙逐步占领，最初澳门适用的是中国的法律，随着葡萄牙殖民的扩张，中国在澳门的主权逐步丧失，葡萄牙的司法管辖权也扩展到中国人。通过1888年4月28日在天津换文生效的《中葡和好通商条约》，葡萄牙正式通过法律手段占领澳门。葡萄牙的法律制度在澳门司法活动中被广泛地运用，同时也保留了一定的中国传统法律习俗。例如，葡萄牙海军暨海外事务部于1909年6月17日颁布的《华人风俗习惯法典》，以便在澳门的华人中适用。[2]澳门法律体系依附于葡萄牙国家，属于大陆法系，长期没有完整的司法体系，司法制度很不健全。1917年11月5日通过《澳门省组织章程》，在总督下设政务委员会，由"公务员委员"和"非公务员委员"组成，其中公务员委员中包括检察官，负责提供技术性意见。1976年2月17日颁布的《澳门组织章程》，使得澳门"享有行政、经济、财政及立法的自治权"，检察院也获得自治，"依法规定本身的通则"。[3]"澳门享有较大程度的内部自治"，但是其自治权是相对的，"对葡萄牙主权机关特别是司法机关，依赖性比较大，终审权仍在里斯本"。[4]检察院附设于法院内，受葡萄牙总检察官公署领导。检察官的职权为代表政府审理一切刑事案件，凡政府主控的刑事案件，由检察官代表政府提出公诉。检察官还负责监督管理政府监狱，主理一切罪犯的登记等事务。检察官身兼多职，兼任政务委员会和评政审计院的当然委员、公务员惩戒委员会和工务技术委员会的委员以及首席候补登记局局长等职务。[5]

1987年4月13日，中葡两国政府签署了关于澳门问题的联合声明，确认中华人民共和国政府于1999年12月20日恢复对澳门行使主权。为了适应澳门过渡时期的需要，葡萄牙通过修改宪法中的澳门条款，提出澳门建立适应其自身特点的司法组织。葡萄牙国会1991年6月19日通过《澳门司法组织纲要法》，随后澳门总督于1992年颁布了《澳门司法制度法》，其中规定：澳门检察院是代表澳门地区提起刑事诉讼，维护法制及法律保障权益、享有自治权的独立司法机构；检察院实行垂直领导制，其司法官员有等级从属关系，下级服从上级；检察院的职权主要包括代表澳门地区、公钞局、市

---

[1] 何勤华主编：《检察制度史》，中国检察出版社2009年版，第441页。
[2] 黄启臣：《澳门通史》，广东教育出版社1999年版，第391~392页。
[3] 黄启臣：《澳门通史》，广东教育出版社1999年版，第398、399页。
[4] 黄启臣：《澳门通史》，广东教育出版社1999年版，第400页。
[5] 黄启臣：《澳门通史》，广东教育出版社1999年版，第405页。

政厅以及无行为能力、不确定和失踪的人士；在刑事案件中，检察院有刑事起诉权，并领导对刑事案件的侦查；监督审判活动是否合法，监督法院判决的执行；监督澳门政府各部门、公务员及澳门居民遵守法律；助理检察长作为政府的法律顾问，有责任向总督提供法律和专业意见等。[1]

1999年12月20日澳门回归祖国，在"一国两制"原则下，根据《澳门特别行政区基本法》规定，澳门实行高度自治，"享有行政管理权、立法权、独立的司法权和终审权"，"澳门原有的法律、法令、行政法规和其他规范性文件，除同本法相抵触或经澳门特别行政区的立法机关或其他有关机关依照法定程序作出修改者外，予以保留"，"澳门特别行政区检察院独立行使法律赋予的检察职能，不受任何干涉"。依据《澳门特别行政区基本法》，并结合澳门的实际情况，制定了《澳门司法组织纲要法》，该法对澳门检察机关的性质做了明确规定。经过对法律和澳门社会的深入分析，澳门最终确立了自身独特的检察制度。在机构设置上，澳门特区检察机关实行的是"一院建制，三级派任"的组织体系。在整个澳门只有一个检察院，行使全澳门的检察权。由检察院向三级法院中分别派出检察官进驻履行检察职能。各级检察官在履行职务过程中都是代表检察机关。在检察机关的职能上，澳门检察机关的职权十分广泛，主要包括：在法庭上代表澳门特别行政区，领导刑事侦查，确保刑事诉讼，包括是否决定起诉、出庭支持公诉、监督审判程序的合法性、监督刑事判决的执行等；在法定情况下维护所有合法的集体利益或大众利益；担任劳工及其家属的法定代理人；参与破产或无偿还能力的司法程序和所有涉及公共利益的司法程序；在法律上代表无行为能力的人、不确定人及失踪人等；检察院得以事先或事后审查的方式，对公共行政部门执法程序进行法律上的监督，以确保在有关执法过程中严格执行法律的各项规定；当行政长官或立法会提出请求时，检察院亦有权行使法律咨询的职能。

---

[1] 黄启臣：《澳门通史》，广东教育出版社1999年版，第437页。

第二章
中国特色社会主义检察制度

第一节 中国特色社会主义检察制度的理论基础

检察制度的理论基础是检察制度产生、存在与发展的理论基石和支撑。检察制度的理论基础虽然并非检察制度本身，也并非立法明确规定，但其却是检察制度构建的指导思想和基本原理。检察制度的理论基础可以为完善检察制度的构建提供理论依据和根本的方法指导，对检察制度的具体运行具有全局性、根本性的意义。是以，检察制度的理论基础在检察理论体系中具有基础性地位和作用。

现代检察制度的建立并非一朝一夕之事，从法国最先建立现代检察制度至今，检察制度经历了漫长的时间，受多种因素的影响。检察制度从建立到逐步完善的漫长时期决定了检察制度的建立受多种理论的影响，其理论基础丰富。现代检察制度产生的理论基础包括分权制衡思想、保障人权思想、法治国家思想、正当程序思想等。我国的检察制度是在借鉴世界各国检察制度的基础上建立起来的，当然遵循检察制度的基本原理，现代检察制度的理论基础当然是我国检察制度确立的理论依据。但我国检察制度的确立并非对其他国家检察制度的简单照搬，而是结合我国的历史传统和具体国情，进行的中国式的理性选择的结果。我国的检察制度是具有中国特色的检察制度，具有鲜明的中国特色，其理论基础还包括权力监督理论、人民民主专政理论和中国特色社会主义理论。

一、权力监督理论

自秦朝灭六国，统一天下始，中国一直是一个多民族中央集权的国家。国家权力高度集中统一，这有利于权力的高效运转，提高效率，但也存在权力滥用的弊端。监察制度成为封建社会统治阶级实现权力监督的重要手段。监察机构的基本职能包括：①纠察官邪，监督百官，整治纪纲。监督官吏通过对朝廷颁布的律令敕诏是否被遵守并严格执行，以及监督官吏是否忠于职守、勤于政事、廉洁奉公、爱护百姓来对官员行为进行监督。[1]②参与并监督审判活动。除了监督官员的行为，古代监察机关的另

---

[1] 参见陈光中：《中国古代司法制度》，北京大学出版社2017年版，第118～147页。

一重要任务是对从案件受理到审判以及执行的整个司法过程进行监督,保证司法公正。如秦汉时期中央监察机关通过参与审理疑难案件的方式监督官员的司法活动。宋朝时御史有重大疑难案件的最后审定权。明朝则通过监察纠正了诸多冤假错案,对保障司法公正起到了显著作用。③谏诤得失,匡正君主。除了上述职能,监察机构还可以纠正帝王的失举、违法行为。唐朝进谏制度发达,魏征以敢谏、善谏闻名,唐朝时官员的积极进谏使皇权的恣意性受到一定程度的制约,对唐王朝的长久统治起到了重要作用。

辛亥革命时,孙中山先生根据西方的分权学说并结合中国的历史传统较为系统地提出了分权理论。1906年,孙中山在《三民主义与中国前途》的演说中,首次公开提出了"五权宪法"和"五权分立"的主张。"五权"即立法权、行政权、司法权、考试权和纠察(监察)权,这五权分别由立法院、行政院、法院、考试院和监察院行使。"五权宪法"则是指实行五权分立的根本大法,"把全国的宪法,分作立法、司法、行政、弹劾、考试五个,每个权都是独立的"。[1]由于时代问题,孙中山的五权分立思想并未在实践中得以落实。

新中国成立后,我国实行社会主义制度,人民是国家的主人,通过人民代表大会行使权力。国家的一切权力属于人民,在此前提之下分设不同的国家机关行使人民代表大会赋予的不同权力。虽然我国也对国家权力进行了分工,但从整体上,我国实行的是人民代表大会制度,从政党制度上,我国实行的是共产党领导下的多党合作和政治协商制度。这是中国经过历史的选择和实践的检验确立的符合人民根本利益的具有中国特色的制度。在此制度之下,虽然对权力有分工,但党的领导和人民代表大会统一行使国家的权力是不能分割的。因此,新中国成立后,我国的分权是在共产党的整体领导和人民代表大会独立享有国家权力前提下的权力分工。故我国实行的是一元权力下的立法权、行政权、审判权、检察权、军事权、监察权等分立制度,行政权、审判权、检察权、军事权、监察权分别由行政机关、审判机关、检察机关、军事机关、监察机关行使,但这些机关由人民代表大会产生,对其负责,受其监督。

在此权力框架下,人民代表大会及其常务委员会有权对其产生的诸多国家机关及其权力行使进行监督,但这种监督是宏观的、非常态化的对重大事项的监督,而非具体的常态化监督。人民代表大会对其产生的国家机关的监督与西方国家三权分立下立法机关、司法机关和行政机关的相关监督、制约相比,具有单向性。为弥补这种制约的不足,就需要设立专门的监督机关,保障国家机关在权限范围内行使职权,防止权力滥用。检察院作为法律监督机关应运而生,除此之外,在共产党内部设立的党的纪律检查委员会和2018年新确立的监察委员会和检察院形成权力监督网络,成为保障国家权力依法运行的保障机制。

---

[1]《孙中山选集》,人民出版社1956年版,第583页。

二、列宁的法制统一思想

俄国"十月革命"后，为了维护新建立的苏维埃政权，列宁提出了一系列维护法制统一的思想，在这些思想中包括建立一个享有最高监督权的检察机关的思想。1949年新中国成立后，中国开始继受苏联司法制度。通过"请进来""送出去"的方式全面启动学习苏联司法制度的活动。"请进来"是指请苏联法学专家来我国讲授苏联的各项法律制度。例如苏联法学专家苏达尼科夫和贝可夫到中国进行系列讲座，其中专门有一讲为"列宁斯大林法院和检察机关的法律性的问题的重要原理"。[1]"走出去"则是指派遣留学生到苏联去深入学习其法律制度。可以说，新中国的检察制度在很大程度上借鉴苏联的检察制度，从思想渊源上看，列宁关于维护法制统一和检察监督的思想对中国检察制度的确立起到了直接的指导作用，其作用具体体现在下述几方面。

（一）关于检察机关的性质

依据列宁的法治思想，苏联在1936年《宪法》中对检察机关在维护法制统一中的作为和地位进行了原则规定，确立了检察机关对政府各部及其附属机关、公职人员和普通民众严格遵守法律实行一般监督的最高检察权。我国1949年《中央人民政府组织法》和1954年《宪法》以及《人民检察院组织法》都对检察机关对国家机关、国家机关工作人员和公民是否遵守法律进行监督的职权作了明确规定。我国虽然在新中国成立之初曾规定过检察院的最高的检察责任，但1954年的上述法律并未将检察机关的监督规定为"最高监督"，这是我国人民代表大会制度的要求。在人民代表大会制度之下，国家的最高权力属于人民，人民代表大会是国家的权力机关，代表人民行使权力。

（二）关于检察机关的领导体制

根据列宁的法制统一思想，其特别强调检察长的权力，强调检察长对检察工作的高度集中领导。根据列宁的思想，1922年《苏俄检察监督条例》第3条规定："司法人民委员为共和国检察长，领导检察机构。设在司法人民委员会部内的检察司，归共和国检察长直接管辖。"除此之外，1933年苏联中央执行委员会及人民委员会通过决议，将检察院从法院中独立出来，建立独立的苏联检察机构。在此之前，从1922年苏联成立一直到1933年，苏联最高检察机关附设于苏联最高法院内。

在学习借鉴苏联检察制度的过程中，受列宁思想和苏联立法的影响，我国也建立了从中央到地方的全国统一的检察机关，并且实行检察长领导制。在检察制度建立之初也曾审检合办，检察机关与法院合署。但我国并未完全照搬苏联的检察领导体制，而是根据我国的国家机关设置，检察机关的领导体制几经变革，最终确立了现在的双重领导体制，即各级检察院对本级人民代表大会及其常务委员会负责并报告工作，最高人民检察院领导地方各级人民检察院和专门人民检察院的工作，上级人民检察院领导下级人民检察院的工作，在检察机关内部，则实行检察长负责制和民主集中制相结

---

[1] 参见何勤华：《关于新中国移植苏联司法制度的反思》，载《中外法学》2002年第3期。

合的领导体制。一方面强调检察长对全部检察工作的领导权，另一方面又在检察院内部设立检察委员会制度，在检察长的主持下讨论决定检察机关管辖的重大案件和其他问题。

（三）关于检察机关的监督权限

按照列宁的思想，1936 年《苏联宪法》第 113 条规定："苏联总检察长对于所有的部和这些部所属的机关以及每一个公职人员和苏联公民是否严格遵守法律，行使最高检察权。"这是检察机关享有的一般监督权，其本质是为了克服地方主义和部门影响，维护苏维埃的法制统一，因而通过法律赋予检察机关的全面监督职能。一般监督权的行使使得苏联检察机关在不同历史时期都担负着维护国家和法制统一的重任，作为苏联检察制度的特色被发扬光大，该制度一直存续在现在俄罗斯的检察制度中。

与此不同，我国在新中国成立之初也曾试图学习苏联的经验，赋予检察机关一般监督的职权，但经过实践检验，我国放弃了这种监督模式，明确检察院的法律监督权的重点是对国家机关工作人员的犯罪行为进行监督，对公民的犯罪行为进行监督和对诉讼中违反法律的行为进行监督。

综上可见，中国检察制度遵循了马克思主义的基本原理和列宁关于法制统一的思想，同时又坚持实事求是，一切从实际出发原则，把国外经验和中国的历史传统、实际情况相结合，建立了具有中国特色的社会主义检察制度。彭真曾在 1979 年 6 月第五届全国人民代表大会第二次会议上作《关于七个法律草案的说明》时明确指出："列宁在十月革命后，曾坚持检察机关的职权是维护国家法制的统一。我们的检察院组织法运用列宁这一指导思想，结合我们的情况，规定……"

（四）关于检察机关和公安机关、审判机关的关系

对侦查机关和审判机关执行法律的情况进行监督，是依据列宁思想成立的苏联检察机关的重要职权。在刑事诉讼中，检察机关有权对公安机关的侦查活动是否合法进行监督。检察机关主要通过以下途径实现对公安机关侦查活动的监督。一是通过审查批准逮捕、审查起诉，审查公安机关的侦查活动是否合法。发现违法情况，应当通知公安机关予以纠正。二是派员参加公安机关对重大案件的讨论和其他侦查活动，发现公安机关在侦查中的违法行为，及时通知公安机关予以纠正。三是检察机关通过接受诉讼参与人对侦查机关或侦查人员侵犯诉讼权利和人身侮辱的行为提出控告，行使侦查监督权。

检察机关与审判机关之间在刑事诉讼中是分工前提下的配合和制约关系。一方面，检察机关通过提起公诉和派员出庭支持公诉对审判活动予以配合；另一方面，检察机关通过派员出庭支持公诉以及针对法院的判决提出抗诉监督法院的审判活动是否合法。此外，依法对法院的民事审判活动和行政诉讼活动实施法律监督既是检察机关的神圣职责，同时也是检察机关与法院关系的重要内容。

三、中国特色社会主义理论

中国特色社会主义理论是一个完整而丰富的理论体系，其在新的时代背景下回应了什么是社会主义，怎样建设社会主义，建设什么样的社会主义，怎样建设党，建设什么样的党，实现什么样的发展，怎么发展等关系国计民生的重大理论和实际问题。中国特色社会主义理论是马克思主义中国化的最新成果，其内容丰富，覆盖政治、经济、文化、教育、军事、科技、党的建设、祖国统一等方方面面，在建设中国特色社会主义的思想路线、发展道路、发展阶段、发展战略、依靠力量、根本任务以及根本目的等重要问题上取得了丰富成果。

"人们自己创造自己的历史，但是他们并不是随心所欲地创造，并不是在他们自己选定的条件下创造，而是在直接碰到的、既定的、从过去承继下来的条件下创造。"[1] 作为涵盖国家建设方方面面的理论，中国特色社会主义理论为中国特色社会主义检察制度的建设提供了理论支撑和指导思想，其是我国在不断改革、完善检察制度中必须坚持的指导思想。中国特色社会主义理论对我国检察制度改革完善的指导作用体现在如下几个方面。

（一）实事求是思想

邓小平指出："马克思、恩格斯创立了辩证唯物主义和历史唯物主义的思想路线，毛泽东同志用中国语言概括为'实事求是'四个大字。"[2] "搞社会主义一定要遵循马克思主义的辩证唯物主义和历史唯物主义，也就是毛泽东同志概括的实事求是，或者说一切从实际出发。"[3] 实事求是理论是马克思主义的中国化，是马克思主义在中国的飞跃。在民主革命时期，毛泽东同志就创造性地提出要把马克思主义普遍真理同中国革命的具体实际相结合，强调要把马克思主义中国化。1978年12月邓小平在党的十一届三中全会闭幕会上以《解放思想，实事求是，团结一致向前看》为题发表讲话，为中共十一届三中全会定下基本基调："一个党，一个国家，一个民族，如果一切从本本出发，思想僵化，迷信盛行，那它就不能前进，它的生机就停止了，就要亡党亡国。"中国共产党成立一百多年以来，始终坚持把马克思主义基本原理同中国的实际相结合，坚持解放思想，实事求是。

实事求是精神成为确立、建设、发展和完善中国检察制度的指导原则。这种精神体现在诸多方面。首先体现在中国检察制度的确立、改革和完善上。中国的检察制度在建立之初虽然借鉴他国制度，但从建立之日起，中国的检察制度就是建立在中国的国情基础之上的，且在新中国检察制度发展的几十年中，国家一直对检察制度进行中

---

[1] [德] 马克思:《路易·波拿巴的雾月十八日》，载《马克思恩格斯选集》（第1卷），人民出版社2012年版，第669页。

[2] 全国干部培训教材编审指导委员组织编写:《邓小平理论基本问题》，人民出版社2002年版，第46页。

[3] 《邓小平文选》（第3卷），人民出版社1993年版，第118页。

国化的改革和完善。其次，中国检察制度的具体内容更具体地体现了实事求是原则，如检察官在刑事诉讼中的客观中立义务，检察官对民事、行政诉讼进行监督以保证司法公正等。

（二）人民民主专政理论

我国是工人阶级领导的，以工农联盟为基础的人民民主专政的国家。人民民主专政是对人民民主和对敌人专政的有机结合，工人阶级是人民民主的领导力量。人民民主专政的实质是无产阶级专政，我国适用"人民民主专政"是我国具体国情决定的，是马克思主义国家学说中国化的成果，其是我国检察制度的理论基础。

第一，检察制度是人民民主专政的国家制度的重要内容。人民民主专政是对人民的民主和对敌人的专政的有机结合。对人民民主和对敌人专政都需要依靠国家机器来实现，"我们现在的任务是要强化人民的国家机器，这主要是指人民的军队、人民的警察和人民的法庭，借以巩固国防和保护人民利益"。[1]新中国成立后，我国建立了包括检察院在内的国家机关，通过行使不同的权力实现人民民主专政，检察制度是人民民主专政的国家制度的重要内容。通过检察机关行使检察职能，运用法律，实现保护人民，打击犯罪，实现社会秩序安全稳定的目的。

第二，人民民主专政理论决定了检察制度的任务和目的。人民检察院是人民民主专政的国家制度的重要内容，决定了其设立是为人民民主专政的实现服务的，检察机关的地位决定了其任务。1979年《人民检察院组织法》第4条第1款规定："人民检察院通过行使检察权，镇压一切叛国的、分裂国家的和其他反革命活动，打击反革命分子和其他犯罪分子，维护国家的统一，维护无产阶级专政制度，维护社会主义法制，维护社会秩序、生产秩序、工作秩序、教学科研秩序和人民群众生活秩序，保护社会主义的全民所有的财产和劳动群众集体所有的财产，保护公民私人所有的合法财产，保护公民的人身权利、民主权利和其他权利，保卫社会主义现代化建设的顺利进行。"

随着社会主义现代化建设的不断深入，我国已经进入社会主义新时代，社会的主要矛盾已经发生变化，我国社会的主要矛盾已经转化为人民日益增长的美好生活需要和不平衡不充分的发展之间的矛盾，专政只适用于严重危害国家和社会利益的犯罪分子。在新的历史起点，检察机关的任务和目的也应根据时代发展不断调适。现行《人民检察院组织法》第2条规定："人民检察院是国家的法律监督机关。人民检察院通过行使检察权，追诉犯罪，维护国家安全和社会秩序，维护个人和组织的合法权益，维护国家利益和社会公共利益，保障法律正确实施，维护社会公平正义，维护国家法制统一、尊严和权威，保障中国特色社会主义建设的顺利进行。"可见，在新时代，检察机关在发挥打击犯罪作用的同时，更应该通过行使检察权最大限度地保护人民民主。

综上，根据人民民主专政理论，检察工作必须以人民为中心，检察机关必须坚持人民当家作主原则。人民当家作主是社会主义最基本的特征之一。检察机关必须坚持

---

[1]《毛泽东选集》（第4卷），人民出版社1991年版，第1476页。

检察为公,检察为民的宗旨。"一切为了人民、一切依靠人民",把维护人民群众的根本利益作为检察工作的根本出发点和落脚点,着力解决人民群众最关心、最直接、最现实的利益问题。检察机关必须接受人民群众的监督,保证检察权的行使符合人民群众的根本要求和根本利益。

(三)习近平新时代中国特色社会主义思想

习近平总书记在十九大上庄严宣告,中国进入了社会主义新时代。新时代意味着中国特色社会主义道路、理论、制度、文化不断发展,拓展了发展中国家走向现代化的途径。新时代是承前启后、继往开来,在新的历史条件下继续夺取新时代中国特色社会主义伟大胜利的时代,这是我国走什么样的道路的问题;新时代是决胜全面建成小康社会,进而全面建设社会主义现代化强国的时代,这解决了我国建设什么样的国家的问题;新时代是全体中华民族儿女勠力同心、奋力实现中华民族伟大复兴中国梦的时代,这解决了达到什么样的目的的问题;新时代是我国日益走向世界舞台中央、不断为人类发展作出更大贡献的时代,这解决了作出什么样的贡献的问题。总而言之,新时代是我国社会发展的新阶段,标志着我国站在了新的历史起点上,我国社会的主要矛盾已经转化为人民日益增长的美好生活需要和不平衡不充分的发展之间的矛盾。作为中国特色社会主义制度的组成部分,检察制度必然要适应新时代,作出必要的调适。进入新时代以来,最高人民检察院坚持以习近平新时代中国特色社会主义思想为指导,深入贯彻习近平法治思想,全面贯彻党的十九大和二十大精神,认真落实十三届全国人大历次会议决议,深刻领悟"两个确立"的决定性意义,增强"四个意识"、坚定"四个自信"、做到"两个维护",讲政治、顾大局、谋发展、重自强,践行人民至上,人民检察事业实现新的跨越发展。在习近平新时代中国特色社会主义思想的科学指引下,检察机关实现职能重塑、机构重组、机制重构,检察工作质效和司法公信力不断提升,在国家治理体系和治理能力现代化建设中的作用日益凸显。

四、法治国家理论

古往今来,古今中外的很多思想家都曾对"法治"有过不同的论述,提出不同的理论。"法治"最早产生于西方国家,古希腊的柏拉图、亚里士多德等都曾对其作过经典论述。亚里士多德提出"法治应当具有两种含义"的论断至今被视为对法治的经典论述。根据亚里士多德的理论,法治包含两层含义:一是有制定良好的法律,二是制定良好的法律得到遵守,也即法治要求良法善治。"法治"一词内涵丰富,它至少应当包含以下要素[1]:①法治是一种以法律为主导的治国方略;②法治是一种理性的办事原则;③法治是指在一定价值理念指导下的制度形态;④法治指在严格依法办事基础上形成的良好法治秩序。

我国在1997年党的十五大上提出"依法治国",1999年"依法治国"正式写入宪

---

[1] 谷春德、杨晓青主编:《法学概论》(第6版),中国人民大学出版社2021年版,第37页。

法。现行《宪法》第 5 条规定："中华人民共和国实行依法治国，建设社会主义法治国家。国家维护社会主义法制的统一和尊严。一切法律、行政法规和地方性法规都不得同宪法相抵触。一切国家机关和武装力量、各政党和各社会团体、各企业事业组织都必须遵守宪法和法律。一切违反宪法和法律的行为，必须予以追究。任何组织或者个人都不得有超越宪法和法律的特权。" 2014 年 10 月，中国共产党第十八届中央委员会第四次全体会议首次专题讨论依法治国问题，并通过《关于全面推进依法治国若干重大问题的决定》，再次重申依法治国的重要性。依法治国是对新中国历史经验进行总结后得出的结论，检察机关应在法治的轨道上行使权力，同时依法治国也为检察制度的确立提供了理论基础，为检察职能的发挥提供了广阔空间。

在封建社会，皇帝就是法律，拥有至高无上的权力，法律是实现统治者个人意志的合法工具。在新中国成立初期，法治建设一直是我国各项建设的薄弱环节，发展至现代，虽然我国的法制体系相对完善，通过多种路径对国家机关行使权力进行约束，社会公众的法治意识逐步增强，但依然需要对法律的遵守情况进行监督，使法治成为国家机关和公民行为的内在规范。在此情况下，设立专门的法律监督机关十分必要。首先，检察机关通过行使批捕、审查起诉权，依法惩罚犯罪，引导人们遵守法律规定，从而保障社会的安全和稳定。其次，检察机关通过对司法工作人员的利用职权实施违法犯罪行为的追究，对司法工作人员行使权力进行监督，督促司法工作人员依法行使权力。检察机关法律监督职能的充分行使，对于推进依法治国，实现社会主义法治国家具有举足轻重的作用。检察机关的法律监督既是依法治国的重要组成部分，也是实现依法治国的重要制度保障，在推进国家法治化建设中具有不可替代的地位。

总之，上述理论为中国特色社会主义检察制度的建立和不断改革完善提供了理论正当性和指导思想，也是未来检察制度改革必须坚守的原则。只有深刻理解上述理论，才能真正理解我国检察制度和国外检察制度在组织机构、领导体制、职能权限等方面的区别，才能确保未来检察制度的改革向着正确的方向迈进。

第二节　中国特色社会主义检察制度的基本特点

中国特色社会主义检察制度是以马克思主义法律观为指导思想，通过积极借鉴人类法治文明成果，不断探索和总结我国法治建设经验的基础上建立、发展和完善起来的制度。中国特色社会主义检察制度是在中国共产党领导下的伟大制度创新，是根植于中国国情的最终制度选择，是中国特色社会主义政治体制、司法体制的重要组成部分。尽管与国外的检察制度存在相似之处，我国的人民检察制度与其他国家的检察制度还是具有本质差异，尤其是在苏联解体、东欧剧变之后，中国检察制度的制度特色日益明显。我国的人民检察制度，是符合中国国情的，延续中华历史传统，随着国家的发展不断完善的具有中国特色的检察制度。概括而言，在政治特色上，我国的检察制度始终坚定坚持中国共产党的领导；在体制特色上，我国的检察机关是"一府一委两院"的组成部分,受人民代表大会及其常务委员会的监督并对其负责,向其报告工作;在职能特色上,我国的检察机关与西方的"行政机关""公诉机构"不同,"守护法律"、进行法律监督是其核心职能,检察机关是国家重要的司法机关之一;在制度内容上,我国的检察制度与时俱进,一直处在探索、改革与不断完善的过程中,并且随着中国特色社会主义制度的改革、完善而不断改革、完善。

一、检察机关具有独立的宪法地位

宪法是国家的根本大法,是制定一切法律的基础和依据。国家体制和国家机构的设置及职权在宪法中都有所体现。根据宪法的规定,我国的根本政治制度是人民代表大会制度,人民代表大会是国家的权力机关。在权力机关之下,宪法设立了"一府一委两院"作为国家的行政机关、监察机关、审判机关、检察机关,分别行使国家的行政权、监察权、审判权、检察权。四机关均对人民代表大会负责,向其汇报工作,受其监督。在这种宪政结构之下,检察机关和行政机关、审判机关、监察机关是并列但独立的国家机关,是专门的法律监督机关,行使法律监督职能。检察机关在宪法中的独立地位表现在如下几个方面:首先,检察机关是国家组织结构中的独立部分,具有独立的职权和完整的组织体系。检察机关具有遍布全国的组织体系,对外不受行政机关、社会团体和个人的干预,对内实行检察一体化的领导体制和活动方式。其次,宪法规定检察院是由权力机关产生的国家专门法律监督机关,在权力机关的监督下对法律的实施进行监督。

二、检察机关具有严密的组织体系

和英美法系国家检察院的松散结构不同,我国检察机关具有严密的组织体系,结构紧密,更有利于检察机关充分发挥检察职能。根据《宪法》《人民检察院组织法》的规定,检察机关严密的组织体系主要体现在如下几个方面:

第一,检察机关具有完整的组织体系。我国检察机关分为四级,分别为最高人民检察院和三级地方人民检察院,除此之外,我国还设立管辖特殊事项的军事、铁路运输等专门检察院。此外,省级人民检察院和设区的市级人民检察院根据检察工作需要,经最高人民检察院和省级有关部门同意,并提请本级人民代表大会常务委员会批准,可以在辖区内特定区域设立人民检察院,作为派出机构。

第二,检察机关具有健全的领导体制。检察机关由权力机关产生,对权力机关负责,受其监督。在检察机关系统内部,最高人民检察院领导地方各级人民检察院的工作,上下级检察机关之间是领导与被领导的关系,形成了具有中国特色的检察机关领导体制。在检察机关内部,实行检察长与检察委员会负责制。

第三,完善的检察官制度。《人民检察院组织法》规定了严格的检察官任职条件、遴选、等级、任免程序、培训、身份保障等制度,保障检察官满足从事检察工作的资质。完善的检察官制度是检察机关充分、高质效行使检察权,通过检察职能的履行发挥作用的重要制度支撑。

三、检察机关承担多重职能

从理论上,可以将检察制度分为大陆法系检察制度、英美法系检察制度和社会主义法系检察制度。我国实行的是社会主义检察制度,其以苏联的检察制度为历史渊源。相比英美法系检察制度,我国检察机关拥有多样化的职能,在国家权力体系中具有举足轻重的地位。在我国,检察机关不仅是单纯的公诉机关,还是专门的法律监督机关。作为刑事诉讼中的专门国家机关,检察机关承担较多的职能:①依照法律规定对部分刑事案件行使立案侦查权。2018年《监察法》颁布后,原来由检察机关管辖的部分国家机关工作人员实施的贪污贿赂犯罪、渎职犯罪等由监察机关调查,检察机关立案管辖的刑事案件范围缩减。目前检察机关负责对在进行法律监督过程中发现的司法工作人员利用职权实施的非法拘禁、非法搜查等案件进行立案管辖。②刑事强制措施的批准和决定权。检察院在办理刑事案件的过程中有权自行决定对犯罪嫌疑人、被告人采取拘传、取保候审、监视居住、拘留或逮捕,对于公安机关提请批准逮捕犯罪嫌疑人的请求有决定权。③对刑事公诉案件的审查起诉权。在刑事诉讼中,侦查机关和监察机关对于侦查终结或调查结束的案件,认为有犯罪事实发生,需要追究刑事责任的,只能移送检察机关,由检察机关经过审查决定进而决定是否提起公诉、不起诉以及提出检察建议等。④启动刑事缺席审判、违法所得的没收程序等特别程序的权力。⑤诉讼监督权。检察机关有权对刑事诉讼、民事诉讼和行政诉讼活动开展的合法性进行监督。⑥提起公益诉讼权。检察机关依据法律规定有权提起公益诉讼。目前检察机关检察公益诉讼涵盖《民事诉讼法》《行政诉讼法》明确的4个检察公益诉讼领域,党的十九届四中全会部署拓展公益诉讼范围,全国人大常委会制定、修改法律,增加军人荣誉名誉权益保障、安全生产、妇女权益保障等十个检察公益诉讼新领域。⑦其他职权。除了上述权力,检察机关在刑事诉讼中还承担其他职能,比如司法解释权、检察建议权等。

四、检察机关秉持客观中立立场

在英美法系国家,由于实行当事人主义诉讼制度,检察机关在刑事诉讼中地位特殊,是作为和被追诉人同等地位的类似于民事诉讼中的原告一方地位,没有超越于当事人的地位,与被告人处于同等地位,平等对抗。检察机关的当事人地位使检察官在刑事诉讼中享有较大的自由裁量权,例如检察官可以和被告一方达成交易。

我国的检察机关在刑事诉讼中具有双重身份,我国实行类似于大陆法系国家的职权主义,检察机关在刑事诉讼中承担双重职能。一方面,检察机关是刑事公诉案件中承担指控职能的诉讼主体,负责对刑事公诉案件审查并决定是否提起公诉。在作为公诉机关时，检察机关代表国家行使公诉权，具有超越辩护方的较大权力。另一方面，检察机关是专门的法律监督机关，在刑事诉讼中对作为裁判机关的法院具有法律监督职能，对法院在审判中的违法行为有纠正的义务。

检察官的客观中立义务，对于查明案件事实，实现惩罚犯罪和保障人权具有重要意义。刑事诉讼不同于民事诉讼，民事诉讼主要涉及平等主体之间的财产纠纷和人身纠纷，国家一般不会主动介入民事纠纷。刑事犯罪不但是对公民人身权利和财产权利的侵害，还对社会公共秩序产生危害。因此，民事诉讼中当事人双方有较大的处分权，民事诉讼更追求案结事了的效果。从微观视角，刑事诉讼结果关系被害人的权益能否得到保障，对其实施犯罪行为的被追诉人能否受到应受的惩罚。从宏观视角，刑事诉讼结果关系国家对刑事犯罪的控制，关涉国家能否通过对犯罪行为的打击营造安全、稳定的社会环境。美国辩诉交易制度中检察官与辩护方进行交易的权力容易导致刑事案件事实不清，检察官追诉的刑事犯罪行为与实际发生的事实出入较大，不利于保障刑事司法公正。刑事犯罪侵害利益的复杂性决定了刑事案件中当事人双方的处分权受到严格限制，刑事诉讼的目的是在查明事实的基础上惩罚犯罪，保障人权，保障社会安全稳定的秩序。而检察机关的客观中立立场是实现刑诉目的的重要保障，是我国检察制度的重要特色。

五、检察权受到多重制约

检察机关是我国重要的国家机关，拥有较多的权力。为防止权力滥用，保障检察权在法治轨道上运行，检察机关在行使法律监督权的同时也要受到多种制约。首先，检察机关接受中国共产党的领导。中国共产党作为国家的执政党，对国家各项事项具有统领权。只有坚持中国共产党的领导，我国的建设事业才能健康向前发展。但党对检察工作的领导是系统领导，而非对具体事项的干预。其次，检察机关要接受人大的监督。检察机关由人大产生，对其负责，受其监督。再次，检察机关受其他国家机关制约。在刑事诉讼中，检察院和公安机关、人民法院分工负责，互相配合，互相制约，公安机关、人民法院除了接受检察院的法律监督外，亦可以对检察权的行使进行制约。复次，检察机关受诉讼参与人的制约。诉讼参与人对于检察人员侵犯其人身权利的行为可以提出指控，从而对检察人员的行为形成约束。最后，检察机关须接受社会公众制约。是权力就有滥用的可能，公民在发现检察机关滥用权力的时候可以通过各种途径对其进行制约。

六、检察制度具有动态发展、不断完善的特点

从新民主主义革命开始，到新中国成立后至今，我国的检察制度并非处于静态不变的状态，而是处于不断的发展完善之中。"中国检察制度的创建是带有制度移植特性的制度选择，其发展始终面临本土化建构的任务，经由不断的探索改革完成制度建设，

成为一种历史必然。"[1]检察制度的动态发展、完善体现在方方面面。其一，检察机关名称的变化。我国检察制度确立之初称为人民检察署，1954年改为人民检察院。其二，组织机构不断变化。从审检合署到审检分署，检察院和法院形成分工负责，互相配合，互相制约的关系。其三，检察机关的职能处于不断变化之中。检察机关的职能不断调整，从单一走向复合。其四，检察机关的领导体制历经变革，形成适合我国特色的检察领导体制。其五，检察机关的监督职能从概括走向特定。新中国成立之初，我国检察制度的建立在很大程度上借鉴苏联的模式，检察机关有权对一切国家机关工作人员和公民是否遵守法律实行监督，检察院的监督覆盖社会生活的方方面面，称为检察院的一般监督。1982年《宪法》取消了检察院的一般监督权，现在检察机关的法律监督实际是一种特定监督、特殊监督。近年来我国也开始对检察机关的一般监督进行进一步探索。2014年中共中央《关于全面推进依法治国若干重大问题的决定》明确指出："检察机关在履行职责中发现行政机关违法行使职权或者不行使职权的行为，应当督促其纠正。"2021年中共中央《关于加强新时代检察机关法律监督工作的意见》明确提出检察机关"在履行法律监督职责中发现行政机关违法行使职权或者不行使职权的，可以依照法律规定制发检察建议等督促其纠正"。推进检察工作现代化可以探索赋予检察机关一定范围内的"一般监督"，如加强对行政机关不作为、乱作为或者违法行政行为的监督，促进依法行政。[2]

综上，我国检察制度在成立之初主要借鉴苏联的制度，随后随着我国社会的发展，学界对检察制度研究的不断深入，我国的检察制度从确立至今一直处于动态的发展之中。检察制度不断改革完善是我国社会主义市场经济不断发展，社会发展进入新阶段，社会主要矛盾发生变化的体现。检察制度的不断改革也体现了我国坚持实事求是，具体问题具体分析的问题解决理念，是我国检察制度保持永久活力的重要保障。检察机关已然成为中国式现代化建设的中坚力量。

中国特色社会主义检察制度的上述主要特点一方面是中国检察制度区别于其他国家的重要特点，另一方面也是中国特色社会主义检察制度的优越性所在。我国检察制度的优越性体现在：其一，检察机关的独立地位更有利于其充分行使检察权。现代西方国家的检察制度是在"三权分立"的体制下建立起来的，检察权在国家权力体系中并非独立的权力，以致检察机关没有独立的法律地位。名正则言顺，我国相关立法明确规定了检察机关在政治体制中的地位和权限，检察机关是独立的国家机关，这种独立地位的确立有利于检察机关检察职能的独立性，从而发挥检察制度在法治国家建设中的重要作用。其二，检察机关严密的组织结构有利于保障检察权的充分行使，保证检察机关的活动效果。和英美法系国家检察机关的松散组织不同，我国检察机关具有严密的组织。这种严密的组织结构有利于保障检察机关统一、规范行使检察权，有利

---

[1] 徐鹤喃：《制度内生视角下的中国检察改革》，载《中国法学》2014年第2期。
[2] 参见董开军：《深入贯彻落实习近平法治思想 推进中国式检察工作现代化》，载《民主与法制》2023年第35期。

于检察机关工作的协调、有效,从而保障检察工作的质效。其三,对检察机关的权力监督有利于检察权的规范行使。"谁来监督监督者"是一个棘手问题,作为法律监督机关的检察机关也存在滥用权力、违法行使权力的可能,故对监督者的监督尤为重要。和其他社会主义国家,尤其是苏联赋予检察机关行使一般监督权,检察机关的监督是最高监督的模式不同,[1]我国检察机关行使的是法律监督权,只能在法律授权范围内对特定事项进行法律监督,不是最高监督,而是专门监督。

中国特色社会主义检察制度展现出的理论上的优越性并不意味着我国的检察制度在运行中完全实现了上述功能,也不意味着我国检察制度的设计是完美无缺的。相反,我们仍需要不断根据国家和社会的发展,不断改革检察制度,同时关注检察机关行使检察职能的实效。

第三节 中国特色社会主义检察机关

一、检察机关在宪法中的规定

我国《宪法》第三章"国家机构"第八节规定了"人民法院和人民检察院"。《宪法》第134条至第138条概括规定了检察院的宪法地位、机构设置、工作原则、组织和领导体系等内容。

第一,宪法规定了检察机关的宪法地位。《宪法》第134条规定,中华人民共和国人民检察院是国家的法律监督机关。根据宪法的规定,检察机关是专门的法律监督机关,负责对法律实施情况进行监督。

第二,宪法规定了检察机关的组织体系和上下级之间的关系。《宪法》第135条第1款规定,中华人民共和国设立最高人民检察院、地方各级人民检察院和军事检察院等专门人民检察院。根据《宪法》第135条的规定,我国的检察机关包括最高人民检察院,地方各级人民检察院和军事检察院等管辖专门案件的专门检察院。《宪法》第135条还规定了最高人民检察院检察长的任期,最高人民检察院检察长每届任期同全国人民代表大会每届任期相同,并且连任不得超过两届。

《宪法》第137条规定了上下级检察院之间的关系。《宪法》第137条规定:"最高人民检察院是最高检察机关。最高人民检察院领导地方各级人民检察院和专门人民检察院的工作,上级人民检察院领导下级人民检察院的工作。"根据该条规定,最高人民检察院是最高国家检察机关,其领导地方人民检察院和专门人民检察院的工作,上级人民检察院领导下级人民检察院的工作。检察院上下级之间是领导与被领导的关系。

---

[1] 根据苏联1936年《宪法》和《检察院组织法》的规定,检察机关的监督是最高监督,检察机关是享有"最高检察权"的机关,因为检察长的监督直接由最高权力机关授权,居于主管部门的监督之上且检察长的监督范围十分广泛且拥有最有效的监督手段。

第三，宪法规定了人民检察院依法独立行使检察权原则。《宪法》第 136 条规定："人民检察院依照法律规定独立行使检察权，不受行政机关、社会团体和个人的干涉。"人民检察院依法独立行使检察权包含两层含义：一是检察院依法行使检察权，也即人民检察院依照法律规定，在法律授权范围内行使检察权。这意味着人民检察院检察权的行使不是恣意的，而是受到限制的，检察权必须在法律规定的限度内、在法治轨道上运行。二是检察院行使检察权时独立于行政机关、社会团体和个人。该要求意味着检察院在行使检察权的过程中只需要遵守法律，任何行政机关、社会团体和个人都不能干预检察院行使检察权。此外需要注意的是，检察机关独立行使检察权不受行政机关、社会团体和个人的干预，但并没有排除党和人大对检察机关检察工作的领导和监督。

第四，宪法规定了检察院和权力机关之间的关系。《宪法》第 138 条规定："最高人民检察院对全国人民代表大会和全国人民代表大会常务委员会负责。地方各级人民检察院对产生它的国家权力机关和上级人民检察院负责。"

《宪法》对检察机关地位、与其他国家机关之间关系、检察院的组织体系和领导体系、检察院行使权力原则的规定，确立了检察机关在国家政治体制和司法体制中的地位和重要作用。

二、检察机关在国家政治体制中的地位

政治体制是指一个国家政权的组织形式，也即统治阶级采取什么样的方式来组织自己的政权机关。一国政治体制是政治制度的重要体现，不同政治制度的国家，其经济、文化、外贸等政策也存在差异。中国特色社会主义政治体制的思想来源于马克思主义，其历史发端肇始于新民主主义革命时期，其雏形借鉴自苏维埃政体。[1] 中国特色社会主义政治体制虽然不是自发的内生制度，但其根植于中国的历史传统文化，是在中国革命、建设、改革和实践的过程中不断发展，最终形成了具有中国特色的社会主义政治体制。在我国，检察制度是国家政治体制的重要组成部分，在国家政治体制中具有独立的法律地位。根据宪法和相关法律的规定，检察机关在政治体制中的地位可以从如下三个方面理解：检察机关与执政党的关系；检察机关与权力机关的关系；检察机关与其他国家机关的关系。

（一）检察机关与执政党的关系

我国实行的是中国共产党领导的多党合作和政治协商制度。我国的政党制度既不同于国外的两党或者多党执政制，也区别于国外的一党执政制。我国的政党制度是在中国长期的革命建设实践中形成的具有中国特色的，适合我国国情的政党制度。我国《宪法》序言明确规定了中国共产党的执政地位，作为执政党的中国共产党与检察机关是领导与被领导的关系。党对检察工作的领导应当从如下两个方面理解。

---

[1] 参见许耀桐：《中国特色社会主义政治体制综论》，载《理论与改革》2021 年第 5 期。

第一,党领导检察机关的检察工作。《宪法》第1条第2款规定,中国共产党领导是中国特色社会主义最本质的特征。习近平总书记也指出:"中国特色社会主义最本质的特征是中国共产党领导,中国特色社会主义制度的最大优势是中国共产党领导,党是最高政治领导力量。"[1]中国共产党在国家政体中的地位决定了党领导一切事务,作为国家机关之一的检察机关当然要在政治上、思想上、组织上接受党的领导与指挥。检察机关在检察工作中要自觉接受党的领导,遵循党的方针、路线、政策,确保检察工作保持正确的政治方向,保证检察工作有序进行。

第二,党的领导与检察机关独立行使检察权并不矛盾。《宪法》第136条规定:"人民检察院依照法律规定独立行使检察权,不受行政机关、社会团体和个人的干涉。"《人民检察院组织法》第4条规定:"人民检察院依照法律规定独立行使检察权,不受行政机关、社会团体和个人的干涉。"根据宪法和相关法律的规定,检察机关依法独立展开检察工作,不受行政机关、社会团体和个人的干预,以检察机关的独立地位确保检察工作的公正性。但上述规定并未排除中国共产党对检察工作的领导。党对检察工作的领导并不妨碍检察工作的独立、公正,党的领导与检察机关依法独立行使检察权并不矛盾。首先,党对检察工作的领导是高屋建瓴式的总体方向把握和统筹,是对检察工作的宏观领导,党对检察工作的领导是政治领导、思想领导,对检察工作的顺利进行起到协调和保障作用。其次,党不能代替检察机关行使检察权,更不能对检察机关具体的检察行为进行干预,保证检察机关在具体检察实务中的独立性。

综上,党的领导能够指引检察机关更充分地履行检察职能。只有坚持党对检察工作的领导和检察机关依法独立行使检察权,才能确保检察机关的检察工作遵循党的理论、方针、路线,在正确的方向上运行,实现检察机关办案的政治效果、社会效果和法律效果的有机统一,实现检察机关在推进国家治理和社会治理中的重要功能。

(二) 检察机关与权力机关的关系

根据《宪法》第2条的规定,中华人民共和国的一切权力属于人民。全国人民代表大会和地方各级人民代表大会是代表人民行使国家权力的专门机关。这就是我国的人民代表大会制度。作为权力机关的人民代表大会与检察机关的关系是监督与被监督的关系。权力机关和检察机关的监督与被监督的关系体现在如下三个方面:

第一,检察机关直接由权力机关——人民代表大会产生。其一,检察机关的机构设置和具体职权由国家权力机关通过法律的形式决定。其二,权力机关有权决定检察机关的领导机构和相关人员的任命。全国人民代表大会及其常务委员会有权任免检察长及检察机关相关人员。根据宪法规定,全国人大有权选举和罢免最高人民检察院检察长,全国人民代表大会常务委员会有权力根据最高人民检察院检察长的提请,任免最高人民检察院副检察长、检察员、检察委员会委员和军事检察院检察长,并且批准省、自治区、直辖市的人民检察院检察长的任免。县级以上的地方各级人民代表大会

---

[1]《习近平谈治国理政》(第3卷),外文出版社2020年版,第16页。

选举并且有权罢免本级监察委员会主任、本级人民法院院长和本级人民检察院检察长。选出或者罢免人民检察院检察长，须报上级人民检察院检察长提请该级人民代表大会常务委员会批准。

第二，检察机关对人民代表大会负责。《宪法》第 3 条第 3 款规定，国家行政机关、监察机关、审判机关、检察机关都由人民代表大会产生，对它负责，受它监督。检察机关由人民代表大会产生，当然对其负责。最高人民检察院对全国人民代表大会和全国人民代表大会常务委员会负责。地方各级人民检察院对产生它的国家权力机关和上级人民检察院负责。检察机关对人民代表大会负责的实质是对人民负责，因为人民代表大会是代表人民行使国家权力的机关。对人民负责意味着检察机关在开展检察工作的时候要把人民的利益放在首位，以人民为中心，把人民是否满意，人民是否能感受到公平正义作为考核检察工作的最主要的标准。

第三，检察机关接受人民代表大会的监督。权力机关对检察机关的工作监督主要通过五个方面实现。其一，权力机关听取并审议检察机关的工作报告。各级人民检察院要定期向同级人民代表大会报告工作，以接受监督。其二，权力机关有权对检察工作进行质询。人民代表对检察机关办理的案件和处理的事项产生怀疑时，人民代表大会及其常务委员会可以要求检察机关的相关负责人就质询作出解释和说明。通过此种方式实现权力机关对检察机关履职情况的监督。其三，对检察工作进行检查。人民代表大会及其常务委员会有权对检察工作中存在的问题进行检查并提出纠正意见。其四，审查检察机关制定的司法解释及规范。最高人民检察院具有制定和颁布司法解释的权力，各级人民检察院有权根据检察工作制定规范性文件。但司法解释和规范性文件的内容均不得与立法冲突。对于最高人民检察院颁布的司法解释，全国人民代表大会常务委员会有权进行审查，如果认为其规定与宪法或相关法律冲突，有权要求其改正或者宣告司法解释或法律规范违法。其五，罢免检察机关工作人员。权力机关有权决定检察机关的领导机构和相关人员的任命，同样，在认为上述人员不能依法履行职务，存在严重的渎职失职行为时，可以对上述人员进行罢免，这也是权力机关对检察机关的监督。

（三）检察机关与监察机关的关系

2018 年 3 月 20 日第十三届全国人民代表大会第一次会议通过《监察法》，我国正式确立了监察制度，我国的国家机构设置由"一府两院"变为"一府一委两院"。监察制度的设立，是我国从历史传统和现实国情出发，对我国政治体制的重大调整，是对中国历史上监察制度的借鉴，该制度的设立是为了强化对公权力的监督，是反腐败机制的最新探索。监察制度的设立是为了加强对所有行使公权力的公职人员的监督，实现国家监察全面覆盖，深入开展反腐败工作，推进国家治理体系和治理能力现代化。

作为新确立的国家机关，监察委员会与检察机关关系密切，是独立但存在密切工作衔接的两个国家权力机关。

第一，二者是独立的国家机关，行使不同的权力。从宪法的文本结构来看，新设立的监察委员会被规定在第三章国家机构中的第七节,监察委员会位列一府与两院之间。《宪法》第 123 条明确规定,中华人民共和国各级监察委员会是国家的监察机关。《宪法》在第三章第七节系统、独立规定了监察委员会制度,这表明新设立的监察委员会既不同于此前属于行政机关的监察机关,也不同于审判机关和检察机关。新设立的监察机关是区别于行政机关和司法机关的国家机关。监察机关承担着独特的国家治理功能,具有独立的宪法地位。新设立的监察机关主要整合了行政监察、预防腐败和查处贪污贿赂、失职渎职以及预防职务犯罪等反腐败工作力量,通过依法赋予监察机关履行调查、处置和监督职责,实现对所有行使公权力的公职人员全覆盖,以集中力量打击腐败违纪违法和犯罪行为。关于监察权的属性,目前学界存在行政权说、司法权说、混合权力说等诸多不同的学说。从学理上看,单一的行政权和司法权属性定位显然难以契合现行监察权的属性,而广为推崇的混合权力说,显然也难以解释监察权的基本属性,笼统地将监察权认定为混合权力,亦不能准确界定监察委员会的宪法地位,确切地说,新成立的监察委员会虽然整合了此前行政监察职能,原属于检察职能的反贪污、反渎职职能和预防腐败等职能,但并不等于是此前相关职能的简单叠加。国家监察体制改革将此前几种不同属性的反腐败职能进行有机整合,然后重新统一分配给监察机关。其实质是对国家机构权力的再整合、再分配的过程。严格地说,国家监察权是区别原先任何一种权力的新型权力形态。

第二,检察机关与监察机关互相配合、互相制约。按照《监察法》第 15 条第 1 项,监察委员会有权对一切履行公职的人员进行监察。各级人大及其常委会和参照《公务员法》管理的其他国家机关工作人员亦作为行使公权力的公职人员,属于监察委员会监察的范围。检察人员的职务行为受监察委员会的监察。监察委员会依法独立行使监察权。不受行政机关、社会团体和个人的干预,同时,各级监察委员会与人民法院、人民检察院及承担司法职能的其他国家机关之间存在着工作上的衔接和制约关系。《宪法》第 127 条第 2 款规定:"监察机关办理职务违法和职务犯罪案件,应当与审判机关、检察机关、执法部门互相配合,互相制约。"尤其是监察委员会对行使国家公权力的所有公职人员的腐败违纪违法和犯罪行为进行监察,经监察委员会调查公职人员行为涉嫌犯罪时,应当在调查结束后移送检察院审查起诉,此过程集中体现了检察机关和监察机关的配合、制约关系。

第三,检察机关和监察机关存在工作衔接。根据《监察法》第 11 条第 2 项,监察委员会对涉嫌贪污贿赂、滥用职权、玩忽职守、权力寻租、利益输送、徇私舞弊以及浪费国家资财等职务违法和职务犯罪进行调查。调查公职人员涉嫌职务违法和职务犯罪,是监察委员会的一项经常性工作。从制度渊源来看,监察机关的调查职责与之前检察机关的侦查职能具有密切关系和高相似性。监察体制改革的重要方面,就是将原属于检察机关的反贪、反渎和预防职务犯罪等部分侦查职能转移至新成立的监察机关。应该说,监察体制改革对以上国家机关的职能影响最大的非检察机关莫属。监察体制改革中的"转隶"工作使检察机关原有的反贪、反渎与部分职务犯罪的侦查职能转由检察委员会行使，从而建构了一个集行政监察、预防腐败与职务犯罪的侦查权于一体的新型的国家监察机关。监察机关入宪改变了我国现行国家机构体系的整体格局，随着我国监察体制改革的深化，如何在相关国家机构之间加强衔接，促进监察权、责、能的合理配置和建立权威高效的监察体系，实践国家治理体系和治理能力的现代化，有待进一步研究探讨。

（四）检察机关与行政机关之间的关系

第一，检察机关和行政机关是行使不同国家权力的独立机关。检察院是我国专门的法律监督机关，依法行使检察权，不受行政机关、社会团体和个人的干预。行政机关则是依法行使行政权力的国家机关。故行政机关和检察机关属于不同的国家机关，分别行使行政权和司法权力，是两个独立的国家机关。

第二，检察机关和行政机关之间存在工作衔接。检察机关和行政机关是独立的国家机关，分别行使检察权和行政权并不排除检察机关和行政机关存在工作衔接。例如《刑事诉讼法》规定，人民检察院决定不起诉的案件，对被不起诉人需要给予行政处罚、行政处分或者需要没收其违法所得的，人民检察院应当提出检察意见，连同不起诉决定书一并移送有关主管机关处理。有关主管机关应当将处理结果及时通知人民检察院。此外，检察机关可以向行政机关发出检察建议书，推动行政机关依法履职。另《行政执法机关移送涉嫌犯罪案件的规定》第19条规定："行政执法机关在依法查处违法行为过程中，发现公职人员有贪污贿赂、失职渎职或者利用职权侵犯公民人身权利和民主权利等违法行为，涉嫌构成职务犯罪的，应当依照刑法、刑事诉讼法、监察法等法律规定及时将案件线索移送监察机关或者人民检察院处理。"

三、检察机关在司法体制中的地位

司法又被称为法律的适用，是指国家司法机关依据法定职权和法定程序，具体应用法律处理案件的专门活动，司法活动往往被称为"社会正义的最后一道防线"。司法权则是司法机关具体运用法律处理案件的权力，司法权力是国家权力的重要组成部分。司法体制又称司法体系，是国家司法机关在司法活动中的职能划分、组织结构、活动原则和工作内容等方面的制度、规定的统称，我国的司法体制包括审判系统（即法院系统）和检察系统（即检察院系统）。司法体制是国家法律制度的重要组成部分，也是一国政治体制的重要组成部分，但其又因自身的显著特点而具有相对独立性。对检察机关在司法体制中的地位的研究具有重要意义。

（一）检察机关的性质

检察机关的性质决定了其机构设置和具体的职权。研究检察机关在司法体制中的地位，首先应当明确检察机关的性质。国外关于检察机关的性质也曾存在激烈的争论，且关于检察机关的性质的学说也经历了不同的发展阶段，各国立法对检察机关的性质的规定也并不完全一致，更多是结合本国国情和法制体制的检察定位。关于检察机关的性质我国学界曾存在争议。有研究者认为，检察院的检察官是适用法律，而不是像行政官那样仅是在法律规定的范围内行事,故检察权是司法权,检察机关是司法机关。[1]有学者认为将检察机关定位为负责法律监督的司法机关符合检察机关职能的演进规律,有利于保障检察独立和审判独立,没有必要从根本上改变检察机关的性质定位。[2]

从立法视角看,没有法律明确将检察机关定位为行政机关,但从检察机关的机构设置及组织体系看,检察机关具有明显的行政机关特征。在我国的国家体制中,检察机关被视为和审判机关一样的独立行使检察权的国家机关。同为我国的司法机关,且根据《立法法》的规定,检察机关有权利制定和颁布司法解释。从实然的视角,检察机关被定位为司法机关。此外,《宪法》第三章第八节是将人民法院和人民检察院并列起来做出规定。人们正是根据宪法文本中这样的体例结构,推演出人民法院和人民检察院是我国的司法机关。

长期以来我国检察机关内部实行检察人员承办案件,办案部门负责人审核,检察长或者检察委员会决定的办案模式。在该模式下,有利于对案件的内部层级把关,但容易导致权责不清,最终影响办案质效。检察办案模式的改革迫在眉睫。2015年最高人民检察院出台《关于完善人民检察院司法责任制的若干意见》(已失效),废除了传统的三级审批制,实行独任检察官或检察官办案组的办案组织形式。2018年《人民检察院组织法》修改时将上述内容确立为法律规定,明确了独任检察官、检察官办案组、检察长和检察委员会四类办案组织及其职责权限。上述改革在一定程度上使检察机关的司法权性质更凸显。

(二) 检察机关与侦查机关的关系

纵观世界上其他国家,关于检察机关和作为侦查机关的公安机关(警察机关)的关系有不同的立法模式,概括而言主要有检警合一模式和检警分立模式。检警合一模式主要适用于大陆法系国家。在检警合一模式下,侦查机关的侦查活动被视为检察院公诉活动的一部分,检察机关领导、指挥警察的侦查行为,警察的侦查活动几乎完全听命于检察机关,检察机关和侦查机关关系密切,检警通过密切合作形成严密的控方阵营。《法国刑事诉讼法典》第12条、第41条的规定体现了该模式。《法国刑事诉讼法典》第12条规定:"司法警察的职权由本编所指的警官、官员和警员行使,受共和国检察官领导。"《法国刑事诉讼法典》第41条规定:"共和国检察官对违反刑法的犯罪行为进行或派人进行一切必要的追查和追诉活动。为此目的,共和国检察官领导其所在法院管辖区内的司法警察警官与司法警察警员活动。"[3]检警分立模式主要实行于英美法系国家。在检警分立模式之下,检察机关和侦查机关相互独立,分别承担不同的职能。侦查机关承担刑事案件的侦查工作,侦查完毕之后如果需要追究刑事责任,则将案件移送检察机关审查。检察机关作为审查起诉机关,独立对案件进行审查,并

---

[1] 参见谭世贵主编:《中国司法改革研究》,法律出版社2000年版,第310页。
[2] 参见陈永生:《论检察机关的性质》,载《国家检察官学院学报》2001年第2期。
[3] 《法国刑事诉讼法典》,罗结珍译,中国法制出版社2006年版,第16、37页。

根据案件的具体情况作出是否提起公诉的决定。

我国刑事诉讼模式更接近大陆法系国家,但在检警关系上却采取检警分离模式。在我国,检察机关和公安机关是两个完全独立的机关。检察机关和公安机关的关系体现重点在刑事诉讼领域。《刑事诉讼法》第7条规定:"人民法院、人民检察院和公安机关进行刑事诉讼,应当分工负责,互相配合,互相制约,以保证准确有效地执行法律。"由此可见,根据《宪法》《刑事诉讼法》的规定,检察机关和公安机关是两个不同的独立机关,二者之间是"分工负责,互相配合,互相制约"关系。

第一,分工负责,各司其职。分工负责是指检察机关和公安机关是两个独立的国家机关,两机关要严格按照法律规定行使职权,各负其责,各尽其职,不能越界行使权力。尤其是在刑事诉讼中分别承担检察和主要的侦查职能。具体而言,公安机关是我国行政机关的重要组成部分,承担维护社会治安的重要责任。在刑事诉讼中,公安机关是绝大多数刑事案件的侦查机关,负责收集证据,查明案件事实。在查明事实的基础上,如果认为有犯罪事实发生需要追究犯罪嫌疑人的刑事责任,则将案件移送至检察机关审查起诉。检察机关是专门的法律监督机关和唯一的公诉机关,兼具部分刑事案件的侦查权。检察院作为法律监督机关负责对法律的实施进行监督,以保证法律得以正确实施。作为公诉机关的检察院还负责对刑事公诉案件进行审查起诉,即对侦查机关、监察机关侦查或调查完毕移送的案件进行审查,以决定是否提起公诉。除此之外检察机关还对国家机关工作人员实施的部分犯罪行为行使侦查权。由此可见,公安机关和检察机关在司法体制中承担不同的职能,有明确的分工。

第二,互相配合,程序合作。互相配合是指检察机关和公安机关在工作中应当进行合作,以便实现共同目标。检察机关和公安机关享有独立的职权,但并不是完全没有交叉的两个机关。在分工负责的基础上,检察机关和公安机关基于共同的目标还要进行必要的配合,以保证刑事诉讼的顺利进行。刑事诉讼的目的在于查明案件事实,正确适用刑事法,从而惩罚真正实施犯罪行为的人,并保障无辜的人免受刑事追究。作为前后承接的两个阶段,侦查阶段的工作质量关系审查起诉工作,这就要求承担侦查职能和审查起诉职能的公安机关和检察机关进行适度的配合。然而需要强调的是,这种配合应当更多是程序上的配合而非实体上的配合,否则侦查和审查起诉两个阶段将合二为一,不能起到对案件的层层把关作用。

第三,互相制约,避免错误。互相制约是指检察机关和公安机关在分工负责,互相配合的基础上还应当相互进行监督,以减少、避免错误的发生。互相制约的目的在于避免权力滥用,从而保证诉讼活动在法治轨道上运行,实现司法公正。检察机关和公安机关的制约是相互的,而非单向的。公安机关对检察机关的制约体现在如下几个方面:一是侦查在一定程度上限制检察院的审查起诉活动。侦查机关作为审查起诉环节的前置环节,侦查工作的质量、效果直接决定了审查起诉活动的效果。如果侦查阶段收集证据不全面,有可能导致检察院无法提起公诉。二是公安机关对于检察机关的活动有权提出异议并进行权利救济。例如公安机关认为检察机关不批准逮捕有错误时,可以要求复议或者向上一级检察机关申请复核。公安机关认为检察院的不起诉决定有错误时也可以要求作出不起诉决定的检察机关进行复议，要求复议的意见不被接受时，公安机关可以提请上一级人民检察院复核。

检察机关作为专门的法律监督机关，其对公安机关的制约体现在多方面。其一，检察机关对公安机关的立案活动进行监督，认为公安机关应立案而不立案或者不应立案而立案时，可以要求公安机关说明理由。其二，检察机关对公安机关的侦查活动进行法律监督。公安机关没有独立决定逮捕的权力，公安机关在办案过程中认为需要逮捕犯罪嫌疑人时，需要提请检察院批准，在此过程中实现对公安机关侦查活动的制约。此外，检察机关通过审查起诉活动对侦查机关的侦查活动进行监督制约。

总体而言，我国的检察机关和公安机关的关系是检警分立模式，但也有检警合一模式的部分特征。学界关于我国检警关系的模式分为两方对立的观点。有学者认为应当实行检警合一模式，有学者认为应当实行检警分立模式。坚持检警合一和检警分立的学者的观点均有论据论证，但需要警惕的是，不管是借鉴英美法系国家的检警分立，还是借鉴大陆法系国家的检警合一，都应当充分考虑我国的历史传统，刑事诉讼目的和构造，进行符合国情的移植，防止"橘生淮南则为橘，橘生淮北则为枳"的失败法律移植。

尽管目前我国依然坚持检警分立，但从近年来改革可以看出，我国也不断吸收检警合一模式的优势，在实践中强化检警之间的联系以便更好地发挥检察机关和公安机关的关系。我国不断探索创新检察院和公安机关的关系的制度包括但不限于检察机关提早介入案件，检察主导等。检察机关提前介入侦查制度是指检察机关在侦查阶段即参与到案件中。《刑事诉讼法》并未明确规定检察机关提前介入侦查制度，仅是在第87条中规定，审查批捕阶段在"必要的时候，人民检察院可以派人参加公安机关对于重大案件的讨论"。检察机关提早介入侦查的主要依据是最高人民检察院的规定，《人民检察院刑事诉讼规则》第256条第1款规定，"经公安机关商请或者人民检察院认为确有必要时，可以派员适时介入重大、疑难、复杂案件的侦查活动，参加公安机关对于重大案件的讨论，对案件性质、收集证据、适用法律等提出意见，监督侦查活动是否合法"。2021年最高人民检察院和公安部联合印发《关于健全完善侦查监督与协作配合机制的意见》规定公安机关办理重大、疑难案件，可以商请人民检察院派员通过审查证据材料等方式，就案件性质、证据收集、法律适用等提出意见建议。检察机关提早介入刑事案件是对检警关系的调适。

除此之外，最高人民检察院在2015年全国检察机关第五次公诉工作会议上提出，各级检察机关要"强化诉前主导作用，从源头上保证案件质量"，并"构建以证据为核心的刑事指控体系和新型侦诉、诉审、诉辩关系"，提出了"检察主导"的概念。随着认罪认罚从宽制度的试点、确认，法院在认罪认罚案件中对检察院量刑建议的"一般应当接受"，这在一定程度上使检察机关成为整个刑事诉讼的主导。检察机关主导审前程序在一定程度上有利于提高刑事诉讼效率，但检察机关的主导延伸至审判程序却需要予以警惕，警惕我国刑事诉讼由侦查中心走向检察中心，架空审判中心。

（三）检察机关与审判机关的关系

基于历史传统、诉讼理念、具体制度的不同，检察机关和作为审判机关的法院的关系在不同国家并不相同。在英美法系国家，刑事诉讼类似民事诉讼，是平等主体之间的竞技活动，检察机关是刑事诉讼的一方当事人，法院则是代表国家行使审判权，二者在刑事诉讼中的地位并不对等，检察机关在法庭上要听从法官的安排。而在实行职权主义的大陆法系国家，检察机关代表国家追诉犯罪活动，人民法院代表国家对案件进行审判，尽管分工不同，但二者均属代表国家行使权力，地位上具有平等性。

在我国，检察机关是专门的法律监督机关、公诉机关和部分刑事案件的侦查机关，法院则代表国家行使审判权。尽管职权分工不同，但双方都是国家权力机关，代表国家行使不同的职权。根据《宪法》《刑事诉讼法》的规定，检察机关和法院之间是分工负责，互相配合，互相制约的关系。检察院和法院之间的关系可以做如下三个层面的理解。

第一，分工负责，相互独立。检察机关和法院的分工负责体现在二者在诉讼中承担不同的职能。检察机关作为刑事诉讼中的公诉机关和部分案件的侦查机关，主要对经侦查和调查终结移送到检察院的刑事案件进行审查，进而决定是否提起公诉。法院是唯一的审判机关，负责对检察院提起公诉的刑事案件和自诉人提起自诉的刑事案件进行审判，作出是否有罪的判决，此外，法院也是部分刑罚的执行机关。检察机关和法院分工负责意味着二者在自己的职权范围内依法独立行使职权，不能互相干预。在民事诉讼和行政诉讼中，检察机关的参与较少，主要是作为法律监督机关介入，与法院之间同样是不同的分工。

第二，互相配合，致力于共同目标的实现。互相配合是指检察机关和法院在分工的基础上需要进行一定程度上的协作，以保障刑事诉讼的顺利进行。虽然检察机关和人民法院是不同的机关，行使不同的职权，但检察机关承担审查起诉工作是审判工作的前置程序，审查起诉工作的质量在一定程度上制约法院审判活动，因此在必要的限度内，检察机关和法院应当进行必要的配合。但需要注意的是，检察机关和人民法院之间的配合应当是程序上的配合而不能是实体上的配合，实体上的配合容易导致二者之间的分工模糊，制约虚置，从而导致冤错案件的发生。

第三，互相制约，保证司法公正。互相制约是指检察机关和法院在分工、配合的基础上相互之间还要进行制约，监督。检察机关和法院之间的相互制约在不同的诉讼中的体现不同。

在刑事诉讼中，检察机关对法院的制约体现在如下两个方面：一是根据不告不理原则，检察机关的指控范围决定了法院审判的对象。根据不告不理原则，没有指控就没有审判，没有检察机关的提起公诉活动，法院不能自行启动对刑事案件的审判程序。根据该原则，检察机关指控的范围决定了法院审判的范围，法院不能就检察院指控之外的事项进行审判。二是检察机关对法院的审判活动进行监督制约。检察机关对法院审判活动的监督制约主要通过两种方式进行：一种方式是检察机关对法院的庭审活动进行监督，可以在审判结束后对法官不当的庭审活动提出纠正意见。对法院不当的审判活动可以在审判结束后提出书面纠正意见。另一种方式是检察机关可以通过二审抗诉和再审抗诉的方式对法院审判的尚未发生法律效力的一审裁判和已经发生法律效力的裁判进行监督制约。法院对检察机关的制约主要在审判中实现。法院决定开庭之前进行的庭前审查，以及庭审过程对案件事实的认定，对证据合法性的审查和裁判的作出等行为均是对检察机关审查起诉活动和侦查活动的制约。

在民事诉讼和行政诉讼中，检察机关对法院的制约主要体现在检察院有权对法院的民事诉讼行为和行政诉讼行为进行监督。如检察机关可以自行或者经当事人申请对人民法院已经发生法律效力的民事、行政判决、裁定提出抗诉。检察机关在民事诉讼和行政诉讼中的制约是对法院的单向制约。

学界对法院与检察机关关系有不同的声音。有学者认为，检察机关在刑事诉讼中既承担公诉职能又承担法律监督职能，这两种职能是相互冲突的职能。一方面检察机关是控辩审三方构造中的控诉方，有权提起公诉，请求法院就其公诉主张是否成立作出裁判；另一方面检察机关又可以对法院的审判活动进行法律监督。集两种职能于一身的检察机关容易对法院的独立裁判权形成干预，有损法院的司法权威，且不利于法院独立行使审判权，因此应当废除检察机关的法律监督职能。另有持不同意见的学者则认为检察机关的法律监督职能与公诉职能并不冲突。检察机关对法院的法律监督有利于法院公正、依法行使权力，避免权力滥用。

为避免两种职能由同一主体行使产生负面影响，应当对检察机关的法律监督职能进行严格的限定，检察机关法律监督职能的行使应当严格遵守法律的规定，保持谦抑性和克制性，而不能因为法院在个案中不支持检察机关的公诉主张而进行报复性法律监督。

总体而言，检察机关和法院之间是分工负责、互相配合、互相制约的关系，但近年来的一些司法改革举措在一定程度上改变了二机关分工负责、互相配合、互相制约关系的具体内涵。

四、检察机关组织结构与领导体制

（一）检察机关的组织结构

检察机关的组织结构是指，根据《宪法》《刑事诉讼法》和《人民检察院组织法》的规定，人民检察院的组织体系如下：①最高人民检察院。在中央设立最高人民检察院，全称为中华人民共和国最高人民检察院，位于北京；②省级人民检察院。在省、自治区和直辖市设立省级人民检察院；③设区的市级人民检察院。设区的市级人民检察院包括省、自治区辖市人民检察院，自治州人民检察院以及省、自治区、直辖市人民检察院分院。④基层人民检察院。基层人民检察院包括县、自治县、不设区的市、市辖区人民检察院。

（二）检察机关的领导体制

领导体制是指组织系统内进行决策、指挥、监督等领导活动的具体制度或体系，它用严格的制度保证领导活动的完整性、一致性、稳定性和连贯性。它是领导者与被领导者之间建立关系、发生作用的桥梁与纽带，对于一个集体的发展具有重要意义。检察机关的领导体制，是指上下级检察机关之间，以及检察机关与对于检察机关有干部任免、业务指挥及工作监督权限的其他国家机关之间形成的组织关系。[1]检察机关的领导体制既包含检察机关上下级之间的关系，还包含检察机关内部之间的具体制度和体系。检察机关的领导体系是保障检察机关有效运行的制度保障。我国检察机关的领导体制几经变革。新中国成立初期，检察机关实行双重领导，即地方各级人民检察署受本级人民政府领导，同时受上级人民检察署领导；1954年《宪法》和《人民检察院组织法》规定了垂直领导制度，即地方各级人民检察院只受上级人民检察院的领导，而不受其他国家机关的领导。1978年《宪法》规定地方各级人民检察院对本级人民代表大会负责并报告工作，上级人民检察院监督而非领导下级人民检察院的检察工作。1979年《关于修正〈中华人民共和国宪法〉若干规定的决议》将上下级人民检察院之间的关系由监督改为领导。同年通过的《人民检察院组织法》规定各级检察院对本级人民代表大会及其常务委员会负责并报告工作，最高人民检察院领导地方各级人民检察院和专门人民检察院的工作，上级人民检察院领导下级人民检察院的工作，即实行双重领导制。该制度一直被沿袭至今。具体而言，我国检察机关的领导体制可以作如下理解。

第一，最高人民检察院是最高检察组织，领导地方各级人民检察院和专门人民检察院的工作。最高人民检察院是我国最高的检察组织，在检察体系中处于权力顶端，领导作为其下级的地方各级人民检察院和专门人民检察院的工作。具体而言，最高人民检察院通过以下三种途径对地方各级人民检察院和专门人民检察院的检察工作进行指导。①对检察工作具体应用法律问题进行解释，即制定颁布司法解释；②发布指导性案例；③对具体检察工作进行指导，比如指导地方各级人民检察院和专门人民检察院的工作。

第二，在上下级人民检察院之间，上级人民检察院领导下级人民检察院的工作。根据《宪法》《人民检察院组织法》《刑事诉讼法》《人民检察院刑事诉讼规则》的相关规定，上下级人民检察院之间是领导与被领导的关系。根据《人民检察院组织法》第24条的规定，上级人民检察院对下级人民检察院的领导体现在如下几个方面：①上级人民检察院认为下级人民检察院的决定有错误时，可以指令下级检察院纠正，或者直接依法撤销、变更。②上级人民检察院可以直接管辖下级人民检察院管辖的刑事案件。③上级人民检察院可以对下级人民检察院管辖的刑事案件指定其他检察院异地管辖。④可以在辖区内人民检察院之间调配检察官异地履行职务。

第三，在人民检察院内部，检察长统一领导本院的检察工作。各级人民检察院由检察长统一领导检察工作，重大事项均需要检察长决定。必要时，检察长可以委托检

---

[1] 参见龙宗智：《检察制度教程》，中国检察出版社2010年版，第114页；孙谦主编：《中国特色社会主义检察制度》，中国检察出版社2009年版，第105页。

察官行使部分检察长的职权,还可以授权检察官签署部分法律文书。此外,各级人民检察院内部设检察委员会,由检察长、副检察长和若干检察官组成。根据《人民检察院组织法》的规定,检察委员会履行以下职责:①总结检察工作经验;②讨论决定重大、疑难、复杂案件;③讨论决定其他有关检察工作的重大问题。

五、检察机关基本功能

检察机关基本功能和检察机关的职能并非同一概念,二者属于不同范畴。检察机关的职能是检察机关具体的职责、权限,由《宪法》《人民检察院组织法》《刑事诉讼法》等法律和相关的司法解释明确规定。相对于检察机关的职能,功能属于抽象范畴的具有价值判断的偏理论范畴。但检察机关的基本功能和职能并非完全没有关联的概念,职能是功能的具体化,功能是职能的抽象、概括体现,功能需要通过具体的职能加以实现。检察机关基本功能是指检察机关通过具体行使检察权达到的效果,其由检察机关的性质和地位决定,同时也是检察机关地位和性质的具体体现。尽管目前立法并未明确规定检察机关的基本功能,但从《宪法》《人民法院组织法》《刑事诉讼法》《检察官法》等立法的规定可以概括检察机关的基本功能。

从新中国检察制度确立发展至今,我国检察机关的名称、职能历经变革,我国检察机关的功能也经历了由单一走向复合的历程。总体而言,我国检察机关的基本功能可以概括为四部分。

(一)维护社会安全稳定的功能

与英美法系国家检察机关职能的相对单一不同,我国检察机关除了发挥法律监督职能,参与刑事诉讼、民事诉讼和行政诉讼之外,还积极参与国家治理,是国家治理体系的重要一环。

检察机关是重要的国家机关,代表国家行使法律监督权力。国家设立检察机关的目的在于通过其实现国家治理。国家治理是个系统工程,国家治理体系是在党领导下管理国家的制度体系,包括经济、政治、文化、社会、生态文明和党的建设等各领域体制机制、法律法规安排,也就是一整套紧密相连、相互协调的国家制度。检察制度是国家治理体系中的一部分,通过行使检察职权发挥作用。根据《人民检察院组织法》第2条的规定,人民检察院通过行使检察权,追诉犯罪,维护国家安全和社会秩序,维护个人和组织的合法权益,维护国家利益和社会公共利益,保障法律正确实施,维护社会公平正义,维护国家法制统一、尊严和权威,保障中国特色社会主义建设的顺利进行。检察机关通过在刑事诉讼中有效行使检察权,开展扫黑除恶等各项专项斗争,从严惩治、有效遏制严重暴力犯罪和涉爆、涉毒品犯罪,维护国家安全,人民生活环境的安定。根据最高人民检察院的工作报告,2022年受理审查起诉杀人、放火、爆炸、绑架、抢劫、盗窃犯罪为近二十年来最低,人民群众收获实实在在的安全感。

(二)惩罚犯罪、保障人权的功能

检察机关是重要的刑事诉讼机关,在刑事诉讼中承担多种具体职能。①对部分刑事案件行使侦查权。②检察机关是刑事诉讼中的审查起诉机关，对侦查机关侦查终结的案件和监察机关调查结束的案件审查起诉，决定是否提起公诉。③对法院决定开庭的案件出庭公诉。④对法院尚未发生法律效力的判决和已经发生法律效力但确有错误的判决提出抗诉，以纠正错误。在刑事诉讼中，检察机关通过行使上述职能，起到惩罚犯罪，追究实施犯罪行为人的刑事责任，同时保障无辜的人不受刑事追诉，实现保障人权的作用。除此之外，国家为保障刑事案件中被害人的权利，还设立了刑事司法救助制度。通过提供刑事司法救助，保障刑事案件中被害人及其近亲属的合法权益，实现保障人权。

（三）保障司法公正的功能

司法公正包括实体公正和程序公正。实体公正指结果的公正，程序公正则是指过程的公正。检察机关保障司法公正的功能体现在民事诉讼、行政诉讼和刑事诉讼中，在保障刑事司法公正的实现中发挥尤其重要的作用。

根据相关法律的规定，检察机关是专门的法律监督机关，负责对法律实施情况进行监督。检察院的法律监督职能在民事诉讼和行政诉讼中主要表现为对法院生效的民事和行政裁判提出抗诉，检察院通过刑事抗诉权，对法院的审判活动进行监督，纠正法院错误的审判行为，保障民事、行政、刑事司法公正的实现。

在刑事诉讼中，检察机关保障司法公正的功能尤其明显。首先，通过对刑事诉讼其他国家专门机关的制约保障公正实现。其一，检察机关对侦查权进行制约，防止侦查权滥用，侵害相关诉讼主体的权利。检察机关可以对侦查机关的侦查行为进行监督，并要求其纠正违法的侦查行为，从而保障程序公正和实体公正。如在保定王某雷故意杀人案中，检察机关在审查批捕时发现案件疑点，及时纠正，避免了冤假错案的发生。其二，检察机关通过对法院审判活动的监督，确保法院在审判中遵循正当程序，正确适用法律，从而作出正确裁判，保障刑事司法公正。其三，检察机关作为审查起诉机关，对侦查和调查结束的案件行使审查权，通过对案件的实质审查，保障公民不受非法、不必要的追诉，保障刑事司法公正。其四，检察机关的客观中立有利于实现刑事司法公正。检察机关是专门的刑事追诉机关，但检察机关在刑事诉讼中应当保持客观中立立场，在刑事诉讼中要全面审查证据，既重视对犯罪嫌疑人不利的证据，也应重视对犯罪嫌疑人有利的证据。检察官在刑事诉讼中的客观中立立场有利于保障刑事司法公正的实现。

（四）以高质效检察守护公共利益的功能

目前关于公益诉讼的性质、范围和主体的研究仍有诸多争议，有待进一步完善。从目前立法和实践看，检察机关是推动公益诉讼的主要机关。目前检察机关检察公益诉讼涵盖《民事诉讼法》《行政诉讼法》明确的4个检察公益诉讼领域，党的十九届四中全会部署拓展公益诉讼范围，包括全国人大常委会制定、修改法律，增加军人荣誉名誉权益保障、安全生产、妇女权益保障等10个检察公益诉讼新领域。上述检察公益诉讼活动有利于全面、有效维护特殊群体、特殊领域的利益，是解决"公地悲剧"问题的有效路径。如自2023年3月起，河北省人民检察院在全省检察机关部署开展"燕赵山海·公益检察"护航美丽河北建设生态环境和资源保护专项监督工作，主要锚定河北省委、省政府"十四五"期间生态环境和资源保护目标，突出燕山—太行山、张承坝上地区、白洋淀、衡水湖、大运河、渤海湾等重点区域生态环境保护综合治理，助力经济社会发展绿色化、低碳化，服务保障经济强省、美丽河北建设大局。

六、检察官制度

学界对检察官的概念有不同见解，根据我国《检察官法》第2条的规定，检察官是指依法行使国家检察权的检察人员，具体包括最高人民检察院、地方各级人民检察院和军事检察院等专门人民检察院的检察长、副检察长、检察委员会委员和检察员。检察官制度是检察制度的重要组成部分，检察院的各项职权最终需要通过检察官的活动实现。检察官制度不同于检察制度，检察制度规范的对象是作为机构的检察院的整体活动，侧重检察院管理体制、工作制度和工作运行机制，检察官制度则侧重对具体行使检察权的检察官的选任、管理、权利义务等内容。检察官制度是指国家对检察官实行科学管理的法律制度的总称，包括检察官的选任、奖惩、考核、培训、职责、权限、职业道德、职业保障等。[1]经过多年的不断发展，我国逐步发展起来一套相对成熟的检察官制度。检察官制度主要在《宪法》《全国人民代表大会组织法》《地方各级人民代表大会和地方各级人民政府组织法》《人民检察院组织法》和《检察官法》等法律中规定，尤其是《检察官法》集中、全面规定了检察官制度的具体内容。综合上述立法，我国的检察官制度的内容包括检察官的职责、检察官的权利和义务、检察官的条件和遴选、检察官的任免、检察官等级制度、检察官的管理、检察官的考核、奖励和惩戒、检察官的职业保障等。考虑到本章篇幅以及与其他章节的衔接问题，检察官职业道德等内容在本章中不赘述，关于检察官职业道德的具体内容见本书第十一章。

（一）检察官的职责

检察机关的检察权由具体的检察人员实施，故检察官的职责在一定程度上是检察机关职权的具体体现。《检察官法》第7~9条规定了检察官的职责。根据《检察官法》的规定，检察官具有下列职责。①对刑事案件的侦查权。检察机关在刑事诉讼中拥有对部分刑事案件的侦查权，对具体案件的侦查工作由检察官承担；②对刑事案件进行审查逮捕、审查起诉，代表国家进行公诉；③开展公益诉讼工作。④履行法律监督职能。检察官对刑事、民事和行政诉讼活动进行法律监督；⑤法律规定的其他职责。

此外，人民检察院检察长、副检察长、检察委员会委员除履行检察职责外，还应当履行与其职务相适应的其他职责。

（二）检察官的权利和义务

为了保障检察官积极行使权力，保障检察权的高效实施，同时防止检察官滥用权

---

[1] 金文彤：《中国检察官制度研究》，中国政法大学2005年博士毕业论文，第8页。

力，《检察官法》规定了检察官的权利和义务。

第一，检察官的权利。为保障检察官充分履行职权，根据《检察官法》第 11 条的规定，检察官享有如下权利：①履行职务必要的职权和工作条件。检察官必须享有一定的职权才能履行职务，同时，检察官履行职责也需要必备的工作条件，比如办公场所，办公经费等。②职务保障权。检察官非因法定事由、非经法定程序，不被调离、免职、降职、辞退或者处分，以此保障检察官独立行使检察权。③履行检察官职责应当享有的职业保障和福利待遇。④人身、财产和住所安全受法律保护；⑤提出申诉或者控告的权利；⑥法律规定的其他权利。

第二，检察官的义务。《检察官法》第 10 条规定，检察官承担如下义务：①严格守法义务。作为专门的法律监督者，检察官应当严于律己，严格遵守宪法和法律的规定。②公正义务。检察官在办案过程中应当秉公办案，保持客观中立立场，把公平正义作为衡量职权行为的首要标准，不得徇私枉法，以权谋私。③保障相关主体权利的义务。检察官在办案中应依法保障当事人和其他诉讼参与人的诉讼权利，不得滥用权力侵犯诉讼主体的权利。④维护相关利益义务。检察官在履行职责过程中，应当将国家、社会和公民的利益放在首位，依法维护国家利益、社会公共利益，维护个人和组织的合法权益。⑤保密义务。检察官应当保守国家秘密和检察工作秘密，对履行职责中知悉的商业秘密和个人隐私予以保密，不得随意泄露。⑥接受监督义务。检察官是法律监督者，其自身同样需要接受监督，以避免权力滥用。⑦推进法治建设义务。检察官在办案的时候不能为了办案而办案，还要兼顾办案的法制宣传作用，通过办案不仅要实现案结事了，同时还要充分发挥具体案件的法治宣传意义，增强公民的法治意识，推进法制建设。⑧法律规定的其他义务。

（三）检察官的选任和罢免程序

第一，检察官的任职和罢免条件。《检察官法》从正反两方面规定了担任检察官的条件，担任检察官应当具备下列条件：①具有中华人民共和国国籍；②拥护中华人民共和国宪法，拥护中国共产党领导和社会主义制度；③具有良好的政治、业务素质和道德品行；④具有正常履行职责的身体条件；⑤具备普通高等学校法学类本科学历并获得学士及以上学位；或者普通高等学校非法学类本科及以上学历并获得法律硕士、法学硕士及以上学位；或者普通高等学校非法学类本科及以上学历，获得其他相应学位，并具有法律专业知识；⑥从事法律工作满五年。其中获得法律硕士、法学硕士学位，或者获得法学博士学位的，从事法律工作的年限可以分别放宽至四年、三年；⑦初任检察官应当通过国家统一法律职业资格考试取得法律职业资格。除了具备上述条件，具有下列情形的人不能担任检察官：①因犯罪受过刑事处罚的；②被开除公职的；③被吊销律师、公证员执业证书或者被仲裁委员会除名的；④有法律规定的其他情形的。

检察官具有法定情形时，应当提请罢免其检察官职务，具体包括如下条件：①丧失中华人民共和国国籍的；②调出所任职人民检察院的；③职务变动不需要保留检察官职务的，或者本人申请免除检察官职务经批准的；④经考核不能胜任检察官职务的或因健康原因长期不能履行职务的；⑤退休、辞职或者依法应当予以辞退的；⑥因违纪违法不宜继续任职的。

第二，检察官的任免程序。初任检察官除了符合上述检察官的必备条件外，还要通过考核、考察的方法，按照德才兼备的要求和标准选拔。最高人民检察院检察长由全国人民代表大会选举和罢免，副检察长、检察委员会委员和检察员，由检察长提请全国人民代表大会常务委员会任免。地方各级人民检察院检察长由本级人民代表大会选举和罢免，副检察长、检察委员会委员和检察员，由检察长提请本级人民代表大会常务委员会任免。

地方各级人民检察院检察长的任免，须报上一级人民检察院检察长提请本级人民代表大会常务委员会批准。新疆生产建设兵团各级人民检察院、专门人民检察院的检察长、副检察长、检察委员会委员和检察员，依照全国人民代表大会常务委员会的有关规定任免。

（四）检察官的职业保障

检察官的职业保障是保障检察官有效行使检察权的重要制度保障。根据相关法律规定，人民检察院内设检察官权益保障委员会，以制度规范保障检察官权利。我国目前关于检察官的职业保障主要体现在身份保障和福利待遇保障两个方面。身份保障主要体现在：①不得被任意调离检察业务岗位。除非具有法定事由，否则检察官不得被调离检察业务岗位。②办案行为不受非法干预。任何单位和个人不得强迫检察官从事职权范围之外的事项，对于干预检察官办理案件的行为，检察官可以拒绝并如实记录和报告。③检察官的职业尊严和人身安全受法律保护，任何单位和个人不得对检察官和其近亲属进行打击报复，等等。检察官的福利待遇保障主要体现在检察官可以定期增资，根据考核结果为优秀、称职的可以晋升工资等。

第三章 刑事检察

刑事检察是指检察机关为了维护国家法制的统一正确实施，依法代表国家进行侦查、指控犯罪和开展刑事诉讼活动监督的职能和工作内容的总称。[1]刑事检察具有重要意义，通过行使检察权，保证准确、及时查明犯罪事实，正确应用法律，惩罚犯罪分子，保障无罪的人不受刑事追究，保障刑事法律的统一正确实施，维护社会主义法制，尊重和保障人权，保护公民的人身权利、财产权利、民主权利和其他权利，保障社会主义建设事业的顺利进行。刑事检察的内容既包括侦查、审查逮捕、起诉、诉讼监督、执行监督还包括未成年人检察中的刑事检察，未成年人刑事检察在本书第七章中论述，在此不再赘述，本章重点论述除未成年人刑事检察之外的刑事检察内容。

第一节 逮捕权

逮捕权是我国宪法赋予检察机关的重要权力，也是检察机关在刑事诉讼过程中依法享有的一项重要职权。通过行使逮捕权，检察机关不仅可以有效地打击犯罪，而且可以监督公安机关的侦查活动，保障犯罪嫌疑人的人身权利不受非法侵犯。从世界各国法律规定情况来看，逮捕权均是规定在侦查程序中的一项重要权力，同时也是制约侦查权的一种程序性措施。

一、检察院逮捕权的概念

检察院逮捕权是批准逮捕权和决定逮捕权的总和。设置逮捕权，既是为了保证侦查和审判工作的顺利进行，也是为了保障犯罪嫌疑人、被告人的人权不受任意侵犯。

由逮捕本身的特殊性所决定，设置逮捕权具有重要意义。逮捕，是由法律规定的执法机构依照正当的法律程序审查或者决定，并经法律规定的司法机关执行，针对可能判处一定刑罚的犯罪嫌疑人、被告人采取的具有一定时限的羁押、剥夺其人身自由的最严厉的刑事强制措施。逮捕虽然是一种刑事强制措施，但是因为涉及当事人的人身自由这一宪法性权利，而被联合国《公民权利及政治权利国际公约》等文件以及许多国家的根本性法律——宪法所重视。如联合国《公民权利及政治权利国际公约》第9

---

[1] 参见贾宇、王敏远主编：《检察学》，中国检察出版社、中国政法大学出版社2023年版，第127页。

条第3项规定："任何因刑事指控被逮捕或拘禁的人，应被迅速带见审判官或其他经法律授权行使司法权力的官员，并有权在合理的时间内受审判或被释放……"美国、法国、德国、日本、俄罗斯等国宪法也明确规定，任何人不具法定事由，不经法律规定的程序不受逮捕。逮捕作为刑事诉讼强制措施的一种，其目的主要是为了保证犯罪嫌疑人、被告人能够始终参与刑事诉讼活动，保证刑事追诉机关依法查明犯罪事实和证据，保证法院能够依法进行审判，防止犯罪嫌疑人、被告人毁灭、伪造、变造证据或者串供，保证刑事诉讼能够顺利进行。但是在不同国家、不同时期对于该问题的认识也有诸多不同。如《德国刑事诉讼法典》在1877年制定颁布时，把羁押（类似于我国的逮捕）只是作为保证刑事诉讼顺利进行的手段。1935年修改该法时，曾加入"为了防止犯罪嫌疑人再次犯罪的危险性"的规定；1946年、1950年修改该法时，又删除了防止"再犯危险"的规定；1964年、1972年修订该法，再一次增加了"防止再犯危险"的规定。从此可以看出，逮捕已经不只是程序上的意义，还具有预防犯罪、安抚社会大众等价值。

从上述对逮捕权定义和功能的介绍可以看出，其具有以下几个方面的特点：

第一，逮捕权的行使主体一般是司法机关。一般来说，在英美法系国家，行使批准或决定逮捕权的主体是治安法院的法官。在大陆法系国家，行使逮捕权的主体是预审法官或一般法官。而在我国，逮捕的批准或决定权和执行权是分离的，检察院有批准或者决定逮捕的权力，法院有决定逮捕的权力，公安机关统一行使逮捕的执行权。

第二，逮捕权的目的是保障犯罪嫌疑人、被告人的人身自由权利。从各国法律规定看，各国法律都规定了一些强制措施，包括拘传、取保候审或监视居住、拘留和逮捕等。其中，逮捕是最严厉的一项强制措施，因为它涉及犯罪嫌疑人、被告人是否被羁押，其人身自由是否被剥夺。人身自由对一个人来说是最重要的一项权利，它是各国宪法赋予每一个公民最基本的一项权利。所以，各国法律都对逮捕权的行使进行了严格的限制，即未经司法机关批准或者决定，均不得对犯罪嫌疑人或被告人适用逮捕措施。

第三，逮捕权的性质是司法权对侦查权的监督制约。在各国的侦查程序中，基本建立了对逮捕的制约机制，在侦查程序中，侦查机关需要对犯罪嫌疑人采取逮捕措施时，应当及时将有关材料移送司法机关进行审查批准。司法机关通过行使逮捕权，对侦查机关移送的材料进行审查并决定是否对犯罪嫌疑人进行逮捕，这有利于防止侦查机关滥用逮捕措施，是对侦查机关采取逮捕措施的一种有效监督制约。

二、逮捕权的行使主体与方式

逮捕权在不同的国家或者地区有不同的行使方式，并由不同的主体行使。由政治体制和检察机关、审判机关的性质及其与侦查机关的关系等多方面因素所决定，逮捕权的行使方式和行使主体主要有三种类型：

（一）由治安法官行使逮捕权

在英美法系国家，批准逮捕权由治安法官行使。在这些国家，警察机关在侦查阶段独立行使侦查权，警察不接受检察官的指挥和领导。如在美国，警察在法律上并非检察官的辅助者，与检察官具有相同的独立地位。警察在侦查工作中拥有优势之权力地位，检察官对于警察侦查工作之计划和实施，几乎无影响力。只是在涉及公职人员的渎职犯罪、有组织犯罪、毒品犯罪和其他复杂案件的侦查和起诉上，检察官与警察部门才存在密切的合作关系。对于犯罪嫌疑人需要逮捕的，由治安法官决定。在非紧急情况下，警察对犯罪嫌疑人的逮捕应当提交治安法官签发逮捕令。对被逮捕者的羁押，也要由治安法官审查决定。在英国，警察认为需要逮捕嫌疑人时，应向法庭说明逮捕的理由，然后由治安法官签发逮捕证。治安法官对于犯有可捕罪的，或应处监禁者，或者被告人的住址不明、发出传票不能有效保证其出庭者，有权签发逮捕证。

在英美法系国家，检察机关在性质上属于政府的一个职能部门或者政府部门的下设单位，检察官是政府的公诉律师。在刑事诉讼中，检察官和警察一起，充当"一方当事人"的角色，检察活动的目的只是追诉犯罪。为了该目的的实现，在刑事诉讼中，检察官会和警察一样，倾向于选择最严厉的手段，或者在同一种手段的裁量幅度范围内选择上限幅度。这是作为一方当事人的检察官所不可避免的。因此，在这种体制下，不可能要求检察官通过行使逮捕决定权监督侦查机关的行为。所以，在该体制下，对逮捕的司法审查权只能赋予法官。

（二）由检察官和法官双重控制逮捕权

决定逮捕权由检察官和预审法官或者侦查法官双重控制。在这种模式下，检察机关与警察既存在合作关系，也存在监督关系。大陆法系国家基本上采取这种方式，如德国、法国、意大利等。如《法国刑事诉讼法典》规定，共和国检察官自己或使他人采取一切追查违法犯罪的行动。为此，他有权指挥所在法院辖区范围内的司法警官或司法警察的一切活动。有权对拘留措施实行监督，享有法律授予司法警官的一切权利和特权。预审法官可以根据需要，签发传票、拘传证、拘留证或逮捕证。在德国，警察和检察官都可以在必要时采取确定嫌疑人身份的措施，如拘留，但是拘留时间在任何情况下都不得超过12小时。在紧急情况下，可以采取暂时逮捕，但是逮捕后必须毫不延迟地将嫌疑人带到侦查法官面前，由侦查法官决定是否实行审前羁押。另外《意大利刑事诉讼法典》也规定，一般性保障措施由司法权力机构实施，发生于初期侦查阶段时，基于检察官的请求，由侦查法官作出决定。

（三）由检察机关和审判机关分别行使逮捕权

在我国，批准逮捕权由检察机关行使，决定逮捕权由检察机关和审判机关行使。我国《宪法》第37条第2款规定："任何公民，非经人民检察院批准或者决定或者人民法院决定，并由公安机关执行，不受逮捕。"我国《刑事诉讼法》规定，公安机关要求逮捕犯罪嫌疑人的时候，应当写出提请批准逮捕书，连同案卷材料、证据，一并移送同级人民检察院审查批准；人民检察院直接受理的案件中，需要逮捕犯罪嫌疑人的，由人民检察院作出决定，由公安机关执行。在我国，根据《宪法》《刑事诉讼法》《人民检察院刑事诉讼规则》的规定，批准逮捕权是指在刑事诉讼过程中，人民检察院对公安机关或者国家安全机关在侦查过程中，需要采取逮捕措施而提请批准逮捕犯罪嫌疑人的请求，进行审查并决定是否批准逮捕的权力；决定逮捕权，常用于人民检察院直接受理侦查的案件、审查起诉阶段认为需要逮捕的案件以及人民法院在审判过程中认为有必要逮捕被告人的案件。

在我国，检察机关行使逮捕权，不仅具有宪法和法律上的依据，而且符合我们国家的实际情况，是由我国的政治体制、司法体制和检察机关的法律地位以及检警关系等因素决定的。首先，人民检察院依法行使逮捕权，是由我国检察机关法律监督的性质决定的。《宪法》规定，人民检察院是国家的法律监督机关。审查批准和决定逮捕，是对侦查机关侦查活动进行监督和控制，实现检察机关法律监督职能的重要措施。其次，人民检察院依法行使批准和决定逮捕职权，是由我国检察机关在刑事诉讼中的法律地位决定的。在刑事诉讼中，检察机关不仅要承担对部分国家工作人员职务犯罪的监督职责，更要承担对具体案件不同诉讼环节的监督职责。逮捕作为最严厉的强制措施，直接关系当事人的人身自由。加强对逮捕适用的控制和监督，对于保障侦查活动的依法进行，保障当事人的合法权益具有重要意义。因其在刑事诉讼中的特殊地位，检察机关行使审查批准逮捕权、行使对侦查活动的监督控制权不仅是必要的，也是适宜的。在我国，检察机关不仅具有法律监督机关的性质，而且具有司法机关的性质。检察机关审查批准逮捕，本身就具有司法审查的性质。最后，人民检察院依法行使批准和决定逮捕职权，是由我国检察机关与公安等侦查机关以及审判机关的法律关系决定的。根据我国《刑事诉讼法》的规定，人民法院、人民检察院和公安机关进行刑事诉讼，实行分工负责、互相配合、互相制约的原则。检察机关审查批准逮捕，是对公安机关侦查行为进行有效制约和监督的重要手段。

在我国现行的司法体制下，如果由法院既行使逮捕等强制性侦查行为的审查批准权，又行使刑事审判权，将会出现难以逾越的体制性障碍和法律问题。这容易导致法官或者法院的审前预断，影响法院、法官的客观中立性，并进而影响法院判决的公正性。根据《人民法院组织法》和《刑事诉讼法》的有关规定，我国的人民法院只是一套审判系统，我国的法院体系没有专设有别于刑事审判法院的治安法院或者预审法院、侦查法院，这是与国外法院的体制大不相同的一个特点。世界上许多国家对侦查机关的侦查行为的控制，包括逮捕的审查决定，都是由法院进行的。这是因为在这些国家，负责对侦查行为控制与监督的法院（法官），与负责该案件的实体审判的法院（法官）都是分设的，即预审法官或者治安法院（法官）、侦查法院（法官）负责逮捕等强制措施的审查，刑事审判法院（法官）负责案件的实体审查，二者独立行使职权，互不隶属。如《法国刑事诉讼法典》第49条规定，预审法官不得参与他以预审法官资格所了解的刑事案件的审判工作。《意大利刑事诉讼法典》第34条第2款规定，初期侦查法官不能成为同一诉讼案件的预审法官。《荷兰刑事诉讼法典》第21条规定，法院的预审法官或代理预审法官，或高等法院的预审法官或代理预审法官如果负责调查过此案件，将不参加合议庭的审判，否则审判无效。《俄罗斯联邦刑事诉讼法典》第63条第2款规定：有下列情形之一的，法官不得在一审法院、二审法院或依监督程序审理刑事案件，也不得在一审法院、或二审法院重新审理案件：①在审前程序中作出过关于对犯罪嫌疑人、刑事被告人适用羁押作为强制处分或延长刑事被告人羁押期的决定；②根据对犯罪嫌疑人、刑事被告人适用拘捕、羁押以及延长羁押期的是否合法有据进行检查的结果作出过决定。之所以如此，就是为了避免刑事审判法官受侦查、预审的影响，先入为主，保证刑事审判法官在审判时的中立性，保证审判的公正性。

由上可见，我国《宪法》《人民检察院组织法》和《刑事诉讼法》规定人民检察院依法行使逮捕权，是符合我国的权力架构和司法机关实际情况的一种制度选择。

三、检察院批准、决定逮捕的程序

我国《刑事诉讼法》和《人民检察院刑事诉讼规则》对人民检察院批准或者决定逮捕的程序作出了明确规定。

（一）批准逮捕程序

《刑事诉讼法》第87条规定，公安机关要求逮捕犯罪嫌疑人的时候，应当写出提请批准逮捕书，连同案卷材料、证据，一并移送同级人民检察院审查批准。必要的时候，人民检察院可以派人参加公安机关对于重大案件的讨论。第90条规定，人民检察院对于公安机关提请批准逮捕的案件进行审查后，应当根据情况分别作出批准逮捕或者不批准逮捕的决定。对于批准逮捕的决定，公安机关应当立即执行，并且将执行情况及时通知人民检察院。对于不批准逮捕的，人民检察院应当说明理由，需要补充侦查的，应当同时通知公安机关。

（二）决定逮捕程序

《人民检察院刑事诉讼规则》第296条规定，人民检察院办理直接受理侦查的案件，需要逮捕犯罪嫌疑人的，由负责侦查的部门制作逮捕犯罪嫌疑人意见书，连同案卷材料、讯问犯罪嫌疑人录音、录像一并移送本院负责捕诉的部门审查。犯罪嫌疑人已被拘留的，负责侦查的部门应当在拘留后7日以内将案件移送本院负责捕诉的部门审查。第298条规定，对犯罪嫌疑人决定逮捕的，负责捕诉的部门应当将逮捕决定书连同案卷材料、讯问犯罪嫌疑人录音、录像移交负责侦查的部门，并可以对收集证据、适用法律提出意见。由负责侦查的部门通知公安机关执行，必要时可以协助执行。第299条规定，对犯罪嫌疑人决定不予逮捕的，负责捕诉的部门应当将不予逮捕的决定连同案卷材料、讯问犯罪嫌疑人录音、录像移交负责侦查的部门，并说明理由。需要补充侦查的，应当制作补充侦查提纲。犯罪嫌疑人已被拘留的，负责侦查的部门应当通知公安机关立即释放。第337条规定，人民检察院在审查起诉阶段认为需要逮捕犯罪嫌疑人的，应当经检察长决定。

第二节 公诉权

公诉权是检察权的重要组成部分,也是检察制度的一项重要内容。因此,需要明确界定公诉权的概念,合理确定公诉权的内容,以及明晰公诉裁量权的基本特征。

一、公诉权的概念

公诉是相对于自诉而言的。从刑事诉讼的发展历史和现实情况来看,对犯罪的追诉大致有两种形式:一种是由被害人或其代理人等私人作为追诉主体,称为自诉;另一种是由国家机关作为追诉主体,称为公诉。在刑事诉讼制度初始时期,犯罪被认为是损害个人利益的行为,对犯罪进行追究的主要方式是私人追诉。在实行私人追诉的情况下,启动追诉犯罪的程序在很大程度上受个人意志的左右,国家处于消极被动的地位,如果个人出于各种原因不愿或不敢行使追诉权,国家就无以行使刑罚权。后来人们逐渐认识到,犯罪行为不仅侵害了个人权益,同时也侵害了社会公众的利益和国家利益,对犯罪的追诉由此出现了由个人起诉向国家起诉发展的趋势。在现代刑事诉讼中,一般实行国家追诉原则,或者实行国家追诉为主私人追诉为辅的原则。国家追诉即为公诉,从世界范围看,检察机关是代表国家追诉犯罪的专门机关,公诉权是检察机关的一项重要权力。

根据以上分析,公诉权,是指专门的国家机关代表国家依法对刑事被告人提出控诉,要求审判机关追究其刑事责任的一项国家权力。从公诉制度的历史发展和现实运作看,公诉权具有以下特征:

第一,公诉权是国家权力。公诉权本质上是国家对犯罪的追诉权,其体现的是国家和社会的意志和利益。检察机关是根据国家法律赋予的职责,代表国家追诉犯罪的机关。公诉权的这一特征,在世界各国概莫能外。即使在刑事诉讼实行当事人主义的国家,公诉案件中国家也是诉讼的一方,被告人为另一方。当然,在实行联邦制的国家,例如美国州检察官起诉的案件,在案由表述中州为一方,被告人为另一方,这与其国家结构形式直接相关,但并未改变公诉权作为国家权力的特征。

第二,公诉权是追诉犯罪的权力。公诉权的行使是以犯罪行为的发生为前提的。只有发生了侵害国家和社会利益的犯罪行为,检察机关才能行使公诉权。检察机关行使公诉权的目的,是使实施犯罪行为的人受到追究和惩罚,维护国家利益和社会公共利益,恢复被犯罪行为破坏的法律秩序。

第三,公诉权是请求权。这一特征的含义是指公诉权的行使是为了启动追诉犯罪的审判程序。在诉讼发展史上,曾经有过诉审合一的制度,为了节制审判官的权力,防止专权擅断,发生了诉审分离的重大诉讼变革。在现代刑事诉讼中,法院审判程序的发动,必须以起诉为前提,无起诉即无审判。因此,公诉权在形式上表现为请求法院对案件进行审理并作出裁判的权力。一般情况下,检察官的起诉必然会启动审判程序。

第四，公诉权是程序性权力。就实质而言，公诉权不是实体处理权，这是其区别于审判权的重要特征。公诉权的行使可以推动诉讼程序的发展，使犯罪受到追究，对国家刑罚权的实现具有重要意义，但其本身不能解决定罪量刑的实体问题，其只是一种程序性权力，对案件的实体处理是审判者的权力。这种机制有利于实现诉讼目的，是人类诉讼制度进步的一个重要标志。

二、公诉权的内容

公诉权在属性上是国家专门机关控诉犯罪的权力，而该权力如何配置和赋予多少权能，不仅涉及国家权力与公民权利的关系以及刑事诉讼的模式，而且关系刑事诉讼惩罚犯罪与保障人权的平衡与实现，因而历来为各国所关注。由于各国法律文化传统、价值观念以及现实需要的差异，不同国家或同一国家的不同时期对公诉权内容的设置也不尽相同。如作为英美法系国家的英国，其在1985年制定的《刑事起诉法》规定，检察官享有的公诉权包括以下内容：一是对绝大多数刑事案件提起诉讼的权力；二是对不构成犯罪的案件或者不需要判刑的案件决定不起诉的权力；三是接到法院通知后出庭支持公诉的权力；四是对法院的判决提出上诉的权力。而作为大陆法系国家的德国，根据其刑事诉讼法的规定和司法实践，检察机关拥有广泛的公诉权，主要包括以下内容：一是对刑事案件决定是否提起公诉的权力；二是出席法庭审判并支持公诉的权力；三是对提出的公诉内容进行变更的权力；四是对法院的判决提出上诉的权力等。可见，英国与德国在公诉权内容上存在明显差别。

根据我国《刑事诉讼法》和《人民检察院刑事诉讼规则》的规定，检察机关拥有的公诉权包括以下几个方面的内容：①审查起诉权；②出庭支持公诉权；③不起诉权；④量刑建议权；⑤公诉变更权；⑥抗诉权等。

（一）审查起诉权

审查起诉权，是指检察机关对侦查终结或调查结束的案件进行审查后，并决定是否将案件提交法院进行审判的一种权力。检察机关行使起诉权时，包括对侦查或调查终结移送的案件进行审查和决定是否提起公诉两方面内容。

对案件进行审查是检察机关行使起诉权的必经程序，各国对此都有规定。在我国，侦查终结后，凡是需要提起公诉的案件，一律由检察机关审查决定。检察机关对公安机关移送的案件和自行侦查终结的案件，主要应当审查以下几个方面的内容：①犯罪嫌疑人身份状况是否清楚，包括姓名、性别、国籍、出生日期和职业等。②犯罪事实、情节是否清楚，认定犯罪性质和罪名的意见是否正确；有无法定的从重、从轻、减轻或者免除处罚的情节；共同犯罪案件的犯罪嫌疑人在犯罪活动中的责任认定是否恰当。③证据材料是否随案移送，不宜移送的证据的清单、复制件、照片或者其他证明文件是否随案移送。④证据是否确实、充分。⑤有无遗漏罪行和其他应当追究刑事责任的人。⑥是否属于不应当追究刑事责任的情形。⑦有无附带民事诉讼，对于国家财产、集体财产遭受损失的,是否需要由人民检察院提起附带民事诉讼。⑧采取的强制措施是否适当。⑨侦查活动是否合法。⑩与犯罪有关的财物及其孳息是否扣押、冻结并妥善保管,以供核查;对被害人合法财产的返还和对违禁品或者不宜长期保存的物品的处理是否妥当,移送的证明文件是否完备。

决定将案件起诉到法院是审查程序的一种结果,即检察机关对案件进行审查后,认为符合法定起诉条件且需要追究行为人刑事责任时,决定将案件提交法院进行审判。根据我国法律规定,检察机关认为犯罪嫌疑人的犯罪事实已经查清,证据确实、充分,符合起诉条件的,应当决定起诉。我国起诉的证明标准是"犯罪事实已经查清,证据确实、充分"。我国对起诉的证明标准要求较高,与有罪判决的标准没有区别。这对于防止起诉权的滥用和保护人权都具有积极作用。特别是我国法律没有设立对起诉进行庭前审查的程序,因而为了避免检察机关将证据不足的案件提交法院,增加法院的负担,浪费司法资源,有必要规定较高的起诉证明标准。

(二) 出庭支持公诉权

出庭支持公诉权,是指检察机关提起公诉后,检察长或检察官等以国家公诉人的身份出席法庭,根据事实和法律,支持检察机关对被告人的指控,要求对被告人处以刑罚的权力。

支持公诉权是检察机关的一项重要权力,各国对此都有规定。在我国,根据《刑事诉讼法》和《人民检察院刑事诉讼规则》的有关规定,人民检察院提起公诉后,应当指派检察官以国家公诉人的身份出席法庭支持公诉。

公诉人在出席法庭支持公诉前,应当做好如下准备工作:进一步熟悉案情,掌握证据情况;深入研究与本案有关的法律政策问题;充实审判中可能涉及的专业知识;拟定讯问被告人、询问证人、鉴定人和出示证据的计划并制定质证方案;拟定公诉意见,准备辩论提纲。

公诉人出席法庭,在法庭上应当进行下列支持公诉活动:宣读起诉书;讯问被告人;询问证人、被害人、鉴定人;出示物证,宣读书证、未到庭证人的证言笔录、鉴定人的鉴定结论、勘验、检查笔录和其他作为证据的文书,向法庭提供作为证据的视听资料;可以逐一对正在调查的证据和案件情况发表意见;证据调查结束时,应当发表总结性意见。针对被告人、辩护人的辩护意见进行答辩,全面阐述公诉意见,反驳不正确的辩护意见,与被告人和辩护人进行辩论等。

(三) 公诉变更权

公诉变更权,是指检察机关对于已经提起公诉的案件,在法院审判结束以前,如果发现案件事实、犯罪性质、指控的被告人等内容发生变化或有遗漏时,享有改变、撤回或追加控诉的权力。公诉变更包括公诉改变、公诉撤回和公诉追加三种情况。

在现代公诉活动中,为了保证公诉的准确性和法院判决的正确性,世界各国几乎都赋予了检察机关公诉变更权,以灵活处理公诉活动中出现的变化。其理论依据主要基于以下三个方面:

第一，实体真实的需要。刑事诉讼活动的一项重要功能是发现案件的客观真相，对案件作出客观公正的判决。因此，追求案件的实体真实是刑事诉讼活动的一项重要目标。但是，在追求实体真实的目标时，又不得以侵犯被告人的权利为代价，即必须兼顾保障人权。为了保护人权，防止司法权的集中和专权，近现代以来，世界各国都确立了控审分离原则。该原则具有诉讼结构和诉讼程序两个方面的含义。在诉讼结构上，控审分离原则要求控诉职能和审判职能应当由不同的国家机构承担，同时要分别配置不同的人员；在诉讼程序上，控审分离原则要求审判程序的启动上实行"不告不理"和审判程序的运作上的"诉审同一"。所谓不告不理，是指刑事审判程序的启动必须以承担控诉职能的检察机关提起控诉为前提，法院"无权自行受理刑事案件，必须等待检察院提起公诉"，[1]即检察机关不提起控诉，法院就不能进行审判。所谓诉审同一，是指在法院审判过程中，法院的审判对象必须与检察机关或检察官指控的对象保持同一，即法院只能在检察机关或检察官指控范围内进行审判，对于检察机关或检察官没有指控的人和行为，法院无权进行审理和判决，即使法院在审判过程中发现了检察机关或检察官提起指控的对象有错漏，法院也不能对指控的内容进行变更，只能对检察机关或检察官指控的内容进行审判。然而在现实司法实践中，由于受各种主客观因素的影响，往往会发生这样的情况：检察机关或检察官提起公诉后，又发现被告人新的犯罪事实，或者发现起诉指控的内容有错误，或者在审判过程中，发现指控的被告人或犯罪事实有错漏等。在这种情况下，根据控审分离原则中诉审同一的要求，为了确保程序公正，法院必须保持中立，即使法院在审理中发现检察机关或检察官指控的内容有错漏时，也不得主动变更检察机关或检察官指控的被告人或有关犯罪事实，这样就可能出现检察机关或检察官在起诉中指控内容的错漏无法得到纠正的问题。犯罪者就可能因检察机关或检察官起诉的错漏而逍遥法外，或者无辜者不得不经历审判的全过程，其合法权利受到不应当的损害。为了防止这种情况的发生，实现发现案件真实、惩罚犯罪和保护人权的目的，就必须设立相应的救济措施。为此世界各国在确立控审分离原则的同时，赋予了检察机关或检察官在发现公诉内容有错漏的情况下可以主动变更公诉的权力。这就是刑事诉讼活动需要追求案件客观真实对检察机关或检察官拥有公诉变更权提出的必然要求。

第二，检察官客观义务原则的要求。就公诉活动来说，检察机关或检察官应当承担客观性义务。为了保证检察机关或检察官能够履行客观性义务，各国法律都为检察机关或检察官提起公诉的活动设置了严格的审查程序，要求检察机关或检察官对准备提起公诉的案件进行谨慎的审查，以保证检察机关或检察官对被告人和犯罪事实提起公诉的正确性。但是，由于案件事实的复杂性和检察官认识能力的有限性，检察机关或检察官经过审查后提起的公诉，仍然可能存在或出现错漏，这种错漏主要有三种情

---

[1] [法]卡斯东·斯特法尼等：《法国刑事诉讼法精义》（上），罗结珍译，中国政法大学出版社1999年版，第129页。

况：其一，不应起诉或不必起诉的却起诉了；其二，起诉遗漏了被告人或犯罪事实；其三，起诉指控的被告人或犯罪事实与真实案情不符。当出现上述情况后，基于检察机关或检察官"客观性义务"的要求，检察机关或检察官必须对其公诉中存在的错漏进行纠正或补正。为此就要求国家法律赋予检察机关或检察官以公诉变更权，即通过行使公诉撤回权、公诉追加权及公诉内容变更权来对公诉进行变更，以保证检察机关或检察官"客观性义务"的实现。

  第三，符合起诉裁量主义。在国外，在20世纪60年代实行起诉裁量主义以来，各国都赋予了检察机关或检察官以公诉变更权。但是，由于各国的体制和法律制度不同，各国对公诉变更权的内容的规定也不完全相同。例如在英国，自1986年1月1日在英格兰和威尔士设立国家刑事检察机构后，主要刑事案件的起诉权归由检察官来行使。根据法律规定，英国检察官享有公诉内容变更权和追加权。在美国，《美国联邦刑事诉讼规则》第48条规定："总检察长或联邦检察官经法庭许可，可以撤销大陪审团起诉书、检察官起诉书或控告书，终止起诉。在审判期间，未经被告人同意，不可以撤销。如果在向大陪审团提交指控，或者对已经在地区法院接受询问的被告人发出检察官起诉书时存在不必要的迟延，或者如果在将被告人交付审判时存在不必要的迟延，法庭可以撤销大陪审团起诉书、检察官起诉书或控告书。"在日本，根据其刑事诉讼法的规定，在庭审中，检察官可以在法院作出一审判决前撤回公诉（第257条）。在撤销公诉后，如果发现新的重要证据，检察官可以就同一案件再次提起公诉（第340条）。此外，在庭审过程中，检察官还可以请求追加、撤回或者变更记载于起诉书上的诉讼原因或者处罚条文，在不损害公诉事实的同一性的限度内，法院应当准许；法院鉴于审理的过程，认为适当时，可以命令检察官追加或者变更诉因或者处罚条文；法院在已经决定追加、撤回或者变更诉因或者处罚条文时，应当迅速将追加、撤回或者变更的部分通知被告人；如果法院认为由于追加或者变更诉因或者处罚条文可能对被告人的防御产生实质性的不利时，依据被告人或者辩护人的请求，应当在被告人进行充分的防御准备所必要的期间内，停止公审程序（第312条）。在德国，一般情况下，检察官提出公诉后，经检察长同意，在法院审判开始前可以随时撤销案件。但审判程序开始后，对公诉不能撤回。此外，《德国刑事诉讼法典》第153条规定，对基于政治原因可以不追诉的犯罪案件，如果检察官已经提出公诉的，联邦最高检察官可以在程序的任何一个阶段撤回起诉，停止程序。第266条规定，案件在审判过程中，检察官对被告人的其他罪行有权进行追加公诉，只要法院对追加的罪行有管辖权且准予起诉的，检察官就可以口头追加起诉。但是，在追加公诉时，应当给予被告人辩护的机会。

  在我国，检察机关也享有公诉变更权。《人民检察院刑事诉讼规则》第423条规定："人民法院宣告判决前，人民检察院发现被告人的真实身份或者犯罪事实与起诉书中叙述的身份或者指控犯罪事实不符的，或者事实、证据没有变化，但罪名、适用法律与起诉书不一致的，可以变更起诉。发现遗漏同案犯罪嫌疑人或者罪行的，应当要求公安机关补充移送起诉或者补充侦查；对于犯罪事实清楚，证据确实、充分的，可以直接追加、补充起诉。"该条规定了检察机关的公诉变更权。第 424 条第 1 款规定："人民法院宣告判决前，人民检察院发现具有下列情形之一的，经检察长批准，可以撤回起诉：（一）不存在犯罪事实的；（二）犯罪事实并非被告人所为的；（三）情节显著轻微、危害不大，不认为是犯罪的；（四）证据不足或证据发生变化，不符合起诉条件的；（五）被告人因未达到刑事责任年龄，不负刑事责任的；（六）法律、司法解释发生变化导致不应当追究被告人刑事责任的；（七）其他不应当追究被告人刑事责任的。"本条规定了检察机关的公诉撤回权。第 425 条规定："在法庭审理过程中，人民法院建议人民检察院补充侦查、补充起诉、追加起诉或者变更起诉的，人民检察院应当审查有关理由，并作出是否补充侦查、补充起诉、追加起诉或者变更起诉的决定。人民检察院不同意的，可以要求人民法院就起诉指控的犯罪事实依法作出裁判。"第 426 条规定："变更、追加、补充或者撤回起诉应当以书面方式在判决宣告前向人民法院提出。"第 420 条规定："在法庭审判过程中，遇有下列情形之一的，公诉人可以建议法庭延期审理：（一）发现事实不清、证据不足，或者遗漏罪行、遗漏同案犯罪嫌疑人，需要补充侦查或者补充提供证据的；（二）被告人揭发他人犯罪行为或者提供重要线索，需要补充侦查进行查证的；（三）发现遗漏罪行或者遗漏同案犯罪嫌疑人，虽不需要补充侦查和补充提供证据，但需要补充、追加起诉的；（四）申请人民法院通知证人、鉴定人出庭作证或者有专门知识的人出庭提出意见的；（五）需要调取新的证据，重新鉴定或者勘验的；（六）公诉人出示、宣读开庭前移送人民法院的证据以外的证据，或者补充、追加、变更起诉，需要给予被告人、辩护人必要时间进行辩护准备的；（七）被告人、辩护人向法庭出示公诉人不掌握的与定罪量刑有关的证据，需要调查核实的；（八）公诉人对证据收集的合法性进行证明，需要调查核实的。在人民法院开庭审理前发现具有前款情形之一的，人民检察院可以建议人民法院延期审理。"这对检察机关行使公诉变更权的程序以及变更后的处理，作了具体规定。

（四）量刑建议权

量刑建议权，也称求刑权，是指检察机关在刑事诉讼中，根据被告人的犯罪事实、情节和社会危害程度，就被告人应当判处的刑罚向法院提出建议的权力。在国外，虽然各国都赋予检察机关或检察官以量刑建议权，但是由于法律制度和文化传统不同，两大法系国家对量刑建议权的规定也不尽相同。在英美法系国家，刑事法律将量刑程序与决定被告人是否有罪的程序清楚地划分开来。在刑事法庭，陪审团负责审理并决定被告人是否有罪，但量刑则完全属于法官的职权。在英国，控诉方的律师有权提醒法官关于影响量刑的法律规定，以及与法官判决有关的高等法院的有关指导，并且还可以在法庭上提出有关犯罪分子先前的有罪判决和量刑的具体情况（即所谓的"前科"），以帮助法官对被告人作出准确的量刑。在美国，法庭确定被告人有罪后，检察官可就被告人的量刑提出建议，供法官在量刑时参考。同时，基于辩诉交易的需要，为了换取被告人作有罪答辩，检察官可以建议法官对被告人从轻量刑，与被告人进行交易。在法庭审理中，一旦被告人就检察官的指控作了有罪答辩，法官就会依据检察官对被告人所许诺的条件进行定罪量刑。

在大陆法系国家，由于刑事诉讼法规定的定罪程序与量刑程序没有截然分开，因而检察官的量刑建议权贯穿于整个审判过程中。在日本，"一般检察官在论述指控时，对具体的量刑也发表意见，这叫'请求处刑'"。[1]具体来说，检察官出庭公诉时有论告和求刑的权力。论告，是指法庭证据调查终结后，检察官必须就本案事实及适用法律问题，总结性地陈述控方的意见。论告分事实论告和法律论告两种，前者是对犯罪与否的事实，依照已取得并质证的证据，阐明公诉人的立场与意见；后者则是公诉人在阐明事实意见的基础上，依据刑事法律的具体规定，提出检察机关关于如何适用法律惩罚或处理被告人的看法或观点。求刑，是指检察官建议量刑，是论告的结论。检察官求刑的范围，不仅包括主刑，同时也包括附加刑。可见，日本检察官享有较大的量刑建议权。

在我国，检察机关享有的量刑建议权也得到了法律的明确规定。例如，《刑事诉讼法》第174条第1款规定："犯罪嫌疑人自愿认罪，同意量刑建议和程序适用的，应当在辩护人或者值班律师在场的情况下签署认罪认罚具结书。"第176条第2款规定："犯罪嫌疑人认罪认罚的，人民检察院应当就主刑、附加刑、是否适用缓刑等提出量刑建议，并随案移送认罪认罚具结书等材料。"第201条规定："对于认罪认罚案件，人民法院依法作出判决时，一般应当采纳人民检察院指控的罪名和量刑建议，但下列情形的除外：（一）被告人的行为不构成犯罪或者不应当追究其刑事责任的；（二）被告人违背意愿认罪认罚的；（三）被告人否认指控的犯罪事实的；（四）起诉指控的罪名与审理认定的罪名不一致的；（五）其他可能影响公正审判的情形。人民法院经审理认为量刑建议明显不当，或者被告人、辩护人对量刑建议提出异议的，人民检察院可以调整量刑建议。人民检察院不调整量刑建议或者调整量刑建议后仍然明显不当的，人民法院应当依法作出判决。"《人民检察院刑事诉讼规则》第364条规定："人民检察院提起公诉的案件，可以向人民法院提出量刑建议。除有减轻处罚或者免除处罚情节外，量刑建议应当在法定量刑幅度内提出。建议判处有期徒刑、管制、拘役的，可以具有一定的幅度，也可以提出具体确定的建议。提出量刑建议的，可以制作量刑建议书，与起诉书一并移送人民法院。量刑建议书的主要内容应当包括被告人所犯罪行的法定刑、量刑情节、建议人民法院对被告人判处刑罚的种类、刑罚幅度、可以适用的刑罚执行方式以及提出量刑建议的依据和理由等。认罪认罚案件的量刑建议，按照本章第二节的规定办理。"第418条规定："人民检察院向人民法院提出量刑建议的，公诉人应当在发表公诉意见时提出。对认罪认罚案件，人民法院经审理认为人民检察院的量刑建议明显不当向人民检察院提出的，或者被告人、辩护人对量刑建议提出异议的，人民检察院可以调整量刑建议。"

---

[1] [日]田口守一：《刑事诉讼法》，刘迪等译，法律出版社2000年版，第212页。

(五) 不起诉权

不起诉权，是指检察机关对案件进行审查后，认为不具备起诉条件或者不适宜提起公诉时，享有的不将案件移送法院进行审判而终止诉讼的决定权。

在国外，由于受起诉便宜主义的影响，两大法系国家的法律都赋予了检察机关或检察官的不起诉权。例如在美国，根据法律规定，检察官对案件进行审查后，认为不符合起诉条件的，有权决定不起诉。具体来说，检察官在审查决定是否起诉时，应当考虑以下内容：①是否有充分的法律根据，即案件是否具备法律规定某罪的构成要件。②考虑案件处理的效率，即考虑何种措施最能达到快速合理地处理案件，如是否存在辩诉交易、不起诉、撤诉等可能性。③是否有利于被告人进行改造，这要考虑被告人有无前科、被指控犯罪的轻重、有无悔改表现等。④有无充分的理由交付审判，即检察官要判断被告人被定罪的可能性大小。[1]通过上述四个方面的审查，如果检察官认为被指控的人不构成犯罪，或者认为采取其他处理方案更为合适时，可以决定不予起诉。在德国，从20世纪80年代以来，对传统的起诉法定主义逐渐放宽，吸收了起诉裁量主义的内容，即在刑事追诉利益不大，优先考虑程序的经济性，或者有其他的法律政治利益与刑事追诉相抵触时，尽管存在犯罪事实，检察官仍可决定不起诉。[2]根据《德国刑事诉讼法典》的规定，检察官在决定是否起诉时，应当考虑以下几方面内容：①犯罪的轻重，如果罪行轻微或者可以免予刑罚的，可以不予起诉；②是否涉及国家利益和社会利益，如果启动程序将给德国造成严重的不利情况或者有其他的重大公众利益与追诉相抵触时，检察官可以不予起诉；③嫌疑人是否有悔罪的表现，如果嫌疑人自动消除了对德国的安全和法定秩序的危险，可以不予起诉；④是否可采取其他非刑事处分，如保安处分等；⑤嫌疑人是否为青少年，根据《青少年法庭法》规定，如果青少年犯罪轻微或者已采取了某种教育措施的，可以不予起诉；⑥是否被引渡或驱逐出境，如果嫌疑人因案件行为被外国政府引渡或驱逐出德国的时候，可以不予起诉。

我国现行法律赋予了检察机关以不起诉权。根据《刑事诉讼法》的规定，检察机关所享有的不起诉权包括三种：绝对不起诉、酌定不起诉和存疑不起诉、未成年人附条件不起诉和特殊不起诉。

1. 绝对不起诉

绝对不起诉又称法定不起诉，或者依法不追究刑事责任的不起诉，是指人民检察院对于犯罪嫌疑人的行为不构成犯罪或依法不应追究刑事责任的，必须作出的不起诉决定。

《刑事诉讼法》第16条和第177条第1款对检察机关的绝对不起诉作了明确规定，主要包括如下几种：①犯罪嫌疑人没有犯罪事实；②情节显著轻微、危害不大，不认为是犯罪的；③犯罪已过追诉时效期限的；④经特赦令免除刑罚的；⑤依照刑法告诉

---

[1] 参见［美］琼·雅各比：《美国检察官研究》，周叶谦等译，中国检察出版社1990年版，第249~253页。

[2] 参见《德国刑事诉讼法典》，李昌珂译，中国政法大学出版社1995年版，第15页。

才处理的犯罪，没有告诉或者撤回告诉的；⑥犯罪嫌疑人、被告人死亡的；⑦其他法律规定免予追究刑事责任的。

2. 酌定不起诉

酌定不起诉又称为相对不起诉，或者依法免除处罚或者不需要判处刑罚的不起诉，是指人民检察院对于犯罪情节轻微，依照刑法规定不需要判处刑罚或免除刑罚的，依法可以作出的不起诉。

《刑事诉讼法》第177条第2款对检察机关的酌定不起诉作了规定："对于犯罪情节轻微，依照刑法规定不需要判处刑罚或者免除刑罚的，人民检察院可以作出不起诉决定。"根据这个规定，检察机关作出酌定不起诉应当具备以下三个条件：一是犯罪嫌疑人的行为已经构成了犯罪，应当负刑事责任。根据案件的事实和证据，人民检察院认为犯罪嫌疑人的行为已经构成犯罪，应当负刑事责任，且不具有《刑事诉讼法》第16条规定的情形。二是该犯罪情节轻微。这里的犯罪情节是指定罪情节，既包括犯罪实施过程中的事实状况，也包括行为人犯罪前的一贯表现和犯罪后的态度。人民检察院审查确定犯罪情节是否轻微，不仅要看犯罪实施过程中的事实状况，即犯罪目的、犯罪手段、损害结果等，而且要看行为人犯罪实施前的一贯表现以及犯罪后的态度等，综合全案的情况，进行分析认定。三是依照刑法规定不需要判处刑罚或者免除刑罚。这是适用酌定不起诉的重要条件。"不需要判处刑罚"，与我国《刑法》第37条规定的"对于犯罪情节轻微不需要判处刑罚的，可以免予刑事处罚"是一致的；而"免除刑罚"主要是指我国刑法中规定的可以免除刑罚的各种情况。

3. 存疑不起诉

存疑不起诉又称证据不足不起诉，是指人民检察院对于证据不足的案件，经过补充侦查或者补充调查，仍认为证据不足的，依法作出的不起诉决定。

《刑事诉讼法》第175条第4款对检察机关的存疑不起诉作了明确规定："对于二次补充侦查的案件，人民检察院仍然认为证据不足，不符合起诉条件的，应当作出不起诉的决定。"根据该条规定，检察机关在履行存疑不起诉职责时，应当具备两个条件：第一，实体要件，即人民检察院认为证据不足，不符合起诉条件。如何理解"证据不足"是一个看似简单实际上却是十分复杂的问题。在我国刑事诉讼法中，证明标准对证据的要求是"确实、充分"。而证据要达到确实、充分，就应当具备以下条件：据以定案的证据均已查证属实；案件事实均有必要的证据予以证明；证据之间、证据与案件事实之间的矛盾得到合理排除；对案件得出的结论是唯一的，即排除了其他可能性。如果出现《人民检察院刑事诉讼规则》第368条规定的情形之一的，则属于"证据不足"，即：①犯罪构成要件事实缺乏必要的证据予以证明的；②据以定罪的证据存在疑问，无法查证属实的；③据以定罪的证据之间、证据与案件事实之间的矛盾不能合理排除的；④根据证据得出的结论具有其他可能性，不能排除合理怀疑的；⑤根据证据认定案件事实不符合逻辑和经验法则，得出的结论明显不符合常理的。第二，程序要件，即要经过补充侦查程序。根据《刑事诉讼法》第175条规定，人民检察院在审查起诉中，发现案件证据不足时，不能立即作出不起诉决定，必须先退回公安机关补充侦查，也可以自行补充侦查。退回公安机关补充侦查以二次为限。补充侦查是存疑不起诉的法定条件，检察机关自行补充侦查，是指对一些次要的犯罪事实，情节不清，证据不足，使用一般调查手段可以查清的情形。对于主要犯罪事实不清，证据不足，或者遗漏罪行或者同案犯罪嫌疑人，补充侦查的工作量大，或者需要技术性较强的专门侦查手段才能查清的，则需要退回公安机关补充侦查。这里的经过二次退回补充侦查，是指二次退回公安机关补充侦查。至于是退回一次还是二次，则以检察机关根据案件具体情况而定。一般情况下，如果案件经过二次补充侦查依然证据不足，检察院应当作出不起诉的决定；人民检察院对于经过一次补充侦查或者补充调查的案件，认为证据不足，不符合起诉条件且没有再次退回补充侦查或者补充调查的案件，可以作出不起诉决定。

4. 未成年人附条件不起诉

2012年《刑事诉讼法》修改增加了未成年人附条件不起诉制度，未成年人附条件不起诉，是指对于未成年人涉嫌《刑法》分则第四章、第五章、第六章的犯罪，可能判处1年有期徒刑以下刑罚，符合起诉条件，但有悔改表现的，人民检察院可以做出附条件不起诉的决定。国外的附条件不起诉又称为暂缓起诉制度，一般并无年龄的限制，但我国目前附条件不起诉制度仅适用于未成年人实施的部分犯罪行为，体现了我国对未成年人以教育为主，惩罚为辅的刑事司法政策。

依据《刑事诉讼法》的规定，人民检察院在作出附条件不起诉之前，应当听取公安机关、被害人的意见。对附条件不起诉的决定，公安机关有权要求复议，提请复核；被害人有权申诉或者提起自诉。未成年犯罪嫌疑人及其法定代理人对人民检察院的附条件不起诉决定有异议时，人民检察院应当作出起诉的决定。附条件不起诉的考验期为6个月以上1年以下，从人民检察院作出附条件不起诉的决定之日起计算。

5. 特殊不起诉

特殊不起诉是2018年《刑事诉讼法》修改新增加的内容。根据《刑事诉讼法》第182条第1款的规定："犯罪嫌疑人自愿如实供述涉嫌犯罪的事实，有重大立功或者案件涉及国家重大利益的，经最高人民检察院核准……人民检察院可以作出不起诉决定，也可以对涉嫌数罪中的一项或者多项不起诉。"特殊不起诉的适用条件较为严格，包括三项：一是犯罪嫌疑人自愿如实供述涉嫌犯罪的事实；二是犯罪嫌疑人要有重大立功或者案件涉及国家重大利益；三是特殊不起诉的作出需要经过最高人民检察院核准。

（六）抗诉权（上诉权）

从各国法律规定看，检察机关均享有抗诉权或上诉权，即外国检察机关享有上诉权，我国检察机关享有抗诉权。所谓上诉权，是指检察机关认为法院的判决有错误，向上一级法院提出上诉并要求对案件进行重新审判的权力。这是公诉权的一项重要权力。从内容上看，检察机关的上诉权包括刑事、民事和行政三个方面。由于受诉讼结构的影响，各国对上诉权规定得并不一致。例如在美国，就刑事案件而言，联邦和各州检察官的上诉权受到严格的限制。总体来说，检察官没有上诉权，只有个别州法律赋予了检察官上诉权。不赋予检察官上诉权的理论依据是一事不再理原则。根据《美国宪法第五修正案》规定，任何人不得因同一罪行遭受两次生命或身体的危险。这就意味着被告人只能因同一罪行受一次追诉或惩罚，当其已经因一项罪行受到指控，该指控已经产生定罪或无罪的裁决，那么就禁止对同一罪行有任何进一步的指控或惩罚。如果允许检察官上诉，特别是对无罪判决上诉，无疑是违反了《美国宪法》的这一规定。自20世纪70年代以来，立法者允许检察官在不违反一事不再理的情况下享有一定的上诉权。[1]但在民事、行政诉讼中，检察官则有一定的上诉权，检察官对涉及联邦利益的民事、行政案件，既可以作为原告，也可以作为被告参加诉讼，并有权对判决提出上诉。在法国，根据《法国刑事诉讼法典》的规定，对法院的刑事判决，检察官享有广泛的上诉权。具体来说，对轻罪法院、违警罪法院的未生效判决，依法有权向上诉法院上诉。重罪法院的判决是一审终审，对其不能提出上诉。对上诉法院审查庭的裁定，重罪法院、轻罪法院和违警罪法院的终审判决和裁定，驻最高法院的总检察长为了维护法律利益，有权向最高法院提出非常上诉。[2]在民事诉讼中，根据《法国民事诉讼法典》规定，对检察官提起诉讼和参与诉讼的民事案件，如果检察官认为法院的判决确有错误，则有权提出上诉。在德国，根据法律规定，无论刑事案件还是民事案件，检察机关对法院的判决都享有广泛的上诉权。检察官发现法院未生效的裁判存在错误时（包括事实错误和法律错误），可以向上诉审法院提出上诉，上诉审法院对案件作出判决后，如果检察机关不服，还有权提出二次上诉，但是只能对判决中的法律问题提出。此外，日本、俄罗斯、韩国等国家的法律，对检察机关的上诉权也作了规定。

在我国，检察机关的抗诉权，是指检察机关认为法院的裁判确有错误，依法向上级法院提出抗诉，要求其对案件重新进行审判的一项权力。根据我国法律规定，检察机关享有广泛的抗诉权，从案件性质和诉讼程序的角度来划分，我国法律赋予检察机关以下两个方面的抗诉权：

1. 二审抗诉权

我国《刑事诉讼法》第228条规定："地方各级人民检察院认为本级人民法院第一审的判决、裁定确有错误的时候，应当向上一级人民法院提出抗诉。"可见，我国法律赋予了检察机关对一审未生效的裁判以抗诉权。

对于检察机关的抗诉范围，《人民检察院刑事诉讼规则》第584条作了明确规定："人民检察院认为同级人民法院第一审判决、裁定具有下列情形之一的，应当提出抗诉：（一）认定的事实确有错误或者据以定罪量刑的证据不确实、不充分的；（二）有确实、充分证据证明有罪判无罪，或者无罪判有罪的；（三）重罪轻判，轻罪重判，适

---

[1] 美国1971年生效的《刑事上诉法》允许联邦政府依法对撤销大陪审团公诉的决定提起上诉。

[2] 参见王以真主编：《外国刑事诉讼法学》，北京大学出版社1990年版，第310页；[法]卡斯东·斯特法尼等：《法国刑事诉讼法精义》，罗结珍译，中国政法大学出版社1999年版，第819页。

用刑罚明显不当的;(四)认定罪名不正确,一罪判数罪、数罪判一罪,影响量刑或者造成严重社会影响的;(五)免除刑事处罚或者适用缓刑、禁止令、限制减刑等错误的;(六)人民法院在审理过程中严重违反法律规定的诉讼程序的。"可见,检察机关对未生效裁判的抗诉范围是十分广泛的。

2. 再审抗诉权

《刑事诉讼法》第254条第3、4款规定:"最高人民检察院对各级人民法院已经发生法律效力的判决和裁定,上级人民检察院对下级人民法院已经发生法律效力的判决和裁定,如果发现确有错误,有权按照审判监督程序向同级人民法院提出抗诉。人民检察院抗诉的案件,接受抗诉的人民法院应当组成合议庭重新审理,对于原判决事实不清楚或者证据不足的,可以指令下级人民法院再审。"可见,我国法律赋予了检察机关对生效裁判以抗诉权,该抗诉权可称为再审抗诉权。同时,检察机关的再审抗诉权与被判刑人的申诉权具有不同的效力,前者可以直接引起再审程序,后者则不能直接引起再审程序。

关于检察机关抗诉的范围,《人民检察院刑事诉讼规则》第591条第1款规定:"人民检察院认为人民法院已经发生法律效力的判决、裁定确有错误,具有下列情形之一的,应当按照审判监督程序向人民法院提出抗诉:(一)有新的证据证明原判决、裁定认定的事实确有错误,可能影响定罪量刑的;(二)据以定罪量刑的证据不确实、不充分的;(三)据以定罪量刑的证据依法应当予以排除的;(四)据以定罪量刑的主要证据之间存在矛盾的;(五)原判决、裁定的主要事实依据被依法变更或者撤销的;(六)认定罪名错误且明显影响量刑的;(七)违反法律关于追诉时效期限的规定的;(八)量刑明显不当的;(九)违反法律规定的诉讼程序,可能影响公正审判的;(十)审判人员在审理案件的时候有贪污受贿,徇私舞弊,枉法裁判行为的。"

三、公诉裁量权

(一) 公诉裁量权的概念

公诉裁量,是指检察机关对一些移送审查起诉的案件,虽然经审查认为有足够证据证明有犯罪事实,且具备起诉条件,但根据法律规定既可以作出提起公诉的决定,也可以作出不起诉、暂缓起诉等决定;决定起诉的,可以有条件地选择起诉、变更起诉等。一般而言,公诉裁量既包括公诉与否的裁量,也包括公诉内容的裁量。

检察机关的公诉裁量权与刑事诉讼中的起诉便宜主义直接相关。所谓起诉便宜主义,是指案件虽然具备起诉条件,但起诉机关可以斟酌各种情形,认为不需要起诉时,可以决定不起诉。起诉便宜主义是相对于起诉法定主义而言的,二者并为现代刑事诉讼的两大基本原则。所谓起诉法定主义,是指检察机关对于犯罪行为起诉与否,完全依法律的规定,而无自主无选择的余地。起诉法定主义的实质,在于排斥检察机关的自由裁量权。在传统的公诉制度中,实行起诉法定主义,即认为检察机关或检察官作为负责起诉的机关或官员,负有对具备犯罪嫌疑和起诉条件的刑事案件依法提起公诉的义务，只要案件中有足够的犯罪证据，检察机关或检察官就应当提起公诉，而不能自行斟酌处理，对案件作出不起诉决定，而且一旦检察机关或检察官提起公诉，就不允许其以没有必要维持公诉为由，予以撤回起诉或者变更起诉。起诉法定主义是有罪必罚的绝对刑罚报应论思想在刑事诉讼中的体现，其目的在于限制国家司法机关对案件的自由处分，以保证国家刑罚权的绝对实现。但司法实践表明，对任何犯罪案件不加区别，一概进行起诉和判刑，其预防犯罪的效果不佳甚至达不到预防的效果。特别是随着犯罪率的不断攀升和刑事案件的急剧增加，对一些相对轻微的刑事案件，检察机关本可以通过其他措施处理更有利于发挥预防效果的情况下，却对犯罪嫌疑人提起诉讼，既不利于司法资源的优化，也无益于有效犯罪预防。对于被追诉人而言，他们因为轻微犯罪陷入烦琐的诉讼程序，在被贴上"犯罪标签"的同时，还可能在监狱里存在交叉感染，不利于对他们的教育挽救。因此，起诉便宜主义应运而生，检察机关的公诉裁量权得到承认并逐渐发展。自20世纪初以来，随着刑罚目的刑和教育刑的兴起，各国开始在刑事诉讼程序中赋予检察机关或检察官一定的自由裁量权，实行了起诉裁量主义，即法律开始允许检察机关或检察官在案件符合法定起诉条件的情况下，可以根据案件的具体情况，自行决定是否提起公诉。如果检察机关或检察官综合考虑犯罪的轻重及情节、行为人年龄、犯罪后的表现等情况，认为没有必要进行追诉的，就可以决定不起诉。

随着社会形势的变化和诉讼制度的发展，各国检察机关的检控裁量权有逐渐扩大之势。从世界各国的情况看，检察机关公诉裁量权的表现形式多种多样，不一而足，但主要有以下几种：①不起诉，即检察机关对于存在足够犯罪嫌疑且符合起诉条件的案件，依照法律规定而作出不起诉处分。不起诉的前提是案件已经具备提起公诉的法定条件。对于不具备法定起诉条件的案件，检察官不得提起公诉而只能作出不起诉。②暂缓起诉，亦称附条件不起诉，即检察机关对符合起诉条件的犯罪嫌疑人暂时不予起诉，而是要求其在一定期限内履行一定的义务或遵守一定的规定，如果犯罪嫌疑人在规定期限内履行了规定的义务或没有违反规定，检察机关就不再对其进行起诉；反之，如果犯罪嫌疑人在规定期限内不履行规定的义务或违反了有关规定，检察机关就要对其进行起诉。《德国刑事诉讼法典》第153条即规定了此种情形。在德国，检察官可以要求被告人在一定期限内选择，要么给付一定款项，弥补行为造成的损害；要么向某公共设施或者国库交付一笔款项；要么作出其他公益给付；要么承担一定数量的赡养义务。被告人如在规定期限内履行这些要求，对其行为不再作为轻罪追究，否则可作出轻罪追究。③选择起诉，即检察机关对多人、多事的案件在起诉时依据法律和职权决定何人、何行为应当被起诉或不起诉。许多国家允许检察机关根据案件情况和公共利益等方面的考虑，选择起诉哪些人、哪些罪行。④降格起诉，即检察机关根据法律规定和案件情况，对较重的犯罪以较轻的罪名进行起诉。降格起诉主要实行于对犯罪分级的英美法系国家，并且是辩诉交易制度存在的一个重要基础。

(二) 公诉裁量权的理论基础

在现代刑事诉讼中，赋予检察机关在起诉方面较大的自由裁量权，一是基于检察机关的客观义务。检察官客观义务理念，增加了社会公众对检察官追求司法公正、关注法律正确实施的信任；同时，检察官作为法律守护人的角色定位，也为检察官正确行使法律赋予的裁量权提供了可靠保障。正是基于此，各国法律都在不断扩大检察官的自由裁量权，特别是在酌定不起诉方面的权力。二是基于检察机关是公共利益的代表者。在是否提起公诉、追诉犯罪等问题上，必须从公共利益出发，在全面衡量公共利益的基础上作出恰当的决定。公共利益原则既为检察官自由裁量权的行使提供依据，又对检察官行使自由裁量权形成制约。三是基于诉讼效益的考虑。诉讼作为人类的一种社会活动，其投入和资源消耗是不可回避的问题。随着20世纪70年代以来经济分析法学的兴起，诉讼经济原则成为人们创设法律制度时必然要考虑的标准之一。诉讼经济原则要求诉讼效益的最大化。效益是一个经济学概念，是指表征成本（投入）与收益（产出）之间的关系。诉讼效益也是如此。为了提高诉讼效益，减少司法资源的投入，可以有多种选择，但主要有以下几种方法：一是尽量缩短诉讼周期；二是诉讼手段的谦抑节制；三是简化诉讼程序。总之，为了提高诉讼效益，必须优化诉讼资源的配置，在保障公正的前提下，合理使用和降低诉讼成本。诉讼资源的优化配置要求按照犯罪的性质轻重及其处理的难易程度等，对不同案件投入多少不等的司法资源，以确保在投入诉讼的成本资源总量保持不变的情况下，提高诉讼满足人们需要的水平，包括实现司法公正。这正是公诉裁量权存在和发达的一个重要原因。公诉裁量权的价值在于将部分案件进行分流，有利于节约司法资源，实现诉讼经济原则和诉讼资源的科学配置。目前，面对持续攀高的犯罪率，西方各国普遍通过赋予检察官起诉裁量权以实现诉讼效益的最大化。一向以效率为价值取向的英美法系国家，检察官的起诉裁量权在调节正式审判程序的实际适用、实现诉讼分流中发挥着十分重要的作用。如美国联邦最高法院首席大法官伯格曾指出，如果将辩诉交易的适用率降低10个百分点，那么就需要投入2倍于现在的人力、设施等司法资源，相应地，如果将辩诉交易的适用率降低70%，届时所需的司法资源将是现在司法资源的3倍。[1]德国1993年颁布了《减轻司法负担法》，明确要求大幅度地降低追究刑事责任的费用以及司法机关的开支，导致起诉便宜原则适用范围和检察机关起诉裁量权的进一步扩大。总之，在某些案件中，选择起诉分流的处理方式能够取得比继续追诉、定罪科刑相同甚至更好的效果。赋予检察官一定的起诉裁量权，以降低诉讼成本、提高诉讼效益，已成为现代法治国家的普遍做法。

公诉裁量制度产生和发展的历史表明，赋予检察机关适度的裁量权，有利于实现刑事诉讼的目的，缓和或者化解矛盾纠纷。

首先，公诉裁量制度有利于犯罪人的悔过自新，缓解甚至消弭其与国家社会的对

---

[1] 李学军主编：《美国刑事诉讼规则》，中国检察出版社2003年版，第395页。

立。国家进行刑事诉讼是为了实现刑罚权,因此在刑事诉讼中始终存在国家与被追诉人的矛盾。公诉裁量制度,既可以使一些刑事案件在审前有条件地终止,又可以根据被追诉人的情况灵活地选择、变更起诉,从而使被追诉人减少讼累,减轻抑或避免接受痛苦的刑罚,甚至可以避免使自己感到羞辱的审判和被烙以犯罪人的印记。这在很大程度上有助于消除其与社会、国家的对立情绪,有利于其悔过自新,重返社会。所以,公诉裁量制度不但有利于实现刑罚目的,而且有利于消弭被追诉人与社会国家的矛盾,更好地解决作为个人与国家纠纷的犯罪案件。

其次,公诉裁量制度也有利于化解被追诉人与被害人的矛盾。许多犯罪案件都是针对个人实施的,被追诉人与被害人的矛盾在刑事诉讼中表现得非常明显。公诉裁量权的正确运用,可以促使被追诉人悔罪和对被害人产生同情。而且,在公诉裁量制度中,往往有要求被追诉人履行一定义务、调解等内容,有利于化解被追诉人与被害人的矛盾。英国学者认为,恢复性司法理念是现代刑事诉讼中赋予和扩张检察机关的公诉裁量权的重要理论基础;在恢复被害人的"财产"包括受到刑事司法机构的平等对待和恢复被害人与犯罪者"正常"关系方面,检察官居于非常重要的地位;不论是在当事人主义制度下还是职权主义制度下,检察官都可以通过要求赔偿或向法庭建议补偿性量刑来支持被害人的诉讼;这种恢复性角色在审前阶段的潜力是巨大的。[1]

最后,公诉裁量制度有利于缓和或者化解被追诉人与社区的紧张关系。被追诉人享受不起诉或者从轻发落的待遇后,从心理上更容易认同社区行为规范和道德标准,消除对立情绪。而且,检察机关在裁量决定不起诉时,可以设定一定的条件,如无偿社区服务等,可以使社区更容易接受被追诉人。

(三)我国检察机关的公诉裁量权

公诉裁量权是在具体起诉条件的情况下,根据一定目的而作出不起诉、暂缓起诉的权力。根据我国有关法律规定,检察机关也享有加大程度的公诉裁量权。具体来说,我国检察机关的公诉裁量权主要包括三种类型:一是罪轻不起诉。即在犯罪轻微的情况下,尽管符合刑法规定的起诉条件,但检察机关仍可以作出不起诉决定。即我国刑事诉讼法规定的暂缓不起诉。如我国《刑事诉讼法》第177条第2、3款规定:"对于犯罪情节轻微,依照刑法规定不需要判处刑罚或者免除刑罚的,人民检察院可以作出不起诉决定。人民检察院决定不起诉的案件,应当同时对侦查中查封、扣押、冻结的财物解除查封、扣押、冻结。对被不起诉人需要给予行政处罚、处分或者需要没收其违法所得的,人民检察院应当提出检察意见,移送有关主管机关处理。有关主管机关应当将处理结果及时通知人民检察院。"这种暂缓不起诉权力符合公诉裁量权的性质特征,因而从某种程度上说,暂缓不起诉就是公诉裁量权的体现。二是核准不起诉。针对某些特殊案件,即便在符合起诉条件的情况下,经过最高人民检察院核准,检察机关可以不予起诉或者选择性起诉。这显然也体现了检察机关在公诉活动中的裁量权力。

---

[1] See Julia Fionda, *Public Prosecutors and Discretion*, Clarendon Press. Oxford, 1995, pp. 180~182.

如我国《刑事诉讼法》第182条规定："犯罪嫌疑人自愿如实供述涉嫌犯罪的事实，有重大立功或者案件涉及国家重大利益的，经最高人民检察院核准，公安机关可以撤销案件，人民检察院可以作出不起诉决定，也可以对涉嫌数罪中的一项或者多项不起诉。根据前款规定不起诉或者撤销案件的，人民检察院、公安机关应当及时对查封、扣押、冻结的财物及其孳息作出处理。"三是未成年人附条件不起诉。基于对未成年人的特殊保护原则，我国赋予检察机关对未成年人犯罪在符合一定条件下的公诉裁量权，即附条件不起诉制度。我国《刑事诉讼法》第282条规定："对于未成年人涉嫌刑法分则第四章、第五章、第六章规定的犯罪，可能判处一年有期徒刑以下刑罚，符合起诉条件，但有悔罪表现的，人民检察院可以作出附条件不起诉的决定。人民检察院在作出附条件不起诉的决定以前，应当听取公安机关、被害人的意见。对附条件不起诉的决定，公安机关要求复议、提请复核或者被害人申诉的，适用本法第一百七十九条、第一百八十条的规定。未成年犯罪嫌疑人及其法定代理人对人民检察院决定附条件不起诉有异议的，人民检察院应当作出起诉的决定。"

第三节 检察侦查权

检察侦查权是检察机关所享有的一项重要权力，是检察权的有机组成部分。由于世界各国的司法体制和国情不同，各国检察侦查权的具体内容并不完全一致。但是，检察侦查权作为检察机关追究某些特殊犯罪的权力，各国在配置该项权力上又具有一定的共性。合理配置检察侦查权，有利于检察机关有效履行职能任务，有效打击犯罪，具有重要的意义。

一、检察侦查权的概念

检察侦查权，是指检察机关根据法律规定，享有对某些刑事案件进行专门调查和采取必要的强制措施，以查明案件事实，收集犯罪证据，查获犯罪嫌疑人的一种权力。简言之，检察侦查权就是检察机关依法享有的侦查权的简称。[1]检察侦查权是检察权的重要组成部分。从各国法律规定看，各国都赋予了检察机关一定范围的侦查权，因而检察侦查权是各国所共有的现象。

从各国法律规定看，检察侦查权的范围较为广泛。如从侦查案件范围上看，检察侦查权包括职务犯罪案件侦查权和其他犯罪案件侦查权。职务犯罪侦查权是指检察机关对职务犯罪案件享有的侦查权；其他案件侦查权是指检察机关对除职务犯罪案件以

---

[1] 关于检察侦查权的概念，我国学者有不同的表述，如有的学者认为，检察侦查权，是指人民检察院依照法律规定，对特定案件进行专门调查工作和适用有关强制性措施的权力。有的学者认为，检察侦查权，是指人民检察院在办理法律规定由其管辖的刑事案件过程中，依法进行的专门调查工作和采取有关的强制性措施的权力。参见马悦：《关于检察侦查权存废之思考》，载《宁夏大学学报（人文社会科学版）》2004年第4期。可见，我国学者主要是基于我国的情况而对检察侦查权所下的定义，这种定义显然具有一定的局限性，难以适用于所有国家。

外的其他案件享有的侦查权。从侦查的启动方式上看，检察侦查权包括直接受理立案侦查权、机动侦查权和补充侦查权。直接受理立案侦查权，是指检察机关根据法定的职能管辖范围，依法决定开展侦查的权力；机动侦查权，是指检察机关对个别重大刑事案件，履行特别批准程序，可以启动侦查的权力；补充侦查权，是指检察机关对警察机关侦查的案件享有进行补充侦查的权力。

从侦查制度历史发展来看，国家的刑事案件侦查权经历了由行政官员行使到警察机关或者警察行使，再到警察机关（或者警察）与检察机关（或者检察官）或者其他行政人员共同行使的发展过程。在现代社会，从侦查权行使的主体上看，各国的侦查权大致可分为由警察机关（或者警察）行使的侦查权和由检察机关（或者检察官）行使的侦查权，[1]前者可称为警察侦查权，后者则称为检察侦查权。根据检察侦查权的上述概念，检察侦查权相对于警察侦查权来说，具有以下三个显著特征：

（一）检察侦查权的行使主体是检察机关

检察侦查权只能由检察机关来行使，其他机关或者个人无权行使检察侦查权。这是检察侦查权在行使主体方面的特征。从各国法律规定看，有的国家法律规定，检察院是行使检察侦查权的主体，有的国家法律规定，检察官是行使检察侦查权的主体；还有的国家法律规定，检察院和检察官都是行使检察侦查权的主体，只是检察院和检察官行使检察侦查权的具体内容不同而已。就多数国家而言，对刑事案件行使侦查权的主体，主要是警察机关，检察机关的侦查权只是警察机关侦查权的必要补充。

（二）检察侦查权的行使对象是特定的刑事案件

检察侦查权的行使对象主要是职务犯罪和一些重大复杂的犯罪案件。这是检察侦查权在行使对象方面的特征。从世界范围看，英美法系国家检察侦查权的行使对象是部分职务犯罪和一些重大复杂的犯罪案件；大陆法系国家检察侦查权的行使对象虽然在法律规定上是所有的犯罪案件，但在实践中主要是部分职务犯罪和一些重大复杂的犯罪案件；我国检察侦查权的行使对象也是部分职务犯罪案件。与此不同，各国警察侦查权的行使对象是除检察院侦查的刑事案件以外的犯罪案件。

（三）检察侦查权具有一定的监督性质

检察侦查权具有监督和制约国家其他权力的特性。这是检察侦查权在性质方面的特征。从侦查范围看，有的国家检察机关对所有职务犯罪享有侦查权，有的国家检察机关只对部分职务犯罪享有侦查权。由于职务犯罪是利用国家权力所实施的一种犯罪，因而对这种犯罪进行侦查，体现了对国家权力的监督和制约。同时，有的国家检察机关对所有犯罪案件都享有侦查权并有权指挥警察机关或者警察的侦查活动，检察机关的这种侦查权显然是对警察侦查权的一种制约和监督。由此可见，检察侦查权在各国都具有监督和制约国家权力的属性。

---

[1] 在一些国家，其他主体也可能行使侦查权。

二、检察侦查权的范围

检察机关在各国国家机构中的地位不同,检察侦查权的配置也因而不同。从法律赋予检察机关行使侦查权的范围来看,各国检察机关侦查权的配置,主要有以下三种类型:

(一) 依法对所有犯罪案件享有侦查权

依照法律规定,检察机关对所有犯罪案件享有侦查权或者指挥侦查权,这是一些大陆法系国家的做法。在这些国家,检察机关是侦查的负责机关,警察机关等是检察机关的辅助机关,二者共同完成对所有犯罪案件的侦查。例如在法国,根据法律规定,司法警察负责所有犯罪案件的初步侦查。检察官享有司法警察的一切权力,并且可以指挥所在辖区内的司法警察进行侦查,即司法警察在知悉或者发现犯罪时,必须立即通知检察官,如果检察官到达现场,司法警察即失去权力,由检察官接管案件的侦查管辖,检察官可以亲自进行侦查,也可以指派任何警察完成各种侦查活动。在德国,检察院负责所有犯罪案件的侦查,警察机关只是检察院的辅助机构,因而《德国刑事诉讼法典》第160条至第161条规定,通过告发或者其他途径,检察院一旦了解到有犯罪嫌疑时,就应当对事实情况进行侦查,检察院不仅要侦查证明有罪的情况,而且还要侦查证明无罪的情况。为了达到该目的,检察院可以要求所有的公共机关部门提供情况,并且要么自行侦查,要么通过警察机关部门及官员进行任何种类的侦查。警察机关及官员负有接受检察院的请求、委托的义务。此外,日本、韩国等国家法律都规定,检察机关对所有犯罪案件享有侦查权或者对警察机关享有指挥侦查权。

大陆法系国家的这种侦查模式称为"检警一体"模式。这种模式具有以下特点:一是可以有效地控制警察机关的侦查活动。在"检警一体"模式下,检察机关是侦查的主导者,负责犯罪案件的侦查工作,而警察机关则是检察机关的辅助机构,是检察机关完成法定侦查任务的助手,因而警察机关的任何侦查活动或者实施的任何侦查措施,都应当及时向检察机关报告,以接受检察机关的指导和监督,显然在这种模式下,检察机关可以有效控制警察机关的侦查活动。二是可以提高侦查效率。因为检察机关负责刑事案件的公诉,如果在侦查过程中实行"检警一体"化,检察机关可以自行侦查或者指挥警察机关的侦查活动,这样可以保证及时收集提起公诉时所需的证据,可以避免检察机关和警察机关之间互相扯皮和推诿现象的发生,从而可以提高侦查效率。但是,"检警一体"模式也存在以下弊端:一是检察机关难以对整个侦查活动进行有效的监督。因为在"检警一体"的侦查模式下,整个侦查活动实际上都是由检察机关进行的或者是在其控制下进行的,检察机关对于自己进行的侦查或者指挥进行的侦查活动,是无法进行有效监督的。大陆法系国家普遍将法院引入侦查程序并对侦查活动进行监督制约的做法也说明,检察机关难以对自己负责的侦查活动进行有效的监督。二是难以对检察机关人员的犯罪案件进行侦查。因为"检警一体"的模式赋予了检察机关以侦查主导地位,警察机关只是检察机关的辅助机构,因而检察机关对侦查犯罪案件享有绝对的权力，有权力就会产生腐败，权力越大产生腐败的可能性就越大。而一旦检察机关的人员出现犯罪现象，这种侦查体制就难以对其进行有效的侦查。

（二）依法对部分犯罪案件享有侦查权

依照法律规定，检察机关只对部分犯罪案件享有侦查权，这是俄罗斯、匈牙利、印度尼西亚、越南等国家的做法。例如2001年《俄罗斯联邦刑事诉讼法典》第151条第2款第1项规定，检察院负责侦查以下四类案件：①一般刑事犯罪案，包括杀人、过失致人死亡、绑架、非法剥夺他人自由、强奸、非法侵入住宅、污染水体、毁坏土地、破坏矿产等犯罪案件。②一般公职人员的犯罪案件，包括滥用职权、逾越职权、拒绝向俄罗斯联邦会议或者统计局提供信息、冒用公职人员权力、受贿、行贿、职务上的伪造、玩忽职守、枉法裁判、非法拘禁等犯罪案件。③《俄罗斯联邦刑事诉讼法典》第447条所列人员实施的犯罪案件，即俄罗斯联邦委员会委员、国家杜马议员、俄罗斯联邦国家立法机关议员、地方自治机关议员、地方选任机关成员等实施的犯罪案件，俄罗斯联邦卸任总统、总统候选人、检察长、侦查员、律师等实施的犯罪案件。④特定人员的犯罪案件，即联邦安全机关、俄罗斯联邦对外情报局、俄罗斯联邦总统所属联邦通讯和情报部、俄罗斯联邦保卫局、俄罗斯联邦内务部机关、俄罗斯联邦司法部机构和刑事执行系统等机关的公职人员，以及俄罗斯联邦武装力量、其他部队、军事组织和机关中的文职人员因履行其职务所实施的犯罪案件等。匈牙利法律规定，对于伪证、诽谤、警察犯罪及外交官、政府高级官员的犯罪案件以及检察官、法官的交通事故案件，由检察机关侦查。印度尼西亚法律规定，检察机关对经济犯罪、贪污贿赂犯罪和颠覆活动进行侦查。

这种侦查模式可称为"检警分离"模式。这种侦查模式的好处是检察机关与警察机关的侦查分工明确，有利于发挥各自侦查的优势，及时侦查犯罪案件。其存在的弊端是检察机关负责侦查的犯罪案件范围较窄，再加上检察机关对警察机关的侦查活动没有法定的监督和控制责任，因而难以发挥对警察机关侦查活动的监督和控制。

有些国家，虽然法律上没有明确规定检察机关与警察机关在侦查中的分工，也没有明确规定检察机关侦查案件的具体范围，但是在实践中检察机关可以对一些特殊案件进行侦查。例如在美国联邦检察系统，法律没有对联邦检察机关的侦查权作出明确规定，但在司法实践中，一些特别重大的贪污、行贿、受贿、警察腐败、白领犯罪等职务犯罪案件，通常都是由联邦检察机关进行侦查的。这种侦查模式的好处是检察机关具有较大的机动侦查权，可以充分发挥检察机关和警察机关各自侦查犯罪的优势，保证有效侦查各类犯罪案件。这种侦查模式的弊端也是十分明显的，即法律没有明确规定检察机关和侦查机关的侦查案件范围，容易导致二者在侦查管辖方面的互相推诿和扯皮现象，不利于对某些犯罪案件的及时侦查。

（三）依法只对部分职务犯罪案件享有侦查权

根据我国现行法律规定，检察机关只对职务犯罪享有侦查权，且仅针对职务犯罪中的部分案件行使侦查职责，同时对其他侦查机关的侦查活动有权进行监督，这是我国检察制度的特色。我国《刑事诉讼法》第 19 条第 1 款规定："刑事案件的侦查由公安机关进行，法律另有规定的除外。"我国《监察法》第 11 条第 2 项规定：监察委"对涉嫌贪污贿赂、滥用职权、玩忽职守、权力寻租、利益输送、徇私舞弊以及浪费国家资财等职务违法和职务犯罪进行调查"。同时《刑事诉讼法》第 19 条第 2 款还规定："人民检察院在对诉讼活动实行法律监督中发现的司法工作人员利用职权实施的非法拘禁、刑讯逼供、非法搜查等侵犯公民权利、损害司法公正的犯罪，可以由人民检察院立案侦查。对于公安机关管辖的国家机关工作人员利用职权实施的重大犯罪案件，需要由人民检察院直接受理的时候，经省级以上人民检察院决定，可以由人民检察院立案侦查。"根据以上规定，职务犯罪案件主要由监察机关负责调查，同时检察机关只可以对职务犯罪中与其诉讼监督职责关系密切的有关职务犯罪进行侦查。其他犯罪案件则由公安机关、国家安全机关等负责侦查，检察机关对这些侦查机关的侦查活动有权实行法律监督。

这种侦查模式可称为"检警监督"模式。这种侦查模式有以下特点：一是有利于发挥各个侦查主体的优势，及时侦查各类犯罪案件。根据我国法律规定，侦查主体包括检察机关、公安机关、国家安全机关、海关走私犯罪侦查局、监狱部门、军队保卫部门等，这些侦查主体各有自己人员、信息、技术、资源等方面的优势，由它们负责不同犯罪案件的侦查工作，有利于发挥各自的侦查优势，保证对各类犯罪案件能够及时有效地开展侦查。二是有利于保证各侦查主体依法进行侦查活动，保证国家法律的统一正确实施。在"检警监督"模式下，检察机关作为国家法律监督机关，有权对其他侦查主体的侦查活动实行法律监督，如果发现其他侦查主体存在违反侦查法定行为的，有权提出纠正意见或者直接进行纠正，这样就可以防止和减少侦查违法行为，从而有助于保证国家法律的统一正确实施。这种侦查模式也存在不足，即无法对整个侦查活动进行控制，难以有效提高侦查效率。由于各类犯罪案件由不同的侦查主体负责进行侦查，如何开展侦查则由不同的侦查主体自行决定，检察机关无权对其侦查活动进行指挥，因而难以有效提高其侦查效率。

三、检察侦查权的内容

在我国，根据法律规定，检察机关仅享有对部分职务犯罪的侦查权。检察侦查权的内容具体包括专门侦查权和采取强制措施权两个方面。

（一）专门侦查权

专门侦查权，是指检察机关在职务犯罪侦查过程中依法享有的收集证据的一系列权力。由于专门侦查权是检察机关收集有关证据的主要手段，因而我国法律对检察机关的专门侦查行为作了详细的规定。具体来说，我国检察机关的专门侦查权主要包括以下内容：

第一，讯问权。讯问权，是指为了收集或者核实证据，检察机关对部分在职务犯罪侦查过程中，依法享有讯问犯罪嫌疑人的权力。这是我国检察机关的一项重要侦查权,法律对此作了明确规定。《刑事诉讼法》第118条规定:"讯问犯罪嫌疑人必须由人民检察院或者公安机关的侦查人员负责进行。……"第119条进一步规定:"对不需要逮捕、拘留的犯罪嫌疑人,可以传唤到犯罪嫌疑人所在市、县内的指定地点或者到他的住处进行讯问,但是应当出示人民检察院或者公安机关的证明文件。……"我国法律和有关司法解释还对检察机关行使讯问权的具体程序、要求等作了明确规定。

第二,询问权。询问权,是指为了收集或者核实有关证据,检察机关在职务犯罪侦查过程中,依法享有询问证人、被害人等有关人员的权力。《刑事诉讼法》第124条第1款规定:"侦查人员询问证人,可以在现场进行,也可以到证人所在单位、住处或者证人提出的地点进行,在必要的时候,可以通知证人到人民检察院或者公安机关提供证言。在现场询问证人,应当出示工作证件,到证人所在单位、住处或者证人提出的地点询问证人,应当出示人民检察院或者公安机关的证明文件。"第127条规定:"询问被害人,适用本节各条规定。"《刑事诉讼法》和有关司法解释还对检察机关行使询问权的具体程序、要求等作了明确规定。

第三,搜查权。搜查权,是指为了收集有关实物证据,检察机关在职务犯罪侦查过程中,依法享有对有关人员的身体、场所进行搜查的权力。《刑事诉讼法》第136条规定:"为了收集犯罪证据、查获犯罪人,侦查人员可以对犯罪嫌疑人以及可能隐藏罪犯或者犯罪证据的人的身体、物品、住处和其他有关的地方进行搜查。"第137条规定:"任何单位和个人,有义务按照人民检察院和公安机关的要求,交出可以证明犯罪嫌疑人有罪或者无罪的物证、书证、视听资料等证据。"《刑事诉讼法》和有关司法解释还对检察机关行使搜查权的具体程序、要求等作了明确规定。

第四,查封、扣押权。查封、扣押权,是指为了收集有关证据,检察机关在职务犯罪侦查过程中,依法享有查封、扣押与犯罪有关的物品、文件等实物的权力。我国《刑事诉讼法》第141条规定:"在侦查活动中发现的可用以证明犯罪嫌疑人有罪或者无罪的各种财物、文件,应当查封、扣押;……"第143条第1款规定:"侦查人员认为需要扣押犯罪嫌疑人的邮件、电报的时候,经公安机关或者人民检察院批准,即可通知邮电机关将有关的邮件、电报检交扣押。"《刑事诉讼法》和有关司法解释还对检察机关行使扣押权的具体程序、要求等作了明确规定。

第五,勘验、检查权。勘验、检查权是指为了收集证据或者核实有关证据,检察机关在职务犯罪侦查过程中,依法享有对与犯罪有关的场所、物品、人身、尸体等进行勘验或者检查的权力。我国《刑事诉讼法》第128条规定:"侦查人员对于与犯罪有关的场所、物品、人身、尸体应当进行勘验或者检查。在必要的时候,可以指派或者聘请具有专门知识的人,在侦查人员的主持下进行勘验、检查。"第130条规定:"侦查人员执行勘验、检查,必须持有人民检察院或者公安机关的证明文件。"《刑事诉讼法》和有关司法解释还对检察机关行使勘验、检查权的具体程序、要求等作了明确规定。

第六,鉴定决定权。鉴定决定权,是指为了判定某些材料的证据价值或者真实性,检察机关在职务犯罪侦查过程中，依法享有决定对该材料进行鉴定的权力。《刑事诉讼法》第 146 条规定，在侦查过程中，人民检察院"为了查明案情，需要解决案件中某些专门性问题的时候，应当指派、聘请有专门知识的人进行鉴定"。《人民检察院刑事诉讼规则》第 218 条进一步明确规定："人民检察院为了查明案情，解决案件中某些专门性的问题，可以进行鉴定。鉴定由人民检察院有鉴定资格的人员进行。必要时，也可以聘请其他有鉴定资格的人员进行，但是应当征得鉴定人所在单位同意。"《刑事诉讼法》和有关司法解释还对检察机关行使鉴定决定权的具体程序、要求等作了明确规定。

第七，技术侦查权。技术侦查权，是指为了查明案件真相、收集犯罪证据，检察机关在职务犯罪侦查过程中，依法享有对案件进行技术侦查的权力。《刑事诉讼法》第 150 条第 2 款规定："人民检察院在立案后，对于利用职权实施的严重侵犯公民人身权利的重大犯罪案件，根据侦查犯罪的需要，经过严格的批准手续，可以采取技术侦查措施，按照规定交有关机关执行。"《人民检察院刑事诉讼规则》第 227 条和第 228 条进一步明确规定："人民检察院在立案后，对于利用职权实施的严重侵犯公民人身权利的重大犯罪案件，经过严格的批准手续，可以采取技术侦查措施，交有关机关执行。""人民检察院办理直接受理侦查的案件，需要追捕被通缉或者决定逮捕的在逃犯罪嫌疑人、被告人的，经过批准，可以采取追捕所必需的技术侦查措施，不受本规则第二百二十七条规定的案件范围的限制。"

第八，其他专门侦查权。其他专门侦查权是指为了收集证据或者查获犯罪嫌疑人，检察机关在职务犯罪侦查过程中，除依法享有上述权力以外，还享有其他一些专门侦查权。例如，我国检察机关有权根据案件侦查的需要，采取侦查实验、查询冻结涉案财物、通缉在逃的犯罪嫌疑人和被告人等措施。《刑事诉讼法》第 144 条规定："人民检察院、公安机关根据侦查犯罪的需要，可以依照规定查询、冻结犯罪嫌疑人的存款、汇款、债券、股票、基金份额等财产。有关单位和个人应当配合。"《人民检察院刑事诉讼规则》第 212 条规定："人民检察院根据侦查犯罪的需要，可以依照规定查询、冻结犯罪嫌疑人的存款、汇款、债券、股票、基金份额等财产，并可以要求有关单位和个人配合。查询、冻结前款规定的财产，应当制作查询、冻结财产通知书，通知银行或者其他金融机构、邮政部门执行。冻结财产的，应当经检察长批准。"《人民检察院刑事诉讼规则》第 200 条规定："为了查明案情，必要时经检察长批准，可以进行侦查实验。侦查实验，禁止一切足以造成危险、侮辱人格或者有伤风化的行为。"《人民检察院刑事诉讼规则》第 232 条规定："人民检察院办理直接受理侦查的案件，应当逮捕的犯罪嫌疑人在逃，或者已被逮捕的犯罪嫌疑人脱逃的，经检察长批准，可以通缉。"

(二) 采取强制措施权

采取强制措施权，是指检察机关在职务犯罪侦查过程中，为了保证侦查的顺利进行和收集有关证据，享有对犯罪嫌疑人人身自由进行一定限制的权力。由于我国检察机关是国家法律监督机关，因而法律赋予检察机关可以采取《刑事诉讼法》规定的任何强制措施。具体来说，我国检察机关享有的采取强制措施权包括以下内容：

（1）拘传权。拘传权，是指检察机关在职务犯罪侦查过程中，为了收集有关证据，依法享有强制没有被羁押的犯罪嫌疑人到指定地点接受讯问的权力。《刑事诉讼法》第66条规定："人民法院、人民检察院和公安机关根据案件情况，对犯罪嫌疑人、被告人可以拘传、取保候审或者监视居住。"

《人民检察院刑事诉讼规则》对检察机关的拘传程序作了具体规定，即检察机关根据案件情况，对犯罪嫌疑人可以拘传，拘传应当经检察长批准，签发拘传证。执行拘传的人员不得少于二人，拘传时，应当向被拘传的犯罪嫌疑人出示拘传证，必要时可以使用戒具，强制到案。拘传持续的时间从犯罪嫌疑人到案时开始计算。犯罪嫌疑人到案后，应当责令其在《拘传证》上填写到案时间，并在拘传证上签名或者盖章，然后立即讯问。讯问结束后，应当责令犯罪嫌疑人在拘传证上填写讯问结束时间。犯罪嫌疑人拒绝填写的，检察人员应当在《拘传证》上注明。一次拘传持续的时间最长不得超过12小时；案情特别重大、复杂，需要采取拘留、逮捕措施的拘传的时间不得超过24小时。不得以连续拘传的方式变相拘禁犯罪嫌疑人。人民检察院拘传犯罪嫌疑人，应当在犯罪嫌疑人所在市、县内的地点进行。犯罪嫌疑人的工作单位、户籍地与居住地不在同一市、县的，拘传应当在犯罪嫌疑人的工作单位所在的市、县进行；特殊情况下，也可以在犯罪嫌疑人户籍地或者居住地所在的市、县进行。需要对被拘传的犯罪嫌疑人变更强制措施的，应当经检察长或者检察委员会决定，在拘传期限内办理变更手续。在拘传期间内决定不采取其他强制措施的，拘传期限届满，应当结束拘传。

（2）取保候审权。取保候审权，是指检察机关在职务犯罪侦查过程中，依法享有责令犯罪嫌疑人提供担保，保证不逃避或者妨碍侦查、起诉和审判活动并随传随到而不予羁押的权力。我国《刑事诉讼法》第66条规定："人民法院、人民检察院和公安机关根据案件情况，对犯罪嫌疑人、被告人可以拘传、取保候审或者监视居住。"《刑事诉讼法》和《人民检察院刑事诉讼规则》对检察机关决定取保候审的条件、时间、方式和具体程序作了明确规定。

（3）监视居住权。监视居住权，是指为了防止犯罪嫌疑人逃避或者妨碍侦查活动，检察机关依法享有指定其不得擅自离开的区域并予以监视的权力。《刑事诉讼法》第66条规定："人民法院、人民检察院和公安机关根据案件情况，对犯罪嫌疑人、被告人可以拘传、取保候审或者监视居住。"《刑事诉讼法》和《人民检察院刑事诉讼规则》对检察机关决定监视居住的条件、时间、方式和具体程序作了明确规定。

（4）拘留权。拘留权，是指检察机关在侦查过程中，为了防止犯罪嫌疑人逃跑、毁灭证据或者妨碍侦查活动，依法享有暂时剥夺其人身自由的权力。《刑事诉讼法》第165条规定："人民检察院直接受理的案件中符合本法第八十一条、第八十二条第四项、第五项规定情形，需要逮捕、拘留犯罪嫌疑人的，由人民检察院作出决定，由公安机关执行。"《人民检察院刑事诉讼规则》第121条规定，人民检察院在直接受理的案件中，发现犯罪嫌疑人犯罪后企图自杀、逃跑或者在逃的，或者有毁灭、伪造证据或者串供可能的，有权决定对其予以拘留。《刑事诉讼法》和《人民检察院刑事诉讼规则》对检察机关决定拘留的条件、具体程序作了明确规定。

（5）决定逮捕权。决定逮捕权，是指检察机关在侦查过程中，为了防止犯罪嫌疑人逃跑、毁灭证据或者妨碍侦查活动，依法享有剥夺其人身自由并予以羁押的权力。《刑事诉讼法》第165条规定："人民检察院直接受理的案件中符合本法第八十一条、第八十二条第四项、第五项规定情形，需要逮捕、拘留犯罪嫌疑人的，由人民检察院作出决定，由公安机关执行。"《人民检察院刑事诉讼规则》第296条进一步规定："人民检察院办理直接受理侦查的案件，需要逮捕犯罪嫌疑人的，由负责侦查的部门制作逮捕犯罪嫌疑人意见书，连同案卷材料、讯问犯罪嫌疑人录音、录像一并移送本院负责捕诉的部门审查。……"《人民检察院刑事诉讼规则》对检察机关决定逮捕的条件、具体程序等作了明确规定。

第四节　刑事检察监督

《宪法》第134条规定："中华人民共和国人民检察院是国家的法律监督机关。"《刑事诉讼法》第8条规定："人民检察院依法对刑事诉讼实行法律监督。"由此可见，《宪法》确立了检察院的法律监督地位，《刑事诉讼法》以基本原则的形式进一步明确了检察院对刑事诉讼活动的法律监督。《人民检察院刑事诉讼规则》第十三章、第十四章从刑事立案监督，侦查活动监督，审判活动监督，羁押必要性审查，刑事判决、裁定监督，死刑复核监督，羁押期限和办案期限监督，执行监督，强制医疗执行监督等方面进一步具体化了检察院的法律监督职能。权力有滥用的可能，故对权力的行使进行制约尤为重要。人民检察院对刑事诉讼活动进行法律监督具有重要意义。一方面，检察院对公安机关、法院和刑罚执行机关的立案侦查、审判和执行活动进行监督有利于上述主体在法治轨道上行使权力，从而保障刑事司法公正的实现；另一方面，人民检察院通过行使法律监督权力，可以依法及时纠正公安机关、法院等刑事司法机关在刑事司法过程中出现的错误，在惩罚犯罪的同时避免冤枉无辜，保障公民的合法权益。

一、刑事立案监督和侦查活动监督

（一）刑事立案监督

立案是我国刑事诉讼的独立、必经阶段，是刑事追诉活动开始的标志。准确的立案既能保障公安司法机关准确、及时惩罚犯罪，也能保障无辜的人免受刑事追诉。由此可见，立案是刑事诉讼中非常重要的阶段，立案准确与否关系到刑事司法公正能否实现。列宁指出："要使法令得到切实执行，必须对法令的执行加以监督。"[1] 检察院

---

[1] 参见《列宁全集》（第2卷），人民出版社1984年版，第358页。

有权对刑事诉讼活动进行监督，当然有权力对作为刑事诉讼阶段之一的立案活动进行监督，从而保障立案活动发挥其应有的作用。

1979年《刑事诉讼法》没有明确规定人民检察院对公安机关的立案监督，人民检察院主要通过审查批捕、审查起诉对立案阶段的错误进行纠正，但检察院的事后监督不能实现对立案活动的及时、有效监督。1996年修改的《刑事诉讼法》专门就人民检察院对公安机关的立案监督作了规定，至此，人民检察院对公安机关的立案监督有了明确的法律依据。现行《刑事诉讼法》和《人民检察院刑事诉讼规则》规定了人民检察院对公安机关立案活动的监督。《刑事诉讼法》第113条规定，人民检察院认为公安机关对应当立案侦查的案件而不立案侦查的，或者被害人认为公安机关对应当立案侦查的案件而不立案侦查，向人民检察院提出的，人民检察院应当要求公安机关说明不立案的理由。人民检察院认为公安机关不立案理由不能成立的，应当通知公安机关立案，公安机关接到通知后应当立案。《刑事诉讼法》强化了人民检察院对公安机关应立案而不立案活动的监督，减少"不破不立""先破后立"等情况的发生。但除了怠于行使权力的情形外，公安机关在实践中也存在滥用权力的可能，《刑事诉讼法》并未涉及公安机关不应立案而立案时的处理。《人民检察院刑事诉讼规则》第558条对这一缺漏进行了弥补。《人民检察院刑事诉讼规则》第558条既规定了检察机关对公安机关应立案而不立案活动的监督，也规定了检察院对公安机关不应立案而立案活动的监督。具体而言，人民检察院对公安机关立案活动的监督主要包括以下内容：

第一，人民检察院进行立案监督的材料来源。人民检察院主要通过两种途径获得立案监督的材料：一是被害人的申诉，即被害人认为公安机关应当立案而不立案时，可以向人民检察院提出申诉；二是人民检察院主动发现，即检察院通过各种业务活动发现公安机关应当立案而不立案或者不应立案而立案的情况。

第二，人民检察院对立案监督材料的审查处理。人民检察院获得应立案而不立案或者不应立案而立案的材料后，应当根据事实和法律对相关的材料进行审查。经审查，人民检察院认为需要公安机关说明不立案或者立案的理由时，应当书面通知公安机关并告知公安机关在收到通知后的7日内，书面说明立案或者不立案的依据和理由，并连同有关证据材料回复人民检察院。人民检察院认为公安机关的立案或者不立案活动合法的，应当在10日内将审查结果告知被害人及其法定代理人、近亲属或者行政执法机关。反之，人民检察院认为公安机关立案或者不立案的理由不能成立的，经检察长决定，应当通知公安机关撤销案件或者立案。人民检察院通知公安机关立案或者撤销案件时，应当制作《通知立案书》或者《通知撤销案件书》，并说明理由和依据，同时告知公安机关应当在收到《通知立案书》后15日内立案，对《通知撤销案件书》无异议时应当立即撤销案件，并将《立案决定书》和《撤销案件决定书》及时送至人民检察院。

第三，人民检察院对公安机关执行立案监督情况的监督。人民检察院通知公安机关立案或者撤销案件后，应当及时对公安机关的执行情况进行监督。公安机关在收到

《通知立案书》和《通知撤销案件书》后既无异议也不执行的，检察院应当及时向其发出《纠正违法通知书》对其行为进行纠正。公安机关仍不纠正时，报上一级人民检察院协同同级公安机关处理。

(二) 刑事侦查活动监督

根据《刑事诉讼法》第108条第1项的规定，侦查是指公安机关、人民检察院对于刑事案件，依照法律进行的收集证据、查明案情的工作和有关的强制性措施。侦查阶段的主要任务是搜集证据，查明案件事实，其既是公诉案件立案后必经的阶段，也是为公诉工作做准备的阶段，在一定程度上可以说侦查阶段决定了案件事实能否查清，刑事司法公正能否实现。由此可见侦查阶段的重要性。侦查阶段之于刑事诉讼的意义可见一斑，然而因为侦查工作具有单方主导性、封闭性等特征，侦查阶段也是犯罪嫌疑人权利最容易受到侵犯的阶段。"中外刑事诉讼历史已经反复证明，错误的审判之恶果从来都是结在错误的侦查之病枝上的。"[1]为限制侦查权对公民权利的侵犯，国外很多国家设立了司法审查制度，强化司法权对侦查权的过程控制和监督，如英美法系国家的令状制度等，我国则由专门行使法律监督权的人民检察院对公安机关的侦查活动进行监督。

人民检察院的侦查活动监督是指人民检察院依法对侦查人员的侦查活动及结果合法与否进行的监督。侦查活动监督是人民检察院刑事诉讼法律监督的重要组成部分。通过侦查活动监督，人民检察院可以发现公安机关在侦查活动中的违法行为并及时纠正，从而保障各诉讼参与人尤其是犯罪嫌疑人的合法权益，保障刑事案件的公正。人民检察院对公安机关的侦查活动监督主要包括如下内容：

第一，侦查活动监督的内容。根据《人民检察院刑事诉讼规则》第567条的规定，侦查活动监督的内容包括16项，涵盖违法取证、强制措施适用违法、侦查措施违法、侵犯诉讼参与人的刑事诉讼权利以及其他的违反法律的侦查行为，具体包括：①采用刑讯逼供以及其他非法方法收集犯罪嫌疑人供述的；②讯问犯罪嫌疑人依法应当录音或者录像而没有录音或者录像，或者未在法定羁押场所讯问犯罪嫌疑人的；③采用暴力、威胁以及非法限制人身自由等非法方法收集证人证言、被害人陈述，或者以暴力、威胁等方法阻止证人作证或者指使他人作伪证的；④伪造、隐匿、销毁、调换、私自涂改证据，或者帮助当事人毁灭、伪造证据的；⑤违反刑事诉讼法关于决定、执行、变更、撤销强制措施的规定，或者强制措施法定期限届满，不予释放、解除或者变更的；⑥应当退还取保候审保证金不退还的；⑦违反刑事诉讼法关于讯问、询问、勘验、检查、搜查、鉴定、采取技术侦查措施等规定的；⑧对与案件无关的财物采取查封、扣押、冻结措施，或者应当解除查封、扣押、冻结而不解除的；⑨贪污、挪用、私分、调换、违反规定使用查封、扣押、冻结的财物及其孳息的；⑩不应当撤案而撤案的；⑪侦查人员应当回避而不回避的；⑫依法应当告知犯罪嫌疑人诉讼权利而不告知，影响犯罪嫌疑人行使诉讼权利的；⑬对犯罪嫌疑人拘留、逮捕、指定居所监视居住后依

---

[1] 李心鉴：《刑事诉讼构造论》，中国政法大学出版社1992年版，第179页。

法应当通知家属而未通知的；⑭阻碍当事人、辩护人、诉讼代理人、值班律师依法行使诉讼权利的；⑮应当对证据收集的合法性出具说明或者提供证明材料而不出具、不提供的；⑯侦查活动中的其他违反法律规定的行为。

第二，侦查活动监督的材料来源。对侦查行为进行监督的前提是发现违法侦查行为，人民检察院主要通过以下几种方式发现侦查人员的违法行为：①在审查逮捕、审查起诉中审查侦查人员的违法侦查行为。《刑事诉讼法》第171条第5项规定，人民检察院审查案件的时候必须查明侦查活动是否合法。②通过参与公安机关对重大案件的讨论和其他侦查活动，发现侦查违法行为。③通过受理报案、控告、举报、申诉，或者接受其他部门移送的办案线索来进行监督。④其他途径。

第三，对违法侦查行为的处理。根据《刑事诉讼法》和《人民检察院刑事诉讼规则》552条的规定，人民检察院发现侦查行为违法时，可以根据具体情况做出如下处理：①口头通知纠正违法行为。《人民检察院刑事诉讼规则》第552条规定，人民检察院发现刑事诉讼活动中的违法行为，对于情节较轻的，由检察人员以口头方式提出纠正意见。在该情况下一般不要求对方进行书面答复，但应当将口头纠正这一情况记录在案。②书面通知纠正违法行为。人民检察院发现刑事诉讼活动中的违法行为，且情节较重的，经检察长决定，发出纠正违法通知书。③检察建议。人民检察院对于带有普遍性的违法情形，经检察长决定，向相关机关提出检察建议。④移送有关部门追究刑事责任。人民检察院认为刑事诉讼中的违法行为构成犯罪的，移送有关机关、部门依法追究刑事责任。《人民检察院刑事诉讼规则》第568条规定，人民检察院发现侦查活动中的违法情形已涉嫌犯罪，属于人民检察院管辖的，依法立案侦查；不属于人民检察院管辖的，依照有关规定移送有管辖权的机关。

除了对公安机关的侦查活动监督外，人民检察院刑事检察部门对本院侦查部门侦查活动中的违法行为也应当进行监督，并且根据情节分别处理。

二、刑事审判监督

人民检察院对审判活动进行监督是检察机关依法履行法律监督职能的重要内容。刑事审判监督是指人民检察院对人民法院的刑事审判活动进行监督，包括对审判行为过程和结果的监督。对审判过程的监督是指人民检察院发现人民法院在审理案件违反法律规定的诉讼程序时向其提出纠正意见，主要通过对庭审过程的监督实现。对审判结果的监督是指人民检察院认为人民法院的判决、裁定确有错误时进行的纠正，该种监督主要通过抗诉进行，是对审判的事后监督。

（一）人民检察院对审判活动的监督

《刑事诉讼法》第209条规定："人民检察院发现人民法院审理案件违反法律规定的诉讼程序，有权向人民法院提出纠正意见。"《人民检察院刑事诉讼规则》第572条规定，人民检察院在审判活动监督中发现人民法院或者审判人员审理案件违反法律规定的诉讼程序的，应当向人民法院提出纠正意见。从审判程序上看，人民检察院对审判活动进行监督既包括对一审审判活动的监督,也包括对二审、再审审判活动以及死刑复核活动的监督。从案件性质上看,人民检察院及对法院公诉案件的审判活动进行监督,也应当对自诉案件中法院的审判活动进行监督。从时间维度上看,审判活动监督贯穿法院从案件受理至审判结束的全过程。

根据《人民检察院刑事诉讼规则》第552条、第572条的规定,人民检察院在审判活动中发现人民法院或者审判人员的违法行为后,可以根据违法行为的具体情形作出处理,包括口头或书面提出纠正意见,提出检察建议,以及审判人员在审判活动中的违法行为严重,构成犯罪时依法对其立案侦查。

(二) 人民检察院对刑事判决、裁定的监督

根据《刑事诉讼法》和《人民检察院刑事诉讼规则》的规定,对于人民法院确有错误的判决、裁定,人民检察院应当依法提出抗诉。基于抗诉对象的不同,人民检察院的抗诉主要有两种:一是二审抗诉,即人民检察院对人民法院一审未生效的判决、裁定提出抗诉;二是再审抗诉,即人民检察院对人民法院已经发生法律效力的判决、裁定依照审判监督程序提出抗诉。下面分述之。

根据《刑事诉讼法》的规定,二审抗诉是指地方各级人民检察院对于本级人民法院第一审的判决、裁定,认为确有错误时,在法定期限内向上一级人民法院提出抗诉,要求人民法院进行再审的检察监督活动。再审抗诉是指最高人民检察院对地方各级人民法院已经发生法律效力的判决和裁定,上级人民检察院对下级人民法院已经发生法律效力的判决和裁定,认为确有错误时,向同级人民法院提出抗诉,要求对案件重新审理的法律监督活动。提起审判监督程序的条件或理由有两种:事实认定错误或者适用法律确有错误。

二审抗诉和再审抗诉都是人民检察院对判决、裁定的监督方式,都属于法律监督的内容,二者存在一些共性,比如提起条件均包括判决、裁定确有错误和确有抗诉的必要,但二者在抗诉对象、抗诉机关、抗诉期限、接受抗诉的法院和抗诉的作用以及引起的后果上都存在不同。其一,抗诉对象不同。二审抗诉的对象是未生效的判决、裁定;再审抗诉的对象是已经发生法律效力的判决、裁定。其二,抗诉机关不同。二审抗诉的机关是提起公诉的检察院;最高人民检察院对地方各级人民法院已经发生法律效力的判决、裁定,上级人民检察院对下级人民检察院已经发生法律效力的判决和裁定均有权提起再审抗诉。其三,抗诉是否受期限限制不同。《刑事诉讼法》第230条规定:"不服判决的上诉和抗诉的期限为十日,不服裁定的上诉和抗诉的期限为五日,从接到判决书、裁定书的第二日起算。"再审抗诉则无期限限制,只要发现错误即可提起。其四,接受抗诉的法院不同。检察院只能通过原审人民法院提起二审抗诉,接受二审抗诉的是原审人民法院的上一级人民法院。接受再审抗诉的人民法院则是提起抗诉的检察院的同级人民法院,也即作出原生效判决、裁定的法院的上级人民法院。

三、刑事执行监督

刑事执行监督区别于刑事执行检察。最高人民检察院于 2014 年 12 月 30 日将"监所检察"改为"刑事执行检察",刑事执行检察是监所检察的新称,由监所检察演变而来。刑事执行检察是指:"检察院依法对刑罚执行、刑事强制措施执行、强制医疗执行等刑事执行活动是否合法实行的法律监督。"[1]根据《刑事诉讼法》《人民检察院刑事诉讼规则》《人民检察院组织法》《社区矫正法》等法律以及相关司法解释的规定,刑事执行检察的职责范围广泛,且其职能不断扩张,但其基本业务首先是刑事裁判执行监督,其次是羁押性强制措施执行监督。[2]刑事执行监督是刑事执行检察的重要内容,是指人民检察院对刑罚执行机关执行刑罚的活动是否合法进行监督并在发现错误时予以纠正的活动。

根据《刑事诉讼法》等相关法律和司法解释,尤其是《人民检察院刑事诉讼规则》第十四章的规定,刑事执行监督主要包括对各种执行刑罚活动的监督、对执行死刑的监督、对暂予监外执行的监督、对刑罚执行变更的监督(如减刑、假释的监督)等,下面分述之。

第一,对执行死刑的监督。《刑事诉讼法》第 263 条第 1 款规定:"人民法院在交付执行死刑前,应当通知同级人民检察院派员临场监督。"人民法院在交付执行 3 日以前,应当通知同级人民检察院临场监督。临场监督的内容包括:①审查同级人民法院是否收到最高人民法院核准死刑的裁定,或者作出的死刑裁判和有无执行死刑命令;②有无停止执行和暂停执行死刑的情形;③执行死刑的场所、方法和执行死刑的活动是否合法等。在执行死刑过程中,人民检察院临场监督人员根据需要可以进行拍照、摄像。执行死刑结束后,临场监督人员还应当检查罪犯是否确已死亡,并填写死刑临场监督笔录,签字后入卷归档。

第二,对暂予监外执行的监督。《刑事诉讼法》第 266 条规定:"监狱、看守所提出暂予监外执行的书面意见的,应当将书面意见的副本抄送人民检察院。人民检察院可以向决定或者批准机关提出书面意见。"根据《刑事诉讼法》第 267 条的规定,人民检察院认为暂予监外执行不当的,应当自接到通知之日起 1 个月内将书面意见送交决定或者批准暂予监外执行的机关,相关机关接到人民检察院的书面意见后,应当立即对该决定进行重新核查。《人民检察院刑事诉讼规则》第 629—634 条则进一步具体规定了对暂予监外执行的具体监督程序,从而使检察机关对暂予监外执行的监督更具有操作性。

第三,对减刑、假释等刑罚执行变更的监督。根据《刑事诉讼法》第 274 条以及《人民检察院刑事诉讼规则》第 635—641 条的规定,人民检察院在接到人民法院减刑、假释的裁定书副本后应当及时进行审查,经审查认为人民法院减刑、假释的裁定不当,

---

[1] 袁其国:《我国刑事执行检察的回顾与展望》,载《人民检察》2016 年第 Z1 期。
[2] 参见熊秋红:《刑事执行检察的回顾与展望》,载《中国刑事法杂志》2022 年第 1 期。

应当在收到裁定书副本 20 日以内向人民法院提出书面纠正意见。为了解情况，在审查过程中，承办人员可以向罪犯服刑机关和有关人员进行调查，可以向法院和罪犯服刑机关调阅有关资料等。人民法院应当在收到人民检察院的纠正意见后 1 个月以内重新组成合议庭进行审理并作出最终裁定。人民检察院对人民法院减刑、假释的裁定提出纠正意见后，应当监督人民法院是否在收到纠正意见后一个月内重新组成合议庭进行审理，并监督其重新作出的裁定是否符合法律规定。最终裁定不符合法律规定的，应当向同级人民法院再次提出纠正意见。

第四，对执行刑罚活动的监督。《刑事诉讼法》第 276 条规定："人民检察院对执行机关执行刑罚的活动是否合法实行监督。如果发现有违法的情况，应当通知执行机关纠正。"《人民检察院组织法》第 20 条第 7 项规定，人民检察院对监狱、看守所的执法活动实行法律监督。

根据《刑事诉讼法》《人民检察院组织法》《人民检察院刑事诉讼规则》等法律以及司法解释的规定，对刑罚执行活动的监督主要包括如下内容：①对交付执行的裁判进行监督。《人民检察院刑事诉讼规则》第 625 条至第 628 条规定了人民检察院对交付执行活动的监督。此种监督主要是审查交付执行的判决和裁定是否已经发生法律效力，对于人民法院判决被告人无罪、免予刑事处罚、判处管制、宣告缓刑、单处罚金或者剥夺政治权利，被告人被羁押的，要审查被告人是否被立即释放。②对执行机关的收押、执行和监督考察等情况进行监督。主要包括如下内容：人民法院是否在法定期限内将生效判决、裁定、执行通知书等法律文书送达公安机关、监狱、社区矫正机构等执行机关；人民法院执行刑事裁判涉财产部分是否合法；监狱等刑罚执行机关对罪犯是否按照法定的条件和程序进行收押，对不收监的，是否有书面说明；监狱、看守所等刑罚执行机关对罪犯执行刑罚、监管是否合法；对交付执行的死缓罪犯是否按时提出减刑意见；监狱对正在服刑的确有悔改及立功表现的罪犯是否及时提出减刑、假释等刑罚执行变更建议；刑罚执行机关对刑满罪犯是否及时释放等。

第五，人民检察院执行监督的方式、方法。根据《刑事诉讼法》《人民检察院组织法》《人民检察院刑事诉讼规则》等法律和司法解释的规定，人民检察院对执行活动实行监督主要通过定期或不定期的检察活动。具体的监督方法包括：①采取调查核实措施；②实地查看禁闭室、会见室、监区、监舍等场所；③列席监狱、看守所有关会议；④与有关监管民警谈话；⑤听取执行机关的执行情况汇报；⑥调阅典型档案或材料；⑦召开座谈会、调查会、开展问卷调查；⑧个别谈话及讯问罪犯；⑨视察警戒；⑩检查生产、生活条件等。根据实际工作的需要，还可以对看守所、监狱等场所采取巡回检察、派驻检察等方式展开监督。

第六，人民检察院对执行监督中违法行为的处理。根据《人民检察院刑事诉讼规则》第 624 条的规定，人民检察院在进行执行监督时，发现刑罚执行和监管执法活动中存在下列违法、违纪情况时应当根据具体情况及时予以纠正：①发现执法瑕疵、安全隐患，或者违法情节轻微的，口头提出纠正意见，并记录在案；②发现严重违法，发生重大事故,或者口头提出纠正意见后7日以内未予纠正的,书面提出纠正意见;③发现存在可能导致执法不公问题,或者存在重大监管漏洞、重大安全隐患、重大事故风险等问题的,提出检察建议。对于在巡回检察中发现的上述问题、线索的整改落实情况,通过巡回检察进行督导。

第四章
民事检察

第一节 民事检察概述

一、民事检察的概念

民事检察是指检察院在民事程序中的全部制度。[1]检察院在民事程序中享有的所有权限被称为民事检察权。[2]民事检察活动会形成民事检察法律关系，即受民事检察规范调整的，存在于检察院、法院、当事人与其他参与人之间的权利义务关系。

民事检察是我国检察院行使检察职能的重要组成部分。民事检察秉持以人民为中心的发展理念，有助于确保法律统一实施、维护司法公正、树立司法权威、维护国家利益与社会公共利益，是我国民事检察积极参与国家治理体系与治理能力现代化建设的重要体现。

二、民事检察的范围

目前，理论界对民事检察的范围的理解并不统一，主要有狭义与广义两种观点。

（1）狭义的民事检察范围，也可以称为程序法上的民事检察、民事诉讼检察监督，是指检察院行使执法监督权，通过抗诉、检察建议等方式，对民事诉讼活动实行法律监督。其内容主要包括以审判权为制约对象的民事审判检察监督和以执行权为制约对象的民事执行检察监督两方面。

（2）广义的民事检察范围，除包含民事诉讼检察监督外，还包括其他由检察院履行的，用来监督民事程序的各类权限。学界对广义的民事检察范围有不同的观点，有学者以监督对象为标准，将民事检察划分为生效法律文书监督、违法行为监督、提起公益诉讼、支持起诉以及保障这些监督实施的保障制度。[3]有学者以权力来源为标准，将其划分为社会治理型检察监督与公权制约型检察监督。前者也可称为守法监督，是

---

[1] 陈桂明：《民事检察监督之存废、定位与方式》，载《法学家》2006年第4期。
[2] 傅郁林：《我国民事检察权的权能与程序配置》，载《法律科学（西北政法大学学报）》2012年第6期。
[3] 路志强：《中国民事检察监督制度的改革与完善研究》，法律出版社2019年版，第59页。

指检察院行使社会治理权限,通过民事公诉、支持起诉、督促起诉、协助执行等方式,纠正社会主体的民事违法行为,以维护国家利益与社会公共利益。后者也可称为执法监督,是指检察院根据公主体之间的权力制约必要而对执法机关滥用公权力的行为行使监督权。[1]还有学者将民事检察权划分为公益诉讼权与检察监督权两部分。后者可进一步划分为社会事务管理检察监督与民事诉讼检察监督。民事诉讼检察监督又包含类案检察监督与个案检察监督两类。[2]

本书赞同以权力来源为标准界定民事检察制度的范围,即民事检察制度包括社会治理型检察监督与公权制约型检察监督。该部分理论的基本框架由傅郁林教授在《我国民事检察权的权能与程序配置》一文中提出,本书认为该框架不仅与《宪法》及《人民检察院组织法》中关于检察职能的规定相一致,具有坚实的规范支撑,而且能够适应我国民事检察方式的动态变化特征,将实践中新出现的做法融入该体系。

三、民事检察的特征

(一) 纠错性与救济性相结合

纠错性是指检察院通过纠正机关、法人、非法人组织以及公民个人的违法行为履行民事检察职能,违法行为存在并有通过民事检察加以纠正的必要,是民事检察制度的核心与基础。救济性是指通过纠正相关违法行为,检察院可以实现对国家利益和社会公共利益的维护以及对当事人私权的救济。二者相互联系、共同促进。

(二) 公益性与私益性相结合

根据《人民检察院组织法》第2条第2款的规定,民事检察制度有助于"维护国家利益和社会公共利益,保障法律正确实施,维护社会公平正义,维护国家法制统一、尊严和权威,保障中国特色社会主义建设的顺利进行",该条文准确说明了民事检察制度的公益性特征。同时,检察院从事民事检察通常依托于当事人间的私权纠纷展开,如支持弱势当事人向法院起诉、对私益诉讼生效裁判提出抗诉或检察建议,故民事检察亦有助于维护私益当事人的合法民事权益。

(三) 全面性与有限性相结合

全面性是指检察院对民事程序展开全面监督,既包括对法院等公权力主体民事执法程序的监督,也包括对其他非公权力主体违法行为的监督;既履行公权力制约的纠错功能,也积极参与社会治理;既有如全面监督理念贯穿民事检察制度的各个方面,与此同时,民事检察制度亦应当坚持有限监督原则,检察院监督民事诉讼活动与社会违法行为应当严格遵守法定条件与程序,以免民事检察权过分扩张影响司法独立、侵犯当事人处分权、破坏诉讼结构平衡与损害程序安定性。

---

[1] 傅郁林:《我国民事检察权的权能与程序配置》,载《法律科学(西北政法大学学报)》2012年第6期。
[2] 胡思博:《民事检察监督的技术规则研究》,中国人民公安大学出版社、群众出版社2018年版,第1~3页。

(四) 事后性与全程性相结合

我国民事检察制度一直坚持事后监督原则，即检察院通常不作事前或事中监督，而仅在违法行为已经作出后行使检察监督权。以民事诉讼检察监督为例，我国明确规定必须在判决、裁定、调解书已经生效，审判或执行人员违法行为已经发生的情形下才可以启动监督，以免影响法院司法权的独立行使。简言之，事后性基于监督对象的必备要件提出。与之不同，全程性则基于实施监督的时点提出，是指为全面发挥民事检察职能，我国民事检察由重视事后监督逐渐扩大至民事程序的事前、事中、事后全程，如检察院有权在民事诉讼程序启动前支持当事人起诉，亦有权在审判或执行程序进行中监督审判或执行人员的违法行为，而不必等至诉讼程序终结之时。

(五) 职权性与谦抑性相结合

一方面，检察院作为宪法确定的国家法律监督机关，有权依职权履行其民事检察职能，这是保证检察院正确履行职责的应有之义。民事检察监督的职权性不仅体现在其程序的启动环节，在程序的进行过程中以及在程序结束后，都有一定程度体现。[1] 另一方面，为了制衡公权力、缓解检法矛盾、充分调动社会组织参与社会治理、维护诉讼各方主体间的地位平衡以及保证民事检察监督的有效运作，检察院在进行民事检察监督工作中亦应当坚持谦抑性原则。当有其他更为便捷高效且缓和的监督方式时不宜以民事检察监督权干涉民事活动；在非行使民事检察监督权不可的情形下，也应当在权力的弹性内保持需有的克制和审慎，以较小的权力行使成本得到最大的社会效益产出。[2]

(六) 实践性与理论性相结合

我国民事检察制度发展较晚，且一直以来更加重视民事诉讼检察监督，对于其他如督促起诉等相关民事检察制度关注较少，故没有明确的规范和丰富的理论支撑。在此背景下，为及时回应实践中的紧迫需求，各级检察院自发提出了众多创新性举措，民事检察制度具有鲜明的实践先行性特征。与之相应，实践成熟到一定阶段后，亦有助于推进民事检察理论研究的进步。当前，我国从民事检察目的、价值、理念、模式、原则、范围、程序、方式、保障等基础性概念与框架着手，正在充分构建起具有中国特色的自主性民事检察理论体系，以充分发挥理论对实践的引领作用，及时回应实践诉求。[3]

(七) 程序性与实体性相结合

程序性一方面是指，民事检察监督侧重程序性监督，检察院启动监督程序后，不能决定案件的实体结果，以避免过度关涉相关被监督对象就案件实体性问题的决定权；另一方面，程序性还指民事检察监督应当严格依照法定程序和方式进行，违反监督程序会引起一定的法律后果或者达不到检察目的。我国民事检察制度一直重视构建完善

---

[1] 汤维建：《民事检察监督具有十个基本特性》，载《检察日报》2021年11月26日。
[2] 彭幸：《论民事检察监督谦抑性机制的构建》，载《政法学刊》2017年第5期。
[3] 参见汤维建：《民事检察制度发展理论脉络》，载《检察日报》2022年9月8日。

的检察监督程序,并在参照诉讼规律的基础上不断对程序进行司法化改造。实体性一方面是指,实施民事检察监督应建立在客观公正的基础上,检察院只有在事实清楚的前提下方可提起检察监督;另一方面则指检察监督应当以实体法为依据,我国《民法典》正式颁布施行后为民事检察监督提供了最重要的实体法依据,民事检察监督亦有助于保证《民法典》的统一正确实施。总而言之,当前我国民事检察监督制度的关注由重视程序转向了程序与实体并重。

第二节 民事检察内容

民事检察内容是指检察院履行民事检察权的各项具体职能。根据《宪法》与《人民检察院组织法》的有关规定,我国检察院行使社会治理与公权力监督两项职能,因此,其所承担的法律监督职能可以划分为"社会治理型监督"与"公权制约型监督"两类。社会治理型监督也被称为社会事务管理检察监督、民事违法行为检察监督、民事守法监督,源于检察院享有国家的社会治理权限,为了维护国家利益和社会公共利益,检察院有权针对某些不守法的违法行为行使监督权。公权制约型监督源于检察院享有的对其他公权力主体的监督权限,为了维护公平正义,从而有权对相关公权力机关从事民事执法活动滥用公权力的行为行使监督权。

具体而言,在现行民事程序中,社会治理型检察监督主要表现为以下四种形态:①民事公诉;②民事检察支持起诉;③民事检察督促起诉;④民事检察协助执行。公权制约型检察监督主要表现为以下两种形态:①审判监督权;②执行监督权。需要注意的是,在我国持续深入推进国家治理体系和治理能力现代化的重要背景下,检察院的社会治理型监督与公权制约型监督职能的内容也在不断丰富。对于一些新出现的民事检察监督方法,可以根据其具体的起因、客体、目的、被监督者的法律地位等要素综合考量判断其所属类别。如《人民检察院检察建议工作规定》第11条规定:"人民检察院在办理案件中发现社会治理工作存在下列情形之一的,可以向有关单位和部门提出改进工作、完善治理的检察建议:……(二)一定时期某类违法犯罪案件多发、频发,或者已发生的案件暴露出明显的管理监督漏洞,需要督促行业主管部门加强和改进管理监督工作的;……"由于该项检察建议指向的是行业主管部门在行业管理监督中的监管行为,要求其为一定的行为加强和改进管理监督过程中的漏洞,在性质上属于检察院对其他公主体非法执法行为的执法监督,应当归入公权制约型检察监督制度的范畴。但由于此时并不牵涉民事法律关系抑或民事法律的实施,因此属于行政检察制度而非民事检察制度。[1]

---

[1] 韩静茹:《民事检察权研究》,北京大学出版社2018年版,第274页。

一、社会治理型民事检察监督

很长一段时间,我国承担社会治理功能的检察权主要限于在刑事诉讼程序中行使,近年来,社会治理型民事检察监督才逐渐发展起来。

(一)民事公诉

民事公诉是指,对于特定范围内的侵犯国家利益和社会公共利益的违法行为,在无人诉或当事人不敢、无力、不便、消极提起诉讼等情况下,由检察机关依法向法院提起民事诉讼,要求追究违法者民事责任的制度。

检察机关提起民事公诉的正当性在于其本身是国家利益和社会公共利益的代表者和直接维护者,在国家利益和社会公共利益受到损害时,检察机关与其他权利主体一样享有诉权,有权以当事人的身份向法院寻求中立的裁判。在域外主要国家和地区,一般承认检察机关有权代表公共利益提起民事公诉,并设置了相应的制度与程序。法国于1667年国王赦令中规定了律师总检察长负责代表国王的利益参与并监督民事诉讼活动、惩戒律师的程序,这种代表国王利益行使诉权的职能后来逐渐发展为代表公共利益提起诉讼的权能。受法国检察制度的影响,德国检察官同样拥有民事公诉权,1877年与1976年《德国民事诉讼法》均规定,检察官对于婚姻无效、申请禁治产、雇佣劳动等一些民事或经济案件都可以提起或者参加诉讼,还可以独立地提出申请并提起上诉。[1]英国民事检察制度经历了从国王法律顾问、君主法律代表、公共利益维护者、政府首席执法官员再到政府部门首脑的演进历程,检察机关的职能也从为维护国王利益扩张至维护社会公共利益,行使上述职能的方式均为检察机关提起和参与民事诉讼。美国检察官作为政府的代表,为维护政府利益和公共利益,有权以政府代理人、政府辩护人、公益维护者等身份提起或参与民事诉讼,维护政府利益和公共利益。

我国关于民事公诉的立法与实践经历了一个反复、变化的过程。受前苏东社会主义国家社会干预原则的影响,一度认为社会主义的民事法律关系是公法关系而不是私法关系,检察机关为了保护他人的权利及利益,有权依据法律规定提起民事诉讼,以便依靠社会力量维护国家法制。[2]1954年《人民检察院组织法》第4条第6项规定,地方各级检察机关有权对于有关国家和人民利益的重要民事案件提起诉讼或者参加诉讼,[3]并对行使该职权的程序作了原则规定。1957年,最高人民法院制定的《民事案件审判程序(草稿)》第1条也有类似规定,允许检察机关对"有关国家和人民利

---

[1]《德意志联邦共和国民事诉讼法》,谢怀栻译,中国法制出版社2001年版,第153页。
[2] 陈刚:《支持起诉原则的法理及实践意义再认识》,载《法学研究》2015年第5期。
[3] 参见1954年《人民检察院组织法》第4条规定:"地方各级人民检察院,依照本法第二章规定的程序行使下列职权:(一)对于地方国家机关的决议、命令和措施是否合法,国家机关工作人员和公民是否遵守法律,实行监督;(二)对于刑事案件进行侦查,提起公诉,支持公诉;(三)对于侦查机关的侦查活动是否合法,实行监督;(四)对于人民法院的审判活动是否合法,实行监督;(五)对于刑事案件判决的执行和劳动改造机关的活动是否合法,实行监督;(六)对于有关国家和人民利益的重要民事案件有权提起诉讼或者参加诉讼。"

益的主要民事案件"提起诉讼。在上述相关法律规范的指导下，实践中，全国各级检察机关办理了一些民事公诉案件。不过，进入90年代后，一段时间内我国民事公诉不再有法律上的直接依据，如想论证其正当性，还需根据《宪法》《刑事诉讼法》等相关规范条文推导得出。[1]1982年《民事诉讼法（试行）》起草过程中虽然讨论过民事公诉的问题，并在该草案第六稿中进行了较为详细的规定，但由于立法者认为当前实践经验过于缺乏，以及公诉人的诉讼地位等关键问题还未考虑妥当，故最终并未进入立法，仅保留了关于检察机关支持起诉的原则性规定。在此后的十多年间，检察机关民事公诉处于低迷状态，直到1997年河南省方城县人民检察院以原告身份诉该县工商局擅自出让房地产致使国有资产流失案的出现，此后其他一些地方检察机关才陆续开始了类似的探索，并取得了较好的效果。但是，民事公诉制度的发展并未由此而一帆风顺。2004年最高人民法院《关于恩施市人民检察院诉张苏文返还国有资产一案的复函》否定了检察机关以原告身份代表国家提起民事诉讼的资格，进一步致使检察机关的民事公诉尝试陷入困境。后随着我国公益诉讼制度的完善与发展，这一状况才逐渐发生了改变。由于民事公益诉讼的客体亦为公共利益，与民事公诉的诉讼客体部分重合，故检察民事公益诉讼在法律体系上应属于民事公诉的内容之一。2017年《民事诉讼法》修改正式增加检察机关提起公益诉讼制度，这不仅代表着检察民事公益诉讼制度在我国的正式落地，还意味着民事公诉制度的重大发展。

（二）民事检察督促起诉

民事检察督促起诉，是指针对已经或可能导致国家利益和社会公共利益受损的案件，检察机关督促具有原告资格的机关或有关组织依法及时向法院提起民事诉讼的制度。民事检察督促起诉，符合民事检察的谦抑性原则，如对国家和社会公共利益具有直接管护义务的特定主体接受检察机关的督促后及时向法院提起诉讼的，不仅能避免或挽回国家利益和社会公共利益所遭受的损害，而且无需检察机关采取民事公诉等后续检察措施，有助于节约检察资源。

从我国当前规范来看，以保护的客体性质为标准，可将民事检察督促起诉划分为督促提起公益诉讼与督促提起国家利益诉讼两类。就前者而言，由于我国一段时间内民事公诉制度的缺失，民事检察督促起诉成了检察院发挥社会公共利益维护职能的变通手段。后随着我国公益诉讼制度的发展，才逐渐得到了规范性文件的支持，并演变成了检察机关提起民事公益诉讼的必经诉前程序。如2017年最高人民法院《关于审理环境公益诉讼案件的工作规范（试行）》第49条规定，检察机关已经依法督促有权机关或者社会组织提起环境民事公益诉讼的，应当认定为其已经履行检察机关提起的环境

---

[1] 参见1982年《宪法》第12条第2款、第129条；1979年《刑事诉讼法》第53条。

民事公益诉讼的诉前程序。[1]如2020年最高人民检察院、中央军委政法委员会《关于加强军地检察机关公益诉讼协作工作的意见》规定，作为涉军民事公益诉讼案件的诉前程序，军地检察机关可以联合督促法律规定的机关或者建议有关组织提起民事公益诉讼；法律规定的机关或者有关组织提起民事公益诉讼的，军地检察机关可以支持起诉。[2]2020年最高人民法院、最高人民检察院《关于检察公益诉讼案件适用法律若干问题的解释》第13条规定，检察机关在履行职责中发现损害社会公共利益的行为，拟提起民事公益诉讼的，应当依法公告。公告期满，法律规定的机关和有关组织、英雄烈士等的近亲属不提起诉讼的，检察机关可以向法院提起诉讼。[3]2021年最高人民检察院《人民检察院公益诉讼办案规则》第91条亦作了类似规定。[4]与督促提起公益诉讼相比，督促提起国家利益诉讼则更多表现为实践中的持续探索。自2002年浙江省人民检察院试点民事检察督促起诉制度开始，部分地方检察院为追偿国有土地转让款、国有土地使用权出让金，追偿借用的财政资金，追偿水库水产养殖承包款等纷纷督促对此负有法定监管职责的行政机关或国有企业向法院提起诉讼，挽回了大量国有资产损失，并通过内部规范性文件等形式对其程序进行了专门规定。[5]最高司法者层面，2015年最高人民检察院《关于深化检察改革的意见（2013—2017年工作规划）》第30条明确要求"健全督促起诉制度、完善检察建议工作机制"，加强对违法行政行为的法律监督，积极促进依法行政。

在此需要明确民事检察督促起诉的性质为社会治理型检察监督。尽管督促起诉指向的对象为机关或社会组织怠于行使民事诉权的行为，当主体为行政机关时，其外观与监督行政机关违法行政行为的表现相似，但不能据此认定其为公权制约型民事检察监督。其原因一方面在于，督促起诉以维护国家利益和社会公益为直接目的，而行政

---

[1] 最高人民法院《关于审理环境公益诉讼案件的工作规范（试行）》第49条："检察机关已经依法督促、支持其住所地所在的地级市或者相当于地级市行政辖区范围内法律规定的机关或者社会组织提起环境民事公益诉讼的，应认定为其已经履行诉前程序。"

[2] 最高人民检察院、中央军委政法委员会《关于加强军地检察机关公益诉讼协作工作的意见》第二部分第（五）项规定："（五）关于诉前程序。办理涉军民事公益诉讼案件，军地检察机关可以联合督促法律规定的机关或者建议有关组织提起民事公益诉讼；法律规定的机关或者有关组织提起民事公益诉讼的，军地检察机关可以支持起诉。办理涉军行政公益诉讼案件，军地检察机关可以联合发出检察建议、联合督导履职、召集军地有关单位共同研究磋商。军事检察机关在确有必要的情况下，可以单独向地方有关单位发出检察建议。"

[3] 最高人民法院、最高人民检察院《关于检察公益诉讼案件适用法律若干问题的解释》第13条第1、2款规定："人民检察院在履行职责中发现破坏生态环境和资源保护，食品药品安全领域侵害众多消费者合法权益，侵害英雄烈士等的姓名、肖像、名誉、荣誉等损害社会公共利益的行为，拟提起公益诉讼的，应当依法公告，公告期间为三十日。公告期满，法律规定的机关和有关组织、英雄烈士等的近亲属不提起诉讼的，人民检察院可以向人民法院提起诉讼。"

[4] 最高人民检察院《人民检察院公益诉讼办案规则》第91条规定："经调查，人民检察院认为社会公共利益受到损害，存在违法行为的，应当依法发布公告。公告应当包括以下内容：（一）社会公共利益受到损害的事实；（二）告知适格主体可以向人民法院提起诉讼，符合启动生态环境损害赔偿程序条件的案件，告知赔偿权利人启动生态环境损害赔偿程序；（三）公告期限；（四）联系人、联系电话；（五）公告单位、日期。公告应当在具有全国影响的媒体发布，公告期间为三十日。"

[5] 韩静茹：《民事检察权研究》，北京大学出版社2018年版，第176~177页。

检察监督以纠正行政主体违法行政行为为直接目的；另一方面在于，监督对象存在实质差异，督促起诉的监督对象为特定主体的民事诉权，而行政官检察的监督对象为行政主体违法行政行为。[1]

(三) 民事检察支持起诉

民事检察支持起诉是指，对于损害国家、集体或者个人民事权益的行为，受损害的单位或者个人不敢、无力或者不便提起诉讼的，检察院可以支持其向法院起诉的一项制度。检察院通过介入民事领域并向弱势一方提供起诉支持，有保障当事人间诉权能力的实质平等、维护司法正义、维系社会民事秩序和法律秩序的重要法律意义，亦有弘扬社会主义核心价值观、推动树立法治信仰、彰显法治温暖的重要社会意义。

我国最初建立支持起诉制度的原因与民事公诉制度相同，同样源于社会主义国家的社会干预原则。1982年《民事诉讼法（试行）》第13条便规定："机关、团体、企业事业单位对损害国家、集体或者个人民事权益的行为，可以支持受损害的单位或者个人向人民法院起诉。"后该规定为1991年《民事诉讼法》完整沿用，至今未做改动。不过，理论界对于我国是否应当设立民事检察支持起诉制度也曾进行过争论。否定观点认为，其一，支持起诉制度与当事人意思自治原则、处分原则存在冲突，有违现代民事诉讼的基本理念；其二，支持起诉导致当事人之间诉讼地位失衡，损害司法公正；其三，我国立法中对检察院支持起诉的规定抽象概括且存在结构瑕疵，支持起诉限定在起诉环节而没有贯彻民事诉讼全程，检察院效用较小。司法实践中，由于缺乏立法上的有效指导，民事检察支持起诉在各地审判实践中适用并不多。为解决上述问题，2000年，最高人民检察院在《关于强化检察职能，保护国有资产的通知（讨论件）》中提出检察机关要依法支持起诉，并且制定了比较详细的操作规则。地方各级检察机关在最高人民检察院的要求、支持和指导下，积极开展了支持起诉的探索与试点，并为此做了大量的工作，争取各方面的理解与支持。公益诉讼制度发展起来后，我国确立了检察机关提起民事公益诉讼主体资格的备位性地位，支持起诉作为其配套设施，适用条件、类型、程序等基础性问题更加明确。2015年最高人民法院《关于审理环境民事公益诉讼案件适用法律若干问题的解释》第11条规定："检察机关……依据民事诉讼法第十五条的规定，可以通过提供法律咨询、提交书面意见、协助调查取证等方式支持社会组织依法提起环境民事公益诉讼。"这是有关检察机关支持民事起诉的首次明确规定，以司法解释的方式明晰了检察机关支持起诉的适用范围和具体方式，同时回应并认可了实践中的长期做法。此后2017年《民事诉讼法》第55条第2款新增规定检察机关支持提起民事公益诉讼，与《民事诉讼法》第一章中有关支持起诉的条文一起，共同构成了支持起诉制度的立法依据。后为进一步规范民事检察支持起诉工作，2022年最高人民检察院第六检察厅专门印发了《民事检察部门支持起诉工作指引》，支持起诉工作机制不断健全，为特殊群体起诉维权提供了有力帮助。

---

[1] 韩静茹：《民事检察权研究》，北京大学出版社2018年版，第175页。

对比民事公诉、民事检察督促起诉与民事检察支持起诉,三者均以宪法赋予检察机关的守法监督职能为正当性基础并体现了国家干预理论的内涵,在客观后果上均具有矫正民事违法行为的效果,在效果上均能维护国家利益和社会公共利益,在性质上均属于社会治理型民事检察。但三者之间仍有很多不同:其一,规范依据不同。支持起诉以《民事诉讼法》中的基本原则为依据,旨在发挥补足弱势群体诉权能力的功能;而督促起诉与民事公诉则源于《宪法》《人民法院组织法》和《民事诉讼法》中检察机关的守法监督职权,旨在通过督促特定主体及时行使诉权或者由检察机关直接行使诉权来发挥维护国有资产等国家利益和社会公共利益的功能。其二,适用对象不同。民事公诉和督促起诉的适用范围限于涉及国家利益和社会公共利益的案件,而支持起诉以社会弱势群体为对象,除可适用于公益诉讼外,在私益诉讼中亦有很大的适用空间。其三,适用条件不同。支持起诉适用于被支持主体想要起诉而不能、不敢、不便起诉等情形,民事公诉则适用于对于本案诉讼标的无适格原告或者虽有适格原告但其不能、不敢、不便起诉等情形,而检察机关督促起诉则适用于被督促主体有能力提起诉讼而怠于、消极提起诉讼的情形。其四,实现功能的路径和地位不同。支持起诉程序中,检察机关通过支持诉权行使能力较弱的当事人提起民事诉讼的方式维护社会公共利益和民事私益的实质平衡;督促起诉程序中,检察机关通过督促有权机关提起民事诉讼的方式维护国家利益和社会公共利益;民事公诉程序中,检察机关则以当事人身份请求法院作出裁判,以便保护国家利益和社会公共利益。

(四)民事执行检察协助

民事执行检察协助,是指在执行机构遇到障碍或干扰时,检察院依法排除和制止不当干扰执行活动的违法行为,支持和协助执行权实现的制度,亦可简称为支持执行权或协助执行权。民事执行检察协助的性质为社会治理型民事检察监督,是因为其监督的对象为法院以外的社会主体,监督目的在于排除和制止这些主体不当干扰执行活动的违法行为,由此得以区别于监督法院这一公主体违法执行行为的公权制约型民事检察监督。也因此,民事检察执行协助对于缓解常年困扰我国执行实践的"执行难"问题有重要作用,而公权制约型民事执行检察监督则主要针对"执行乱"问题下功夫。[1]

我国民事执行检察协助制度存在的最大问题在于,其与民事执行检察监督杂糅在一起,并未作为一个独立的体系分化出来,由此导致其程序配置和制度建构存在严重不足。如我国《民事诉讼法》第117条规定,法院对拒绝协助执行的单位,可以向监察机关或者有关机关(通常是违法行为人的上级机关等)提出予以纪律处分的司法建议。其中并未体现借助民事执行检察协助的意思。又如,我国2011年最高人民法院、最高人民检察院《关于在部分地方开展民事执行活动法律监督试点工作的通知》第5条简单规定:"对于国家机关等特殊主体为被执行人的执行案件,人民法院因不当干预

---

[1] 参见傅郁林:《民事执行权制约体系中的检察权》,载《国家检察官学院学报》2012年第3期。

难以执行的，人民检察院应当向相关国家机关等提出检察建议。"该条规定作为民事执行检察协助的前身，2019 年《人民检察院检察建议工作规定》对其相关内容进行了扩充，其第 9 条规定："人民检察院在履行对诉讼活动的法律监督职责中发现有关执法、司法机关具有下列情形之一的，可以向有关执法、司法机关提出纠正违法检察建议：……（三）人民检察院办理行政诉讼监督案件或者执行监督案件，发现行政机关有违反法律规定、可能影响人民法院公正审理和执行的行为的……"第 12 条规定："对执法、司法机关在诉讼活动中的违法情形，以及需要对被不起诉人给予行政处罚、处分或者需要没收其违法所得，法律、司法解释和其他有关规范性文件明确规定应当发出纠正违法通知书、检察意见书的，依照相关规定执行。"通过前后规范的对比，可以发现，我国将民事执行检察协助的对象限定在行政机关引发的"执行难"情形，以检察建议、纠正违法通知书、检察意见书等作为检察院协助执行的具体方法，对其行为效力、救济机制等程序规则也作了进一步细化。

二、公权制约型民事检察监督

（一）民事审判检察监督

民事审判检察监督是指检察机关行使执法监督权，通过抗诉或者检察建议的方式监督并纠正法院生效判决、裁定、调解书以及民事审判程序中审判人员违法行为的活动。民事审判检察监督具有确保法律的正确统一实施、维护司法公正、保障当事人合法权益的重要意义。

民事审判检察监督是我国民事检察的传统业务，具有法典化时间最早、运行历史最长、适用频率最高的特征。我国于新中国成立之初便对民事审判检察监督工作进行了立法确认，当时主要学习了苏联的法律监督理论及其实践经验。根据 1951 年《中央人民政府最高人民检察署暂行组织条例》第 3 条的规定，检察院除有权代表国家利益和社会公共利益参与民事诉讼外，另外一项重要职权即为对法院的违法判决提出抗议。1954 年《人民检察院组织法》进一步明确了检察机关有权监督法院的审判活动是否合法，监督的方式是对有关国家和人民利益的重要民事案件提起诉讼或者参加诉讼。之后，民事审判检察监督进入了停滞不前阶段，大约从 20 世纪 50 年代后期至 1979 年《人民检察院组织法》正式废除民事检察制度时止，受党内"左"倾思潮、"文化大革命"等政治活动影响，民事检察事业随之中断，没有得到很好的发展。之后我国的法制建设逐渐恢复，立法者开始筹备 1982 年《民事诉讼法（试行）》的起草与制定，在此过程中乃至 1991 年《民事诉讼法》正式法典颁行之前，理论界也纷纷主张通过确立民事审判检察监督制度来提升法院的审判质量和司法水平。但需要强调的是，当时的很多观点是从帮助法院正确认定案件事实和准确适用法律等辅助审判的角度来论证检察权介入的正当性和必要性的，与之后我国所确立的公权制约型民事审判检察监督制度具有本质差异。1982 年《民事诉讼法（试行）》正式规定了检察监督的原则，但由于当时我国各级检察机关正处于恢复重建阶段，并且担负打击刑事与经济犯罪的任务十分繁重，无力也难以顾及民事审判监督活动，因而该法并没有在程序上对民事审判检察监督作出明确规定。直到受到改革开放的影响，人民群众的法制观念与维权意识逐步增强，向检察机关投诉的民事案件数量日益增多。为了精准回应实践需求，最高人民检察院从1986年下半年开始，在一些地方检察院部署和安排了对民事、经济和行政诉讼实行法律监督的调查研究和试点工作，并于1988年下半年正式成立了民事行政检察厅。后1989年《行政诉讼法》不仅在其总则中明确规定行政诉讼检察监督原则，还在审判程序中加入了检察院有权对生效裁判提出抗诉的规定。1990年最高人民法院、最高人民检察院又联合发出《关于开展民事、经济、行政诉讼法律监督试点工作的通知》（已失效），再次重申在试点过程中，检察机关有权对法院已经发生法律效力的行政案件的判决、裁定，发现违反法律、法规规定的，按照审判监督程序提出抗诉。抗诉作为检察监督的重要手段，正式进入行政检察监督领域。在此背景下，1991年《民事诉讼法》吸收了《行政诉讼法》的规定以及实践中较为成熟的经验，在坚持检察院有权对民事审判活动实行法律监督的原则上，明确规定了检察机关对生效的民事判决、裁定提出抗诉的条件和程序。随着该法的施行，抗诉又成为了民事检察工作的主要手段。后为了有效应对各地民事审判中出现的大量新情况和新问题，最高人民检察院还先后出台了1992年《关于民事审判监督程序抗诉工作暂行规定》（已失效）、1995年《人民检察院办理民事行政抗诉案件公开审查程序试行规则》（已失效）、2001年《人民检察院民事行政抗诉案件办案规则》（已失效），民事抗诉程序进一步细化。

2007年，我国第一次修改《民事诉讼法》，由于本次修改的主要目的之一即是要解决司法实践中存在的"申诉难"问题，故对于民事检察监督的程序修改较大，尽管条文总数仍为总则加分则共5条，但进一步完善了抗诉制度。主要表现为以下几方面：首先，细化和扩充了抗诉事由。修改前的《民事诉讼法》第185条仅规定了检察院对生效判决、裁定提出抗诉的四项情形，2007年修法将原有的四项情形具体化至与法院裁定再审的情形一致；其次，明确了接受抗诉的法院应当在30日裁定再审，进一步提高对抗诉案件进行再审的效率；再次，明确了审理抗诉案件的法院，除例外情形外，原则上应为原审法院的上级法院。2012年《民事诉讼法》第二次修改，对民事审判检察监督的调整较大，条文数量从原来的5条增加到8条。具体来看，一是扩大了监督范围。在原有的裁判结果监督之外新增对调解书的抗诉以及对审判人员违法行为的监督，有利于加强监督力度，提高监督实效。二是增加了监督方式。在抗诉外增加规定了检察建议的监督方式，体现了立法对多年来我国司法实践中开展检察建议工作成功经验的总结与吸收，实现了检察建议监督方式的法定化。三是丰富了监督手段，赋予了检察机关调查核实权。四是明确了受理审查程序。2012年后，我国《民事诉讼法》又历经2017年、2021年与2023年多次修改，但民事审判检察监督部分均无太多变化。

2018年，我国民事检察办案组织进一步独立。根据中共中央办公厅印发的《最高人民检察院职能配置、内设机构和人员编制规定》，最高人民检察院对其内设机构做了系统性、重塑性、重构性改革，将原来的民事行政检察厅扩展为第六检察厅、第七检察厅、第八检察厅，第六检察厅专门负责民事检察工作，民事审判检察监督工作无疑是其工作的重点。2021年中共中央《关于加强新时代检察机关法律监督工作的意见》中也进一步提出："精准开展民事诉讼监督。以全面实施民法典为契机，进一步加强民事检察工作，畅通司法救济渠道，加强对损害社会公共利益、程序违法、裁判显失公平等突出问题的监督，依法保护公民、法人和其他组织的合法权益。健全检察机关依法启动民事诉讼监督机制，完善对生效民事裁判申诉的受理审查机制，完善案卷调阅制度。健全抗诉、检察建议等法律监督方式，增强监督的主动性、精准度和实效性。……加强检察机关与审判机关、公安机关协作配合，健全对虚假诉讼的防范、发现和追究机制。"总之，随着时代的进步、法治的发展，我国民事审判监督检察工作理念不断更新，职能不断丰富，制度不断完善，为促进司法公正，维护社会公平正义发挥了积极作用。

根据不同标准，民事审判检察监督可以划分为以下不同类型。

第一，以监督对象的性质为标准，民事审判检察监督可分为对审判权行使结果的监督和对审判权行使过程的监督。对审判权行使结果的监督，即监督生效民事判决、裁定与调解书；对审判权行使过程的监督，即对审判程序中审判人员违法行为的监督。需要说明的是，民事审判检察监督的客体限于法院的审判权，而不包括法院之外的当事人等其他主体进行诉讼的行为与程序中的违法行为。检察院对后者的监督在性质上应归属于社会治理型检察监督，与公权制约型检察监督存在本质差异。

第二，以监督方式为标准划分，民事审判检察监督主要包括抗诉监督和检察建议监督。抗诉监督，即检察院发现法院已经生效的民事判决、裁定、调解书符合法律规定的抗诉条件，依法要求法院对案件进行重新审理的诉讼活动。我国民事诉讼法规定的抗诉制度具有以下特征：首先，坚持"上抗下"原则，提出抗诉的主体是作出生效判决、裁定、调解书法院的上级检察院，唯一的"同级抗"例外是最高检察院对最高法院作出的生效判决、裁定、调解书提出的抗诉，其次，接受抗诉的主体是提出抗诉检察院的同级法院；再次，坚持"事后监督"原则，抗诉的对象是法院已经发生法律效力的判决、裁定与调解书；复次，抗诉条件法定，提出抗诉的条件必须符合法律规定的情形；最后，抗诉后果具有确定性，法院必须对检察院提出抗诉的案件进行再审。检察建议监督。检察建议不同于抗诉，其不必然引起对生效判决、裁定与调解书的再审，但是，由于检察建议是由检察院向同级法院发出的监督手段，其适用范围比抗诉更广，对于加强检法两院在民事审判检察监督中的协调、配合，促进法院发现并纠正审判权行使错误均具有积极意义。从类型上看，检察建议可以划分为再审检察建议与其他类型的检察建议，分别适用于可以通过再审程序纠正的符合监督条件的生效判决、裁定、调解书与法院民事审判程序中审判人员的违法行为等。

（二）民事执行检察监督

民事执行检察监督，是指检察机关依法行使执法监督权，要求执行法院纠正其违法或不当民事执行行为的法律制度。民事执行检察监督有助于缓解民事执行实践中的

"执行乱"问题,检察机关通过制裁或纠正执行法院错误或者不当的民事执行行为,有助于维护民事执行活动的权威性,保障执行当事人与利害关系人的合法权益,预防执行违法,促进民事执行的高效性,是推动我国执行体系和执行能力现代化的必然要求,对于发展和完善民事执行程序法治具有重大且深远的意义。

我国一开始并未规定检察机关有权监督民事执行活动,直至2012年《民事诉讼法》修改才赋予了民事执行检察监督的正式法律地位。在此之前,围绕是否应当确立民事执行检察监督机制的问题,理论界、实务界存在激烈争论。支持确立民事执行检察监督的意见为主流观点,认为"执行乱"与"执行难"问题已经严重损害了法律权威,侵害了当事人及利害关系人的合法权益。为了解决这些问题,有必要构建起完整有效的执行监督机制,问题的核心应该在于其监督范围、监督对象、监督方式与监督程序等的构建,而非是否应当在立法中设立民事执行检察监督。[1] 少数不支持设立民事执行检察监督制度的意见则认为1991年《民事诉讼法》第14条规定"人民检察院有权对民事审判活动实行法律监督",执行活动不属于审判活动,法院行使执行权不是行使审判权,检察机关不应监督执行活动;检察机关介入民事执行程序会破坏民事执行权的独立性和完整性,使得民事执行程序更加繁琐复杂;民事执行检察监督将增大执行成本、降低执行效率,不利于"执行难"问题的解决;可能被当事人或利害关系人滥用为阻碍民事执行进程的工具,增加执行难度,损害其他执行关系主体的合法权益。在这些讨论的推动下,2008年中央政法委发布《关于深化司法体制和工作机制改革若干问题的意见》,要求"完善执行监督范围和程序"。2011年最高人民法院、最高人民检察院联合下发《关于在部分地方开展民事执行活动法律监督试点工作的通知》,明确了检察机关针对法院在民事执行活动中存在的五种情形有权予以监督:一是,法院收到执行案款后超过规定期限未将案款支付给申请执行人的,有正当理由的除外;二是,当事人、利害关系人依据《民事诉讼法》第202条之规定向法院提出书面异议或者复议申请,法院在收到书面异议、复议申请后,无正当理由未在法定期限内作出裁定的;三是,法院自立案之日起超过2年未采取适当执行措施,且无正当理由的;四是,被执行人提供了足以保障执行的款物,并经申请执行人认可后,法院无正当理由仍然执行被执行人其他财产,严重损害当事人合法权益的;五是,法院的执行行为严重损害国家利益、社会公共利益的。在经过一段时间的试点后,2012年《民事诉讼法》修正将原本检察监督原则的表述由"人民检察院有权对民事审判活动实行法律监督"改为"人民检察院有权对民事诉讼实行法律监督",同时在"执行程序"编中新增第235条规定"人民检察院有权对民事执行活动实行法律监督",由此,我国正式从立法层面确立了民事执行检察监督制度,但尚未就执行监督的范围、监督方式等问题作出明确规定。之后,2016年最高人民法院、最高人民检察院《关于民事执行活动法律监督若干问题的规定》发布,由于对监督原则、监督程序、受理范围、法院回复期

---

[1] 王亚新:《执行检察监督问题与执行救济制度构建》,载《中外法学》2009年第1期。

限等都作出了具体规定，民事执行检察监督制度取得了重大突破。2021年《人民检察院民事诉讼监督规则》正式实施，进一步完善了执行活动监督的违法情形、监督程序和调查核实机制，对于加强和规范民事执行检察监督工作具有重要意义。

需要说明的是，民事执行检察监督应当与前述民事执行检察协助相区分。民事执行检察协助的对象是社会主体不当或违法干扰执行机关执行活动的行为，检察院依法排除和制止这些行为，支持和协助法院执行权实现，其本质为社会治理型民事检察监督，有助于解决"执行难"问题。而民事执行检察监督的对象是执行机关滥用民事执行权的行为，其本质为公权制约型民事检察监督，有助于解决"执行乱"问题。根据上述区分，民事执行检察监督的对象只能是法院公权力行为的合法性，而不能扩大至当事人与利害关系人等私权利主体及其行为。

第三节　民事检察程序

一、社会治理型民事检察监督的程序

由于相当一部分的社会治理型民事检察监督程序的具体内容尚体现为各级地方检察机关的实践理性，没有立法或司法解释等较高层级的规范性文件作为支撑，故本部分只能就其具有共识性的程序内容进行介绍。又由于部分社会治理型民事检察监督的监督方式与公权制约型检察监督相同，在下文对应部分会有专门说明，故在此不予赘述。此处仅涉及民事公诉程序与民事检察支持起诉程序。

（一）民事公诉程序

我国的民事公诉程序中，民事公益诉讼是目前唯一制度化的程序，本书第六章会有专门介绍，在此不予赘述。其余类型的民事公诉程序虽受到了理论研究的部分关注，也有相当的实践案例支撑，但由于暂无可普适于全国范围内的较高阶层的规范性文件，故在此仅就民事公诉程序中已经基本形成共识或其关键问题进行介绍。

1. 民事公诉程序的案件范围

界定民事公诉程序的案件范围，是在立法中确立民事公诉制度首先要解决的关键问题。尽管检察民事公益诉讼是民事公诉中的重要组成部分，但民事公诉程序绝不应仅限于此。有观点认为，能够进入民事公诉的案件必须同时符合以下原则：①谦抑性原则。即检察机关提供民事公诉应当是无权利主体或者虽有权利主体但其拒不提起诉讼或不敢、不宜、不便由其提起诉讼的案件。且对于这些案件，检察机关可以通过告知、动员、协助等方式督促或者支持其提起诉讼，而不是直接提起民事公诉。②公益性原则。检察机关提起民事公诉的案件应当是侵权行为侵犯了国家利益与社会公共利益，对于那些只涉及个人利益的案件，不能提起民事公诉。这也表明民事公诉的案件范围有限，检察机关监督权的行使同样应当控制在合理范围内，检察机关不可能也不应该对每一个民事案件都进行监督和干预。③严重性原则。检察机关提起民事公诉的案件应当是

严重侵犯了国家利益与社会公共利益。对于"严重性"的界定具有主观性特征,如受害人数众多、地域范围广泛、社会影响恶劣、侵权人是集团公司或者有其他社会背景、势力强大、难以胜诉的案件等。如果侵权行为并非严重侵犯了国家利益与社会公共利益,原则上还是应当坚持谦抑性原则,检察机关可通过督促起诉与支持起诉制度维护该利益。

根据以上原则,参照比较法上主要国家和地区的经验,可以提起民事公诉的案件主要包括:①涉及人身权的诉讼。如有关个人法律地位的诉讼;有关亲权、离婚、夫妻分居、监护、继承等身份的诉讼;宣告瑕疵民事行为能力的诉讼;宣告国籍或者对婚姻提出异议;宣告失踪、死亡及其管理人的诉讼;涉及利用欺诈手段获取抚恤金、养老金的案件;认定婚姻无效、限制或剥夺父母亲权利、撤销收养关系、认定关于侵害被赡养人利益的赡养费支付协议无效、维护没有父母监管的孤儿和孩子的权利等。②涉及国家或政府利益的案件。如涉及纳税人偷漏税的税收案件,涉及政府征用土地的案件,涉及有关政府确认土地所有权的案件,国家机关及其职能部门的重大民事违法案件,终止大众新闻媒体的活动、追究组织恐怖活动的责任等涉及国家安全的案件。③重大环境污染案件以及重大消费者权益保护案件。④涉及劳动者的争议。在劳动争议委员会的判决不符合法律和其他法律文件的情况下发生的个人劳动争议,认定罢工非法;侵犯工会的权利,中止或禁止与法律相违背的工会活动等。⑤涉及公司的案件。重大的反垄断、反倾销、反不正当竞争案件;公司破产、清算等涉及法人重大利益的诉讼。⑥民事主体双方相互串通严重损害国家利益、社会公共利益或破坏司法秩序的案件。⑦其他应当由检察院提起民事公诉的案件。[1]

2. 检察机关在民事公诉中的诉讼地位

对于检察机关在民事公诉程序中的诉讼地位,存在不同意见,大体而言,可以归纳为以下两个方向:其一,"当事人说"。由于检察机关是国家利益和社会公共利益的代表人,有权作为当事人向法院提起民事公诉。如1976年《法国民事诉讼法典》第421条规定:"检察机关可以作为主要当事人起诉,或作为联合当事人参加诉讼。检察机关在法律规定的案件中代表其他人。"其二,"法律监督人说"。该观点认为,检察院依法享有审判监督权,参与民事诉讼是对法院的审判活动行使监督权,纠正法院的错误裁判,从而维护法律的统一实施。关于检察机关诉讼地位的不同认识,决定了检察院在民事公诉程序中的权利与义务不同。"当事人说"的观点下,检察机关提起民事公诉后享有的权利义务,原则上与私益诉讼当事人一致,享有民事起诉权、民事上诉权和民事诉讼参加权,通过与对方当事人的平等对抗,寻求法院的中立裁判。只有在例外情况下,考虑到检察院提起公诉权的特殊性,其诉讼权利义务可能扩张或受限。而"法律监督人说"的观点下,检察机关作为社会利益和国家利益的代表以及法律监督机关,不仅有权监督对方当事人的违法侵权行为,而且有权监督法院的民事审判活动。

---

[1] 李征:《民事公诉之立法研究》,重庆大学2014年博士学位论文,第31~55页。

检察机关的法律监督身份超越了对方当事人与法院，在民事公诉中享有更多的权利与更少的义务。[1]如有观点认为，检察机关参与民事诉讼，"有权查阅案件材料，参加审查证据，对案件处理提供意见"。[2]

本书支持"当事人说"观点，认为可以区分民事公诉程序的诉前、诉中阶段分别讨论检察机关的诉讼地位。在提起民事公诉前，检察机关因为享有社会治理职能而有权对民事违法行为提起诉讼，以维护国家利益以及社会公共利益，其诉讼地位为社会治理型法律监督人。民事公诉程序开始后，检察机关作为该案中国家利益和社会公共利益的代表，因对国家利益与社会公共利益负有保护职能，按照诉讼担当理论成为民事公诉程序中的程序当事人。诚然，此时检察机关亦享有执法监督权，有权对法院的民事审判活动展开监督，这一身份赋予了检察机关与作为程序当事人身份不同的权力义务，二者之间应当明确区分，避免不当影响民事审判活动，侵扰审判中立。对于检察机关在民事公诉程序中的称谓，有"检察起诉人""检察长检察员""民事公诉人"等不同形式，这里认为，为区分于私益诉讼原告，与现行民事公益诉讼中"公益诉讼起诉人"相统一，体现作为民事公诉案件的特殊性，在具体称谓上可表述为"民事公诉人"。

3. 民事公诉的有限处分原则

检察机关提起民事公诉后同样应当遵守私益诉讼的基本原则，如当事人平等原则、辩论原则、诚信原则、审判公开原则、审判独立与裁判中立原则等。不过，基于民事公诉旨在保护国家利益和社会公共利益，以及检察机关作为程序当事人的特殊性，检察民事公诉还应当坚持一些特殊原则，如公益原则、职权主义原则、双赢多赢共赢原则、客观原则等，[3]其中，以有限处分原则最为特殊。

有限处分原则是指，检察机关有权自由处分和支配自己享有的实体权利和诉讼权利，但是该处分应当受到一定限制，以寻求检察治理与公民自治、社会自治之间的适度均衡，追求治理效益最大化，避免损害国家利益和社会公共利益。有限处分原则主要包括以下内容：

第一，就民事公诉的提起，应当保持谦抑性，只有在无法定主体或者法定主体拒不起诉或不宜、不便由其提起民事公诉时，检察机关方有权提起民事公诉；检察机关提起民事公诉的案件范围应当依法确定，而不取决于其自由意志，在无法律明确授权的情况下，检察机关无权对所有案件提起民事公诉。

第二，就民事公诉的诉讼请求，检察机关可以主张的救济方式通常无法像私益诉讼一样丰富、如民事公诉可能更适宜采用停止侵害等禁令救济或确认侵权责任等确认之诉救济，私益诉讼中最广泛适用的损害赔偿等给付之诉救济是否适用以及如何适用

---

[1] 参见阎文义：《"国家监诉人"质疑——和丁慕英、袁其国同志商榷》，载《中国法学》1989年第4期。

[2] 刘家兴、江伟：《试论人民检察院参加民事诉讼》，载《法学研究》1981年第1期。

[3] 参见韩静茹：《民事检察权研究》，北京大学出版社2018年版，第290~297页；张嘉军主编：《公益诉讼法》，中国检察出版社2022年版，第57~73页。

于民事公诉程序，是一个开放的问题。

第三，民事公诉中检察机关的撤诉权、放弃、变更诉讼请求权、自认等权利受到一定限制。就民事公诉中检察机关是否有权撤诉，放弃、变更诉讼请求或承认对方的诉讼请求，自认，和解等相关实体权利的行使，理论界存在不同观点。一般认为，检察机关有权处分实体权利，但应当遵守严格于私益诉讼的特殊程序规则，法院亦会依职权对此进行监督。如我国已经规定，法院认为公益诉讼中检察机关提出的诉讼请求不足以保护社会公共利益的，可以向其释明变更或者增加停止侵害、恢复原状等诉讼请求；[1]当事人在公益诉讼程序中和解或者达成调解协议后，法院应当将和解或者调解协议进行公告。公告期间不得少于30日。公告期满后，法院审查认为和解或者调解协议不违反社会公共利益的，方可出具调解书。[2]环境民事公益诉讼中，当事人以达成和解协议为由申请撤诉的，法院不予准许。[3]原告在诉讼过程中承认的对己不利的事实和认可的证据，法院认为损害社会公共利益的，应当不予确认。[4]

第四，就民事公诉中的反诉问题，由于检察机关并非案件诉讼标的的实际权利人，因此被告不能对检察机关提出反诉。如果确因检察院的职权行为导致被告受到损害的，这种不当损害可以通过《国家赔偿法》等相关规范规定的民事赔偿程序解决或者检察救济解决，而不是通过反诉方式解决。我国对此已有规定，如最高人民法院《关于审理环境民事公益诉讼案件适用法律若干问题的解释》第17条规定："环境民事公益诉讼案件审理过程中，被告以反诉方式提出诉讼请求的，人民法院不予受理"。

第五，就民事公诉的裁判结果效力问题，检察机关亦应当受其约束。虽然检察机关在民事公诉中不会被判令承担最终的实体上的权利义务，但法院生效裁判的既判力对其仍有拘束力，检察机关不得违背一事不再理原则，重复起诉，不得任意。

（二）民事检察支持起诉程序

1. 民事检察支持起诉程序的类型

根据《民事诉讼法》第15条与第58条的规定，以支持客体为标准划分，当前我国民事检察支持起诉制度的适用范围可以划分为两类：私益诉讼支持起诉以及公益诉讼支持起诉。最高人民检察院2021年颁布《人民检察院公益诉讼办案规则》第四章第四节对检察民事公益诉讼中检察机关支持起诉的案件范围、方式等作出了原则性规定。2022年，最高人民检察院第六检察厅印发了《民事检察部门支持起诉工作指引》，进一步规范了包括私益诉讼在内的民事检察支持起诉工作，推动新时代民事检察工作高质量发展。本书这里主要指私益诉讼支持起诉程序。

2. 民事检察支持起诉的适用范围

检察机关开展民事支持起诉工作时，不可避免地会对当事人的实体权利义务产生

---

[1] 参见《关于检察公益诉讼案件适用法律若干问题的解释》第18条。
[2] 参见最高人民法院《关于适用〈中华人民共和国民事诉讼法〉的解释》第287条。
[3] 参见《关于审理环境民事公益诉讼案件适用法律若干问题的解释》第25条。
[4] 参见《关于审理环境民事公益诉讼案件适用法律若干问题的解释》第16条。

影响，所以对检察机关的支持起诉需要给予一定的规制，对案件范围应作出明确的立法规定。根据《民事诉讼法》第15条的规定，只要国家、集体或者个人的民事合法权益受有实际损害，检察机关即可支持其对侵权人提起诉讼。《民事检察部门支持起诉工作指引》第2条进一步规定，民事检察支持起诉适用于民事权益受到侵害的当事人，经有关行政机关、社会组织等依法履职后合法权益仍未能得到维护，具有起诉维权意愿，但因诉讼能力较弱提起诉讼确有困难或惧于各种原因不敢起诉的，检察机关可以支持其起诉。

司法实践中，支持起诉主要适用于农民工、残疾人、老年人、未成年人、妇女、扶贫对象、英雄烈士、知识产权权利人等因物质、精神方面的主客观能力不足难以提起诉讼的特殊弱势群体谋求合法权益以及各类公益诉讼。2021年最高人民检察院发布关于支持起诉的第31批指导性案例，包括被监护人财产损害赔偿纠纷案件（检例第122号）、老年人请求成年子女支付赡养费纠纷案件（检例第123号）、劳动争议案件（检例第124号、第125号）、家庭暴力受害人起诉离婚案件（检例第126号），也主要围绕诉讼能力明显偏弱的当事人展开。

3. 民事检察支持起诉的基本原则

根据《民事检察部门支持起诉工作指引》，检察机关从事支持起诉工作应当坚持以下原则：

第一，自愿原则。检察机关支持起诉应当充分尊重当事人的自由意志，需要当事人确有将案件诉至法院的意愿，且当事人愿意接受检察院支持其起诉。当事人不同意起诉或者不愿意接受检察机关支持起诉的，检察机关不能独立启动程序。

第二，诉权平等原则。检察机关办理支持起诉工作应当秉持客观公正立场，作为支持起诉人不享有任何特权，诉讼过程中仍然应当遵循当事人地位平等原则，避免造成诉权失衡。

第三，处分原则。检察机关作为支持起诉人在民事诉讼中有独立地位，有权独立实施一定的诉讼行为，但是应当充分尊重当事人的处分权。支持起诉人的诉讼活动同当事人的意志相违背的，其行为应当认定为无效。

第四，有限介入原则。检察机关的支持起诉应当以申请启动为原则，以遭受非法侵害的社会弱势群体为支持对象，不应向行政机关、国有单位等强势主体提供支持；在支持方式和具体内容上，应当主要限于帮助受侵害的弱势主体提起诉讼，在支持起诉程序空间、审慎运用调查核实权等方面落实有限介入的要求，以避免检察机关超越支持起诉的正当限度而异化为一方当事人的诉讼代理人或共同诉讼人。

第五，审判独立原则。检察机关支持起诉是基于其享有的社会治理职能，应当与其承担的执法监督职能明确区分，支持起诉过程中要尊重法院独立行使审判权，尽量避免对法院的审理及判决产生不良影响。

4. 支持起诉程序的启动

启动支持起诉程序，一般由利害关系人向检察机关申请，检察机关也可以依职权启动。[1]需要注意的是，检察机关依职权启动民事公诉是指检察机关在履行职责过程中发现支持起诉案件线索的，或者经有关国家机关、社会团体、其他组织移送，以及上级检察机关交办的支持起诉案件，[2]可以依职权联系案件利害关系人，引导、帮助他们通过有关行政机关、社会组织等渠道维护其合法权益，如当事人的合法权益仍未能得到维护，并有起诉意愿，检察机关方可以支持其起诉。

《民事检察部门支持起诉工作指引》第9条规定，①请求劳动报酬、社会保险待遇等；②因年老、疾病、缺乏劳动能力等不能独立生活或生活困难，请求给付扶养费、赡养费的；③残疾人的人身权利、财产权利或其他合法权益遭受侵害，提起诉讼确有困难的；④因遭受人身损害，提起诉讼确有困难的；⑤确有支持起诉必要的其他情形的，当事人可以申请检察机关支持起诉。申请支持起诉的，应当满足以下条件：

（1）申请人与本案有直接利害关系。"与本案有直接利害关系"，是指申请人的民事权益或者依法由其管理、支配的民事权益直接受到他人的侵害或者与他人发生了争议。

（2）有明确的被申请人。有明确的被申请人是指申请人在申请支持起诉时，必须明确指出被申请人是谁，即是谁侵害了其合法权益或者与其发生了民事争议，申请人应当将被申请人特定化、具体化。

（3）有具体的请求和事实、理由。根据具体指向内容的不同，这一条件可以划分为支持起诉请求、事实与理由以及诉讼请求、事实与理由两类。如此一来，请求既指申请人请求检察机关支持其起诉的主张，还指申请人通过检察机关支持起诉后在诉讼中向被申请人提出的实体权利主张或者法律上的利益请求。事实既指可以证明申请人请求检察院支持起诉确有必要性的事实，如案件损害后果严重、社会影响较大、申请人诉讼能力较弱等，还指可以支持其诉讼请求的事实，即引起实体法律关系发生、变更、消灭的事实以及发生争议的事实。理由是指，申请人请求检察机关支持起诉的法律依据，如《民事诉讼法》第15条、第58条以及申请人的诉讼请求应当得到法院支持的法律依据。可以发现，这一要求类似于《民事诉讼法》中关于起诉条件的要求，但需要注意的是，由于支持起诉启动阶段与诉讼案件立案审查受理的功能存在实质差异，申请人本身诉讼能力较弱，对其请求、事实与理由具体化的要求不应与诉讼立案阶段相当，可能存在需要检察机关的帮助才能明确申请人的请求、事实和理由的情形，对此也应当允许，这也正是检察机关支持起诉制度的本意所在。

（4）属于受理申请检察院的管辖范围。根据《民事检察部门支持起诉工作指引》第7条的规定，支持起诉由对案件有管辖权的法院所在地的同级检察机关受理。

申请人申请起诉的方式主要有两种：一是书面方式，申请人向检察机关递交申请书与身份证明材料；二是口头方式，申请人书写申请书确有困难的，可以口头申请，

---

[1] 参见2021年《人民检察院公益诉讼检察部门办理英雄烈士保护民事公益诉讼案件工作指引》规定："支持起诉一般由英雄烈士等的近亲属向人民检察院申请而发起，人民检察院也可以依职权启动。"

[2] 参见《民事检察部门支持起诉工作指引》第8条。

由检察机关记入笔录。随着我国"智慧检务"工作的逐步深化，应当允许申请人采取在线方式提交申请材料。

支持起诉申请书应当载明下列事项：①申请人的姓名、性别、出生日期、民族、职业、工作单位、住所、有效联系方式，法人或者非法人组织的名称、住所和法定代表人或者主要负责人的姓名、职务、有效联系方式；②被申请人的姓名、性别、工作单位、住所、有效联系方式等信息，法人或者非法人组织的名称、住所、负责人、有效联系方式等信息；③申请支持起诉的具体请求；④申请支持起诉的事实、理由。

身份证明材料应当包括下列事项：①自然人和居民身份证、军官证、士兵证、护照等能够证明本人身份的有效证件；②法人或者非法人组织的统一社会信用代码证书或者营业执照副本、组织机构代码证书和法定代表人或者主要负责人的身份证明等有效证照。

申请人还可向检察机关提交其他证明材料，如准备提交法院的民事起诉书、案件证据材料及证据清单。

5. 支持起诉的受理

受理，是指检察机关对申请人的申请或者有关国家机关、社会团体或其他组织移送的案件线索进行审查后，认为符合法定条件的，决定立案受理的司法行为。

申请人的申请行为或者有关国家机关、社会团体、其他组织移送案件线索的行为不一定会引起支持起诉程序的开始。只有在检察机关受理申请人的申请之后，支持起诉程序才会真正启动，检察机关才可以行使支持起诉权。

申请人向检察机关申请支持起诉的，由检察机关负责受理案件的部门进行形式审查。经审查符合受理条件的，应当在7日内受理，并制作《受理通知书》，发送申请人，案件移送民事检察部门。经审查不符合受理条件的，告知申请人不予受理。检察机关对于其他单位或部门移送的案件线索决定不予受理，但当事人本人有起诉意愿的，告知当事人另行向检察机关提出支持起诉申请。

6. 检察机关决定是否支持起诉

检察机关受理支持起诉案件后，对于案件是否符合支持起诉的条件应当进行实质审查。该审查应当自受理之日起3个月内审查终结并作出处理决定。根据案件的具体情况，检察机关可以根据《人民检察院审查案件听证工作规定》，组织召开听证会，就基本案情、案件处理、社会效果和法律适用等问题听取听证员、当事人和其他参加人的意见。

检察机关经审查，认为可以通过协调、督促有关行政机关、社会组织等依法履职维护申请人合法权益的，应当先行协调、督促相关部门依法履职。相关部门未依法履职或依法履职后仍无法维护申请人合法权益的，检察机关应当继续审查并作出处理决定。

检察机关审查终结后，应当制作《审查终结报告》。对于符合支持起诉条件的，应当作出支持起诉的决定，制作《支持起诉意见书》，并在7日内将该文书送达同级法院立案部门，副本发送给申请人。不符合支持起诉条件或者认为申请人提出的诉讼请求明显缺乏事实或法律依据的，检察机关应当作出不予支持起诉的决定，制作《不支持起诉决定书》，并在7日内将《不支持起诉决定书》发送申请人。

检察机关的《支持起诉意见书》由检察长签发，加盖人民检察院印章。《支持起诉意见书》中应当写明案件来源、当事人基本情况、基本案件事实及支持起诉的理由。检察机关协助收集的证据，应当与《支持起诉意见书》一并移送法院。检察机关发出《支持起诉意见书》后，法院未在法定期限内通知申请人办理立案手续的，检察机关应当及时向人民法院了解具体情况。

检察机关在办理案件中发现有关行政机关、社会组织等的社会治理工作存在违法情形的，可以依法发出改进工作完善治理的检察建议。[1]

7. 检察机关终结审查

检察机关审查支持起诉案件，通常因检察院作出受理或不予受理的决定而终结，但在审查过程中，出现法定事由导致审查无法继续进行或者继续审查已无必要时，也可以终结审查程序。

《民事检察部门支持起诉工作指引》第17条规定，具有下列情形之一的，检察院应当作出终结审查的决定：①有关单位或者部门对申请人合法权益保障提出具体可行的解决方案，无起诉必要的；②双方当事人达成和解，申请人撤回支持起诉申请的；③申请支持起诉的自然人死亡，没有继承人或者继承人放弃申请的；④检察院认为应当终结审查的其他情形。

检察机关终结审查的，应当依法作出终结审查的决定，制作《终结审查决定书》，并在7日内将《终结审查决定书》发送申请人。

8. 支持起诉的方式

检察机关支持民事起诉案件的具体方式，包括但不限于：①精神、道义、舆论支持。通过法制宣传、鼓励、动员等方式支持当事人提起诉讼，消除其思想顾虑。②行动支持。如检察院可以协助当事人申请法律援助、协助收集证据、协助申请缓、减、免交案件受理费、引导当事人和解、[2]出席法庭等。③智力支持。如检察机关可以利用自身优势，为申请人提供法律咨询；提供科学知识、技术等方面的支持。

检察机关的支持起诉行为有助于提升一方当事人的诉讼能力，同时也会给对方当事人和法院造成压力，因此，检察机关选择以及从事支持起诉的具体方式，需要追求当事人间及其与法院间关系的最佳平衡，既要协助当事人提起诉讼，避免给对方当事人造成不利影响，又要确保法院独立行使审判权。如《民事检察部门支持起诉工作指引》第15条规定："对于起诉所必需的证据材料，原则上由申请人自行收集，或由人民检察院通过法律释明引导申请人收集；对于申请人确有客观原因不能自行收集的，

---

[1] 参见《人民检察院检察建议工作规定》第11条。
[2] 参见《人民检察院民事诉讼监督规则》第51条："……当事人有和解意愿的，可以引导当事人自行和解。"

人民检察院可以依法协助收集。"第21条规定:"除下列情形外,人民检察院一般不参加支持起诉的庭审活动:(一)对于具有重大社会意义或者法律治理意义的案件,经与人民法院会商,检察人员可以出庭宣读《支持起诉意见书》;(二)人民检察院协助收集证据的,经与人民法院会商,检察人员可以出庭对证据予以出示和说明;(三)人民法院组织调解的,人民检察院可以根据情况派员参与。"[1]

目前,我国对于很多支持起诉的方式规定得仍然较为原则化,不能充分满足指导具体司法实践的需求。如关于检察人员出席庭审后承担的具体职责,有些检察人员出庭会参加法庭调查与法庭辩论,发表支持意见,有些则不参加法庭辩论,而是在法庭辩论后发表支持起诉意见。因此,对于落实支持起诉方式的具体方式,还有待于司法实践中在遵守支持起诉基本原则的基础上不断创新,并对其及时进行总结,以便之后对《民事诉讼法》等相关法律规范及时进行补充与完善。

9. 支持起诉的撤回

检察机关的支持起诉工作需要保持客观中立,在发现具有不适合支持起诉的情形时,应及时作出撤回支持起诉的决定,制作《撤回支持起诉意见书》,经检察长批准后,向法院撤回支持起诉意见,并及时发送原告。

除检察机关依职权撤回支持起诉外,如果申请人在诉讼过程中向法院撤回起诉或法院裁定按撤诉处理的,由于支持起诉的基石已经消失,因此支持起诉程序自行终结,不过检察机关无需撤回支持起诉意见。

二、民事审判检察监督的程序

民事审判检察监督程序通常被划分为立案受理、审查以及实施监督三个阶段。立案受理阶段中,检察机关对于案件是否符合受理条件进行形式审查。如决定受理后,案件进入实质审查阶段,检察机关就是否应当开展民事审判检察监督进行审查,只有认定法院行使审判权确实存在违法情形时,才能真正启动民事审判检察监督程序。故此阶段十分重要,对于后续程序的进行具有决定意义。最后,案件进入监督阶段,检察机关通过抗诉或检察建议方式,监督法院民事审判权的行使。

(一)民事审判检察监督程序的启动

《民事诉讼法》第219条规定,检察机关发现生效判决、裁定、调解书存在法定再审事由,或者民事审判程序中审判人员有违法行为的,可以启动民事审判检察监督程序。检察机关可以通过下列途径了解上述民事案件的信息:①当事人向检察机关申请监督;②当事人以外的自然人、法人和非法人组织向检察机关控告;③检察机关在履

---

[1] 相较于其他支持起诉的方式,检察院出席法庭对案件审理的影响是最直接的,通过检察院派员出席法庭,支持起诉工作能够发挥最大的社会影响力。不过,原则上,检察院通常不参与庭审活动。为避免对法院独立行使审判权造成干扰,同时,基于保障民事私权诉讼两造平衡的考虑,检察机关制作支持起诉意见书并送达法院后,一般不参加庭审活动。检察机关在支持起诉过程中,既要协助提起诉讼,又要注意避免给对方当事人和法院造成压力,破坏诉讼程序的实质平衡。

行职责中发现。由此可见，民事审判检察监督程序的启动有三种方式：当事人申请；当事人以外的自然人、法人和非法人组织控告；检察机关依职权启动。

1. 当事人申请民事审判检察监督

（1）当事人申请民事审判检察监督需要具备的条件。

第一，当事人申请检察院监督生效判决、裁定与调解书，应当遵循"法院纠错在先，检察监督在后"的原则，以免当事人就同一案件分别向法院申请再审和向检察机关申请检察监督，导致法院与检察机关重复审查、启动再审的情形出现，既严重影响裁判终局性，也增加对方当事人诉累，造成司法资源的浪费。因此，当事人仅在以下三种情形可以向检察机关申请检察监督，一是法院驳回其再审申请的；二是法院逾期未对再审申请作出裁定的；三是再审判决、裁定有明显错误的。对于前两种情形，当事人此时向检察机关申请检察监督，可以推动审判监督程序尽快进行，也可以督促法院及时在法定期限内完成对当事人再审申请的审查。对于第三种情形，由于再审裁判不同于原生效裁判，已经经过了审判监督程序的救济，再次纠错应当更加审慎，兼顾再审纠错和社会关系的稳定，故对再审判决、裁定申请检察监督，应以存在"明显错误"为前提。当事人申请检察院对民事审判程序中审判人员的违法行为进行监督的，无需遵循前述原则。

第二，当事人申请检察机关检察监督应当符合法定事由。根据《民事诉讼法》第211条的规定，当事人申请检察院监督生效民事判决、裁定的事由包括13项：①有新的证据，足以推翻原判决、裁定的；②原判决、裁定认定的基本事实缺乏证据证明的；③原判决、裁定认定事实的主要证据是伪造的；④原判决、裁定认定事实的主要证据未经质证的；⑤对审理案件需要的主要证据，当事人因客观原因不能自行收集，书面申请人民法院调查收集，人民法院未调查收集的；⑥原判决、裁定适用法律确有错误的；⑦审判组织的组成不合法或者依法应当回避的审判人员没有回避的；⑧无诉讼行为能力人未经法定代理人代为诉讼或者应当参加诉讼的当事人，因不能归责于本人或者其诉讼代理人的事由，未参加诉讼的；⑨违反法律规定，剥夺当事人辩论权利的；⑩未经传票传唤，缺席判决的；⑪原判决、裁定遗漏或者超出诉讼请求的；⑫据以作出原判决、裁定的法律文书被撤销或者变更的；⑬审判人员审理该案件时有贪污受贿，徇私舞弊，枉法裁判行为的。根据《民事诉讼法》第212条的规定，当事人申请检察监督法院生效调解书的，仅限于该调解书违反自愿原则或者调解协议的内容违反法律的情形。根据《人民检察院民事诉讼监督规则》第100条、第101条的规定，当事人申请检察院监督民事审判程序中审判人员的违法行为的，应当符合以下情形：判决、裁定确有错误，但不适用再审程序纠正的；调解违反自愿原则或者调解协议的内容违反法律的；符合法律规定的起诉和受理条件，应当立案而不立案的；审理案件适用审判程序错误的；保全和先予执行违反法律规定的；支付令违反法律规定的；诉讼中止或者诉讼终结违反法律规定的；违反法定审理期限的；对当事人采取罚款、拘留等妨害民事诉讼的强制措施违反法律规定的；违反法律规定送达的；民事审判人员有《法官法》第46条等规定的违法行为且可能影响案件公正审判的；其他违反法律规定的情形。这些情形中，根据发生违法行为是否包含审判人员的主观因素为标准，可以划分为民事审判程序违法与审判人员违法行为两类。民事审判程序违法仅指程序上的客观违法，而审判人员违法行为不仅要求存在客观程序违法，还要求审判人员存在主观过错。

第三，当事人申请检察监督应当属于检察机关的管辖范围。我国对此采用"同级申请"的基本原则，以便与《民事诉讼法》的规定"地方各级人民检察院对同级人民法院已经发生法律效力的判决、裁定，……可以向同级人民法院提出检察建议，并报上级人民检察院备案；也可以提请上级人民检察院向同级人民法院提出抗诉"的规定相一致，使得同级检察院在受理案件后可以根据案件的实际情况灵活选择检察建议与抗诉的监督方式，也有助于避免出现同一当事人就同一案件既向同级检察机关申请检察建议，又向上级检察机关申请抗诉的重复申请现象，提高监督效率，防止浪费司法资源。具体而言，同级受理主要表现在，当事人申请对生效民事判决、裁定、调解书检察监督的，应当向作出生效民事判决、裁定、调解书的法院所在地的同级检察院提出申请；当事人认为民事审判程序中审判人员存在违法行为的，应当向审理案件的法院所在地同级检察机关提出申请；当事人不服上级法院作出的复议裁定、决定等，应当向上级法院所在地同级检察机关申请。

第四，当事人向检察机关申请监督应当遵守期间规定。即应当在法院作出驳回再审申请裁定或者再审判决、裁定发生法律效力之日起2年内提出。该期间为不变期间，不适用中止、中断、延长的规定。但如果当事人申请检察监督的原因为法院逾期未对其再审申请作出裁定，或者当事人请求监督审判人员违法行为的，则无需遵循该申请监督期限的限制。前者是由于法院的违法行为尚处于持续状态，当事人自然有权请求检察监督；后者本质为对人监督，也不宜对当事人的监督申请作出期限限制。

（2）当事人申请民事审判检察监督的方式。当事人向检察机关申请检察监督应当采取书面形式，提交监督申请书以及对应其他当事人人数的监督申请书副本、相关法律文书与证据材料。提交证据材料的，应当附证据清单。当事人向检察机关申请监督，可以委托诉讼代理人。

当事人提交的监督申请书应当记明下列事项：①申请人的姓名、性别、年龄、民族、职业、工作单位、住所、有效联系方式，法人或者非法人组织的名称、住所和法定代表人或者主要负责人的姓名、职务、有效联系方式；②其他当事人的姓名、性别、工作单位、住所、有效联系方式等信息，法人或者非法人组织的名称、住所、负责人、有效联系方式等信息；③申请监督请求；④申请监督的具体法定情形及事实、理由。

根据《人民检察院民事诉讼监督规则》第23条的规定，申请人提交的身份证明包括①自然人的居民身份证、军官证、士兵证、护照等能够证明本人身份的有效证件；②法人或者非法人组织的统一社会信用代码证书或者营业执照副本、组织机构代码证书和法定代表人或者主要负责人的身份证明等有效证照。对当事人提交的身份证明，检察机关经核对无误留存复印件。

根据《人民检察院民事诉讼监督规则》第 24 条的规定，申请人提交相关法律文书，是指法院在该案件诉讼过程中作出的全部判决书、裁定书、决定书、调解书等法律文书。

（3）当事人申请民事审判检察监督的受理。受理，是指检察机关对当事人的申请进行审查后，认为符合法定条件的，决定立案受理的行为。

检察机关负责控告申诉检察的部门负责审查申请人的申请。

该审查为形式审查，审查内容为当事人的监督申请是否符合上述申请条件。检察机关亦应审查当事人提交的相关材料齐备并符合规定。根据《人民检察院民事诉讼监督规则》第 21 条第 2 款的规定，申请监督材料不齐备的，检察机关应当要求当事人限期补齐，并一次性明确告知应补齐的全部材料。申请人逾期未补齐的，视为撤回监督申请。

我国《人民检察院民事诉讼监督规则》第 27 条、第 28 条进一步规定了检察机关不予受理的情形，区分当事人申请检察监督的对象，不予受理主要包括以下情形。

首先，对于特定情形下当事人就生效判决、裁定和调解书提出的监督申请，检察机关不予受理。这些特定情形包括：①当事人未向人民法院申请再审的；②当事人申请再审超过法律规定的期限的，但不可归责于其自身原因的除外；③人民法院在法定期限内正在对民事再审申请进行审查的；④人民法院已经裁定再审且尚未审结的；⑤判决、调解解除婚姻关系的，但对财产分割部分不服的除外；⑥人民检察院已经审查终结作出决定的；⑦民事判决、裁定、调解书是人民法院根据人民检察院的抗诉或者再审检察建议再审后作出的；⑧申请监督超过本规则第 20 条规定的期限的；⑨其他不应受理的情形。如特别程序、督促程序、公示催告程序、破产程序的判决、裁定，不予受理、驳回起诉以外的裁定等。

其次，特定情形下，当事人认为民事审判程序存在违法情形，向检察机关申请监督，检察机关不予受理。特定情形包括：①法律规定可以提出异议、申请复议或者提起诉讼，当事人没有提出异议、申请复议或者提起诉讼的，但有正当理由的除外；②当事人提出异议、申请复议或者提起诉讼后，人民法院已经受理并正在审查处理的，但超过法定期限未作出处理的除外；③其他不应受理的情形。以上规定体现了如当事人主动放弃正当司法救济机会的案件，检察机关不再受理其检察监督的申请的基本精神，有助于督促当事人及时维权，维护民事诉讼程序的既判力与公定力。需要注意的是，以上规定仅用来调整民事审判程序违法的情形，如当事人对审判人员的违法行为申请监督的，则不受当事人是否提出异议、复议或者提起诉讼的限制。其原因在于审判人员的主观违法行为不仅动摇了司法公正的根本，构成犯罪的，还应当依法追究其刑事责任，不能完全依靠通常的司法救济机会，一经发现，应当立即纠正。

我国尚未规定检察机关审查当事人申请决定是否受理的期间，对此，检察机关应当在合理期间内作出是否受理的决定。符合受理条件决定受理的，检察机关应当在决定受理之日起 3 日内制作《受理通知书》，发送申请人，并告知其在之后的审查程序中享有的权利义务。为了实现对案件的公正审查，保障其他当事人的知情权与程序参与权，检察机关还应当同时将《受理通知书》和监督申请书副本发送其他当事人，并告知其权利义务。其他当事人可以在收到监督申请书副本之日起 15 日内提出书面意见，不提出意见的不影响检察院对案件的审查。检察机关经审查认为不属于该院受理案件范围的，应当告知申请人向有关人民检察院申请监督；不属于检察机关主管范围的，应当告知申请人向有关机关反映；不符合受理条件，且申请人不撤回监督申请的，可以决定不予受理。

为给当事人提供救济，我国规定如果当事人认为检察院不依法受理其监督申请的，可以向上一级检察机关申请监督。上一级检察机关认为当事人监督申请符合受理条件的，应当指令下一级检察院受理，必要时也可以直接受理。

2. 检察机关依职权提起民事审判检察监督

检察机关在履行职责中发现民事审判检察监督案件的线索，从而依职权启动民事审判检察监督程序，一直以来是民事审判检察监督案件的来源之一。检察机关依职权启动民事审判监督程序需要寻求维护国家利益和社会公共利益、保障国家法律统一正确实施等法律监督职能与当事人意思自治之间的平衡，保证公权力介入私权纠纷的正当性与合理性。检察机关既不能越权监督，也不能放弃或怠于行使监督权。

根据《人民检察院民事诉讼监督规则》第 37 条的规定，检察机关在履行职责中发现民事案件有下列情形之一的，应当依职权启动监督程序：①损害国家利益或者社会公共利益的；②审判、执行人员有贪污受贿，徇私舞弊，枉法裁判等违法行为的；③当事人存在虚假诉讼等妨害司法秩序行为的；④人民法院作出的已经发生法律效力的民事公益诉讼判决、裁定、调解书确有错误，审判程序中审判人员存在违法行为，或者执行活动存在违法情形的；⑤依照有关规定需要人民检察院跟进监督的；⑥具有重大社会影响等确有必要进行监督的情形。

需要注意的是，尽管是检察机关在履职中发现的案件线索，但并不意味着可以直接启动民事审判监督案件。该检察机关负责民事检察的部门首先应到负责案件管理的部门对该案件进行受理登记，认为符合法定受理条件的，才能转入审查程序作进一步审查。下级检察机关提请抗诉或者其他检察监督的案件，由上一级检察机关负责案件管理的部门受理。负责案件管理的部门登记受理后，需要通知当事人的，负责民事检察的部门应当制作《受理通知书》，并在 3 日内发送当事人。

3. 案外人控告引起民事审判检察监督程序

可以向人民检察院申请监督的主体只能是案件当事人，当事人以外的自然人、法人和非法人组织，即案外人不能向检察机关申请检察监督，但其可以通过向检察机关控告引起民事审判检察监督程序。案外人可以控告的对象受限，目前主要适用于以下两种情形：一是民事案件涉嫌虚假诉讼的，此时利益受损的案外人无法向检察机关申请检察监督，只能向检察机关提起控告；二是对于审判程序中审判人员存在违法行为的，案外人也可以向检察机关提出控告。

案外人提起控告同样遵循"同级受理"原则，案外人应当向被控法院的同级检察机关提出控告。该控告由检察机关负责控告申诉检察的部门依照《人民检察院信访工作规定》等规范办理。在同级受理之外，根据案件的具体情形以及《人民检察院信访工作规定》的相关条文，受理案件的检察机关也可以将案件交给下级检察机关办理。

(二) 民事审判检察监督的审查

检察机关负责控告申诉检察的部门或者负责案件管理的部门决定受理案件后，应当在决定受理之日起3日内将案件材料移送本院负责民事检察的部门，由后者对受理后的民事审判监督案件进行实质审查。民事审判检察监督必须经过实质审查的原因在于，检察机关履行法律监督职责应当实事求是，只有在依法查明法院行使审判权确有违法之处以及确有必要采取监督措施的基础上，才能正式提起审判检察监督。根据《民事诉讼法》第220条第2款以及《人民检察院民事诉讼监督规则》第52条的规定，人民检察院受理当事人申请对人民法院已经发生法律效力的民事判决、裁定、调解书监督的案件，以及对民事审判程序中审判人员违法行为监督案件，应当在3个月内审查终结并作出决定，但调卷、鉴定、评估、审计、专家咨询等期间不计入审查期限。

1. 审查对象

检察机关审查民事诉讼监督案件，核心在于确认法院行使审判权是否确实违法，只有违法情形确实存在，方能实施民事审判检察监督。根据《民事诉讼法》《人民检察院民事诉讼监督规则》等相关规范的规定，检察机关主要应当围绕前述生效判决、裁定与调解书确有错误的情形，审判程序中审判人员违法行为的情形以及检察机关依职权启动监督程序时的情形是否确实存在展开。其他当事人在检察机关作出决定前也申请监督的，应当将其列为申请人，对其申请监督请求一并审查。

2. 审查的基本程序

检察机关审查民事审判监督案件，可以采用书面审查、听取当事人意见、听证、专家咨询论证、召集检察官联席会议等方式。检察机关应当告知当事人有申请回避的权利，并告知办理案件的检察人员、书记员等的姓名、法律职务，以便当事人决定是否提出回避申请。

检察机关通过审查监督申请书等材料即可以认定案件事实的，可以直接制作审查终结报告，提出处理建议或者意见。通过书面审查不能认定案件事实的，应当采用适当方式听取当事人意见，适当方式包括当面、电话联系、传真、电子邮件、当事人提交的书面意见、远程视频等多种方式。通过听取当事人意见，依然不能查清案件事实的，可以进一步组织听证[1]或者专家论证方式审查案件。通过依法召开听证会与专家论证会，听取听证员、专家与其他参与人就案件事实认定、法律适用和案件处理等问题的意见，有助于落实"智慧借助"理念，充分调动社会资源，帮助检察机关准确认

---

[1] 听证的具体程序，可参见《人民检察院民事诉讼监督规则》第54~61条。

定案件事实与正确适用法律，促进司法公开，提升司法公信，落实普法责任。

检察机关在审查民事审判监督案件的过程中，承办检察官也可以提请部门负责人召集检察官联席会议讨论案件。检察官联席会议是我国各级检察机关落实司法责任制改革之后新创设的制度，是检察院贯彻执行司法民主集中制的制度保障，也是完善检察院内部监督制约的重要制度，对保证检察院查清案件事实、正确适用法律具有十分重要的意义。除承办检察官可以提请检察官联席会议外，检察长、部门负责人在审核或者决定案件时，也可以召集检察官联席会议讨论。检察官联席会议讨论情况和意见应当如实记录，由参加会议的检察官签名后附卷保存，确保讨论意见的真实性、客观性和公正性。部门负责人或者承办检察官不同意检察官联席会议多数人意见的，部门负责人应当报请检察长决定。检察长认为必要的，可以提请检察委员会讨论决定。检察长、检察委员会对案件作出的决定，承办检察官应当执行。

对于经过本级检察院检察委员会讨论的在法律适用、办案程序或者司法政策等方面确属重大疑难复杂的案件，地方各级检察院还可以向上一级检察院请示，上级检察院对请示案件，应当及时办理并答复下级检察院。

3. 检察院的调查核实权

检察机关在审查过程中，如果需要查明有关事实，可以行使调查权。《民事诉讼法》第 221 条规定了检察机关可以向当事人或者案外人调查核实有关情况。《人民检察院民事诉讼监督规则》等相关司法解释对检察机关的调查核实权进行了进一步细化。

首先，检察机关调查核实权的适用条件。在下列情形下，检察机关可以向当事人或者案外人调查核实有关情况：①民事判决、裁定、调解书可能存在法律规定需要监督的情形，仅通过阅卷及审查现有材料难以认定的；②民事审判程序中审判人员可能存在违法行为的；③民事执行活动可能存在违法情形的；④其他需要调查核实的情形。

其次，检察机关调查核实权的实现方式。根据《人民检察院民事诉讼监督规则》第 63 条至第 67 条规定，检察机关调查核实可以采取的主要措施有：①查询、调取、复制相关证据材料；②询问当事人或者案外人；③咨询专业人员、相关部门或者行业协会等对专门问题的意见；④委托鉴定、评估、审计；⑤勘验物证、现场；⑥查明案件事实所需要采取的其他措施。检察机关采取这些调查核实措施，应当遵守合法性原则，严格按照法律规定的条件和程序进行；应当在执法监督权限范围内进行，不能变相为当事人收集证据，破坏当事人间的实质平衡。

此外，检察机关审查案件，有权调阅人民法院的诉讼卷宗。《人民检察院民事诉讼监督规则》第 47 条第 2、3 款规定，检察机关通过拷贝电子卷、查阅、复制、摘录等方式能够满足办案需要的，可以不调阅诉讼卷宗。检察机关认为确有必要，可以依照有关规定调阅法院的诉讼卷宗副卷，并采取严格保密措施。

4. 审查中的和解

《人民检察院民事诉讼监督规则》第 51 条规定："人民检察院在办理民事诉讼监督案件过程中，当事人有和解意愿的，可以引导当事人自行和解。"该条文反映了检察监督对于和谐理念的贯彻，有助于化解当事人间的矛盾，促进社会和谐稳定，节约司法资源。

5. 审查中的特别情形——审查中止与审查终结

检察机关审查民事审判检察监督案件应当依法连续进行，不得随意停止。但如遇到某种无法克服和难以避免的特殊情形的发生，导致审查程序不能继续进行或者继续进行会损害当事人利益的，应当中止或终结审查。

审查中止，是指检察机关在审查案件的过程中，因发生某种法定的情形，使审查无法继续进行而暂时停止，待阻碍审查程序的障碍消除后，程序继续进行的制度。根据《人民检察院民事诉讼监督规则》第72条第1款，有下列情形之一的，检察机关可以中止审查：其一，申请监督的自然人死亡，需要等待继承人表明是否继续申请监督的。申请监督的自然人死亡，就缺少了与本案具有实体关系的一方当事人，使得民事审判监督程序是否还需继续进行下去的必要性存疑。因此，在已死亡的一方当事人的继承人表明其是否继续申请监督之前，只能中止审查。其二，申请监督的法人或者非法人组织终止，尚未确定权利义务承受人的。法人或者非法人组织由于被依法解散、撤销、宣告破产等情形而终止，其诉讼权利能力归于消灭，其权利义务应由承受人享有或承担。因此，在确定其权利义务承受人之前，应当中止审查。其三，本案必须以另一案的处理结果为依据，而另一案尚未审结的。这是指案件之间存在牵连关系，另一案的处理结果对本案的处理有预决性。如果另一案尚未处理完毕，检察机关就无法认定本案的事实，因而也就不能作出公正的审查结果。因此，在另一案件处理完毕之前，应当中止审查。其四，其他可以中止审查的情形。这是一个弹性条款，由检察机关根据案件的复杂情况灵活决定应当中止审查的情形。需要注意的是，以上情形均为裁量中止情形，即纵使发生以上情形，检察机关也可以根据案件的实际情况决定是否中止审查。这主要是因为民事审判检察监督的本质是对公权力的执法监督权，如果确有纠错必要的，可以不考虑私权纠纷及其当事人的情况而继续审查程序。

检察机关决定中止审查的，应当以书面形式制作《中止审查决定书》，并发送当事人。中止审查的原因消除后，应当及时恢复审查。

审查终结，是指在审查过程中，因发生某种法定的情形，导致审查不能继续进行或者继续进行已无必要，从而结束审查程序的制度。根据《人民检察院民事诉讼监督规则》第73条第1款的规定，有以下情形的，检察院应当终结审查：①法院已经裁定再审或者已经纠正违法行为的；②申请人撤回监督申请，且不损害国家利益、社会公共利益或者他人合法权益的；③申请人在与其他当事人达成的和解协议中声明放弃申请监督权利，且不损害国家利益、社会公共利益或者他人合法权益的；④申请监督的自然人死亡，没有继承人或者继承人放弃申请，且没有发现其他应当监督的违法情形的；⑤申请监督的法人或者非法人组织终止，没有权利义务承受人或者权利义务承受人放弃申请，且没有发现其他应当监督的违法情形的；⑥发现已经受理的案件不符合受理条件的；⑦检察院依职权启动监督程序的案件，经审查不需要采取监督措施的；

⑧其他应当终结审查的情形。

检察机关终结审查的，应当制作《终结审查决定书》，需要通知当事人的，发送当事人。

6. 审查的结束

检察机关审查结束后，应当制作审查终结报告。审查终结报告应当全面、客观、公正地叙述案件事实，依法作出抗诉、检察建议、不支持监督申请等处理决定。检察机关认为当事人的监督申请不符合检察监督条件的，应当作出不支持监督申请的决定，并在决定之日起15日内制作《不支持监督申请决定书》，发送当事人。上级人民检察院可以委托提请抗诉的人民检察将《不支持监督申请决定书》发送当事人。

7. 对当事人的救济——复查

当事人不服检察机关作出的对法院生效判决、裁定调解书的不支持监督申请决定的，可以在该决定作出之日起1年内向上一级检察机关申请复查一次。

接受复查的申请的检察院的负责控告申诉检察的部门应当对该申请进行初核，如发现可能有以下情形之一且有错误可能的，可以移送本院负责民事检察的部门审查处理：①有新的证据，足以推翻原判决、裁定的；②有证据证明原判决、裁定认定事实的主要证据是伪造的；③据以作出原判决、裁定的法律文书被撤销或者变更的；④有证据证明审判人员审理该案件时有贪污受贿，徇私舞弊，枉法裁判等行为的；⑤有证据证明检察人员办理该案件时有贪污受贿，徇私舞弊，滥用职权等行为的；⑥其他确有必要进行复查的。

负责民事检察的部门审查后，认为下一级检察机关不支持监督申请决定错误，应当予以撤销并依法提出抗诉；认为不存在错误，应当决定复查维持，并制作《复查决定书》，发送申请人。

上级检察机关也可以依职权复查下级检察院对同级法院已经发生法律效力的民事判决、裁定、调解书作出不支持监督申请决定的案件。

对复查案件的审查期限，应当自负责民事检察的部门接受移送之日起3个月内审查终结并作出决定，但调卷、鉴定、评估、审计、专家咨询等期间不计入审查期限。

（三）检察院实施民事审判检察监督的具体方式

我国检察机关行使民事审判检察监督权，主要通过两种方式：一是民事抗诉；二是检察建议。

1. 检察机关提出或提请抗诉

检察机关抗诉，是指检察机关对法院已经生效的判决、裁定、调解书，发现确有错误的，依法提请法院对案件再次审理的诉讼行为。检察机关提出抗诉，适用于最高人民检察院对各级法院已经发生法律效力的民事判决、裁定、调解书，上级检察机关对下级法院已经发生法律效力的民事判决、裁定、调解书，发现符合法定违法情形的，应当向同级法院提出抗诉。作出判决、裁定、调解书法院的同级检察机关，则可以提请上级检察机关抗诉。

关于民事抗诉的范围，根据相关法律规定，检察机关对法院生效的民事判决、裁定提出抗诉，应当满足《民事诉讼法》第 211 条规定的 13 项情形之一，前文对此已有介绍，在此不予赘述。检察机关对法院生效的民事调解书提出抗诉，应当满足下列 2 项情形之一：①民事调解书损害国家利益、社会公共利益的；②当事人通过虚假诉讼获得的民事调解书。

地方检察机关发现案件有下列情形之一的，一般应当提请上一级检察机关抗诉：①判决、裁定是经同级法院再审后作出的；②判决、裁定是经同级法院审判委员会讨论作出的；③原判决、裁定适用法律确有错误的；④审判人员在审理该案件时有贪污受贿，徇私舞弊，枉法裁判行为的。需要注意的是，如果上述案件更适宜向同级检察机关提出检察建议或者检法两院对于该案已经经过沟通达成共识，同级法院愿意自行纠正错误的，检察机关也可以提出检察建议。对于检察机关已经采纳再审检察建议进行再审的案件，提出再审检察建议的检察机关一般不得再向上级检察机关提请抗诉。

关于民事抗诉的程序，首先，检察机关提请抗诉，应当经检察长批准后提请上一级检察机关向同级法院提出抗诉。检察机关应当制作《提请抗诉报告书》，在决定提请抗诉之日起 15 日内将《提请抗诉报告书》连同案件卷宗报送上一级检察院，并制作决定提请抗诉的《通知书》，发送当事人；其次，检察机关提出抗诉，应当制作《抗诉书》，在决定抗诉之日起 15 日内将《抗诉书》连同案件卷宗移送同级法院，并由接受抗诉的法院向当事人送达再审裁定时一并送达《抗诉书》。检察机关应当制作决定抗诉的《通知书》，发送当事人。上级检察机关可以委托提请抗诉的检察机关将决定抗诉的《通知书》发送当事人。

检察机关提出抗诉的案件，法院再审时，检察机关应当派员出席法庭。接受抗诉的法院将抗诉案件交下级法院再审的，提出抗诉的检察机关可以指令再审法院的同级检察机关派员出庭。出庭检察官的主要任务是宣读抗诉书；对检察机关调查取得的证据予以出示和说明；庭审结束时，经审判长许可，可以发表法律监督意见；对法庭审理中违反诉讼程序的情况予以记录。关于检察人员的出庭职责，我国司法实践中曾经存在检察人员出庭宣读抗诉书后提前退庭的情况，这实质影响了法律监督职能的正常发挥。因此，为规范检察人员出庭行为，我国《人民检察院民事诉讼监督规则》明确规定出庭检察人员应当全程参加庭审。检察人员出席庭审，具有独立的诉讼地位并享有独立的权利义务，其不代表一方当事人的利益，亦不影响原审当事人的诉讼地位。

除检察人员出庭外，必要时，检察机关还可以协调法院安排人民监督员旁听。根据《人民检察院组织法》第 27 条及相关规范的规定，人民监督员的主要职责是监督检察院的办案工作，通过对检察机关及其工作人员职务行为提出意见和建议，促进检察工作更加公开透明，有利于实现司法民主。

2. 检察机关提出检察建议

检察建议，是指检察机关为依法履行法律监督职责，参与社会治理，维护司法公正，促进依法行政，预防和减少违法犯罪，保护国家利益和社会公共利益，维护个人和组织合法权益，建议有关单位及时纠正违法行为、督促依法履职、改进工作、完善治理等的行为。我国《民事诉讼法》吸收了检察机关多年来探索开展检察建议的成功经验，规定民事审判检察监督中的检察建议可以划分为以下三种类型：一是再审检察建议，适用于能够通过再审程序纠正的生效判决、裁定、调解书的监督；二是纠正违法检察建议，适用于对审判程序中审判人员违法行为的监督；三是类案监督建议。检察院发现法院在多起同一类型民事案件中有下列情形之一的，可以提出检察建议：①同类问题适用法律不一致的；②适用法律存在同类错误的；③其他同类违法行为。类案监督检察建议有助于维护法院审判活动的统一性，亦有助于促进民事检察精准监督，对于建立个案监督和类案监督相结合的综合监督机制具有重要意义。

《民事诉讼法》第219条第3款规定了检察机关对审判监督程序以外的其他审判程序中审判人员的违法行为，有权向同级人民法院提出检察建议，《人民检察院民事诉讼监督规则》对该规定进一步进行了细化，以便更好地指导司法实践。

第一，扩充了适用范围，不再限于审判监督程序之外的审判程序。《人民检察院民事诉讼监督规则》第98条规定，检察机关有权对第一审普通程序，简易程序，第二审程序，特别程序，审判监督程序，督促程序，公示催告程序，海事诉讼特别程序，破产程序中审判人员的违法行为进行监督。

第二，明确了监督对象"审判人员"的具体范围。检察机关有权对民事诉讼实行法律监督，对法院参与民事诉讼活动的人员享有监督权，因此，"审判人员"不仅包括依法享有审判权的法官和人民陪审员，也包括作为司法辅助人员的法官助理、书记员。

第三，列举式规定了审判程序中审判人员违法的具体情形。具体可参见《人民检察院民事诉讼监督规则》第100条、第101条，前文已述，审判程序中审判人员违法可以划分为民事审判程序违法与审判人员违法行为两种类型，在此不再赘述。

第四，提出检察建议的程序。2019年《人民检察院检察建议工作规定》进一步细化了检察机关办理检察建议案件的相关规则，对司法实践具有重要价值。参考该规定，承办案件的检察官认为需要提出检察建议的，应当起草检察建议书，一并报送检察长，由检察长或者检察委员会讨论决定是否提出检察建议。决定提出检察建议的，应当制作《检察建议书》与案件卷宗，在决定提出检察建议之日起15日内移送同级法院，并制作决定提出检察建议的《通知书》，发送申请人。

《检察建议书》应当阐明相关的事实和依据，提出的建议应当符合法律、法规及其他有关规定，明确具体、说理充分、论证严谨、语言简洁、有操作性。检察建议书一般包括以下内容：①案件或者问题的来源；②依法认定的案件事实或者经调查核实的事实及其证据；③存在的违法情形或者应当消除的隐患；④建议的具体内容及所依据的法律、法规和有关文件等的规定；⑤被建议法院提出异议的期限；⑥被建议法院书面回复落实情况的期限；⑦其他需要说明的事项。

法院收到再审检察建议后，应当在3个月内进行审查并将审查结果书面回复检察院。检察机关提出纠正违法检察建议的，人民法院应当在1个月内作出处理并将处理情况书面回复检察机关。[1]

(四) 民事审判检察监督的其他规定

1. 法院对民事审判检察监督不服的建议

我国法院依法享有对检察监督提出建议的权利,对此,法院对检察院监督行为提出建议的,检察院应当在1个月内将处理结果书面回复法院。法院对回复意见有异议,并通过上一级法院向上一级检察院提出的,上一级检察院认为法院建议正确,应当要求下级检察院及时纠正。

2. 民事审判检察监督的撤回

检察机关进行民事审判检察监督应当坚持客观公正原则,如果存在错误监督的情形,应当及时进行自我纠错。因此,检察机关发现作出的相关决定确有错误需要纠正或者有其他情形需要撤回的,应当经本院检察长或者检察委员会决定后,向法院撤回检察监督。

3. 跟进监督与再次监督

检察机关应当跟进民事审判监督案件的结果,对于法院是否采纳监督意见、纠正错误情况进行审查,以评估监督质效。如果发现法院审理民事抗诉案件作出的判决、裁定、调解书仍有明显错误的;法院对检察建议未在规定的期限内作出处理并书面回复的;法院对检察建议的处理结果错误的,检察院有权再次监督或者提请上级人民检察院监督。

三、民事执行检察监督的程序

检察机关监督法院民事执行活动的程序以民事审判检察监督的程序为基础,二者之间有很多相似之处,在此着重就其例外规定进行说明。

(一) 民事执行检察监督的范围与对象

《民事诉讼法》第246条原则性规定检察机关民事执行检察监督的范围是民事执行活动,为落实《民事诉讼法》的规定,2016年最高人民法院、最高人民检察院《关于民事执行活动法律监督若干问题的规定》第3条进一步细化,明确检察院对法院执行生效民事判决、裁定、调解书、支付令、仲裁裁决以及公证债权文书等法律文书的活动实施法律监督。之后,2021年《人民检察院民事诉讼监督规则》修改除吸收了上述规定外,还新增第106条,列举规定了法院民事执行活动中的主要违法与错误情形:①决定是否受理、执行管辖权的移转以及审查和处理执行异议、复议、申诉等执行审查活动存在违法、错误情形的;②实施财产调查、控制、处分、交付和分配以及罚款、拘留、信用惩戒措施等执行实施活动存在违法、错误情形的;③存在消极执行、拖延执行等情形的;④其他执行违法、错误情形。如有上述情形之一,检察机关应当提出

---

[1] 参见最高人民法院、最高人民检察院《关于对民事审判活动与行政诉讼实行法律监督的若干意见(试行)》第7条。

检察建议。亦新增第 119 条，规定民事非诉执行活动也是检察院的监督对象，如检察院发现法院审查和处理当事人申请执行、撤销仲裁裁决或者申请执行公证债权文书存在违法、错误情形的，有权依法进行监督。

根据上述规定，民事执行检察监督的主要范围既包括财产调查、控制、处分、交付、分配以及罚款、拘留措施等执行实施活动，也包括审查和处理执行异议、复议、申诉以及决定执行管辖权的转移等执行审查活动；既包括执行裁定、决定等法律文书，也包括具体执行行为；既包括积极行使执行权的行为，也包括消极执行、怠于履行执行职责的行为。不过，由于民事执行检察监督的性质是执法监督，因此检察机关监督民事执行活动不包括执行当事人与其他利害关系人的行为。[1]

除此之外，检察机关亦有权监督执行活动中执行人员的违法行为。《民事诉讼法》第 219 条第 3 款仅规定检察院有权监督民事审判程序中审判人员的违法行为，未特别指明检察机关发现执行人员存在违法行为时如何处理。执行人员的违法行为与审判人员的违法行为性质相同，检察机关发现执行人员存在违法行为时，亦应向法院提出检察建议，帮助法院及时纠正失误。

（二）民事执行检察监督的方式

我国规定检察机关实施民事执行检察监督的方式主要是提出检察建议，无论是对执行法律文书还是采取执行措施。就后者而言，由于执行行为本身的性质无法通过抗诉加以纠正，因此只能采用检察建议，并无过多争议。但就前者而言，理论与实务中存在争议，有肯定观点认为执行裁定亦属于法院生效裁定，应当允许检察院提出民事抗诉。[2] 对此，早在 1995 年，最高人民法院就以专门批复形式规定"人民法院为了保证已发生法律效力的判决、裁定或者其他法律文书的执行而在执行程序中作出的裁定，不属于抗诉的范围"。[3] 之后亦在一些规范性文件中体现了相同的精神。[4]

（三）民事执行检察监督的程序

检察机关监督法院民事执行活动，原则上应当经过受理、审查、实施与终结等阶段。检察机关审查民事执行监督案件的过程中，为了解案件情况，除可以采用民事审判检察监督的通常调查核实手段外，2016 年最高人民法院、最高人民检察院《关于民事执行活动法律监督若干问题的规定》第 10 条还规定了检察院向法院书面了解相关执行情况的新制度。该调查核实手段的适用情形为检察机关认为法院在执行活动中可能存在怠于履行职责的情形，可以向法院发出《说明案件执行情况通知书》，法院应当说明案件的执行情况及理由，并在 15 日内书面回复检察院。司法实践中，该制度不仅可以帮助检察院准确查明法院是否存在违法执行行为，亦可起到检察监督的效果，有法

---

[1] 肖正磊等：《检察机关探索方式方法推进民事执行检察监督》，载《检察日报》2014 年 6 月 27 日。

[2] 黄荣英、朱燕华：《人民检察院对执行程序裁定有权抗诉》，载《人民检察》1996 年第 4 期。

[3] 参见最高人民法院《关于对执行程序中的裁定的抗诉不予受理的批复》（法复〔1995〕5 号）。

[4] 参见最高人民法院《关于人民法院发现本院作出的诉前保全裁定和在执行程序中作出的裁定确有错误以及人民检察院对人民法院作出的诉前保全裁定提出抗诉人民法院应当如何处理的批复》（法释〔1998〕17 号）。

院在收到该《说明案件执行情况通知书》后积极履行执行义务，及时纠正怠于执行或消极执行行为，免于后续检察院提出执行监督，节约了司法资源。

当事人不服上级法院作出的执行复议裁定、决定等，提出监督申请的，由上级法院所在地同级检察机关受理。检察机关受理后，可以根据需要将案件交由原执行案件的法院所在地同级检察机关办理。下级检察机关经审查认为法院作出的执行复议裁定、决定等存在违法、错误情形的，应当提请上级检察机关监督；认为法院作出的执行复议裁定、决定等正确的，应当作出不支持监督申请的决定。

检察机关对执行活动提出检察建议的，法院回复的时间不同于民事审判检察监督。检察机关应当在收到书面建议后3个月内作出处理并将处理情况书面回复法院；法院对于检察机关的回复有异议的，可以通过上一级法院向上一级检察机关提出。上一级检察机关认为法院建议正确的，应当要求下级检察机关及时纠正。

第五章
行政检察

行政检察的核心是行政诉讼监督。自 1989 年我国《行政诉讼法》颁布以来,行政诉讼监督从无到有经历了 30 年的发展,形成了以裁判结果监督、审判违法行为监督、行政执行监督三大监督为主体的多元化监督格局。可以说,行政诉讼监督是检察机关的传统业务。特别是 2018 年底,最高人民检察院党组认真贯彻落实党的十九届三中全会精神,把内设机构改革作为检察工作创新发展的突破口,针对民事、行政申诉持续上升,监督案件大量积压的实际,为着力解决"重刑事轻民行"问题,分别设立民事、行政检察机构,成立第七检察厅专司行政检察职责,各地检察机关随后也陆续成立专门办理行政检察案件的部门。[1]行政检察成为新时代法律监督工作的重要组成部分,做实行政检察成为检察系统的一项重大使命和任务。

第一节 行政检察概述

一、行政检察的概念

《宪法》和《人民检察院组织法》均对检察机关的法律地位作了规定。作为法律监督机关,检察机关并不从属于任何机关。一方面,在国家权力框架下,检察权与行政权、审判权是独立的。另一方面,我国检察机关作为专门的法律监督机关的性质,也在《刑事诉讼法》《民事诉讼法》《行政诉讼法》等重要诉讼法律中有着充分体现。对行政机关而言,检察监督是一种外部监督,外部监督总体上比内部监督更符合法治的原则,更中立客观,更容易获得公众的认可。学界关于行政检察的概念存在争议,有学者从监督对象与范围出发,认为行政检察是检察机关对行政具有实质监督的一切活动;也有学者认为行政检察是检察机关除刑事检察职能之外监督行政的职能活动,包括检察机关对行政诉讼的监督和对违法但不构成犯罪的行政行为的监督;有学者认为行政检察是检察机关在刑事检察和诉讼监督职能之外监督行政的职能活动,此处行政检察仅指检察机关对违法但不构成犯罪的行政行为的监督,在这些监督活动中,对行政执法活动的监督是其重要组成部分。

---

[1] 陈家勋:《行政检察:国家行政监督体系中的补强力量》,载《现代法学》2020 年第 6 期。

二、行政检察的内容

行政检察的核心是行政诉讼监督，贯穿行政诉讼活动全过程，既包括结果监督，也包括程序监督；就其功能来说，是"一手托两家"，既监督人民法院公正司法，又促进行政机关依法行政。行政检察监督包括两大类：一是对行政审判权监督，涵盖对生效裁判结果、审判程序违法、生效裁判执行、行政非诉执行以及对调解违法的监督；二是对行政权进行监督，涵盖讼争行政行为监督、行政机关诉讼违法监督（干预审判执行活动、妨碍行使诉权、不履行判决裁定）、行政强制执行监督、非诉执行申请及实施行为监督、其他行政违法行为的监督。具体而言，行政检察监督是对法院生效裁判、审判程序违法、执行违法等进行的专门法律监督，坚持对事监督为主、以行政诉讼监督为核心，涉及对审判人员、行政人员的监督。检察院通过调查核实，可以建议有关部门依法依规处理，符合法律规定情形可移交监察机关处理。

第一，对生效裁判结果监督。主要包括程序与实体两大类，在程序方面涵盖"对证据未经质证、不予立案"等情形；在实体方面涵盖证据认定、适用法律错误等情形。根据2018年9月15日，最高人民检察院《关于停止执行〈人民检察院民事诉讼监督规则（试行）〉第三十二条的通知》，明确提出"当事人针对人民法院作出的已经发生法律效力的一审民事判决、裁定提出的监督申请，无论是否提出过上诉，只要符合《中华人民共和国民事诉讼法》第二百零九条规定，均应依法受理"将这条废止。行政检察也应参考该条规定。

第二，对审判程序（审判人员）违法的监督。对审判程序违法的监督主要包括如下几个方面：①违反回避规定；②违反送达规定；③合议庭组成不合法；侵犯或者剥夺当事人及其他诉讼参与人的诉讼权利；④接受当事人及其委托的人在购买商品、装修房屋等方面提供优惠；⑤利用职权为配偶、子女及其他亲属谋利；⑥审判人员涉嫌贪污受贿、徇私舞弊、枉法裁判等违法犯罪；⑦其他违法情形。

第三，对执行监督。一是对生效裁判的执行进行监督。对执行裁定、决定违法的监督包括：①裁定受理或者不予受理、中止执行、终结执行等违反法律规定的；②对执行实施措施违法的监督；③如查封、扣押、冻结、拍卖变卖等执行实施措施违反法律规定的；④不履行或者怠于履行执行职责的监看；⑤如对应当依法受理的执行申请置之不理的，暂缓执行、停止执行、中止执行的原因消失后，不按规定恢复执行的。[1] 二

---

[1] 《民事诉讼法》第246条规定："人民检察院有权对民事执行活动实行法律监督。"《行政诉讼法》第101条规定："……人民检察院对行政案件的受理、审理、裁判、执行的监督，本法没有规定的，适用《中华人民共和国民事诉讼法》的相关规定。"2016年4月最高人民检察院《人民检察院行政诉讼监督规则（试行）》（已失效）第2条规定，人民检察院通过办理行政诉讼监督案件，监督人民法院依法审判和执行，促进行政机关依法行使职权。第5条第4项规定：当事人认为人民法院执行活动存在违法情形的。第29条规定：人民检察院发现人民法院执行裁定、决定等违法的，应当向同级人民法院提出检察建议。2016年12月最高人民法院、最高人民检察院联合下发《关于民事执行活动法律监督若干问题的规定》第21条规定："人民检察院对人民法院行政执行活动实施法律监督，行政诉讼法及有关司法解释没有规定的参照本规定执行。"

是非诉行政强制执行监督,在行政诉讼监督之外拓展监督空间。最高人民法院、最高人民检察院相关通知及《人民检察院行政诉讼监督规则》均作出规定,赋予检察机关对执行活动监督权,监督的方式是提出检察建议。[1]

三、行政检察的原则

原则是整个法律体系或者某一法律部门所适用的、体现法的基本价值的原则。而行政检察作为一种专门以检察权行政权的制度,既应遵循行政活动相关准则,也应遵循检察监督准则。行政检察原则包括职权法定、有限监督、比例原则、事后监督等四大原则。

（一）职权法定原则

以行政诉讼和行政协议相关规定为例,《行政诉讼法》中对行政协议内容进行规定。[2]但是,若存在行政机关订立协议时不能很好地对行政机关依法行使职权的监督,则在行政协议中约定的仲裁条款为无效条款。但根据法不溯及既往原则,在修改后的《行政诉讼法》实施前不适用该项规定。对行政检察而言,同样可参考适用此规定。在严格遵循法律明确授权情况下,严格法定范围和程序,坚持不干预私权救济领域,做到法不溯及既往。

（二）有限监督原则

行政检察监督作为检察监督的重要组成部分,虽具有不可或缺作用,但应遵守有限的权利救济,既对当事人申请期限进行限制,也对行政检察监督次数进行限制。这既是对生效裁判既判力的尊重,也符合行政裁量权谦抑准则。

（三）比例原则

正如美国法学家伯纳德·施瓦茨所言:"自由裁量权是行政权的核心。行政法如果不是控制自由裁量权的法,那它是什么呢。"从行政法本源看,比例原则是行政法治的根本原则,最基本特征是要求行政执法必须符合比例。对行政检察而言,对行政审判权和行政权监督过程中应秉持一定比例,严格遵循行政法治及检察监督基本规定,结合行政检察特点进行监督。从监督手段与目的看,抗诉主要针对典型的影响一个方面、形成一种倾向的问题,一般性的个案问题主要靠提出检察建议来监督纠正。从成本与效益看,监督与被监督之间不是零和博弈,而是双赢共赢。

---

[1] 2011年3月最高人民法院、最高人民检察院联合下发《关于在部分地方开展民事执行活动法律监督试点工作的通知》第8条规定,人民检察院对人民法院执行行政决定的活动实行法律监督。《人民检察院行政诉讼监督规则(试行)》(已失效)第2条规定,人民检察院通过办理行政诉讼监督案件,监督人民法院依法审判和执行。第29条规定,对行政机关申请强制执行的行政行为作出准予执行或者不准予执行的裁定违反法律规定的,应当向同级人民法院提出检察建议。

[2] 2014年修正的《行政诉讼法》第12条规定:"人民法院受理公民、法人或者其他组织提起的下列诉讼:……(十一)认为行政机关不依法履行、未按照约定履行或者违法变更、解除政府特许经营协议、土地房屋征收补偿协议等协议的;……"行政机关为实现公共利益或者行政管理目标,在法定职责范围内,与公民、法人或者其他组织协商订立的具有行政法上权利义务内容的协议,属于行政协议。

（四）事后监督原则

事后监督原则体现在检察院一般不参与旁听法院一审、二审庭审；一般不参与法院执行现场监督；不参与行政机关联合执法。检察院在监督中严格恪守监督的理性和谦抑，原则上不介入事中监督，重点监督法院行政裁判错误和执行违法、审判程序违法等。

四、行政检察的理念

所谓理念，就是指导、引领检察机关办好案件的思想与灵魂，行政检察理念是推动行政检察工作高质量发展的先导。检察院在推动行政检察工作开展中，形成了一系列符合党和人民要求、符合司法检察工作规律的新时代行政检察新理念，指引行政检察工作走出了一条具有自身特色的司法办案实践之路。

（一）在办案中监督在监督中办案理念

"在办案中监督"，是指针对履行职责中发现的行政违法行为进行依法监督；"在监督中办案"，就是以办案为实行法律监督的基本途径和手段，实现法律监督与司法办案的紧密联系、有机融合。这一理念反映了检察工作的基本规律，既有深刻的历史渊源和理论基础，又有很强的现实针对性和指导性，对保障新时代人民检察事业科学发展具有重大理论意义和实践意义。基于检察机关作为国家法律监督机关的宪法定位，检察机关办理案件实质上是行使法律监督职能，即办案体现为监督。如行政检察工作中，检察人员办理各类案件无不体现法律监督的特性，不论提出抗诉、再审检察建议，还是纠正违法、改进工作检察建议，都是法律监督职能的具体表现。[1] 从我国行政检察最初的监督职能看，在新中国成立初期检察机关创设建议书、提请书、抗议书、报告书等监督方式，积极纠正行政违法行为，取得一定成效。随着实践与理论的发展，检察机关法律监督主要以诉讼监督为主，具有一定的被动性，需要进一步强化依法能动履职。

（二）精准监督理念

精准监督指监督的精细化、准确化，有论者将其界定为理念的先进性、行为的规范性、标准的法定性、方式的准确性、效果的多元性、结论的引领性。检察机关在行政检察工作中，优先选择那些司法理念、政策导向、法律适用方面有创新、引领价值的典型案例开展监督，力争通过办理一案促进解决一个领域、一个地方、一个时期司法理念、政策导向、法律适用等方面的问题。[2] 这一理念是高质量发展这一时代命题催生的行政检察工作新要求，是对片面追求数量、粗放式办案的告别。做实新时代行政检察需要自觉把精准监督贯穿到监督办案的全过程、各环节，着力彰显检察监督在行政法律适用及司法理念等方面的纠偏、引领价值，推动办案规模和办案质效双提升。但精准监督并不是选择性监督，而是通过行政检察典型案例的办理，进一步扩大行政

---

[1] 杨春雷等主编：《行政检察业务》，中国检察出版社2022年版，第6页。
[2] 杨春雷等主编：《行政检察业务》，中国检察出版社2022年版，第7页。

检察从个案到类案的辐射力，进一步增强监督的权威性，对于符合法律规定监督条件的案件，均应予以监督。

（三）"穿透式"监督理念

这一理念是对我国行政检察监督职能配置的反思，是对行政诉讼监督实践中面临的"倒三角"和"程序空转"挑战的回应。在办理行政检察监督案件中，往往涉及审判机关、行政机关、行政相对人等多方主体，交织着检察权、审判权、行政权等多方权能，在具体监督过程中，需要兼顾各方主体，将穿透贯穿监督始终，通过层层深入，解剖麻雀，找到监督突破点、着力点、治理难点。主要包括"四个层次"：第一层是行政诉讼监督。行政诉讼监督是行政检察监督的基石和本权，也是其进行"穿透"的突破点，在开展"穿透"时必须以监督诉讼活动为起点层层深入。第二层是促进依法行政。从监督法院行政审判和执行活动，穿透至监督行政机关作出的行政行为。第三层是化解行政争议。从司法的被动性穿透至司法的能动性。第四层是从个案向类案监督穿透，从末端治理向促进前端治理转变，推动实现以"我管"促"都管"。[1]在这四个层次中，充分体现了行政检察监督的能动性，以实质监督为主线，把行政争议实质性化解作为"监督权力"和"救济权利"的结合点，通过"抓末端、治已病"实现"抓前端、治未病"的目标。

（四）双赢多赢共赢理念

这一理念旨在强调监督不是你错我对的零和博弈，监督机关与被监督机关责任是共同的，目标是一致的，赢则共赢、损则共损。从主体看，在行政诉讼监督中，无论是人民法院、检察机关、行政机关，还是行政相对人，以及律师等主体，都处于共同的法律环境中，只是在特定的法律关系和工作中分工不同、职责不同。从履职看，检察机关通过充分履行行政检察职能，综合运用各种监督方式，在办案中监督、在监督中办案，着力建立监督者与被监督者之间的良性、积极关系，使行政检察在主观和客观方面都发挥促进和保障执法司法机关更全面更深刻理解法律、共同履行好职责的作用，努力实现双赢多赢共赢。从效果看，行政诉讼案件到检察环节时，往往历经多个环节，特别是在办理一些行政争议实质性化解案件中，矛盾交叉、跨度时间长、化解难度大，每一起案件的办理都牵动着民心、连着民利、关乎民情。在坚持双赢多赢共赢理念时，不能只守住形式法治底线，必须将天理、国法、人情融为一体，通过卓有成效的检察监督深化检察为民理念，以更好的办案效果，把为大局服务、为人民司法的政治责任、法治责任落到实处，努力实现政治效果、社会效果、法律效果的有机统一。

---

[1] 张相军等：《论"穿透式"行政检察监督》，载《人民检察》2021年第10期。

第二节　行政检察监督内容

一、对行政裁判结果的监督

对行政裁判结果的监督属于实体监督的重点，主要针对生效判决、裁定、调解书结果错误，通过监督法院裁判诉争纠纷活动，从检察机关视角审查审判活动和行政行为是否存在违法情形，提出监督意见，进而保障当事人的合法权益。可以申请行政检察监督的具体情形包括两大类：第一类是人民法院驳回再审申请或者逾期未对再审申请作出裁定，当事人对已经发生法律效力的行政判决、裁定、调解书，认为确有错误的；第二类是认为再审行政判决、裁定确有错误的。

申请时限上当事人应当在人民法院驳回再审申请裁定之日或者再审判决、裁定发生法律效力之日起6个月内提出；对人民法院逾期未对再审申请作出裁定的，应当在再审申请审查期限届满之日起6个月内提出。有下列特殊情形时，应当在知道或者应当知道之日起6个月内提出：一是有新的证据，足以推翻原生效判决、裁定的；二是原生效判决、裁定认定事实的主要证据系伪造的；三是据以作出原生效判决、裁定的法律文书被撤销或者变更的；四是审判人员在审理该案件时有贪污受贿、徇私舞弊、枉法裁判行为的。当事人在规定的时限内，对已经发生法律效力的行政判决、裁定、调解书向人民检察院申请监督的，由作出生效判决、裁定、调解书的人民法院所在地同级人民检察院负责控告申诉检察部门提出。

二、对行政审判程序中审判人员违法行为的监督

"正义不仅要实现，而且要以看得见的方式实现"，程序是维护司法公正的重要保障，是所有参与诉讼活动的主体都必须遵循的步骤、方式和阶段，同时程序也会对实体裁判的结果产生重要影响。当事人在行政审判过程中正常全面行使诉讼权利，是保障行政审判公平公正的重要因素，为此《行政诉讼法》等法律、司法解释规定了严格的诉讼程序，这些程序必须严格遵守才能保障相关案件的高质量审判。在监督的程序上，根据《人民检察院行政诉讼监督规则》第103条的规定，人民检察院依法对人民法院下列行政审判程序中审判人员违法行为进行监督：①第一审普通程序；②简易程序；③第二审程序；④审判监督程序。《行政诉讼法》第93条第3款规定，各级人民检察院对审判监督程序以外的其他审判程序中审判人员的违法行为，有权向同级人民法院提出检察建议，该条款的规定适用于法官、人民陪审员、法官助理、书记员。

从前述规定看，监督的四种程序基本涵盖了当事人提起行政诉讼的主要审判程序。行政诉讼的目的是解决行政争议，保护公民、法人和其他组织的合法权益，监督行政机关依法行使职权，而具体的审判程序是行政诉讼的有机组成部分，检察机关就是要

监督这些程序设计真正得到落实，切实保护当事人的合法权益。从监督的对象看，审判活动主要由参与审判工作的上述司法人员按照具体的分工开展落实，这些司法人员的审判活动都会推动行政审判程序的进行，也都会对当事人的诉讼权利产生或多或少的影响，检察机关通过对其进行监督，保障当事人的诉讼权利正当行使。从监督的方式看，检察机关如果发现行政审判程序中存在审判人员违法行为时，应当向同级法院提出检察建议，指出具体存在的问题并督促其进行纠正。检察机关一方面既维护当事人的合法权益，另一方面更是维护国家法律的统一正确实施，维护法律的权威和公正。在具体监督情形中，根据《人民检察院行政诉讼监督规则》的规定，[1]主要包括以下几个具体方面：

第一，判决、裁定确有错误但不适用再审程序纠正的。一般来说，判决裁定有错误，应属于检察机关对生效裁判的监督范畴，但是对于不适用再审程序纠正的，比如先予执行等裁定当事人不能上诉，检察机关不能通过抗诉、再审建议监督的，可以通过制发检察建议的方式进行监督。

第二，调解违反自愿原则或者调解协议内容违反法律的。根据《行政诉讼法》第60条第2款规定，调解应当遵循自愿、合法原则，不得损害国家利益、社会公共利益和他人合法权益。对于调解损害国家利益和社会公共利益的，检察机关以抗诉或再审检察建议的方式予以监督，对于有证据证明人民法院的调解书违反了自愿、合法原则的，检察机关以向人民法院发出检察建议方式进行监督。

第三，对公民、法人或者其他组织提起的诉讼未在法定期限内决定是否立案的。《行政诉讼法》第51条第1、2款规定，人民法院在接到起诉状时对符合本法规定的起诉条件的，应当登记立案。对当场不能判定是否符合本法规定的起诉条件的，应当接收起诉状，出具注明收到日期的书面凭证，并在7日内决定是否立案。不符合起诉条件的，作出不予立案的裁定。裁定书应当载明不予立案的理由。原告对裁定不服的，可以提起上诉。根据此规定，人民法院对当事人提起的诉讼应及时立案，这是当事人行使诉权、寻求通过诉讼解决纠纷的基础。因此，检察机关通过对人民法院不依法立案行为发出检察建议，可以有效保护当事人的诉讼进入法院审理阶段。

第四，审理案件适用审判程序错误的。按照繁简程度，行政审判程序分为普通程序和简易程序。《行政诉讼法》第82条规定，认定事实清楚、权利义务关系明确、争

---

[1]《人民检察院行政诉讼监督规则》第104条规定："人民检察院发现人民法院行政审判活动中有下列情形之一的，应当向同级人民法院提出检察建议：（一）判决、裁定确有错误，但不适用再审程序纠正；（二）调解违反自愿原则或者调解协议内容违反法律的；（三）对公民、法人或者其他组织提起的诉讼未在法定期限内决定是否立案的；（四）当事人依照《中华人民共和国行政诉讼法》第五十二条规定向上一级人民法院起诉，上一级人民法院未按该规定处理的；（五）审理案件适用审判程序错误的；（六）保全、先予执行、停止执行或者不停止执行行政行为裁定违反法律规定的；（七）诉讼中止或者诉讼终结违反法律规定的；（八）违反法定审理期限的；（九）对当事人采取罚款、拘留等妨害行政诉讼的强制措施违反法律规定的；（十）违反法律规定送达的；（十一）其他违反法律规定的情形。"《人民检察院行政诉讼监督规则》第105条规定："人民检察院发现同级人民法院行政审判程序中审判人员有《中华人民共和国法官法》第四十六条等规定的违法行为且有可能影响案件公正审判、执行的，应当向同级人民法院提出检察建议。"

议不大的三类案件,即被诉行政行为是依法当场作出的、案件涉及款额 2000 元以下的、属于政府信息公开的三类案件可以适用简易程序快速解决纠纷,提高效率降低成本。此外,其他案件经各方当事人同意适用简易程序的,也可以适用简易程序。除上述情况外的案件要适用普通程序,通过人民法院详细地审查认定事实作出判决。因此,如果人民法院错误地适用审判程序,对不符合条件的案件适用简易程序审理的,检察机关应当予以监督。

第五,保全、先予执行、停止执行或者不停止执行行政行为裁定违反法律规定的。保全制度可以为当事人的损失提供临时救济、保障裁判顺利执行,先予执行可以为弱势群体的当事人提供"未判先执"的司法救济。保全和先予执行虽然只是审判程序中暂时性的措施或行为,但出现错误仍会对当事人或者利害关系人的权益造成较大影响。《行政诉讼法》对保全及先予执行的适用条件、程序及执行范围都作出了详细规定,检察机关对人民法院违反相关规定,错误适用保全措施、超范围保全和先予执行的可以进行监督。

第六,诉讼中止或者诉讼终结违反法律规定的。诉讼中止是审判程序的暂停、诉讼终结是审判程序的结束,其都给当事人和诉讼过程带来重要影响。如适用不当,不但降低诉讼效率延长审理的时间,还可能会损害当事人的实体权益。当事人申请检察机关对人民法院错误中止或终结诉讼的,检察机关可予以监督。

第七,违反法定审理期限的。《行政诉讼法》及最高人民法院《关于适用〈中华人民共和国行政诉讼法〉的解释》对人民法院的一审程序、二审程序以及审判监督程序都是有审理期限的,普通程序及简易程序的审理期限也有明确规定。根据《行政诉讼法》及最高人民法院《关于适用〈中华人民共和国行政诉讼法〉的解释》的相关规定,一审普通程序的审理期限为 6 个月,简易程序的审理期限为 45 日,二审程序的审理期限为 3 个月,再审程序的审理期限为 6 个月。在无延长审理期限、扣除审理期限或诉讼中止等情形下,人民法院违反上述审理期限的,检察机关可予以监督。

第八,违反法律规定送达的。送达是指人民法院将诉讼文书等送交当事人。送达的方式有直接送达、邮寄送达、电子送达、留置送达、公告送达等。人民法院如不按照要求送达,导致当事人未收到法律文书,将影响当事人的合法权益,如一审裁判结果没有及时送达到当事人,会影响到当事人在法定期限内提起上诉;如未穷尽其他送达方式即公告送达,有可能导致当事人在不知晓案件的情况下败诉。因此,对于人民法院违反法律规定送达的情形,检察机关可以予以监督。

第九,对其他情况的监督。除此之外,对审判程序中审判人员存在违反《法官法》第 46 条等规定的违法行为,如贪污受贿、枉法裁判等违法违纪行为,这些行为都可能影响案件公正审判、执行,检察机关都可以予以监督。

三、对行政诉讼执行的监督

行政案件执行活动作为行政诉讼的最后一个环节,关系到行政诉讼目的的实现,也是维护法律权威的重要途径。所谓行政诉讼执行监督是指检察机关对人民法院执行裁定、决定违法以及执行实施行为违法的监督。具体而言，对行政诉讼执行的监督主要是加强对应执行而不执行、应采取执行措施而不采取、执行措施不充分、超标的执行、执行案外人财产等行为的监督；加强对执行程序监督以及对执行款物管理发放、终结本次执行等的监督，促进人民法院规范执法活动，通过监督纠正违法执行，推动解决执行难、执行乱。[1]人民检察院对行政诉讼执行活动的监督主要体现在《人民检察院行政诉讼监督规则》第109—111条中。

第一，具有《人民检察院行政诉讼监督规则》第109条规定的情形的。具体包括：①提级管辖、指定管辖或者对管辖异议的裁定违反法律规定的；②裁定受理、不予受理、中止执行、终结执行、终结本次执行程序、恢复执行、执行回转等违反法律规定的；③变更、追加执行主体错误的；④裁定采取财产调查、控制、处置等措施违反法律规定的；⑤审查执行异议、复议以及案外人异议作出的裁定违反法律规定的；⑥决定罚款、拘留、暂缓执行等事项违反法律规定的；⑦执行裁定、决定等违反法定程序的；⑧对行政机关申请强制执行的行政行为作出准予执行或者不准予执行的裁定违反法律规定的；⑨执行裁定、决定等有其他违法情形的。

第二，具有《人民检察院行政诉讼监督规则》第110条规定的情形的。《人民检察院行政诉讼监督规则》第110条规定人民检察院发现人民法院在执行活动中违反规定采取调查、查封、扣押、冻结、评估、拍卖、变卖、保管、发还财产，以及信用惩戒等执行实施措施的，应当向同级人民法院提出检察建议。

第三，具有《人民检察院行政诉讼监督规则》第111条规定的情形的。具体包括：①对依法应当受理的执行申请不予受理又不依法作出不予受理裁定的；②对已经受理的执行案件不依法作出执行裁定、无正当理由未在法定期限内采取执行措施或者执行结案的；③违法不受理执行异议、复议或者受理后逾期未作出裁定、决定的；④暂缓执行、停止执行、中止执行的原因消失后，不按规定恢复执行的；⑤依法应当变更或者解除执行措施而不变更、解除的；⑥对拒绝履行行政判决、裁定、调解书的行政机关未依照《行政诉讼法》第96条规定采取执行措施的；⑦其他不履行或者怠于履行执行职责行为的。

四、对行政非诉执行案件的监督

（一）行政非诉执行检察监督的概念

行政非诉执行检察监督是行政检察的重要组成部分。正如应松年教授所言，对行政检察应该从主体要素扩充监督范围，把握行政诉讼中的三方主体（法院、行政机关、

---

[1] 郭胜习、肖北庚：《行政诉讼执行监督之类案拓展——检察指导性案例第147号评析》，载《人民检察》2022年第12期。

当事人),以主体为原点增强监督实效。[1]《人民检察院行政诉讼监督规则》第108条规定:"人民检察院对人民法院行政案件执行活动实行法律监督。"而行政执行活动中的重要组成部分就是行政非诉执行。所谓行政非诉执行是指行政机关作出行政决定后,行政相对人在法定期限内不申请行政复议或提起行政诉讼,经催告后仍不履行确定的义务,没有强制执行权的行政机关向人民法院申请强制执行,人民法院经受理、审查,作出裁定准予行政机关或直接采取强制措施予以执行,从而使行政机关的行政决定内容得以实现的制度。基于此,结合检察实践及法律规定,行政非诉执行检察监督概念可定义为:人民检察院在《人民检察院组织法》的授权下,对符合法律规定情形的与行政非诉执行相关的行为,对人民法院的行为和行政机关行为进行监督的活动。从概念本质看,行政非诉执行检察监督主体是人民检察院,权力来源为法律授权(《人民检察院组织法》授权)。

(二) 行政非诉执行检察监督的主要环节

在监督过程中,发现行政机关的行政行为不规范、违法或者制度漏洞等,也可以向其提出改进工作的检察建议。一是人民法院对行政非诉执行申请是否依照《行政诉讼法》及其他相关行政法律法规进行立案审查,如是否存在应立案而不立案、应予执行而不执行、不应执行而准予执行的情形;是否存在把不属于法定"裁执分离"类型的非诉行政执行案件作"裁执分离"处理的情形。重点关注涉及国家利益、社会公共利益的行政决定的执行情况。二是人民法院对行政非诉法律文书的执行中是否存在违法情形。三是对行政机关而言,在其申请法院强制执行后,关注法院作为相关裁定明确要求行政机关执行但是行政机关未及时执行的情形。特别是对涉及国家利益和社会公共利益的案件,应注重从两个方面找准切入点,一方面,在源头上,关注行政机关是否及时申请法院强制执行;另一方面,在后续程序中,行政机关收到法院裁定后是否及时强制执行。在整个环节中,包括"受理+审查+执行"等多个步骤,缺一不可。[2]

1. 对法院立案的监督

重点监督法院是否存在怠于立案情形:第一种是对于行政机关向人民法院申请执行的行政行为,既关注其是否符合受理的相关规定,同时也要关注法院是否可以依法执行,要在法治框架下进行。按照我国法律规定,除涉及税的征收等规定了行政机关的行政强制执行权外,其他行政行为法院一般都可以依法受理。第二种是法院是否存在有案不立、拖延立案、人为控制立案、干扰依法立案等情况。相关法律及司法解释已明确了人民法院受理及审查非诉行政执行申请的期限。但实践中,对于行政机关强制执行申请,有些法院存在以上怠于立案的问题。

2. 对法院审查环节的监督

重点监督法院是否按照"重大明显违法"的标准尽到了依法审查义务。一是主体

---

[1] 应松年:《新时代行政检察未来发展六点思考》,载《检察日报》2019年9月9日。
[2] 张相军:《以行政非诉执行监督为突破口,做实行政检察工作》,载《检察日报》2019年5月27日。

是否适格。申请人是否有法定职权；是否有独立法人资格；是否能以自己的名义申请。二是具体行政行为是否存在重大明显违法情形。行政机关是否存在《行政强制法》第58条规定的情形、时间、结果、救济程序。"情形"即"缺事实+缺法规"。"时间"即规定了人民法院在受理行政机关申请之后，并不是没有期限限制，此处时间为30日。"结果"是指若人民法院经过审查后作出裁定予以执行决定，则进入执行环节，但有时也会存在裁定不予执行情况，此时人民法院不能仅凭自身司法强制作出裁定，而应当说明理由，并且按照规定的时间，通常是在5日内将相关法律文书送达行政机关。"救济程序"主要指在人民法院作出不予执行裁定后，若行政机关对此裁定存在不同意见，法律本着公平公正原则，明确规定行政机关的救济途径为复议，复议机关为上一级人民法院，提出的时间为15日。同时，为确保复议的高效性，明确复议审核期间为30日。

3. 对法院执行环节的监督

重点监督法院是否存在执行不规范问题：一是是否存在怠于执行行为的情形。如法院没有在30日内对非诉行政执行案件作出裁定的，以及法院作出准予执行裁定后，超出3个月内未予执行的。实践中，有些法院作出准予执行裁定后未采取适当的执行措施，甚至不采取任何措施，如对被执行人有可供执行的财产不及时予以执行，怠于行使财产调查权，除了查询被执行人银行存款外，没有调查其他财产状况，没有足额查封财产，案件久拖未能执行，或者直接以未发现可供执行财产而终结执行。二是是否存在执行不到位的情形。主要是法院未按照行政处罚决定书或行政征收决定书内容全面足额执行，执行中遇到障碍未穷尽法定执行措施就裁定终结执行。比较常见的是：在被执行人未申请延期或者分期缴纳罚款的情况下，仅执行一部分罚款就擅自结案；在存在罚款本金和逾期加处罚款或滞纳金情况下，只收缴罚款本金；在同时存在罚款处罚和责令恢复原状、限期拆除、退还土地等内容情况下，只执行罚款处罚。对此，应当加强审查把关，对于不符合终结执行程序条件的非诉行政执行案件，依法监督法院予以纠正，并跟踪实际执行效果。

4. 其他重点监督情形

实践中，法院非诉行政执行中还存在执行裁定错误、执行程序不规范、执行措施不当、侵害行政相对人或者案外人合法利益的情形。如执行费计算错误；留置送达、邮寄送达等送达程序不规范；未将到账的执行款物及时发放给申请执行人；行政决定明显存在错误而裁定执行；未经申请执行人同意就擅自终结执行程序；在行政处罚执行中，将被执行人账户资金全部冻结，导致其生产、经营、生活困难；在房屋拆迁行政裁决强制执行中，在根本无法安置情况下，要求被拆迁人立即搬迁，等等。对此，应坚持程序监督和实体监督并重，既依法理性监督又尊重法院自由裁量权，查清事实证据，找准法律依据，加强说理论证，有理有据有节地开展监督。

五、对行政违法行为的监督

开展行政违法行为检察监督，是检察机关发挥法律监督职能，督促行政机关依法行政和协同推进法治政府建设的内在要求，同时也是落实中央决策部署和助推国家法治进程的重大举措。所谓行政违法行为的监督是指检察机关在履行法律监督职责中对发现的行政机关违法行使职权或者不行使职权依法所进行的监督，属于对行政权的直接监督，与对行政权的间接监督一起构成了行政检察监督的"双轮驱动"模式。[1]从行政违法行为的具体类型看，包括行政执法违法、解决纠纷违法、制定规范违法。其中"行政执法违法"可分为违法行使职权和不行使职权。违法行使职权行为包括：行政执法主体不适格，超越或者滥用职权，适用法律、法规错误，违反法定程序，主要事实不清，主要证据不足，违反法律规定的涉公民人身、财产权益的行政强制措施、行政强制执行等。不行使职权行为主要是指不履行或者怠于履行法定职责的行为。"解决纠纷违法"主要是指行政裁决、调解、复议违法的情况。

从检察机关对行政违法行为开展监督的渊源看，最早可追溯到党的十八届四中全会通过的《关于全面推进依法治国若干重大问题的决定》，首次在中央文件中明确提出开展行政违法行为监督。习近平总书记在党的十八届四中全会关于该决定的说明中指出："而实际情况是，行政违法行为构成刑事犯罪的毕竟是少数，更多的是乱作为、不作为。"2015年，中共中央、国务院印发《法治政府建设实施纲要（2015-2020年）》，重申了十八届四中全会决定关于开展行政违法行为监督，并要求行政机关应当积极配合。最高人民检察院在《关于深化检察改革的意见（2013—2017年工作规划）》中也对检察机关开展行政违法行为监督提出了要求和规划，并颁布了《关于深入推进民事行政检察工作科学发展的意见》《人民检察院检察建议工作规定》等。2021年，中共中央专门制定了《关于加强新时代检察机关法律监督工作的意见》，再次强调和要求检察机关开展行政违法行为监督。但是，在具体实践过程中仍面临着法律供给不足的问题。根据《立法法》的规定，涉及人民检察院的职权事项，需要有法律明确授权。根据现行法律，对行政违法行为监督多是通过监督法院行政审判的同时，督促纠正案涉行政行为，实行"穿透式"监督。在具体运行中，应注重把握好"在履职中监督"的标准，即行政违法行为监督不是监督一切，应仅限于对行政违法行为的监督；不是直接监督，而是履职的延伸监督；不能超越职权获得监督线索。

六、行政争议实质性化解

行政争议化解在相关行政法律中，规范化的表述为"解决行政争议"，[2]并作为

---

[1] 安阳等：《行政违法行为监督：价值、类型及标准化构建》，载《中国检察官》2023年第7期。
[2] 《行政诉讼法》第1条规定，"为保证人民法院公正、及时审理行政案件，解决行政争议，保护公民、法人和其他组织的合法权益，监督行政机关依法行使职权，根据宪法，制定本法。"

《行政诉讼法》的立法目的之一。有学者指出，所谓行政争议实质性化解，应当把握三个核心点：一是把准何为当事人的实质性诉求；二是以能动司法促进案结事了、政和人和；三是实现"形式正义+实质正义"双重目标。[1]2019年，最高人民检察院在全国开展的专项活动中，将其表述为"行政争议实质性化解"。综合专项行动以及检察监督实践看，关于"行政检察促进争议实质争议化解"的具体内涵，可以从以下四个方面来理解：一是目标维度。行政争议化解旨在解决"程序空转"，主要指的是行政争议案件反复纠缠于法院是否应当受理、立案，不能进入实体问题的司法审查，经过一审、二审、再审等诉讼程序，案件实体问题还是不能进入法院审理程序，徒增当事人诉累。二是争议维度。实质性化解与单纯地解决争议最大的区别在于是否从诉源上将矛盾最终解决，真正地实现案结事了、政和人和。三是履职维度。检察机关推进行政争议实质性化解，并不仅仅依托单方意思表示，而是通过调查核实等多种方式全面透彻地掌握案件的真实情况，并且通过抗诉、再审检察建议、和解、公开听证等多元手段推进矛盾解决。四是治理维度。通过妥善化解行政争议，最终能够促进社会治理更加完善。

关于行政争议实质性化解的案件范围，《人民检察院开展行政争议实质性化解工作指引（试行）》专列第二章进行了规定，其中第4条规定："人民检察院应当在履行法律监督职责中依法开展行政争议实质性化解工作，促进案结事了。"第6条规定："行政检察监督案件具有下列情形之一且符合化解条件的，人民检察院应当开展行政争议实质性化解工作：（一）人民法院生效裁判存在错误，当事人合法权益受到侵害的；（二）人民法院生效裁判并无不当，当事人提起的诉讼因超过法定起诉期限等原因未进行实体审理，无法通过诉讼实现受损合法权益救济的；（三）行政审判程序违法，但通过监督纠正不能直接实现当事人合法权益救济的；（四）人民法院执行活动违法，但通过监督纠正不能直接实现当事人合法校验救济的；（五）行政相对人对行政决定未申请复议或者提起诉讼，在非诉执行阶段申请监督提出合法正当诉求的。"第5条规定了不宜展开行政争议实质性化解工作的案件。根据该条的规定，人民检察院不宜开展行政争议实质性化解工作的具体情况包括：①当事人申请监督事项不属于检察机关职权范围的；②当事人向司法机关、行政机关等作出息诉承诺后，无新的事实和理由向人民检察院申请监督的；③当事人明确拒绝检察机关开展化解争议的；④其他不宜情形。当事人诉求明显不合法、不合理的，人民检察院应当进行释法说理，不能以损害国家和社会公共利益、影响行政目标实现为代价化解争议。

---

[1] 参见章志远：《地方法院行政诉讼制度创新的法理解读——以上海法院近五年的实践为例》，载《华东政法大学学报》2020年第4期。

第三节 行政检察监督程序

一、受理的相关程序

（一）受理的途径

行政检察监督案件的受理途径主要包括三种：一是当事人向人民检察院申请监督；二是当事人以外的公民、法人或者其他组织向人民检察院控告；三是人民检察院依职权发现。根据《人民检察院行政诉讼监督规则》第36条的规定，人民检察院在履行职责中发现行政案件有下列情形之一的，应当依职权监督：①损害国家利益或者社会公共利益的；②审判人员、执行人员审理和执行行政案件时有贪污受贿、徇私舞弊、枉法裁判等行为的；③依照有关规定需要人民检察院跟进监督的；④人民检察院作出的不支持监督申请决定确有错误的；⑤其他确有必要进行监督的。人民检察院对行政案件依职权监督，不受当事人是否申请再审的限制。

（二）当事人向人民检察院提出申请

（1）申请监督的情形。当事人向人民检察院申请监督的情形包括如下几种：第一，人民法院驳回再审申请或者逾期未对再审申请作出裁定，当事人对已经发生法律效力的行政判决、裁定、调解书，认为确有错误的；第二，认为再审行政判决、裁定确有错误的；第三，认为行政审判程序中审判人员存在违法行为的；第四，认为人民法院行政案件执行活动存在违法情形的。当事人死亡或者终止的，其权利义务承继者可以依照前款规定向人民检察院申请监督。

（2）申请监督的时间。根据法律规定，当事人不服人民法院生效行政判决、裁定，应当先向人民法院申请再审，人民法院作出驳回再审申请裁定或者逾期未作裁定是当事人申请监督的前置条件。实践中，人民法院作出驳回再审申请裁定与实际送达常常存在时间差，有的甚至超过6个月才送达。如果按照裁定书载明的时间计算申请监督期限，不利于保障当事人的合法权利。为更好地保障当事人申请监督的权利，《人民检察院行政诉讼监督规则》第20条第1款规定，当事人向人民检察院申请监督，应当在人民法院送达驳回再审申请裁定之日或者再审判决、裁定发生法律效力之日起6个月内提出；人民法院逾期未对再审申请作出裁定的，当事人应当在再审申请审查期限届满之日起6个月内提出监督申请。将申请监督期限的起算点由"裁定作出之日"修改为"送达驳回再审申请裁定之日"，有利于更好地保障申请人获得检察救济的权利。[1]

（3）申请监督需提交的相关材料。当事人向人民检察院申请监督，应当提交监督申请书、身份证明、相关法律文书及证据材料。提交证据材料的，应当附证据清单。申请监督材料不齐备的，人民检察院应当要求申请人限期补齐，并一次性明确告知应

---

[1] 张相军等：《修订后〈人民检察院行政诉讼监督规则〉重点条文解读》，载《人民检察》2021年第17期。

当补齐的全部材料以及逾期未按要求补齐视为撤回监督申请的法律后果。申请人逾期未补齐主要材料的，视为撤回监督申请。监督申请书应当记明下列事项：第一，申请人的姓名、性别、年龄、民族、职业、工作单位、住址、有效联系方式，法人或者其他组织的名称、住所和法定代表人或者主要负责人的姓名、职务、有效联系方式；第二，其他当事人的姓名、性别、工作单位、住址、有效联系方式等信息，法人或者其他组织的名称、住所、法定代表人或者主要负责人的姓名、职务、有效联系方式等信息；第三，申请监督请求；第四，申请监督的具体法定情形及事实、理由。其中身份证明包括：公民的居民身份证、军官证、士兵证、护照等能够证明本人身份的有效证件；法人或者其他组织的统一社会信用代码证书或者营业执照、法定代表人或者主要负责人的身份证明等有效证照。相关法律文书是指人民法院在该案件诉讼过程中作出的全部判决书、裁定书、决定书、调解书等法律文书。

（三）人民检察院受理的条件

《人民检察院行政诉讼监督规则》第26条规定符合下列条件时人民检察院应当受理案件：①案件符合《人民检察院行政诉讼监督规则》第19条的规定；②案件符合《人民检察院行政诉讼监督规则》第20条的规定；[1]③申请人提供的材料符合规定；④属于本院受理案件范围；⑤不具有本规则规定的不予受理情形。《人民检察院行政诉讼监督规则》规定的不予受理的情形是指如下几种：①当事人对生效行政判决、裁定、调解书未向人民法院申请再审的；②当事人申请再审超过法律规定的期限的；③人民法院在法定期限内正在对再审申请进行审查的；④人民法院已经裁定再审且尚未审结的；⑤人民检察院已经审查终结作出决定的；⑥行政判决、裁定、调解书是人民法院根据人民检察院的抗诉或者再审检察建议再审后作出的；⑦申请监督超过本规则第20条规定的期限的；⑧根据法律规定可以对人民法院的执行活动提出异议、申请复议或者提起诉讼，当事人、利害关系人、案外人没有提出异议、申请复议或者提起诉讼的，但有正当理由或者人民检察院依职权监督的除外；⑨当事人提出有关执行的异议、申请复议、申诉或者提起诉讼后，人民法院已经受理并正在审查处理的，但超过法定期

---

[1] 《人民检察院行政诉讼监督规则》第19条规定："有下列情形之一的，当事人可以向人民检察院申请监督：（一）人民法院驳回再审申请或者逾期未对再审申请作出裁定，当事人对已经发生法律效力的行政判决、裁定、调解书，认为确有错误的；（二）认为再审行政判决、裁定确有错误的；（三）认为行政审判程序中审判人员存在违法行为的；（四）认为人民法院行政案件执行活动存在违法情形的。当事人死亡或者终止的，其权利义务承继者可以依照前款规定向人民检察院申请监督。"第20条规定："当事人依照本规则第十九条第一款第一项、第二项规定向人民检察院申请监督，应当在人民法院送达驳回再审申请裁定之日或者再审判决、裁定发生法律效力之日起六个月内提出；对人民法院逾期未对再审申请作出裁定的，应当在再审申请审查期限届满之日起六个月内提出。当事人依照本规则第十九条第一款第一项、第二项规定向人民检察院申请监督，具有下列情形之一的，应当在知道或者应当知道之日起六个月内提出：（一）有新的证据，足以推翻原生效判决、裁定的；（二）原生效判决、裁定认定事实的主要证据系伪造的；（三）据以作出原生效判决、裁定的法律文书被撤销或者变更的；（四）审判人员在审理该案件时有贪污受贿、徇私舞弊、枉法裁判行为的。当事人依照本规则第十九条第一款第三项、第四项向人民检察院申请监督，应当在知道或者应当知道审判人员违法行为或者执行活动违法情形发生之日起六个月内提出。本条规定的期间为不变期间，不适用中止、中断、延长的规定。"

限未作出处理的除外;⑩其他不应当受理的情形。

(四)人民检察院受理案件的部门

当事人对已经发生法律效力的行政判决、裁定、调解书向人民检察院申请监督的,由作出生效判决、裁定、调解书的人民法院所在地同级人民检察院负责控告申诉检察的部门受理。当事人认为行政审判程序中审判人员存在违法行为或者执行活动存在违法情形,向人民检察院申请监督的,由审理、执行案件的人民法院所在地同级人民检察院负责控告申诉检察的部门受理。当事人不服审理、执行案件人民法院的上级人民法院作出的复议裁定、决定等,向人民检察院申请监督的,由作出复议裁定、决定等的人民法院所在地同级人民检察院负责控告申诉检察的部门受理。人民检察院不依法受理当事人监督申请的,当事人可以向上一级人民检察院申请监督。上一级人民检察院认为当事人监督申请符合受理条件的,应当指令下一级人民检察院受理,必要时也可以直接受理。人民检察院负责控告申诉检察的部门对监督申请,应当在7日内根据以下情形作出处理,并答复申请人:①符合受理条件的,应当依照本规则规定作出受理决定;②不属于本院受理案件范围的,应当告知申请人向有关人民检察院申请监督;③不属于人民检察院主管范围的,告知申请人向有关机关反映;④不符合受理条件,且申请人不撤回监督申请的,可以决定不予受理。负责控告申诉检察的部门应当在决定受理之日起3日内制作《受理通知书》,发送申请人,并告知其权利义务。负责控告申诉检察的部门应当在决定受理之日起3日内将案件材料移送本院负责行政检察的部门,同时将《受理通知书》抄送本院负责案件管理的部门。负责控告申诉检察的部门收到其他当事人提交的书面意见等材料,应当及时移送负责行政检察的部门。

二、审查的方式

(一)调查核实

检察监督基于查明案件相关事实的需要,天然蕴含调查核实的权力内核。行政检察调查核实是个案监督工作的基础,是行政相对人表达诉求和补充法院卷宗外相关案件事实的重要途径,关系案件办理的质量和效果,以及实质性化解行政争议工作的正常开展。行政检察调查核实权是指检察机关在行政诉讼监督活动中,为作出正确监督决定,实质性化解行政争议,对采用书面审查无法确认的事实,采用询问、查询、鉴定等方式收集、核实相关证据或材料的权力。[1]《人民检察院行政诉讼监督规则》第二节专门规定"调查核实"。具体而言,可以向当事人或者案外人调查核实有关情况主要包括:①行政判决、裁定、调解书可能存在法律规定需要监督的情形,仅通过阅卷及审查现有材料难以认定的;②行政审判程序中审判人员可能存在违法行为的;③人民法院行政案件执行活动可能存在违法情形的;④被诉行政行为及相关行政行为可能违法的;⑤行政相对人、权利人合法权益未得到依法实现的;⑥其他需要调查核实的情形。人民

---

[1] 韩成军:《行政检察调查核实权的规范化运行》,载《国家检察官学院学报》2021年第5期。

检察院不得为证明行政行为的合法性调取行政机关作出行政行为时未收集的证据。受行政检察调查核实对象复合性的影响，有时人民检察院难以通过阅卷等方式认定相关事实，可通过听取人民法院相关审判、执行人员的意见，全面了解案件审判、执行的相关事实和理由。

调查核实的具体措施包括：①查询、调取、复制相关证据材料；②询问当事人、有关知情人员或者其他相关人员；③咨询专业人员、相关部门或者行业协会等对专门问题的意见；④委托鉴定、评估、审计；⑤勘验物证、现场；⑥查明案件事实所需要采取的其他措施。人民检察院可以就专门性问题书面或者口头咨询有关专业人员、相关部门或者行业协会的意见。认为确有必要的，可以勘验物证或者现场。在诸多调查核实方式中，选择哪种调查核实方式，应当由检察官结合不同的案情、不同的证据种类，以有利于查清待证事实为标准灵活把握所用方式即可。当然，调查核实不得采取限制人身自由和查封、扣押、冻结财产等强制性措施。

（二）检察听证

检察听证工作是在新时代背景下，检察机关积极践行以人民为中心的发展思想，更好地满足人民群众知情权、参与权和监督权的重要举措，也是检察机关不断探索增强司法公信力的有益实践。在行政检察中，通过引入检察听证，在国家机关作出决定之前，给利害关系人提供发表意见、提出证据的机会，对特定事项进行质证、辩驳，其实质是听取利害关系人的意见。对于推动国家治理、彰显民主理念、推动法治进步具有重要价值。从治理维度看，有助于更新司法理念，更好地提升社会治理水平。理念是指引、引领检察办案的思想和灵魂。从民主的维度看，以公开促公正，有助于贯彻全过程人民民主。检察听证的引入，通过调查核实夯实证据基础、邀请多方主体参与强化民主参与、全面关注人民群众需求、优化听证规则的全流程设计，把全过程人民民主的理念贯穿其中，真正地践行以人民为中心。从公信的维度看，有助于做实行政检察，推动实现正义与公平。美国学者萨默斯认为："大部分公民宁愿自行管理自己的事务，也不愿意别人主宰自己的命运，哪怕别人做得要比自己更好。"借助"专家外脑"参与办案，有助于帮助检察官查清相关专业问题，进一步理清行政诉讼法律关系，为最终作出公正处理结果具有积极的作用。同时，一些具有社会良知的听证员将从案件处理社会价值的角度发布意见，给案件承办人从另一个思路思考案件的处理方式，从而实现案件办理政治效果、社会效果、法律效果的统一，让老百姓在每一起案件中感受到实质性的公平与正义。

《人民检察院行政诉讼监督规则》在第四章"审查"中单设一节，用9个条文专门规定听证程序，在与《人民检察院审查案件听证工作规定》保持一致的基础上，结合行政诉讼监督案件的特点，作了更具体明确的规定。比如，第69条第2款规定："人民检察院应当邀请人民监督员参加听证会，依照有关规定接受人民监督员监督。"人民监督员担任听证员或旁听听证会，对促进检察机关办案公正、最大限度凝聚共识、实现行政争议实质性化解具有十分重要的意义。再如，第70条规定人民检察院决定召开听证会的，在听证 3 日前告知听证会参加人案由、听证时间和地点；告知当事人主持听证会的检察官及听证员的姓名、身份。第 75 条规定，听证员的意见是人民检察院依法处理案件的重要参考。通过这些规定，可以更好地保障听证活动的公开性、公平性和公正性。

（三）智慧借助

行政检察案件的绝对数量虽然不大，但案件所涉领域广泛、专业性强、技术性强，检察理念也在不断更新，办案行政检察监督案件，需要借助"检校合作""专家智库"等平台，更好地提升行政检察监督的精准性。2018 年 7 月，最高人民检察院专门出台《最高人民检察院民事行政诉讼监督案件专家咨询论证工作办法》，依照这一工作办法，最高人民检察院聘请包括专家学者、退休法官、律师在内的 100 余名专家，组建民事行政诉讼监督案件专家委员会。《人民检察院行政诉讼监督规则》在总则的第 5 条、第四章审查的第 47 条、第 50 条明确规定了智慧借助原则。其中，第 5 条第 2 款规定："人民检察院办理行政诉讼监督案件，应当加强智慧借助，对于重大、疑难、复杂问题，可以向专家咨询或者组织专家论证，听取专家意见建议。"第 47 条第 1 款规定："人民检察院审查案件，应当听取当事人意见，调查核实有关情况，必要时可以举行听证，也可以听取专家意见。"第 50 条规定："人民检察院审查案件，对于事实认定、法律适用的重大、疑难、复杂问题，可以采用以下方式听取专家意见：（一）召开专家论证会；（二）口头或者书面咨询；（三）其他咨询或者论证方式。"对智慧借助的适用和方式进行细化。

（四）大数据赋能

实施数字检察战略，是法律监督质效飞跃的关键变量和科技翅膀，是检察机关服务大局、为民司法的新引擎新驱动，是落实党的二十大对检察机关法律监督工作提出更高要求的重要抓手。大数据赋能是检察工作现代化的"船"与"桥"，是行政检察提高工作质效、转型升级的重要抓手与引擎。面对检察工作发展的新形势，需要以"数字革命"驱动新时代行政检察监督提质增效，进一步树牢大数据法律监督理念。通过推广数据赋能监督的先进经验做法，帮助各地树立运用大数据办案理念，理解、掌握、运用大数据法律监督的办案方法，将大数据理念和运用整合到行政检察业务各环节，为线索发现、问题甄别、证据收集及结论研判提供重要支持和参考，进而形成"个案发现—类案监督—系统治理"的行政检察监督工作机制。进一步扩展行政检察监督数据源。坚持问题和需求导向，遵循"先建机制后建平台"的路径推进行政机关与检察机关信息共享和数据联通，打破"信息孤岛""数据壁垒"。构建覆盖行政检察业务领域"数据池"，为持续以数据碰撞比对生成行政检察监督生产力夯实基础。依托与自然资源行政主管部门等搭建的行政执法与行政检察衔接信息平台，通过数据分析、数据碰撞、数据挖掘发现治理漏洞或者监督线索，推动办案模式从"个案为主、数量驱动"向"类案为主、数据赋能"转变。

(五) 司法救助

司法救助作为改善民生、健全社会保障体系的重要组成部分，是一项"一头牵着百姓疾苦，一头系着司法关怀"的民生工程。人民检察院开展国家司法救助工作，是人民检察院在办理案件过程中，对遭受犯罪侵害或者民事侵权，无法通过诉讼获得有效赔偿，生活面临急迫困难的当事人采取的辅助性救济措施。司法救助遵循应救助尽救助、公平合理救助、属地救助、辅助性救助四大原则。《人民检察院行政诉讼监督规则》第134条规定："人民检察院办理行政诉讼监督案件，对于申请人诉求具有一定合理性，但通过法律途径难以解决，且生活困难的，可以依法给予司法救助。对于未纳入国家司法救助范围或者实施国家司法救助后仍然面临生活困难的申请人，可以引导其依照相关规定申请社会救助。"实践中，司法救助在行政争议实质性化解案件中运用较多。

三、行政检察监督的具体方式

(一) 抗诉

抗诉是行政检察监督中最传统、最有效，也是最具监督刚性的一种监督方式。《行政诉讼法》第93条第1、2款规定："最高人民检察院对各级人民法院已经发生法律效力的判决、裁定，上级人民检察院对下级人民法院已经发生法律效力的判决、裁定，发现有本法第九十一条规定情形之一，或者发现调解书损害国家利益、社会公共利益的，应当提出抗诉。地方各级人民检察院对同级人民法院已经发生法律效力的判决、裁定，发现有本法第九十一条规定情形之一，或者发现调解书损害国家利益、社会公共利益的，可以向同级人民法院提出检察建议，并报上级人民检察院备案；也可以提请上级人民检察院向同级人民法院提出抗诉。"1979年《人民检察院组织法》第18条第1款规定："最高人民检察院对于各级人民法院已经发生法律效力的判决和裁定，上级人民检察院对于下级人民法院已经发生法律效力的判决和裁定，如果发现确有错误，应当按照审判监督程序提出抗诉。"根据法律规定，人民检察院抗诉原则上是"上级抗"，即由上级人民检察院对下级人民法院生效的行政判决、裁定向与上级检察院同级的人民法院提出抗诉。最高人民检察院对最高人民法院已经发生法律效力的判决、裁定是"同级抗"。《人民检察院行政诉讼监督规则》第89条规定："符合本规则第八十八条规定的案件有下列情形之一的，地方各级人民检察院应当提请上一级人民检察院抗诉：（一）判决、裁定是经同级人民法院再审后作出的；（二）判决、裁定是经同级人民法院审判委员会讨论作出的；（三）其他不适宜由同级人民法院再审纠正的。"第90条第1款规定："地方各级人民检察院发现同级人民法院已经发生法律效力的行政判决、裁定具有下列情形之一的，应当提请上一级人民检察院抗诉：（一）原判决、裁定适用法律、法规确有错误的；（二）审判人员在审理该案件时有贪污受贿、徇私舞弊、枉法裁判行为的。"第91条规定"地方各级人民检察院发现同级人民法院已经发生法律效力的行政调解书损害国家利益或者社会公共利益的，可以向同级人民法院提出再审检察建议，也可以提请上一级人民检察院抗诉。"

（二）再审检察建议

再审检察建议，是指地方各级人民检察院在行政检察监督工作中，发现同级人民法院发生法律效力的行政裁判确有错误的案件，行政调解书损害国家利益、社会公共利益的案件，以再审检察建议的方式，建议人民法院依职权自行启动再审程序重新审理案件的一种监督方式。[1]《人民检察院行政诉讼监督规则》第88条规定："地方各级人民检察院发现同级人民法院已经发生法律效力的行政判决、裁定有下列情形之一的，可以向同级人民法院提出再审检察建议：（一）不予立案或者驳回起诉确有错误的；（二）有新的证据，足以推翻原判决、裁定的；（三）原判决、裁定认定事实的主要证据不足、未经质证或者系伪造的；（四）违反法律规定的诉讼程序，可能影响公正审判的；（五）原判决、裁定遗漏诉讼请求的；（六）据以作出原判决、裁定的法律文书被撤销或者变更的。"可见，与抗诉相比，再审检察建议具有协商性、高效性等特点。有前述六种情形之一的，可以提出再审检察建议，但如果判决裁定是经同级人民法院再审后作出的；或者是经同级人民法院审判委员会讨论作出的；或者有其他不适宜同级人民法院再审纠正的情形的，应当适用抗诉方式。

（三）检察建议

检察建议是人民检察院依法履行法律监督职责，参与社会治理，维护司法公正，促进依法行政，预防和减少违法犯罪，保护国家利益和社会公共利益，维护个人和组织合法权益，保障法律统一正确实施的重要方式。根据《人民检察院检察建议工作规定》，检察建议主要包括再审检察建议、纠正违法检察建议、公益诉讼检察建议、社会治理检察建议和其他检察建议。根据《人民检察院行政诉讼监督规则》第104条规定："人民检察院发现人民法院行政审判活动有下列情形之一的，应当向同级人民法院提出检察建议：（一）判决、裁定确有错误，但不适用再审程序纠正的；（二）调解违反自愿原则或者调解协议内容违反法律的；（三）对公民、法人或者其他组织提起的诉讼未在法定期限内决定是否立案的；（四）当事人依照《中华人民共和国行政诉讼法》第五十二条规定向上一级人民法院起诉，上一级人民法院未按该规定处理的；（五）审理案件适用审判程序错误的；（六）保全、先予执行、停止执行或者不停止执行行政行为裁定违反法律规定的；（七）诉讼中止或者诉讼终结违反法律规定的；（八）违反法定审理期限的；（九）对当事人采取罚款、拘留等妨害行政诉讼的强制措施违反法律规定的；（十）违反法律规定送达的；（十一）其他违反法律规定的情形。"第105条规定："人民检察院发现同级人民法院行政审判程序中审判人员有《中华人民共和国法官法》第四十六条等规定的违法行为且可能影响案件公正审判、执行的，应当向同级人民法院提出检察建议。"可见，涉及行政检察监督的检察建议主要为社会治理类检察建议、纠正违法检察建议。

---

[1] 杨春雷等主编：《行政检察业务》，中国检察出版社2022年版，第30页。

(四) 其他监督方式

除以上行政检察监督方式外,《人民检察院行政诉讼监督规则》还规定了其他类型的监督方式。比如,为落实监督责任,避免"一抗了之",《人民检察院行政诉讼监督规则》完善了对抗诉案件的跟进监督机制。跟进监督包括督促、审判程序违法行为监督、再次提出抗诉等方式。第94条第2款规定:"人民检察院提出抗诉后,接受抗诉的人民法院未在法定期限内作出审判监督的相关裁定的,人民检察院可以采取询问、走访等方式进行督促,并制作工作记录。人民法院对抗诉案件裁定再审后,对于人民法院在审判活动中存在违反法定审理期限等违法情形的,依照本规则第六章规定办理。"最高人民法院《关于适用〈中华人民共和国行政诉讼法〉的解释》第124条规定,接受抗诉的人民法院应当自收到抗诉书之日起30日内裁定再审。对于"三十日内裁定再审",司法实践中主要存在两种认识:一种观点认为,作出30日的相对较短的日期限制,是为了防止因接受抗诉的人民法院工作拖延而迟迟不作出进入再审程序的裁定;另一种观点认为,30日的规定,除有督促人民法院及时裁定再审之意,还包含有接受抗诉的人民法院审查抗诉是否符合形式要件的立法本意,抗诉符合形式要件的,人民法院应在30日内作出再审的裁定。需要注意的是,以上的审查应当属于形式审查,至于抗诉理由是否应当支持,属于裁定再审之后再审法院的审查任务。为确保监督实效,《人民检察院行政诉讼监督规则》增加了关于提出抗诉的人民检察院可以再次提出抗诉的规定,以确保抗诉案件的监督实效,维护法律权威和检察监督的严肃性。《人民检察院行政诉讼监督规则》第94条第3款规定:"人民检察院提出抗诉的案件,接受抗诉的人民法院将案件交下一级人民法院再审,下一级人民法院审理后作出的再审判决、裁定仍符合抗诉条件且存在明显错误的,原提出抗诉的人民检察院可以再次提出抗诉。"在个别案件中,接受抗诉的人民法院自行再审(即提审)的案件,如果所作再审判决、裁定、调解书仍符合抗诉条件且存在明显错误的,人民检察院应当按照《人民检察院行政诉讼监督规则》第125条的规定跟进监督或者提请上级人民检察院监督。比如,发现地方性法规同行政法规相抵触的,或者认为规章以及国务院各部门、省、自治区、直辖市和设区的市、自治州的人民政府发布的其他具有普遍约束力的行政决定、命令同法律、行政法规相抵触的,可以层报最高人民检察院,由最高人民检察院向国务院书面提出审查建议。再如,发现涉嫌违纪违法犯罪以及需要追究司法责任的行为,经检察长批准,应当及时将相关线索及材料移送有管辖权的机关或者部门。

第六章
公益诉讼检察

第一节 公益诉讼检察概述

一、公益诉讼检察的概念与基本特征

公益诉讼检察制度是中国特色社会主义法治体系的重要组成部分，是习近平法治思想的生动实践和成果展示。主要体现在：

第一，公益诉讼检察制度契合习近平法治思想关于推进法治政府的战略布局。党的十八届四中全会提出全面推进依法治国，而全面推进依法治国，必须以规范和约束公权力为重点。在行政权、审判权、检察权中，行政权本身具有扩张性、侵犯性、任意性的内在基因，是最易被滥用的权力，同时也是最不愿接受监督、最难以监督的权力。把公权力关进制度的笼子，要害是规范和约束行政权力。在全面依法治国系统工程中，法治政府建设是重点任务和主体工程，需要重点推进、率先突破。而公益诉讼检察制度的改革初衷，实质就是由检察机关这一适格主体，及时将行政机关损害公共利益、国家利益的乱作为和不作为纳入司法监督范围，通过检察建议后的行政机关自行整改或法院行政判决后的执行，利用司法介入的手段逐步扭转一些地方和部门的行政乱象，堵塞原有制度中司法手段无法作用的漏洞，防止一些苗头性问题演变为刑事犯罪，促进依法行政、严格执法，最终构建法治政府重点工程。

第二，公益诉讼检察制度契合习近平法治思想关于以人民为中心的发展理念。人民是依法治国的主体，社会主义法治建设必须为了人民、依靠人民、造福人民、保护人民。随着中国特色社会主义进入新时代，社会主要矛盾转化为人民日益增长的美好生活需要和不平衡不充分的发展之间的矛盾。公益诉讼检察制度能够在生态环境和资源保护、食品药品安全等重点领域发挥作用，用法律手段有效保障人民幸福生活这一最大的人权。

第三，公益诉讼检察制度契合习近平法治思想关于中国特色社会主义的方向指引。中国特色社会主义法治道路本质上是中国特色社会主义在法治领域的具体体现。公益诉讼检察制度是从中国国情和实际出发，传承中华优秀传统法律文化，学习借鉴人类

法治文明的有益成果，从我国建设和改革实践中探索得出的适合自己的法治道路。如行政公益诉讼中，我国一方面明确赋予检察机关提起行政公益诉讼的职权，又设置了诉前程序，要求检察机关在起诉前先通过检察建议或磋商等方式督促行政机关依法履职，只有在诉前程序无效的情况下才能以提起诉讼作为后续保障手段。民事公益诉讼方面，针对国外民事公益诉讼大多由社会组织提起，但我国社会组织发展相对滞后，很难迅速承担起公益保护重任的现状，在赋予检察机关提起民事公益诉讼职责的同时，明确相关社会组织提起民事公益诉讼的，人民检察院可以通过多种方式支持起诉。

第四，公益诉讼检察制度契合以法治方式推进社会治理体系和治理能力现代化的逻辑思路。习近平法治思想明确法治是国家治理体系和治理能力的重要依托，要实现国家治理现代化，必须推进国家治理的制度化、程序化、法治化。中共中央《关于坚持和完善中国特色社会主义制度 推进国家治理体系和治理能力现代化若干重大问题的决定》明确提出"拓展公益诉讼案件范围"，是对检察公益诉讼在国家治理体系中重要地位和制度价值的权威确认。从制度改革初衷看，赋予检察机关提起公益诉讼的职权，就是为了通过公平、公正、公开的司法程序弥补对侵害公共利益的行政违法行为的治理漏洞，有效地发挥司法手段在监督行政权力、维护公益方面的治理效能，其实质就是以法治的思维和法治的方式推动国家治理体系和治理能力现代化。

第五，公益诉讼检察制度丰富了中国特色社会主义检察制度，是中国特色社会主义法治体系的重要组成部分。习近平法治思想是在新时代中国特色社会主义法治建设的实践中逐步形成和完善的，也必将指导中国特色社会主义法治体系继续创新发展。发展中国特色社会主义法治体系，需要形成完备的法律规范体系、高效的法治实施体系、严密的法治监督体系、有力的法治保障体系。公益诉讼检察是基于检察机关作为法律监督机关的宪法定位而新增加的一项检察职能，是检察机关以诉的方式履行法律监督职责的制度，也是严密法治监督体系的重要环节。公益诉讼检察不仅充分体现了检察机关法律监督的性质，具有传统检察权监督性、程序性、有限性、兜底性和协同性等特点，还对检察机关法律监督职能内涵和外延进行科学拓展延伸，具有主动性和全流程特点，为检察机关贯彻落实习近平法治思想，在中国特色社会主义法治体系中发挥更加重要的作用提供了更加有力的抓手，也必将为习近平法治思想的科学性、人民性、时代性等提供生动注脚和实践依据。

（一）公益诉讼检察的概念

公益诉讼检察是由党中央和习近平总书记亲自决策、部署和推进的重大改革举措，是以法治思维和法治方式推进国家治理体系和治理能力现代化的一项重要制度安排。相比传统的刑事检察、民事检察、行政检察，公益诉讼检察是一项全新的检察制度。

公益诉讼检察是指对在法律规定的领域内损害国家利益或社会公共利益的违法行为，由检察机关以"公益诉讼起诉人"的身份向人民法院提起诉讼的制度。

（二）公益诉讼检察的基本特征

我国的公益诉讼检察在制度层面并未成熟定型，但在办案数量、运行模式、价值追求和实际效果等诸多方面，已经呈现出不同于其他国家的特点，形成鲜明的中国特色。主要有以下几个特点[1]：

第一，政治性。检察机关提起公益诉讼制度是由党中央决策部署和推动的，地方各级党委、人大、政府高度重视。公益诉讼办案围绕党和国家中心工作、主动服务大局开展。检察机关通过办案参与国家治理和社会治理，办理一案，解决一片，案件效果辐射面广，系统性强。

第二，人民性。不同于西方国家只包括个人利益加重形成的公共利益，我国公益诉讼中的公共利益不仅包括制度公益、国家利益，还包括无法还原为个体利益的大多数人的利益等。《行政诉讼法》规定为国家利益和社会公共利益（《民事诉讼法》规定为社会公共利益），这是由我国的国家性质决定的，体现了公共利益与人民利益的一致性。公益诉讼的人民性还体现在社会各界和广大人民群众的共同参与。人大代表、政协委员提出建议、提案，人民群众在线索提供、参与和监督案件办理、推动问题整改等各个实践环节发挥了积极作用，凸显了我国公益诉讼检察的人民性特点，为了人民、代表人民，而且依靠人民实现更好的制度效果。

第三，法律监督性。授权专门的国家机关作为法定职责承担公益诉讼工作，是解决"公地悲剧"治理难题的新方案，在办案规模和效果上不可同日而语（从公益诉讼的主要领域——环境公益诉讼看，美国每年的案件在80件左右，我国的社会组织提起的案件每年五六十件）。公益诉讼检察实践体现了法律监督职能运行的程序性、兜底性、有限性等多重特点和规律。

第四，协同性。协同性是指多部门多职能协同配合形成合力。我国的政权性质决定检察机关与行政机关在维护公益上目标一致，行政机关承担维护公益的直接、主要的责任，检察机关是第二顺位的，要充分发挥行政机关自我纠错的职能作用，与行政机关形成既依法督促又协同履职的新型监督关系，通过诉前程序与诉讼相衔接的独特程序设计来实现。加强与法院、监察委员会等机关的协调协作，以检察监督撬动、激活其他的公益保护制度机制，实现双赢多赢共赢。

上述特点是与我国的政治优势与社会主义制度优势联系在一起的，在公益诉讼检察中彰显为独特的制度效能。

二、公益诉讼检察的起源与发展

（一）公益诉讼检察的起源

检察机关提起公益诉讼的初衷是为保护公共利益。博登海默认为公共利益有两重意义：一是指社会公共利益，即为社会全部或部分成员所享有的利益，包括一般安全利益、个人生活方面的利益、保护道德的利益、保护社会资源（自然资源和人力资源）的利益以及经济、政治和文化进步方面的利益等。二是指国家公共利益，涉及政治组

---

[1] 胡卫列：《中国检察公益诉讼基本特征和理论制度构建》，载《中国检察》2019年第15期。

织社会的生活并以政治组织社会名义提出的主张、要求或愿望。

公益诉讼起源于国外,本身并不是具有特定含义的专业法律术语。其最早出现在罗马法中,罗马法规定:除法律有特定规定外,市民均可提出旨在保护社会公共利益的诉讼。法国在1840年将检察制度引入公益诉讼领域,确立了检察机关提起民事公益诉讼的制度。

公益诉讼检察的理论基础有三,具体包括[1]:

第一,公益代表人理论。即检察机关被拟制为全体社会成员公共利益的代表人,履行公益保护的职能。根据宪法,检察机关是我国的法律监督机关,具有代表人民群众监督法律实施的职能,而以宪法为母法的社会主义法律体系的任务同样是维护社会公共利益,因此检察机关提起民事公益诉讼与行政公益诉讼是法律监督职能深化的体现。检察机关具有刑事公诉的丰富经验,善于调查取证与诉讼,可以最大程度发挥公益诉讼的公益保护作用。

第二,公诉权理论。即检察机关通过行使公诉权维护国家统治秩序。检察机关基于维护国家统治秩序的目的,行使公诉权追究实施严重社会危害性行为人的刑事责任,而民事领域和行政领域同样存在遏制社会危害性行为的需要。衡量国家统治秩序是善治还是恶治,以是否最大程度保护社会公共利益为标准。为提升社会主义法治水平,必须赋予检察机关公益诉讼权以充实公诉权。

第三,国家干预理论。国家应当以立法、司法等手段明确私权和公权行为的活动边界,制止可能或已经侵害公共利益的行为。随着我国社会的发展,民事领域与行政领域侵害社会公共利益的行为日益增多,社会危害性日趋严重,而公益诉讼检察正是国家干预这类行为的重要方式。尤其是在环境污染频发、食品药品安全事故、安全生产事故等多发局面之下,社会公共利益较为脆弱,检察机关更应肩负起干预滥用私权和公权力行为的重任。

(二) 公益诉讼检察的沿革

1. 检察机关早期的公益保护探索

1990年实施的《行政诉讼法》和1991年实施的《民事诉讼法》明确了检察机关对行政诉讼、民事审判活动的法律监督职能,检察机关提起公益诉讼制度拥有了探索和实践的空间。1997年河南省方城县人民检察院就该县工商局擅自出让房地产致使国有资产流失向人民法院提起公益诉讼,这是中国改革开放以来由检察机关提起的第一起公益诉讼案。此后江苏、广东、浙江等省陆续有一些地方检察机关在保护国有资产、保护社会公共利益领域开展主动提起诉讼的探索,取得了较好的成效,也积累了一些经验做法,但始终缺乏明确的法律授权。2004年6月17日,最高人民法院《关于恩施市人民检察院诉张苏文返还国有资产一案的复函》认为:"检察机关以保护国有资产和公共利益为由,以原告身份代表国家提起民事诉讼,没有法律依据,此案件不应受理,

---

[1] 宁成林:《检察公益诉讼发展路径探究》,载《兰州教育学院学报》2020年第7期。

如已受理,应当驳回起诉。"此后,各地检察机关提起公益诉讼工作陷入暂时停滞。2008年起,河南、湖南、山东、四川、贵州、广东、浙江、重庆、江西、福建等地检察机关在生态保护和环境污染损害赔偿领域开展了新一轮公益诉讼探索,办理了一批富有成效的案件。2013年起施行的《民事诉讼法》首次在法律层面明确规定了民事公益诉讼制度,该法第55条规定,"对污染环境、侵害众多消费者合法权益等损害社会公共利益的行为,法律规定的机关和有关组织可以向人民法院提起诉讼"。因将提起公益诉讼的主体规定为"法律规定的机关和有关组织",并未明确检察机关是否可以直接提起诉讼,一些地方检察机关以支持社会团体起诉的方式开展公益诉讼探索。

2. 作为制度的公益诉讼检察

党中央和习近平总书记高度重视检察机关提起公益诉讼工作。2014年10月,党的十八届四中全会提出探索建立检察机关提起公益诉讼制度,明确检察机关直接提起诉讼。习近平总书记在全会上对这项改革作了专门说明,深刻阐释了检察机关提起公益诉讼的重大意义,为试点工作引领航向。习近平总书记在说明中强调:"在现实生活中,对一些行政机关违法行使职权或者不作为造成对国家和社会公共利益侵害或者有侵害危险的案件,如国有资产保护、国有土地使用权转让、生态环境和资源保护等,由于与公民、法人和其他社会组织没有直接利害关系,使其没有也无法提起公益诉讼,导致违法行政行为缺乏有效司法监督,不利于促进依法行政、严格执法,加强对公共利益的保护。由检察机关提起公益诉讼,有利于优化司法职权配置、完善行政诉讼制度,也有利于推进法治政府建设。"[1]

中央深改组先后两次专题审议检察机关提起公益诉讼改革试点工作,为试点工作提供坚强领导。2015年5月5日,中央全面深化改革领导小组第十二次会议审议通过了《检察机关提起公益诉讼改革试点方案》,会议强调"党的十八届四中全会提出探索建立检察机关提起公益诉讼制度,目的是充分发挥检察机关法律监督职能作用,促进依法行政、严格执法,维护宪法法律权威,维护社会公平正义,维护国家和社会公共利益。要牢牢抓住公益这个核心,重点是对生态环境和资源保护、国有资产保护、国有土地使用权出让、食品药品安全等领域造成国家和社会公共利益受到侵害的案件提起民事或行政公益诉讼,更好维护国家利益和人民利益"。2017年5月23日,中央全面深化改革领导小组第三十五次会议审议通过了《关于检察机关提起公益诉讼试点情况和下一步工作建议的报告》,会议指出,试点期间检察机关"办理了一大批公益诉讼案件,积累了丰富的案件样本,制度设计得到充分检验,正式建立检察机关提起公益诉讼制度的时机已经成熟。要在总结试点工作的基础上,为检察机关提起公益诉讼提供法律保障"。

2015年7月1日,十二届全国人大常委会第十五次会议通过决定,授权最高人民检察院在北京等13个省、自治区、直辖市开展为期2年的提起公益诉讼试点,拉开试

---

[1] 习近平:《关于〈中共中央关于全面推进依法治国若干重大问题的决定〉的说明》,载 https://news.12371.cn/2014/10/28/ARTI1414494606182591.shtml,2024年3月12日访问。

点工作序幕。各试点省级检察院结合本地实际,进一步明确试点区域,落实87个市级检察院和759个县级检察院开展试点工作。2016年11月,第十二届全国人大常委会第二十四次会议审议了最高人民检察院关于检察机关提起公益诉讼试点工作情况的中期报告,对如何进一步做好试点工作提出了意见建议。

试点期间,检察机关共办理公益诉讼案件9053件。通过公益诉讼督促恢复被污染、破坏的耕地、林地、湿地、草原12.9万公顷;督促治理恢复被污染水源面积180余平方公里,督促1700余家违法企业进行整改。挽回直接经济损失89亿余元,其中,收回国有土地出让金76亿余元,收回人防易地建设费2.4亿余元,督促违法企业或个人赔偿损失3亿余元。检察机关提起公益诉讼试点工作实践充分证明,党的十八届四中全会部署"探索建立检察机关提起公益诉讼制度"是完全正确的,这一制度设计也是切实可行的,对于全面依法治国特别是推进法治政府建设、完善中国特色社会主义司法制度具有重大意义。

第一,有利于更好地保护国家利益和社会公共利益。这是检察机关提起公益诉讼制度的着眼点。试点地区检察机关按照全国人民代表大会常务委员会《关于授权最高人民检察院在部分地区开展公益诉讼试点工作的决定》(以下简称《授权决定》)要求,牢牢抓住公益这个核心,重点办理造成国家和社会公共利益受到侵害的案件。一是突出对生态环境和资源领域的保护。开展土壤污染防治、水资源保护、森林和草原生态环境保护等专项监督活动。二是突出对民生的保护。在生活垃圾处理、饮用水安全、食品药品监管等民生领域办理了一批案件,推动解决了一批舆论高度关注、人民群众反映强烈的"老大难"问题。三是突出对国有资产的保护。试点地区检察机关通过公益诉讼,为国家挽回巨额经济损失。

第二,促进了公益保护体系的不断完善。检察机关提起公益诉讼,有利于发挥法律监督职能作用,健全对国家利益和社会公共利益保护的法律制度。一是弥补行政公益诉讼的主体缺位。在行政机关不纠正违法或怠于履行职责的情况下,检察机关通过检察建议、提起公益诉讼等方式,督促行政机关依法履行保护公益职责,向人民法院提起行政公益诉讼,确保国家利益和社会公共利益得到有效保护。二是督促行政机关依法行政、严格执法。在行政公益诉讼中,诉前程序是必经程序,检察机关通过提出检察建议督促行政机关依法履行职责,增强了行政机关依法行政的主动性和积极性。同时,针对实践中有些行政相对人不履行法定义务甚至抗拒行政机关处罚的情况,检察机关通过公益诉讼介入后,也有利于维护行政执法权威和公信力。三是调动法律规定的机关和组织参与公益保护的积极性。在民事公益诉讼中,检察机关积极与相关社会组织沟通,引导、支持、建议符合条件的社会组织以原告身份提起公益诉讼,并在法律咨询、证据收集等方面提供专业支持和帮助,有利于形成行政机关、社会公益组织、司法机关共同保护公益的格局。

第三,检察机关提起公益诉讼的制度设计得到检验。最高人民法院、最高人民检察院在《授权决定》和《检察机关提起公益诉讼改革试点方案》基础上,先后制定

《人民检察院提起公益诉讼试点工作实施办法》（已失效）和《人民法院审理人民检察院提起公益诉讼案件试点工作实施办法》，对相关具体程序作出规定。试点地区检察机关针对不同案件的特点，探索运用支持起诉、督促起诉、诉前建议、提起诉讼等多种手段，覆盖所有授权领域。各类案件在试点地区分布均匀广泛，全部试点市（分、州）检察院和绝大多数基层检察院办理了诉讼案件，涵盖民事公益诉讼、行政公益诉讼、行政公益附带民事公益诉讼、刑事附带民事公益诉讼等案件类型。人民法院审结的诉讼案件中，一审、二审程序所有环节都有涉及，判决、调解、撤诉等结案方式多样。全覆盖、多样化的试点探索使检察机关提起公益诉讼制度顶层设计得到校验。

第四，试点工作得到各方面肯定。中共中央、国务院《关于推进安全生产领域改革发展的意见》提出研究建立安全生产民事和行政公益诉讼制度；国务院《土壤污染防治行动计划》及江西、贵州、福建三省贯彻落实中共中央办公厅、国务院办公厅《关于设立统一规范的国家生态文明试验区的意见》实施方案，均明确要求积极推动检察机关提起公益诉讼。人民群众和社会各界对检察机关提起公益诉讼的做法和成效予以肯定。2017年全国两会上，240余位代表、委员提出议案、建议，积极评价检察机关提起公益诉讼在保护国家利益和社会公共利益方面取得的成效，认为试点完善了公益保护体系，达到了预期目标，具有可行性和优越性，建议在全国推开。

2017年6月22日，第十二届全国人民代表大会常务委员会第二十八次会议召开，最高人民检察院提请审议《行政诉讼法修正案（草案）》和《民事诉讼法修正案（草案）》的议案。①关于案件范围。《授权决定》规定检察机关提起公益诉讼的案件范围为生态环境和资源保护、食品药品安全、国有资产保护、国有土地使用权出让等领域。这些领域直接涉及国家利益和社会公共利益，也是人民群众高度关注的民生领域。修正案（草案）认真总结试点经验，将检察机关提起行政公益诉讼的案件范围确定为生态环境和资源保护、食品药品安全、国有财产保护、国有土地使用权出让等领域；将检察机关提起民事公益诉讼的案件范围确定为生态环境和资源保护、食品药品安全等领域。②关于诉前程序。《授权决定》明确要求，提起公益诉讼前，人民检察院应当依法督促行政机关纠正违法行政行为、履行法定职责，或者督促、支持法律规定的机关和有关组织提起公益诉讼。试点中，超过75%的行政机关在收到检察建议后主动纠正了违法行为。修正案（草案）继续对此作出规定，检察机关在提起行政公益诉讼前，应当向行政机关提出检察建议，督促其依法履行职责。民事公益诉讼中，在没有法律规定的机关和有关组织或者法律规定的机关和有关组织不提起诉讼的情况下，检察机关可以向人民法院提起诉讼。法律规定的机关或者有关组织提起诉讼的，检察机关可以支持起诉。③关于具体程序。检察机关提起公益诉讼是履行职责的职权行为，除了要遵循《行政诉讼法》《民事诉讼法》规定之外，还应当遵循检察机关履职的相关规定。鉴于修正案（草案）仅就检察机关提起公益诉讼制度的原则性问题作出规定，为了规范、有序推进此项工作，建议授权最高人民法院、最高人民检察院共同制定检察机关提起、人民法院审理公益诉讼案件的具体办法，报全国人大常委会备案。

2017年6月27日，第十二届全国人民代表大会常务委员会第二十八次会议审议通过《行政诉讼法（修正案）》和《民事诉讼法（修正案）》，正式建立检察机关提起公益诉讼制度，为检察机关更好发挥公益保护作用提供了法律保障。这是新中国立法史上就诉讼法修改时，首次由司法机关直接向全国人大常委会提出法律案并作说明，也是最高人民法院、最高人民检察院第一次单就一个条款同步修改，且一致通过。这不仅是党中央重大改革举措法治化的标志性成果，也是我们国家司法制度、诉讼制度创新发展的重大成果。《行政诉讼法》第25条第4款规定："人民检察院在履行职责中发现生态环境和资源保护、食品药品安全、国有财产保护、国有土地使用权出让等领域负有监督管理职责的行政机关违法行使职权或者不作为，致使国家利益或者社会公共利益受到侵害的，应当向行政机关提出检察建议，督促其依法履行职责。行政机关不依法履行职责的，人民检察院依法向人民法院提起诉讼。"2017年《民事诉讼法》第55条规定："对污染环境、侵害众多消费者合法权益等损害社会公共利益的行为，法律规定的机关和有关组织可以向人民法院提起诉讼。人民检察院在履行职责中发现破坏生态环境和资源保护、食品药品安全领域侵害众多消费者合法权益等损害社会公共利益的行为，在没有前款规定的机关和组织或者前款规定的机关和组织不提起诉讼的情况下，可以向人民法院提起诉讼。前款规定的机关或者组织提起诉讼的，人民检察院可以支持起诉。"

为正确适用《民事诉讼法》《行政诉讼法》关于人民检察院提起公益诉讼制度的规定，2018年3月1日，最高人民法院、最高人民检察院发布《关于检察公益诉讼案件适用法律若干问题的解释》。该解释共4部分27条，主要就以下几方面内容作出了规定：明确了检察公益诉讼的任务、原则；增加了检察公益诉讼的案件类型，在民事公益诉讼和行政公益诉讼的基础上，增加了刑事附带民事公益诉讼这一新的案件类型；明确了检察机关的诉讼身份和权利义务，明确检察机关以"公益诉讼起诉人"的身份提起公益诉讼，"依照民事诉讼法、行政诉讼法享有相应的诉讼权利，履行相应的诉讼义务，但法律、司法解释另有规定的除外"；完善了检察公益诉讼的诉前程序，对民事公益诉讼诉前程序的方式和行政公益诉讼诉前程序的期限作了调整，在提起民事公益诉讼前检察机关对于法律规定的机关和有关组织应当统一采取公告的方式告知提起诉讼，检察机关已履行诉前公告程序的，人民法院立案后不再进行公告；明确规定了检察公益诉讼案件中检察机关调查收集证据问题的权力，规定了检察机关在办理公益诉讼案件过程中调查收集证据的权力和有关行政机关以及其他组织、公民应当配合的义务；明确了检察机关人员的出庭职责和法律文书，检察机关指派检察人员出席法庭依法履行职责，应当向人民法院提交《派员出庭通知书》，出庭检察人员的职责是宣读公益诉讼起诉书、出示说明调查收集的证据、进行质证、参加法庭调查，进行辩论并发表意见，从事其他诉讼活动等；细化了检察公益诉讼案件的受理、审判、执行程序；明确了检察机关二审程序的启动方式和出庭人员。总之，该解释明确并细化了检察公益诉讼案件的具体程序，为地方人民法院、检察机关办理检察公益诉讼案件提供了统一的规范依据。

2018年4月27日，第十三届全国人民代表大会常务委员会第二次会议审议通过《英雄烈士保护法》，新增检察机关依法对侵害英雄烈士的姓名、肖像、名誉、荣誉，损害社会公共利益的行为向人民法院提起诉讼的规定。2018年10月26日，第十三届全国人民代表大会常务委员会第六次会议修订通过新的《人民检察院组织法》，第20条人民检察院行使的职权中第4项明确规定"依照法律规定提起公益诉讼"。2019年4月23日，第十三届全国人民代表大会常务委员会第十次会议修订通过新的《检察官法》，第7条检察官的职责中第3项明确规定"开展公益诉讼工作"。2020年10月17日，第十三届全国人民代表大会常务委员会第二十二次会议修订通过新的《未成年人保护法》，其第106条规定未成年人合法权益受到侵犯涉及公共利益的，人民检察院有权提起公益诉讼。地方立法层面，2019年1月，最高人民检察院印发《关于争取省级人大常委会支持推动检察公益诉讼制度专项决议的通知》，要求各省级检察院加强地方立法支持，紧密结合地方经济社会发展的实际，充分发挥专项决议补充、先行、创制的作用，推动公益诉讼法律体系完善。截至目前，全国已有河北、内蒙古、辽宁、吉林、黑龙江、上海、江苏、浙江、安徽、福建、山东、河南、湖北、湖南、广东、广西、海南、重庆、云南、陕西、甘肃、青海、宁夏、新疆等25个省级人大常委会出台了加强公益诉讼检察工作的专项决定。深圳市人大常委会还率先出台了《深圳经济特区生态环境公益诉讼规定》。这些地方立法对贯彻执行有关上位法、强化调查核实等履职保障、拓展公益诉讼案件范围等提供了补充、解释依据。司法解释层面，2019年最高人民法院、最高人民检察院会签刑事附带民事公益诉讼的公告司法解释；2020年，最高人民法院、最高人民检察院修正《关于检察公益诉讼案件适用法律若干问题的解释》，进一步拓展英烈保护民事公益诉讼对象范围、增加征询英烈等近亲属意见的诉前履职方式。公益诉讼检察快速发展，但制度还未定型，未来需要不断巩固完善。[1]

公益诉讼检察制度从顶层设计到实践落地，从局部试点到全面推开、健康发展，形成了公益司法保护的"中国方案"，受到广泛关注。从习近平总书记在党的十八届四中全会上专门作出说明，突出强调"由检察机关提起公益诉讼，有利于优化司法职权配置、完善行政诉讼制度，也有利于推进法治政府建设"，[2]到党的十九届四中全会明确提出"拓展公益诉讼案件范围，完善生态环境公益诉讼制度"，中共中央《关于加强新时代检察机关法律监督工作的意见》再次强调"积极稳妥推进公益诉讼检察"，再到党的二十大报告强调"完善公益诉讼制度"，公益诉讼检察制度走出了一条公益司法保护中国道路，全程体现了习近平法治思想的指引，体现了党中央对检察机关作为国家法律监督机关和公共利益代表，在公益诉讼中肩负重大责任、发挥主导作用的制度安排是一脉相承的，对通过立法完善和保障公益诉讼检察制度高质量发展的法治要求是

---

[1] 张雪樵、万春主编：《公益诉讼检察业务》，中国检察出版社2022年版，第3~11页。
[2] 习近平：《关于〈中共中央关于全面推进依法治国若干重大问题的决定〉的说明》，载 https://news.12371.cn/2014/10/28/ARTI1414494606182591.shtml，2024年3月12日访问。

与时俱进的。公益诉讼检察工作应坚持法律监督的定位，明晰方向，提高办案质效，夯实公益诉讼检察发展基础，推动公益诉讼制度和规范建设，以公益诉讼检察高质量发展服务中国式现代化。

三、公益诉讼检察的任务

人民检察院办理公益诉讼案件的任务是通过依法独立行使检察权，督促行政机关依法履行监督管理职责，支持适格主体依法行使公益诉权，维护国家利益和社会公共利益，维护社会公平正义，维护宪法和法律权威，促进国家治理体系和治理能力现代化。

（一）督促行政机关依法履行监督管理职责

检察公益诉讼有助于促进行政机关依法行政、严格执法。"行政违法行为构成刑事犯罪的毕竟是少数，更多的是乱作为、不作为。如果对这类违法行为置之不理、任其发展，一方面不可能根本扭转一些地方和部门的行政乱象，另一方面可能使一些苗头性问题演变为刑事犯罪"。就当前行政机关的执法现状而言，越权执法、多头执法、权责脱节、利益驱动、选择性执法或者不作为等是实践中存在的突出问题。针对不断出现的、由于行政机关违法行使职权或不作为引起的危害公共利益的案件，由检察机关依法提起公益诉讼，追究行政机关的法律责任，对于强化司法权对行政权的监督、制约作用，十分必要。

（二）在有适格主体行使公益诉权时，引导、支持、监督其公益诉权的依法行使

检察公益诉讼制度建立前，存在公共利益司法保护乏力问题。传统上，我国民事诉讼和行政诉讼都是旨在保护私益的主观诉讼。经过经济快速发展、社会剧烈转型以后，利益结构发生了重大变化，利益主体多元化，利益关系复杂化，传统的诉讼法理念将社会公益排除在其视野之外，导致公益受损日益严重，在一些特定领域表现得尤其突出，如生态环境保护、食品药品安全、国有土地使用权出让、国有资产流失等领域，侵害公共利益和公众利益的现象广泛存在。现实中侵害公共利益的主体通常都是掌握大量资源的法人，因为诉讼主体不适格、诉讼能力欠缺、诉讼地位不平等、法律意识淡薄等原因，少有人对公益受损的现象关心，而且具有公益心的个人和公益社团通过诉讼来制裁这些违法行为也存在不少困难，即便起诉被受理也因为力量对比悬殊，使诉讼双方在诉讼过程中受不到平等的对待。虽然我国在2012年的《民事诉讼法》中规定了社会组织以及法律规定的机关可以提起民事公益诉讼。但是由于社会组织诉讼能力不足以及法律规定的机关范围较窄，这项制度在实践中运用得较少，立法目的没有能够有效实现。而检察机关作为法律监督机关，具有专门队伍和专业机构，可以担当此任。因此，2017年修改后的《民事诉讼法》赋予检察机关提起公益诉讼的权力，其作为法定的法律监督机关，储备了大量专业法律人才，有能力、有实力代表公益和维护公益提起诉讼，使公益可以得到有效的诉讼救济和法律保护，还可以避免滥诉现象。从《民事诉讼法》关于公益诉讼的立法历程不难看出，社会组织提起民事公益诉讼制度的正式确立早于检察机关提起民事公益诉讼制度，后者是为了解决前者存在的问题。从《民事诉讼法》关于公益诉讼的具体规定看，2017年《民事诉讼法》第55

条规定特别强调"在没有前款规定的机关和组织或者前款规定的机关和组织不提起诉讼的情况下",人民检察院才"可以向人民法院提起诉讼。前款规定的机关或者组织提起诉讼的,人民检察院可以支持起诉"。在民事公益诉讼中,检察机关是处于补位的位置,首先引导和支持适格主体行使诉权、维护受损公益。

(三) 维护国家利益和社会公共利益,维护社会公平正义,维护宪法和法律权威,促进国家治理体系和治理能力现代化

一是维护国家利益和社会公共利益。公共事务是众人之事,容易产生"公地悲剧",无人关心、无人维护、无人救济,大家抱着"搭便车"的心理,导致受损的公共利益得不到救济。长期以来,在国有财产保护、国有土地使用权出让等领域,侵害国家利益的问题屡禁不止。在生态环境和资源保护、食品药品安全领域,侵害社会公共利益的事情也时有发生,甚至会出现"企业污染、政府买单、群众受害"的悖论。国家利益是一种综合性利益,表现在政治、经济、文化、军事、金融、法律制度等领域,因此不应指定某一领域的代表机关来保护,而应由相对中立的机关来行使保护职责。社会公共利益则时常会表现出分散性特性,受到侵害时因影响范围广、受损害人数众多,很难找到利益代表者,而且因不愿被"搭便车"等原因,个人或组织无力提起公益诉讼。因此,检察机关作为"公共利益代表"提起公益诉讼,旨在维护受到损害的国家利益和社会公共利益。二是维护社会公平正义。公平正义是良好社会秩序的必备要素,一个良好的政体必然维护社会公平正义。公共利益与社会公平正义联系密切,公共利益得不到有效保护,往往是侵害公益者受益,其他社会公众受损。比如,污染企业违法生产排污获得了巨大的经济利益,却给周边群众带来巨大的环境损失和健康危害。所以,侵害公益导致公众无法享受某种普遍的权益如对良好生活环境的需要,也构成了对社会公平正义的损害。社会正义包括分配正义和矫正正义两个方面,分配正义关注权力、责任、权利、义务在社会成员之间如何配置的问题,当分配正义的规范被社会成员违反,就需要对不正义的状态进行矫正,需要矫正正义,一般由享有司法权或准司法权的机关来实施。公正是法治的生命线;司法是维护社会公平正义的最后一道防线,司法公正对社会公正具有重要引领作用,司法不公对社会公正具有致命破坏作用。司法公正是司法工作的首要目标,是实体公正与程序公正的有机统一。检察公益诉讼让"污染者担责""违法者纠正",矫正公共利益受损的状态,有利于维护社会公平正义。三是维护宪法和法律权威。党的十八届四中全会作出《关于全面推进依法治国若干重大问题的决定》,维护宪法法律权威是全面依法治国的首要要求。我国是社会主义国家,国家利益和社会公共利益是宪法法律保护的重要方面。我国《宪法》第12条规定,"社会主义的公共财产神圣不可侵犯。国家保护社会主义的公共财产。禁止任何组织或者个人用任何手段侵占或者破坏国家的和集体的财产。"第53条规定:"中华人民共和国公民必须遵守宪法和法律,保守国家秘密,爱护公共财产,遵守劳动纪律,遵守公共秩序,尊重社会公德。"我国《民法典》第132条规定,"民事主体不得滥用民事权利损害国家利益、社会公共利益或者他人合法权益";第185条规定"侵

害英雄烈士等的姓名、肖像、名誉、荣誉，损害社会公共利益的，应当承担民事责任"；第534条规定，"对当事人利用合同实施危害国家利益、社会公共利益行为的，市场监督管理和其他有关行政主管部门依照法律、行政法规的规定负责监督处理"。通过检察公益诉讼，严格依法处理侵害国家利益或者社会公共利益的行为，有助于维护宪法和法律权威。四是促进国家治理体系和治理能力现代化。建立检察机关提起公益诉讼制度，是以法治思维和法治方式推进国家治理体系和治理能力现代化的一项重要制度安排。中共中央《关于全面深化改革若干重大问题的决定》指出："全面深化改革的总目标是完善和发展中国特色社会主义制度，推进国家治理体系和治理能力现代化。"国家治理体系和治理能力是一个国家制度和制度执行能力的集中体现，法治则是治国理政的基本方式。国家治理法治化是一项复杂而艰巨的社会系统工程。一方面，要实现国家治理制度体系的法治化，形成系统完备、科学规范、运行有序的制度体系，使国家治理各方面的制度更加成熟、更加定型；另一方面，要实现国家治理能力的法治化，提高国家治理者运用国家法律制度管理国家和社会各方面事务的能力，使国家制度体系的内在优势转化为外在效能。人民检察院是我国《宪法》所明确规定的"国家的法律监督机关"，检察机关法律监督职能的充分发挥，不仅有助于形成"严密的法治监督体系"，而且能够提升行政权力的运行效能，促进国家和社会良法善治的实现。

四、公益诉讼检察的内容

（一）行政公益诉讼

《行政诉讼法》第25条第4款规定："人民检察院在履行职责中发现生态环境和资源保护、食品药品安全、国有财产保护、国有土地使用权出让等领域负有监督管理职责的行政机关违法行使职权或者不作为，致使国家利益或者社会公共利益受到侵害的，应当向行政机关提出检察建议，督促其依法履行职责。行政机关不依法履行职责的，人民检察院依法向人民法院提起诉讼。"

（二）民事公益诉讼

《民事诉讼法》第58条第2款规定："人民检察院在履行职责中发现破坏生态环境和资源保护、食品药品安全领域侵害众多消费者合法权益等损害社会公共利益的行为，在没有前款规定的机关和组织或者前款规定的机关和组织不提起诉讼的情况下，可以向人民法院提起诉讼。前款规定的机关或者组织提起诉讼的，人民检察院可以支持起诉。"

刑事附带民事公益诉讼是一种特殊类型的民事公益诉讼。在检察公益诉讼制度确立之后，最高人民法院、最高人民检察院《关于检察公益诉讼案件适用法律若干问题的解释》第20条通过司法解释的方式正式确立了刑事附带民事公益诉讼制度。《人民检察院刑事诉讼规则》第330条也规定了人民检察院提起附带民事公益诉讼的条件。刑事附带民事公益诉讼是指人民检察院对破坏生态环境和资源保护，食品药品安全领域侵害众多消费者合法权益，侵害英雄烈士等的姓名、肖像、名誉、荣誉等损害社会公共利益的犯罪行为提起刑事公诉时，可以向人民法院一并提起附带民事公益诉讼，由人民法院同一审判组织审理。人民检察院提起的刑事附带民事公益诉讼案件由审理刑事案件的人民法院管辖。刑事附带民事公益诉讼本质上是对刑事案件中需要追究被告人侵害社会公共利益的民事责任的，规定检察机关可以一并提起附带诉讼，以达到节约司法资源的目的。

五、公益诉讼检察的范围

从域外公益诉讼的实践来看，在法国和德国，检察机关提起公益诉讼的案件范围呈现缩小的趋势。在英国和美国，检察机关提起公益诉讼的案件范围呈现扩大的趋势。但是总体来说，各国的做法都是把检察机关提起公益诉讼的案件限定在特定类型的重点案件，并辅之以灵活的兜底条款，确保最大程度地保护公共利益。

（一）我国公益诉讼案件范围的现行规定

案件范围是公益诉讼的办案领域，检察机关要严格按法律规定的范围办案。公益是广泛存在的范畴，司法资源的稀缺性、诉讼程序的特点都决定了通过诉讼保护的公益只是这个广泛范畴中的一部分。当前，案件范围可以分为两大类：

1. 法律规定的领域

包括《行政诉讼法》和《民事诉讼法》所规定的生态环境和资源保护、食品药品安全、国有土地权出让、国有财产保护等四大领域，以及《英雄烈士保护法》《未成年人保护法》《军人地位和权益保障法》《安全生产法》《个人信息保护法》《反垄断法》《反电信网络诈骗法》《农产品质量安全法》《妇女权益保障法》《无障碍环境建设法》等单行法律规定的领域。

2017年修改后的《民事诉讼法》将民事公益诉讼的案件范围限定为破坏生态环境和资源保护、食品药品安全领域侵害众多消费者合法权益等两大领域。《行政诉讼法》将行政公益诉讼的案件范围限定为生态环境和资源保护、食品药品安全、国有财产保护、国有土地使用权出让等四大领域。在当下采用列举加兜底的方式限定检察机关提起公益诉讼的案件范围是合适的。具体来讲[1]：应当先从重点领域着手，积累检察机关提起公益诉讼的经验，完善相关办案事项，并结合实际情况，逐步扩展公益诉讼的案件范围。在民事公益诉讼领域，检察机关应当重点关注诸如消费者权益保护、商业经济领域和弱势群体保护等领域。在行政公益诉讼领域，检察机关应当重点将行政机关的抽象行政行为纳入受案范围，抓住职务犯罪侦查权转隶的契机，将工作的重心从对人监督转变为对单位监督，即通过提起诉讼的方式督促行政机关依法行政，案件范围可以扩展到家事事件、非讼案件、商业领域、社会弱势群体保护、行政机关的预算行为、行政机关的抽象行政行为等。

2. 新领域案件

公益涉及范围非常宽泛，人民群众对公益保护的需求也十分广泛，为了适应这种

---

[1] 陈岚：《检察公益诉讼制度的理论内涵》，载《人民检察》2019年第24期。

需求和趋势，随着公益诉讼检察制度不断发展，检察机关也不断加大对其他领域案件的探索办理力度，在一定意义上，公益诉讼办案领域的扩张趋势也是反映公益诉讼检察制度发展历程的缩影。《行政诉讼法》和《民事诉讼法》关于检察机关提起公益诉讼的案件范围的立法条文都用了"等"字，为"等"外的新领域案件办理预留了空间。办理法定领域之外的新领域案件，应当紧紧围绕中央改革文件、地方性法规、最高人民检察院工作文件明确的类型，聚焦国家利益或者社会公共利益遭受严重侵害或者存在重大侵害危险、违反法律强制性规定、人民群众急难愁盼、现有机制难以发挥作用的领域。新领域案件的重点范围，具体包括全国人大及其常委会明确要求的新领域案件，如公共卫生、生物安全、网络侵害、扶贫、文物和文化遗产保护等领域公益损害案件；地方性法规明确要求的新领域案件，如公共卫生安全、防灾减灾和应急救援、损害国家尊严或者民族情感、弘扬社会主义核心价值观、旅游消费、教育、就业、金融等；中央文件要求研究探索的其他领域案件，如研究探索建立证券民事、行政公益诉讼制度等。

（二）我国公益诉讼案件范围的扩展及其必要性

公益诉讼检察作为一项新的制度，"创新"一直是发展的主旋律，尤其是高速发展中的中国面临着比西方国家更为复杂的社会治理环境，更赋予了这项制度强大的生命力。如上所述，法律明确规定的公益诉讼检察案件范围，在制度设立之初只有生态环境和资源保护、食品药品安全、国有财产保护、国有土地使用权出让等领域。随着英烈保护法的出台，赋予了检察机关对侮辱、诋毁英烈行为及时"亮剑"、依法提起公益诉讼的职能，用法律手段有力惩戒违法行为人。自此，公益诉讼检察法定领域形成"4+1"格局。新制定或修订的安全生产、个人信息保护、军人地位和权益保障、未成年人保护等法律均设置公益诉讼条款，法定领域由传统的"4+1"扩大到了"4+5"。2022年6月24日，全国人大常委会修订的《反垄断法》又写入公益诉讼条款。紧接着，《反电信网络诈骗法》《农产品质量安全法》《妇女权益保障法》等均对检察机关提起公益诉讼作出规定，法定领域"版图"逐渐扩大，并继续向文物保护等新领域拓展。

近年来，公益诉讼检察的范围不断拓展。在现有法律明确规定范围之外，老百姓在维护公共利益方面的痛点、难点和热点，便是公益诉讼发挥作用的重点领域。从需求导向看，公益诉讼检察法定领域从"4+1"大幅扩展到"4+10"，公益诉讼检察走向更广阔空间、发挥更大作用，"4+N"格局也在进一步的规范延展中。

领域和范围的不断拓展，从完善治理和维护公益等方面反映了国家和人民群众对公益诉讼的现实需求，展现了公益诉讼的制度价值和发展潜力。相关单行法持续增设公益诉讼检察条款，充分说明人民群众美好生活需求、党和国家治国理政要求，倒逼检察机关要前瞻性思考、全局性谋划、整体性推进公益诉讼法律制度的完善。

第二节　公益诉讼检察的程序

一、公益诉讼检察的相关法律法规

公益诉讼检察是由检察机关作为诉讼主体提起的公益诉讼。2017年，全国人大常委会决定对《民事诉讼法》和《行政诉讼法》有关条款进行修正。2018年，最高人民法院、最高人民检察院联合发布《关于检察公益诉讼案件适用法律若干问题的解释》，进一步完善公益诉讼检察制度。

从现行法律规范的内容来看，公益诉讼检察主要包括行政公益诉讼与民事公益诉讼两大类型。行政公益诉讼主要针对行政机关不作为或者违反法律行使职权，造成社会公共利益和国家利益损害的情况。诉前程序主要是检察机关对负有监管职能的行政机关提出检察建议，限期整改，如仍不履行职责，则可以选择向人民法院提起行政公益诉讼，请求该行政机关履行职责或者确认其行政行为违法。如果造成损失，检察机关还可根据损害，提起行政附带民事公益诉讼，填补损害。检察机关提起民事公益诉讼的程序与行政公益诉讼的程序类似，规定了发布公告的诉前程序，经诉前公告无适格主体提起诉讼或者适格主体不起诉的，检察机关提起诉讼，与行政公益诉讼不同的是，起诉的适格被告是违法行为人而不是行政机关。

公益诉讼检察的案件类型包括行政公益诉讼、民事公益诉讼以及特殊情况下的行政附带民事公益诉讼与刑事附带民事公益诉讼，涵盖了现行所有的诉讼类型。从现有法律框架看，公益诉讼不是一种新的诉讼类型，而应看作一种以社会公共利益为保护对象的诉讼理念。结合相关法律法规，公益诉讼以保护社会公共利益和国家利益为目的，诉讼请求以修复、填补损害为中心，提起的类型也涵盖在现有所有诉讼框架内。与传统诉讼相比，公益诉讼为客观诉讼，具有其特殊性，比如公益诉讼起诉主体的诉讼资格法定、处分权受限（不得随意调解或撤诉）、不得反诉等特点，检察公益诉讼工作应当遵循上述公益诉讼制度的基本原则。与传统的民事、行政诉讼的立法相比，公益诉讼入法的历史还很短暂，可以预见的是，未来会有越来越多的规范经实践检验被法律所吸收固定，公益诉讼的法律规范会越来越完备，在这一进程中，既要在诉讼法基本原则的框架内积极探索检察机关提起公益诉讼的特殊规范，也不能被传统民事诉讼、行政诉讼的具体规范所束缚。

二、公益诉讼检察的管辖

检察机关提起公益诉讼是履行职责的公权行为。管辖制度是检察公益诉讼不同于私益诉讼和其他主体提起的公益诉讼的一项重要制度。

（一）立案管辖

人民检察院办理行政公益诉讼案件，由行政机关对应的同级人民检察院立案管辖。

行政机关为人民政府，由上一级人民检察院管辖更为适宜的，也可以由上一级人民检察院立案管辖。

人民检察院办理民事公益诉讼案件，由违法行为发生地、损害结果地或者违法行为人住所地基层人民检察院立案管辖。

刑事附带民事公益诉讼案件，由办理刑事案件的人民检察院立案管辖。

值得说明的是，检察机关的管辖与审判机关的管辖规律不同，检察机关是法律监督机关，检察机关的管辖体现的是监督规律；审判机关的管辖体现的是诉讼规律。以行政公益诉讼为例，检察机关督促行政机关依法履行职责，按照检察机关和被监督行政机关的级别对等原则，行政公益诉讼案件由被监督行政机关同级人民检察院立案管辖为宜。如果被监督的行政机关为人民政府，同级检察院可以立案管辖，但是如果同级检察院管辖不适宜的，比如存在阻力、难度大、行政机关难以接受等情形，也可以由上一级人民检察院立案管辖。以民事公益诉讼为例，《关于检察公益诉讼案件适用法律若干问题的解释》第5条第1款规定："市（分、州）人民检察院提起的第一审民事公益诉讼案件，由侵权行为地或者被告住所地中级人民法院管辖。"这一规定，明确了第一审民事公益诉讼案件由市级人民检察院起诉管辖和中级人民法院的审判管辖，但检察机关的立案管辖下放至基层检察院，对于立案管辖与人民法院诉讼管辖级别、地域不对应的，具有管辖权的人民检察院可以立案，需要提起诉讼的，应当将案件移送有管辖权人民法院对应的同级人民检察院，以此来实现立案管辖与起诉管辖的有效衔接。

（二）共同管辖

设区的市级以上人民检察院管辖本辖区内重大、复杂的案件。公益损害范围涉及两个以上行政区划的公益诉讼案件，可以由共同的上一级人民检察院管辖。

（三）移送管辖

人民检察院立案管辖与人民法院诉讼管辖级别、地域不对应的，具有管辖权的人民检察院可以立案，需要提起诉讼的，应当将案件移送有管辖权人民法院对应的同级人民检察院。

上级人民检察院认为确有必要的，可以办理下级人民检察院管辖的案件，也可以将本院管辖的案件交下级人民检察院办理。

下级人民检察院认为需要由上级人民检察院办理的，可以报请上级人民检察院决定。

（四）指定管辖

上级人民检察院可以根据办案需要，将下级人民检察院管辖的公益诉讼案件指定本辖区内其他人民检察院办理。

最高人民检察院、省级人民检察院和设区的市级人民检察院可以根据跨区域协作工作机制规定，将案件指定或移送相关人民检察院跨行政区划管辖。基层人民检察院可以根据跨区域协作工作机制规定，将案件移送相关人民检察院跨行政区划管辖。

（五）协商管辖

协商管辖是指人民检察院对管辖权发生争议的，由争议双方协商解决。协商不成的，报共同的上级人民检察院指定管辖。

三、公益诉讼检察的基本程序

（一）线索收集与评估

发现公益诉讼案件线索，是办理公益诉讼案件的起始点。检察机关发现侵害社会公共利益的事实，然后进一步判断是否立案，以及是否足够起诉，发现事实的这一阶段是线索的收集，同时也是检察机关开展公益诉讼的起点。总体来看，检察机关发现公益诉讼案件线索的渠道是通过"履行职责"。"履行职责"具体是指履行职务犯罪侦查、批准或者决定逮捕、审查起诉、控告检察、诉讼监督等职责。履行职责的部门除专门负责公益诉讼的检察部门外，还包括检察院其他业务部门。公益诉讼案件线索常见来源还包括：自然人、法人和非法人组织向人民检察院的控告、举报；人民检察院在办案中发现的；行政执法信息共享平台上发现的；国家机关、社会团体和人大代表、政协委员等转交的；新闻媒体、社会舆论等反映的；其他在履行职责中发现的，等等。获得线索后，需要就线索的真实性、可查性、风险性等进行评估。必要时可以进行初步调查，并形成初步调查报告。通过线索初核，查明违法行为和公益受损的情形是否真实存在，侵害的是特定人利益还是不特定多数人的利益，属于行政公益诉讼案件还是民事公益诉讼案件，调查取证难度如何，是否会引发社会舆情、信访风险和群体性事件等。需要了解是否有行政机关对该公益受侵害有违法行使职权或不作为，以区分是纳入行政公益诉讼范畴，还是作为民事侵权案件。

线索的处理是线索收集后进行的步骤，处理的结果包括立案或者不立案。不符合立案标准的终结案件，对于符合立案标准的可以进入诉前程序，根据调查核实的情况，选择是否提起诉讼。

（二）立案

经过线索评估，人民检察院认为国家利益或者社会公共利益受到侵害，可能存在违法行为的，应当立案调查。

（三）诉前程序

诉前程序阶段，对于行政公益诉讼案件，检察机关经过立案、调查后，决定是否发出检察建议；对于民事公益诉讼案件，检察机关经过立案、调查后，决定是否发布公告。根据相关法律规定，检察机关只有进行诉前程序之后，才会进入提起公益诉讼的步骤。人民检察院提起行政公益诉讼或者民事公益诉讼之前，应根据案件所指向的公共利益种类，判断负责具体事务的相关行政主管机关或社会组织，然后根据公共利益受损状况制定具体的检察建议，最后发送检察建议或者发布公告，以提醒相关行政机关履行职责或法律规定的机关、社会组织提起民事公益诉讼。诉前程序本身担负着督促行政机关积极履行职责、加强检察监督效力、最大效率利用司法资源等目的，在司法实践中收到良好效果。

（四）提起诉讼

提起诉讼阶段，对于行政公益诉讼，主要调查和审查行政机关的整改情况和国家利益或者社会公共利益是否得到维护的情况，如果行政机关未依法履行职责，国家利益或者社会公共利益仍处于受侵害状态，检察机关应决定提起诉讼；对于民事公益诉讼，检察机关则对于发布公告后是否有适格主体提起诉讼进行调查，从而决定是否提起民事公益诉讼。检察机关提起的公益诉讼具有特殊性，不同于《民事诉讼法》和《行政诉讼法》规定的传统民事诉讼和行政诉讼提起诉讼的原告身份。检察机关作为公益诉讼代表，承担着维护国家利益和社会公共利益的法定职责，因此最高人民法院、最高人民检察院《关于检察公益诉讼案件适用法律若干问题的解释》明确检察机关的身份为公益诉讼起诉人。公益诉讼检察有自身的特点，具体包括：其一，原告为代表公共利益的检察机关。相关行政机关和社会组织是维护社会公共利益第一道防线，但行政机关不作为、乱作为等现象频发，社会组织亦存在软弱性，以及调查能力不足等先天问题，因此检察机关有必要成为启动公益诉讼的第二道防线。其二，存在公共利益受损的结果或危险。公益诉讼的模糊性决定了不存在固定的受损评价体系，需根据社会形势作宏观判断，依据相关政策、法律法规作具体判断。当社会稳定度较高，不存在较大安全威胁时，因为大部分危险会被社会自带的稳定机制消除，受损标准应以实际损害为主，同时以危险为辅。当社会面临较大安全挑战时，社会公共利益处于较为脆弱的状态，公共利益受损标准应以实际损害与危险并列作为判断依据，公益诉讼检察应提前介入以消除危险。其三，以维护社会公共利益为目的。一般的民事诉讼、行政诉讼的原告以自身利益诉求为动机提起诉讼，而检察机关提起公益诉讼的目的是维护社会公共利益。这一点决定了公益诉讼检察更具灵活性，存在缴纳动物保护基金、种植树木、参与护林工作等根据不同领域公共利益受损状况提出的诉讼请求，另外检察机关还负有监督行政机关、相关组织和个体等被告执行修补社会公共利益的检察建议以及判决的义务。

第三节 行政公益诉讼

近年来，行政机关在其负有监督管理职责的相关领域，因行政失范导致公共利益受损的事件频繁发生。由于我国公益诉讼制度还不够完善，在民事公益诉讼建立后，社会大众纷纷呼吁建立行政公益诉讼检察制度，通过检察权监督行政权，纠正行政机关不当作为，促使其履行保护公共利益的职能[1]。行政公益诉讼检察作为"全面推进依法治国"，推进"国家治理体系以及治理能力现代化"的重要手段，不但能满足现实中治理的需求，而且还可以满足现代化治理的需要。

---

[1] 胡卫列：《国家治理视野下的公益诉讼检察制度》，载《国家检察官学院学报》2020年第2期。

一、行政公益诉讼的概念和特点

(一) 行政公益诉讼的基本内涵

行政公益诉讼,一般是指行政主体违法行使职权或不作为侵害国家利益、社会公共利益或者可能侵害时,由检察机关基于维护和保障公共利益目的督促其依法履行职责,行政机关不依法履行职责的,检察机关向法院及时提起行政公益诉讼的法律制度。

民事公益诉讼中,检察机关担任支持起诉的"角色",在没有适格主体提起诉讼的情况下,检察机关才会介入案件,提起民事公益诉讼;而在行政公益诉讼中,检察机关是唯一的起诉主体,通过行使检察监督权能,督促行政机关依法履职。

我国对行政公益诉讼作出了较多限制。如诉讼主体仅限于检察机关,审查起诉仅针对行政机关的违法履职或者怠于履职行为,检察机关提起诉讼要以行政机关不能落实检察建议为前提。这样的制度设计,既是平衡检察监督权和行政管理权的需要,也是以诉前实现公益保护为最佳司法状态理念的充分体现。

(二) 行政公益诉讼的主要特点

第一,公益性。一方面,我国行政公益诉讼以监督政府依法履职、维护公共利益为宗旨,因而具有目的上的公益性;另一方面,行政公益诉讼受案范围是人民群众反映强烈的公共领域,比如生态环境、食品药品安全、国有土地使用权出让、国有财产保护等因此具有受案范围上的公益性。

第二,预防性。公益诉讼制度设计的初衷就是以预防为主,但从开始试点到全面推开,全国层面的法律都没有明确授权检察机关有权针对"有侵害公益危险的案件"提起行政公益诉讼。这是因为,作为改革项目,预防性公益诉讼的原则和理念需要经过研究和探索才能落实到诉讼制度和司法实践[1]。近年来,全国各地检察机关办理行政公益诉讼案件不断取得新突破,因此在 2021 年新修正的《安全生产法》中,将"重大事故隐患"纳入公益诉讼受案范围,行政公益诉讼因而具有了预防性。

第三,可诉性。可诉性是现代法治国家的法律普遍具有的基本特征,是受侵害的权益获得救济的必要手段。在行政公益诉讼中,检察机关享有保留的起诉权,有权针对不落实检察建议的行政机关提起诉讼,有助于强化检察建议刚性、督促行政机关依法履职。

第四,举证责任特殊性。一般认为,行政诉讼中更加强调被告的举证责任。但在行政公益诉讼中,检察机关拥有调查取证的丰富经验和充分能力,因此在行政行为具有违法性和公共利益受损方面的举证责任更大。

二、行政公益诉讼的功能

(一) 发挥检察机关法律监督职能

顶层设计对行政公益诉讼的价值期待,主要是通过行使检察权实现其法律监督功

---

[1] 肖荣、郭琦:《预防性公益诉讼:从"治已病"到"治未病"》,载《检察日报》2022 年 4 月 14 日。

能，通过检察权制约行政权，保护公共利益。法律监督不仅是检察机关鲜明特性，也是我国司法制度乃至政治制度的重要特征。检察机关作为法律监督机关，运用法律手段保证制度的顺利实施，监督方式包括：对负有监督管理权限的领域没有依法履行相关监管职责，对违法侵害公共利益的行为没有采取措施治理，以及未全面行使行政权，未认真落实相关措施导致的行政不作为的监督。

行政公益诉讼中检察机关检察权的法律监督作用，事关我国行政公益诉讼的开展进度和维护公共利益的效果。法律监督职能的发挥，能促进行政公益诉讼中检察权依法行使，充分体现检察机关公共利益代表人的角色与作用。

（二）督促行政机关依法行政

行政机关对我国大多数社会管理事务具有监督管理权限，是保护"公共利益的第一责任人"，保护或者实现公共利益是行政机关行使行政权的首要目的。但是，权力越大，滥用或者不依法行使的可能性就越大。现实中，有时行政机关不依法行使行政权或者行政不作为，反而损害了公共利益。如果不及时监督纠正，不仅会助长不依法行政的问题，还会降低公民对行政机关的信任度，更有可能破坏正常的社会治理秩序。为了督促行政机关依法行使相关权力，我国提出了以检察权督促行政权的行政公益诉讼。通过行使检察权督促行政机关依法行使行政权，对相关事项进行监督管理，纠正其行政失范行为，保护公共利益。

（三）促进社会发展

公共利益直接关系到全社会成员的生存和发展，社会力量是公共利益最密切的承受者和维护公共利益的中坚力量。社会力量包括群众、媒体、社会组织等力量。由于其组成方式的多样性，部分社会力量更能及时感知或者获悉相关公共利益受损情形，但由于组成人员、知识水平、专业技能等存在差异，可能导致其维护公共利益的方式千差万别。为了促进社会发展，在现实中检察机关通过门户网站、电子邮箱、举报电话、两微一端等多种方式鼓励群众进行举报，并对举报群众进行精神或物质奖励。同时，广泛对接媒体报道相关案例、开展舆论监督。部分基层检察机关还邀请公众参与公益诉讼案件调查核实、见证诉前磋商，合力推动问题解决。通过这些措施引导社会力量，在法治轨道上维护公共利益、促进社会发展。

三、行政公益诉讼的基本原则

（一）公共利益保障原则

维护公共利益是实施行政公益诉讼的首要目的。在我国，"公共利益主要表现为国家利益和社会公共利益"。[1]行政机关在法定领域对公共利益负有监督管理职责，但在现实常常出现不依法行使行政权，还出现不履行职责、履行职责过程中存在过失、监管过程中存在违法等情形，且自我主动纠正的积极性不高，公共利益仍然受到侵害。

---

[1] 田凯等：《人民检察院提起公益诉讼立法研究》，中国检察出版社2017年版，第59页。

检察机关是公共利益的维护者和代表。作为法律监督机关，检察机关在履行职责过程中发现行政机关违法行使职权或者不行使职权的行为应当督促其纠正。所以，在行政公益诉讼中，检察机关通过依法全面、准确地行使检察权，通过检察建议和起诉等手段，力促行政机关全面、有效地依法行使行政权维护和实现公共利益。

（二）权力制约原则

"分权制衡体制产生于自主平等的社会群体分享国家公共权力和有效掌控公共权力、防止其滥用的需要。"[1]在西方国家，分权制衡是指国家存在多个权力机关，不同的权力机关行使不同的职能，全体国家权力机关受到其他权力机关不同程度的制约，以达到权力之间的平衡。在我国，一切国家权力来源于、服务于并归属于公民，人民代表大会是国家权力机关。人民代表大会选举产生行政机关、审判机关、检察机关等，并分别配备对应职权，使之形成一个平衡、制约的关系来预防权力的滥用。在行政公益诉讼中，为了维护社会力量的公共利益，检察机关通过行使检察权制约行政权、社会权。行政公益诉讼是检察权、行政权、社会权三权互动的过程。

检察权制约行政权主要表现在两方面：一方面检察权防止行政机关滥用权力，杜绝行政机关的违法行为；另一方面，检察权督促行政机关履行职责，防止不作为。

检察权制约社会权主要体现在两方面：一方面是维护公共利益；另一方面是防止滥诉。检察机关通过行使检察权来防止行政机关滥用权力，杜绝行政机关违法行为。在没有有效防止行政机关滥用行政权违法行为的时候，检察机关通过向行政机关提出检察建议和起诉案件行使检察权，督促行政机关依法行使行政权力和履行相应职责。社会权是群众、社会组织等社会力量维护公共利益而行使的权力。国家赋予社会力量参与到相关国家管理事务的权利。随着经济快速发展、人民法治意识的不断提高，个人利益与社会公共利益的关系越来越紧密。群众和社会组织等社会力量越来越多地参与到国家相关事务的管理当中。社会成员作为公共利益的直接承受者，其天然具有采取措施维护公共利益的权利。

基于公益有限理论，众所周知，不同的权力机关对公共利益承担不同的责任。作为公共利益的代表机关的检察机关，有权代表和维护公共利益。检察机关从检察制度的产生到新时代的改革，维护公共利益和代表公共利益一直是其主要价值追寻。明确其公益起诉人的身份，以诉讼的方式进一步保护公共利益，其本质是通过公共利益来反映与整合群众、社会组织等社会力量的诉求，维护社会秩序与促进社会发展。在制度设计中，明确检察机关的公益起诉人身份，以检察建议以及诉讼等方式来充分维护公共利益。这样安排主要是希望能有效治理行政机关的违法行政即行政机关的执法失灵的情形。由检察机关来提起诉讼，有利于掌握诉讼的阀门，控制不必要的社会风险。保持诉讼的格调与效能，通过司法手段修复受损的公共利益和法律秩序，确保国家政策的统一实施。所以从制度设计上严格限制公民、法人等社会力量的起诉资格。

---

[1] 营从进：《权利制约权力论》，山东出版社2008年版，第429页。

在相关公共利益受损时,社会力量可以通过行使社会权,监督行政机关及时、有效地维护公共利益。社会权由于其成员的多样性以及背后利益的多元化,如果放任社会权任意起诉行政机关,会对行政权形成不必要的干扰,不利于行政机关行政权的充分行使。社会权相对于检察权缺乏稳定的资金,组织性不强、社会支持度不高,其在维护公共利益时底气不足。因为这些情况的制约,使得社会力量维护公共利益时"后劲不足"。作为公共利益的代表机关的检察机关,其天然具有维护公共利益的权限和义务。检察机关在资金、人事,制度各方面国家都对其进行了相应的保障。检察机关在维护公共利益时,在综合实力以及保护力度等比社会力量更具优势。

社会权行使的主体主要是群众、媒体、社会组织等社会力量。在行政公益诉讼中,公共利益涉及全体社会成员的利益,如果允许全部的社会力量提起行政公益诉讼,可能造成累诉、滥诉或者诉讼混淆的情形。这既不有利于公共利益的维护,又极易造成司法资源的浪费。再加上行政公益诉讼主要是对行政权的制约,由于社会权行使主体的多样性,其主体涉及的利益也是各种各样。为了防止不同主体为了自身利益而随意起诉行政机关带来的不可控风险,检察权必须制约社会权,确保风险的可控性。

基于以上考虑,我国的行政公益诉讼没有赋予社会力量起诉权。在我国的行政公益诉讼中,行政权力受到检察权的制约,以此促使行政机关纠正不当行使行政权的行为,维护公共利益。

四、行政公益诉讼的程序

(一)诉讼主体

1989年《行政诉讼法》第64条赋予检察机关行政检察监督权,即检察机关有权按照审判监督程序提出抗诉。1978年,我国开始改革开放,经济发展势头强劲,成绩斐然,但是行政机关违法作为或不作为给国家利益和社会公共利益造成损失的情况并不少见。在当时的法律制度下,民事诉讼、行政诉讼将公共利益保护排除在外,有公益心的公民和社会组织无法通过法律途径寻求救济。民事公益诉讼中公民和社会组织是适格的诉讼主体,检察机关具有明显的补位性和兜底性特征,而在行政公益诉讼中,将检察机关作为提起诉讼的唯一主体具有合理性、必要性以及可行性[1]。

第一,符合公益法理。在行政公益诉讼中,受损害的公共利益往往涉及众多受损害人,难以找到利益代表者。在我国目前的社会环境下,相比公民或社会组织,检察机关在诉讼中更具优势,在督促行政机关纠正违法行为或积极履职方面更具威慑,理所当然是代表公共利益、维护公共利益最合适的主体。

第二,契合检察机关法律监督职能。行政公益诉讼检察建立起"诉前、诉中、诉后监督"的一体化格局,改变了检察机关在普通诉讼中的被动性,有助于拓展检察监督职能,增强监督效能,提升监督权威。

---

[1] 王雁飞:《行政检察监督可以有力促进依法行政》,载《检察日报》2010年9月28日。

第三，是解决公益司法保护乏力问题的必然要求。现实中，行政机关管理缺位，导致公共利益受损的情况日益严重，在生态环保等领域表现尤为突出。具有公益保护意识的公民或社会组织较少，且因与行政机关力量对比悬殊，通过诉讼寻求救济存在困难。而检察机关拥有专业的法律人才和充分的调查能力，能够有效解决公益司法保护乏力的难题。

第四，是监督行政机关依法行政的应有之义。法治政府建设对于依法治国、建设社会主义法治国家具有重要意义。当前，行政机关执法不规范的问题依然突出，若不进一步加以规范，势必会严重影响政府的公信力，进而阻碍法治国家进程。因此，检察机关承担行政公益监督职责合理且必要。

检察机关作为公共利益的代表具有可行性。首先，在法律制度层面，一方面，我国《宪法》第134条明确规定，检察机关是我国的法律监督机关。因此，检察机关有义务主动作为，担当起监督法律正确实施的重任，及时纠正行政机关不作为或乱作为等履职不规范的行为。自我国检察制度诞生起，检察机关就一直在刑事领域作为公共利益的代表，追究侵害国家利益、个体利益的犯罪行为的法律责任，从这个角度看，检察机关提起行政公益诉讼与提起刑事诉讼所追求的目标是一致的，刑事公诉也应当成为公益诉讼的一部分。因此，只有增加公益诉讼职能，检察机关的法律监督属性才能完整；另一方面，《行政诉讼法》不仅直接规定了行政公益诉讼检察，其中关于检察机关对已经生效的裁判可以提起新的诉讼的规定，也从侧面印证了行政公益诉讼检察与我国行政诉讼制度的兼容性；其次，在司法实践层面，自行政公益诉讼试点工作开始到如今在全国范围内开展，一份份检察建议得到落实、受案范围不断拓展、检察机关与行政机关沟通机制不断畅通……这都充分证明了检察机关在行政公益监督中意义重大；最后，检察机关在行政公益诉讼案件中既拥有法定调查权和专业的人才队伍，又能够保持客观中立，能够最大程度保护公共利益。另外，法律赋予检察机关"公益诉讼起诉人"的新身份，要求检察机关既要遵循基本诉讼规律，也要突出特殊性，在充分运用资源和经验的基础上，灵活采取方式方法，实现维护公共利益的目的。可见，检察机关作为公共利益的代表具有可行性。

（二）受案范围

2015年，最高人民检察院出台《人民检察院提起公益诉讼试点工作实施办法》，指导公益诉讼试点工作，首次提出行政公益诉讼四大领域；2017年修正的《行政诉讼法》以法律形式明确了行政公益诉讼四大领域：①生态环境和资源保护领域；②食品药品安全领域；③国有财产保护领域；④国有土地使用权出让领域。2021年，制定或修订的《安全生产法》《个人信息保护法》《军人地位和权益保障法》等法律都明确写入了检察公益诉讼条款，形成了"4+N"办案领域的格局，有力推动了相关领域公益诉讼的开展。与此同时，对于法律尚无明确规定，但人民群众反映强烈、需要给予同等保护的公益诉讼领域，以"'等外'领域"的形式予以保护。重点领域的始终突出、受案范围的不断拓展、办案领域格局的不断完善，是全社会公益保护意识不断增强的结果,是国家关心人民群众对公益保护需求的体现,也是检察机关公益保护职能有效行使的结果。

(三) 调查核实权

在行政公益诉讼中,检察机关的调查核实权运用于对审查案件线索、核实行政机关乱作为、不作为的行为以及公共利益受损事实的工作中,是检察机关实现法律监督效果的基础和前提。2019年,最高人民检察院《人民检察院检察建议工作规定》,对检察官在办理公益诉讼案件过程中能够采取的调查核实方式进行列举式规定;2021年,最高人民检察院又出台了《人民检察院公益诉讼办案规则》,对检察官如何行使调查核实权作出更加细致、明确的指导。调查核实权内容不断补充完善,为办案检察官初查线索、固定收集证据提供了保障,为制发检察建议、提起行政公益诉讼提供了必要依据,是行政公益诉讼目的实现的重要基础。

(四) 诉前程序

行政公益诉讼中,诉前程序是指检察机关在向人民法院提起诉讼前,经历的发现案件线索、调查核实案件事实、固定收集证据、制发检察建议、跟踪监督行政机关落实建议的情况等程序。最高人民检察院多次强调,在诉讼之前实现公共利益的保护是最佳的司法状态,而实践中,大多数公益受损问题都能在诉前程序得到解决,因此行政公益诉讼诉前程序具有特殊的意义。"诉前检察建议"是诉前程序的主要内容,是行政机关自我纠错的依据,也是启动诉讼的必要环节。通过"检察建议"督促行政机关自觉履职、积极整改,能够提高司法效率,及时保护公共利益。而以诉讼为保障的"检察建议"也因此拥有更强的刚性[1]。可见,在行政公益诉讼中,"检察建议"是诉前程序的核心,发挥着重要作用。正因为诉前检察建议的重要作用,因此其内容要经过充分斟酌考量,十分注意行政权和司法权的界限问题。检察机关对公共利益的保护是间接性的,是通过行使监督权来实现保护公共利益的目的。而行政权是直接管理公共事务的权力,具有较强的专业性,通过专门的人员和设施、完善的程序应对复杂的现实情况。检察机关虽在法律监督方面拥有权威,但在如何有效进行公共管理方面缺乏专业知识,过分细化的建议内容会对行政管理行为造成干扰,影响公共利益保护的实效。另外,若不强化"诉前检察建议"的功能,一方面会导致法院案件量陡然增加,不可避免地造成案件积压;另一方面,也会有许多行政机关因参与诉讼活动影响日常工作的开展。因此,将"诉前检察建议"作为强制性诉前程序,是尊重行政机关行使管理权、充分发挥检察监督作用、提高司法效率的内在要求[2]。

公益诉讼办案实践表明,检察机关依法发出诉前检察建议后,绝大多数行政机关积极行动、依法履职。特别是对于一些容易出现"九龙治水"疏漏,或者必须齐抓共管的"老大难"问题,诉前程序具有统筹协调、督促多个职能部门综合治理的独特优

---

[1] 陈林、朱福永:《诉前程序中检察裁量权运行的重点、难点与对策》,载《检察日报》2019年11月29日。

[2] 张豪、毛文革:《多举措增强诉前检察建议刚性》,载《检察日报》2021年6月24日。

势，保护公益效果十分明显，以最小司法投入获得最佳社会效果，彰显了中国特色社会主义司法制度的优越性。解决违法行为不必诉至法庭，这是公益诉讼与普通民事诉讼、行政诉讼的重要不同之处。实践中，检察机关对获得的案件线索，主动与政府主管领导沟通，听取政府部门意见。检察建议发出后接续协调促进落实，推动行政机关自我纠错、依法行政，绝大多数问题在这个环节得以解决。

公益诉讼问题复杂、牵涉面广，有的旷日持久，有的是发展中的问题，有效解决往往比较复杂，持续跟进监督是必要的。检察机关会对诉前检察建议持续落实情况进行评查"回头看"，重点排查是否存在虚假整改、事后反弹回潮及检察建议制发不规范等问题，切实做好"后半篇文章"，这也体现了对最广大人民群众切身利益的长期高度关注。

（五）诉讼请求

行政机关收到检察机关发出的检察建议后，依旧拒绝依法履职，致使公共利益处于持续受侵害状态时，检察机关则应当向人民法院提起行政公益诉讼，提出撤销违法行政行为、确认行政行为违法或无效，并在一定期限内履行法定职责的诉讼请求。

如果在诉讼过程中，行政机关履行职责、国家利益或者社会公共利益得到维护并使得检察机关的诉讼请求全部实现的，检察机关可以申请变更诉讼请求或撤回起诉。根据行政公益诉讼的特点规律，试点期间，一般提出的都是两个诉讼请求，即确认行政机关的行政行为违法，责令其继续履行职责。特别是对于行政机关履职较为容易的公益保护事项，如镇政府违法倾倒垃圾问题。因垃圾体量不是特别大，一旦提起诉讼，镇政府组织力量进行清理，十天半个月即可完成。如果只提一个责令履职的诉讼请求，则面临撤回或因无履职必要被驳回的风险。根据《行政诉讼法》的规定，确认违法判决和责令履职判决的适用条件是不同的。结合最高人民检察院有关精神，检察公益诉讼是督促之诉、协同之诉，确认违法不是目的，也不利于协同推进公益保护问题解决，故一般应提出责令履职的诉请。如在诉讼中行政违法行为纠正、受损公益得到修复，则可变更或撤回诉讼请求。对行政机关较长时间、多次督促、主观原因不整改的，可坚持要求确认之前的行为违法，以起到警示教育作用。此外，《行政诉讼法》第76条规定："人民法院判决确认违法或者无效的，可以同时判决责令被告采取补救措施；给原告造成损失的，依法判决被告承担赔偿责任。"实践中大部分行政机关在收到检察建议后都会作出一定的履职行为，很少什么都不做，故有的法院在判决中，确认行政机关未依法履行法定职责的行为违法，同时判决责令被告继续采取补救措施。

在行政公益诉讼案件审理过程中，被告已经依法履行职责而全部实现诉讼请求的，人民检察院可以撤回起诉。确有必要的，人民检察院可以变更诉讼请求，请求判决确认行政行为违法。二者的区别在于，变更诉讼请求是指原来的诉讼请求完全实现，人民检察院坚持继续审理需要提出新的诉讼请求，如将诉讼请求由"依法履行相关职责"变更为"确认违法"，或者诉讼请求部分实现其他诉讼请求仍然有诉讼必要性的，保留其他诉讼请求。撤回起诉仅限于诉讼请求全部实现。

这里要把握诉讼请求全部实现的标准,如果只是行政机关制定整改方案,受侵害的公共利益没有得到彻底的保护,就不能适用撤回起诉。行政公益诉讼案件的撤诉不同于刑事案件的撤诉,只要诉讼请求确实实现了,不经法院判决而撤回起诉不应作负面评价。

(六)举证责任

检察机关提起行政公益诉讼,应当就以下事项承担举证责任:①起诉符合法定条件;②检察机关已经履行诉前程序提出检察建议;③行政机关不履行法定职责或不纠正违法行政行为;④其他应由检察机关证明的事项。

(七)终结审查

检察机关办理行政公益诉讼案件,应当在以下情形出现时作出终结审查的决定:①行政机关违法行为已经纠正,公共利益受侵害情形消失的;②在检察机关发出检察建议前,行政机关已经依法履行职责或纠正违法行为的;③由于客观障碍,行政机关已部分整改到位的;④其他应当终结审查的情形。

第四节 检察民事公益诉讼

检察民事公益诉讼制度,顾名思义,即对于侵害社会公共利益的行为,检察机关可以自己的名义代表国家提起民事公益诉讼的制度。自20世纪90年代以来,我国经济社会高速发展的同时,也出现了大量侵害社会公共利益的行为,人民群众反映强烈。因此,党的十八届四中全会提出要探索建立检察公益诉讼制度。2015年7月1日,全国人大常委会授权北京、内蒙古等13个省份(自治区、直辖市)开展检察公益诉讼试点活动。经过长期的探索实践,为期两年的检察公益试点活动取得显著成效,2017年6月27日,第十二届全国人大常委会第二十八次会议作出《关于修改〈中华人民共和国民事诉讼法〉和〈中华人民共和国行政诉讼法〉的决定》,检察公益诉讼制度正式确立。作为检察民事公益诉讼制度的确立准则,2017年《民事诉讼法》第55条对检察机关提起民事公益诉讼的案件范围、诉前程序以及检察机关支持起诉作出相应规定。2018年3月,最高人民法院、最高人民检察院联合颁布《关于检察公益诉讼案件适用法律若干问题的解释》,在前述基础之上,对检察公益诉讼制度的适用范围、诉前程序、诉讼管辖以及审判执行等问题作出具体规定。检察民事公益诉讼制度突破了传统民事诉讼的束缚,有效解决了公益诉讼保护主体缺位之困局,形成了多元诉讼格局。自检察民事公益诉讼制度确立以来,办案数量涨幅明显,受损公共利益得到有效救济。

在司法实践中,针对同一公益损害事实,检察机关通常会坚持行政公益诉讼优先,用好磋商、检察建议、提起诉讼的阶梯式办案方式,优先督促行政机关自行启动纠错程序,严格监管责任,进而督促行政相对人落实主体责任,有效实现公益保护共同目标。针对行政机关穷尽监管手段仍然无法实现公益保护目的,检察机关及时开展民事公益诉讼。

一、检察民事公益诉讼的内涵

（一）检察民事公益诉讼的概念

人民检察院履行职责中发现污染环境、食品药品安全领域侵害众多消费者合法权益等损害社会公共利益的行为，在没有适格主体或者适格主体不提起诉讼的情况下，可以向人民法院提起民事公益诉讼。而人民检察院履行职责包括履行职务犯罪侦查、批准或者决定逮捕、审查起诉、控告检察、诉讼监督等职责。

换而言之，检察机关不宜简单直接提起公益诉讼，应当先通过诉前程序。提起民事公益诉讼之前，检察机关应当依法督促或者支持法律规定的机关或有关组织向人民法院提起民事公益诉讼。经过诉前程序，法律规定的机关和有关组织没有提起民事公益诉讼，社会公共利益仍处于受侵害状态的，检察机关可以提起民事公益诉讼。

（二）检察民事公益诉讼与行政公益诉讼的区别

检察民事公益诉讼与行政公益诉讼作为检察公益诉讼制度的组成部分，都是检察机关为保护公共利益以诉讼为载体履行法律监督职责的方式和途径，体现了法律监督的宪法定位，都是借助诉讼进行"补充执法"并实现对受损公共利益进行补充救济的途径，在保护公共利益最终目的方面具有趋同性，但两者遵循的诉讼法理与程序设计方面存在差异。

第一，从传统诉讼理论来看，民事诉讼解决的是平等主体之间的私人利益争议，诉讼主体一般是平等主体之间的公民、法人或者其他组织，诉讼客体是私人利益纠纷，诉讼功能是维护当事人的民事权益；行政诉讼统称为"民告官"，是为了解决行政相对人与行政主体之间的行政争议，借助诉讼轨道对行政权力进行维护和制约。诉讼主体与民事诉讼有差别，诉讼客体主要是行政争议，诉讼功能是为了对行政纠纷进行司法审查，进而解决行政争议，推动法治政府建设。在程序法理方面两者是不同的，检察民事公益诉讼与行政公益诉讼分属于《民事诉讼法》和《行政诉讼法》，分别需要遵循民事诉讼和行政诉讼的基本原则和制度。

第二，检察民事公益诉讼在救济受损社会公共利益方面具有直接性，行政公益诉讼则通过监督督促行政机关依法履职来实现对公共利益的间接维护，因此两者程序设计也存在差异。首先，案件范围和管辖不同，检察民事公益诉讼的案件范围主要是生态环境和资源保护、食品药品安全领域，基于上述案件的复杂性，检察民事公益诉讼案件一般由市级检察院负责。行政公益诉讼主要针对生态环境和资源保护、食品药品安全、国有财产保护、国有土地使用权出让等领域负有监督管理职责的行政机关违法行使职权或者不作为的行为，基层行政机关承担了维护国家利益和社会公共利益的重要职责，因此行政公益诉讼的案件管辖主要由基层检察机关负责，符合同级监督的原则；其次，诉讼主体不同，两者的原告都是检察机关，但在检察民事公益诉讼中检察机关并非唯一享有诉权的主体，在行政公益诉讼中检察机关是唯一可以提起行政公益诉讼的主体。从被告主体来看，检察民事公益诉讼的被告主体既包括自然人，也包括法人或者其他组织,而行政公益诉讼的被告主体具有唯一性,是对被损害的国家利益或者公共利益负有法定职责的行政机关;最后,诉前程序不同。诉前程序是两者的必经程序,检察民事公益诉讼诉前程序是公告,其价值在于寻找第一顺位的诉权主体,告知第一顺位主体可以针对侵害社会公共利益的行为行使诉权,当公告期满法律规定的第一顺位诉权主体不提起诉讼的,检察机关可以行使补充诉权提起民事公益诉讼。

第三,行政公益诉讼诉前程序是检察机关向致使国家利益或者社会公共利益受到侵害的负有监督管理职责并违法行使职权或者不作为的行政机关提出检察建议,督促其依法履行救济国家利益或者社会公共利益的法定职责,检察建议充分体现了检察权对行政权的监督和制约,是救济受侵害国家利益或社会公共利益的主要途径,具有重要的价值。在实践中大部分案件通过诉前程序即实现了公共利益的救济维护,只有当行政机关不依法履行职责的,检察机关才依法提起诉讼。因此,检察民事公益诉讼与行政公益诉讼的诉前程序体现了不同的价值取向。

第四,在具体的诉讼程序设计中,检察民事公益诉讼与行政公益诉讼也体现了不同,比如两者的诉讼请求不同,检察民事公益诉讼可以根据法律规定直接提起救济受侵害社会公共利益的具体诉求,比如停止侵害、排除妨碍、消除危险、恢复原状、赔偿损失等,但是行政公益诉讼中检察机关的诉求主要是对行政机关违法行使职权或者不作为的行政行为进行司法审查,诉讼请求主要包括确认行政行为违法或者无效、撤销行政行为等。在诉讼过程中,检察民事公益诉讼遵循民事诉讼的原则和制度,行政公益诉讼遵循行政诉讼的原则,因此两者在举证责任、和解调解、诉后执行、诉讼效果等方面体现的是传统民事诉讼和行政诉讼的差异。总体上来看,检察民事公益诉讼与行政公益诉讼作为检察公益诉讼制度的二元构造,根本目的都是维护社会公共利益,除了案件范围、案件管辖、诉讼主体的不同外,其程序差异主要体现在诉前程序,诉讼中的程序区别主要是基于传统民事诉讼和行政诉讼程序的不同而产生的。

二、检察民事公益诉讼的法理基础

检察民事公益诉讼制度的法理基础,说到底就是该项制度的正当性问题。在传统诉讼观念中,民事诉讼发生于平等主体之间,检察民事公益诉讼允许检察机关这一国家公权力介入,动摇了传统民事诉讼的平等地位,使得二者的关系变得对立与紧张,为了缓和这种紧张关系,需要对检察民事公益诉讼的法理基础进行分析,从而为检察民事公益诉讼提供法理支持。

(一)公益代理人理论

何为公益代理人,主要解决的是当公共利益遭受侵害时,谁来对受损公共利益进行救济这一问题,也即谁为公益诉讼的保护主体。《民事诉讼法》规定,无诉讼行为能力人的民事诉权由其法定监护人代为行使,诉讼代理制度的设立初衷就是为了保障诉讼的正常运行，维护诉讼主体的诉讼权益。那么当公共利益遭受侵害时，合法权益由谁来保护呢？随着社会进程的加快，公共利益的保护愈加重要，理念在进步的同时，具体保护措施也要与时俱进，由谁来提起公益诉讼引发关注。公共利益不同于传统民事诉讼中受侵害的民事主体，无法委托他人代为提起公益诉讼，作为事关百姓民生的公共利益，此时亟须公益代理人出面对其进行维护。作为涵盖文化、经济的社会群体，国家曾一度被认为最适宜担任公共利益保护主体。无论任何时候，形成国家的相关制度都是实现社会整体利益的最根本保证，国家制度将社会成员联系在一起，使社会得以稳定发展。因此，由国家对公共利益进行维护符合其内在特征，但是国家在公共利益的保护上具有一定的局限性，由于国家并非实体，对公共利益的保护完全依赖于国家机关及其工作人员，当个人私益与公共利益产生冲突时，难免会力不从心。因此，国家作为公共利益的保护主体不具有程序上的可操作性。相较于国家，作为国家法律监督机关的检察机关更适宜担任程序上的公益代理人。从理论上看，现代诉权理论的建立，使诉讼当事人也不再受"与案件有直接利害关系"之束缚，不论你是出于保护私益的目的，还是保护公益的目的，只要以自己的名义提起民事诉讼，都属于诉讼当事人[1]。因此，检察机关提起民事公益诉讼有其正当性存在。此外，能否赋予行政机关以公益诉权，学界对此存在争议。近年来，行政机关因自身未履行职责而成为公益诉讼被告的案件时有发生，由其担任国家代理人行使公益诉权并不妥当。相比较而言，检察机关自身具有"公益"属性，充分发挥其法律监督职能，作为刑事公诉人对社会秩序以及国家利益进行维护，具有纯粹的公益性，最适宜代表国家行使公益诉权。但是，我们需要明确的是检察机关的公益诉权并非"无限诉权"，检察机关提起民事公益诉讼之前需履行诉前程序，只有在无相应社会组织提起，为了避免公共利益处于无人保护之境地，才提起民事公益诉讼。

(二) 社会正义理论

随着社会的不断进步，社会公共利益的内部构成发生变化，各种利益关系之间的矛盾逐渐凸显，社会公平正义亟须得到维护与实现。倘若社会正义缺失，整个社会将会陷入失灵甚至混乱的局面，而对于公共利益的维护也是实现社会公平正义的重要环节。社会正义具体指什么，一直以来都是争议话题。在社会早期，民众普遍将生存平等、发展平等、劳动平等、受教育平等作为社会正义的具体表现。随着市场经济的快速发展，公众对于社会正义的理念也发生了转变，社会正义的范围得以扩大，环境污染、生态破坏、国有财产保护、食品药品安全等领域也逐渐进入社会正义的视野，公共利益保护成为实现社会正义的显著标志。行政机关作为国家事务的监管者，实现社会正义刻不容缓，但在实践中，有些行政机关有时并没有很好地履行这一职责，社会正义也没有得到实现。与行政机关不同，提及检察机关，民众自然就会想到公平正义。现代检察制度起源于欧洲中世纪的法国和英国，设立之初就是为了消除封建割据、维

---

[1] 肖建华：《寻求独立的诉讼主体地位——当事人概念的再认识》，载《现代法学》2000年第2期。

护王权统治,因此检察机关具有天然的"正义色彩"。在我国,检察机关的主要领域在刑事犯罪,其工作职责是对犯罪案件进行追诉,随着时代的进步,社会对于检察机关已经不仅仅满足于提起刑事公诉,开始探寻检察机关对于公共价值与利益的维护。公共利益的范围也得以扩大,从最初的教育、健康、文化等项目,逐步扩大到环境利益、美学利益、经济利益等,世界各国成文宪法均规定了个人行使权利时,其行为不得有损于公共利益,由此说明公共利益具有保护的优先性。因此,当发生侵害公共利益案件后,检察机关或提起公益诉讼,或支持相应社会组织提起公益诉讼,均属于社会正义范畴。

(三) 积极诉讼理论

从逻辑层面来看,积极诉讼理论同原告资格的设立联系密切,因此我们首先需要厘清原告资格到底为何。综观整个学术界,对于原告资格的内涵都是仁者见仁、莫衷一是。虽然原告资格的内涵没有明确的定义,但是大众的普遍认知就是原告进入诉讼程序需要具备哪些条件。简言之,积极诉讼理论也即谁能为公共利益积极诉讼,由此引发人们思考,为什么要对原告资格进行限定?原告适格理论是保障原告积极参与诉讼的功能之一,因为只有裁判结果与之有直接或间接的利害关系,为了维护自己的利益,诉讼主体才能认真对待诉讼。而对于公共利益,谁会为其进行积极诉讼,则是研究原告资格内涵的衡量因素之一[1]。首先是社会组织,公益诉讼是与私益诉讼相对的概念,二者的诉讼目的不同,公益诉讼以维护公益为目的,而私益诉讼旨在实现自身利益最大化。我国《环境保护法》第58条规定,各团体及机构不得通过诉讼获取利益,然而,在利益往来的经济社会,社会组织在"无利可图"的情况下,能否最大化保护公共利益,谁都无法给出答案。众所周知,社会组织并非国家财政支持的国家机构,其经费大多来自捐赠以及服务收费,且公益诉讼耗时长、花销大,在付出与收获不成比例的情况下,为公共利益积极诉讼也不是其愿意负担的;其次就是检察机关,检察机关的法律监督职能要求其不仅应承担刑事公诉职能,还应担负保护公共利益之职责,不履行职责即为不作为,不作为就要受到惩罚。相较于前述的社会组织,检察机关具有保护公共利益的天然属性,更能积极主动对公共利益进行维护。此外,由检察机关为公共利益积极诉讼也符合经济效益原则,相对于其他社会组织,检察机关专业化程度更高,而且对公共利益了解也较为全面,由其积极诉讼能对社会公共利益达到全面救济。因此,检察机关有权对刑事、民事、行政在内的社会关系进行监督,其中也包括社会公共利益。

(四) 公诉权理论

公诉权作为检察机关维护社会秩序的有效途径,其目的在于维护国家秩序免遭侵害,维护社会公众的人身权利、财产权利,亦可进一步定义为"检察机关代表国家对

---

[1] 江国华、张彬:《检察机关提起民事公益诉讼的四个法理问题》,载《哈尔滨工业大学学报(社会科学版)》2017年第3期。

违反法律的行为提起控诉并支持其主张的权力"。[1]然而，刑法谦抑性的特征，要求其作为最后一种司法手段对国家秩序进行维护；同时，由于刑法对犯罪行为与其他行为进行严格界分，一些不触犯刑法但是侵害公共利益的行为不能通过刑事手段得到有效处理。作为一种救济权，公诉权实质上以公共利益为基础。伴随时代发展，愈来愈多的被侵害对象不再是特定的主体，而更趋向于一定范围内不特定的环境利益、经济利益、道德利益等，公共利益的范围也得以扩大。当这些公共利益受到侵害时，私权利主体往往因自身能力不足而怠于行使权利。有鉴于此，世界各国均授予检察机关维护社会公共利益的权利。公诉权不再仅仅是刑事领域的专属权利，而逐渐开始向公益领域扩展，回归其本真概念。民事领域的公诉权，也即检察机关对侵害公益的行为提起公益诉讼的权利，其与刑事公诉权处于同等地位，检察机关通过其专业的法律知识与充足的资源优势，对公民的合法权益进行维护。民事领域内的公诉权，其主要体现为对社会公共利益提供司法保护。[2]当公共利益被侵害后，被侵害主体大多不愿提起诉讼，或者提起诉讼但是法院不予受理，这导致公益诉讼结果不尽如人意，通过赋予检察机关民事公诉权，有效弥补了当前诉讼主体缺乏之局面，同时由于检察机关公权力的介入，增强了公共利益的保护力度。其次，民事公诉权满足了社会公众对检察机关维护公益的社会需求。随着社会的不断进步，社会公众对公共利益的重视程度与日俱增，检察机关作为"纯粹"的司法机构，在诉讼中处于超然地位，逐渐受到社会公众的拥护，在公共利益保护呼声渐起的当下，赋予检察机关民事公诉权，允许其以强有力的司法手段介入民事公益诉讼是积极回应群众需求的结果，同时也有利于缓解社会的内在张力，促进社会和谐稳定。但同时也需要明确的是，检察机关在维护公共利益时，应时刻保持谦抑性，切实履行诉前程序，绝不能只侧重检察机关的正义特征，而忽略其权力扩张可能带来的危害。

三、检察民事公益诉讼的价值功能

检察民事公益诉讼制度自确立以来，在环境保护以及食品药品安全领域发挥了重要的价值。我国检察民事公益诉讼制度主要有以下三方面的价值功能：

（一）解决诉讼主体缺位之困境

从最高人民检察院公布的检察公益诉讼典型案例来看，小到个人生产、销售硫磺熏制辣椒，大到化工厂倾倒固体废物，造成周边环境污染。此类侵害社会公共利益的案件屡见不鲜，公共利益的保护是当前亟待解决的难题之一，而最有效的解决途径莫过于提起民事公益诉讼。当前，关于公共利益为何，任何国家的法律都没有明确的规定，这是由公共利益内容不确定以及受益对象不确定所决定的。公共利益概念的模糊性导致公共利益受损时其保护主体不明确，同时由于缺乏公共利益保护意识，公共利

---

[1] 何文燕：《略论检察机关民事公诉权》，载《河南省政法管理干部学院学报》2005年第3期。
[2] 李征：《论民事公诉权与检察权的价值共性》，载《社会科学辑刊》2012年第1期。

益长期处于无人保护之境地。检察民事公益诉讼制度将诉前程序引入公益诉讼中，对社会组织自行履行公益保护职责寄予厚望，但现实中，由于公共利益的侵害者多为当地企业，诉讼主体与其力量悬殊，再加上专业知识的匮乏以及对公共利益的认识不足，这导致了社会组织怠于提起民事公益诉讼，使得社会公共利益长期处于受损的局面，得不到应有的救济。为了解决这一困境，我国提出建立检察民事公益诉讼制度的构想，秉持大局意识，历经实践试点、制度摸索，检察民事公益诉讼制度在我国得以确立。作为一项年轻的制度，检察民事公益诉讼制度处处彰显着中国特色，当检察机关发布诉前公告后，适格主体由于种种原因而怠于提起公益诉讼时，检察机关可作为后位起诉主体对受损公共利益进行有效救济，这有效解决了当前社会公共利益无人保护之困局，弥补了其他诉讼主体在诉讼能力上的不足。社会公共利益遭受侵害后，以检察民事公益诉讼的方式进行救济，是当前大多数国家的通用做法。法国、德国以及日本等国均确立了检察民事公益诉讼制度，赋予检察机关公益诉权，检察机关可代表国家对损害社会公共利益的行为提起民事公益诉讼。检察民事公益诉讼制度授予检察机关提起公益诉讼的权利，与社会组织提起公益诉讼"环环相接"，当公共利益处于无人保护之境地时，检察机关作为最后一道司法防线，通过提起民事公益诉讼追究公共利益侵害者的相应责任，实现公共利益保护最大化。

(二) 强化多元诉讼监督

检察公益诉讼司法领域中，当公共利益受到侵害时，大多数案件均通过行政公益诉讼得以解决，行政公益诉讼的重要性不容置疑，但并不能以此说明检察民事公益诉讼就无用武之地，相反，检察民事公益诉讼依靠其专有的程序规制，更有助于实现对社会公共利益的全方位保护。这可以从二者的比较中得出，首先，诉讼请求不同，检察民事公益诉讼旨在通过诉讼判令侵害行为人停止违法行为、赔偿损失等，而检察机关提起行检察政公益诉讼旨在督促行政机关履行职责；其次，被诉对象不同，检察民事公益诉讼为对公共利益造成损害的直接行为人，而行政公益诉讼则为对公共利益具有监督管理权的行政机关；最后，救济途径不同，检察民事公益诉讼中法院判令侵害行为人承担民事责任对受损公共利益实现直接救济，而行政公益诉讼中法院对行政机关进行督促并不能对公共利益起到直接救济。以我国公益诉讼试点后首例由检察机关提起的行政附带民事公益诉讼案为例，吉林省白山市人民检察院提起的白山市江源区中医院违法排放医疗污水导致环境受损案，检察机关在履行职责中发现江源区卫生和计划生育局未能采取有效监管措施制止水污染，在严格落实诉前程序后，依法提起了行政附带民事公益诉讼[1]。在此案中，检察民事公益诉讼与行政公益诉讼均可提起，但是二者对于公共利益的保护却缺一不可，究其原因检察民事公益诉讼与行政公益诉讼诉讼请求与救济方式的不同。行政公益诉讼中检察机关提起诉讼旨在请求法院确认行政行为违法，是通过法院督促行政机关履行职责的方式对公共利益进行间接救济，

---

[1] 参见北大法宝数据库：https://www.pkulaw.com/gac/，2024年1月6日访问。

侧重对行政机关未依法履行职责的纠正功能，并不能有效救济受损的公共利益，而检察民事公益诉讼通过对直接侵权人提起检察民事公益诉讼，要求其承担赔偿损失、恢复原状以及停止违法行为等民事责任，相较于行政公益诉讼，检察民事公益诉讼对受损公共利益的救济更为直接有效。[1]因此，检察民事公益诉讼制度的确立加强了对公益侵害行为的监督，厘清了检察民事公益诉讼与行政公益诉讼之间的保护界限，强化了对国家利益和社会公共利益的司法保护效果，实现双赢多赢共赢的社会治理局面，使得公益诉讼的保护全方位落到实处。

（三）促进社会综合治理

自2017年检察公益诉讼制度确立以来，检察机关办理公益诉讼案件大幅提升。此外，检察机关对各地区公益诉讼整改情况进行查看验收，并根据调研情况适时发出整改建议，使得最高人民检察院公布的办案数据更具说服力，检察公益诉讼保持良好势头，最大限度维护了社会公共利益，推动我国社会经济高效快速发展。检察民事公益诉讼的案件范围涉及人民群众的切身利益，检察机关作为公共利益的保护主体，与各环保部门、食药管理部门以及行政机关建立长久联系机制，解决了长久以来得不到有效治理的"老大难"问题，形成协同共治的综合治理局面。以安徽省芜湖市检察机关诉李某等人跨省倾倒固体废物刑事附带民事公益诉讼案为例，检察机关依法履行监督与调查职能，对侵害公共利益行为进行调查核实，在依法履行诉前公告程序之后，对侵害生态环境的行为提起刑事附带民事公益诉讼，责令环境侵害人履行相应责任，以修复受损的公共利益[2]。通过提起公益诉讼，既促进了社会的进步，又保护了公共利益，实现了二者的统一。此外，检察机关通过办理英雄烈士保护领域公益诉讼案件，将人民群众的精神需求纳入了公益诉讼范畴，以河北省保定市人民检察院诉霍某侵害凉山烈士名誉荣誉公益诉讼案为例，英雄烈士属于中华民族的脊梁，承载着全民族的精神记忆，通过对侵害英烈名誉的行为提起公益诉讼，对于彰显中华民族伟大精神，维护人民群众的价值需求，具有重要意义。检察民事公益诉讼制度的确立，既促进了社会综合治理，又保护了受损的社会公共利益，取得了显著的公益保护效果。但同时需要明确的是，检察机关在办案过程中，不能机械式办案，在维护社会公共利益的同时，应注重民生保护，实现价值平衡。

四、检察民事公益诉讼的程序

（一）案件范围

检察机关作为通过诉讼途径维护国家利益和社会公共利益的特殊主体，基于检察权的属性和诉讼制度的考虑，检察民事公益诉讼的内在逻辑主要体现在诉讼程序的特

---

[1] 赵吟：《检察民事公益诉讼的功能定位及实现路径》，载《法治研究》2019年第5期。
[2] 《最高检发布检察公益诉讼十大典型案例》，载 https://www.spp.gov.cn/zdgz/201812/t20181225_403407.shtml，2024年7月18日访问。

殊安排中。相较于一般社会组织和法律规定的机关提起的民事公益诉讼，检察机关提起民事公益诉讼以维护社会公共利益具有特殊的制度设计和逻辑。根据《民事诉讼法》的规定，检察机关提起民事公益诉讼具有特定的案件管辖范围，以生态环境和资源保护及食药安全领域为重点，在履行职责中发现案件线索，检察民事公益诉讼案件一般由侵权行为地或者被告住所地的市级人民检察院办理，体现了检察民事公益诉讼不同于民事诉讼的案件管辖规定。

（二）诉前程序

检察机关对于发现的侵害社会公共利益的民事侵权行为通过对线索的真实性、可查性、风险性等方面进行评估与初步审查，符合立案条件的经过一定的审批程序予以立案。立案后检察机关行使法定调查权按照法定程序、全面、客观地收集证据，特别是调查和搜集社会公共利益受到侵害的初步证明材料。经审查，不存在损害社会公共利益或需要追究民事责任情形的或损害社会公共利益的情形已经消除且社会公共利益已获得有效救济的则终结审查，对于社会公共利益持续处于受侵害状态需要提起民事公益诉讼追究民事责任的，则应当履行诉前公告程序，公告的内容是社会公共利益受到侵害的基本事实，建议法律规定的机关和社会组织在公告期内向法院提起诉讼，公告具有一定的程序性效力，体现在法院立案后无需再进行公告，以节省司法资源提高诉讼效率。

（三）诉讼请求

检察民事公益诉讼的诉讼请求，是检察机关基于一定民事法律关系提出的具体权益主张，是对公益侵害行为民事责任承担方式的具体化。《民法典》第179条第1款规定了11种民事责任的承担方式；第2款规定法律规定惩罚性赔偿的，依照其规定；该条第3款规定，该条规定的民事责任承担方式，可以单独适用，也可以合并适用。12种民事责任承担方式涵盖了所有民事案件的诉讼请求。侵权之债是检察机关提起民事公益诉讼的基础法律关系，因此，民事公益诉讼中可以提出的诉讼请求与民法上的侵权责任承担方式基本对应，归纳起来，民事公益诉讼中涉及的民事责任承担方式主要分四类：一是预防性的责任承担方式，包括停止侵害、排除妨碍、消除危险；二是恢复性责任承担方式，即恢复原状；三是赔偿性的责任承担方式，即赔偿损失；四是人格恢复性责任承担方式，即赔礼道歉。在不同类型的案件中，上述责任承担方式可单独适用，也可以合并适用，需要注意的是，除英烈领域之外，其他领域民事公益诉讼案件不宜仅提出赔礼道歉的诉讼请求。

（四）诉讼程序

检察民事公益诉讼诉前程序公告期满后，如有诉权主体提起诉讼的，检察机关可以支持起诉，方式包括提供法律咨询、提交书面意见等，发挥协助起诉的作用。经过诉前程序没有适格主体提起诉讼，社会公共利益持续处于受侵害状态的，检察机关有权提起民事公益诉讼。在诉讼过程中，检察机关依法享有相应的诉讼权利，履行相应的诉讼义务。诉讼程序结束后，民事公益诉讼判决、裁定发生法律效力而被告未履行裁判确定的义务的，法院需移送执行以实现社会公共利益，在检察民事公益诉讼案件执行过程中，检察机关不交纳执行费用并可以对执行活动实施法律监督。

此外，调解是我国民事诉讼实务中积极倡导的一种结案方式，在纠纷解决中有着自己独特的优势和动能。由于涉及公共利益的特殊性，检察民事公益诉讼能否适用调解一直存在争论。最高人民法院发布的公益诉讼司法解释中确认了调解方式的适用，并规定了调解协议的公告、严格审查和调解书的公开等制度，以防止原被告之间利益勾兑、损害社会公共利益的情况。检察机关提起的民事公益诉讼，当然也可以适用调解，理解和适用本条应当注意以下几点：一是适用调解必须是在法院主持下，通常是在庭审过程中，出庭人员可以代表公益诉讼起诉人进行调解；二是适用调解的前提是诉讼请求全部得以实现，作为维护社会公共利益的代表，出庭检察人员没有妥协让步的权利，只有在受损害的社会公共利益得到完全修复，或者损害危险完全消除的前提下，才可以调解或者撤诉。

需要注意的是，全部诉讼请求已经实现，一般可以选择撤回起诉，如果被告需要分阶段履行调解协议，在庭审结束前不能完成全部整改的，但已经履行了大部分协议义务的，一般可以选择调解的方式，通过人民法院出具《调解书》，以确保调解协议后续执行具有法律强制力。

对于小额、案件简单的检察民事公益诉讼案件，检察机关可以探索在提起诉讼之前由违法行为人出具整改承诺。整改承诺的内容不得减免违法行为人的民事责任，并且应当采取听证等方式，保证程序的公开公正，同时也可以请求法院对整改承诺进行司法确认，确保社会公共利益切实得到修复。在检察民事公益诉讼中，应当坚持公正与效率并重，不以诉前和解代替提起诉讼，也不准许擅自处分诉讼请求而损害公益，检察机关应当从严把握诉前程序、诉后调解和撤案条件。

第五节 刑事附带民事公益诉讼

公益诉讼制度的产生与发展，实质是司法权参与社会管理的创新，该制度经过多年发展与探索，取得了一定的成效。为了进一步加强对社会公共利益的保护，进而提高诉讼效率，最高人民法院、最高人民检察院《关于检察公益诉讼案件适用法律若干问题的解释》第 20 条第 1 款规定："人民检察院对破坏生态环境和资源保护，食品药品安全领域侵害众多消费者合法权益，侵害英雄烈士等的姓名、肖像、名誉、荣誉等损害社会公共利益的犯罪行为提起刑事公诉时，可以向人民法院一并提起附带民事公益诉讼，由人民法院同一审判组织审理。"刑事附带民事公益诉讼不仅能合理配置国家有效的司法资源，大大节省诉讼成本，提高诉讼效率，也能促使各方共同发力，有效修复受损害的社会公共利益，从而使社会经济发展秩序更加和谐。

一、刑事附带民事公益诉讼的内涵与特征

(一) 刑事附带民事公益诉讼的内涵

在近几年来的司法改革与实践过程中，我国应运而生了一种全新的制度设计，即刑事附带民事公益诉讼制度。该制度意在最大限度地维护社会公共利益，是一项符合我国时代特点的重大制度创新。这一制度实质上是对我国传统理论和诉讼模式的一种突破，是在公益诉讼的背景之下，对我国已经存在的诉讼制度进行交互融合的成果。

公益诉讼制度与其他诉讼制度最大的不同在于，公益诉讼的原告只是作为公共利益的代表人，与公益保护请求没有直接的、具体的关系。而在现如今的司法实践当中，经常会出现一种情况，即行为人的违法行为既对社会公共利益造成了损害，也触及了我国刑法所保护的利益。在这种情况下，为最大限度保护公共利益，准确认定犯罪嫌疑人的法律责任，同时出于节约司法资源的目的，国家赋予检察机关一种新的职能，允许其在针对刑事犯罪提起诉讼的同时，可以提起相应的民事公益诉讼，合理地解决社会矛盾和社会冲突。因此，刑事附带民事公益诉讼是指在特定领域中，如果行为人实施的犯罪行为损害了公共利益，人民检察院可以在对犯罪行为提起刑事诉讼时，一并向法院提起民事公益诉讼，请求法院判令被告人同时承担刑事责任与民事责任的诉讼活动。刑事附带民事公益诉讼与民事公益诉讼和刑事附带民事诉讼有密切的关联，但又是不同的制度。

1. 刑事附带民事公益诉讼与民事公益诉讼的区别

民事公益诉讼制度与刑事附带民事诉讼制度在我国的发展起步较早，经过不断探索与积累经验，已经具备比较成熟的理论与实践体系，这也为刑事附带民事公益诉讼制度发展奠定了坚实的基础。作为一种适应司法实践发展需求而产生的新制度，其与这两种制度之间存在着一定的相同点，但更多的是制度之间存在的差异性。而通过对制度之间的差异性进行对比与分析，也可以更好地理解一个新的制度出现在民众的生活中，它的价值何在、意义何在。通过立法明确规定民事公益诉讼制度可以说是我国为保护公共利益而进行的一次有效尝试。根据法律规定我们可以看出，民事公益诉讼对抗的是损害社会公共利益的行为，是为了对特定领域中的公共利益提供法律上的保护，也就是说，两种诉讼在目的上趋于一致，但这两种诉讼依然存在各自独有的特征。

第一，提起诉讼的主体不同。《民事诉讼法》在2012年首次规定民事公益诉讼时，将提起民事公益诉讼的主体确定为法律规定的机关或有关组织，比如符合条件的环保组织、消费者协会等。虽然2017年《民事诉讼法》修改后将检察机关纳入诉讼的主体范围，但也只是在公告期满后，没有符合规定的人员提起民事公益诉讼时，检察机关才能提起诉讼，具有一定的补充性。而按照我国目前司法解释的规定，只有检察机关有权提起刑事附带民事公益诉讼，主体具有唯一性。

第二，适用法律有所不同。民事公益诉讼属于民事诉讼的一种特殊类型，应当主要适用《民事诉讼法》及民事公益诉讼案件相关司法解释的有关规定。而刑事附带民

事公益诉讼是两种诉讼的有机结合，以刑事公诉的存在为前提，因此在法律适用上，还要依据《刑事诉讼法》以及相关司法解释的规定。这是两种诉讼在适用法律上存在的差异。

第三，管辖法院存在差别。2022年最高人民法院《关于适用〈中华人民共和国民事诉讼法〉的解释》第283条规定，除法律、司法解释另有规定的，公益诉讼案件由中级人民法院进行审理，由民事审判庭（或者环境资源审判庭）负责。而对于刑事附带民事公益诉讼，司法解释规定附带的民事公益诉讼要跟随刑事诉讼的管辖法院，并且由刑事审判庭负责一同审理。也就是说，除了依法应当由上级法院管辖的，刑事附带民事公益诉讼案件一般都是交由基层法院进行管辖，突破了原有的公益诉讼案件管辖法院的级别规定。

2. 刑事附带民事公益诉讼与刑事附带民事诉讼的区别

我国最早规定刑事附带民事诉讼的法律是1979年的《刑事诉讼法》，此后，虽然《刑事诉讼法》经过1996年、2012年、2018年多次修改，但每次修改都沿用了1979年《刑事诉讼法》的相关规定，该制度设立和运行至今也已经逐渐成熟。从其理论内涵上来看，刑事附带民事诉讼是指在刑事诉讼过程中，为附带解决被告人犯罪行为给被害人造成的物质损失的赔偿问题，人民法院在当事人参与下所进行的诉讼活动[1]。虽然这两类案件均以提起刑事公诉为基础，但这两类案件还是存在一些不同。

第一，诉讼主体不同。根据我国现行《刑事诉讼法》的有关规定，提起刑事附带民事诉讼主体可以是被害人、被害人的法定代理人以及近亲属，一旦出现国家经济利益、集体经济利益受到侵害的情形，公诉机关也可以作为诉讼的主体。也就是说，刑事附带民事诉讼的起诉主体具有多元性。但是最高人民法院、最高人民检察院《关于检察公益诉讼案件适用法律若干问题的解释》规定，提起刑事附带民事公益诉讼的主体具有唯一性，即人民检察院。

第二，保护客体不同。附带民事诉讼侧重于进行私益救济，注重维护个人受损的利益，仅在特殊情况下维护遭受损失的国家利益或者集体利益。而刑事附带民事公益诉讼关乎社会公共利益的救济，其目的是恢复已经被破坏的社会公共利益。国家利益与公共利益涵盖的内容不完全相同，因此在对两种利益加以保护时应当采取不同的方式，对于国家利益，附带民事诉讼就可以起到应有的救济效果，而如果是对于公共利益，则一般是由刑事附带民事公益诉讼加以保障[2]。因此，在刑事诉讼、刑事附带民事诉讼中能够实现赔偿损失、赔礼道歉、替代性修复等公益保护司法功能的，不再附带民事公益诉讼或者单独提起民事公益诉讼。

第三，责任承担方式不同。在刑事附带民事诉讼中，审判机关要求犯罪行为人承担赔偿损失的责任，并且将损失的范围限定在犯罪行为造成的"物质损失"上[3]。

---

[1] 陈卫东、柴煜峰：《刑事附带民事诉讼制度的新发展》，载《华东政法大学学报》2012年第5期。
[2] 周新：《刑事附带民事公益诉讼研究》，载《中国刑事法杂志》2021年第3期。
[3] 陈瑞华：《刑事诉讼的中国模式》，法律出版社2010年版，第138页。

刑事附带民事公益诉讼主要通过赔偿损失来进行救济，同时还有停止侵害、赔礼道歉、恢复原状、消除危险等方式，作用在于使受损的公共利益得到修复。与附带民事诉讼相比，刑事附带民事公益诉讼在责任承担方式的多样化上具有一定的优越性。

（二）刑事附带民事公益诉讼的特征

第一，从起诉主体上来看，最高人民法院、最高人民检察院《关于检察公益诉讼案件适用法律若干问题的解释》将刑事附带民事公益诉讼的主体限定为检察机关。仅这一条，就可以看出该制度与以往的公益诉讼制度相比存在的独特性。一方面，检察机关作为具有独立地位的法律机关，具备高素质的专业人员和相对充足的经费，足以应对公益诉讼案件大量消耗财力、人力的问题。另一方面，从我国现有的司法结构与体系来看，检察机关作为法律监督机关，在诉讼进程中具备一定的优势和便利，可以督促审判机关尽快立案并作出判决，以使受损的公共利益及时得到恢复。因此，国家基于最大限度地保护社会公共利益的考量，赋予了检察机关这一权力，由其代表公共利益同时提起两种诉讼，确保提起诉讼的机构和适用法律程序的一致性，提高办案效率，保障适用法律程序的连续性，最终实现维护社会公共利益的目的。

第二，从受案范围来看，提起刑事附带民事公益诉讼要求犯罪行为发生在生态环境和资源保护、食品药品安全等领域，并且实施的行为引发了社会公共利益的受损，也就是说受案范围具有一定的限定性。而2020年最高人民法院、最高人民检察院《关于检察公益诉讼案件适用法律若干问题的解释》修订后，又明确将侵害英雄烈士等的姓名、肖像、名誉、荣誉的案件纳入受案范围，依然是因为此类案件涉及社会公共利益。法律并没有明确规定公共利益的概念，理论界对于其概念与外延也是存在多种不同意见。公共利益本身的内涵与外延就不够十分明确，一般包括但不限于公共安全、公共道德、公共秩序、公共财产。简单来说，公共利益是整体的利益，大众的利益，而不是少部分人的利益。在社会公共利益遭受损害时，也是彰显这一新型诉讼模式独特作用的时刻[1]。在司法实践当中，犯罪行为人实施污染环境，生产、销售有毒、有害食品，侵犯个人信息，侵犯英雄烈士名誉、荣誉等行为，不仅涉及刑事犯罪，而且使社会公共利益受损，此时就需要发挥检察机关的力量，解决关乎民众的公共利益问题，最大限度地维护社会秩序。

第三，从程序上来看，刑事附带民事公益诉讼兼具附属性与独立性。附属性体现在其附带民事公益诉讼受到刑事司法程序的制约，也即在整个诉讼过程中，检察机关提起的刑事诉讼居于整个诉讼的主导地位。同时，司法解释中也规定了，刑事附带民事公益诉讼由审理刑事案件的法院管辖，体现了在管辖法院上也存在附属性。另外，从本质上看，检察机关提起刑事附带民事公益诉讼除了惩罚犯罪，也是为了敦促行为人及时承担相应的民事责任，因此该诉讼并不是非要受到刑事法律规定与程序的羁绊，完全可以适用民事诉讼法的相关程序与制度，诸如民法中的调解制度，通过双方协商

---

[1] 庄玮：《刑事附带民事公益诉讼制度理论与实践问题研究》，载《中国应用法学》2021年第4期。

来加速争议的解决,使受损的公共利益得到尽快的修复与补偿。从这一角度看,刑事附带民事公益诉讼也具有一定的独立性。

二、检察机关提起刑事附带民事公益诉讼的历史沿革

2014年10月23日,中国共产党第十八届四中全会通过了《关于全面推进依法治国若干重大问题的决定》,明确表示要"探索建立检察机关提起公益诉讼制度"。为践行该决定的要求,全国人大常委会于2015年7月授权最高人民检察院开展为期两年的公益诉讼试点。公益诉讼试点其实就是选择特定领域和地区,对我国拟推进的公益诉讼制度的实施情况进行实验,为其他检察院开展公益诉讼积累经验。此次试点在生态环境和资源保护、食品药品安全、国有土地使用权出让、国有资产保护等领域展开,涉及的地点为北京、广东、吉林、江苏、云南等13个省、自治区、直辖市。2017年3月,在公益诉讼试点期间,安徽省五河县人民检察院根据试点方案与办法就两名犯罪嫌疑人污染环境的行为,向五河县的审判机关提出了刑事附带民事公益诉讼,最终审判机关判决两名犯罪行为人不仅要负刑事责任,同时承担向五河县环保局赔偿47万余元的民事责任。此案当时在社会上引起了较大反响,被定性为我国的第一例刑事附带民事公益诉讼案件。此后,为了顺应司法体制改革的要求,进一步提高司法机关的诉讼效率,最高人民法院、最高人民检察院于2018年联合发布《关于检察公益诉讼案件适用法律若干问题的解释》,正式从规范上对公诉机关提起刑事附带民事公益诉讼进行了确认。这一新兴制度以司法实践为基础,扩展了公益诉讼的类型,也给受到侵害的社会公共利益提供了一种新的救济途径。2020年12月,为了贯彻《民法典》的实施要求,最高人民法院会同最高人民检察院又对《关于检察公益诉讼案件适用法律若干问题的解释》作出修正,扩大了刑事附带民事公益诉讼的受案范围,把"侵害英雄烈士等的姓名、肖像、名誉、荣誉"导致社会公益受损的案件,添加到了该诉讼制度的保护范围中,对该制度进一步优化作出了具体规定。

三、检察机关提起刑事附带民事公益诉讼的意义

(一) 有利于提高诉讼效率

随着我国法治建设不断完善与发展,民众遇事找法的意识也在不断提高,一方面为构建和谐社会和法治社会创造了有利条件,另一方面也加大了司法机关办案的繁重程度。因此,在司法资源有限的情况下最大限度提高司法诉讼效率、节约司法资源就成为司法建设的题中应有之义。如今,从实践中看,许多刑事犯罪在侵犯刑法所保护的人身安全、财产安全等法益的同时,还对社会公共利益造成了侵害,所以司法机关不仅需要打击犯罪,更需要使受损的社会利益得以回归到侵害前的状态,以维持社会的可持续发展。如果将刑事诉讼与民事公益诉讼在两次审判程序中加以解决,只会加大当事人与司法工作人员多次庭审的诉累。所以,为了在维护司法正义的基础上提高

司法效率，有效整合司法资源，减轻案件办理负担，我国将刑事附带民事公益诉讼制度在法律规范上作出了肯定。任何制度的构建与发展都存在其自身的价值与作用，这一制度凭借公诉机关自身的职能优势与地位优势，将刑事案件与民事公益案件在同一诉讼程序中加以解决，不仅能将有限的司法资源在诉讼程序中进行合理配置，形成追责合力，也能有效提高诉讼效率，避免法院、检察院因同一案件事实进行大量重复工作，也可以平衡因行为人的同一损害行为产生的刑事责任与民事责任，保证裁判的统一性，从而真正发挥司法参与社会公共利益保护的功能与目的[1]。

(二) 有利于优化检察机关职能

我国《宪法》明确规定了人民检察院作为国家的法律监督机关的身份，其可以依靠行使职权对诉讼活动进行监督，以防止权力的滥用。但从实践当中的运行来看，检察机关行使的检察权主要有诉讼监督权、职务犯罪侦查权以及公诉权。党的十八届四中全会后，国家开展检察机关提起公益诉讼试点实践，赋予其通过提起诉讼的方式履行其职责，进一步拓宽了公诉机关行使职权的内涵。经过不断地实践与摸索，检察机关提起公益诉讼制度逐渐发展成熟。同时，随着监察体制改革的不断深入，全国人大于2018年3月表决通过了《监察法》，调整公诉机关的部分原有职权，将原本属于其行使的部分案件的侦查权交给了其他部门行使，只保留其公诉权和诉讼监督权。检察院要有效履行国家赋予的各种职能，就应当寻找新的着力点来发挥其作用。在这一背景下，构建并发展我国的刑事附带民事公益诉讼制度，也是为检察机关的工作探索新出路，从而使检察职能得以进一步优化。

(三) 有利于强化对社会公共利益的保护

多年以来，我国公益诉讼制度建设一直处在不断发展与探索之中，整个社会也逐渐处于以诉讼方式解决社会公益问题的良好环境中。然而，由于涉及公共利益的案件一般牵扯利益复杂，消耗时间长，仅依靠社会组织团体的力量，在诉讼中依然面临着调查取证难、执行不到位等问题，从而使公共利益的保护效果大打折扣。即使行为人的行为触犯刑法的规定，也并不能因此使社会公共利益恢复到应有状态上，只是通过刑罚处罚来打击犯罪，对被告人进行教育警示。以探索刑事附带民事公益诉讼制度的方式，让检察机关介入公共利益的保护之中，就可以有效解决救济途径少、权利保障难的问题。检察机关既是作为国家公诉人代表，现在也成为公益诉讼的代表，在提起刑事公诉的同时附带提起民事公益诉讼，两种诉讼在同一审理程序中加以解决，既可以凭借其优势地位有效打击犯罪，也可以使受损的公共利益及时得到修复。也即说，不仅发挥刑法惩治犯罪的功能，同时通过严厉的民事责任对当事人进行追责与警示，既存在实践上的优越性，也有价值上的正当性，从而可以有效维护社会公共利益，实现全面保障权利的诉讼目的。

---

[1] 庄玮：《刑事附带民事公益诉讼制度理论与实践问题研究》，载《中国应用法学》2021年第4期。

第六节　支持起诉

《民事诉讼法》第 15 条规定:"机关、社会团体、企业事业单位对损害国家、集体或者个人民事权益的行为,可以支持受损害的单位或者个人向人民法院起诉。"根据《人民检察院公益诉讼办案规则》的规定,检察机关支持起诉的主要范围包括:对于生态环境损害赔偿权利人提起的生态环境损害赔偿诉讼案件;适格主体提起的民事公益诉讼案件;英雄烈士等的近亲属提起的维护英雄烈士等的姓名、肖像、名誉、荣誉的民事诉讼案件以及其他依法可以支持起诉的公益诉讼案件。

关于支持起诉的启动程序,实践中既可以是法律规定的机关或者有关组织申请启动,也可以是检察机关依职权启动。检察机关履行民事公益诉讼职责是辅助性、补充性的,在办理支持起诉案件中要以法律规定的机关或者有关组织申请为主,若检察机关认为确有必要主动介入支持起诉的,实践中可以与法律规定的机关或者有关组织进行商讨,建议其通过申请的方式支持起诉。

人民检察院的支持起诉工作既要保持客观中立,又要发挥法律监督的作用,在发现具有不适合支持起诉的情形时,应及时作出撤回支持起诉的决定,并及时将《撤回支持起诉决定书》提交人民法院、发送原告。人民检察院撤回支持起诉后,作为支持起诉所立的案件即告终结。同时,作为社会公共利益的代表和法律监督机关,人民检察院还应当主动对申请人提起的民事公益诉讼跟进评估,一旦发现申请人存在无正当理由撤回全部或者部分起诉、变更诉讼请求或者与被告达成调解协议等行为,或者所提诉讼请求不足以保护社会公共利益,导致社会公共利益不能得到完整有效保护的,应当另行立案。适用该条规定需要注意两个问题:一是检察机关需要与受诉法院、申请人保持沟通,尽可能确保原申请人提起的公益诉讼能够充分救济受损害的社会公共利益,确需另行立案的,原则上不再同意原申请人的支持起诉申请;二是另行立案后提出的诉讼请求,不得与原申请人提起的公益诉讼重复。

由于个案中起诉主体需求的不同,支持起诉的方式也是多元的。比较常见的支持起诉的方式有四种:①提供法律咨询。功能类似于提供法律援助,主要对象是未聘请律师的公益社会组织,或者英雄烈士家属等,咨询可以是口头也可以是书面形式。②向人民法院提交支持起诉意见书。该方式主要适用于人民检察院立案办理的,因其他适格主体起诉后终结审查的案件,或者人民检察院认为影响重大的案件,可在开庭前向法院提交支持起诉意见书。③协助调查取证。被支持的起诉主体因客观原因无法调取的证据,可以通过申请检察机关行使调查核实权的方式进行调取。检察机关经审查后认为确有必要且有能力协助调取的,一般均应予协助。④出席法庭。出席法庭是支持起诉的典型方式。需要强调的是,作为支持起诉人,检察机关并不是案件的当事人,在庭审中仅宣读支持起诉意见书、出示协助调取的证据并说明,不得参与辩论、质证等活动。

第七章
未成年人检察

第一节 未成年人检察概述

未成年人检察是在保障未成年人权益和促进未成年人健康成长的背景下产生的，旨在通过检察机关对未成年人犯罪行为进行干预和教育，最终促使其顺利复归社会。了解我国未成年人检察的产生和发展过程，有助于准确界定未成年人检察的概念。

一、未成年人检察的产生和发展

1979年7月1日第五届全国人民代表大会第二次会议通过了《刑法》和《刑事诉讼法》，其中，1979年《刑法》确定了未成年人应当负刑事责任的范围和基本处罚原则，1979年《刑事诉讼法》则规定了对未成年人犯罪的案件的不公开审理原则，以及如何在讯问、审判中保障其辩护权利。这是我国刑事法律规范中首次对未成年人的内容作出规定，根据上述规定，检察机关应承担审查和起诉未成年人犯罪案件的职责。同年8月17日，中共中央转发中央宣传部等八个单位《关于提请全党重视解决青少年违法犯罪问题的报告》，这是党的历史上第一次针对青少年犯罪问题发布的文件，体现了我们党对于青少年违法犯罪治理的基本政策。[1]报告首次提出处理违法犯罪青少年应当坚持教育、挽救和改造的方针，并要求各级党委都要把解决青少年的违法犯罪问题放置到重要议事日程上来。[2]

1985年《联合国少年司法最低限度标准规则》（即《北京规则》）要求，应努力在每个国家司法管辖权范围内制定一套专门适用于少年犯的法律、规则和规定，并建立受权实施少年司法的机构和机关。据此，我国开始尝试自主建构独立的未成年人检察制度，1986年上海市长宁区人民检察院率先在审查起诉科内设立了"少年刑事案件起诉组"，主要承担未成年人刑事案件的审查起诉、出庭公诉等职责。[3]这是我国未成

---

[1] 姚建龙：《强化青年发展的法治保障》，载《学习时报》2022年10月5日。

[2] 参见中共中央转发中央宣传部、教育部、文化部、公安部、国家劳动总局、全国总工会、共青团中央、全国妇联《关于提请全党重视解决青少年违法犯罪问题的报告》，载 https://www.gqt.org.cn/search/zuzhi/documents/1979/790817.htm，2023年9月2日访问。

[3] 张寒玉等：《未成年人检察工作的回顾与展望》，载《预防青少年犯罪研究》2014年第5期。

年人检察建设的起点[1],自此,未检工作从成年人刑事检察工作中脱离,开始朝着专业化的方向发展。1987年6月,上海市人大常委会通过的《上海市青少年保护条例》第42条规定:"公安机关、检察院和法院要分别组织专门的预审组、起诉组、合议庭,采取适合青少年特点的方式方法讯问、审查和审理青少年违法犯罪案件。"上海长宁区人民检察院与长宁区公安机关、法院、司法部门建立了针对未成年人的专门工作体系,有力促进了各地区检察机关推进未检工作。[2]

联合国大会1989年11月20日通过了《儿童权利公约》,对缔约国提出了处理未成年犯罪人时应当遵循的基本原则,并再次重申了应当有一套系统性的法律制度专门处理未成年犯罪人。

1991年6月,最高人民法院、最高人民检察院、公安部、司法部联合发布了《关于办理少年刑事案件建立互相配套工作体系的通知》,要求"公安、检察、法院、司法行政各部门应加强互相间的联系,并逐步建立办理少年刑事案件的相应机构,使各个环节相互衔接起来,以加强对少年犯罪的治理和防范工作",并规定"人民检察院应根据办理少年刑事案件的特点和需要,逐步建立专门机构"。同年9月,第七届全国人大常委会通过了《未成年人保护法》,该法第40条第1款规定:"公安机关、人民检察院、人民法院办理未成年人犯罪的案件,应当照顾未成年人的身心特点,并可以根据需要设立专门机构或者指定专人办理。"1992年5月,最高人民检察院在当时的刑事检察厅成立了少年犯罪检察工作指导处,同年8月,上海市虹口区人民检察院率先成立了集未成年人刑事案件审查批捕、审查起诉等检察工作于一体的独立建制机构——未成年人刑事检察科,之后,各地纷纷酝酿建立未检专门机构。[3]

1996年我国《刑事诉讼法》第一次大修,主要是确定了"无罪推定"的基本原则,明确"疑罪从无"的处理程序。[4]本次修改没有体现对司法实践中办理未成年人刑事案件的制度、程序等方面探索经验的认可,因此,1997年最高人民检察院和一些地方的检察机关在机构改革中取消了未检专门机构,我国未成年人刑事检察制度进入了较长的低谷期。[5]1999年,全国人大常委会通过了《预防未成年人犯罪法》,这是我国第一部专门关于预防未成年人犯罪的法律,也是我国未成年人保护工作法治化的又一重要体现,该法再次明确了处理未成年人犯罪应当坚持教育、预防、保护和综合治理四项原则。不过,在当时经验和理论研究尚不充分的情况下,没有将篇、章、节等规定得太过庞杂。

2002年4月,最高人民检察院发布《人民检察院办理未成年人刑事案件的规定》

---

[1] 姚建龙:《理解未成年人检察制度》,载《青少年犯罪问题》2007年第2期。
[2] 肖姗姗:《中国特色未成年人司法体系的构建》,中南财经政法大学2018年博士学位论文。
[3] 张寒玉等:《未成年人检察工作的回顾与展望》,载《预防青少年犯罪研究》2014年第5期。
[4] 樊崇义:《我国刑诉法实施四十周年历史回顾与理论前瞻》,载https://theory.gmw.cn/2020-11/05/content_34341513.htm,2023年8月28日访问。
[5] 张寒玉等:《未成年人检察工作的回顾与展望》,载《预防青少年犯罪研究》2014年第5期。

（高检发〔2002〕8号，已失效），确立了办理未成年人刑事检察工作的基本理念和原则。2005年9月，最高人民检察院发布了《关于进一步深化检察改革的三年实施意见》（高检发〔2005〕17号），重新提出将"在检察机关实行未成年人犯罪案件专人负责制，有条件的地方逐步设立办理未成年人犯罪案件工作机构"作为一项重要的检察改革任务。2007年1月9日，最高人民检察院进一步发布了《人民检察院办理未成年人刑事案件的规定》（已失效），第5条第1款明确规定："人民检察院一般应当设立专门工作机构或者专门工作小组办理未成年人刑事案件，不具备条件的应当指定专人办理。"此后，2009年上海市人民检察院建立了我国首个省级未成年人刑事检察部门——未成年人刑事检察处，2010年以后，北京、河北、天津等省市基层检察院都陆续组建了专门的未检机构。

2012年3月，《刑事诉讼法》第二次修改，设专章明确未成年人刑事案件的办理程序。2012年5月，最高人民检察院召开了第一次全国检察机关未成年人刑事检察工作会议，系统总结了近年来未成年人刑事检察工作情况。因应《刑事诉讼法》的变化，最高人民检察院制定了专门针对未成年人检察工作的规范性文件——《关于进一步加强未成年人刑事检察工作的决定》，重点推进未成年人检察专门机构的建设。2013年12月27日，最高人民检察院发布了第二次修订后的《人民检察院办理未成年人刑事案件的规定》，强调了办理未成年人刑事案件应当坚持的三项重要原则：一是实行教育、感化、挽救的方针，坚持教育为主，惩罚为辅和特殊保护的原则；二是最有利于未成年人的原则；三是迅速原则（以减少刑事诉讼对未成年人的不利影响）。[1]2018年12月，最高人民检察院正式成立第九检察厅，专门负责未成年人检察工作。2021年起，未成年人检察统一集中办理工作在全国检察机关稳步全面推开，未成年人检察工作职能由传统刑事检察办理向涉未成年人刑事、民事、行政、公益诉讼检察统一集中办理转变。2022年，最高人民检察院召开全国检察机关未成年人检察业务统一集中办理工作推进会，标志着融合履职成为新时代未成年人检察工作的新路径。

整体看来，我国未成年人检察发展表现出三个方面的特点：首先，在负担的工作职能方面，从单纯的公诉职能演化为捕、诉、监、防、维"五位一体"；[2]其次，在机构设置方面，未成年人检察机构从附属性向独立性转变；最后是名称调整方面，由"未成年人刑事检察"改变为"未成年人检察"。

二、未成年人检察的概念

未成年人检察的概念，来自未成年人检察的职能，从实践来看，在刑事方面，涉

---

[1] 蒋志如：《我国未成年人检察制度的文本考察》，载《河南警察学院学报》2016年第4期。

[2] 需要说明的是，"维"是本书作者提出的，即维护未成年人权益，这就形成了未成年人检察"五位一体"的职能体系，即"未成年人检察一体化"。参见姚建龙：《未成年人检察的几个基本问题》，载《人民检察》2020年第14期。

未成年人检察的职能包括涉未成年人刑事案件的审查逮捕、审查起诉、强制措施、刑事立案监督、侦查活动监督、刑事审判监督、刑事执行检察、控告申诉检察、司法救助、犯罪预防等工作。不过，因为未成年人检察不限于刑事方面，还包括民事检察、行政检察、公益诉讼检察，在此意义上，未成年人检察还包括涉未成年人民事、行政、公益诉讼检察一体化办理工作，以及未成年人司法保护和预防未成年人犯罪等工作。

传统意义上的未成年人检察，主要是指未成年人刑事检察，属于刑事检察的特殊组成部分，除具备普通检察的基本特征之外，还需要根据未成年人自身生理特点以及身心发展规律制定特殊的法律、法规，形成特有的工作模式，成立专门的组织机构，按照未成年人刑事案件特别程序开展批捕、起诉、矫正、预防、监管等刑事检察活动。[1]

第二节 未成年人检察单设的必要性

20世纪70年代末，我国社会进入转型期，旧有社会秩序瓦解，新的社会秩序尚未形成，社会治安出现了较为严重的问题。其中，青少年犯罪现象的严重化引发了社会的广泛关注，推动了未成年人专门性法律的出台，因认为青少年违法犯罪是源于未能获得合适的教育和保护，所以制定的法律规范呈现出较强的"保护性"色彩。[2]从源头上看，对于未成年犯罪人，立法者一开始就倾向采取不同于成年人的处理方式，究其原因，在于未成年人在生理、心理方面表现出完全不同于成年人的特点，因而有必要采用专门性的措施来对待未成年犯罪人。整体而言，对未成年犯罪人建构独立的、符合其身心特征的司法体系，有利于促进未成年犯罪人的悔改和复归，亦是刑事法律科学化的表现，而专业化的未成年人检察制度是其重要的组成部分。与普通刑事检察相比，未成年人检察的特殊性表现在其具有一定的超越性，其综合"捕、诉、监、防、教"形成了一体化的检察职能，业务涵盖了刑事执行、民事、行政和公益诉讼领域。

最高人民检察院在《未成年人检察工作白皮书（2021）》中指出，我国未成年人检察工作在职责任务、内在规律、司法理念、评价标准四个方面与成人司法有显著的区别。有学者认为，我国未成年人检察有七个特点，分别是对象的特定性、理念的保护性、依据的广泛性、人员的专业性、内容的全面性、制度的创新性以及职能的延伸性。[3]实务界与理论界的具体表述虽然存在差异，但本质上具有共通性。具体来说，理论界提到的"对象的特定性"与实务界在职责任务上的看法是一致的，未成年人检察工作的对象是特定的，即未成年人，这就决定了其职责任务与成年人检察的职责和任务有显著的区别。实务界与理论界都提出了未成年人检察工作理念与成年人检察工作理念的差异性，强调以保护未成年人为中心。而实务界所说的未成年人检察工作的

---

[1] 童建明等主编：《未成年人检察业务》，中国检察出版社2022年版，第1页。
[2] 姚建龙：《未成年人法的困境与出路——论〈未成年人保护法〉与〈预防未成年人犯罪法〉的修改》，载《青年研究》2019年第1期。
[3] 童建明等主编：《未成年人检察业务》，中国检察出版社2022年版，第1~4页。

内在规律，也在于工作指向对象的特殊性，使得具体工作的内容与成年人检察工作存在差异，即需要了解未成年人身心发展规律的专业工作人员，所做的工作需要包括预防、教育、保护和惩治多个方面，涉及的业务领域也较为广泛，同时未成年人检察工作的内容也需要随着对未成年人特点了解的深入而不断进行修正或者调整。

总体而言，人员专业、工作内容全面、制度创新和职能延展均是描述未成年人检察具体职责和业务方面的特点，对象特定则是指未成年人检察的内在规律源于未成年人生理、心理特点，保护性则是指在办理未成年人检察业务时应当遵循的基本理念；相较而言，实务部门比较关注未成年人检察有别于成年人检察的评价标准和保护实效性，而理论界则关注的是未成年人检察办理的规范依据问题。可见，双方都认为未成年人检察的特殊性主要表现为三个层面：指向的对象的特殊性、指导理念的特殊性、业务内容的特殊性。

一、未成年人检察工作对象的特殊性

人是社会性动物，但人类并不天然具有社会属性，而是后天通过与外部世界的信息交流来了解社会规则，通过模仿来实施社会行为。人的所有社会行为都是经由模仿途径而习得的，社会中的所有个人都在彼此模仿着他人的社会行为，并由此构成了一个行为大体一致的和谐社会。社会心理学的研究表明，人的模仿倾向同其年龄成反比，即年龄越小，模仿行为越易发生；年龄越大，模仿行为越不易发生。[1]模仿学习是人类的一项重要能力，这种模仿现象出现在生活的各个角落，其价值在于通过模仿可以了解外部世界、缓解对外界的疏离感，最终将自己顺利地融入社会生活中。换言之，只要人类面对陌生的环境，就存在模仿的需求。未成年人的生理、心理都处于生长发育期，属于人生的起步阶段，从小学、初中到高中，其一直都要面对和适应不断变化的、陌生的社会环境，也要面对和适应不断变化的、陌生的生理、心理现象，因此，未成年人具有非常强的模仿需求，通过对外部的学习来缓解内心的焦虑和紧张。同时，人类本能的好奇心，又使得未成年人对陌生的、未知的外部信息充满好奇。因此，未成年人的心理特点，主要源于起步期产生的对未知世界的渴望，与难以妥当应对陌生环境带来的焦虑情绪之间的紧张关系。

客观上看，未成年人尚未经历较为充分的社会化训练，所以难以对外部信息的正误、优劣做出准确的判断，在诸多可供模仿的社会行为中，极端行为一般更容易激发未成年人的好奇心和探索欲。而榜样行为和不良行为，都属于"极端行为"，理应会引起大致相当的好奇心，但现实并非如此，未成年人往往容易受到家庭、朋辈、社会等外部环境中不良因素的影响、诱惑而走上违法犯罪的道路，而不容易受到榜样的吸引。原因在于，未成年人并不是随机地选择学习和模仿的对象，而是根据自己的记忆和经

---

[1] 张胜康：《论青少年的社会模仿》，载《青年探索》2005年第5期。

验来选择那些符合自己认知经验的对象。[1]但是当前我国榜样教育具有非常明显的单一性与极强的超现实性，而且榜样的生成的推动力源自行政力量。[2]"有利不上、有情不顾、有家不回、有病不看"的高大全式的榜样基本来源于成人世界，即使是树立的未成年人榜样，也完全按照成人世界的榜样模板进行选择。"公而忘私"的榜样宣传本身并没有问题，但是将其不加调整适用于未成年人则可能适得其反，因为完美、神圣的榜样距离未成年人的现实生活过于遥远而显得不够真实，容易让未成年人产生"距离感"，自然也难以成为未成年人学习和模仿的对象。与之相对，不良行为因为其自带的对抗性，往往展现出一种冒险、不羁的特质，往往是未成年人身边出现的普通人，一旦其与未成年人存在同伴、亲戚、同学等相对亲近的紧密关系，就很容易成为未成年人模仿和学习的对象。

综上可知，因为未成年人需要通过模仿和学习他人去适应其所生活的社会环境，所以表现出容易受外界因素干扰和影响的特点；因为未成年人对外部世界充满好奇心，所以表现为容易被极端行为吸引和诱惑的特点；因为未成年人处于身心发育期，尚未形成稳固的人生观、价值观，所以表现出可塑性强的易变性特点。就未成年犯罪人而言，其在上述心理结构的作用下，在认知方面具有以下明显的特征：基础知识贫乏、认知结构不成熟，存在错误的社会观念，认识水平低下、认知过程异常，且认知能力与独立意向之间矛盾突出。[3]此外，根据既有研究，家庭社会经济地位较低、家庭成员存在不良行为、朋友存在不良行为都会显著地促使未成年人实施越轨行为。[4]与之对应，未成年犯罪人往往没有完整的家庭结构，或者生活在不和谐的家庭关系中，或者家庭经济条件不好，在同伴交往方面，未成年犯罪人交往的同伴往往存在不良行为。而未成年人被他人的违法犯罪行为侵害之后，也会产生较为明显的特点：一是身心创伤的严重性，多数被犯罪侵害的未成年人会产生不同"创伤后应激障碍"；二是创伤影响的持久性，未成年人可能长时间无法融入正常的生活轨道，甚至影响成年之后的婚恋和家庭生活；三是可能导致道德退化甚至"恶逆变"，未成年人在被侵害后可能出现叛逆、自暴自弃的情况，甚至从被害人转变为加害人。[5]此外，也有实务部门工作人员关注到了具体犯罪中的未成年被害人，提出侵财性犯罪中未成年被害人的特点是年龄较小，身体发育尚未成熟，抵抗能力较弱，保护自己的意识薄弱。性犯罪中的未成年被害人的特点是年龄较小，心智尚不成熟，认知能力低，法律意识和自我保护意识缺失，且监护人履行监护职责不到位。

就未成年人检察工作而言，其所针对的对象不仅有未成年犯罪人，也有未成年被

---

[1] 许博洋等：《青少年网络越轨行为与不良同伴的关系——基于社交网络分析的方法》，载《青年研究》2023年第1期。

[2] 李蕊：《当前榜样认同的"疏离"困境及提升策略》，载《中州学刊》2014年第1期。

[3] 焦迎娜、苏春景：《未成年犯罪人的心理特点分析》，载《预防青少年犯罪研究》2018年第4期。

[4] 李卓：《家庭环境对青少年越轨行为的影响——基于CEPS2014-2015数据的量化分析》，载《青少年犯罪问题》2022年第6期。

[5] 余敏等：《未成年被害人保护机制探析》，载《人民检察》2015年第11期。

害人，二者虽然在心理结构上具有一致性，但因在犯罪活动中的角色不同，所以展现出了完全不同的身心特点。当前对未成年人检察指向对象的讨论，更多集中在未成年犯罪人方面，对于未成年被害人的特点则关注较少，然而，只有全面关注检察工作范围内的未成年人，才能实现对未成年人的全方位保护。

二、未成年人检察工作指导理念的特殊性

我国《宪法》第49条明确规定儿童受国家的保护。我国《刑法》也明确宣示立法宗旨是惩罚犯罪和保护人民。如前所述，在侵害公民合法权益的场合，未成年人既可能是行为实施者，也可能是被害人。无论是面对未成年侵害者，还是未成年被害人，因其身心特点，所以刑法都首先发挥保护的功能。对未成年被害人而言，《刑法》在多个条文中规定了对未成年被害人的特别保护，如第236条之一规定了负有照护职责人员性侵罪，对处于特定职责下的已满14周岁不满16周岁的未成年女性实施特别保护。第301条第2款规定了引诱未成年人聚众淫乱罪，对引诱未成年人参加聚众淫乱活动的行为人从重处罚。对于侵害他人合法权益的未成年人，也划定了免除和减轻刑事责任的年龄标准。根据《刑法》第17条的规定，已满12周岁是承担刑事责任的起点年龄，需要为满足特定条件的故意杀人罪、故意伤害罪等，在最高人民检察院核准追诉的情况下承担刑事责任；已满14周岁未满16周岁的未成年人，需要为特定的犯罪行为承担刑事责任；对于未满18周岁的应负担刑事责任的未成年人，应当从轻或者减轻处罚。该规定发挥着两方面的功能：一是保护未成年人，即确定未成年人承担刑事责任的年龄阶段，保证不同年龄阶段的未成年人负担的刑事责任与其控制和辨认能力具有相称性；二是惩罚未成年犯罪人，以维护和宣示个人应当为自己的罪错行为负责的社会规则。从刑法总则中明文规定对未成年人从宽处罚的条款来看，我国实体法在处理未成年犯罪人时，秉持的是教育保护优先、惩罚在后的价值理念。在程序法层面，2012年《刑事诉讼法》，在第五编"特别程序"中的第一章规定"未成年人刑事案件诉讼程序"，并于开篇点明了处理未成年犯罪人的基本方针为"教育、感化、挽救"，处理的基本原则是"教育为主、惩罚为辅"。

未成年人检察的指导理念的特殊性，是在与成年人检察指导理念的比较中得来的。①"特殊保护、优先保护、平等保护"理念。所谓特殊保护，是指保护工作要体现未成年人的特殊性。因为未成年人在身心方面发展不成熟，所以在进行取证等检察工作时，要通过法定代理人在场、女性工作人员询问等措施，防止对其造成二次伤害；所谓优先保护，即"最有利于未成年人"。在处理涉罪未成年人时，所有的司法价值，都应当服从教育挽救和权利保障这一最高的价值目标；所谓平等保护，是对刑法中"法律适用人人平等"原则的贯彻。即涉罪未成年人的族群身份、宗教信仰、籍贯和家庭背景等情况，不能影响对其行为性质的认定，对其行为的处理，以及对其作出的司法保护措施。②"教育为主，惩罚为辅，惩教结合"理念。需要认识到未成年犯罪人"不法人格"的"假象性"，即未成年犯罪人的主观责任层面与成年犯罪人存在较大差

异，其更多为所处生活环境中不良因素相互作用的结果，一旦能够消除相关不良因素或者遏制其发挥负面作用，就能够使其重新树立良善的观念，形成符合社会一般规则的人格。对于未达刑事责任年龄不予刑事处罚的未成年人，需要发挥学校的教育矫治作用，强化家庭中父母的监护能力。根据犯罪事实与未成年犯罪人的具体情况，可以考虑对情节轻微、认罪悔罪态度好的未成年人不批捕、不起诉，对需要起诉的未成年人考虑适用非羁押强制措施；对于那些犯罪情节严重主观恶性和人身危险性很大的涉罪未成年人，则应当建议法院对其判处监禁刑，甚至判处重刑。③"非犯罪化，非刑罚化，非监禁化"理念。所谓非犯罪化，是指对待未成年犯罪人，应当依法适当严格把握入罪条件，或者适当放宽出罪条件，以尽量避免不必要的刑事诉讼程序以及犯罪记录对其以后的生活造成较长远的不利影响；所谓非刑罚化，是指对犯罪情节轻微的涉罪未成年人，尽量对其适用非刑罚措施，目的是避免因被起诉和判处刑罚形成的前科记录妨碍未成年人复归社会；所谓非监禁化，则是指对于依法需要判处刑罚的涉罪未成年人，尽量对其采用非羁押性的强制措施，适用非监禁刑或者缓刑，避免关押导致"交叉感染"。④"双向保护"理念。这里主要针对的是保护未成年犯罪人合法权益与社会利益的平衡问题，如在未成年人前科记录封存方面，规定只有司法机关根据办案需要或者根据国家规定才可以进行查询，且应当保密。而在关注未成年犯罪人合法权益的同时，还需要积极提升对未成年被害人的关注度，并对未成年被害人积极进行司法救助。可见，在具体案件中，特别是双方都是未成年人的案件中，加强对未成年被害人因素的关注度，必须克服单向保护思维，防止出现"失重"现象。⑤"综合保护"理念。2020年修订的《未成年人保护法》，将原来的"四大保护"进一步扩展为"六大保护"，在未成年人检察方面，也应当摒弃"就案办案"的观念，深入开展未成年人刑事、民事、行政、公益诉讼检察业务，实现对未成年人的全面综合司法保护。[1]

在此基础上，学者们进一步提出了未成年人检察应当坚持的六个基本原则。[2] 一是"坚持党的绝对领导"原则。我国的未成年人检察工作是中国特色社会主义制度下的未成年人检察工作，根据我国《宪法》的规定，中国共产党领导是中国特色社会主义最本质的特征，因此，开展未成年人检察工作必须坚持党的绝对领导。脱离党的绝对领导，未成年人检察工作就会脱离保障未成年人健康成长、维护社会和谐稳定的轨道。二是"坚持以人民为中心"原则。刑事法所重点关注的问题，本质上是人民重点关注的问题。而未成年犯罪人的惩处和教育矫正、未成年被害人的保护，以及留守儿童、困境儿童等特殊群体的关爱和救助等未成年人保护问题，一直是我国人民重点关注的社会性问题。三是"坚持最有利于未成年人"原则。该原则是《儿童权利公约》第3条第1款的本土化表达，由2020年修订的《未成年人保护法》第4条明文规定。该原则也是前述未成年人检察工作司法理念的核心内容，即所有未成年人检察工作，

---

[1] 参见童建明等主编：《未成年人检察业务》，中国检察出版社2022年版，第10页。该书中具体讨论了前述未成年人检察5个特殊理念的详细内容。

[2] 童建明等主编：《未成年人检察业务》，中国检察出版社2022年版，第16~18页。

无论是针对未成年犯罪人还是未成年被害人，目的都是让其能够摆脱犯罪行为造成的负面影响，重新适应新的社会生活。四是"坚持遵循未成年人司法内在规律"原则。该原则是"最有利于未成年人"原则的自然延伸，未成年人司法内在规律建立在对未成年人身心特点的深刻理解之上，也需要相对而言更为专业的办案人员、更科学、更充分的社会保障体系，从而平衡对未成年犯罪人的惩治与保护。五是"坚持标本兼治"原则。开展未成年人检察工作，不应局限于办理案件本身，还需要从办理刑事案件工作中及时发现产生犯罪的社会矛盾根源，或在办理民事、行政、公益诉讼案件中注意是否存在其他侵害未成年人合法利益的线索。只有通过职能部门的有效履职、社会支持体系的完善以及案件背后生活矛盾的有效化解，才能在终局意义上实现未成年人的保护。六是"坚持创新发展"原则。当前社会不断向前发展，新事物源源不断地涌现，而未成年人是最容易接受新事物的群体，因此，无论是在预防未成年人利用新事物实施犯罪行为方面，还是利用新事物为未成年人提供保护方面，都要求从事未成年人检察工作的实务人员积极探索、敢于创新。

此外，还有观点认为，未成年人检察的基本理念还包括"及时快速原则"与"注重隐私保护原则"。两个原则都适用于处理未成年被害人的场合。"及时快速原则"是指处理未成年人被侵害案件时，应该避免任何不必要的拖延，在保证公正的前提下尽可能缩短案件的侦查、起诉和审理时间，以及时抚慰犯罪对未成年被害人所造成的身体和心灵创伤；"注重隐私保护原则"是指未成年被害人的隐私应当作为首要事项得到保护，防止司法过程中不适当的诉讼行为导致对被害人的二次伤害。需要说明的是，如果将视野拓宽至国际视野，会发现未成年人检察工作的指导理念并非一成不变的固定观念，而是在"严罚"与"福利"两大理念之间不断调整的动态性的摇摆变化的过程。六字方针、八字原则等原则性的简化描述本身不具有可操作性，具体落实中还要转化为更具可操作性的未成年人刑事政策。在一定程度上，具体化的操作规则才是真正影响未成年人检察实践反馈的现实依据，且需要注意到惩罚与保护的平衡，避免民众指责未成年人的相关法律规定是对那些实施犯罪行为的未成年人的纵容和溺爱，产生"未成年人保护法是保护未成年人还是保护未成年罪犯"的疑问。

第三节　未成年人检察的内容

未成年人保护是事关国家治理体系和治理能力现代化的一项系统工程，需要各职能部门协力推进。从20世纪80年代初青少年犯罪学研究的兴起，至1999年《预防未成年人犯罪法》的颁行以及相关法律法规的多次修订及充实。伴随相关实务部门的不断探索和改革，以及少年法学理论的逐渐丰富和系统深入，我国少年法治事业经历了约四十年的持续发展。[1]

---

[1] 高维俭：《少年法治系统论纲》，载《政治与法律》2022年第10期。

根据最高人民检察院《关于加强新时代未成年人检察工作的意见》，未成年人检察专业化、规范化、社会化建设取得了长足进展，中国特色社会主义未成年人检察制度的框架初步形成；随着新时代社会主要矛盾发生变化，人民群众对未成年人司法保护的关注从"有没有"到"好不好"向"更加好"发展，提出许多新的更高要求。新时代我国未成年人检察工作需要加速实现六个方面的转变：在办理未成年人犯罪案件方面，工作重点从单一性的挽救涉罪未成年人，转变为双向性的打击未成年人犯罪和保护未成年被害人；在对未成年犯罪人的处理方面，从局限于处罚结果层面的宽缓化处理，延伸至惩罚后的帮扶和管束；工作的整体格局方面，从传统的只关注未成年人刑事检察工作，向全面开展司法保护转变；在犯罪预防方面，从注重对"人"的预防，向完善社会治理方面转变；在与其他司法机关、政府部门的配合方面，从单向度的法律监督，向互动性的沟通配合、聚合力量方面转变；在制度设计层面，从前期的主要由地方检察院探索开拓，向最高人民检察院主导的整体推进方面转变。此外，有论者提出在理解未成年人司法权（诊治权、教育权、保护权）的基础上，能够较为完整地理解未成年人检察，并据此提出未成年人检察包括"主业"和"正业"的观点，其中"主业"即办理案件，以提起诉讼和开展诉讼监督为主，"正业"则是指涉案未成年人的教育、保护、预防和救助等延伸到案外的相关工作，同时主张不要将未成年人检察官误解为"全能检察官"。[1]

一、未成年人刑事检察

未成年人刑事检察具体可以分为三个方面：一是未成年人犯罪案件的办理；二是侵害未成年人犯罪案件的办理；三是未成年人刑事执行案件的办理。在未成年人刑事检察工作中应当把握以下重点：首先是明确未成年人刑事检察权的定位和职能。我国检察机关作为法律监督机关，在未成年人司法中，应重点监督国家对未成年人的特殊保护政策的贯彻落实；在办理未成年人案件时，应贯彻宽严相济政策，做到宽严有据、区别对待；在关注涉罪未成年人的权益保护的同时，加强与被害人的联系，听取其意见，通过多方力量、多种途径，努力促成受损社会关系的有效修复；其次是准确理解教育、感化、挽救导向下的未检工作模式。要实现涉罪未成年人顺利复归社会的目标，就需要办案人员充分了解涉罪未成年人的家庭背景、性格特征、教育程度等影响其行为模式的内外因素。在不同的诉讼阶段中，工作人员需要持续关注涉罪未成年人的心理变化，全面收集涉罪未成年人的犯罪原因，确立及实施具有个体差异性的矫正保护方案，及时进行有效心理干预；最后，要注重司法保护和社会保护的融合。完全由检察官承担对未成年人的考察帮教任务面临许多实际困难，可以由专门型、专业性政府机构及社会福利机构承担的部分教育感化、就业辅导、家庭扶助等职能，司法改造和社会帮教应是相辅相成的配套体系，互为依托。2023年3月17日，最高人民检察院、

---

[1] 姚建龙：《未成年人检察的几个基本问题》，载《人民检察》2020年第14期。

共青团中央等共同推动完成的《未成年人司法社会工作服务规范》发布并实施，这是我国司法社会工作服务领域第一项国家标准，该标准能够指导各地通过提供持续、稳定、专业的社会工作服务做好未成年人司法保护工作，为实现专业化办案和社会化服务有机衔接提供有效范本。

最高人民检察院于 2017 年 3 月 2 日发布的《未成年人刑事检察工作指引（试行）》（高检发未检字［2017］1 号）［以下简称《工作指引（试行）》］详细规定了我国未成年人刑事检察的具体工作内容。其中关于未成年犯罪人方面的内容主要有社会调查，法定代理人、合适成年人到场，心理测评与心理疏导，讯问以及审查逮捕和起诉。关于未成年被害人方面的内容主要有被害人救助、询问；在犯罪人和被害人的互动方面，主要有当事人和解；在未成年人犯罪案件办理方面，《人民检察院办理未成年人刑事案件的规定》（以下简称《办理刑事案件的规定》）第 51 条规定，"人民检察院审查未成年人与成年人共同犯罪案件，一般应当将未成年人与成年人分案起诉……"据此，未成年人犯罪案件不仅包括全部犯罪嫌疑人或者被告人是未成年人的案件，也包括案件中部分犯罪嫌疑人或被告人是未成年人的案件。

（一）社会调查

根据《工作指引（试行）》的规定，人民检察院办理未成年人刑事案件，应当对公安机关或者辩护人提供的社会调查报告及相关材料进行认真审查，并作为审查逮捕、审查起诉、提出量刑建议以及帮教等工作的重要参考。所谓社会调查制度，又称"全面审查制度""人格审查制度""品行调查制度"或者"判决前的调查制度"，强调司法机关在对未成年人案件作出处理时，不仅仅要基于证据情况对案件本身的情况予以查明，还应对涉案的未成年犯罪嫌疑人或被告人开展全面调查，详细收集未成年人的家庭背景、生活环境、教育经历、个人性格以及心理特征等与犯罪案件处理有关的信息；其目的在于通过对涉案未成年人开展全面的调查工作，综合评估其人身危险性、社会危害性、犯罪原因、再犯可能性及矫治后的社会融入性；并在此基础上，对每个犯罪人选择恰当的处遇方法。[1]由于《刑事诉讼法》对社会调查制度的规定较为简单、原则，导致司法实践中的执行相对混乱，为此，2020 年 1 月最高人民检察院印发《人民检察院刑事诉讼法律文书格式样本》，对未成年人社会调查报告的格式、内容等进行了较全面的规范，虽然还存在一定细化与补充的必要，但较为有效地解决了执行相对混乱的问题。

（二）法定代理人、合适成年人到场

《刑事诉讼法》第 281 条规定："对于未成年人刑事案件，在讯问和审判的时候，应当通知未成年犯罪嫌疑人、被告人的法定代理人到场。无法通知、法定代理人不能到场或者法定代理人是共犯的，也可以通知未成年犯罪嫌疑人、被告人的其他成年亲

---

[1] 彭智刚、卫杰：《论检察机关办理未成年人刑事案件社会调查的路径——以新〈刑事诉讼法〉实施为切入点》，载《中国刑事法杂志》2013 年第 9 期。

属,所在学校、单位、居住地基层组织或者未成年人保护组织的代表到场,并将有关情况记录在案。……"自此,合适成年人制度正式进入国家基本法律层面,成为一项名副其实的刑事诉讼法律制度。有论者认为,合适成年人到场,是指讯问未成年犯罪嫌疑人、被告人时有适格成年人在场,以维护未成年人合法权益,并履行监督、沟通、抚慰、教育等职责的制度。[1]有论者认为,合适成年人到场权亦可称为合适成年人参与权,是指未成年犯罪嫌疑人、被告人在讯问、审判等刑事诉讼活动中所享有的应有合适的成年人到场参与的权利。[2]合适成年人到场制度是正当程序原则在未成年人刑事诉讼程序中的重要体现,对我国未成年人刑事司法制度具有重要的意义。

(三) 心理测评与心理疏导

早在1993年,上海市人民检察院即与上海市青少年心理行为门诊部合作,在审查起诉阶段借助心理测评来分析涉罪未成年人的犯罪动因及性格特征,为教育感化挽救提供依据。2017年3月,《工作指引(试行)》将心理测评正式确定为一种特殊的检察制度。当前常用的心理测试主要有智力测试、人格测试、职业兴趣与职业能力倾向测验、心理健康测验四种,针对未成年犯罪人运用的主要是人格测试;心理测评体系内容分为三个层次,第一层为广泛性访谈辅以观察测评,第二层是自陈式测验辅以"房树人测验",第三层是针对性辅导辅以全程式矫治。心理测评体系主要发挥三方面的功能:一是为办案中认定犯罪事实、分析犯罪原因、预测重犯可能、确定处理方式提供参考;二是为制定涉罪未成年人的个别矫治方案提供依据;三是为总结一段时间内未成年人犯罪特点、趋势,制定相应的预防措施提供导向。前两层主要针对个案中未成年犯罪人,第三个功能则属于延伸或者拓展功能,指向的是群体意义上的未成年犯罪人。心理测评的出发点不是为了满足办案机关的需要,而应该是为改变和调节未成年犯罪嫌疑人心理结构的薄弱环节,使其自觉纠正不良个性倾向,不断提高适应社会的能力,为其最终回归社会提供支持。

(四) 轻罪记录封存制度

未成年人轻罪记录封存制度,指的是对轻罪案件未成年人犯罪记录进行密封保存,除法律特别规定外,不得向任何单位和个人提供。2012年《刑事诉讼法》,增加了未成年人犯罪记录封存制度的规定,2017年《工作指引(试行)》以专节形式作了进一步规定。2022年5月24日,最高人民法院、最高人民检察院、公安部、司法部联合发布了《关于未成年人犯罪记录封存的实施办法》(以下简称《实施办法》),就未成年人犯罪记录封存工作的具体标准和操作程序等进行了全面细化,对进一步提升未成年人犯罪记录封存工作的专业化、规范化水平,提升对涉案未成年人"教育、感化、挽救"效果,具有重要指导意义。《实施办法》明确规定了封存的犯罪记录范围,将要封存的犯罪记录扩展至刑事记录,实现全部案卷材料的封存到位;《实施办法》明确了未

---

[1] 宋英辉:《未成年人刑事司法的模式选择与制度构建》,载《人民检察》2011年第12期。
[2] 姚建龙:《权利的细微关怀:"合适成年人"参与未成年人刑事诉讼制度的移植与本土化》,北京出版社2010年版,第37页。

成年人犯罪记录的个人信息属性，即未成年人可以对其犯罪记录享有个人信息权利，建立了犯罪记录与个人信息之间的联系通道；《实施办法》明确了解除封存的情形，实现了未成年人的权利保障与预防其再犯可能性两者之间的价值平衡；《实施办法》建立了公安机关、人民检察院、人民法院和司法行政机关在执行未成年人犯罪记录封存过程中的协同工作机制；《实施办法》明确了封存效果，还对未成年人犯罪记录封存进行溯及性保护。

（五）审查起诉

在办理未成年人犯罪案件的过程中，检察机关承担着审查证据、提起公诉、作出量刑建议等重要职责。对于未成年人犯罪案件的审查起诉，是指人民检察院对公安机关侦查终结移送审查起诉的未成年人犯罪案件进行全面审查，作出提起公诉或附条件不起诉、不起诉的审查决定的诉讼活动。[1]《办理刑事案件的规定》第三章分四节规定了未成年人刑事案件的审查起诉与出庭支持公诉，分别为审查、不起诉、附条件不起诉和提起公诉。《工作指引（试行）》则更详细规定了讯问、审查逮捕和审查起诉三章，在审查起诉阶段的规定与《办理刑事案件的规定》的内容基本相同。可见，对未成年犯罪人的审查起诉工作，最主要的是如何确定不起诉。其中，附条件不起诉为涉罪未成年人提供了审前转处途径，也为其接受教育矫治、复归社会提供了机会和方式，是对相对不起诉制度的重大补充。不过，该制度规定也存在相关概念含义模糊、混用；立法规定之间相互矛盾；与酌定不起诉制度界限不明等问题。对此，有实务工作人员提出了适用附条件不起诉制度应当把握的五个条件：一是适用对象不排除并非初次实施犯罪的未成年人、多次犯罪的未成年人以及外来流动人口中的未成年犯罪嫌疑人；二是附条件不起诉的案件范围为《刑法》分则第四章、第五章、第六章规定的犯罪，可能被判处一年有期徒刑以下刑罚的案件；三是附条件不起诉是以检察机关认定未成年犯罪嫌疑人的行为构成犯罪、符合起诉条件为前提；四是"有悔罪表现"需要检察官从涉嫌犯罪未成年人到案情况（包括是否投案自首，有无立功等法定情节）、认罪态度（是否主动如实供述犯罪事实）和行为表现（包括是否退赃、是否向被害人赔偿损失和赔礼道歉等）等进行综合判断；五是附条件不起诉主要着眼于构建一种对未成年人从宽处理的制度，被害人的意见仅是影响附条件不起诉作出的重要因素而非决定因素，因会给未成年犯罪嫌疑人设定一定的义务，所以，事先听取其意见并征得其同意是未成年人附条件不起诉制度适用的前提。2021年3月，最高人民检察院发布了第二十七批指导性案例，为各地检察机关依法规范适用附条件不起诉制度提供指导。如指导性案例明确了以是否具有监督考察的必要性为主要依据来考虑是否适用附条件不起诉；明确应当采用个性化、有效性、专业化办案和帮教社会化相结合的方式实现对附条件不起诉的未成年人的监督考察；同时，划定了撤销附条件不起诉决定的判断标准。近年来，我国刑事犯罪结构发生了较大变化，严重暴力犯罪及重刑率下降，轻

---

[1] 童建明等主编：《未成年人检察业务》，中国检察出版社2022年版，第83~84页。

罪占比高，根据最高人民检察院发布的《未成年人检察工作白皮书》，我国未成年人触犯的罪名主要是盗窃罪、聚众斗殴罪、寻衅滋事罪、抢劫罪、强奸罪和故意伤害罪，严重暴力犯罪占比同样较低，对此，附条件不起诉制度将会有更大的作用空间。

此外，2020年12月26日第十三届全国人民代表大会常务委员会第二十四次会议通过的《刑法修正案（十一）》有限制地降低了刑事责任年龄的起点，规定已满12周岁不满14周岁的人（以下简称"低龄未成年人"）犯故意杀人、故意伤害罪，致人死亡或者以特别残忍手段致人重伤造成严重残疾，情节恶劣的，经最高人民检察院核准追诉，应当负刑事责任。从该规定来看，我国立法机关对有限制地降低刑事责任年龄是相当谨慎的，不仅从刑事实体法的角度严格限制，就应当负刑事责任的犯罪行为、犯罪结果与犯罪情节设置了严格条件，而且还从刑事程序法的角度严格限制，要求经过最高人民检察院核准追诉才可追究这些低龄未成年人的刑事责任。如何准确、恰当地理解与适用该条规定，无疑对保障低龄未成年人的合法权益具有重大意义。[1]从实体层面看，核准追诉主要是指对"情节恶劣"的考察，对此，需要根据案件情况进行全面评价，综合考量其犯罪的动机、目的、手段、过程、后果、犯罪中的作用、对象、案发原因、场所、时间、犯罪后表现等情况，以及其犯罪行为是否冲击社会基本价值观，挑战社会人伦底线等因素，予以判断。[2]

（六）未成年被害人救助

我国于2004年开始开展刑事被害人司法救助工作，《工作指引（试行）》第二章第七节专门规定了被害人救助制度，2018年2月27日最高人民检察院印发《关于全面加强未成年人国家司法救助工作的意见》，明确规定了案件管辖地检察机关应当给予救助的未成年被害人的范围，规定了具体的救助标准，并要求各级检察机关要依托有关单位，借助专业力量，精准帮扶，突出长远救助效果。从概念上看，未成年被害人包括未成年犯罪被害人与刑事被害人，根据《工作指引（试行）》第81条的规定，对未成年犯罪嫌疑人需要救助的，参照未成年刑事被害人的规定适用。因此，此处主要探讨的是未成年人刑事被害人的救助。就未成年被害人的"救助"而言，可以从狭义、中义和广义三个层面予以讨论，在未成年人刑事检察部分，主要探讨的是狭义层面的未成年被害人救助，即因不法侵害而遭受损失的未成年被害人没有得到法定的赔偿或者赔偿明显不足时，由国家给予经济补偿、经济救助或经济资助。具体而言，我国当前的相关补偿制度具有三个方面的特点：一是我国未成年被害人赔偿机制采用救助方式，除给予未成年被害人一定程度上的法律援助和隐私保护外，主要采取的是救助模式，并未实现真正意义上的补偿机制；二是我国对未成年被害人的补偿方式以加害人赔偿为主、国家补偿为辅，即未成年被害人可以通过提起刑事附带民事诉讼要求犯罪人对其进行赔偿，或者向政府或有关单位申请补偿；三是我国对未成年被害人的补偿主要表现为

---

[1] 吴光升：《核准追诉低龄未成年人刑事责任的程序定位及其重要展开》，载《政治与法律》2022年第1期。
[2] 宋英辉、刘铃悦：《低龄未成年人犯罪核准追诉问题研究》，载《法治研究》2022年第3期。

经济补偿，即补偿的计算依据为当地的经济收入，对未成年人所遭受的精神损害，并未规定相应的国家补偿规定，只能以经济赔偿的方式向加害人提起附带民事诉讼。

此外，需要注意的是，要严格保护未成年被害人隐私及个人信息，侵害未成年人犯罪案件一般不公开听证，案件事实认定、法律适用或者案件处理等存在重大争议或者已引起重大社会影响，确有必要公开听证的，须征得未成年当事人及其法定代理人同意，才可以组织公开听证。对未成年被害人取证，需要采取"一站式"取证方式。2017年12月，最高人民检察院会同联合国未成年人基金会举办"未成年被害人保护与救助高级研修班"，从顶层设计方面研究推动"一站式"办案机制等未成年被害人保护和救助工作；2020年1月19日，最高人民检察院首次召开全国检察机关未成年人检察工作会议，对"一站式"办案机制作出专门部署；3个月后，最高人民检察院《关于加强新时代未成年人检察工作的意见》下发，要求各地持续推进"一站式"办案机制，并要求2020年底各地市（州）至少建立一处未成年被害人"一站式"办案场所；2021年6月，修订后的《未成年人保护法》《预防未成年人犯罪法》正式施行，未成年被害人"一站式"询问、救助机制被写入法律，成为刚性规定。在"一站式"取证的询问中，要坚持一次询问原则，即侦查、起诉、审判均以一次询问取得的被害人陈述为证据；要监督公安机关落实未成年人刑事诉讼特殊程序，协助侦查机关制作和完善询问提纲，提高询问质量，避免审查起诉阶段再次询问，推动询问前做好社会调查工作，鼓励未成年人自主完成描述；在询问过程应当同步录音录像。

（七）罪错未成年人分级处遇制度

罪错未成年人最早并非正式的法律概念，而是从有效进行犯罪预防和对未成年人进行全面司法保护的角度出发，为方便犯罪学研究和构建完整的未成年人司法制度而使用的概念。最高人民检察院制定下发的《2018—2022年检察改革工作规划》中第一次提到"罪错未成年人"和"分级处遇"的概念；其后，最高人民检察院在《关于加强新时代未成年人检察工作的意见》中提出"推动建立罪错未成年人分级干预体系"，再次提到"罪错未成年人"，以及"分级干预"这一与"分级处遇"内涵相当的概念；2020年全国人大常委会修订通过《未成年人保护法》和《预防未成年人犯罪法》，确立了分级处遇的基本原则，明确对未成年人的不良行为和严重不良行为及时进行分级预防、干预和矫治，构建了包括对不良行为的干预、对严重不良行为的矫治、对重新犯罪的预防三个层次的预防未成年人犯罪体系，明确了专门教育保护处分措施的性质。最高人民检察院提出，要以完善罪错未成年人分级干预机制为基础，最大限度教育挽救涉罪未成年人，探索建立轻重不同、各有侧重、梯级衔接的干预机制，根据未成年人罪错程度、个体差异、诉讼阶段，选择适用最有针对性的教育矫治和感化挽救措施。[1]必须承认的是，目前我国罪错未成年人的分级处遇制度尚处在完善阶段，相关举措散见

---

[1] 那艳芳：《聚焦司法需求 强化理论研究——2022年未成年人检察研究综述》，载《人民检察》2023年第2期。

于不同层级、不同属性的法律规范之中,导致处遇举措在衔接时产生种种问题,影响了整体的处遇效果。

二、未成年人民事、行政和公益诉讼检察

(一) 未成年人民事检察

未成年人民事检察,即涉未成年人民事检察,是指案件的当事人或利害关系人为未成年人的,以民事诉讼监督为主要内容的检察工作,其主要内容包括对涉未成年人的民事案件审判监督、涉未成年人的民事执行活动监督、涉未成年人民事案件审判人员违法活动监督、涉未成年人民事诉讼的督促、支持起诉等;其中,涉未成年人民事审判监督是指检察机关对人民法院涉未成年人案件的判决、裁定、调解等活动实施监督;涉未成年人民事执行监督是指检察机关对人民法院涉未成年人案件的执行活动进行监督,主要包括抚养费优先执行和将未成年人纳入失信名单的执行活动监督;涉未成年人民事审判、执行人员违法行为监督,是指对民事审判程序中审判人员违法行为的监督。

从其概念可知,未成年人民事检察的主要工作内容,是检察机关在牵涉未成年人的民事案件中积极履行法律监督职能。从监督的范围来看,涉及未成年人民事案件是指当事人一方或双方为未成年人的民事案件,主要是涉及未成年人权益的婚姻家庭、继承纠纷案件、人身损害赔偿案件、房产纠纷等案件;从监督的实施阶段来看,检察机关主要通过受理当事人或者其他利害关系人不服法院生效裁判的申诉案件,对法院的民事审判活动进行事后监督;就监督的方式来看,包括支持起诉、督促起诉以及在办理刑事案件过程中保护涉罪未成年人的合法民事权益;值得注意的是,检察机关未检部门在办理未成年人刑事案件的同时,应格外关注未成年人的监护条件、家庭环境、学校、社区环境,注重发现未成年人的人身权、被抚养权、教育权等民事权利受到侵害的线索(如抚养费是否执行到位,监护人是否尽到了监护职责等)。此外,检察建议也是检察机关依法履行法律监督职责,参与社会治理,预防和减少未成年人违法犯罪,保护未成年人合法权益,保障法律统一正确实施的重要方式;对于人民法院作出的,涉及未成年人的已经发生法律效力的民事判决、裁定和调解,人民检察院认为确有错误时,应当依照审判监督程序向人民法院提出抗诉,这也是有效维护未成年人民事合法权益的方式。

(二) 未成年人行政检察

行政检察监督是检察机关行使法律监督职权的重要部分,未成年人行政检察是检察机关依法履行行政诉讼监督职能,对审判活动、裁判结果、行政执行等行政诉讼活动进行全面监督,通过抗诉、再审检察建议等手段,实现对未成年人权益的全面保护。未成年人行政检察的对象与行政法律法规的实施相对应,根据实施主体、环节和法律根据的不同,主要包括对行政诉讼活动的监督和对行政非诉执行的监督。实践中,未成年人行政检察工作指向的案件主要表现为教育行政案件、社会管理案件和行政管理案件。其中教育行政案件,主要涉及学校、教育主管部门在日常管理过程中是否尽到

维护未成年人安全义务,是否存在侵害未成年人合法权益的行为。社会管理类案件,主要涉及督促工商、消防、教育等部门履行职责,净化社会环境尤其是学校周边区域的治安环境,防止社会不良行为对未成年人的侵害。行政管理类案件,主要涉及行政机关因未成年人的违法行为而对其进行行政处罚、采取行政强制措施时,是否严格依照法律进行,保障未成年人利益的情况。

(三) 未成年人公益诉讼检察

公益诉讼制度作为社会事务多元化治理背景下出现的制度,广义上是指包括国家机关在内的任何组织或者个人,认为行政机关及其他国家机关或者公益机构乃至一般组织或者个人的作为或不作为违法,对国家利益、社会公共利益或者他人利益造成损害或者可能造成损害的,皆可以根据法律的规定向人民法院提起诉讼的制度。根据诉讼类型的不同,公益诉讼可以分为民事公益诉讼、行政公益诉讼和刑事附带民事公益诉讼,其中,以前两者为重点。未成年人权益与民族国运关系紧密,未成年人的未来即是国家的未来,就此而言,未成年人权利是既具有个人利益属性、又具有国家利益和社会公共利益属性的权益类型。[1]虽然未成年人在整体层面上可以被视为公共利益,但并非只要涉及未成年人为主体的案件,国家公权力都可以以公共利益为名介入,而是应当聚焦于相对具体的不特定多数的未成年人利益。据此,未成年人检察公益诉讼既具有公益诉讼的一般属性,又具有其自身的特殊属性。其特殊属性主要体现在三个方面:一是保护对象的特殊性,即其以身心发育尚不成熟的未成年人为保护对象,按照对未成年人"特殊""优先"保护的理念,未成年人公益诉讼较之一般公益诉讼在态度上要更为积极;二是业务内容的综合性,其不受业务门类的限制,打通刑事、民事、行政法域,围绕保护未成年人的需要开展工作;三是职责触发的后置性,只有在相关组织和个人未代为起诉的情况下,未成年人检察公益诉讼才能启动。[2]

第四节 未成年人检察的程序

未成年人检察的程序,是指由法律规范明确规定的,检察机关开展未成年人检察工作的具体方法和步骤。通过保证未成年人检察工作的公正性,顺利实现对未成年人合法权益的全面保护。

一、未成年人刑事检察的程序

(一) 社会调查程序

根据《刑事诉讼法》的规定,社会调查的主体是办理未成年人刑事案件的公安机

---

[1] 匡旭东:《未成年人检察公益诉讼制度探析》,载《行政与法》2021年第1期。
[2] 焦洪昌、赵德金:《未成年人检察公益诉讼制度的实践困境与优化路径》,载《浙江工商大学学报》2021年第2期。

关、人民检察院、人民法院。《人民检察院刑事诉讼规则》则规定人民检察院可以委托有关组织和机构开展社会调查。可见，社会调查的主体可以是有权机关和有权机关委托的组织或机构。根据《工作指引（试行）》，人民检察院自行开展社会调查的，调查人员不得少于二人；社会调查应当通过走访方式进行，对于身在外地的被害人或其他人员，必要时允许采取电话、电子邮件或者其他方式进行社会调查。对于社会调查的内容，主要包括个人基本情况、社会生活状况、与涉嫌犯罪相关的情况以及检察机关认为应当调查的其他内容。检察机关应当将调查情况制作笔录，并由被调查人进行核对，被调查人确认无误后签名后捺手印。

社会调查结束后，应当制作社会调查报告，内容分四个方面：一是调查主体、方式及简要经过；二是调查内容；三是综合评价，包括对未成年犯罪嫌疑人的身心健康、认知、解决问题能力、可信度、自主性、与他人相处能力以及社会危险性、再犯可能性等情况的综合分析；四是意见建议，包括对未成年人犯罪嫌疑人的处罚和教育建议等。对于人民检察院委托其他组织或者机构开展社会调查的，应当向受委托的组织或者机构发出社会调查委托函，载明被调查对象的基本信息、案由、基本案情、调查事项、调查时限等，并要求其在社会调查完成后，将社会调查报告、原始材料包括调查笔录、调查问卷、社会调查表、有关单位和个人出具的证明材料、书面材料、心理评估报告、录音录像资料等，一并移送委托的人民检察院。人民检察院委托进行社会调查的，应当明确告知受委托组织或机构为每一个未成年人指派两名社会调查员进行社会调查；不得指派被调查人的近亲属或者与本案有利害关系的人员进行调查。社会调查时，社会调查员应当出示社会调查委托函、介绍信和工作证，不得泄露未成年犯罪嫌疑人的犯罪信息、个人隐私等情况，并对社会调查的真实性负法律责任。此外，人民检察院对公安机关或者受委托调查组织或者机构出具的社会调查报告进行审查时，如果发现存在调查材料有虚假成分、社会调查结论与其他证据存在明显矛盾、调查人员系案件当事人的近亲属或与案件有利害关系应当回避但没有回避，或者存在人民检察院认为需要重新调查的其他情形的，应当重新进行社会调查。

（二）法定代理人、合适成年人到场的程序

根据《工作指引（试行）》，人民检察院办理涉及未成年人的刑事案件，应当在第一次讯问或者询问前，依法通知未成年犯罪嫌疑人、被害人、证人的法定代理人在场，见证、监督整个讯问或者询问过程，维护未成年人合法权益。对于有特定情形导致法定代理人不能或者不宜到场的，要保证未成年人的其他成年亲属，所在学校、单位或者居住地的村民委员会、居民委员会、未成年人保护组织的代表等合适成年人到场，并将有关情况记录在案。讯问、询问女性未成年人的，一般应当选择女性合适成年人到场；通知到场的法定代理人或者合适成年人一般为一名，人民检察院对同一名未成年人进行多次讯问、询问的，一般应当由同一合适成年人到场；当法定代理人不能或者不宜到场的情形消失后，人民检察院应当及时通知法定代理人到场。有正当理由的情况下，未成年人可以要求更换合适成年人。此外，虽然未成年人没有明确表示更换合适成年人，但是表露出对合适成年人抗拒、不满等情形，导致诉讼活动不能正常进行的，检察人员可以在征询未成年人的意见后，及时更换合适成年人。此外，《工作指引（试行）》明确规定了不得担任合适成年人的情形。[1]

（三）心理测评与心理疏导的程序

根据《工作指引（试行）》，人民检察院根据需要可以对涉罪未成年人（包括未达法定刑事责任年龄而不负刑事责任的未成年人）、未成年被害人、未成年证人（特别是目睹暴力者）进行心理疏导。必要时，经未成年人及其法定代理人同意，可以对未成年人进行心理测评。具体来说，检察人员应当对下列有明显心理偏差迹象的未成年人进行心理测评：一是犯罪动机不明、目的不清的；二是作案次数多、频率高的；三是一贯有严重不良行为及违法倾向的；四是作案手段、行为方式有明显成人化犯罪特征的；五是自幼成长的环境不良的；六是犯罪时具有明显激奋或者恐惧心理的；七是有疑似性格障碍或者人格障碍的。心理测评应当由具有心理咨询师资质的检察人员或者委托具有执业资质的心理咨询师进行。《工作指引（试行）》还专门规定，对于遭受性侵害的未成年被害人，人民检察院尤其应当做好心理安抚、疏导工作。未成年人不一定能够坦然、平静地接受心理测评，因此，在开展心理测评前，检察机关应当告知被测评人员测评的原则、目的，以消除其紧张情绪；心理测评后应当及时出具心理测评报告，并由测评人员签字，心理测评报告是进一步开展心理干预、心理疏导、心理矫正工作的依据，可以根据需要以合适的方式向涉案未成年人及其法定代理人反馈和解释。检察机关应当记录心理测评过程中的工作情况，并根据情况开展后续跟踪心理矫正工作；对依法提起公诉的案件，可以将办案过程中形成的心理测评报告、心理疏导、矫正记录等材料移送人民法院，保证工作的连续性。

（四）被害人救助的程序

根据《工作指引（试行）》，未成年被害人救助分为法律援助、司法救助、心理救助、社会救助和综合救助五种类型。在法律援助方面，人民检察院应当自收到移送审查起诉的案件材料之日起3日内，书面告知被害人及其法定代理人或者其他近亲属有权委托诉讼代理人，电话告知的应当记录在案；未成年被害人及其法定代理人因经济困难或者其他原因没有委托诉讼代理人的，人民检察院应当帮助其申请法律援助。对于遭受性侵害的女性未成年被害人，一般应由女性律师提供法律援助。在司法救助方面，人民检察院应当告知满足特定情形的未成年被害人及其法定代理人或者其他近亲属有权申请司法救助。一旦未成年被害人及其法定代理人或者其他近亲属提出司法救助申请，未成年人检察部门应当及时将当事人情况、案件基本事实及救助申请等材料转交刑事申诉检察部门办理；如果符合救助条件的未成年被害人及其法定代理人或

---

[1] 有下列情形之一的，不得担任合适成年人：（1）刑罚尚未执行完毕或者处于缓刑、假释考验期间的；（2）依法被剥夺、限制人身自由的；（3）无行为能力或者限制行为能力的；（4）案件的诉讼代理人、辩护人、证人、鉴定人员、翻译人员以及公安机关、检察机关、法院、司法行政机关的工作人员；（5）与案件处理结果有利害关系的；（6）其他不适宜担任合适成年人的情形。

者其他近亲属未提出申请，未成年人检察部门可以主动启动救助程序，收集相关材料，提出救助意见，移送刑事申诉检察部门办理。心理救助主要针对遭受侵害、监护侵害以及其他犯罪侵害，严重影响心理健康的未成年被害人。社会救助由人民检察院根据未成年被害人的特殊困难及本地实际情况，协调有关部门按照社会救助相关规定进行。对于同时面临多种严重困难的未成年被害人，人民检察院应当协调有关部门进行综合救助。对于未成年人进行救助的情况应当记录在案，并随案将救助情况移送有关部门，并定期对接受救助的被害人进行回访，了解其实际情况，考察救助效果。

（五）犯罪记录封存的程序

检察机关同样是未成年人犯罪记录封存的主体责任机关，应当将拟封存的有关未成年人个人信息、涉嫌犯罪或者犯罪的全部案卷、材料装订成册，加盖"封存"字样印章后，交由档案部门统一加密保存，不予公开，并应在相关电子信息系统中加设封存模块，实行专门的管理及查询制度。根据《工作指引（试行）》，对于犯罪记录封存的未成年人，人民检察院应当告知其在入学、入伍、就业时，免除报告自己有犯罪记录的义务。如果是二审案件，上级人民检察院封存犯罪记录时，应当通知下级人民检察院对相关犯罪记录予以封存。在共同犯罪案件中，对于未分案处理的未成年人与成年人共同犯罪案件中有未成年人涉罪记录需要封存的，应当将全案卷宗封面标注"含犯罪记录封存信息"等明显标识，并对相关信息采取必要保密措施；分案处理的，在封存未成年人材料和信息的同时，应当在未封存的成年人卷宗封皮标注"含犯罪记录封存信息"等明显标识，并对相关信息采取必要保密措施。未成年人犯罪记录封存后，除司法机关为办案需要或者有关单位根据国家规定进行查询的以外，人民检察院不得向任何单位和个人提供封存的犯罪记录，并不得提供未成年人有犯罪记录的证明。其他刑事、民事、行政与公益诉讼案件，因案件需要使用被封存的未成年人犯罪记录信息的，应当在相关卷宗中标明"含犯罪记录封存信息"，并对相关信息采取必要保密措施。司法机关为办案需要或者有关单位根据国家规定查询犯罪记录的，应当向人民检察院提出书面申请，列明查询理由、依据和使用范围等，查询人员应当出示单位公函和身份证明材料。经审查，符合查询条件的，人民检察院应当在3个工作日内开具有/无犯罪记录证明。许可查询的，查询后档案管理部门应当登记相关查询情况，并按照档案管理规定将有关申请、审批材料、保密承诺书等一同存入卷宗归档保存。依法不许可查询的，应当在3个工作日内向查询单位出具不许可查询决定书，并说明理由。不过，对于实施新的犯罪，且新罪与封存记录之罪数罪并罚后被决定执行5年有期徒刑以上刑罚的未成年犯罪人，以及发现漏罪，且漏罪与封存记录之罪数罪并罚后被决定执行5年有期徒刑以上刑罚的未成年人，以及经审判监督程序改判5年有期徒刑以上刑罚的未成年人应当对其犯罪记录解除封存。

（六）讯问、审查逮捕和审查起诉的程序

1. 讯问的程序

人民检察院讯问未成年犯罪嫌疑人，应当充分照顾不同年龄段未成年人的身心特点，注意营造信任、宽松的沟通氛围，采用平和的讯问方式和通俗易懂的语言，做到耐心倾听、理性引导。讯问未成年犯罪嫌疑人，应当由两名熟悉未成年人身心特点的检察人员进行。讯问女性未成年犯罪嫌疑人，应当有女性检察人员参加。讯问聋、哑或者不通晓当地语言、文字的未成年犯罪嫌疑人，应当有通晓聋、哑手势或者当地语言、文字且与本案无利害关系的人员进行翻译。未成年犯罪嫌疑人的聋、哑或者不通晓当地语言、文字以及翻译人员的姓名、性别、工作单位和职业等情况应当记录在案。讯问被羁押的未成年犯罪嫌疑人，羁押场所设有专门讯问室的，应当在专门讯问室进行；没有设立的，应当协调公安机关设立适合未成年犯罪嫌疑人身心特点的专门讯问室。未成年犯罪嫌疑人及其法定代理人的住所、学校或者其他场所更为适宜的，也可以在上述地点进行讯问，但是应当避免穿着制服、驾驶警车或者采取其他可能暴露未成年犯罪嫌疑人身份、隐私，影响其名誉的方式。在时间方面，如果未成年人为在校学生的，应当避免在正常教学期间进行讯问。在语言表述方面，办案人员不得使用带有暴力性、贬损性色彩的语言，要符合未成年人的认知能力，能够被未成年人充分理解，讯问可以采取圆桌或座谈的方式进行。讯问未成年犯罪嫌疑人应当采取非对抗的讯问方式，详细告知其如实供述案件事实的法律规定和国家对未成年人的保护政策，鼓励其理性决策。讯问过程中要注意耐心倾听，让未成年犯罪嫌疑人有充分的机会表达自己观点。对于未成年犯罪嫌疑人提出的疑问或者法律问题，应当充分予以解释和说明。需要注意的是，讯问未成年犯罪嫌疑人一般不得使用械具；对于确有人身危险性，必须使用械具的，在现实危险消除后，应当立即停止使用。在讯问前，要充分掌握情况，制定好讯问提纲，做好文书方面的准备工作，通知法定代理人到场，必要时可以聘请专家辅助讯问。讯问时要核查未成年犯罪嫌疑人的主体身份情况，及与犯罪有关的主客观方面情况，深入探究犯罪原因，并适时教育和及时鼓励未成年犯罪嫌疑人。

法定代理人或者合适成年人认为办案人员的讯问行为侵犯了未成年犯罪嫌疑人的合法权益时，可以提出意见。对于合理意见，办案人员应当接受并纠正；对于不合理意见，应当说明理由。相关内容应当记录在案。当未成年犯罪嫌疑人出现恐慌、紧张、激动、疲劳等不宜继续讯问的情形时，办案人员应当及时中止讯问，在法定代理人或者合适成年人协助下消除上述情形后再行讯问。必要时，可以由具有心理咨询师资质的检察人员或者专门的心理咨询师进行心理干预和情绪疏导。办案人员应当忠实记录讯问过程，讯问笔录应当充分体现未成年人的语言风格。讯问完毕后，讯问笔录应当交未成年犯罪嫌疑人、到场的法定代理人或者合适成年人阅读或者向其宣读。经未成年犯罪嫌疑人、法定代理人、合适成年人核对无误后，分别在讯问笔录上签名并捺指印确认。

2. 审查逮捕的程序

《工作指引（试行）》规定了对未成年犯罪嫌疑人审查逮捕的基本要求：应当根据其涉嫌的犯罪事实、主观恶性、成长经历、犯罪原因以及有无监护或者社会帮教条件等,综合衡量其妨碍诉讼或者继续危害社会的可能性大小,严格限制适用逮捕措施,可捕可不捕的不捕。根据《人民检察院刑事诉讼规则》,对于罪行较轻,具备有效监护条件或者社会帮教措施,没有社会危险性或者社会危险性较小的未成年犯罪嫌疑人,应当不批准逮捕;对于罪行比较严重,但主观恶性不大,有悔罪表现,具备有效监护条件或者社会帮教措施,具有特定情形,[1]不逮捕不致发生社会危险性的未成年犯罪嫌疑人,也可以不批准逮捕。对于没有固定住所、无法提供保证人的未成年犯罪嫌疑人适用取保候审的,可以指定合适的成年人作为保证人。审查逮捕未成年犯罪嫌疑人,应当重点查清其是否已满14周岁、16周岁、18周岁。根据《刑事诉讼法》第89条的规定,人民检察院审查批准逮捕犯罪嫌疑人由检察长决定。重大案件应当提交检察委员会讨论决定。根据《工作指引(试行)》,对于依法批准逮捕未成年人的,应当认真做好跟踪帮教考察工作,进行羁押必要性审查,一旦发现不需要继续羁押的,及时建议公安机关释放或者变更强制措施。公安机关对不在案的未成年犯罪嫌疑人提请批准逮捕的,可以要求公安机关在未成年犯罪嫌疑人归案后再行提请批准逮捕。

3. 审查起诉的程序

审查起诉包括两部分:一是程序性审查的内容;二是实质性审查的内容。关于程序性审查,根据《人民检察院刑事诉讼规则》,人民检察院负责案件管理的部门受理案件时,应当接收案卷材料,并立即审查下列内容:依据移送的法律文书载明的内容确定案件是否属于本院管辖;案卷材料是否齐备、规范,符合有关规定的要求;移送的款项或者物品与移送清单是否相符;犯罪嫌疑人是否在案以及采取强制措施的情况;是否在规定的期限内移送案件。

实质性审查的内容包括:犯罪嫌疑人身份状况是否清楚,包括姓名、性别、国籍、出生年月日、职业和单位等;单位犯罪的,单位的相关情况是否清楚;犯罪事实、情节是否清楚;实施犯罪的时间、地点、手段、危害后果是否明确;认定犯罪性质和罪名的意见是否正确;有无法定的从重、从轻、减轻或者免除处罚情节及酌定从重、从轻情节;共同犯罪案件的犯罪嫌疑人在犯罪活动中的责任认定是否恰当;犯罪嫌疑人是否认罪认罚;证明犯罪事实的证据材料是否随案移送;证明相关财产系违法所得的证据材料是否随案移送;不宜移送的证据的清单、复制件、照片或者其他证明文件是否随案移送;证据是否确实、充分,是否依法收集,有无应当排除非法证据的情形;采取侦查措施包括技术侦查措施的法律手续和诉讼文书是否完备;有无遗漏罪行和其他应当追究刑事责任的人;是否属于不应当追究刑事责任的人;有无附带民事诉讼;对于国家财产、集体财产遭受损失的,是否需要由人民检察院提起附带民事诉讼;对于破坏生态环境和资源保护,食品药品安全领域侵害众多消费者合法权益,侵害英雄

---

[1] 特定情形包括:(1)初次犯罪、过失犯罪的;(2)犯罪预备、中止、未遂的;(3)防卫过当、避险过当的;(4)有自首或者立功表现的;(5)犯罪后认罪认罚,或者积极退赃,尽力减少和赔偿损失,被害人谅解的;(6)不属于共同犯罪的主犯或者集团犯罪中的首要分子的;(7)属于已满14周岁不满16周岁的未成年人或者系在校学生的;(8)其他可以不批准逮捕的情形。

烈士的姓名、肖像、名誉、荣誉等损害社会公共利益的行为，是否需要由人民检察院提起附带民事公益诉讼；采取的强制措施是否适当，对于已经逮捕的犯罪嫌疑人，有无继续羁押的必要；侦查活动是否合法；涉案财物是否查封、扣押、冻结并妥善保管，清单是否齐备；对被害人合法财产的返还和对违禁品或者不宜长期保存的物品的处理是否妥当，移送的证明文件是否完备。

审查起诉时，检察机关应当告知未成年犯罪嫌疑人其享有的权利，详细审阅案件材料，讯问犯罪嫌疑人，听取犯罪嫌疑人、辩护人等人的意见，对于未成年犯罪嫌疑人被羁押的，应当审查是否有必要继续羁押，审查证据是否确实、充分，准确认定犯罪嫌疑人的犯罪事实及相关情节。如果认为事实不清、证据不足或者遗漏罪行、同案犯罪嫌疑人等情形的，应当退回公安机关补充侦查。检察人员在案件审查结束后应当制作涉未成年人案件专用的《公诉案件审查报告》，对认定事实的叙述应当具体完整、各要素齐全，对证据的分析、论证应当全面、客观。

4. 核准追诉的程序

《刑法修正案（十一）》有条件地降低了未成年人犯罪的刑事责任年龄，其中"经最高人民检察院核准追诉"的规定，被认为是追究低龄未成年人刑事责任的前置审查程序。但是，《刑事诉讼法》并没有明确规定最高人民检察院核准追诉刑事责任的程序。有论者认为，最高人民检察院《关于办理核准追诉案件若干问题的规定》规定了对于超过追诉时效的案件的追诉程序，其与追诉年龄之核准存在可类比性，两者应当尽量一致，并采用逐级上报、层层审核并最终由最高人民检察院来决定是否核准的方式。具体来说，在启动报请核准追诉程序后，各级检察机关同样应对低龄未成年人犯罪案件进行实质审查，并经检察委员会讨论决定，认为不符合《刑法》第17条第3款规定的实体性要件规定的，应在报告书中说明自己不同意核准的意见及理由；认为符合核准追诉条件的，则应在报告书中说明自己同意核准的意见及理由，均层报最高人民检察院核准。最高人民检察院在收到省级检察机关报送的核准材料后，应当及时进行实质审查，必要时派人到案发地了解与案件有关的情况，最后根据罪名范围、结果要件和情节要件，适当结合刑事政策的考量，作出是否核准追诉的决定，并制作核准追诉决定书或者不予核准追诉决定书，逐级下达至最初受理启动报请程序的检察机关，并由其通知具体办理此案的公安机关。最高人民检察院决定核准追诉的，启动报请程序的人民检察院依法进入审查起诉环节；最高人民检察院决定不予核准追诉的，启动报请程序的人民检察院应当立即通知和督促公安机关撤销刑事案件，并按照《预防未成年人犯罪法》的相关规定，对涉罪低龄未成年人转处矫治教育、专门教育或专门矫治教育等其他措施。

也有论者认为，低龄未成年人刑事责任的核准追诉问题要比超过最长诉讼时效的核准追诉问题更复杂，《关于办理核准追诉案件若干问题的规定》与《人民检察院刑事诉讼规则》中关于追诉期限之核准的规定能否适用于低龄未成年人刑事责任的核准追诉存在疑问；该论者主张将核准追诉定位为侦查程序行为，检察机关可以根据案件具体情况在侦查程序内确定其核准追诉程序的启动时间；在需要逮捕被追诉人的案件中，应当要求侦查机关同时报请核准追诉与提请批准逮捕，在无需逮捕被追诉人的案件中，应当要求侦查机关在查明的事实与收集的证据符合核准追诉的实体法条件时，就立即报请核准追诉。[1]

二、未成年人民事、行政和公益诉讼检察的程序

（一）未成年人民事检察的程序

1. 未成年人民事检察的材料来源

在线索发现方面，民事案件诉讼监督和督促、支持起诉的案件线索主要有以下四个来源：一是依当事人申请；二是依职权发现；三是相关部门移送；四是社会线索发现。当事人可以对符合《民事诉讼法》第211条规定的、已经发生法律效力的民事判决、裁定、调解书申请监督；当事人认为民事审判程序中审判人员存在违法行为，或者认为民事执行活动存在违法情形时，可以申请监督。在材料受理方面，当事人向人民检察院申请监督，应当提交监督申请书、身份证明、相关法律文书及证据材料，提交证据材料的，应当附证据清单；申请监督材料不齐备的，人民检察院应当要求申请人限期补齐，并一次性明确告知应补齐的全部材料，申请人逾期未补齐的，视为撤回监督申请；对当事人提交的身份证明，人民检察院经核对无误留存复印件。不过，如存在特定情形，人民检察院则不予受理当事人申请监督的诉讼请求；如果当事人认为人民检察院不依法受理其监督申请，可以向上一级人民检察院申请监督；上一级人民检察院认为当事人监督申请符合受理条件的，应当指令下一级人民检察院受理，必要时也可以直接受理。

2. 未成年人民事检察的立案审查程序

在立案审查方面，人民检察院对监督申请需要进行形式审查和实质审查。控告申诉检察部门对案件是否符合本院受理条件进行形式审查，并根据不同情形作出处理：对于符合受理条件的，应当依法作出受理决定；对于不属于本院受理案件范围的，应当告知申请人向有关人民检察院申请监督；对于不属于人民检察院主管范围的，应当告知申请人向有关机关反映；对于案件不符合受理条件，且申请人不撤回监督申请的，可以决定不予受理。负责控告申诉检察的部门应当在决定受理之日起3日内制作《受理通知书》，发送申请人，并告知其权利义务；同时将《受理通知书》和监督申请书副本发送其他当事人，并告知其权利义务。未成年人检察部门对案件是否符合监督条件以及采用何种监督方式监督进行实质审查；如果未成年人检察部门发现案件不符合受理条件，应当依法作出终结审查的决定。

3. 未成年人民事检察的调查取证程序

在调查取证方面，如果检察机关发现，民事判决、裁定、调解书可能存在法律规

---

[1] 吴光升：《核准追诉低龄未成年人刑事责任的程序定位及其重要展开》，载《政治与法律》2022年第1期。

定需要监督的情形,仅通过阅卷及审查现有材料难以认定;或者发现民事审判程序中审判人员可能存在违法行为、民事执行活动可能存在违法情形以及其他需要调查核实的情形的,可以向当事人或者案外人调查核实有关情况。具体可以采取以下调查措施:查询、调取、复制相关证据材料;询问当事人或者案外人;咨询专业人员、相关部门或者行业协会等对专门问题的意见;委托鉴定、评估、审计;勘验物证、现场;查明案件事实所需要采取的其他措施。需要注意的是,人民检察院调查核实,不得采取限制人身自由和查封、扣押、冻结财产等强制性措施。人民检察院可以就专门性问题书面或者口头咨询有关专业人员、相关部门或者行业协会的意见。口头咨询的,应当制作笔录,由接受咨询的专业人员签名或者盖章;拒绝签名盖章的,应当记明情况。人民检察院对专门性问题认为需要鉴定、评估、审计的,可以委托具备资格的机构进行鉴定、评估、审计;不过对于在诉讼过程中已经进行过鉴定、评估、审计的,一般不再委托鉴定、评估、审计。人民检察院认为确有必要的,可以勘验物证或者现场。勘验人应当出示人民检察院的证件,并邀请当地基层组织或者当事人所在单位派人参加;当事人或者当事人的成年家属应当到场,拒不到场的,不影响勘验的进行;勘验人应当将勘验情况和结果制作笔录,由勘验人、当事人和被邀参加人签名或者盖章。在调查核实的决定程序方面,由承办检察官在职权范围内决定,或者报检察长决定,并由二人以上共同进行。调查核实完成后应制作调查笔录,调查笔录经被调查人校阅后,由调查人、被调查人签名或者盖章;被调查人拒绝签名盖章的,应当记明情况。

人民检察院针对提交的民事案件法律监督申请,在调查研判的基础上经分析研判作出决定:一是向同级人民法院提出再审检察建议;二是提请上一级人民检察院抗诉;三是作出不支持监督申请的决定。其中,对于人民检察院提出抗诉的案件,人民法院再审时,人民检察院应当派员出席法庭,必要时可以协调人民法院安排人民监督员旁听。检察人员出席再审法庭的任务是:宣读抗诉书;对人民检察院调查取得的证据予以出示和说明;庭审结束时,经审判长许可,可以发表法律监督意见;对法庭审理中违反诉讼程序的情况予以记录。检察人员发现庭审活动违法的,应当待休庭或者庭审结束之后,以人民检察院的名义提出检察建议;出庭检察人员应当全程参加庭审。

(二) 未成年人行政检察的程序

一般通过以下途径发现涉未成年人合法权益的行政检察监督案件:一是检察机关在履职中发现;二是未成年人当事人、法定代理人及其他知情人员的控告、申诉和举报;三是党委、政府、人大、政协、团委、妇联、村委会、居委会、学校等单位转交或者移送、请求;四是网络、新闻媒体或其他自媒体反映;五是其他合法渠道。在申请范围方面,如果当事人认为人民法院驳回再审申请或者逾期未对再审申请作出裁定,当事人对已经发生法律效力的行政判决、裁定、调解书,认为确有错误,或者认为再审行政判决、裁定确有错误,或者认为行政审判程序中审判人员存在违法行为,或者认为人民法院行政案件执行活动存在违法情形,可以向人民检察院申请监督。在申请期限方面,如果是针对前两项事实申请监督,应当在人民法院送达驳回再审申请裁定之日或者再审判决、裁定发生法律效力之日起 6 个月内提出；特别情形下，应当在知道或者应当知道之日起 6 个月内提出。对人民法院逾期未对再审申请作出裁定的，应当在再审申请审查期限届满之日起 6 个月内提出。

当事人申请监督同时符合法律规定的相关条件的，人民检察院应当受理；若存在特定情形，[1]则不予受理。如果人民检察院发现，行政案件损害国家利益或者社会公共利益，或者审判人员、执行人员审理和执行行政案件时有贪污受贿、徇私舞弊、枉法裁判等行为，或者依照有关规定需要人民检察院跟进监督，或者人民检察院作出的不支持监督申请决定确有错误，以及其他确有必要进行监督的情形，应当依职权监督。在调查核实方面，有下列情形之一的，人民检察院可以向当事人或者案外人调查核实有关情况：一是行政判决、裁定、调解书可能存在法律规定需要监督的情形，仅通过阅卷及审查现有材料难以认定的；二是行政审判程序中审判人员可能存在违法行为的；三是人民法院行政案件执行活动可能存在违法情形的；四是被诉行政行为及相关行政行为可能违法的；五是行政相对人、权利人合法权益未得到依法实现的；六是其他需要调查核实的情形。需要注意的是，人民检察院不得为证明行政行为的合法性调取行政机关作出行政行为时未收集的证据；如果人民检察院发现通过阅卷以及调查核实难以认定有关事实的，可以听取人民法院相关审判、执行人员的意见，全面了解案件审判、执行的相关事实和理由。

人民检察院应当根据具体情况判断案件是否属于"认定事实的主要证据不足""适用法律、法规确有错误""违反法律规定的诉讼程序，可能影响公正审判""审判组织的组成不合法""违反法律规定，剥夺当事人辩论权"。对于不同情况，人民检察院应当依法作出以下决定：一是向同级人民法院提出再审检察建议；二是提出抗诉或者提请其他监督；三是提请上一级人民检察院抗诉；四是提出检察建议；五是不支持监督申请；六是终结审查。

（三）未成年人公益诉讼检察的程序

公益诉讼案件线索的来源包括六个方面：自然人、法人和非法人组织向人民检察院控告、举报；人民检察院在办案中发现；行政执法信息共享平台上发现；国家机关、社会团体和人大代表、政协委员等转交的；新闻媒体、社会舆论等反映；其他在履行职责中发现的。人民检察院对公益诉讼案件线索实行统一登记备案管理制度。重大案件线索应当向上一级人民检察院备案；人民检察院其他部门发现公益诉讼案件线索的，

---

[1] 特定情形包括：①当事人对生效行政判决、裁定、调解书未向人民法院申请再审的；②当事人申请再审超过法律规定的期限的；③人民法院在法定期限内正在对再审申请进行审查的；④人民法院已经裁定再审且尚未审结的；⑤人民检察院已经审查终结作出决定的；⑥行政判决、裁定、调解书是人民法院根据人民检察院的抗诉或者再审检察建议再审后作出的；⑦申请监督超过本规则第 20 条规定的期限的；⑧根据法律规定可以对人民法院的执行活动提出异议、申请复议或者提起诉讼，当事人、利害关系人、案外人没有提出异议、申请复议或者提起诉讼的，但有正当理由或者人民检察院依职权监督的除外；⑨当事人提出有关执行的异议、申请复议、申诉或者提起诉讼后，人民法院已经受理并正在审查处理的，但超过法定期限未作出处理的除外；⑩其他不应当受理的情形。

应当将有关材料及时移送负责公益诉讼检察的部门；如果发现公益诉讼案件线索不属于本院管辖的，应当制作《移送案件线索通知书》，移送有管辖权的同级人民检察院，受移送的人民检察院应当受理；受移送的人民检察院认为不属于本院管辖的，应当报告上级人民检察院，不得自行退回原移送线索的人民检察院或者移送其他人民检察院；如果发现公益诉讼案件线索属于上级人民检察院管辖的，应当制作《报请移送案件线索意见书》，报请移送上级人民检察院。

未成年人公益诉讼与公共利益判断规则紧密相关，考察未成年人公益诉讼立案调查范围的现状可以发现，在《未成年人保护法》第106条只是概括式规定受案原则的情况下，实践中检察机关主要依据规范性文件、指导性案例来具体确定办案领域。例如最高人民检察院《关于加强新时代未成年人检察工作的意见》规定："对食品药品安全、产品质量、烟酒销售、文化宣传、网络信息传播以及其他领域侵害众多未成年人合法权益的，结合实际需要，积极、稳妥开展公益诉讼工作。"最高人民检察院第35批指导性案例就侵害儿童个人信息、未成年人文身、无证办学、网吧违规接纳未成年人等领域开展公益诉讼及综合保护工作给予指导和参考。

在案件调查方面，人民检察院应当依法、客观、全面调查收集证据。办理公益诉讼案件时，人民检察院可以采取以下方式开展调查和收集证据：查阅、调取、复制有关执法、诉讼卷宗材料等；询问行政机关工作人员、违法行为人以及行政相对人、利害关系人、证人等；向有关单位和个人收集书证、物证、视听资料、电子数据等证据；咨询专业人员、相关部门或者行业协会等对专门问题的意见；委托鉴定、评估、审计、检验、检测、翻译；勘验物证、现场；其他必要的调查方式。需要注意的是，人民检察院开展调查和收集证据不得采取限制人身自由或者查封、扣押、冻结财产等强制性措施。在调查人数方面，应当由2名以上检察人员共同进行，且询问应当个别进行。检察官可以组织司法警察、检察技术人员参加，必要时可以指派或者聘请其他具有专门知识的人参与；根据案件实际情况，也可以商请相关单位协助进行；在调查收集证据过程中，检察人员可以依照有关规定使用执法记录仪、自动检测仪等办案设备和无人机航拍、卫星遥感等技术手段。

人民检察院对于符合起诉条件的公益诉讼案件，应当依法向人民法院提起诉讼。在审查期限方面，办理行政公益诉讼案件，审查起诉期限为1个月，自检察建议整改期满之日起计算；办理民事公益诉讼案件，审查起诉期限为3个月，自公告期满之日起计算；移送其他人民检察院起诉的，受移送的人民检察院审查起诉期限自收到案件之日起计算。对于重大、疑难、复杂案件需要延长审查起诉期限的，行政公益诉讼案件经检察长批准后可以延长1个月，还需要延长的，报上一级人民检察院批准，上一级人民检察院认为已经符合起诉条件的，可以依法指定本辖区内其他人民检察院提起诉讼；民事公益诉讼案件经检察长批准后可以延长1个月，还需要延长的，报上一级人民检察院批准。

人民检察院应当在收到人民法院第一审公益诉讼判决书、裁定书后3日内报送上一级人民检察院备案。人民检察院认为第一审公益诉讼判决、裁定确有错误的，应当提出上诉。提出上诉的，由提起诉讼的人民检察院决定。上一级人民检察院应当同步审查进行指导。最高人民检察院发现各级人民法院、上级人民检察院发现下级人民法院已经发生法律效力的公益诉讼判决、裁定确有错误，损害国家利益或者社会公共利益的，应当依法提出抗诉。人民法院决定开庭审理的公益诉讼再审案件，与人民法院对应的同级人民检察院应当派员出席法庭。人民检察院发现人民法院公益诉讼审判程序违反法律规定，或者审判人员有《法官法》第46条规定的违法行为，可能影响案件公正审判、执行的，或者人民法院在公益诉讼案件判决生效后不依法移送执行或者执行活动违反法律规定的，应当依法向同级人民法院提出检察建议。

第八章
控告申诉检察

第一节 控告申诉检察概述

一、控告申诉检察的相关概念

控告申诉检察,简单来说就是检察机关对相关控告、申诉实施法律监督的职能和业务,是检察机关法律监督体系的重要组成部分,也是回应人民群众新期待新要求的桥梁和纽带。因为涉及最重要的两大业务内容即控告与申诉,故有必要对"控告"和"申诉"进行一定的解释。

控告由"控"和"告"组成,控者,引也。告即告诉,报告,陈述,解说。根据现代汉语词典的解释,控告是指向国家机关、司法机关告发(违法失职或犯罪的个人或集体)。更为规范化的表达应该是,向司法机关揭发犯罪分子及其犯罪事实,并要求依法处理的行为。与之相近的一词是"检举",即向司法机关或其他有关国家机关和组织揭发违法、犯罪行为。[1]控告和检举都是同犯罪行为作斗争的手段,区别在于:一是控告人是受犯罪行为侵害的人或其法定代理人;检举人一般与事件无直接牵连。二是控告是为保护自身的权益而要求依法处理;检举一般是出于义愤或为了维护公益而提出关于处理犯罪人的要求。[2]

申诉是由"申"和"诉"组成,申,即陈述,向上陈述,重复,再次说明。诉,即告诉,诉说,诉苦,叙说。申诉一词,古义是陈述冤屈,阐明理由,反复告诉。而现代意义上的申诉,则是指诉讼当事人或一般公民对已经生效的判决或裁定不服时,依法向司法机关提出重新审理的要求,或者公务员和政党、团体成员对所受处分不服时,向原机关或上级机关提出自己的意见。

在我国,控告、申诉、检举都是法律明确规定的公民权利。《宪法》第41条规定,

---

〔1〕 中国社会科学院语言研究所词典编辑室编:《现代汉语词典》(增补本),商务印书馆2002年版,第616页。除此之外还有举报一词,在国家监察体制改革之前举报工作是检察机关控告申诉检察部门的一种重要职能,随着监察体制改革完成,检察机关自侦职能的调整,举报工作大部分内容随之调整至监察机关。

〔2〕《法学词典》编辑委员会编:《法学词典》,上海辞书出版社1980年版,第620~621页。

中华人民共和国公民……对于任何国家机关和国家工作人员的违法失职行为，有向有关国家机关提出申诉、控告或者检举的权利，但是不得捏造歪曲事实进行诬告陷害。对于公民的申诉、控告或者检举，有关国家机关必须查清事实，负责处理。任何人不得压制和打击报复。……由此，宪法赋予公民申诉、控告和检举的权利。这些宪法性权利在刑事诉讼中成为司法性权利，具体体现为诉讼参与人等的控告权、申诉权。《人民检察院刑事诉讼规则》对于相关控告申诉及其审查处理问题进行了更进一步的细化，成为检察机关正确履职的直接参照和规程。如第161条规定："人民检察院负责控告申诉检察的部门统一接受报案、控告、举报、申诉和犯罪嫌疑人投案自首，并依法审查……"

需要注意的是，不同于宪法中的用语，《刑事诉讼法》和《人民检察院刑事诉讼规则》中几乎没有继续使用"检举"一词，[1] 而是转而使用了报案、举报等词，应当视为与检举同义使用。相应地，这些词便与控告属于相近意思，在相关条文中予以并列或选择性使用。至于区别，《刑事诉讼法》第110条规定，任何单位和个人发现有犯罪事实或者犯罪嫌疑人，有权利也有义务向公安机关、人民检察院或者人民法院报案或者举报。被害人对侵犯其人身、财产权利的犯罪事实或者犯罪嫌疑人，有权向公安机关、人民检察院或者人民法院报案或者控告。……从法律意义上区分了举报和控告，从实质意义上讲类似于上文中提到的控告与检举的区分。虽有区分，但作为控告申诉检察的业务内容，亦可以置于"控告"之下，相应地，在"控告申诉检察"这个意义上对于"控告"理解应该是更广义的。同样，在控告检察和申诉检察分立的语境下关于申诉的理解需要分为刑事申诉案件和其他申诉，申诉检察的业务范围仅限刑事申诉案件（甚至比刑事申诉的范围更窄），其他申诉则由控告检察及其他业务部门管辖。但在现行控告申诉检察合立的情况下这种区分仅具有内部意义，故不必过于严格区分。虽不做严格区分，但依然要明确并非所有的申诉均由控告申诉检察部门管辖。

虽然控告、申诉在很多法律规定中予以并列规定，检察机关也将控告检察与申诉检察合二为一为控告申诉检察，但需要明确的是，二者是两种不同性质的概念，虽有密切联系，但也有明显的区别。一是引起的法律程序和所处的程序阶段不同。控告一旦被受理，引起的法律程序是从立案开始按照规定的各个环节依次进行直到作出决定并执行的处理程序。申诉一旦被受理，引起的是审查复查程序，其中各个环节有可能是原处理程序各个环节的一次重复，也有可能是从中间某个环节向下进行。控告与申诉虽然同是程序内容，但阶段不同。控告是案件处理之初设立的立案程序内容，是案件的原处理阶段。申诉则是发生在案件已被处理之后，是审查复查程序内容，处在对案件重新处理的复查阶段。二是主体不完全一致。控告人有可能变成某一案件的申诉人，即存在着主体一致的情况，但并非始终一致。最突出的不一致是，申诉人有可能是被告人、嫌疑人。控告人不会是被告人。如果控告人是作案人的话，他可能会嫁祸

---

[1]《人民检察院刑事诉讼规则》仅在第258条"……犯罪嫌疑人检举揭发他人犯罪的，应当予以记录，并依照有关规定移送有关机关、部门处理……"中使用了"检举"一词。

于别人进行控告、检举，在案件被查清后成为被告人，其身份实际上始终是被告人，而不是控告人、检举人。三是引起的法律后果不同。控告引起的法律后果是有关机关对案件作出处理，一般表现为追究相对人的法律责任或纪律责任或者不予追究。申诉是引起对案件的重新处理，法律后果可能是维持原处理决定，纠正或者部分纠正原处理决定。

除此之外，还有信访一词，《人民检察院信访工作规定》规定，信访是指信访人采用书信、电子邮件、传真、电话、走访等形式，向人民检察院反映情况，提出建议、意见或者控告、举报和申诉，依法由人民检察院处理的活动。"信访"一词本意为"来信"与"走访"，后逐渐形成一项公民政治参与活动，通过来信、走访等形式反映情况、提出意见建议等，各机关部门均涉及"信访问题"，由此各机关部门纷纷建立起信访部门或安排专人负责。《人民检察院信访工作规定》第12条规定，各级人民检察院应当设立控告申诉检察部门负责信访工作。人员较少的县级人民检察院应当确定负责信访工作的机构或者专职人员。所以从内容性质上来看，信访为控告、申诉、检举、意见等，从形式上来看控告、申诉等又以信访形式展现出来。

所以，具体的程序是权利人行使相应的控告权、申诉权等，即向检察机关提出控告、申诉，检察机关基于法律监督机关的定位受理并办理这些事项即为控告申诉检察，这项职能和权属就是控告申诉检察权，也是检察权的重要组成部分。

二、控告申诉检察的分合历史

加强监督，是检察机关在国家政治、社会生活中履行宪法和法律职责的主要体现，也是保证司法公正全面实现有法必依、执法必严、违法必究的社会主义法制原则的必然要求。检察机关的内部机构设置必须清醒地认识到法律监督的根本目的在于保证国家法律的正确实施，保障司法公正，遏制司法腐败，推进公正执法。[1]作为检察机关内部具体承担控告申诉法律监督职能的部门，申诉检察部门也随着时代发展不同背景下的内设机构改革经历了不同时期的变化。

有学者指出，新中国成立以来，我国检察机关内部机构设置，经历了苏维埃时期的雏形、新中国成立初期的初建、1978年检察机关恢复重建至1983年内部机构的进一步发展和规范、1983年至2000年内部机构调整、2000年至2003年检察机关集中改革内部机构设置，以及2003年以来至今各地不断探索规范设置内部机构等几个阶段。[2]及至2014年实际开启了新的阶段，从2014年中央确定了试点省市的司法体制改革方案后，部分检察院试点重新整合了内部机构，2016年全面推开，至2018年12月，最高人民检察院率先开展内设机构改革，自上而下推动检察机关内部组织机构实现系统性、

---

[1] 冯中华：《我国检察机关内部机构设置改革研究》，载《青海师范大学学报（哲学社会科学版）》2005年第3期。

[2] 向泽选：《检察机关的机构设置与检察权配置》，载《河南社会科学》2012年第5期。

整体性调整。控告申诉检察作为检察机关一项重要业务,在内设机构改革中经历了不同的部门管辖的变化。

早在1931年,中华苏维埃共和国成立后,仿效当时苏联体制,建立了各级工农检察部。根据《工农检察部的组织条例》和《工农检察部控告局的组织纲要》的规定,各级工农检察部或科之下,设立控告局。各级控告局是接受群众对苏维埃政府机关和经济机关及其工作人员控告的部门。新中国成立后,根据《政务院关于处理人民来信和接见人民工作的决定》,最高人民检察署于1953年8月,在办公厅下设人民意见处理组,负责群众来信工作,于1954年11月23日在办公厅下设控诉组,负责接待来访人民群众,答复群众来信,控诉案件受理、转办、催办等事项。经历特殊历史时期后,检察机关恢复重建,最高人民检察院于1978年8月份设立信访厅,主管机关、事业单位、社会团体和公民的控告、申诉、揭发违法犯罪的案件。这一时期,接收群众来信,平反冤假错案,拨乱反正成为检察机关的主要工作。1978年至1988年的十年间,全国检察机关共受理群众控告、申诉1120多万件,平反、纠正冤、假、错案43.3万多件。检察机关的法律监督职能得到具体落实和体现,检察信访工作上升到法律监督层面的必然性也初见端倪。随工作形势需要,最高人民检察院信访厅于1987年更名为控告申诉检察厅。2000年7月至9月,最高人民检察院实行内部机构改革,控告申诉检察厅正式分为控告检察厅和刑事申诉检察厅。根据最高人民检察院设置的控告检察厅的部门职责包括如下几个方面:负责对全国检察机关控告和举报工作的指导;受理公民的报案、举报和控告;对举报线索进行分流,对检察机关管辖的性质不明、难以归口处理的举报案件线索进行初查;综合反映控告和举报情况;研究、制定控告和举报工作细则、规定。刑事申诉检察厅(简称"申诉检察厅")的部门职责包括:负责对全国检察机关刑事申诉、刑事赔偿工作的指导;受理公民的刑事申诉;受理服刑罪犯及其法定代理人、近亲属的申诉;依法查处检察机关管辖的刑事申诉案件,督促检查有关部门查报结果;综合反映刑事申诉和刑事赔偿工作情况;承办检察机关的刑事赔偿事项;研究、制定刑事申诉、刑事赔偿工作细则、规定。当然各地检察机关并不尽然将两项业务分开,依然有些地区是保持了控告申诉检察部门的设置。

而在最近一轮检察机关内设机构改革中,一些地方试点的大部制改革对于控告申诉检察的设置提供了一些有益的尝试。其中控告申诉检察业务归属部门各有不同,如吉林省基层检察院实施的"九部一委制",即职务犯罪监察部、刑事检察部、控告申诉和刑事执行检察部、民事检察部、行政检察部、政治部、检务管理部、检务保障部、监察部和机关党委,其中将控告申诉检察科和监所监察科合并后成立了控告申诉和刑事执行检察部;湖北省宜昌、黄石等13个基层检察院和广东深圳市检察院以"诉讼职能和诉讼监督职能适当分离、案件办理和案件管理适当分离"为原则实施"五部制",即批捕公诉部、职务犯罪侦查部、诉讼监督部、案件管理部和综合管理部等五个工作机构,将原控告申诉检察科、案件管理中心、人民监督员办公室和法警队的案件职能整合组建为案件管理部;重庆渝中区检察院的"三局二部一办"制,即刑事检察局、职务犯罪侦查局、诉讼监督局、政治部、事务部、检察长办公室，其中将监所检察科、民事行政检察科、控告申诉检察科归入诉讼监督局，等等。2016年7月18日至19日，全国司法体制改革推进会在长春召开，司法责任制改革全面推开，配套的内设机构改革、司法人员分类改革等也随之同步进行，由试点转为全面推行，但各地依然做法不一，如北京市检察机关将控告申诉检察拆分，将其中刑事申诉检察中不服法院生效刑事裁判申诉业务与原二审监督业务合并成立刑事审判监督部，控告申诉检察其他业务与案件管理中心合并成立检察官管理监督部。

及至2018年底最高人民检察院内设机构改革完成，原控告检察厅和刑事申诉检察厅合并为第十检察厅（也可称为"控告申诉检察厅"），各地方检察机关逐步跟随最高人民检察院脚步再次成立控告申诉检察部门。这不仅是内设部门的变化，甚至给刑事申诉案件办理的部门管辖也带来了一些变化，特别是不服法院生效判决裁定案件的办理实现了审查与复查相分离的办案模式，具体笔者将在下文中进一步分析。

从整个部门的历史沿革看，控告检察工作主要历经：处理群众信访、纠正冤假错案，建立举报中心、依靠群众路线从受理的举报中拓展案源，为检察机关职务犯罪侦查工作服务并适当开展初查，积极维护社会稳定解决群众反映强烈的民生问题、集中开展处理涉检信访工作等。[1] 2014年修改后两大诉讼法（即《刑事诉讼法》和《民事诉讼法》）实施后，控告部门新增了四大项办案业务，包括对公检法三机关及其工作人员阻碍辩护人、诉讼代理人依法行使诉讼权利控告或申诉的审查办理、对本院办案中违法行为控告或申诉的审查办理、对自侦部门不立案举报线索的审查、民事监督案件的审查受理等四项，实现了由转到办的职能转变，控告部门办案工作量和工作难度进一步增加，其对内制约和对外监督的法律属性进一步强化。而申诉检察工作较为稳定，一直办理以纠正冤错案件为中心的刑事申诉案件，及至后来增加国家赔偿案件及救助案件的办理。

三、控告申诉检察权属与职能

从严格意义上讲，控告检察与申诉检察是不同的范畴，二者除了主体不完全一致、引起的法律程序和所处的程序阶段不同、引起的法律后果不同外，进一步表现在具体权属的不同。

以刑事诉讼活动为例，控告检察不像公诉那样以国家公诉人的立场追究犯罪，而是被动接受公民（法人）对侵害人身权利、财产权利、职务活动廉洁性的犯罪的控告、举报或自首，正如西方法谚所言"无控诉即无法官"，虽然具有启动诉讼的价值，但是否正当有待后续程序予以检验，其程序性意义高于实体性意义。

申诉检察，特指刑事申诉检察，是司法救济程序的重要环节，是维护司法公正和公民合法权益的最后屏障，承担着监督制约、权利救济、矛盾化解等多重职能，对于

---

[1] 张立东：《控告举报检察工作三十年》，载《检察日报》2008年6月27日。

维护人民合法权益、维护社会和谐稳定和社会公平正义具有重要作用。它不像侦查监督、公诉那样把对公安机关的侦查活动、法院的审判活动的法律监督贯穿于批准逮捕、提起公诉和出庭支持公诉过程中，而是在终局性的处理决定或生效裁判作出后的事后监督，尽管在本质上都是国家法律监督权的表现形式，但相较其他检察权具有从属性。就申诉审查、国家赔偿和司法救助等职能来说，申诉检察既要依法担当正当权利的庇护者，审慎对待申请人提供的证据材料，又应当对原判决或裁定的事实和适用法律进行全面复查，不受申诉或申请理由的限制，集权利救济与防冤纠错于一体，综合体现对权利的司法保障、对权力的司法监督等法律价值，相较于其他检察权更具中立性、客观性和公正性。

但总体来说，控告与申诉二者都属于直接面向人民群众的业务，控告申诉检察部门作为检察机关面向人民群众的"窗口"，是联结我们党和政府与人民群众的不可或缺的桥梁。所以，在以人民为中心的时代背景下，两者合并也符合时代要求和人民需要。从检察权运行角度二者也并非相互排斥，设置控申检察部门，并不是基于检察权的分解而得出的结论，它是为确保检察权的顺畅运行而设置的一个为相关业务机构行使职权准备素材，或者事后处理检察权的运行所产生的不良结果的一个保障性的业务机构，主要负责检察权运行前的控告、申诉、自首的受理和分流，以及检察权运行后产生的对检察机关处理决定不服的申诉和国家赔偿案件的审查办理。[1]

《最高人民检察院职能配置和内设机构设置》明确规定，第十检察厅（控告申诉检察部门）负责受理向最高人民检察院提出的控告和申诉，承办最高人民检察院管辖的国家赔偿案件和国家司法救助案件。但在实际工作中，随着改革的深入，控告申诉检察职责职能不断调整深化，现有方案已不能完全涵盖控告申诉检察工作的职责，需要重新审视和定位控告申诉检察职能。根据《人民检察院信访工作规定》《人民检察院办理群众来信工作规定》和《人民检察院办理刑事申诉案件规定》的相关规定，结合控告申诉检察部门的实际情况，现阶段控告申诉检察工作的主要职责是：处理来信来访，统一受理报案、控告、申诉和犯罪嫌疑人投案自首，办理有关控告和刑事申诉、国家赔偿和司法救助案件，进行法律宣传和咨询活动，保护公民、法人及其他单位的合法权益，促进司法公正，维护社会稳定。具体而言，控告申诉检察部门主要有以下职责职能：①统一受理来信，接待来访；②对所受理的信访事项、刑事民事行政申诉案件等，按照职责分工转送有关部门办理，或者根据有关规定自行办理；③向下级检察机关转送或者交办信访事项和刑事申诉、国家赔偿和司法救助案件，并进行督办，对下级检察机关提交的办结报告进行审查；④根据有关规定对信访事项进行初步调查；⑤对上级检察机关交办的信访事项、刑事申诉、国家赔偿和司法救助案件，进行转办和催办，或者根据有关规定自行办理，并将办理情况报告上级检察机关；⑥将信访事项、刑事申诉、国家赔偿和司法救助案件的办理情况书面答复或者告知信访人；⑦依据有

---

[1] 向泽选：《检察机关的机构设置与检察权配置》，载《河南社会科学》2012年第5期。

关规定做好化解矛盾、教育疏导及相关善后工作；⑧在工作中发现检察人员有违法违纪行为的，及时移送有关部门调查处理；⑨研究、分析控告申诉检察工作情况，开展调查研究，及时提出加强、改进工作和队伍建设的建议；⑩宣传法治，提供有关法律咨询；⑪指导下级检察机关的控告申诉检察工作。[1]

综上，控告申诉检察涉及业务事项复杂多样，集信访、控告、申诉、赔偿、救助于一体，不仅是检察机关的前沿窗口，也是检察机关对当事人合法权益进行救助的最后一道防线，还是检察机关自我监督的重要组成部分，更是检察机关依靠群众实施法律监督的重要体现，是具有中国特色的检察职能。[2]由此决定了承担如上职能的控告申诉检察部门是检察机关与人民群众联系最为密切的重要业务部门，在检察机关职能体系中承担着重要的职责，[3]也是中国特色社会主义检察体制的重要组成部分。

第二节 控告申诉检察的内容

根据上文中控告申诉检察的职能，控告申诉检察部门承担着群众信访事项、控告申诉案件、国家赔偿案件、司法救助案件的受理、审查、办理等工作。相应地，控告申诉检察的内容主要就是信访、控告、申诉、国家赔偿、司法救助等五部分。

一、信访

习近平总书记指出，信访工作是党的群众工作的重要平台，是送上门来的群众工作，强调要把信访工作当作密切党群关系的一项根本性措施。信访工作事关人民群众的操心事、烦心事、揪心事，反映群众的切身利益和根本关切。党中央、最高人民检察院坚持以人民为中心的发展思想，持续推动信访工作法治化，努力让人民群众在每一个司法案件中感受到公平正义。

（一）信访事项

根据《人民检察院信访工作规定》第3条规定，结合检察机关的实际情况，目前人民检察院依法处理的信访事项主要有：①不服人民检察院处理决定的申诉；②反映公安机关侦查活动存在违法行为的控告；③不服人民法院生效判决、裁定、调解书的申诉；④反映审判人员在审判活动中存在违法行为的控告；⑤反映刑事案件、民事行政案件的执行和监狱、看守所、社区矫正机构等的活动存在违法行为的控告；⑥反映检察机关违法违规办案或者检察人员违法违纪行为的控告；⑦公民、法人或者其他组织提出的国家赔偿申请；⑧刑事案件受害人及符合规定的当事人提出的符合规定的国家司法救助申请；⑨加强、改进检察工作和队伍建设的建议和意见；⑩其他依法应当

---

[1] 徐向春、王庆民：《新时代控告申诉检察工作面临的形势任务》，载《人民检察》2021年第9期。
[2] 韩建霞：《司法改革背景下控告检察部门司法属性再认识》，载《检察调研与指导》2017年第4期。
[3] 徐向春、王庆民：《新时代控告申诉检察工作面临的形势任务》，载《人民检察》2021年第9期。

由人民检察院处理的信访事项。同时,《人民检察院信访工作规定》第 12 条规定,各级人民检察院应当设立控告申诉检察部门负责信访工作。人员较少的县级人民检察院应当确定负责信访工作的机构或者专职人员。由是,控告申诉检察部门成为检察机关的信访部门。但控告申诉检察部门在其中的作用是接收和受理相关信访事项,涉及具体办理实际需要检察机关各部门的共同参与,毕竟信访只是形式,信访内容很广,涉及各种业务。

(二) 信访职责

根据《人民检察院信访工作规定》第 13 条规定,控告申诉检察部门在信访工作中的主要职责包括:①统一受理来信,接待来访;②对所受理的信访事项按照职责分工转送有关部门办理,或者根据有关规定自行办理;③向下级人民检察院转送或者交办信访事项,并进行督办,对下级人民检察院提交的办结报告进行审查;④根据有关规定对信访事项进行初步调查;⑤对上级机关交办的信访事项进行转办和催办,或者根据有关规定自行办理,并将办理情况报告上级机关;⑥对信访事项的办理情况书面答复或者告知信访人;⑦依据有关规定做好化解矛盾、教育疏导工作及相关善后工作;⑧在信访工作中发现检察人员有违法违纪行为的,及时移送有关部门调查处理;⑨研究、分析信访情况,开展调查研究,及时提出加强、改进检察工作和队伍建设的建议;⑩宣传法制,提供有关法律咨询;⑪指导下级人民检察院的信访工作。

控告申诉检察部门从接收信访开始,之后是分流处理,接收工作任务繁重,并且处于矛盾的最前沿。2013 年,检察机关接收信访总量由 2012 年的 42.6 万件激增至 83.1 万件,之后都保持在年均 100 万件左右,之所以信访总量陡增与一项改革密切相关。2013 年初的全国政法工作会议把涉法涉诉信访工作机制改革确定为政法系统的重点改革之一,至当年 10 月已经在全国推开,群众到党政信访部门反映涉法涉诉信访问题的少了,选择司法渠道进行申诉的多了,涉法涉诉信访依法导入司法程序。涉法涉诉信访事项是党的十八大以来,尤其是司法责任制改革以来,司法机关重点解决的问题。2023 年,党中央、最高人民检察院在全国范围内推动信访工作法治化,要求检察机关进一步从预防、受理、办理、监督追责、维护秩序等环节推动检察信访工作法治化,通俗地讲,就是明确案件谁负责办理的问题。涉法涉诉信访事项改革过程中,先后实行的诉访分离制度、涉法涉诉信访事项导入司法程序机制、依法按程序办理制度、涉法涉诉信访依法终结制度、国家司法救助制度等,就是解决案件由谁办理的问题。化解信访矛盾也绝不只是控申检察部门的责任,所有检察业务部门都要树立实质性化解理念,在检察办案各环节,推动矛盾纠纷法治化实质性化解。

(三) 信访形式

信访的形式主要有信、访、网、电等形式。其中群众来信及其办理在检察机关信访工作中具有重要地位。群众来信,是人民群众向检察机关反映问题的最为传统、最为基本的申诉信访方式。关于办理群众来信,2007 年实施的《人民检察院信访工作规定》设置了一些基本条款,但无论是规范程度还是工作标准,随着时代发展都已经不能适应现在办理群众来信工作的要求。因此，最高人民检察院于2019年3月启动《人民检察院办理群众来信工作规定》的起草工作，形成稿件后，先后征求了最高人民检察院各内设机构、省级检察院、信访工作领导小组成员的意见，经最高人民检察院第十三届检察委员会第二十一次会议审议通过后予以印发，其中最重要的内容即"群众来信件件有回复"制度。

2019年检察机关开始推行的群众信访"件件有回复"制度。最高人民检察院时任检察长张军在2019年全国"两会"上庄严承诺，建立7日内程序回复、3个月内办理过程或结果答复制度。该制度是新时代控告申诉检察主动适应我国社会主要矛盾变化、落实以人民为中心的发展思想、满足人民群众司法需求、让人民群众共享实实在在的获得感、幸福感、安全感的政治责任，是坚持创新发展新时代"枫桥经验"、积极妥善化解检察环节信访矛盾纠纷、促进提升信访法治化水平、维护社会稳定和国家长治久安的必然要求，是规范检察窗口业务职能、提升司法办案水平、改进工作作风、树立检察机关良好形象的重要举措，是一项政治性很强的检察业务工作，也是一项业务性很强的政治工作。现在7日内程序回复、3个月内办理过程或结果答复制度已经被写入《人民检察院刑事诉讼规则》，成为一项重要的检察为民工作制度。

除了来信，接访工作也是控告申诉检察部门的一项重要工作，需要直面信访群众。有人总结接访工作具有以下几个方面的特点：一是体现沟通的艺术性。接访工作涉及谈什么、怎么谈、用什么方式谈以及接访的效果等问题。二是具有一定的风险隐患。在面对面沟通中，可能会出现缠闹、自杀自残、暴力伤人等极端事件和网络舆情炒作，需要依法及时妥善处置。三是距离矛盾化解最近。在没有见到信访人、没有做信访人工作的情况下，化解矛盾是不可思议的，也是不可复制借鉴的，更多的是经多次接访、反复做工作，才有可能促使矛盾化解，所以说接访工作是矛盾得以真正化解的不可缺少的环节。四是个体差异性较大。一方面是信访人个体差异，受年龄、职业、家庭、文化、地域等因素影响，表现出不同情状；另一方面是接访检察官个体差异，受司法理念、司法习惯、司法伦理等影响，也是形态各异。因此，在信、访、网、电四种信访渠道中，接访工作是最需要讲求情怀、讲求技巧、讲求能力的工作，否则，不可能做好信访接待工作。[1]

除此之外，网络、电话信访数量也越来越多。2017年，检察机关开通网上信访大厅，2019年"12309中国检察网"上线；2020年"检访通"信息系统开通，群众可以通过网站、公众号、App等渠道向检察机关反映诉求并在线查询办理过程和结果。[2]

近年来，检察机关硬件软件两手抓，整合来信、来访、电话、网络等诉求表达渠道，推进集控告、举报、申诉、投诉、咨询、查询于一体的12309检察服务中心综合性受理平台建设。并创设了多项良好的工作制度，如坚持检察长接待群众来访和阅批

---

[1] 陈国庆等主编：《控告申诉检察业务》，中国检察出版社2022年版，第55页。
[2] 闫晶晶：《控告申诉检察的"变"与"不变"》，载《检察日报》2021年10月22日。

群众来信制度，健全带案下访、巡回接访、联合接访制度，依法及时受理解决群众诉求。同时，高度重视新闻媒体反映的检察信访问题以及微信、微博、QQ群等网络媒体对检察信访工作的作用和影响，认真处理、及时回应相关检察信访舆情。

二、控告

如上文所言，控告权是公民的基本权利之一，也是对国家机关及其工作人员的一项重要监督权利，具体到诉讼中，其是公民维护诉讼权利的重要途径和手段。从狭义角度而言，控告权一般与刑事案件和刑事诉讼程序有关，这里所指的控告案件即是狭义上的刑事控告权引发的案件，即因公安机关、人民法院和人民检察院及其工作人员违法或不当行使刑事方面的职权致公民合法权益受到侵害而引发的案件。[1]

（一）阻碍辩护人、诉讼代理人依法行使诉讼权利案件

刑事诉讼中，辩护权是当事人最基本的诉讼权利，保护辩护人、诉讼代理人的诉讼权利就是保障当事人的合法权益，对于实现控辩双方平衡和维护司法公正具有重要的现实意义。因此，《刑事诉讼法》规定，辩护人、诉讼代理人认为公安机关、检察机关、法院及其工作人员阻碍其依法行使诉讼权利的，可以向同级或上一级检察院控告申诉。自2012年《刑事诉讼法》增加上述控告权后，相应的《人民检察院刑事诉讼规则》即明确由各级人民检察院控告申诉检察部门负责受理。

《人民检察院刑事诉讼规则》第57条规定，辩护人、诉讼代理人认为公安机关、人民检察院、人民法院及其工作人员具有下列阻碍其依法行使诉讼权利行为之一，向同级或者上一级人民检察院申诉或者控告的，人民检察院负责控告申诉检察的部门应当接受并依法办理，其他办案部门应当予以配合：①违反规定，对辩护人、诉讼代理人提出的回避要求不予受理或者对不予回避决定不服的复议申请不予受理的；②未依法告知犯罪嫌疑人、被告人有权委托辩护人的；③未转达在押或者被监视居住的犯罪嫌疑人、被告人委托辩护人的要求或者未转交其申请法律援助材料的；④应当通知而不通知法律援助机构为符合条件的犯罪嫌疑人、被告人或者被申请强制医疗的人指派律师提供辩护或者法律援助的；⑤在规定时间内不受理、不答复辩护人提出的变更强制措施申请或者解除强制措施要求的；⑥未依法告知辩护律师犯罪嫌疑人涉嫌的罪名和案件有关情况的；⑦违法限制辩护律师同在押、被监视居住的犯罪嫌疑人、被告人会见和通信的；⑧违法不允许辩护律师查阅、摘抄、复制本案的案卷材料的；⑨违法限制辩护律师收集、核实有关证据材料的；⑩没有正当理由不同意辩护律师收集、调取证据或者通知证人出庭作证的申请，或者不答复、不说明理由的；⑪未依法提交证明犯罪嫌疑人、被告人无罪或者罪轻的证据材料的；⑫未依法听取辩护人、诉讼代理人意见的；⑬未依法将开庭的时间、地点及时通知辩护人、诉讼代理人的；⑭未依法向辩护人、诉讼代理人及时送达本案的法律文书或者及时告知案件移送情况的；⑮阻

---

[1] 陈国庆等主编：《控告申诉检察业务》，中国检察出版社2022年版，第107页。

碍辩护人、诉讼代理人在法庭审理过程中依法行使诉讼权利的；⑯其他阻碍辩护人、诉讼代理人依法行使诉讼权利的。对于直接向上一级人民检察院申诉或者控告的，上一级人民检察院可以交下级人民检察院办理，也可以直接办理。辩护人、诉讼代理人认为看守所及其工作人员有阻碍其依法行使诉讼权利的行为，向人民检察院申诉或者控告的，由负责刑事执行检察的部门接受并依法办理；其他办案部门收到申诉或者控告的，应当及时移送负责刑事执行检察的部门。

（二）刑事立案监督案件

立案是我国刑事诉讼程序中独立的诉讼阶段，是刑事诉讼的主要启动方式，是涉案当事人进入刑事诉讼程序成为犯罪嫌疑人，侦查机关正式开始侦查行为的程序前提和依据。《刑事诉讼法》第109条规定："公安机关或者人民检察院发现犯罪事实或者犯罪嫌疑人，应当按照管辖范围，立案侦查。"同时，《刑事诉讼法》等法律、司法解释明确规定了检察机关对于刑事立案主体的立案活动进行法律监督，刑事立案监督是检察机关法律监督职能的组成部分，承担着规范刑事立案程序的重要职责，监督对象主要是公安机关，同时，行使侦查权的国家安全机关、监狱、检察院侦查部门等也可以作为监督对象。检察机关应当依法监督纠正刑事立案主体应当立案而不立案和不应当立案而立案等违法行为，保障和促进刑事立案主体正确行使立案权，有效惩治犯罪，积极维护涉案当事人的合法权益。

刑事立案监督有着较为全面和系统的法律及规范性依据。首先，《宪法》第134条"中华人民共和国人民检察院是国家的法律监督机关"，第140条"人民法院、人民检察院和公安机关办理刑事案件，应当分工负责，互相配合，互相制约，以保证准确有效地执行法律"的规定是构建我国刑事立案监督具体制度的最根本依据和源头性规定。《刑事诉讼法》第7条、第8条、第112条、第113条是检察机关依法享有刑事立案监督权的基本法律依据，其中第113条规定："人民检察院认为公安机关对应当立案侦查的案件而不立案侦查的，或者被害人认为公安机关对应当立案侦查的案件而不立案侦查，向人民检察院提出的，人民检察院应当要求公安机关说明不立案的理由。人民检察院认为公安机关不立案理由不能成立的，应当通知公安机关立案，公安机关接到通知后应当立案。"这些条文构成了我国刑事立案监督制度的基本体系和具体职权，为检察机关开展立案监督工作，制止和纠正在刑事立案环节出现的违法情形提供了直接法律依据。《人民检察院刑事诉讼规则》直接将"刑事立案监督"作为一节，用10个条文对检察机关立案监督工作进行了规范，明确了监督的内容、对象、范围、程序、方式、期限、案件来源、效力等重要问题，是检察机关开展立案监督工作的操作规范。最高人民检察院印发了《人民检察院立案监督工作问题解答》《侦查监督部门实施刑事诉讼法若干问答》等，联合公安部制发《关于刑事立案监督有关问题的规定（试行）》《关于公安机关办理经济犯罪案件的若干规定》，会同最高人民法院、公安部、国家安全部、司法部、全国人大常委会法制工作委员会制定《关于实施刑事诉讼法若干问题的规定》，会同有关中央部委下发文件，建立行政执法与刑事司法衔接工作机制，如国务院法制办、中央纪委、最高人民法院、最高人民检察院、公安部、国家安全部、司法部、人力资源和社会保障部制定的《关于加强行政执法与刑事司法衔接工作的意见》，国家工商行政管理总局、公安部、最高人民检察院制定的《关于加强工商行政执法与刑事司法衔接配合工作若干问题的意见》，国家食品药品监督管理总局、公安部、最高人民法院、最高人民检察院、国务院食品安全办制定的《食品药品行政执法与刑事司法衔接工作办法》等，另有《行政执法机关移送涉嫌犯罪案件的规定》《公安机关办理刑事案件程序规定》等也对检察机关刑事立案监督作了相应规定。

根据上述规定，刑事立案监督主要是对公安机关立案活动的监督，同时也包括对检察机关等刑事立案主体立案活动的监督，立案监督主要有以下三种情形：

第一，消极立案，即应当立案侦查而不立案侦查的情形。根据《刑事诉讼法》第113条和《人民检察院刑事诉讼规则》第557条第1款的规定，被害人及其法定代理人、近亲属或者行政执法机关，认为公安机关对其控告或者移送的案件应当立案侦查而不立案侦查，向检察机关提出的，检察机关应当受理并进行审查。这类案件主要是指对于符合立案条件的案件，公安机关出于对事实证据、法律适用存在理解分歧，甚或极个别办案人员徇私枉法、以权谋私等原因而对单位和个人的报案、控告、举报不予立案、直接作行政处理等。还有，根据最高人民法院《关于适用〈中华人民共和国刑事诉讼法〉的解释》第1条第2项规定，对于人民检察院没有提起公诉，被害人有证据证明的轻微刑事案件，被害人直接向人民法院起诉的，人民法院应当依法受理；对于其中证据不足，可以由公安机关受理的，或者认为对被告人可能判处3年有期徒刑以上刑罚的，应当告知被害人向公安机关报案，或者移送公安机关立案侦查。对此种情况的案件，如果被害人及其法定代理人、近亲属反映公安机关应当立案侦查而不立案侦查的，也属于检察机关刑事立案监督的范围。另外，根据2019年《人民检察院刑事诉讼规则》第557条第3款规定，检察机关接到控告、举报或者发现行政执法机关不移送涉嫌犯罪案件的，经检察长批准，应当向行政执法机关提出检察意见，要求其按照管辖规定向公安机关移送涉嫌犯罪案件。即检察机关对于行政执法机关应当移送而不移送的案件，也应当进行法律监督。根据《刑事诉讼法》第19条第2款规定："人民检察院在对诉讼活动实行法律监督中发现的司法工作人员利用职权实施的非法拘禁、刑讯逼供、非法搜查等侵犯公民权利、损害司法公正的犯罪，可以由人民检察院立案侦查。对于公安机关管辖的国家机关工作人员利用职权实施的重大犯罪案件，需要由人民检察院直接受理的时候，经省级以上人民检察院决定，可以由人民检察院立案侦查。"同时，《刑事诉讼法》第112条规定，检察机关对于报案、控告、举报和自首的材料，应当按照管辖范围，迅速进行审查，认为没有犯罪事实，或者犯罪事实显著轻微，不需要追究刑事责任的时候，不予立案，并且将不立案的原因通知控告人；控告人如果不服，可以申请复议。2019年《人民检察院刑事诉讼规则》第173条对该项内容作了进一步细化，该条第1、2款规定："对于控告和实名举报，决定不予立案的，应当制作不立案通知书，写明案由和案件来源、决定不立案的原因和法律依据，由负责侦查的部门在十五日以内送达控告人、举报人，同时告知本院负责控告申诉检察的部门。控告人如果不服，可以在收到不立案通知书后十日以内向上一级人民检察院申请复议。不立案的复议，由上一级人民检察院负责侦查的部门审查办理。"即控告人、举报人认为检察机关应当立案侦查的案件而不立案的，可以向上一级人民检察院申请复议，上一级人民检察院控告申诉检察部门受理复议申请后，应当及时移送本院侦查部门审查办理。

第二，违法立案，即不应当立案而立案的情形。根据《人民检察院刑事诉讼规则》第557条第1款的规定，当事人认为公安机关不应当立案而立案，向检察机关提出的，检察机关应当受理并进行审查。这类案件是指公安机关对于不符合立案条件的案件予以立案侦查，导致国家追诉权的滥用，对公民合法权益造成危害。根据规定，插手经济纠纷、报复陷害、敲诈勒索、谋取非法利益等四种严重违法立案情形，是该类案件的监督重点。除此之外，其他明显违反法律规定予以刑事立案的情形，如没有证据证明有犯罪事实发生或虽有犯罪事实发生但不是犯罪嫌疑人所为，公安机关仍予以立案的，或者对明显不构成犯罪或者依法不应追究刑事责任的人立案的，也应当进行立案监督。《人民检察院刑事诉讼规则》第366条规定："负责捕诉的部门对于本院负责侦查的部门移送起诉的案件，发现具有本规则第三百六十五条第一款规定情形的，应当退回本院负责侦查的部门，建议撤销案件。"据此，司法实务中，如果犯罪嫌疑人及其辩护人认为检察机关不应当立案而立案，向检察机关提出申诉、控告的，控告申诉检察部门应当受理，并根据事实和法律进行审查，认为需要侦查部门说明立案理由的，应当及时移送本院刑事检察部门办理。

第三，拖延立案，即在规定期限内不作出是否立案决定的情形。根据《人民检察院刑事诉讼规则》第562条规定，公安机关对当事人的报案、控告、举报或者行政执法机关移送的涉嫌犯罪案件受理后未在规定期限内作出是否立案决定，当事人或者行政执法机关向检察机关提出的，检察机关应当受理并进行审查。这类案件是指公安机关对单位和个人的报案、控告、举报或者行政执法机关移送的涉嫌犯罪案件受理后未在规定期限作出是否立案决定，久拖不决，致使当事人的合法权益不能得到及时保障，甚至因此造成难以弥补的伤害。

（三）人民检察院指定居所监视居住监督案件

监视居住是对犯罪嫌疑人、被告人的住处加以监视，要求其在规定期限内不得离开住处的一种限制人身自由的刑事强制措施。指定居所监视居住是监视居住的一种执行方式，是指办案机关对没有固定住处的犯罪嫌疑人、被告人指定居所，从而在指定的居所对被监视居住的犯罪嫌疑人、被告人遵守《刑事诉讼法》第77条规定的情况进行监督。对办案机关指定居所监视居住的决定和执行进行监督是检察机关"依法对刑事诉讼实行法律监督"的重要组成部分。《刑事诉讼法》第75条第4款规定："人民检察院对指定居所监视居住的决定和执行是否合法实行监督。"这是检察机关开展指定居所监视居住监督工作的直接法律依据。为了加强和规范人民检察院对指定居所监视居住决定和执行的监督工作，2015年12月17日，最高人民检察院制定《人民检察院对指定居所监视居住实行监督的规定》，对监督的主体、监督的方式、监督的内容、监督的程序、违法行为的处理等作了具体规定，增强了检察监督的可操作性。之后，《人民检察院刑事诉讼规则》第118条至第120条对该项监督工作的职能分工、监督内容进行了一定的调整。

根据法律和司法解释规定，指定居所监视居住的适用主体包括公安机关、检察机关和人民法院，因此，对指定居所监视居住的决定和执行进行监督，分别包括对公安机关、检察机关和人民法院指定居所监视居住决定和执行的监督。《人民检察院刑事诉讼规则》第118条第2款规定："人民检察院决定指定居所监视居住的案件，由负责控告申诉检察的部门对决定是否合法实行监督。"第120条第3款规定："人民检察院决定指定居所监视居住的案件，由负责控告申诉检察的部门对指定居所监视居住的执行活动是否合法实行监督。"即对于人民检察院适用指定居所监视居住的案件，决定和执行活动是否合法均由控告申诉检察部门进行监督，这也是《人民检察院刑事诉讼规则》赋予控告申诉检察部门的新职责，也就是对于人民检察院指定居所监视居住决定监督案件和人民检察院指定居所监视居住执行监督案件的办理。

（四）人民检察院办案违法控告申诉案件

《刑事诉讼法》第117条规定，当事人和辩护人、诉讼代理人、利害关系人对于司法机关及其工作人员有下列行为之一的，有权向该机关申诉或者控告：①采取强制措施法定期限届满，不予以释放、解除或者变更的；②应当退还取保候审保证金不退还的；③对与案件无关的财物采取查封、扣押、冻结措施的；④应当解除查封、扣押、冻结不解除的；⑤贪污、挪用、私分、调换、违反规定使用查封、扣押、冻结的财物的。受理申诉或者控告的机关应当及时处理。对处理不服的，可以向同级人民检察院申诉；人民检察院直接受理的案件，可以向上一级人民检察院申诉。人民检察院对申诉应当及时进行审查，情况属实的，通知有关机关予以纠正。又根据《人民检察院刑事诉讼规则》第556条第1款规定，对人民检察院及其工作人员办理案件中违法行为的申诉、控告，由负责控告申诉检察的部门受理和审查办理。对其他司法机关处理决定不服向人民检察院提出的申诉，由负责控告申诉检察的部门受理后，移送相关办案部门审查办理。这即是控告申诉检察部门对于人民检察院办案违法控告申诉案件的办理管辖规定。

三、申诉

从传统意义上讲，申诉检察中的申诉特指刑事申诉业务，申诉检察也即刑事申诉检察，其他申诉业务置于控告检察中。但在控告申诉检察合一及其现在职能背景下，笔者将申诉业务合并表述，具体来说主要是刑事申诉和民事行政申请监督案件。

2019年修订的《人民检察院刑事诉讼规则》和2021年修订的《人民检察院民事诉讼监督规则》（以下简称《民事诉讼监督规则》）、《人民检察院行政诉讼监督规则》

(以下简称《行政诉讼监督规则》)调整了复查、审查刑事、民事和行政案件的法律监督的相关规定。

(一) 刑事申诉案件

控告申诉检察部门办理刑申案件,是检察机关加强自身监督、强化自我纠错、保障依法正确行使检察权的重要制度安排。

《人民检察院刑事诉讼规则》第382条规定,被害人不服不起诉决定,在收到不起诉决定书7日以后提出申诉的,由作出不起诉决定的人民检察院负责控告申诉检察的部门进行审查。经审查,认为不起诉决定正确的,出具审查结论直接答复申诉人,并做好释法说理工作;认为不起诉决定可能存在错误的,移送负责捕诉的部门进行复查。

《人民检察院刑事诉讼规则》第385条第1款规定,对于人民检察院依照《刑事诉讼法》第177条第2款规定作出的不起诉决定,被不起诉人不服,在收到不起诉决定书后7日以内提出申诉的,应当由作出决定的人民检察院负责捕诉的部门进行复查;被不起诉人在收到不起诉决定书7日以后提出申诉的,由负责控告申诉检察的部门进行审查。经审查,认为不起诉决定正确的,出具审查结论直接答复申诉人,并做好释法说理工作;认为不起诉决定可能存在错误的,移送负责捕诉的部门复查。

《人民检察院刑事诉讼规则》第593条规定,当事人及其法定代理人、近亲属认为人民法院已经发生法律效力的判决、裁定确有错误,向人民检察院申诉的,由作出生效判决、裁定的人民法院的同级人民检察院依法办理。当事人及其法定代理人、近亲属直接向上级人民检察院申诉的,上级人民检察院可以交由作出生效判决、裁定的人民法院的同级人民检察院受理;案情重大、疑难、复杂的,上级人民检察院可以直接受理。当事人及其法定代理人、近亲属对人民法院已经发生法律效力的判决、裁定提出申诉,经人民检察院复查决定不予抗诉后继续提出申诉的,上一级人民检察院应当受理。

《人民检察院办理刑事申诉案件规定》更加全面详细规定了刑事申诉案件的办理程序即相关要求。其中所称刑事申诉,是指对人民检察院诉讼终结的刑事处理决定或者人民法院已经发生法律效力的刑事判决、裁定不服,向人民检察院提出的申诉。

(二) 民事诉讼监督案件

根据《民事诉讼监督规则》第19条规定,有下列情形之一的,当事人可以向人民检察院申请监督:①已经发生法律效力的民事判决、裁定、调解书符合《民事诉讼法》第209条第1款规定的;同时,应当在人民法院作出驳回再审申请裁定或者再审判决、裁定发生法律效力之日起2年内提出。②认为民事审判程序中审判人员存在违法行为的。③认为民事执行活动存在违法情形的。就以上事项向检察机关提出监督申请而形成的案件即为民事诉讼监督案件。

根据《民事诉讼监督规则》第5条规定,控告申诉检察部门负责民事诉讼监督案件的受理工作。

(三) 行政诉讼监督案件

根据《行政诉讼监督规则》第19条规定,有下列情形之一的,当事人可以向人民检察院申请监督：①人民法院驳回再审申请或者逾期未对再审申请作出裁定，当事人对已经发生法律效力的行政判决、裁定、调解书，认为确有错误的；②认为再审行政判决、裁定确有错误的；③认为行政审判程序中审判人员存在违法行为的；④认为人民法院行政案件执行活动存在违法情形的。就以上事项向检察机关提出监督申请而形成的案件即为行政诉讼监督案件。

根据《行政诉讼监督规则》第7条规定，控告申诉检察部门负责行政诉讼监督案件的受理工作。

（四）民事申请复查案件

根据《民事诉讼监督规则》第126条规定，当事人认为人民检察院对同级人民法院已经发生法律效力的民事判决、裁定、调解书作出的不支持监督申请决定存在明显错误的，可以在不支持监督申请决定作出之日起1年内向上一级人民检察院申请复查一次。负责控告申诉检察的部门经初核，发现有规定情形，可以移送本院负责民事检察的部门审查处理。由此在民事诉讼监督案件受理工作之外更赋予控告申诉检察部门民事申请复查案件的初核职能。为切实履行好复查初核职能，最高人民检察院第十检察厅加强与第六检察厅沟通，形成了一定共识，并在此基础上研究制定了民事申请复查案件初核工作指引，供各级人民检察院控告申诉检察部门参照执行。[1]

根据控告申诉检察部门的窗口职能，结合初核的工作要求，经研究认为，控告申诉检察部门对当事人提出的复查申请，可设立接收、初核两个环节进行审查。在接收环节进行严格的形式审查，符合条件的再进入案件初核环节，对其申请是否符合《民事诉讼监督规则》第126条第1款规定的六种情形之一进行审查，发现有可能错误的，可以作出"移送民事检察部门审查处理"的决定，认为不存在错误的，也可以决定"不予复查"。

四、国家赔偿

我国《宪法》第41条第3款规定，由于国家机关和国家工作人员侵犯公民权利而受到损失的人，有依照法律规定取得赔偿的权利。这是国家赔偿的宪法依据。国家赔偿是由国家作为责任主体，对因国家机关和国家机关工作人员在行使职权过程中，侵犯公民、法人和其他组织合法权益造成侵害而进行的赔偿。1994年5月12日，第八届全国人大常委会第七次会议通过《国家赔偿法》，标志着我国国家赔偿制度的系统确立。2010年和2012年，《国家赔偿法》又分别作了修改完善。我国国家赔偿制度在制定过程中立足我国实际，汲取各方有益经验，具有典型的中国特色。根据《国家赔偿法》的规定，国家赔偿包括行政赔偿、刑事赔偿和民事行政诉讼赔偿（又称"非刑事司法赔偿"）。检察机关应当从全面推进依法治国的高度，坚持以人民为中心的司法理念，充分认识贯彻实施《国家赔偿法》的重大意义，切实做好检察环节国家赔偿工作。

---

[1] 陈国庆等主编：《控告申诉检察业务》，中国检察出版社2022年版，第235页。

检察机关在国家赔偿工作中的职责包括两方面内容：一是办理检察机关作为赔偿义务机关的刑事赔偿案件；二是对人民法院赔偿委员会决定和行政赔偿诉讼活动依法履行法律监督职责。上述职责均由国家赔偿工作办公室具体履行。具体职责体现在办理国家赔偿案件、国家赔偿复议案件、国家赔偿监督案件及生效国家赔偿决定执行案件中。

国家赔偿案件，或者具体称刑事赔偿案件，是指公民、法人或者其他组织提出刑事赔偿请求后，检察机关依照《国家赔偿法》的规定，受理并办理的案件类型。

国家赔偿复议案件，是指赔偿请求人向赔偿义务机关检察院提出赔偿请求后，赔偿义务机关逾期不作决定，或者赔偿请求人对赔偿决定有异议，在法定期限内向赔偿义务机关的上一级检察院提出申请，由上一级检察院进行重新审查并对赔偿争议作出决定的案件。

国家赔偿监督案件是指人民检察院对人民法院行政赔偿诉讼活动，以及人民法院赔偿委员会作出的刑事赔偿决定和民事、行政诉讼赔偿决定是否合法进行的专门监督的案件类型。

生效国家赔偿决定执行案件，是指赔偿请求人逾期未提出复议，申请执行赔偿决定书；赔偿请求人逾期未向人民法院赔偿委员会申请国家赔偿，申请执行赔偿复议决定书；以及申请执行人民法院赔偿委员会作出的赔偿决定，检察机关作为赔偿义务机关受理并办理支付的案件类型。

五、司法救助

对遭受犯罪侵害、民事侵权造成生活困难的受害人开展国家司法救助，是中国特色社会主义司法制度的内在要求，是改善民生、健全社会保障体系的重要工作。随着越来越多的矛盾以案件的形式进入司法领域，一些刑事犯罪案件、民事侵权案件，因案件无法侦破、被告人没有赔偿能力或者赔偿能力不足，致使受害人及其近亲属依法得不到有效赔偿而生活陷入困境的情况不断增多。有的由此引发当事人反复申诉上访甚至酿成极端事件，损害了当事人合法权益，损害了司法权威，影响社会和谐稳定。十多年前，各地积极探索开展刑事被害人救助、涉法涉诉信访救助等多种形式的救助工作，对解决困难群众燃眉之急，及时化解矛盾纠纷，起到了良好的效果。

国家司法救助制度是在整合刑事被害人救助和涉法涉诉信访救助的基础上建立的。2009年3月，中央政法委会同最高人民法院、最高人民检察院、公安部、民政部、司法部、财政部、人力资源和社会保障部出台了《关于开展刑事被害人救助工作的若干意见》（法发〔2009〕10号），建立了刑事被害人救助制度，救助的主要对象限于刑事案件的被害人及其近亲属。2007年12月，中央政法委、财政部出台了《关于开展建立涉法涉诉救助资金试点工作的意见》（政法〔2007〕44号），通过救助案件当事人的特殊困难、解决"法度之外、情理之中"的问题，促进历史遗留问题和疑难案件的解决，促进息诉罢访。十八届三中全会通过《关于全面深化改革若干重大问题的决定》，要求完善人权司法保障制度，健全国家司法救助制度。2014年1月17日，中央政法委会同财政部、最高人民法院、最高人民检察院、公安部、司法部，公开下发《关于建立完善国家司法救助制度的意见（试行）》（以下简称《六部门意见》），标志着国家层面的司法救助制度正式确立。意见要求各地切实做好司法过程中对困难群众的救助工作，有效维护当事人合法权益，保障社会公平正义，促进社会和谐稳定。《六部门意见》现在依然是办理国家救助案件的重要依据。2014年3月26日，最高人民检察院《关于贯彻实施〈关于建立完善国家司法救助制度的意见（试行）〉的若干意见》，对检察机关开展国家司法救助工作进行了具体部署。2016年8月16日最高人民检察院发布《人民检察院国家司法救助工作细则（试行）》[以下简称《救助细则（试行）》]、2018年2月27日最高人民检察院印发《关于全面加强未成年人国家司法救助工作的意见》，以上文件为检察机关开展国家司法救助工作提供了直接依据和规范。同时，各地也结合当地实际，起草本地的实施办法，进一步加强对本地国家司法救助工作的指导和规范，如北京市2014年出台《关于北京市建立完善国家司法救助制度的实施办法（试行）》，2017年印发《北京市规范国家司法救助标准实施细则（试行）》等。为进一步推动国家司法救助工作，最高人民检察院于2021年将《救助细则（试行）》进一步修改为《人民检察院开展国家司法救助工作细则》（以下简称《救助细则》），成为检察机关办理国家司法救助案件的最新依据。

国家司法救助是社会救助体系的重要组成部分，其功能和性质与刑事被害人救助相同，均是体现国家关怀的抚慰性、救济性措施，不包揽救助对象的全部困难，重点是解决生活上面临的急迫问题。对于能够通过诉讼获得赔偿、补偿的，一般应当通过诉讼渠道予以解决；通过社会救助措施，已经得到合理补偿、救助的，一般不再给予司法救助。国家司法救助有司法性、及时性和辅助性三个突出的特点。

《六部门意见》对应当予以救助的对象范围作出了明确规定，《救助细则》在此基础上，结合检察机关司法办案工作实际作了一些调整。根据《救助细则》规定，检察机关对下列人员提出国家司法救助申请的，应当予以救助：①刑事案件被害人受到犯罪侵害致重伤或者严重残疾，因案件无法侦破、已过追诉时效、加害人死亡或者没有赔偿能力，造成生活困难的；②刑事案件被害人受到犯罪侵害致人身伤害，急需救治，无力承担医疗救治费用的；③刑事案件被害人受到犯罪侵害致死或者丧失劳动能力，依靠其收入为主要生活来源的近亲属或者其赡养、扶养、抚养的其他人，因案件无法侦破、已过追诉时效、加害人死亡或者没有赔偿能力，造成生活困难的；④刑事案件被害人受到犯罪侵害，致使财产遭受重大损失，因案件无法侦破、已过追诉时效、加害人死亡或者没有赔偿能力，造成生活困难的；⑤举报人、证人、鉴定人因向检察机关举报、作证或者接受检察机关委托进行司法鉴定而受到打击报复，致使人身受到伤害或者财产受到重大损失，造成生活困难的；⑥因道路交通事故等民事侵权行为造成人身伤害，无法通过诉讼获得赔偿，造成生活困难的；⑦人民检察院根据实际情况，认为需要救助的其他情形。除此外，《六部门意见》还指出，对于涉法涉诉信访人，其诉求具有一定合理性，但通过法律途径难以解决，且生活困难，愿意接受司法救助后息诉息访的，可以参照执行。

《六部门意见》规定，各地应根据当地经济社会发展水平制定具体救助标准，以案件管辖地上一年度职工月平均工资为基准，一般在总额36个月的工资总额之内。损失特别重大、生活特别困难，需要适当突破救助限额的，应严格审核控制，救助金额不得超过人民法院依法应当判决的赔偿数额。

《六部门意见》明确规定，确定救助金具体数额，要综合考虑救助对象实际遭受的损害后果、有无过错以及过错大小、个人及其家庭经济状况、维持当地基本生活水平所必需的最低支出以及赔偿义务人实际赔偿情况等。救助金额的确定，是一个比较复杂的综合判断行为。办案机关应当根据《六部门意见》要求，对各种因素进行分析评判，并在此基础上作出综合判断。

第三节 控告申诉检察程序

一、信访工作程序

《人民检察院刑事诉讼规则》第163条规定，对于收到的群众来信，控告申诉检察部门应当在7日内进行程序答复，办案部门应当在3个月内将办理进展或者结果答复来信人。《人民检察院办理群众来信工作规定》对此作出了更加具体的规定。

检察机关控告申诉检察部门接收来信，当日拆封，完整装订，逐件登记来信事项。来信事项经初步审查后，予以分流处理。控告申诉检察部门应当自收到群众来信之日起7个工作日内，根据群众来信事项分别作出以下回复：①本院依法受理的，告知受理情况；②属于本院管辖但材料不齐的，告知来信人补充材料；③属于其他人民检察院管辖的，告知移送情况；④移送同级其他机关或者信访部门处理的，告知移送情况。控告申诉检察部门应当自收到群众来信之日起10个工作日以内导入法律程序或者完成移送工作，移送群众来信应当标明首次回复日期。各内设机构应当自收到移送的群众来信7个工作日内告知来信人（转办分流后回复），一般应当在收到移送的群众来信之日起3个月内答复办理结果。3个月内不能办结的，报部门负责人决定，可以依照有关规定延长办理期限，并告知来信人。所涉事项重大、疑难、复杂，在延长期限内仍不能办结的，应当每个月答复一次办理进展情况。⑤内容不清、诉求不明且无法回复或者移送的，作存查处理。《人民检察院办理群众来信工作规定》第23条规定，答复来信人可以采取书面、当面、短信、电话、视频等形式。对于已办结的案件，应当制作相关法律文书送达来信人。必要时可以进行公开答复。

对于来访、来电情况，主要是接谈和分流。在接谈过程中需要特别注意运用群众工作方法。一个标准的、有效的接访，应该包含三个方面内容，即事实层面、法律层面和情理层面，体现的是天理、国法、人情的有机融合，使得接访过程更加立体、丰满，接访效果更富有感染力和穿透力。接访过程中注意倾听诉说和问明情况，要明白群众诉求，能够当场答复的当场答复，不能当场答复的需要记录相关诉求，制作笔录，参照办信的程序进行分流和后续答复。实际上，接访不是关键，化解矛盾才是根本。接访的目的是化解矛盾，实现案结事了人和。

实践证明，信访问题都是有解的，关键在于态度、力度和办法。检察机关要落实好中共中央办公厅、国务院办公厅《关于创新群众工作方法解决信访突出问题的意见》，结合信访积案清理专项活动中取得的实践经验，创新工作方式方法，采取多元化措施，重点要抓好以下十项措施：一是落细落实领导包案，明确责任到人；二是推动领导干部和检察官下访，把矛盾解决在基层、化解在当地；三是大力推行公开听证，提升释法说理效果；四是大力推进司法救助工作，促进解决实际困难；五是大力推行律师等第三方参与接访，形成化解合力；六是准确适用涉法涉诉信访依法终结制度，依法定分止争；七是坚持法理情相结合，依法处理违法信访问题；八是严格落实首办责任，实现源头治理；九是紧紧依靠党委和政府，综合运用法律、政策、经济、行政等手段解决问题；十是明确责任，加大督导督查力度。

二、控告工作程序

（一）阻碍辩护人、诉讼代理人依法行使诉讼权利案件办理程序

1. 受理

辩护人、诉讼代理人控告应当提交书面申请书，并提供相关证据材料。同级或上一级人民检察院控告申诉检察部门在接收辩护人、诉讼代理人提交材料后应准确判断是否属于管辖受理范围。对不受理的，应当向律师做好说明解释工作。对具备以下情形的应当受理并做好登记：一是控告主体是辩护人、诉讼代理人。控告人应当提供证明监护关系、委托关系等身份材料，控告申诉检察部门查明控告人是否适格。委托手续或指派手续不全的，应当场告知补齐后再行提交。正在被执行刑罚或者依法被剥夺、限制人身自由的人，被开除公职和被吊销律师、公证员执业证书且非犯罪嫌疑人、被告人的监护人、近亲属的人，违反规定担任辩护人递交控告材料的，不予受理并做好解释工作。二是控告对象是公安机关、人民检察院、人民法院及其工作人员，但看守所及其工作人员除外。辩护人、诉讼代理人应当提供相应的控告材料并说明依据和理由。三是控告内容是刑事诉讼阻碍行使诉讼权利的行为。也就是在刑事诉讼过程中违反法律、司法解释等规定，阻碍辩护人、诉讼代理人依法行使诉讼权利的行为。

2. 调查核实

根据《人民检察院刑事诉讼规则》第57、58条规定，辩护人、诉讼代理人认为其依法行使诉讼权利受到阻碍向人民检察院提出申诉或者控告的，人民检察院应当及时受理并调查核实。一是组织专班。审查办理此类案件应当由专门的办案组或检察官负责。根据工作需要和难易程度可以制定相应的工作方案，明确调查核实的目的和范围，调查的时间、方法和措施，办案风险评估及应对措施等。二是工作方式。调查核实可以直接进行，也可以通过交办下级院控告申诉检察部门开展。在调查核实中，应主要

查明主体身份、办案机关阻权行为种类及违反相关法律规定等情况。根据最高人民法院、最高人民检察院、公安部、国家安全部、司法部《关于依法保障律师执业权利的规定》第41条规定，律师要求当面反映情况的，控告申诉检察部门要当面听取律师的意见。除当面听取律师意见外，实践中也可以通过调取、查询、复制相关法律文书及案卷材料，要求办案机关及其工作人员作出解释和说明等方式，开展调查核实工作。三是工作要求。开展调查核实不得干预、阻挠相关司法机关、办案部门正常的执法办案活动，不得限制或者变相限制控告对象的人身自由，不得采取查封、扣押、冻结等强制性措施。工作中，应注意主动与相关办案机关及其工作人员沟通联系，可以通过召开座谈会、联席会等形式及时协商解决有关问题，全面深入了解律师执业权利维护和保障中的类案情形和问题，提高监督工作质效。

3. 办案期限、处理方式及答复

一是办理期限。为更好保障辩护人、诉讼代理人权益，推进刑事诉讼程序依法有序进行，同时为提升检察监督质效，维护法律职业共同体良好法治形象，要求各级控告申诉监察部门在受理后10日以内办结。二是处理方式。最高人民法院、最高人民检察院、公安部、国家安全部、司法部、中华全国律师协会《关于建立健全维护律师执业权利快速联动处置机制的通知》要求，在工作中要逐步建立完善侵犯律师执业权利行为记录、通报和责任追究制度，对严重侵犯律师执业权利的行为予以严肃处理。具体可根据调查核实情况作出以下处理：①依法通知纠正。审查认定违法情形属实或者处理不当，但情节轻微的，以口头或者书面方式向相关单位或者部门提出纠正意见；对于情节严重的，发出纠正违法通知书，通知相关单位或者部门予以纠正。相关单位或部门拒不纠正或者累纠累犯的，应当由相关机关的纪检监察部门依照有关规定调查处理，相关责任人构成违纪的，给予纪律处分。②发出检察建议。从办理个案中发现执法司法办案某个环节或某类案件存在一类阻权情形，或者律师反映比较集中的问题，可以发出检察建议，提醒督促相关单位规范执法司法办案行为，增强律师执业权利保障意识，共同促进司法公平正义。③移送追究犯罪。在审查办理案件中，发现有关涉案人员违法行为情节特别严重，涉嫌构成犯罪，需追究刑事责任的，报请检察长批准，移送有管辖权的单位或者部门处理。对上述处理情况，控告申诉检察部门应当及时了解和掌握纠正违法通知书、检察建议的采纳落实情况，必要时跟踪督办。三是答复反馈。办结后，控告申诉检察部门应当在作出处理决定后两个工作日内将处理决定书面答复律师本人，并通报其注册地的司法行政机关或者所属的律师协会。书面答复应写明审查查明的实施和处理的依据和理由。

（二）刑事立案监督案件办理程序

1. 受理

对于当事人提出的刑事立案监督申诉、控告，控告申诉检察部门首先应当审查申请材料是否齐备。申请材料应当包括申请（诉）书、身份证明材料、相关法律文书等。申请（诉）书应当载明当事人的基本情况，具体要求、事实根据和理由，申请的时间，当事人也可以口头申请并制作笔录。申请人不是当事人本人的，应当要求其说明与当事人的关系，并提供相应证明，如授权委托书，系代理律师的，应当同时提供律师执业证及律师事务所介绍函。相关法律文书主要系指公安机关不立案或者立案的相关法律文书。如果经过复议、复核的，应当提供复议、复核维持不予立案决定的材料。对于公安机关拖延立案行为提出申诉、控告的，应当提供公安机关逾期未作出是否立案决定的材料，如受案回执等。

2. 审查

《人民检察院刑事诉讼规则》第 558 条规定："人民检察院负责控告申诉检察的部门受理对公安机关应当立案而不立案或者不应当立案而立案的控告、申诉，应当根据事实、法律进行审查。认为需要公安机关说明不立案或者立案理由的，应当及时将案件移送负责捕诉的部门办理；认为公安机关立案或者不立案决定正确的，应当制作相关法律文书，答复控告人、申诉人。"对公安机关应当立案侦查而不立案侦查或者不应当立案侦查而立案侦查的申诉、控告，控告申诉检察部门审查的内容包括以下方面：一是是否有犯罪事实且需要追究刑事责任。所谓有犯罪事实，即具备初步证明程度的证据，可以证实刑法规定的符合犯罪构成要件的基本事实。所谓需要追究刑事责任，即已经达到刑法规定的追诉标准，明显排除不需要追究刑事责任的情况。当然，在立案阶段，对于因事立案的，不能要求证据必须达到能够证实犯罪嫌疑人是谁；对于因人立案的，不能要求证据必须足以证实犯罪目的、动机、手段、方法等所有情节的程度。二是是否属于被申诉、控告的公安机关管辖。《刑事诉讼法》第 25 条规定了刑事案件管辖的基本原则，即刑事案件由犯罪地的人民法院管辖，如果由被告人居住地的人民法院管辖更为适宜的，可以由被告人居住地的人民法院管辖。《公安机关办理刑事案件程序规定》第二章则规定了公安机关行使管辖权的各种具体情况。控告申诉检察部门应当据此审查公安机关是否具有法定管辖权，公安机关决定不立案是否系因不具有管辖权，或者公安机关是否系在不具有管辖权的情况下强行立案管辖。三是公安机关是否已经作出不立案或者立案决定。《公安机关办理刑事案件程序规定》第 178 条第 2 款规定："对有控告人的案件，决定不予立案的，公安机关应当制作不予立案通知书，并在三日以内送达控告人。"控告申诉检察部门应当审查公安机关是否按照法律规定作出不予立案决定并向控告人送达不予立案通知书，或者当事人已因涉嫌犯罪被公安机关刑事立案，还要进一步审查公安机关不予立案或者决定立案的事由。对于公安机关在规定期限内不作出是否立案决定的申诉、控告，控告申诉检察部门审查时，主要是程序性审查，重点审查申请材料是否齐备，公安机关何时受理的报案、控告、举报，公安机关未作出是否立案的决定有没有超过《公安部关于改革完善受案立案制度的意见》等规范性文件中关于立案审查期限的规定。

3. 调查核实

根据《刑事诉讼法》《人民检察院刑事诉讼规则》和最高人民检察院、公安部《关于刑事立案监督有关问题的规定（试行）》等规定，控告申诉检察部门在立案监督工作中，可以适当展开查明是否存在应当立案侦查而不立案侦查的事实或不应当立案而立案的事实，可以适当方式调取相关证据，达到足以需要公安机关说明不立案或者立案理由的程度即可。如核实公安机关不立案理由或立案理由是否符合《刑事诉讼法》的规定，核实犯罪嫌疑人涉嫌犯罪的主客观要件，核实犯罪事实是否符合不追究刑事责任的情形等。如通过调查核实，仍未达到足以需要公安机关说明不立案或者立案理由的程度，则应认为公安机关不立案或者立案决定正确。

4. 提出审查意见

对公安机关应当立案而不立案的申诉、控告，控告申诉检察部门经审查，认为可能有犯罪事实，符合立案追诉标准，需要追究刑事责任，且属于该公安机关管辖的，应当及时将案件移送刑事检察部门，由刑事检察部门制作《要求说明不立案理由通知书》，通知公安机关在收到通知后7日以内书面说明不立案的情况、依据和理由，并继续做好后续监督等相关工作。如果认为没有犯罪事实，或者犯罪情节显著轻微不需要追究刑事责任，或者具有其他依法不追究刑事责任情形，或者不属于该公安机关管辖的，控告申诉检察部门应当制作《立案监督审查通知书》，答复申诉人、控告人。对公安机关不应当立案而立案的申诉、控告，控告申诉检察部门经审查，认为可能没有犯罪事实，或者犯罪情节显著轻微不需要追究刑事责任，或者具有其他依法不追究刑事责任的情形，或者不属于该公安机关管辖的，应当及时将案件移送刑事检察部门，由刑事检察部门制作《要求说明立案理由通知书》，通知公安机关在收到通知后7日以内书面说明立案的情况、依据和理由，并继续做好后续监督等相关工作。认为公安机关的立案决定没有违反法律规定的，应当制作《立案监督审查通知书》，答复申诉人、控告人。对于公安机关在规定期限内不作出是否立案决定的申诉、控告，控申检察部门经审查，认为公安机关尚未超过规定期限的，应当移送公安机关处理，并答复报案人、控告人、举报人或者行政执法机关，书面答复可以采取《立案监督审查通知书》的形式；审查认为超过规定期限的，应当及时将案件移送刑检部门，由刑事检察部门要求公安机关在7日以内书面说明逾期不作出是否立案决定的理由，并继续做好后续监督等相关工作。

（三）人民检察院指定居所监视居住监督案件办理程序

1. 人民检察院指定居所监视居住决定监督案件办理程序

（1）受理启动。犯罪嫌疑人及其法定代理人、近亲属或者辩护人认为指定居所监视居住决定违法，向人民检察院提出控告、举报、申诉的。这是依法启动监督程序的主要情形。对此，《人民检察院刑事诉讼规则》第119条第1款规定："被指定居所监视居住人及其法定代理人、近亲属或者辩护人认为指定居所监视居住决定存在违法情形，提出控告或者举报的，人民检察院应当受理。"控告申诉检察部门收到被指定居所监视居住人及其法定代理人、近亲属或者辩护人提出的控告、举报后，首先应当审查控告、举报材料是否齐备、本院是否具有管辖权。对于材料齐备、本院管辖的控告、举报，如果是公安机关、人民法院决定指定居所监视居住的案件，应当及时移送刑事检察部门办理；如果是本院办案部门决定指定居所监视居住的案件，应当及时审查办理。当然还有依职能主动发现本院办案部门作出的指定居所监视居住决定可能违法的，人民监督员认为指定居所监视居住决定违法向人民检察院提出监督意见的及其他来源形式，这里主要以控告形式进入为主，不再赘述其他来源，进入程序后监督方式等是一致的。

（2）监督方式。控告申诉检察部门对检察机关指定居所监视居住决定进行监督，可以采取以下方式：其一，查阅相关案件材料。根据《人民检察院刑事诉讼规则》第119条第2款规定，控告申诉检察部门审查办理时，可以要求办案部门提供指定居所监视居住决定书和相关案卷材料。其二，听取办案部门作出指定居所监视居住决定的理由和事实依据。主要目的是通过交换意见，了解作出指定居所监视居住决定的依据，为正确提出监督意见提供更充分扎实的保障，也为后续的释法说理工作，或者监督意见的落实工作奠定基础。其三，听取犯罪嫌疑人及其法定代理人、近亲属或者辩护人的意见。办理此类案件，原则上应当听取犯罪嫌疑人及其法定代理人、近亲属或者辩护人的意见，主要目的是核实案件情况和反映的相关问题，也应注意做好释法说理、说服教育工作。听取意见应当制作笔录，必要时可以采取公开审查的形式进行。其四，其他必要的方式。如询问证人、调取、查询相关书证等适当的调查措施。需要注意的是，因案件尚在诉讼过程中，因此，控告申诉检察部门采取查阅案件材料、听取意见、询问证人等监督方式时，不得干预、影响办案部门正常的司法办案活动，并应严防泄露办案秘密。

（3）监督情形。控告申诉检察部门监督指定居所监视居住决定是否合法，应当首先审查该决定是否符合《刑事诉讼法》第71条第3款、第74条第1、2款和《人民检察院刑事诉讼规则》第107条规定的适用监视居住的基本条件，发现不符合的，即使犯罪嫌疑人无固定住处，也应属于不符合指定居所监视居住的适用条件，应当依法监督纠正。经审查，指定居所监视居住决定符合适用监视居住的基本条件，控告申诉检察部门还应进一步审查是否存在下列违法情形之一：一是不符合指定居所监视居住的特别适用条件（犯罪者嫌疑人无固定住处）的；二是在决定过程中有其他违反《刑事诉讼法》规定的行为的。

（4）提出监督意见。参照《人民检察院对指定居所监视居住实行监督的规定》第11条规定，控告申诉检察部门审查本院指定居所监视居住决定是否合法，应当在启动监督程序后7日以内作出决定。对于本院办案部门决定指定居所监视居住不符合法定适用条件的，控告申诉检察部门应当报经检察长决定后，通知办案部门撤销指定居所监视居住决定；发现本院办案部门在决定过程中有其他违反《刑事诉讼法》规定的行为的，应当报经检察长决定后，通知办案部门予以纠正，对情节较轻的违法情形，可以采取口头方式提出纠正意见或建议。

2. 对人民检察院指定居所监视居住执行监督案件办理程序

（1）启动。犯罪嫌疑人及其法定代理人、近亲属或者辩护人认为指定居所监视居住的执行活动违法，向人民检察院提出控告、举报、申诉的。对此，《人民检察院刑事诉讼规则》第120条第2款规定，被监视居住人及其法定代理人、近亲属或者辩护人认为执行机关或者执行人员存在违法情形，提出控告或者举报的，人民检察院应当受理。控告申诉检察部门收到被指定居所监视居住人及其法定代理人、近亲属或者辩护人提出的控告、举报后，对于材料齐备、本院管辖的控告、举报，如果是公安机关、人民法院决定指定居所监视居住的案件，应当及时移送刑事执行检察部门办理；如果是本院办案部门决定指定居所监视居住的案件，应当及时审查办理。其他来源形式这里不再赘述。

（2）监督方式。一是查阅相关法律文书和被监视居住人的会见、通信、外出情况、身体健康检查记录等材料。二是实地检查指定的居所是否符合法律规定。根据《人民检察院刑事诉讼规则》第116条第3款规定，指定的居所应当符合"具备正常的生活、休息条件""便于监视、管理""能够保证安全"等条件。参照《人民检察院对指定居所监视居住实行监督的规定》第19条第1款规定，控告申诉检察部门在收到指定居所监视居住决定书副本后24小时以内，应当指派检察人员实地检查。因此，控告申诉检察部门指派检察人员实地检查指定的居所是否符合法律规定，是开展执行活动监督工作的规定动作。三是查看有关监控录像等资料，必要时对被监视居住人进行体表检查。四是与被监视居住人、执行人员、办案人员或者其他有关人员谈话，调查了解有关情况。

（3）监督情形。控告申诉检察部门对指定居所监视居住的执行活动进行监督，应当监督指定居所监视居住决定书、执行通知书等法律文书是否齐全，执行的场所、期限、执行人员是否符合规定，被监视居住人的合法权利是否得到了保障，是否有在指定的居所进行讯问、体罚虐待被监视居住人等违法行为，以及其他依法应当监督的内容。根据《人民检察院刑事诉讼规则》第120条第1款规定，控告申诉检察部门审查办理时，发现指定居所监视居住执行活动中存在下列违法情形之一的，应当及时提出纠正意见：一是执行机关收到指定居所监视居住决定书、执行通知书等法律文书后不派员执行或者不及时派员执行的。二是在执行指定居所监视居住后24小时以内没有通知被监视居住人的家属的。三是在羁押场所、专门的办案场所执行监视居住的。四是为被监视居住人通风报信、私自传递信件、物品的。五是违反规定安排辩护人同被监视居住人会见、通信，或者违法限制被监视居住人与辩护人会见、通信的。六是对被监视居住人刑讯逼供、体罚、虐待或者变相体罚、虐待的。七是有其他侵犯被监视居住人合法权利行为或者其他违法行为的。

（4）提出监督意见。控告申诉检察部门审查本院指定居所监视居住案件的执行活动是否合法，应当在启动监督程序后及时作出决定。发现本院办案部门在指定居所监视居住执行活动中存在违法情形的，应当报经检察长决定后提出纠正意见或者建议，对情节较轻的违法情形，可以口头方式提出。发现执行机关或者执行人员存在违法情形的，应当报经检察长决定后发出纠正违法通知书。

如果在审查办理中发现指定居所监视居住执行活动中存在执法不规范、安全隐患等问题，应当报经检察长决定后向执行机关提出检察建议，或者报经检察长决定后，通报本院办案部门。

（四）人民检察院办案违法控告申诉案件办理程序

1. 受理

根据规定，当事人和辩护人、诉讼代理人、利害关系人对于办案机关及其工作人员有《刑事诉讼法》第117条规定的行为，向检察机关申诉、控告的，控告申诉检察部门应当及时接收。在接收时，控告申诉检察部门应当首先履行告知义务，告知申诉人、控告人下列事项：如实申诉、控告，捏造、歪曲事实，故意伪造证据材料应承担相应的法律后果；有申请回避的权利；申诉、控告材料应当齐全、符合规定；其他必要事项。还应当根据来信、来访、来电的案件受理要求对申诉人、控告人身份和相关材料进行查明核实，主要查明以下事项：当事人的姓名、性别、年龄、身份证明、民族、职业、工作单位、住所、联系方式，法人或者其他组织的名称、住所地和法定代表人或者主要负责人的姓名、职务、联系方式等信息；申诉或者控告事项以及依据的事实与理由；相关证据材料齐全。申诉人、控告人提交的相关材料需要补正的，应当一次性告知需要补正的全部材料。

经审查，如果系对人民检察院及其工作人员办理案件中违法行为的申诉、控告，属于本院管辖，并且符合受理条件的，控告申诉检察部门应当及时受理和审查办理；如果系对其他办案机关办理案件中违法行为的申诉、控告，属于本院管辖，并且符合受理条件的，及时移送刑事检察等相关办案部门审查办理。对于予以受理的申诉、控告，应当告知申诉人、控告人；对于不属于本院管辖或者不符合受理条件的，报经部门负责人同意后，以口头或者书面方式告知申诉人、控告人不予受理，口头告知的，应当记录在案。

2. 审查办理

（1）制定调查方案。控告申诉检察部门审查办理人民检察院办案违法控告申诉案件，应当由检察人员负责，经部门负责人审核并报分管检察长审批同意。承办检察人员应当及时制定调查方案开展必要的调查工作。调查方案一般包括申诉或者控告的主要内容、调查的目的和范围、调查的时间、方法和措施、调查的安全防范预案、办案风险评估及应对措施等内容。

（2）采取调查措施。控告申诉检察部门审查办理该类案件可以采取询问犯罪嫌疑人、被告人，听取申诉人或者控告人的意见，询问证人，调取、查询相关登记表册、法律文书、录音录像及案卷材料等适当的调查措施，还可以与被调查机关、部门或者人员联系，必要时可以要求就调查事项所涉的问题作出解释和说明，并听取被调查机关、部门或者个人的陈述和申辩，但不得干预、阻挠办案部门正常的司法办案活动，不得限制或者变相限制被控告人的人身自由，不得采取查封、扣押、冻结等强制性措施。

（3）撰写调查报告。根据《人民检察院刑事诉讼规则》第556条第2款规定，审查办理人民检察院办案违法控告申诉案件，控告申诉检察部门应当在受理之日起15日以内提出审查意见，并应撰写调查报告。调查报告主要包括以下内容：申诉人、控告人基本情况，申诉、控告的主要内容，案件办理过程和调查措施，查明的事实和证据（被申诉、控告的检察机关或工作人员的情况，违法行为是否存在，违法行为是否为被申诉人或者被控告人实施，实施违法行为的时间、地点、方式、后果及其他情节，其他与案件有关的事实或者需要说明的问题），最后要提出审查意见，即违法行为是否存在，被申诉、控告人应负的法律责任及依据。

（4）监督纠正违法行为。经依法办理，对不存在申诉或者控告反映的违法行为的，由部门负责人审核并报检察长审批后，书面答复申诉人或者控告人。对情节较轻的违法情形，可以采取口头方式提出纠正意见或建议。

如果认定本院或者下一级人民检察院违法情形属实或者处理错误的，应当报经检察长决定后，通知本院办案部门或者下一级人民检察院予以纠正。通知下一级人民检察院纠正的，通报本院相关业务部门。下一级人民检察院认为上一级人民检察院对于办案行为的纠正意见有错误的，可以在收到纠正意见后报请上一级人民检察院重新审查。上一级人民检察院控告申诉检察部门另行指派检察人员审查，并作出是否变更的决定。

控告申诉检察部门还应当及时了解和掌握纠正意见落实情况，必要时跟踪督办。如对与案件有关的财物采取查封、扣押、冻结措施的，在提出纠正意见后，应当监督相关部门依法予以解除。在审查办理过程中，发现违纪违法或者职务犯罪线索的，报经检察长批准后，移送相关职能机关或者部门处理。

三、申诉办案程序

（一）刑事申诉案件办理程序

1. 受理

对符合下列条件的申诉，应当受理，《人民检察院刑事诉讼规则》另有规定的除外：①属于规定的刑事申诉，即案件性质方面属于对人民检察院诉讼终结的刑事处理决定或者人民法院已经发生法律效力的刑事判决、裁定不服，向人民检察院提出的申诉；②符合管辖规定，即不服人民检察院诉讼终结的刑事处理决定的申诉，由作出决定的人民检察院管辖，《人民检察院刑事诉讼规则》另有规定的除外。不服人民法院已经发生法律效力的刑事判决、裁定的申诉，由作出生效判决、裁定的人民法院的同级人民检察院管辖。不服人民检察院刑事申诉案件审查或者复查结论的申诉，由上一级人民检察院管辖。被害人及其法定代理人、近亲属不服人民检察院不起诉决定，在收到不起诉决定书后7日以内提出申诉的，由作出不起诉决定的人民检察院的上一级人民检察院管辖。上级人民检察院在必要时，可以将本院管辖的刑事申诉案件交下级人民检察院办理，也可以直接办理由下级人民检察院管辖的刑事申诉案件。③申诉人是原案的当事人及其法定代理人、近亲属；④申诉材料符合受理要求，应当递交申诉书、身份证明、相关法律文书及证据材料或者证据线索。申诉人委托律师代理申诉，且符合上述条件的，应当受理。

控告申诉检察部门对接收的刑事申诉应当在 7 个工作日以内分别情况予以处理并告知申诉人：①属于本院管辖并符合受理条件的，予以受理；②属于本院管辖的不服生效刑事判决、裁定的申诉，申诉人已向人民法院提出申诉，人民法院已经受理且正在办理程序中的，告知待人民法院处理完毕后如不服再提出申诉；③属于人民检察院管辖但是不属于本院管辖的，移送有管辖权的人民检察院处理；④不属于人民检察院管辖的，移送其他机关处理。

2. 审查

审查刑事申诉案件，应当审查申诉材料、原案法律文书，可以调取相关人民检察院审查报告、案件讨论记录等材料，可以听取申诉人、原案承办人员意见。对于首次向人民检察院提出的刑事申诉案件，应当调阅原案卷宗进行审查，并听取申诉人或者其委托代理律师意见。必要时可以采用公开听证方式进行审查。控告申诉检察部门审查刑事申诉案件，应当自受理之日起 3 个月以内作出审查结案或者移送刑事检察部门办理的决定，并告知申诉人。

3. 审查结案

经审查，具有下列情形之一的，应当审查结案：①原判决、裁定或者处理决定认定事实清楚，证据确实充分，处理适当的；②原案虽有瑕疵，但不足以影响原判决、裁定或者处理决定结论的；③其他经审查认为原判决、裁定或者处理决定正确的。对已经两级人民检察院审查或者复查，作出的结论正确，且已对申诉人提出的申诉理由作出合法合理答复，申诉人未提出新的理由的刑事申诉案件，可以审查结案。审查结案的刑事申诉案件，应当制作刑事申诉结果通知书，于 10 日以内送达申诉人，并做好释法说理工作。

4. 移送刑事检察部门办理

经审查，具有下列情形之一的，应当移送刑事检察部门办理：①原判决、裁定或者处理决定存在错误可能的；②不服人民检察院诉讼终结的刑事处理决定首次提出申诉的；③被害人及其法定代理人、近亲属、被不起诉人及其法定代理人、近亲属不服不起诉决定，在收到不起诉决定书后 7 日以内提出申诉的。对决定移送的刑事申诉案件，应当制作刑事申诉案件移送函，连同申诉书，原判决、裁定、处理决定，人民检察院审查、复查文书等申诉材料移送刑事检察部门。

5. 中止办理

对具有下列情形之一的刑事申诉案件，可以中止办理：①人民法院对原判决、裁定正在审查的；②无法与申诉人及其代理人取得联系的；③申诉的自然人死亡，需要等待其他申诉权利人表明是否继续申诉的；④申诉的法人或者其他组织终止，尚未确定权利义务承继人的；⑤由于其他原因，致使案件在较长时间内无法继续办理的。决定中止办理的案件,应当制作刑事申诉中止办理通知书,通知申诉人;确实无法通知的,应当记录在案。中止办理的事由消除后,应当立即恢复办理。中止办理的期间不计入办案期限。

6. 终止办理

对具有下列情形之一的刑事申诉案件,经检察长决定,应当终止办理:①人民检察院因同一案件事实对撤销案件的犯罪嫌疑人重新立案侦查的,对不批准逮捕的犯罪嫌疑人重新作出批准逮捕决定的,或者对不起诉案件的被不起诉人重新起诉的;②人民检察院收到人民法院受理被害人对被不起诉人起诉的通知的;③人民法院决定再审的;④申诉人自愿撤回申诉,且不损害国家利益、社会公共利益或者他人合法权益的;⑤申诉的自然人死亡,没有其他申诉权利人或者申诉权利人明确表示放弃申诉的,但是有证据证明原案被告人是无罪的除外;⑥申诉的法人或者其他组织终止,没有权利义务承继人或者权利义务承继人明确表示放弃申诉的,但是有证据证明原案被告人是无罪的除外;⑦其他应当终止办理的情形。决定终止办理的案件,应当制作刑事申诉终止办理通知书,通知申诉人;确实无法通知的,应当记录在案。终止办理的事由消除后,申诉人再次提出申诉,符合刑事申诉受理条件的,应当予以受理。

(二) 民事诉讼监督案件受理程序

当事人向人民检察院申请监督,应当提交监督申请书、身份证明、相关法律文书及证据材料。提交证据材料的,应当附证据清单。申请监督材料不齐备的,人民检察院应当要求申请人限期补齐,并一次性明确告知应补齐的全部材料。申请人逾期未补齐的,视为撤回监督申请。

控告申诉检察部门对监督申请,应当根据以下情形作出处理:①符合受理条件的,应当依照本规则规定作出受理决定;②不属于本院受理案件范围的,应当告知申请人向有关人民检察院申请监督;③不属于人民检察院主管范围的,应当告知申请人向有关机关反映;④不符合受理条件,且申请人不撤回监督申请的,可以决定不予受理。

控告申诉检察部门应当在决定受理之日起3日内制作《受理通知书》,发送申请人,并告知其权利义务;同时将《受理通知书》和监督申请书副本发送其他当事人,并告知其权利义务。其他当事人可以在收到监督申请书副本之日起15日内提出书面意见,不提出意见的不影响人民检察院对案件的审查。

控告申诉检察部门应当在决定受理之日起3日内将案件材料移送本院负责民事检察的部门,同时将《受理通知书》抄送本院负责案件管理的部门。控告申诉检察部门收到其他当事人提交的书面意见等材料,应当及时移送负责民事检察的部门。

(三) 行政诉讼监督案件受理程序

当事人向人民检察院申请监督,应当提交监督申请书、身份证明、相关法律文书及证据材料。提交证据材料的,应当附证据清单。申请监督材料不齐备的,人民检察院应当要求申请人限期补齐,并一次性明确告知应当补齐的全部材料以及逾期未按要求补齐视为撤回监督申请的法律后果。申请人逾期未补齐主要材料的,视为撤回监督申请。

人民检察院控告申诉检察部门对监督申请,应当在 7 日内根据以下情形作出处理,并答复申请人:①符合受理条件的,应当依照本规则规定作出受理决定;②不属于本院受理案件范围的,应当告知申请人向有关人民检察院申请监督;③不属于人民检察院主管范围的,告知申请人向有关机关反映;④不符合受理条件,且申请人不撤回监督申请的,可以决定不予受理。

控告申诉检察部门应当在决定受理之日起 3 日内制作《受理通知书》,发送申请人,并告知其权利义务。

需要通知其他当事人的,应当将《受理通知书》和监督申请书副本发送其他当事人,并告知其权利义务。其他当事人可以在收到监督申请书副本之日起 15 日内提出书面意见;不提出意见的,不影响人民检察院对案件的审查。

控告申诉检察部门应当在决定受理之日起 3 日内将案件材料移送本院负责行政检察的部门,同时将《受理通知书》抄送本院负责案件管理的部门。控告申诉检察部门收到其他当事人提交的书面意见等材料,应当及时移送负责行政检察的部门。

(四)民事申请复查案件初核程序

1. 接收审查

根据《民事诉讼监督规则》的规定,当事人申请复查,应当首先符合以下条件:一是属于复查案件的范围,即复查制度仅适用于对生效裁判的监督,而且其直接针对的对象是下一级检察院作出的不支持监督申请决定。二是申请人适格。申请复查的当事人,应是不服人民法院生效裁判,向人民检察院提出监督申请的当事人。三是属于本院管辖范围。当事人申请复查,应向作出不支持监督申请决定的人民检察院的上一级人民检察院提出。四是提供的材料齐备。当事人向人民检察院申请复查,应当提交复查申请书、身份证明、下一级人民检察院不支持监督申请决定书以及人民法院在该案件诉讼过程中作出的全部判决书、裁定书、决定书、调解书等法律文书。当事人根据申请复查的理由提交证据材料的,应附证据清单。当事人委托代理人的,应当提交证明委托代理关系的相关材料。申请复查材料不齐备的,应当一次性告知申请人须在申请复查期限内补齐全部材料。五是在规定的期限内提出,即当事人申请复查,应当在人民检察院不支持监督申请决定作出之日起 1 年内提出。

2. 初核

民事申请复查案件的初核,一般通过审查申请人提交的书面材料、调取下一级人民检察院相关案件审查报告以及向原案承办检察官了解有关情况等方式进行,必要时可以进行调查核实。对案件进行调查核实,可以参照《民事诉讼监督规则》第四章的有关规定执行。

案件初核终结,应当制作初核报告或者初核表,提出明确的处理意见。认为下一级人民检察院不支持监督申请决定存在《民事诉讼监督规则》第 126 条第 1 款规定的六种情形之一的,应当提出移送民事检察部门审查处理的意见;认为不符合上述六种情形的，可以提出不予复查的意见。

四、国家赔偿办案程序

（一）刑事赔偿案件办案程序

1. 受理

根据《国家赔偿法》第11条、第12条、第22条的规定，赔偿请求人提出赔偿请求，应当先向赔偿义务机关就一项或数项刑事赔偿事项递交申请书。赔偿请求人书写申请书确有困难的，可以委托他人代书；也可以口头申请，由赔偿义务机关记入笔录。同时提供身份证明材料及与刑事赔偿事项有关的法律文书。由他人代理刑事赔偿申请事项的，还应提供证明代理关系成立的有效法律文书及代理人身份证明材料等。赔偿请求人当面递交申请书的，赔偿义务机关应当场出具加盖本机关专用印章并注明收讫日期的书面凭证。申请材料不齐全的，赔偿义务机关应当场或者在5日内一次性告知赔偿请求人需要补正的全部内容。

2. 立案

（1）前提条件。不同类型的赔偿请求，立案的前提条件不同。其一，人身自由权赔偿案件，立案前提是"已决定撤销案件、不起诉或者判决宣告无罪终止追究刑事责任"。其二，生命健康权赔偿案件，立案前提是"有伤情、死亡证明"。其三，财产权赔偿案件，原则上应以刑事诉讼程序终结为前提，但对于已经查明该财产确与案件无关的，可以在刑事诉讼程序终结前立案，进入赔偿程序。

（2）管辖条件。本院为赔偿义务机关。

（3）主体条件。申请主体适格，具备《国家赔偿法》第6条规定的条件，属于受害的公民、法人或者其他组织。受害人死亡或者受害法人组织终止的，则为其继承人或者权利承受人。

（4）时效条件。没有超过法定的两年请求赔偿时效。

（5）材料条件。申请的材料齐备。

对符合立案条件的赔偿申请，人民检察院应当立案，并在收到赔偿申请之日起5日内，将《刑事赔偿立案通知书》送达赔偿请求人。对于不符合立案条件的赔偿申请，应当制作《审查刑事赔偿申请通知书》，说明理由，在收到赔偿申请之日起5日内送达赔偿请求人。

3. 审查

审查刑事赔偿案件时，对已经立案的赔偿案件应当全面审查材料，必要时可以调取有关的案卷材料，也可以向原案件即刑事案件承办部门和承办人等调查、核实有关情况，收集有关证据。

（1）对案件事实和证据的审查。对案件事实和证据的审查，包括对原案事实和证据的审查，以及对刑事赔偿案件事实和证据的审查。通过审查，确定是否存在违法侵权行为、侵权行为的种类和侵权事项、侵权损害的程度和结果。一般来说，应当查明以下事项：一是是否存在侵权行为；二是损害是否为赔偿义务机关及其工作人员行使职权造成；三是损害的起止时间和造成的损害程度、损害结果；四是请求赔偿的事项是否属于《国家赔偿法》规定的赔偿范围；五是是否存在《国家赔偿法》第 19 条规定的国家不承担赔偿责任的情形；六是是否存在需要对有关人员追究责任和追偿赔偿费用的情形。

（2）听取赔偿请求人意见。《国家赔偿法》第 23 条第 1 款规定，赔偿义务机关作出赔偿决定，应当充分听取赔偿请求人的意见。听取赔偿请求人意见是赔偿义务机关办理刑事赔偿案件的必经环节。赔偿义务机关通过听取赔偿请求人的意见，既可以调查核实原刑事案件的有关事实及证据，以及侵犯赔偿请求人合法权益的事实及证据，还可以加强与赔偿请求人的沟通交流，为赔偿协商打好基础。赔偿义务机关听取赔偿请求人意见时，应当制作听取意见笔录，作为赔偿案件的办理依据和协商前的准备。赔偿请求人确有困难不能到赔偿义务机关陈述意见的，承办人可以到赔偿请求人所在地核实情况，当面听取意见。

（3）与赔偿请求人协商。根据《国家赔偿法》第 23 条的规定，赔偿义务机关可以与赔偿请求人就赔偿方式、赔偿项目和赔偿数额进行协商。协商应在公平、合法、自愿、平等的基础上，根据《国家赔偿法》关于赔偿范围、方式和标准的规定，力争达成一致意见。协商一致后，赔偿义务机关应制作赔偿决定书，协商结果作为决定的依据。若协商不成，赔偿义务机关应依照法律规定作出赔偿决定。

4. 作出决定

赔偿义务机关应当自收到申请之日起 2 个月内，作出是否赔偿的决定。赔偿义务机关决定予以赔偿的，应当载明听取赔偿请求人意见及协商的情况，并说明给予赔偿的依据。决定不予赔偿的，应当说明不予赔偿的理由和依据。赔偿义务机关作出给予赔偿决定或者作出不予赔偿决定的，均应自作出决定之日起 10 日内送达赔偿请求人。赔偿义务机关宣布给予赔偿决定或者不予赔偿决定时，应当听取赔偿请求人对决定的意见并告知其权利。

（二）赔偿复议案件的办理程序

（1）提请刑事赔偿复议申请。根据《国家赔偿法》第 24 条的规定，赔偿请求人提起刑事赔偿复议申请的事由有三类：其一，赔偿义务机关在规定期限内未作出是否赔偿的决定。根据《国家赔偿法》第 23 条规定，赔偿义务机关应当自收到申请之日起 2 个月内作出是否赔偿的决定。赔偿义务机关在规定期限内未作出是否赔偿的决定的，赔偿请求人可以自期限届满之日起 30 日内向赔偿义务机关的上一级机关申请复议。其二，赔偿义务机关在规定期限内作出了给予赔偿的决定，但赔偿请求人对赔偿的方式、项目、数额有异议。赔偿请求人对赔偿的方式、项目、数额有异议的，可以自赔偿义务机关作出赔偿决定之日起 30 日内向赔偿义务机关的上一级机关申请复议。其三，赔偿义务机关在规定期限内作出了不予赔偿的决定，赔偿请求人对此不服，可以自赔偿义务机关作出不予赔偿决定之日起 30 日内，向赔偿义务机关的上一级机关申请复议。

（2）受理、审查办理。对符合法定条件的刑事赔偿复议申请，复议机关受理后，应指定与本案无利害关系的专人承办。可以调取有关的案卷材料；需要核实有关情况的，可以要求原办案单位补充调查，也可以自行调查。赔偿请求人与赔偿义务机关对损害事实及因果关系、重要证据有争议的，复议机关应当听取赔偿请求人和赔偿义务机关的意见，并可以组织进行协商。

（3）作出刑事赔偿复议决定。复议机关应当自收到刑事赔偿复议申请之日起2个月内，分不同情形作出复议决定：①对于赔偿义务机关认定事实清楚，适用法律正确，赔偿方式、项目、数额适当的，应当予以维持。②对于赔偿义务机关认定事实不清或适用法律错误的，予以纠正；赔偿方式、项目、数额不当的，予以变更。③对于赔偿义务机关逾期未作出决定的，依法作出决定。为落实司法责任，强化对下级机关的工作指导，对于赔偿义务机关逾期未作出决定的，也可以指令其限期作出决定。

复议机关复议刑事赔偿案件，实行一次复议制。复议机关作出的决定对于赔偿义务机关具有约束力。赔偿请求人申请执行的，赔偿义务机关必须依法执行。

根据《国家赔偿法》第25条第2款规定，赔偿请求人不服复议决定的，可以在收到复议决定之日起30日内向复议机关所在地的同级人民法院赔偿委员会申请作出赔偿决定；复议机关逾期不作决定的，赔偿请求人可以自期限届满之日起30日内向复议机关所在地的同级人民法院赔偿委员会申请作出赔偿决定。赔偿委员会作出的赔偿决定，是发生法律效力的决定，必须执行。

（三）赔偿监督案件的办理程序

国家赔偿监督案件主要包括行政赔偿监督，刑事赔偿监督和民事、行政诉讼赔偿监督等类型。本书主要介绍刑事赔偿监督案件办理程序。

《国家赔偿法》第30条第3款规定："最高人民检察院对各级人民法院赔偿委员会作出的决定，上级人民检察院对下级人民法院赔偿委员会作出的决定，发现违反本法规定的，应当向同级人民法院赔偿委员会提出意见，同级人民法院赔偿委员会应当在两个月内重新审查并依法作出决定。"

根据上述规定，人民检察院提起的刑事赔偿监督有以下情况：一是最高人民检察院对各级人民法院赔偿委员会作出的赔偿决定，发现违反《国家赔偿法》规定，确有错误的，应当提出纠正意见。二是上级人民检察院对下级人民法院赔偿委员会作出的赔偿决定，发现违反《国家赔偿法》规定，确有错误的，应当提出纠正意见，要求人民法院重新审查。需要注意的是根据最高人民检察院《关于适用修改后〈中华人民共和国国家赔偿法〉若干问题的意见》第4条、最高人民法院《关于适用〈中华人民共和国国家赔偿法〉若干问题的解释（一）》第10条规定，人民检察院只能对人民法院赔偿委员会2010年12月1日后作出的赔偿决定实施法律监督。赔偿请求人或者赔偿义务机关不服人民法院赔偿委员会在2010年12月1日以前作出的赔偿决定，向人民检察院申诉的，不适用修改后《国家赔偿法》第30条第3款的规定，人民检察院应当告知其依照法律规定向人民法院提出申诉。

人民检察院办理刑事赔偿监督案件，审查终结后，发现赔偿决定违反法律规定的，应当依照《国家赔偿法》第 30 条第 3 款规定向人民法院赔偿委员会提出重新审查意见。主要包括以下情形：①有新的证据，足以推翻原决定的；②原决定认定事实的主要证据不足的；③原决定适用法律错误的；④违反程序规定、影响案件正确处理的；⑤作出原决定的审判人员在审理该案时有贪污受贿、徇私舞弊、枉法处理行为的。

由于中级以上人民法院才设置赔偿委员会，因此，能够直接行使法律监督权的人民检察院只有省级人民检察院和最高人民检察院。省级以下人民检察院发现人民法院赔偿委员会的赔偿决定违反《国家赔偿法》规定，确有错误的，可以建议同级人民法院赔偿委员会重新审查或者提请上级人民检察院提出纠正意见。

(四) 生效国家赔偿决定的执行

生效国家赔偿决定，包括赔偿请求人逾期未提出复议，申请执行赔偿义务机关作出的赔偿决定书；赔偿请求人逾期未向人民法院赔偿委员会申请国家赔偿，申请执行的赔偿复议决定书；人民法院赔偿委员会作出的赔偿决定。

根据《国家赔偿法》第 37 条第 2 款的规定，赔偿请求人凭生效的判决书、复议决定书、赔偿决定书或者调解书，向赔偿义务机关申请支付赔偿金。申请材料不完整的，赔偿义务机关应当当场或者在 5 日内一次性告知赔偿请求人需要补正的全部材料。赔偿请求人按照赔偿义务机关的要求提交补正材料的，赔偿义务机关收到补正材料即为受理。未告知需要补正材料的，赔偿义务机关收到申请材料即为受理。申请材料虚假、无效，赔偿义务机关决定不予受理的，应当书面通知赔偿请求人并说明理由。赔偿请求人对赔偿义务机关不予受理决定有异议的，可以自收到书面通知之日起 10 日内向赔偿义务机关的上一级机关申请复核。上一级机关应当自收到复核申请之日起 5 日内依法作出决定。上一级机关认为不予受理决定错误的，应当自作出复核决定之日起 3 日内通知赔偿义务机关受理，并告知赔偿请求人。赔偿义务机关应当在收到通知后立即受理。上一级机关维持不予受理决定的，应当自作出复核决定之日起 3 日内书面通知赔偿请求人并说明理由。

赔偿义务机关应自受理支付赔偿金申请之日起 7 日内，依照预算管理权限向有关财政部门提出支付申请。财政部门应当自收到支付申请之日起 15 日内支付赔偿金。并自支付国家赔偿费用之日起 3 日内告知赔偿义务机关、赔偿请求人。赔偿义务机关收到财政部门核拨的赔偿金后，应当及时通知赔偿请求人领取。财政部门可以直接支付给赔偿请求人的，由财政部门直接支付，并告知赔偿义务机关。

五、司法救助办案程序

《六部门意见》明确规定了使用国家司法救助资金应当严格遵循的程序，并将有关程序细化为四个节点：告知、申请、审批、发放。

(一) 告知

这里的告知，主要是指救助权利的告知。《六部门意见》明确规定，人民法院、人民检察院、公安机关、司法行政机关在办理案件、处理涉法涉诉信访问题过程中，对符合救助条件的当事人，应当告知其有权提出救助申请。

《六部门意见》关于救助权利告知的规定，是在刑事被害人救助制度基础上的重大突破，对于保障救助权利、规范救助工作、实现公平救助，具有十分重要的意义。一是赋予了当事人申请获得救助的权利。对于符合救助条件的当事人，办案机关应当告知其有权提出救助申请。这就有助于防止办案机关在救助对象的选择上的随意性，在救助工作的第一个环节实现公平公正；二是将救助程序的启动权交给了当事人，办案机关发现当事人符合救助条件的，告知当事人有申请国家司法救助的权利，由其决定是否提出救助申请。这就有助于体现申请救助的自愿性，符合权利可以行使也可以放弃的自主性特点。

检察机关进行救助权利告知，应当做到：第一，平等对待每一个当事人。要坚持司法救助的公平、合理原则，对所有当事人，符合救助条件的，都应当告知救助权利，不能因为怕麻烦、怕花钱、图省事而不告知权利，不提供救助。第二，注意工作方法。办案机关的有关办案人员在办理案件的时候，应当深入、细致地了解遭受不法侵害的案件当事人的损失情况、个人及其家庭经济状况以及其他可能影响是否予以救助和救助金额多少的因素，初步认为符合救助条件的，再告知其有权申请国家司法救助、申请受理部门，防止不加区别地一律告知，导致申请得不到满足引发新的矛盾。

（二）申请

《六部门意见》明确规定，救助申请由当事人向办案机关提出；刑事被害人死亡的，由符合条件的近亲属提出。申请一般采取书面形式。确有困难，不能提供书面申请的，可以采用口头方式，检察人员应当制作笔录。申请人应当如实提供本人真实身份、实际损害后果、生活困难、是否获得其他赔偿等相关证明材料。

申请国家司法救助，应当提交以下材料：①申请书；②户籍证明；③是否已获得民事赔偿的证明材料；④申请人为被害人近亲属的，应提供与被害人的关系证明材料；⑤生活困难情况的证明材料；⑥其他需要提供的相关材料。申请人口头提出申请的，应当制作成笔录，并由申请人签名或者盖章。申请材料不齐全的，可以要求申请人补充完善。救助申请人确因特殊困难不能提供有关证明材料的，可以申请人民检察院调取。值得注意的是，2021年《救助细则》不再规定申请人应当提交"生活困难证明"的要求，规定申请人提交能够证明生活困难的材料即可。

（三）审批

（1）审批主体。《六部门意见》规定，办案机关应当认真审核申请人提供的申请材料，综合相关情况，在10个工作日内作出是否给予救助和具体救助金额的审批意见。决定不予救助的，及时将审批意见告知当事人，并做好解释说明工作。

（2）救助意见的提出。对提出的救助申请，国家司法救助工作部门应当指定专人对相关材料进行审查，判断是否符合受理条件。审查的对象主要包括：本院是否为适格的救助机关；申请人是否为适格的救助对象；申请人提供的材料是否齐备等。《救助细则》明确了调查核实的具体方式,即检察机关办理司法救助案件,可以采取当面询问、组织听证、入户调查、邻里访问、群众评议、信函索证、信息核查等方式进行调查核实。增加规定调查核实的具体方式,充分体现征询人民群众意见、从源头化解矛盾的精神。对符合受理条件的救助申请,承办人应当填写《受理国家救助申请登记表》,进一步核实申请人提供材料的真实性,必要时可以进行调查核实。国家司法救助工作部门提出救助意见时,应当听取救助申请人的意见,并经其同意。对于不符合救助条件的救助申请,报请部门负责人同意后结案,并向申请人说明有关情况,做好安抚稳定工作。

(3) 救助意见的报批。国家司法救助工作部门提出的同意救助的意见,经部门负责人同意后,报检察长审批。提请审批时应当提交《国家司法救助申请审查报告》、当事人申请、原案案情等相关材料。《国家司法救助申请审查报告》主要包括以下内容:救助申请人的基本情况;提出申请的情况及其理由;国家司法救助工作部门调查核实的原案基本情况和申请人家庭困难情况;是否予以救助以及救助金额的具体意见及理由,是否需要予以其他救助等内容。

办案机关对救助申请进行审批,要特别注意不能对救助额外施加限制性条件。对于司法救助的对象范围、标准、条件和程序等,《六部门意见》作了明确规定,检察机关不能突破《六部门意见》的相关规定,对当事人提出额外的救助条件,设置过高的门槛,特别是不能将是否予以救助与当事人是否息诉罢访挂钩,偏离国家司法救助制度的方向和宗旨。

(四) 发放

《六部门意见》规定,对批准同意救助的,财政部门应当及时将救助资金拨付办案机关,办案机关在收到拨付款后 2 个工作日内,通知申请人领取救助资金。对急需医疗救治等特殊情况,办案机关可以先行垫付救助资金,救助后及时补办审批手续。[1] 在实践中,各地救助资金来源与管理部门不一:有的属于财政支持,由地方财政部门统一将预算资金拨付到检察院,由检察院自行审核发放;有的属于国家司法救助中央转移支付资金,由地方政法委统一审核,财政部门核拨。为此,2021 年《救助细则》将"财政部门"修改为"救助资金管理部门",相对而言更为符合实际,涵盖面更广。

---

[1] 宫鸣、胡卫列主编:《刑事申诉检察业务教程》,中国检察出版社 2015 年版,第 131 页。

第九章
专门检察

以管辖的案件范围、职权等为标准，我国的检察制度分为普通检察制度和专门检察制度。《人民检察院组织法》规定，中华人民共和国人民检察院是国家的法律监督机关。中华人民共和国设立最高人民检察院、地方各级人民检察院和军事检察院等专门人民检察院。最高人民检察院领导全国检察机关工作，专门人民检察院的设置、组织和职权由全国人民代表大会常务委员会另行规定。

我国的专门检察制度是一项主要渊源于苏联的具有中国特色的检察制度。专门检察院是在特定的组织内设置的专门的检察机关，由其享有特定案件的专属管辖权，从而保护铁路运输、军事等特定领域的社会关系和法益。专门人民检察院和专门人民法院同级建立，相互协调配合，行使对其专门管辖的案件的检察权。专门检察制度是我国检察制度不可或缺的重要组成部分，其设置与普通检察制度不同，但其在根本目的、根本任务以及基本的检察职权等方面都与普通检察制度有着根本一致性。当然，作为检察制度的特殊部分，专门检察制度有其独特的存在价值和功能，反映了特定历史时期国家建设的政治形势和特殊需要。我国专门检察制度并非一成不变，而是经历了渐进的改革、变化的过程。

第一节 专门检察概述

一、我国专门检察制度的历史沿革

在苏维埃共和国时期，我国的军事检察制度已经萌芽，其他专门检察院的系统建设在新中国成立之初也立即被纳入检察机构的设置中。1954年3月17日至4月10日，最高人民检察署在北京召开第二届全国检察工作会议。这次会议在人民检察史上意义重大，该次会议确定了新时期的检察工作方针。会议结束时通过了《第二届全国检察工作会议决议》，决议提出建立和健全各级人民检察署的组织机构，充实和健全省（市）以上的检察机构，同时加强城市、工矿区人民检察署和有重点地建立铁路、水运沿线的专门人民检察署。在此会议精神的指导下，1954年颁布的《人民检察院组织法》规定了"专门检察院"，专门检察院的设置有了法律依据，得以迅速发展。

1955年1月，最高人民检察院建立了铁路水上运输检察院，部分地方建立了铁路运输检察院和水上运输检察院。至1956年初，铁路运输检察院的各级机构普遍建立，在15个铁路运输局建立了铁路运输检察院，50个铁路分局则建立了铁路运输检察分院。1955年9月，依据《人民检察院组织法》的规定，最高人民检察院军事检察院成立，黄火星被任命为最高人民检察院副检察长兼军事检察院检察长。已被修订的1979年《人民检察院组织法》第2条第4款规定："专门人民检察院包括：军事检察院、铁路运输检察院、水上运输检察院、其他专门检察院。"几经变革，目前我国的专门检察制度包括军事检察制度、铁路运输检察制度。本章第二节、第三节分两节内容详述各专门检察制度。

二、我国专门检察制度与国外专门检察制度的比较

他山之石，可以攻玉。国外很多国家确立了专门管辖特殊领域的专门检察制度，尤其我国和俄罗斯的专门检察制度具有同源性。我国和俄罗斯两国的专门检察制度主要是源于苏联的特色制度，但因为制度所依托的法制基础、历史传统和基本国情不同，经过各自结合本国国情的发展，目前我国和俄罗斯专门检察制度在制度设计上存在较大差异。对国外专门检察制度进行比较研究能够从更广阔的视角检视我国的专门检察制度。在我国检察制度改革的重要关头，比较研究有益于中国特色社会主义检察制度的深度改革和完善。

（一）专门检察的法律渊源不同

我国并无系统规定专门检察院的法律和司法解释，规定专门检察制度的相关法律和司法解释也没有设专章具体规定专门检察制度，且对专门检察机关的规定也采用概括列举的立法模式。《人民检察院组织法》《刑事诉讼法》《人民检察院刑事诉讼规则》都没有对专门检察机关进行专章规定，且关于专门检察机关的规定极度有限，对专门检察院的类别规定采用"等"的模糊方式。如《人民检察院刑事诉讼规则》第23条规定："军事检察院等专门人民检察院的管辖以及军队与地方互涉刑事案件的管辖，按照有关规定执行。"最高人民法院《关于适用〈中华人民共和国刑事诉讼法〉的解释》第26条规定："军队和地方互涉刑事案件，按照有关规定确定管辖。"《人民检察院组织法》第12条规定："人民检察院分为：（一）最高人民检察院；（二）地方各级人民检察院；（三）军事检察院等专门人民检察院。"第15条规定："专门人民检察院的设置、组织、职权和检察官任免，由全国人民代表大会常务委员会规定。"

国外很多设立了专门检察制度的国家都对专门检察进行了专章规定。俄罗斯的专门检察制度主要由《俄罗斯联邦检察院组织法》具体规定。《俄罗斯联邦检察院组织法》第六章规定了"军事检察机关的特殊性和活动保障"；《波兰检察院法》第八章规定了"关于军事检察院和军事检察官的特别条款"；《保加利亚检察院组织法》第七章专门规定了"军事检察院"；《越南检察院组织法》第八章内容为"军事检察院"。

和国外对专门检察制度的规定相比，我国对专门检察制度的规定少且缺乏系统性，

以至于理论上对诸多问题产生争议且关注不足，实践中存在操作难的问题。

(二) 专门检察机关的种类不同

我国目前关于专门检察的规定比较分散，在《刑事诉讼法》《人民检察院组织法》中并无明确对专门检察制度的规定。如《人民检察院组织法》第12条规定了检察院的组织体系，规定人民检察院分为最高人民检察院、地方各级人民检察院和军事检察院等专门人民检察院，但对专门检察院具体包括军事检察院之外的哪些专门检察院并无明确规定，而是用"军事检察院等专门人民检察院"这样概括、模糊的表述。目前关于我国专门检察机关的种类形成了两种观点：一种观点认为中国目前的专门检察机关只有军事检察机关，[1]如有学者认为铁路运输检察院已经与铁路系统剥离，全部划归地方检察院，所以铁路运输检察院不再属于专门检察院。[2]还有学者认为1983年修正《人民检察院组织法》时，考虑到铁路系统要逐步改制为企业，删除了铁路运输检察院作为专门检察院的内容，之后对铁路运输检察院作为派出检察院管理。[3]另一种观点认为中国目前主要的专门检察院主要是军事检察院，但对于其他的专门检察院是什么并未明确。[4]也有观点认为铁路运输检察院依然属于专门检察院，本书仍将铁路运输检察院作为专门检察院进行介绍。

俄罗斯的专门检察制度虽然也是源于苏联的专门检察制度，但其在专门检察机构的设置上与我国差异较大。俄罗斯的专门检察机关包括两大类：一类是军事检察机关、运输检察机关；另一类是自然保护区的检察机关和负责监督劳动改造机构内法律执行情况的检察机关。前者是俄罗斯联邦检察机关体系完整的分支体系，俄罗斯联邦军事总检察长领导俄罗斯军事检察机关体系，由俄罗斯联邦总检察院副检察长兼任，实施检察机关的全部职能。后者则与区域性检察机关一起履行检察机关的任务和职能，属于俄罗斯联邦检察机关体系的混合分支体系。该分支体系还包括与区域性检察机关在生态领域、在劳动改造机构内执行法律情况区域的活动。例如，自然保护检察机关不在全国设立，其只在区域性检察机关由于客观原因无法保证在生态领域履行检察机关职能的地方设立。[5]

由此可见，俄罗斯的专门检察院种类要更丰富，涉及的领域也更广泛。

运输行业深远影响一个国家的经济发展，甚至影响一个国家的国防安全、公共安全，是关涉国计民生的关键性领域。作为世界上国土面积最大的国家，俄罗斯非常注重运输领域的监管。俄罗斯的专门检察院包括运输检察院，运输检察机关负责对铁路运输、航空运输、海洋运输和内河运输的一切企业、机构和组织执行各种交通安全法

---

[1] 参见王建国等：《中俄检察制度比较研究》，法律出版社2017年版，第107页。孙谦主编：《中国特色社会主义检察制度》，中国检察出版社2009年版，第105页。

[2] 陈光中主编：《刑事诉讼法》（第7版），北京大学出版社、高等教育出版社2021年版，第71页。

[3] 孙谦主编：《中国特色社会主义检察制度》，中国检察出版社2009年版，第105页。

[4] 程荣斌、王新清主编：《刑事诉讼法》（第8版），中国人民大学出版社2021年版，第60页。

[5] 何家弘主编：《检察制度比较研究》，中国检察出版社2008年版，第231页。

的情况、恪守任何公民权利与自由的情况实施监督。具体而言，俄罗斯联邦总检察长以命令的形式，责成运输检察机关各级检察长对俄罗斯联邦交通部、联邦运输部（公路局问题例外）、联邦民航局、联邦河运船队局及其下属国有企业、机构、组织以及联邦海关局各级机关的法律执行情况实施监督。[1]2007年俄罗斯联邦总检察长签署了关于划分区域性检察机关、军事检察机关和其他专门机关之间职权范围的命令。根据该命令的内容，铁路、水路、航空、海关四个领域均为俄罗斯运输检察机关的职权管辖范围。

我国设立了铁路运输检察院属于运输检察机关，但其仅包含了运输领域的部分内容。我国的铁路运输检察院管辖的仅是与铁路运输相关的案件，而不管辖涉及水运、航运等其他运输领域的案件。且近年来我国的铁路运输检察院一直在进行改制，和最初设立时已经发生了本质性的变化，有些学者甚至认为铁路运输检察院已经不是我国的专门检察机关，而是检察院的派出检察院。

航空运输、海洋和内河运输与铁路运输对国家的影响同样重要，且都具有行业特色，需要行业知识。基于此，在未来的司法体制改革中，我国的运输检察机关可以考虑改革为大运输检察系统，将专门检察院拓展为包含航空运输、海洋运输和内河运输在内的运输检察机关。

三、我国专门检察制度的不足和未来展望

（一）我国专门检察制度的不足

专门检察制度的设置对于发挥检察院在特殊领域的法律监督职能具有至关重要的意义，我国专门检察制度对于实现特殊领域的法律监督起到了重要作用，然而我们也应看到目前我国关于专门检察制度的理论研究、立法规定仍然存在诸多不足。上述问题可能会严重影响专门检察制度作用的发挥，从而影响检察院法律监督的效果。

第一，目前关于专门检察的理论研究不足。我国关于检察制度的研究已经较为成熟，如中国检察出版社组织十几位常年研究检察理论的专家撰写了《论检察》系列丛书，十几位专家从不同视角、系统阐述了关于检察、检察与法治、检察与国家政治、经济、公民权利的关系以及未来检察改革的方向、原则和路径等方面的观点。上述丛书总结了我国检察制度的建设、改革经验并对检察制度的未来发展提出了前瞻性改革建议。此外，关于检察的其他著作和论文也可谓汗牛充栋。然而检视上述文献，可以发现一个问题，上述文献中关于专门检察的研究寥寥无几，在知网上检索"专门检察"，检出的文章屈指可数。可见我国理论界对专门检察的关注不足，研究相对欠缺。理论研究有助于推进立法和司法，理论研究的缺失严重影响了我国专门检察制度的深远发展。

第二，关于专门检察制度的立法不完善。我国和俄罗斯的专门检察制度均是源于

---

[1] 何家弘主编：《检察制度比较研究》，中国检察出版社2008年版，第231页。

苏联的专门检察制度，《俄罗斯联邦检察院法》和《俄罗斯联邦检察院组织法》均系统、详细规定了俄罗斯的专门检察制度的组织体系、机构设置、人员任免和管辖案件范围。另外波兰、越南等一些国家的立法也设专章对专门检察制度进行了体系规定。我国目前涉及专门检察制度的立法主要是《人民检察院组织法》，该法第15条规定："专门人民检察院的设置、组织、职权和检察官任免，由全国人民代表大会常务委员会规定。"该法对专门检察院的种类并无明确规定。但全国人大常务委员会关于专门检察院的规定几乎没有。最高人民检察院发布的《人民检察院刑事诉讼规则》也仅有两条涉及专门检察院。《人民检察院刑事诉讼规则》第23条规定："军事检察院等专门人民检察院的管辖以及军队与地方互涉刑事案件的管辖，按照有关规定执行。"《人民检察院刑事诉讼规则》第681条规定："军事检察院等专门人民检察院办理刑事案件，适用本规则和其他有关规定。"

从现有立法看，我国既没有在涉及专门检察制度的立法中对其进行系统规定，现有的规定也存在一定程度的模糊性，导致分歧存在。

第三，专门检察制度的发展滞后于专门法院。普通检察机关和普通法院的设置具有级别和地域对应关系，这样的设置有利于检察机关充分发挥法律监督作用。设立之初，专门检察机关和专门法院在级别和地域上也基本是对称设置的，近些年，专门检察院和专门法院的发展拉开差距，专门检察院的发展明显滞后专门法院。

首先，关于专门人民检察的立法、司法解释滞后于专门法院。如前所述，目前关于专门检察的立法不完善，且现有规定并不体系、严谨。《人民检察院组织法》第15条规定："专门人民检察院的设置、组织、职权和检察官任免，由全国人民代表大会常务委员会规定。"然而全国人民代表大会常务委员会并未就专门人民检察院的设置、组织、职权和检察官任免进行专门规定，最高人民检察院也没有相关的司法解释，仅在《人民检察院刑事诉讼规则》第681条规定，"军事检察院等专门人民检察院办理刑事案件，适用本规则和其他有关规定"。军事检察院在办理其所管辖的案件时虽然和普通法院遵循同样的原理，但因为专门检察院和普通检察院管辖领域的不同，二者在具体办案过程中"有同"的同时还应"存异"。现有的"军事检察院等专门人民检察院办理刑事案件，适用本规则和其他有关规定"无法指导具体的办案实践。

相比专门检察院，最高人民法院关于专门法院的司法解释相对完善。关于专门法院的司法解释包括不限于如下内容：①2012年《关于铁路运输法院案件管辖范围的若干规定》；②2016年《关于海事法院受理案件范围的规定》；③2018年《关于知识产权法庭若干问题的规定》；④2020年修正《关于军事法院管辖民事案件若干问题的规定》；⑤2020年《关于北京、上海、广州知识产权法院案件管辖的规定》；⑥2020年《关于知识产权民事诉讼证据的若干规定》；⑦2020年《关于涉网络知识产权侵权纠纷几个法律适用问题的批复》；⑧2022年《关于第一审知识产权民事、行政案件管辖的若干规定》等。

其次，专门检察院和专门法院的设置失衡。目前我国专门检察机关具体由那些存在争议，问题的根源是专门立法规定的缺乏和立法语言的模糊性。我国立法对专门检察院的规定采用过不同的立法模式。1979 年《人民检察院组织法》第 2 条第 4 款规定："专门人民检察院包括：军事检察院、铁路运输检察院、水上运输检察院、其他专门检察院。"1980 年 12 月 25 日最高人民检察院《关于重申执行〈关于建立报告请示制度的规定〉的通知》（[1980]高检办厅字第 61 号）用如下表述："各省、市、自治区人民检察院，全国铁路、水上运输检察院筹备组。"1983 年 7 月 13 日发布的最高人民检察院《关于转发〈注意经济犯罪分子动态坚决打击经济犯罪活动〉的通知》（2002 年 2 月 25 日已失效）中用到的表述是"各省、市、自治区人民检察院，军事检察院，全国铁路运输检察院，全国水上运输检察院筹备组"，通知正文中的表述是："据二十六个省、市、自治区人民检察院和军事、铁路运输检察院不完全的统计……"1983 年修改《人民检察院组织法》时将 1979 年《人民检察院组织法》第 2 条第 4 款删除，修改为第 1 款的："……军事检察院等专门人民检察院。"专门检察院在立法和相关文件中的表述均是以"等"的概括方式而非穷尽列举的方式展示，以致对目前铁路运输检察院属于专门检察院还是派出检察院产生了理论争议。最高人民检察院《人民检察院民事诉讼监督规则》第 134 条："军事检察院等专门人民检察院对民事诉讼监督案件的办理，……适用本规则和其他有关规定。"《人民检察院刑事诉讼规则》第 23 条规定："军事检察院等专门人民检察院的管辖以及军队与地方互涉刑事案件的管辖，按照有关规定执行。"《人民检察院刑事诉讼规则》第 681 条规定："军事检察院等专门人民检察院办理刑事案件，适用本规则和其他有关规定。"上述现行有效的涉及专门检察的司法解释中均是采用"军事检察院等专门人民检察院"的概括式的方法规定专门检察院，以至于目前专门检察院包括哪些都存在争议。有研究者认为我国的专门检察院，有研究者认为我国目前的专门检察院仅有军事检察院。

从新中国成立之初一直到 2014 年专门检察院和专门人民法院的设置还基本处于平衡状态，自 2014 年开始，这种平衡逐步被打破。

2014 年中央全面深化改革领导小组通过了《关于设立知识产权法院的方案》，2014 年 8 月 31 日，第十二届全国人大常委会第十次会议表决通过了《关于在北京、上海、广州设立知识产权法院的决定》。2017 年 6 月 26 日，中央深改组召开第三十六次会议，审议通过了《关于设立杭州互联网法院的方案》，同年 8 月 18 日，首家互联网法院在杭州正式揭牌。2018 年 7 月 6 日，中央全面深化改革委员会第三次会议审议通过《关于增设北京互联网法院、广州互联网法院的方案》。2018 年 8 月 9 日，最高人民法院印发《关于增设北京互联网法院、广州互联网法院的方案》的通知。同年 9 月 9 日，北京互联网法院挂牌成立。同年 9 月 28 日，广州互联网法院挂牌成立。2018 年 3 月 28 日，中央全面深化改革委员会第一次会议通过《关于设立上海金融法院的方案》。同年 8 月 20 日，上海金融法院正式挂牌成立。

2018 年修订后的《人民法院组织法》第 15 条第 1 款规定："专门人民法院包括军事法院和海事法院、知识产权法院、金融法院等。"专门法院种类的规定尽管也采用概括模式，但相对专门检察院的规定要更详尽，列举了除互联网法院之外的其他专门人民法院，且基本有专门对应各专门人民法院的司法解释。而现行《人民检察院组织法》仅明确规定了军事检察院。

从立法和司法解释对专门检察院和专门法院的规定和具体设置看，目前我国专门检察院和专门法院的设置严重不对称，专门法院数量要远多于专门检察院。专门检察院和专门法院设置失衡的负面影响是多方面的。一方面导致部分专门法院的法律监督空白；另一方面也会影响法律监督效果。由于缺乏与知识产权法院、金融法院、海事法院、互联网法院等专门法院对应的专门检察院，对上述检察院的法律监督职能通过上级人民检察院指定的普通检察院承担。由此产生的问题就是普通检察院工作超负荷，且检察人员因为缺乏相关领域的专业知识而弱化了监督效果。

（二）我国未来专门检察制度的完善方向

1. 在立法中明确、系统规定专门检察制度

为显示专门检察制度在我国检察制度中的重要性和充分发挥专门检察制度的法律监督功能，我国在未来的立法中，尤其是在修改《人民检察院组织法》时应当通过专章对专门检察制度的种类、职权、管辖案件范围、组织机构等进行明确规定。

2. 拓展专门检察机关，与专门法院对应

如前所述，2014年之后我国的专门检察和专门法院之间的发展逐步拉开差距，这影响了检察院法律监督的效果。此外，我国铁路运输检察制度的改革已经完成一个周期，在未来的改革中可以借鉴俄罗斯模式，将铁路运输检察发展为大运输检察系统，使其法律监督的范围涵盖包括铁路运输、海洋运输、内河运输和航空运输等运输系统，从而保障运输行业的健康、有序发展。历史上，我国也曾设立水上运输检察院，因此将来将铁路运输检察发展为大运输检察系统具有历史经验可供借鉴。另外，目前流域环境治理具有跨流域性，为了系统解决流域环境问题，可以考虑建立跨地域的流域环境检察院，专门解决流域环境治理问题。

第二节　军事检察制度

军事检察院是设置在中国人民解放军系统内的法律监督机关，全称是中国人民解放军军事检察院，是我国检察体系的组成部分。其是与军事保卫机关、军事法院并列的军队中的执法机关，在管辖刑事案件时，军事保卫机关、军事检察院和军事法院分别承担涉军刑事案件的侦查、审查起诉和审判工作。作为我国专门检察制度的一部分，军事检察制度是我国检察制度的重要组成部分。军事检察制度的确立，对于军队的建设和不断发展完善具有举足轻重的作用，同时也有利于全面、精准、充分地维护军人的各项权利。军事检察的主体是国家设在人民解放军中的法律监督机关，即军事检察院。军事检察的对象是人民解放军队伍中存在的犯罪现象。我国的军事检察渊源于苏联，伴随着我国检察制度的不断完善，我国的军事检察制度呈现浓厚的中国

特色。

一、军事检察制度的历史沿革

我国的军事检察制度并非沿袭中国古代的已有制度,其是在中国封建社会结束之后,在中国革命建设时期根据革命建设经验设立并逐步完善的专门检察制度。我国军事检察制度经历了制度初建、撤销、恢复、发展、完善等阶段。

(一)军事检察制度的初建、中断阶段

1931年11月7日,中国共产党领导的中华苏维埃政权建立,作为革命政权重要组成部分的人民检察制度亦开始起航。[1] 土地革命战争时期,中华苏维埃共和国中央执行委员会于1932年2月1日颁布了《中华苏维埃共和国军事裁判所暂行组织条例》该条例共34条,自1932年5月15日生效。该条例明确规定,制定该条例的目的是保障红军中战斗员、指挥员及工作人员的权利、维持红军铁的纪律。条例要求各级红军部队及地方武装指挥部按照条例的规定组织设立军事裁判所,以管理红军中一切刑事裁判。该条例是现在军事法庭的前身军事裁判所审理军人违法犯罪的法律,是组织法、实体法、程序法合为一体的适应当时革命战争时期的一部法律。1932年,中华苏维埃共和国在中央革命军事委员会之下设立了高级军事检察所,在红军的军、师和军区级军事裁判所内设立初级军事检察所。这是中国军事检察院的雏形。

抗日战争时期,根据《第八路军军法处工作条例草案》的规定,各级军法处内设军事检察员。解放战争时期,未单独设置军事检察机关。办案时,同部队首长临时指定军法处工作人员担任检察员,承办侦查和起诉工作。新中国成立后,依据1954年《宪法》和1954年《人民检察院组织法》的规定,在中国人民解放军中组建军事检察院。

1954年9月,中华人民共和国第一届全国人民代表大会第一次会议通过的《宪法》和《人民检察院组织法》颁布,将检察机关的名字由"人民检察署"改为"人民检察院",同时加强对军事、水运等专门人民检察院的建设,在人民解放军中设置军事检察院。1955年9月2日成立中华人民共和国最高人民检察院军事检察院。同年11月起,开始在中国人民解放军内筹建各级军事检察机关,到1956年上半年,各级军事检察机关已基本建立起来分为解放军、大军区、兵团、军、师级军事检察院。最高人民检察院军事检察院下设研究处、审判监督处、特种刑事案件监督处、侦查处、一般监督处和办公室。[2] 1955年11月10日,第一届全国人民代表大会常务委员会召开会议,任命黄火星中将为最高人民检察院副检察长兼中国人民解放军军事检察院检察长。1961年1月至1962年9月军队保卫、检察、法院三机关曾合署办公。从1963年5月1日

---

[1] 闵钐等:《中国特色社会主义检察制度的形成与发展——纪念检察机关恢复重建40周年研讨会会议综述》,载《中国检察官》2018年第21期。

[2] 参见石坚:《中国军事检察机关简介》,载《检察理论研究》1991年第1期。

起,解放军军事检察院使用"中华人民共和国最高人民检察院军事检察院"和"中国人民解放军军事检察院"两个名称。1965年6月,改称为中国人民解放军军事检察院,取消了"最高人民检察院军事检察院"的名称,中国人民解放军军事检察院的名字一直延续至今。[1]

1966年"文化大革命"开始后,各级政法机关遭到严重破坏,人民检察院被破坏程度尤甚。1967年各级人民检察院被造反派组织夺权,检察工作陷于瘫痪状态,检察制度实质上被废弃。1968年毛泽东主席批准中央政法部门军代表联合提交的《关于撤销高检院、内务部、内务办三个单位,公安部、高法院留下少数人的请示报告》的文件,该文件下发后,我国先后撤销了最高人民检察院、军事检察院和地方各级人民检察院,致使人民检察院从我国的国家机构体系中退出。1969年12月撤销全军军事检察机关。1975年《宪法》明确规定人民检察院的职权由各级公安机关行使,这意味着《关于撤销高检院、内务部、内务办三个单位,公安部、高法院留下少数人的请示报告》的内容被宪法正式认可,中国的检察制度宪法宣布被废止。

(二) 军事检察制度的恢复、改革阶段

1978年十一届三中全会开始拨乱反正,提出解放思想,实事求是,国家的各项建设开始逐步走向正轨。1979年12月又恢复了兵团、军级军事检察院。1978年12月,中央军委决定恢复中国人民解放军军事检察院和大军区军兵种军事检察院。1979年11月,经中央军委批准,总参谋部、总政治部联合发出通知,决定恢复兵团级和军级单位的军事法院、军事检察院,并对已成立的军事法院、军事检察院机构和编制作了调整,形成了军级、兵团级、大军区级和总部四级军事法院、军事检察院组成的军事司法系统。重建后的中国人民解放军军事检察院下设刑事检察处、法纪检察处、经济监所检察处和政策法律研究处。1980年撤销政策法律研究处,增设办公室。

1982年9月,中央军委印发军队体制改革精简整编方案的通知,规定全军军事法院、军事检察院按三级设置:即解放军军事法院、军事检察院为一级;各大军区和海、空军军事法院、军事检察院为一级;省军区、海军舰队、军区空军军事法院、军事检察院为一级。1985年百万大裁军,根据总参谋部通知,撤销了部队军级单位的军事法院、军事检察院,按片设置陆军基层军事法院、军事检察院。1985年后,改设刑事检察处、法纪经济监所检察处和办公室。重建后的军事检察机关分为三级,即中国人民解放军军事检察院、大军区(含空军、海军、总直属队)军事检察院和地区(含舰队、军区空军、省军区、集团军)军事检察院。

(三) 军事检察制度的进一步改革、完善阶段

1996年5月25日,根据中央军委指示精神,武警部队成立两级军事法院、军事检察院。1996年7月23日,中国人民解放军驻香港部队成立军事法院和军事检察院。1997年10月24日,军委批准成立解放军总直属队第二军事法院和第二军事检察院。

---

[1] 参见石坚:《中国军事检察机关简介》,载《检察理论研究》1991年第1期。

1998年10月，根据中央军委文件的规定，全军各级军事法院、军事检察院的编制体制、员额作了新的规定，全军设解放军军事法院、军事检察院和军区、海军、空军、总直属队军事法院、军事检察院和基层军事法院、军事检察院。2004年7月，全军各级军事法院、军事检察院的编制体制、员额再次作了新的调整，撤销了部分基层军事法院、军事检察院。2014年3月，经中央军委批准，第二炮兵部队组建军事法院、军事检察院。2016年7月，中央军委政法委在北京召开全军军事法院、军事检察院调整组建大会，明确了军事检察院由过去按照军兵种和武警系统设置调整为区域化设置。这一重大调整进一步明确了军事检察院是国家设在军队中的法律监督机关，在中央军委政法委和最高人民检察院领导下，依法独立公正行使检察权。新的军事检察体系，打破了过去主要按照行政隶属关系设置的固有模式，建立了垂直领导管理体制机制，明确了着眼惩腐肃贪，打造强军兴军安全之盾、法治之剑的职责使命。

考察军事检察制度的历史可见，我国军事检察制度经历了萌芽、初生、取消、恢复、不断发展完善等阶段。在此过程中，军事检察院经历了名称变化、机构改革和级别变化等。

二、军事检察院的机构设置

军事检察院是设置在人民解放军和武警部队中的专门法律监督机构，其既是我国检察机关的重要组成部分，又隶属于军队建制。受最高人民检察院和中央军委政法委员会的双重领导。军事检察院的级别设置经历了多次改革，和目前普通检察系统的四类设置不同，目前军事检察院分为三级，级别从高到低分别是中国人民解放军军事检察院、战区军事检察院、地区军事检察院。军事检察院内部设检察委员会并实行民主集中制。

三、军事检察院的职责和权限

作为军队中的执法部门，军事检察院的职责有：第一，通过对军职人员违法犯罪案件行使检察权，保障国家的法律和各种军事法规、条令、条例在军队范围内统一、正确实施；第二，追究危害国家军事利益的各种犯罪分子的法律责任；第三，通过行使法律监督权维护军队的合法权益，教育军人忠于祖国、遵守法律，保障军队现代化、正规化建设，巩固提高部队战斗力。

在我国，检察机关的职权主要是涉及刑事、民事和行政等方面的法律监督权，其中刑事法律监督权是其最主要的职权。军事检察机关作为专门检察机关，除了要遵循立法对检察机关职权的一般规定外，还要结合军事司法的特殊性和实际情况确定其职责。概括而言，军事检察机关主要行使刑事、民事、行政法律监督权，其中刑事法律监督权是其最主要、最核心的职权。具体而言，军事检察机关的职权包括如下内容：①军事检察院机关对军职人员实施的部分犯罪案件行使立案管辖权。军事检察机关对军职人员的犯罪案件行使检察权,按照专属管辖权的原则,受理部分现役军人、军队文职人员和在编职工的犯罪案件,包括现役军人的犯罪案件,军内在编职工的犯罪案件,军人与非军人共同实施的军人违反职责犯罪。②强制措施适用权、批准逮捕权和审查起诉权。军事检察机关对自行侦查的刑事案件自行决定强制措施的适用,对军队保卫部门侦查的刑事案件进行批捕审查,并承担对自行侦查、军队保卫部门侦查和军队监察部门调查完毕移送的刑事案件进行审查起诉。③对侦查、审判和执行活动进行监督。军事检察机关依法对军队保卫部门的侦查活动进行监督,对军事法院的民事、行政和刑事审判活动进行法律监督,并对裁判的执行活动进行法律监督。④战时机动权。在战时,军事检察机关还有紧急处置军人及在编职工犯罪案件的机动权。⑤公益诉讼职责。随着公益诉讼的发展壮大,军事检察机关还应当紧跟时代发展,强化使命担当,认真履职尽责,推动检察公益诉讼更好地服务国防和军队建设。2020年最高人民检察院、中央军委政法委员会《关于加强军地检察机关公益诉讼协作工作的意见》强调要进一步加强军事检察机关与地方检察机关公益诉讼协作工作,推动检察公益诉讼深入开展,共同维护国家利益和社会公共利益,维护国防和军事利益。

第三节 铁路运输检察制度

铁路运输检察机关是根据《人民检察院组织法》的规定,为了保障铁路运输的秩序和安全,由国家设立在铁路系统的法律监督机关,是我国检察系统特殊而重要的组成部分。铁路运输检察院由铁路运输检察分院、基层铁路运输检察院组成,由所在的省、自治区、直辖市人民检察院领导。其基本任务是按照法律规定行使检察权,打击和防范在铁路运输系统所辖区域中(包括铁路沿线、列车、车站、铁路企业事业单位等)发生的各种违法犯罪活动和铁路工作人员危害交通运输的违法犯罪活动,维护国家的法律、法令在铁路运输系统统一实施,维护铁路运输秩序、生产秩序和工作秩序,保护铁路财产和铁路运输物资不受非法侵害,保护旅客和铁路职工的人身权利、民主权利和其他权益不受侵害。铁路运输检察制度作为国家检察制度的分支之一,其在根本目的、根本任务以及基本检察职能等方面与国家检察制度保持着根本一致性。然而,作为特殊领域的检察制度,铁路运输检察制度在设立背景、组织机构、管辖事项、人事管理以及具体的职能权限等方面均存在区别于普通检察的特殊之处。

一、铁路运输检察制度的历史沿革

铁路运输检察原作为我国的专门检察机关,经历了制度初建、制度发展和制度大幅度改革完善的历程,概括而言,我国铁路运输检察制度的历史可以分为制度初建阶段、制度发展阶段和制度大幅改革完善阶段。

(一)铁路运输检察制度的初建和恢复重建阶段

我国铁路司法系统于20世纪50年代初参照苏联模式设立。1954年和1979年的

《人民检察院组织法》把铁路运输检察院规定为专门检察机关。1955 年 1 月，最高人民检察院建立了铁路水上运输检察院，部分地方建立了铁路运输检察院和水上运输检察院。至 1956 年初，铁路运输检察院的各级机构普遍建立，在 15 个铁路运输局建立了铁路运输检察院，50 个铁路分局则建立了铁路运输检察分院。1957 年受反右斗争和法律虚无主义的干扰而被撤销，又在"文化大革命"之后被重建。

1983 年修改《人民检察院组织法》时，把铁路运输检察院从专门检察机关处删除，将其作为派出检察院管理。1980 年，国家重新设置铁路运输检察机关，1980 年以来的铁路运输检察机关分为铁路运输检察分院和基层铁路运输检察院两级，按照铁路局和铁路分局地域分布设置。铁路分局下设政法委员会，主管铁路公安、检察院、法院工作。从行政管理角度而言，基层铁路运输检察院的地位是铁路分局下设的一个单位，人事、劳资、经费全部挂靠铁路分局。铁路运输检察分院与铁路局的关系亦同。在检察业务方面，分院领导基层院工作，分院受路局所在地的省级人民检察院领导，最高人民检察院下设铁检厅领导全国铁路运输检察机关的业务工作。

在此阶段，我国的铁路运输检察制度具有如下特点。重建之初，铁路运输司法系统设有三级检察院和法院。1987 年撤销了铁路运输高级法院和全国铁路运输检察院，只保留了基层及其上一级铁路司法机关，这些铁路运输司法机关与全国各个铁路局形成了一套完整的对应关系，铁路运输司法系统都有铁路运输部门管理，是我国铁路企业的一个组成部分。铁路运输检察院管辖的案件主要是与铁路运输相关的刑事案件。在人事上，铁路运输检察机关的检察人员不是国家公务员，而是隶属于铁路系统，由铁路运输系统按照其内部管理制度进行任免。铁路运输检察系统的检察官的选任与普通检察官的条件也不相同。从选任程序上讲，铁路运输检察系统检察人员的任选不受《人民检察院组织法》的约束；其次，从专业要求上看，铁路运输检察人员也不需通过国家司法考试；再次，从经费上看，铁路运输检察机关的经费由铁路运输系统解决，国家财政并不负责拨付铁路运输司法系统，这样的体制一定程度上方便了铁路企业运行过程中案件的办理和各种纠纷的解决，较有效地保障了作为国民经济大动脉的铁路的安全运行。但是其体制缺陷也十分明显，因为隶属于铁路企业，人、财、物均由铁路企业提供，职能上强调为铁路运输系统服务。其司法特性受到压制，司法的公正性、权威性难以得到体现和保障。此外，还存在案件管辖一起争端、法律适用不统一、人事任免与权力机关脱离等系列问题。实践中，涉铁案件偏向铁路部门的司法不公问题广受关注，对铁路运输司法体制改革的呼声也日渐高涨。随着讨论的深入，出现了两个具有代表性的改革方案：一种方案是撤销铁路运输司法机关。其所管辖的案件全部交由地方司法机关处理；另一种方案是保留铁路运输司法系统，但应从铁路部门剥离，并对相关制度进行具体设计，以充分发挥其司法特有功能。因为铁路运输司法系统来之不易，一支具备一定素质的队伍发挥着实际的作用，在我国司法体系中，保留铁路运输司法机关有利于更有效地打击犯罪、处理相关纠纷，并有利于案件管辖等一系列程序问题的合理解决。至此，铁路运输检察进入第一轮改革时期。

（二）铁路运输检察大幅度改革阶段

由于历史的原因，铁路运输检察院在为铁路这条中国经济大动脉保驾护航、作出巨大贡献的同时，由于检察业务由上级检察院领导，但人财物管理仍在铁路部门企业，管理体制上与司法属性不相适应、与法制建设不相协调的弊端也逐步凸显。进入21世纪，铁路运输检察院管理体制改革被纳入中央司法体制和工作机制改革的总体部署，铁检改革步伐逐渐加快。2004年，中央有关文件明确，要改革有关部门、企业管理公检法的体制，将铁路运输公检法纳入国家司法管理体制。2005年3月，铁道部撤销59个铁路分局，实行路局直接管理站段体制。59个基层铁路运输检察院暂时归各自的铁路运输检察分院管理，形成路局直接下设两级检察机关的局面。

经过多方充分协调论证，2008年，中央政法委出台了《关于深化司法体制和工作机制改革若干问题的意见》，部署了国家司法体制改革工作，铁路运输司法体制改革就是其中一项重要内容。经过深入的调研讨论和反馈意见。2009年确立了总体方案，铁路运输司法机关作为整体予以保留，但要与铁路部门彻底脱钩，归入地方属地管理。之后，2009年至2012年相继出台了《关于铁路公检法管理体制改革和核定政法专项编制的通知》《关于铁路法院检察院管理体制改革若干问题的意见》《关于铁路运输法院案件管辖范围的若干规定》等系列政策措施，有力推动了铁路运输司法体制改革的步伐。经过三年的过渡和实施，铁路运输司法体制改革设计的机构设置、人事任免、经费保障、案件管辖、人员分流安置等问题都逐步得到解决，铁路运输司法系统的体制问题基本得以理顺。2009年7月，中央有关部门下发铁路公检法管理体制改革的通知，提出了铁路运输检察院人财物管理与铁路部门、企业全部分离，一次性纳入国家司法管理体系，移交给所在地省区市党委和省级检察院，实行属地管理的总原则。2010年12月8日，最高人民法院、最高人民检察院、中央编办、财政部、人力资源和社会保障部、铁道部联合印发《关于铁路法院检察院管理体制改革若干问题的意见》，对铁路运输检察院管理体制改革后的干部管理、法律职务任免、业务管辖、资产移交、经费保障等作出了具体规定。2010年底至2011年初，基于上述文件精神和铁路运输检察院法律监督对象跨行政区划的特点，最高人民检察院对铁检管理体制改革工作作出总体部署——铁路运输检察院移交后，两级铁路运输检察院均作为省检院派出机构，由所在省级有关机构直接管理。省检院领导设置在本省（区、市）区域内的铁检分院或基层铁检院的人财物等管理工作，铁检分院领导设置在本省（区、市）区域内的基层铁检院，同时领导属于本铁路局域范围但设置在外省（区、市）区域内的基层铁检院业务工作。铁路运输检察院业务管辖范围、办案体制机制和司法程序等在新的法律、规定实施前暂时保持不变。移交省级检察院管理后，铁检机关是国家依法设置的专门检察院，行使对铁路交通领域的专门法律监督职责。随着移交工作的完成，铁路运输检察院的管理与铁路部门企业分离，人、财、物纳入了所在省（市、自治区）党委政府公务员管理，其最终纳入了应在的国家司法管理体系。2012年6月30日全国17个铁路运输中级法院和58个铁路运输基层法院、17个铁路运输检察分院和59个基层铁路运输检察院全部与铁路运输系统脱钩，移交给地方属地管理，全国各铁路运输司法机关基本完成向地方移交人、财、权的工作，铁路运输司法系统、整体地纳入了国家司法管理体系，这标志着我国铁路运输司法体制改革基本完成，铁路运输检察工作站在了新的历史起点上。

2019年，最高人民检察院机构改革，最高人民检察院铁检厅被撤销。但最高人民检察院仍然指导全国铁路运输检察工作。未来，我国铁路运输检察制度将开启新一轮的改革。

二、铁路运输检察院的任务和职责

铁路运输检察院是国家设置在铁路运输系统的检察机构，是我国检察机关的组成部分。铁路运输检察院由铁路运输检察分院、基层铁路运输检察院组成，由所在的省、自治区、直辖市人民检察院领导。铁路运输检察机关的主要任务是在铁路管辖范围内依法独立行使国家检察权。

第十章
检察管理

第一节 党务管理

党务管理是党建的重要组成部分,不仅有利于保证各项党建工作的切实执行,也是党建工作有序、科学开展的重要保障,做实做优做好检察机关党建工作,需要建立高效、科学、规范、现代的党务管理体系。

一、党务管理的概念与基本原则

(一)党务管理的概念

党务管理与党的工作、党的建设是紧密联系又相互区别的三个范畴。按照种属关系看,党的工作范畴外延最大,其次是党的建设,最后是党务管理。

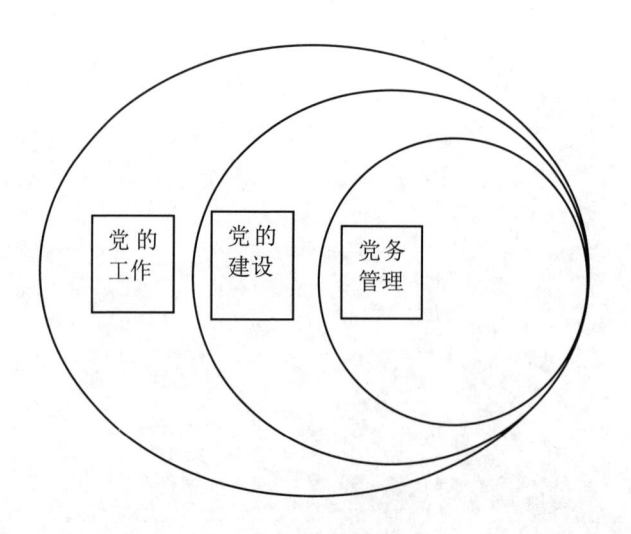

如上图所示,党的工作是三者中外延最大的种概念,它是指党所从事的全部活动,除包括党的建设和党务管理工作之外,还包括党的领导工作、思想政治工作、群众工作、军事工作、经济工作、文化工作以及处理与外国政党关系的外事工作等。党的建设是党的工作的属概念,它是指党为保持自己的性质而从事的一系列自我完善的活动,

不仅包括党务管理,还包括党的思想建设、政治建设、组织建设、作风建设和制度建设等。新时代机关党的建设的主要任务,涵盖党的政治、思想、组织、作风、纪律、制度等各项建设,是推进新时代机关党的建设的重要部署。[1]党务管理是被包含于党的工作和党的建设之中的一个属概念,其外延小于党的工作和党的建设。确切地说,党务管理是围绕党的建设而进行的一系列具体的党内管理活动。

(二)党务管理的基本原则

第一,坚持从严治党的原则。这是党的建设的基本原则,也是对党员进行教育、管理、监督和服务的一个重要原则。具体要做到思想教育从严、干部管理从严、作风要求从严、组织建设从严、制度执行从严。

第二,坚持党性原则。通过加强党员管理,使党员增强党性;对有问题经过多次教育仍不能改正的,要劝其退党,或者从党内除名。维护和保障党的纪律的严肃性和权威性,不管谁违反了党的纪律,都要按照党章的规定,受到党的纪律的制裁。建立严格的约束机制,使党员特别是党员领导干部自觉接受党内外群众和党组织的监督。坚持民主管理,在党员管理中要引导、支持党员正确行使权利,党组织还要尽可能做好服务党员工作,按照民主的方式来解决各种管理问题,协调各种关系,严格管理、严格监督每一个党员,从而保持党的先进性和纯洁性。

第三,坚持注重实效的原则。要坚持为党的基本路线服务的指导思想,围绕经济建设这个中心、检察工作全局开展工作,充分发挥党员的先锋模范作用。主要看能不能坚决执行党的基本路线,带领全体检察人员为经济社会发展和检察工作高质量发展作出贡献。

第四,坚持教育与管理相结合的原则。对党员的思想教育和对党员的管理是紧密联系的,二者处于同等重要的地位,既不能分割,也不能偏废。任何重视党员的思想教育管理而轻视党员管理或者重视党员管理而轻视对党员进行思想教育的倾向,都是错误的。要继续探索融党员教育、管理、服务与监督为一体的办法,建立健全制度,形成规范,通过有效的管理,增强教育效果。

第五,坚持制度规范的原则。要运用各种规章制度来管理和约束党员的行为,在做好思想工作的同时,严格按照制度办事,并不断地在实践中健全和完善党员管理的各项制度。既包括制定和完善相关党务管理制度,也包括制度的实施与检查,更包括制度的引领作用。

二、强化党务管理的实践探索

由前所述,党务管理是围绕党的建设而进行的一系列具体的党内管理活动。有论者在1995年曾评介《中国共产党党务管理史纲》,认为党务管理主要研究的是对党员工作运行科学管理的理论、原则与方法、艺术,其突出特点是应用操作性、层次有序

---

[1] 中央和国家机关工委编著:《新时代机关党建简明读本》,党建读物出版社2021年版,第26页。

性、规范可鉴性和适应新形势的变化性。[1]虽然此评介已有 30 年的时间间隔,但对今日的党务管理内容与特性仍具有一定的影响性。立足当代的背景,党务管理被赋予了更多的时代使命,实践中检察机关围绕党务管理的内容,积极探索党务管理的方式方法,取得显著成效。

(一) 对党务管理的重视程度日益增强

从机构设置看,最高人民检察院设立机关党委,主要负责机关意识形态工作,宣传和执行党的路线、方针、政策;负责机关党的主题教育、学习教育活动的具体组织实施,对党员进行教育、管理、监督和服务,发展党员;协助院党组管理机关基层党组织和群团组织的干部;协助院党组履行全面从严治党主体责任,负责机关党组织和党员的监督、执纪、问责;按照党组织的隶属关系,领导直属事业单位党的工作等多项职责。省级检察院和地级市检察院也分别成立机关党委,专司与党的建设相关的各项工作。从领导重视情况看,以某省级检察院为例,每半年都会召开专门会议研究党务工作,研究推进党务工作的部署,及时跟进学习党的建设的最新重要精神,把党对检察工作的绝对领导落实到每一个环节中。从制度规范看,每年制定党的建设工作要点,将党务管理的具体要求融入其中,与思想政治、检察业务、检察队伍、检察管理等各项工作紧密结合。

(二) 党务管理的形式更加多元化

一方面,在主体上更加注重激发青年检察干警的活力。建立青年理论学习小组,打破以往以单纯理论学习为主的单一形式,将对上对下联学共建有机结合,走出去学思想真感悟,请进来传经送宝长见识,增强针对性实效性。另一方面,传统的形式主要以报告会、授课等组织形式开展,党员干警的参与度不深入,只能被动聆听。新时代检察机关党务管理的形式更加灵活,构建中心组精学、支部集中细学、个人分散自学、"学习强国"助学、专家讲坛辅学"五位一体"的学习形式,运用专题党课、征文评比、主题演讲、红色教育、知识测试、评先评优等多种载体,采取井冈山、延安党性素能专题培训形式,同时利用新媒体(微信、微博、门户网站、客户端等)进行纵向、横向经验交流,取长补短,强化学习,筑牢检察干警忠诚、干净、担当的思想根基。

(三) 党务管理与检察管理融合度更加紧密

检察工作是政治性极强的业务工作,也是业务性极强的政治工作。讲政治是第一位的要求,而党务管理正是检察机关实现政治引领的重要载体。在日常推进过程中,注重增强党建与业务的融合度。以某省级检察院为例,聚焦"为什么融",组织领导抓规范。通过召开院党组等多种方式,围绕"为什么融"广泛研究,统一思想、凝聚共识。强化省检察院党组领导、机关党委主抓、党支部落实的机关党建工作的三级责任,三级党组织书记担起"第一责任人"的职责,以身作则推动党建与业务融合。制定党

---

[1] 包心鉴:《〈中国共产党党务管理史纲〉评介》,载《当代世界社会主义问题》1995 年第 3 期。

建与业务融合的办法,细化九条推进措施。聚焦"融什么",创新载体建品牌。坚持将打造业务工作品牌作为党建工作的重点内容,聚焦主业主责,广泛开展"一个支部一个品牌""一名党员一面旗帜""一个窗口一个样板""一项工作一件精品"活动;致力打造工作精细、服务精心、案件精品、队伍精干、管理精细、文化精深的"精致检察",以实现党建工作品牌化,把党务管理工作渗透到业务工作中去,成为驱动发展的最大动力。聚焦"怎么融",强化执行保实效。完善定期学习制度,将党的创新理论与业务理论结合学习,深化理解,促进转化;建立定期会议制度,将党建和业务融合发展作为机关党组织会议研究的重要议题;建立定期汇报制度,机关各支部每季度向机关党委报告一次党建工作开展情况,重点报告"八项基本制度"落实情况、会议召开次数和内容,以及省检察院领导干部参加所在支部组织生活会的情况;机关党委每半年向省院党组报告一次党建工作开展情况;单项党建工作及时报告;完善检查监督机制,机关党委每季度、机关各支部书记每月对《党支部工作手册》填写情况检查核实,着重查看支部会议研究业务工作情况,适时进行通报;省院党组、机关党委、各党支部推动层层落实"一岗双责",层层强化监督,把融合工作要求和党的政治纪律、政治规矩切实渗入工作、生活中。

(四)党务管理人员综合素质能力得到提升

检察机关的党务干部是开展检察机关党务管理的具体组织者、实施者,高素质专业化的党务干部是检察机关各级党组织发挥职能作用的关键。各地检察机关结合党务管理工作实际,积极探索、强化举措、着力提升党务干部综合素质。以某省级检察院为例,以提升能力素质为前提,以打造模范检察机关为目标,以服务保证检察中心工作高质量发展为出发点和落脚点,多措并举加强党务干部队伍建设。坚持把好源头关,在人员配备、使用上突出政治标准、坚持德才兼备,持续壮大检察机关党务干部队伍,以省院机关为例,在机关党的委员会人员的配备上,明确一名院领导担任机关党委书记,机关党委专职副书记、机关党委副书记各1名,机关党委组织委员、宣传委员、纪检委员、学习委员、统战委员、文体委员、工青妇委员分别由政治部干部处处长、办公室主任、检委会专职委员等人员担任。在支部换届选举中,相继完成了2个党总支、33个党支部换届工作,确保基层组织全覆盖。坚持把好培养关,分级分类分形式对党务干部开展"大培训、大提升"活动,积极融入党史学习教育、学习贯彻习近平新时代中国特色社会主义思想主题教育中,通过深学细研,持续筑牢政治忠诚底线。坚持创造条件让党务干部在急难险重一线成长成才,部署政治素质高、专业素质强、作风品格实的优秀党务干部,深入基层一线助力乡村振兴,在攻坚克难、推动落实中锻造"宽肩膀"。把好激励关,积极开展"创先争优"活动,制定《年度党建工作目标考核办法》《机关党建工作述职评议考核办法》,积极推动党支部书记认真履行"一岗双责",组织支部书记述职评议会。

三、新时代党务管理面临的新形势

（一）党的建设提出的新要求，需要增强党务管理的整体性

2023年6月28日至29日召开的全国组织工作会议，用"十三个坚持"集中概括了习近平总书记关于党的建设的重要思想。在"十三个坚持"中，坚持和加强党的全面领导是第一个重要方面，是党的建设的根本原则。[1]对党务管理而言，同样需要强调全面性。要围绕"十三个坚持"，[2]从中找准党务管理的切入点与着力点，让党务管理融合于党的建设方方面面。

（二）制度治党、依规治党的新要求，需要持续增强党务管理的规范化

党的二十大指出强调"坚持制度治党、依规治党"，并将其作为坚定不移全面从严治党、完善党的自我革命制度规范体系的一项重要举措。对党务管理工作而言，在紧盯党的建设新要求增强党务管理整体性的同时，需要结合制度治党、依规治党的新要求，对与党务管理相关的制度规范进行细化，进一步明确党务管理的原则、内容，党务管理的目标考核、督导检查、请示报告等各项制度的落实。

（三）信息化技术的广泛应用，需要增强党务管理的现代化

自信息技术萌发以来，凭借其自身独特的技术优势，信息技术能够显著提高信息传递速度和信息处理能力，特别是数字战略的深入实施，大数据的推广，为新时代加强党务管理提出了新的挑战。虽然在实践中，有的检察机关已进行探索，但还未达到党务管理信息化全覆盖的目标。比如，针对党费收缴难题，研发相应的App，实现线上快速缴费；有的检察院研发学习系统，实现党务培训线上线下全覆盖等。面对新的形势要求，需要挖掘信息技术的潜力，聚焦党务管理的各个方面，探索建立更广泛的管理系统，从而实现党务管理的现代化目标。

第二节 案件管理

检察案件管理从试点探索到规范运行，历经20多年发展完善，当前正处于进阶升级阶段，需准确把握检察案件管理现代化的时代定位，推动案件管理工作规范化智能化，努力以检察案件管理现代化服务保障检察工作现代化。

---

〔1〕洪向华、解超：《坚持和加强党的全面领导》，载《中国纪检监察报》2023年9月5日。

〔2〕"十三个坚持"是指坚持和加强党的全面领导思想；坚持以党的自我革命引领社会革命；坚持以党的政治建设统领党的建设各项工作；坚持江山就是人民、人民就是江山；坚持思想建党、理论强党；坚持严密党的组织体系；坚持造就忠诚干净担当的高素质干部队伍；坚持聚天下英才而用之；坚持之以恒正风肃纪；坚持一体推进不敢腐、不能腐、不想腐；坚持完善党和国家监督体系；坚持制度治党、依规治党；坚持落实全面从严治党政治责任。

一、案件管理工作的制度演进

（一）试点阶段

该阶段为2011年11月最高人民检察院案件管理办公室成立之前。首次出现案件管理中心始于2002年，先行先试的地方设立专门机构。2003年，最高人民检察院出台《关于加强案件管理的规定》，首次在最高人民检察院层面上，以文件的形式提出案件管理的概念。这一阶段检察机关案件管理分散在各个业务部门，这种相对分散的管理模式，容易带来办案全过程、各个办案环节监控的空当和脱节，形成监督盲区。同时，因为各部门缺乏有效沟通衔接，导致案件管理效率低下。这一时期显著的特点是案件管理模式逐步由分散管理改为集中管理，工作方式逐步从人工化向信息化转变。

（二）规范发展阶段

该阶段为2011年11月至2021年9月全国检察机关第二次案件管理工作会议之前。十年间，检察机关案件管理重点在专门机构设置、规范性文件集成、信息化和智慧案件管理建设、教育培训等方面进行规范，主要解决的是进一步论证检察机关案件管理好不好以及如何实现更好地发展的问题。2012年10月，最高人民检察院案件管理中心正式开始运行；2013年1月，最高人民检察院研发的新统计系统，俗称"AJ2013系统"开始上线运行；同年12月，全国检察业务应用系统在最高人民检察院机关正式上线运行，所有案件从受理到办结全部网上运行；2014年，最高人民检察院制定下发《关于进一步改进检察业务考评工作的意见》，积极引导各级检察机关牢固树立正确的政绩观和严格规范公正文明的司法观，不断优化考评指标，完善考评工作机制；2014年全国检察机关第一次案件管理工作会议召开；2017年初全国检察业务应用系统统计子系统上线运行；2018年6月，《最高人民检察院业务数据分析研判会商工作办法》印发；同年7月，最高人民检察院第一次业务数据分析研判会商会议，拉开了全国检察机关定期召开业务数据分析研判会商会议的序幕。[1]

（三）进阶升级阶段

该阶段为2021年9月至今。全国检察机关第二次案件管理工作会议开启了检察案件管理高质量发展的新阶段。此次会议，明确检察机关必须在境界、理念、思路、措施、能力等方面紧紧跟上、主动适应，以更加优质高效的案管履职，助力检察工作高质量发展。[2]提出案件管理工作的"一二三五"总体工作思路，"一"即一个定位，案件管理部门是检察业务工作的中枢；"二"即两大主责，监督管理和服务保障；"三"即"三个理念"，科学管理理念、能动管理理念、智能管理理念；"五"即五大体系，包含以业务数据分析研判为引领的业务指导体系、以"案-件比"为核心的业务评价体系、以案件办理全过程为对象的业务管控体系、以人民监督员工作为重点的外

---

[1] 李景文、孙风娟：《案管十年：从无到有 从弱到强》，载《检察日报》2021年10月29日。
[2] 参见最高人民检察院党组副书记、常务副检察长童建明在全国检察机关第二次案件管理工作会议上的讲话。

部监督体系、以检察业务应用系统为主平台的业务保障体系。2023年5月，全国检察机关案件质量评查专题培训班上，提出"123456"的案件管理工作思路："1"指案管部门作为检察业务工作中枢的一个职能定位；"2"指案管部门监督和服务的两大职能；"3"指树立科学管理、能动管理、智能管理的三大工作理念；"4"指推动案件管理职责履行规范化、机制运行一体化、工作保障信息化、队伍建设专业化的"四化"建设；"5"指建立业务数据分析研判为引领的业务指导体系、以"案-件比"为核心的业务评价体系、以案件办理全过程为对象的业务管控体系、以人民监督员工作为重点的外部监督体系、以全国检察业务应用系统为主平台的业务保障体系；"6"指从事案件管理的人员应具备政策把握、法律适用、数据统计、分析研判、流程监管、质量评查六种能力。

二、加强案件管理工作的重大意义

（一）为大局服务、为人民司法离不开高质效的案管工作

满足人民群众更高水平的新要求，基本途径、主要方式就是高质量司法办案。高质量司法办案必须要求高质量案件管理。只有把好管理关口，才能输出合格、优质的检察产品；只有抓好检察业务信息公开、人民监督员制度落实等工作，才能让人民群众在每一个司法案件中感受到公平正义。因此，做好案件管理工作，绝不能仅局限于"内部监督管理"的小视野，必须具有为大局服务、为人民履职的大情怀。

（二）全面提升法律监督质量和效果离不开优质高效的案件管理工作

近年来，最高人民检察院建立了一整套贯穿案件办理全过程的监督管理机制，从程序监督、实体监督、数据监督，到业务数据分析研判、检察人员考核指标设置等，既把控个案质效，也牵引检察业务整体向前，已成为"四大检察"全面协调充分发展的"指挥棒"。实现新时代检察工作高质量发展，这套机制、体系不仅必须充分发挥用好，而且必须与时俱进、优化、提升。

（三）保障检察权依法正确行使离不开优质高效的案件管理工作

与其他执法司法制约监督方式相比，案件管理通过案件受理、统一分案、流程监控、结案审核等职能，在具体办案中履行监督制约职责，是参与、跟进、融入式监督，是全面、实时、动态式监督，是既不影响检察官办案自主权、又对检察权运行具有制约功能的一种监督模式，在确保检察权依法规范行使、建设过硬检察队伍方面具有独特地位和显著优势。

三、案件管理工作的职责

检察案件管理部门是检察机关为加强自身执法办案活动的管理工作，强化内部监督制约，提高办案质量和效率，促进廉洁执法，设立的一个专门负责案件管理的综合业务部门。主要职责是对检察机关办理的案件实行统一受理、流程监控、案后评查、

统计分析、信息查询、综合考评等,对办案期限、办案程序、办案质量等进行管理、监督、预警,规范执法行为,提高办案质量和效率。具体职责如下:①负责案件受理、流转。案件管理部门对接收案卷材料审查后,认为具备受理条件的,应当及时进行登记,并立即将案卷材料和案件受理登记表移送相关办案部门办理。②负责办案流程监控。运用信息化手段监控案件流程中的风险点,对检察官行使权力进行有效监控、精细考核、严格追责,逐步形成了事前预防、事中监督、事后考核追责相结合的管理体系,确保检察权不被滥用。③负责扣押、冻结款物的监管。立案之前发现涉嫌犯罪的款物,如果符合立案条件的,应当及时立案,并采取扣押、冻结措施,以保全证据和防止涉案款物转移。④负责以人民检察院的名义制发的案件文书的监管。人民检察院办理的案件,办结后需要向其他单位移送案卷材料的,统一由负责案件管理的部门审核移送材料是否规范、齐备。负责案件管理的部门认为材料规范、齐备,符合移送条件的,应当立即向办案部门按照规定移送;认为材料不符合要求的,应当及时通知办案部门补送、更正。⑤负责案件信息公开工作。确保案件程序性信息每日公开,充分利用流程监控职能,对案件信息逐一核查。⑥负责诉讼参与人接待工作。负责辩护人、诉讼代理人的接待工作,接受辩护人、诉讼代理人提交的材料,与相关业务部门协调、联系。⑦负责组织办案质量评查。⑧负责检察业务数据监管和分析。⑨负责检察机关统一业务应用系统使用管理的相关工作。⑩负责人民监督员相关工作。利用人民监督员参与公开审查、公开听证等活动的契机,向申诉人释法说理,引导申诉人息诉罢访,助力社会矛盾化解。

第三节 队伍管理

在法治队伍中,政法队伍规模最大、职能作用特殊,其整体素质和能力事关法治建设成效、事关党和政府形象。党的二十大围绕"建设堪当民族复兴重任的高素质干部队伍"等一系列明确要求,为加强高素质专业化检察队伍建设指明了前进方向、提供了科学方法。全面推进依法治国,建设一支德才兼备的高素质法治队伍至关重要,为加强新时代法治队伍建设指明了方向。检察队伍是政法队伍的重要组成部分,习近平总书记在对检察工作的重要指示中强调,建设过硬队伍,强化法律监督能力。2021年6月,中共中央首次专门印发的《关于加强新时代检察机关法律监督工作的意见》,明确部署"加强过硬检察队伍建设""全面提升检察人员专业知识、专业能力、专业作风、专业精神"。《"十四五"时期检察工作发展规划》围绕"加强过硬检察队伍建设",提出了八个方面明确要求。最高人民检察院围绕"建设高素质检察队伍"等连续三年开展主题征文活动。2023年初,全国检察长会议提出,当前和今后一个时期,检察工作的中心任务是以检察工作现代化服务中国式现代化,并明确了法律监督理念、体系、机制、能力现代化的深刻内涵和实践要求。同年7月,大检察官研讨班围绕全面推进检察工作现代化,对当前和今后一个时期的检察工作进行科学谋划。这些重要论述和要求，是新时代加强检察队伍建设必须牢牢把握的总纲领，也为新时代检察队伍建设明确了历史方位和工作的着力点。特别是近年来，随着司法体制改革的不断深入，检察机关从"两反"转隶后，形成了法律监督新格局，检察工作要面对新时代发展的需要，检察干警要面对新时期检察监督方式的转变，加强检察队伍建设的迫切性日益突出、任务依然很重。检察机关必须主动适应现代化建设需要，一体推进思想政治、领导班子、人才队伍、专业能力、职业保障、纪律作风建设，努力打造绝对忠诚、绝对纯洁、绝对可靠的检察队伍。

一、强化检察队伍管理须坚持的原则

（一）坚持政治引领

检察机关所处的特殊位置和承担的重要职责，决定了检察队伍必须坚定执行党中央要求，时刻同党中央精神对标对表，不折不扣抓好党中央精神的贯彻落实。认真落实《中共中央政治局关于加强和维护党中央集中统一领导的若干规定》，最高人民检察院印发《中共最高人民检察院党组关于贯彻落实〈中共中央政治局关于加强和维护党中央集中统一领导的若干规定〉的意见》，全力维护党中央权威，坚决贯彻落实习近平总书记重要指示批示精神，特别是对政法工作、检察工作的重要指示批示精神，及时传达学习，专题研究部署，细化实化举措，不折不扣贯彻落实到检察工作全过程、各环节，确保党中央决策部署在检察机关落地见效。

（二）坚持理念先行

近年来，最高人民检察院党组提出了一系列检察工作新理念，包括"在办案中监督、在监督中办案""双赢多赢共赢""高质效办好每一个案件""溯源治理""从政治上着眼、从法治上着力""让人民群众在每一个案件中可感受、能感受、感受到公平正义务""用法治力量厚植党的执政根基"等一系列新理念。这是新时代检察职业特征的重要体现，是法律监督机关的职业精神，既具有恒定不变的品格，也体现着与时俱进性，不断反映时代精神和检察工作的新要求，体现检察机关的职能和定位。在助推检察队伍建设现代化进程中，需要时时刻刻对照这些新理念、新要求，不断校正履职的方向标，把每一名检察人员打造成党的领导捍卫者、法律监督承担者、公平正义维护者、公共利益守望者、国家治理参与者。

（三）坚持系统集成

党的二十大报告在第二部分讲到开辟马克思主义中国化时代化新境界，强调了"六个坚持"，"必须坚持系统观念"是其中之一。系统观念是关键统筹点，对检察队伍建设而言应把握三个方面：从宏观方面看，要将检察队伍建设设置于整个政法队伍建设的大厦之内；从中观方面看，要将检察队伍建设与检察工作紧密相连；从微观方面看，要注重把握检察队伍建设各个环节、系统上下之间的联系性。从宏观、中观、微观三个方面把握检察队伍建设的根本方向，避免割裂式建设检察队伍，应注重强化统筹、系统集成。

（四）坚持数字赋能

数字检察战略是法律监督手段的革命。最高人民检察院成立数字检察办公室，印发加快推进数字检察工作的通知，召开数字检察工作座谈会。应坚持"业务主导、数据整合、技术支撑、重在应用"，注重规划引领，优先补足软硬件基础设施，建成应用无纸化办公系统，推动智慧检委会会议室、智慧党组会会议室建设，补齐信息化智能化短板。强化模型应用，加快建设法律监督建模平台，同时对业务应用系统、裁判文书等数据全面梳理入库，为推动模型研发应用打下良好基础。要适应数字检察发展的新机遇，必须大力提升检察人员智能化、信息化办公办案能力，不断推动大数据与检察工作深度融合，着力提升新时代法律监督质效。

二、加强检察队伍建设的新要求

（一）必须始终把党的政治建设摆在首位

检察机关作为党领导下的国家法律监督机关和司法机关，既是政治性极强的业务机关，也是业务性极强的政治机关。检察机关政治监督要体现检察职能职责和检察工作特点，深入促进政治建设和业务建设有机融合，透过检察业务看政治偏差，着力从政治上发现和推动解决业务问题，推动检察工作现代化和高质量发展。2023年7月，大检察官研讨班提出既要从政治上着眼，旗帜鲜明讲政治，坚定拥护"两个确立"、坚决做到"两个维护"；又要从法治上着力，全面履行检察职能，坚定捍卫"两个确立"，忠诚践行"两个维护"。这就决定了必须把政治建检作为检察业务建设、检察队伍建设的首要任务，在思想上坚定政治立场、政治方向、政治原则、政治道路，在行动上坚决维护以习近平同志为核心的党中央的权威和集中统一领导，做到忠诚捍卫"两个确立"，坚决做到"两个维护"。

（二）必须始终把能力素质作为关键重点

当前，检察工作实现职能重塑、机构重组、机制重构，"四大检察"战略布局成为新征程检察事业发展的"主体框架"和"基本盘"，这种大变革、大发展无疑为检察队伍建设提出了更高要求。从队伍培训情况看，存在着一些单位重视程度不够高，没有被作为提升干警业务素能的一项重要任务来对待；部分干警自我提升意识不强，存在"吃老本"现象，不愿花时间用在学习培训上，把上级机关（单位）组织的学习培训当作负担应付差事；工学矛盾突出，目前很多基层院反映，案多人少、业务工作繁重，干警很难有时间充电学习；在各业务条线培训中，普遍存在因忙于工作而不能参加培训的情况，一定程度影响了检察业务与教育培训的协调发展。从培训内容上看，培训内容单一，短期培训内容范围较窄，课堂互动性、实践性不够强，教学内容达不到预期效果。面对检察工作现代化的形势任务，现有的检察教育培训师资和课程建设水平还不能满足条线业务的需求，新课程开发力度及专兼职师资队伍力量不足。这些因素直接影响检察队伍素质能力的提升。在加强检察队伍现代化进程中，在做优刑事检察、做强民事检察、做实行政检察、做好公益诉讼检察，攻坚克难为推进国家治理体系和治理能力现代化贡献检察力量的形势任务面前，必须加大检察人才综合素质培养力度。

（三）必须始终把担当法治责任、检察责任作为核心要求

要从政治上看，坚决落实保证党全面领导的政治责任。坚持党对一切工作的领导，既要靠党章党规的贯彻执行，也要靠宪法法律的有效实施。宪法法律是党领导人民制定的，是党和人民意志的集中体现。《宪法》第1条第2款明确规定"中国共产党领导是中国特色社会主义最本质的特征"。检察机关法律监督的基本任务就是保障宪法法律正确实施，维护国家法制统一、尊严和权威。在具体工作中，既要讲政治，还要讲法律，要将司法政策和法律法规有机结合起来，注重政治效果、法律效果、社会效果的统一。要从法治上看，坚决落实满足新时代人民群众更高需求、更好维护社会公平正义的法治责任。宪法明确赋予检察机关履行法律监督的职责，肩负起这项职责就要落实以人民为中心的发展思想，促进加强执法司法制约监督，解决法治领域人民群众反映强烈的突出问题，在推进全面依法治国进程中发挥出应有的作用。必须以高度的法治自觉，解决好长期存在的法律监督难、软等问题，促进完善执法司法制约监督体系，更好捍卫公平正义、保障人民权益。要从检察职责上看，坚决落实宪法法律赋予的法律监督职责。检察机关是在诉讼程序中履职的专门职能部门，作为执法司法活动的参与者，检察机关直接在具体办案过程和环节中履行监督职责，是参与、跟进、融入式监督，是在办案中监督、在监督中办案，发现问题更及时、监督纠错更直接。我们每一个检察人，要努力成为法律的专家、法治的楷模，既尊法、懂法，又守法、护法，真正做到公平正义的捍卫者、法律法规的执行者、法治权威维护者，成为"全面推进国家各方面工作法治化"的重要参与者、忠实推动者。

（四）必须始终把强化监督管理作为重要保障

全面从严治党、全面从严治检永远在路上，持之以恒正风肃纪的任务繁重而艰巨。全面依法治国对公正司法提出新期待新要求，信息社会使司法活动高度透明，一些突发事件使我们的司法活动和队伍的素质能力受到社会的强烈关注。加之当前，检察人员的年龄结构、学历结构、成长经历都发生变化，人员分类管理、司法责任制的实施，也为从严治检提出新任务，在稳人心、鼓干劲、凝士气、强队伍方面，任务艰巨。必须高度关注司法公信力动向，研究、思考队伍管理中的新课题，积极有效应对全面从严治党新要求给检察政治工作和队伍建设带来的挑战。

三、优化检察队伍管理的建议

（一）不断夯实思想根基

忠诚，是检察职业的政治基础，是中国特色社会主义检察事业的内在要求。这是由我国检察机关作为国家法律监督机关的属性决定的。面对新时代新征程新要求，忠诚需要融入于"讲政治"的每一个环节之中。

第一，坚持党对检察工作的绝对领导，健全完善检察机关坚持和捍卫"两个确

立"、坚决做到"两个维护"的各项制度,健全贯彻落实习近平总书记重要指示批示精神和党中央重大决策部署的任务分工、督促检查、情况通报、监督问责等闭环机制,坚决把党的绝对领导落实到检察工作各领域各方面各环节。深入实施《中国共产党政法工作条例》,严格落实重大事项请示报告制度,深化检察系统内政治巡视,常态化开展政治督察。强化党建工作条线指导,评选发布党建业务融合典型案例,一体推进党建与业务工作同频共振、互融共进。

第二,坚持不懈用习近平新时代中国特色社会主义思想凝心铸魂,实施全员政治轮训,深入开展习近平法治思想学习研讨培训,严格落实"第一议题"制度,创新方式方法、完善制度保障,提高党组理论学习中心组学习质量。深化党绝对领导下的人民检察史教育,赓续检察红色基因。广泛开展新时代检察职业道德建设,有效提升检察人员职业道德素质。

第三,认真做好检察意识形态工作。压紧压实意识形态工作责任制,完善落实意识形态工作联席会议制度,定期开展检察机关意识形态领域形势分析研判,适时组织检察人员现实思想问卷调查。管好用好检察机关意识形态阵地,督导落实"三同步"工作,稳妥处置涉检热点敏感舆情。壮大奋进新时代的检察主流思想舆论,加强正面宣传教育和思想引导,深化形势政策解读,切实把检察人员思想行动统一到党中央决策部署上来。

(二)持续树牢正确用人导向

治国之要,首要用人;用人干事,重在导向。习近平总书记指出,用人导向最重要、最根本、也最管用,对干部最大的激励就是正确用人导向,用好一个人能激励一大片。

第一,加强干部选育管用。贯彻落实新时代党的组织路线和好干部标准,扎实推进领导班子和干部队伍建设。指导督促市县院加强向地方党委及其组织部门汇报,持续落实各级院分管日常工作的副检察长按同级政府部门正职配备。坚持主动协管,统筹用好各年龄段干部,推进干部交流。从战略高度抓好年轻干部培养选拔工作,建立完善日常发现、跟踪培养、适时使用等机制,注重在案件办理、业务竞赛、专项活动中发现人才。认真落实最高人民检察院《关于加强新时代检察人才培养的若干措施》,建立健全各级各类检察人才库,形成合理的梯次结构。针对领军型、复合型检察人才不足问题,通过列席检委会、领衔办理大要案、参与理论实务课题研究等方式,强化专门培养激励,推进专业人才建设。

第二,深化检察人员考核。对检察人员实行"全员、全面、全时"考核。检察机关应继续在持续完善全员考核的指标、机制方面做努力,在集中破解"干好干坏、干与不干、干多干少一个样"问题上下功夫,促进检察人员踏上奋进路,实现全员提升、整体进步。

第三,守正创新树好队伍形象。检察宣传工作是队伍建设的一项重要基础性工作。要切实加强统筹谋划,注重一体化、专业化、专题化、多样化、系统化、极致化,聚焦上级精神、重点工作、措施效果、基层一线、先进典型、法治宣传等重点，上下一体、矩阵联动、叠加聚合，打好宣传"组合拳"，多创"出圈"好作品，讲好检察故事，树立队伍形象，为推进检察工作现代化营造良好舆论氛围。

（三）不断提升法律监督能力

当前，检察工作欣逢最好发展时期，也面临更高履职要求，要从习近平新时代中国特色社会主义思想中汲取智慧和力量，熟练掌握蕴含其中的思想方法、工作方法，不断提高服务高质量发展本领、服务群众本领、防范化解风险本领。

第一，做优履职培训。认真落实《检察官教育培训工作条例》，围绕新时代司法办案理念、最新法律政策、重大疑难案件和新类型案件、案件管理和实务等，分层分类扎实开展覆盖各条线的高质量业务培训。抓好基层院检察长轮训，开展新进人员任职培训和检察官晋高培训，拓展检察官助理和书记员业务培训。推进实战练兵常态化，统筹开展各条线各领域业务竞赛。

第二，创新拓展共享培训模式。持续推进法律职业共同体同堂培训。完善检察机关与高等院校合作培养人才机制，积极推进"检察长进党校""检察官进高校"活动，办好"检察实务课堂"，拓展检校合作深度和广度。

第三，大力推进"智慧培训"。依托中检网院等平台进一步扩大网络培训规模。加强检察人员科技思维，尤其是大数据思维、理念、习惯的培育，涵养检察科技文化。常态化组织基层院检察长、业务部门负责人、业务骨干和技术信息人员参加信息化培训，逐步形成全员学、全员用的浓厚氛围。坚持在学中干、在干中学，让检察人员在实践操作中增强科技应用能力，努力培养更多"大数据+业务"的复合型检察人才。

（四）激发干事创业精气神

管理本身就是一种能力，更是提升能力的最有效手段。建设现代化检察队伍，要向管理要质效、要生产力，必须坚决履行全面从严管党治检主体责任，以严的态度、严的措施、严的纪律加强对检察队伍的全方位管理和经常性监督，确保检察队伍不变质、不变色、不变味。

第一，压实从严治党责任。认真执行《党委（党组）落实全面从严治党主体责任规定》，"一把手"要履行好第一责任人责任，坚持真管真严、敢管敢严、长管长严。持续巩固政法队伍教育整顿成果，对教育整顿中围绕解决普遍性、系统性、深层次问题制定的体制机制层面整改举措常抓不懈，对今后工作中遇到的新问题，坚持用制度思维和改革办法抓源治本，在全面从严治党治检、纯洁检察队伍、提升检察履职能力等方面实现常治长效。

第二，持续优化队伍作风。认真落实中央八项规定精神，驰而不息纠正"四风"。大力弘扬以上率下、求真务实、追求极致"三种作风"和敢于担当、敬业奉献、清正廉洁"三种精神"，在优化政治生态、提振队伍士气方面取得较好成效。

第三，加强监督制约和追责问责。持续加强对检察权运行的制约监督，完善落实司法办案权责清单、案件质量评查办法等制度机制。全面准确执行《人民检察院司法责任追究条例》，对司法过错及时问责，对经调查不存在司法责任的及时澄清正名，对不敢担当、不愿担当造成后果的同样要追究怠于履职的责任。一体推进"三不"机制建设，深化运用监督执纪"四种形态"，立足抓早抓小抓苗头抓经常，发挥预防、惩戒、震慑等综合作用，构建全方位、立体式、动态化的日常监督体系，让检察队伍在规范司法、遵章守纪中健康发展。

第四，做实从优待检。要坚持严管与厚爱结合、激励与约束并重，用好用活从优待检政策，以组织温暖感召行为自觉、守好行为底线。加强检察职业保障，主动了解掌握生活困难的检察人员情况，组织开展献爱心等走访慰问活动，千方百计帮助解决实际问题，让广大检察人员在担当尽责的同时感受到温暖和关爱。

第四节 检务保障管理

检务保障是检察工作发展进步的物质基础，是国家财政经济工作的组成部分。长期以来，检务保障工作在党和国家工作大局、检察工作全局中谋划和推进，通过检务保障工作助推检察工作高质量发展。

一、检务保障的发展历程

第一个十年（1978年—1988年）：改革开放初期，也是检察机关恢复重建阶段。这一时期的计财装备工作基本属于打基础的初级阶段，主要是配备一些基本的办公、办案设施，保障最基本的需要。经过努力，各级检察机关初步扭转了"现场勘查靠双腿、检验鉴定靠公安、数字统计靠算盘"的"三靠"状况。1989年3月，最高人民检察院召开了恢复重建以来第一次全国检察装备工作会议，这次会议编制了《全国检察机关计划财务装备工作五年规划（1989—1993）》和《全国检察机关技术装备五年规划分期分批实施意见》，使计划财务装备工作逐步走上了制度化、规范化的轨道。

第二个十年（1988年—1998年）：我国改革开放全面推进的阶段，也是检察机关全面发展阶段。这一时期的计财装备工作属于初步发展阶段，通过连续实施两个计财装备工作五年规划（1989年—1993年、1994年—1998年），检察机关经费保障能力明显增强，办公、办案条件明显改善。

第三个十年（1998年—2008年）：建设社会主义市场经济的新时期，也是中国特色社会主义检察事业的发展新阶段。1998年，党中央作出政法机关不再从事经商活动和实行"收支两条线"的决定，使检察机关回归依靠财政的正确轨道。在检察机关自身建设方面，通过全面实施"科技强检"战略，进入办公自动化、办案现代化的新阶段。

第四个十年（2008年—2018年）：我国从全面建设小康社会进入全面建成小康社会的新时代，也是中国特色社会主义检察事业创新发展的新时期。经历几轮司法体制改革和检察改革，检务保障体制机制不断完善，各级检察机关经费和物质保障水平得到全面提升。

2018年以来，逐步形成检察工作新格局，检务保障工作逐步规范化、精细化、信息化、绩效化。2021年，最高人民检察院制发《"十四五"时期检务保障工作发展规划》，明确今后一个时期总体思路：围绕一个中心——加强新时代检察机关法律监督工作；发挥两项职能——做优服务保障、做实监督管理；贯穿三条主线——完善体制机制、健全制度标准、提高保障能力；突出四项重点——强化经费保障、强化装备建设、强化基础设施建设、强化资金资产管理。

二、检务保障的基本原则

根据《"十四五"时期检务保障工作发展规划》，检务保障的基本原则包括以下六个方面：

（一）坚持聚焦大局

要始终把检务保障工作置于检察工作大局中前瞻性思考、全局性谋划，把服务保障检察业务作为根本出发点和落脚点。坚持稳中求进工作总基调，突出高质量发展主题，充分履行服务保障和监督管理职责，以钉钉子精神做好各项工作，强化保障、优化服务、实化管理，以检务保障工作高质量发展助力促进检察工作高质量发展。

（二）坚持系统观念

要统筹当前与长远、重点与一般等重大关系，落实政策要求，综合运用检务保障职能，提升整体保障效能。比如，在保障重点上，根据规划要求，要以服务保障检察业务工作现代化，全面协调充分发展为目标，突出对公益诉讼、未成年人检察、巡回检察等新增检察业务需求的保障，在装备配备、用房设置上增加配置品类、明确配置要求。

（三）坚持法治思维

习近平总书记高度重视法治思维，多次强调谋划工作要运用法治思维，处理问题要运用法治方式，做到在法治之下、而不是法治之外、更不是法治之上想问题、作决策、办事情。于检察工作而言，党的十九大以来，检察理念变革、检察职能重构、内设机构重塑对检务保障提出了全新要求，保障的主体、对象、管理模式等都发生了重大变化，需要以法治思维推动检务保障工作，坚持制度先行，一切按制度和规矩办事。

（四）坚持强基导向

基础不牢，地动山摇。推进国家治理体系和治理能力现代化，工作的基础在基层。推动检察工作高质量发展，需要从基层抓起，从基本、基础抓起，持续夯实基层根基。需要做到财物向基层倾斜，加大帮扶力度。做好资金和项目对口援助工作，更好支持革命老区、民族地区、边疆地区、欠发达地区检察工作发展。

（五）坚持绩效引领

预算与绩效管理一体化的实施是在现有的预算编制、执行、决策环节中融入绩效理念，旨在建立"预算编制有目标，预算执行有监控，预算完成有评价，评价结果有反馈，反馈结果有应用"的预算绩效管理运行模式。要强化预算绩效管理理念，将绩效管理工作作为财政支出管理工作的核心，从预算编制、预算执行、到决算编制都要纳入预算绩效管理的范围内。要科学完善预算绩效目标管理指标体系，强化执行监控，健全评价结果应用机制，实施全过程绩效管理，持续推动检务保障工作由增长驱动型向效益驱动型转变。

（六）坚持勤俭节约

勤俭节约是中华民族的传统美德，也是我们党的优良作风。检务保障工作要结合检察工作实际，明确检察机关经费保障、物质建设的目标任务和政策取向。特别是要把党中央、国务院关于强化预算绩效管理、过紧日子的要求落实到具体工作中，始终牢固树立艰苦奋斗思想，严格执行中央八项规定及其实施细则精神，落实党政机关坚持过紧日子要求，进一步节能降耗，压减一切非必要的开支，扎实推进节约型机关建设。

三、检务保障工作的主要职责

长期以来，各地将检务保障部门工作职责定位为服务、保障、管理三个方面。但实践中强调前两者多，管理方面相对薄弱。新发展阶段，必须旗帜鲜明地把监督管理工作置于重要位置。服务保障、监督管理两个方面，并特别强调坚持两者并重、相互贯通。从机构的职能看，最高人民检察院计划财务装备局主要负责制定实施检察机关财务和装备规划，编制最高人民检察院支出规划和部门预决算。负责最高人民检察院本级财务管理、国有资产管理、政府采购等工作。各地也成立相应机构，负责检务保障工作。主要结合各地检察机关的一些探索进行阐释。

（一）强化服务保障

检察机关的一切工作都应以检察业务为中心，为检察队伍提供保障，尤其是检务保障工作，必须以检察工作的需求为出发点和归宿，紧紧围绕检察工作一体化大局谋划检务保障工作，牢固树立"服务保障工作没有最好只有更好"的理念，确保"服务到位、保障有力"。比如，某基层检察院坚持把提高检务保障水平纳入党组重要议事日程，全方位谋划检务保障工作，在经费保障方面，强化经费预算基础作用，确保各项经费能够保障工作需求；装备建设方面，加强检察内网建设、更新检察工作网系统、更新检察业务硬件设施、配备专业化电子办案设备等等；基础设施建设方面：加强"两房"建设，对检察业务大厅、12309检察服务中心、公开听证室等进行维修改造，为检察办案提供专业化基础设施。

（二）强化监督管理

监督管理是确保检务保障工作有力有序开展的重要保障，在实际推进过程中，重在抓好《人民检察院财务管理办法》的宣传培训和贯彻执行，以此为指引强化制度保障。深入贯彻落实《深化政府采购制度改革方案》《行政事业性国有资产管理条例》，持续强化政府采购管理、国有资产管理。比如，某检察院修订《差旅费管理制度》《公务卡结算管理制度》《票据报销制度》等内控管理制度，严格落实中央八项规定精神，强化全院干警的规矩意识，防范财务风险。

（三）强化信息化应用

认真落实《会计信息化发展规划（2021—2025年）》，推进检务保障信息系统深度应用和升级，以数字化手段提升检务保障工作规范化精细化信息化绩效化水平。比如，某市级检察院以科技强检为抓手，坚持"科学化、智能化、人性化"原则，确立政法涉密视频会商系统及检察网安全建设等项目，有效提升检察办案数字化、信息化水平。某基层检察院自主研发"行政事务大数据管理平台"，重点应用场景在固定资产管理子平台、"车辆管理"子平台、水电气监控子平台、用印管理子平台。其中，固定资产管理子平台运用了数字孪生手段，通过物理空间向数字空间的映射，形成可看、可控的虚拟化3D孪生场景，立体展现办公空间，固定资产名称、数量、所在场所等数据在鼠标点击间便可跃于眼前。"车辆管理"子平台以大数据为依托，车辆的使用情况、行驶公里等都有迹可循。水电气监控子平台通过"物联网+计量装置"，实时监控水电气的使用情况。用印管理子平台通过图像比对，严格监管用印的每一个步骤。

第五节 检察信息化管理

科技是国之利器，没有信息化就没有现代化。以习近平同志为核心的党中央先后作出实施创新驱动发展战略、网络强国战略、国家大数据战略、"互联网+"行动计划等重大决策，为科技创新与发展提供强大的理论、制度、实践支撑。

一、检察信息化管理的意义

在马克思主义辩证唯物史观中，我们最早地接触到"两点论"与"重点论"，重点是"两点"中的重点，两点是"重点"中的两点，重点论要求我们认识复杂事物的时候要抓主要矛盾，在矛盾的主要方面中要抓住主流。每事每时都充满着矛盾，对于检察信息化管理亦是如此。要全面强化检察信息化管理，必须充分认识其重要性，唯有这样才能明晰其推进的重大意义；唯有这样才能明晰其对检察工作的重要影响；也唯有这样才能明晰工作的重点、难点与发力点。

（一）加快检察信息化管理为司法办案提供有效技术支撑

有助于提升办案质量，习近平总书记强调，要紧紧牵住司法责任制这个牛鼻子，凡是进入法官、检察官员额的，要在司法一线办案，对案件质量终身负责。案件质量是案件的生命线，直接关系司法办案的成效，关乎法律监督能力和水平的提高。随着司法责任制改革不断推进，全国检察机关引入案件质量评查系统，严格落实检察官办案责任制，加强对检察官司法办案的监督管理，规范司法行为，提高办案质量和效率。有助于提升办案效率，依托于全国统一业务系统，通过运用系统流程化标准化的功能特点确保流程监督及时到位，运用系统关联信息共享功能节约司法成本和办案时间，通过运行前后对比，办案高效率成为新常态、办案周期明显缩短。有助于提升办案效果，各地检察机关积极探索运用高科技手段，主动引入 VR 技术、远程视频、远程庭审等技术，这些新技术的应用，既有利于检察机关更好地履行职能，更为广大人民群众提供主动参与司法的平台。

（二）强化检察信息化管理是提升司法公信力的有效手段

增强宣传智慧，做优做强做精"一网两微一端"，运用群众喜闻乐见的方式讲述检察好故事，传递检察好声音，树立检察好形象，有利于全面提升司法公信力。特别是要实现从粗放型管理向精细化管理转变，在司法办案各个环节严格遵循业务工作流程，严格执行办案工作规程，杜绝选择性司法或任意性司法。实践中，检察机关把常规分析数据、检察统计数据、侦查信息数据、人员管理数据、理论研究数据等作为司法数据的源泉，围绕检察权运行重点环节，从每个部门、每个岗位、每项要求抓起，明确工作标准，细化操作规范，厘定权力边界，加强工作衔接，全方位展示各单位、各部门、各个人员的办案信息，通过信息技术的运用实现监督全覆盖、流程全监控、结果全显示。

（三）强化信息化管理是促进检察工作长远发展的重要动力

当前，京津冀协同发展、雄安新区规划建设正在全面推进，涉及高新技术、关键核心技术以及网络侵权等犯罪不断增多，利用网络平台侵犯知识产权呈上升趋势，这需要检察机关增强保障科技创新的能力。重大风险特别是金融风险频发，非法吸收公众存款、集资诈骗、信用卡诈骗等破坏金融管理秩序犯罪多发，需要检察机关精准发力。有助于保持司法为民的定力，在新一轮科技革命中，广大人民群众对公平、正义的需求更加广泛，特别是互联网、物联网等不断发展，对检察机关司法为民提出更高的要求，在服务司法为民的道路上，必须始终保持自身对人民群众的初心、耐心、定力，始终坚持党的群众路线，把人民对美好生活的向往作为奋斗目标，善于运用民主、自治、协商、调解等办法化解矛盾；要健全联系和服务群众长效机制，拓宽人民群众有序参与司法的新途径，以人民满意作为检验检察工作的根本标准。有助于提升检察人员的整体素能，信息化队伍建设是事关检察事业长远发展的大事，检察信息技术人员必须深刻地认识到这些新兴技术所带来的思维方式的转变、工作模式的转变、固有习惯的转变。对于检验鉴定等工作，要积极探索传统技术与新兴技术的结合与过渡，突破自我束缚和自我局限，做好需求和科技之间的"纽带"，要树立科技观，善于运用数据能力，勇于运用大数据能力，不断增强全体检察人员科技创新力。

二、检察信息化管理的实践探索

检察信息化是一场全面而深刻的革命，事关检察工作全局，事关检察事业长远发展。从其内涵看，这是一个综合工程、系统工程，不仅仅包含对检察机关办公、办案硬件条件的改造，更是对传统工作方式、工作流程的再升级；绝不仅是科技手段与检察工作的相互叠加，更是检察工作提档升级。

（一）聚焦高质量，强化基础设施建设

需要构建以需求为主导、以业务为主线、以网络为基础、以应用为核心、以安全为保障的检察信息化综合体系，实现整个信息系统规范化、系统化、智能化和利用高效化。主要是坚持做到建设维度、管理维度、安全维度并重，这三者相辅相成、互相联系。建设维度方面，2017年，建成覆盖全国四级检察机关，涵盖司法办案、检察办公、队伍管理、检务保障、检务公开和服务等在内的"六大平台"；管理维度方面，把着力营造高效的检察科技管理体制作为工作重点，以检察改革为契机，借助扁平化管理模式，改变多头管理和分散管理的现状。自2000年开始，最高人民检察院相继颁布了《检察信息化建设规范及工作制度汇编》《检察信息网络系统管理规范汇编》《全国检察机关统一业务应用系统使用管理办法（试行）》等一系列规范性文件，从加强顶层设计的高度，为全国检察机关开展信息化建设提供了制度支撑；安全维度方面，全面实施涉密信息系统分级保护和非涉密信息系统等级保护工作，强化网络舆情应对，提升检察信息技术人员安全能力，组织开展网络安全业务竞赛活动，经常性组织开展网络安全应急演练，提升检察系统网络安全管理和应急处置能力，严密网络管控。

（二）聚焦精准化，助推法律监督工作提质增效

2014年5月，全国检察机关除绝密级案件外，各检察机关业务部门的案件受理、办理、文书制作、审批程序等各办案环节都在系统内实现。认真开展案件流程监控，及时发现案件流转中存在的不规范问题，把问题消除在萌芽状态。实施办案精细化管理工程。围绕检察权运行重点环节，从每个部门、每个岗位、每项要求抓起，明确工作标准，细化操作规范，厘定权力边界，加强工作衔接。同时要把检察人员履行权力和承担的司法责任情况记入司法档案，作为考评、奖惩的重要依据。充分发挥案管对办案的动态监督、流程监控、业务考评等作用，突出对办案重点环节的监督，加强对法律文书和涉案文书的统一监管，加强统一业务应用系统的准确应用，增强严格规范司法的刚性约束。着力服务司法办案，增强监督质效。比如，某地检察院5年间共办理受理各类勘验检查、检验鉴定、技术协助、技术性证据审查案件40 324件，为服务业务部门侦破案件提供了坚实的技术服务和科技保障。积极将多媒体示证，形象直观地展现了证据链条，使犯罪指控清楚、有力、环环相扣，不仅增强了法官的内心确信，也让旁听人员迅速了解案情，取得了良好的庭审效果。着力健全"两法衔接"新平台，完善案件网上受理、网上移送、网上监督机制，真正实现执法司法信息共享，有效解决行政执法与刑事司法衔接不畅的问题，不断夯实行政执法检察监督的工作基础。比如，某地检察院针对侦查机关久侦不结长期挂案的问题，通过调取案件数据，结合侦查机关立案时间和检察机关受理时间等数据源，利用设置的研判规则分层进行碰撞分析比对，按照侦查期限筛选出监督线索，定期向侦查机关进行通报。

（三）聚焦规范化，坚持做到管理与服务并重

检察监督是检察权的重要权能，实行规范化管理与高效化服务是检察权的应有之义。数据交互共享为依法履行监督职能、提升监督效能提供更为广阔的空间和更便捷

的途径，事前预警、事中纠偏、事后分析的检察监督权运行新态势初步形成。比如，某地检察机关搭建"互联网+涉案财物"新平台。以公检法和政法委的信息共享为核心，主要由综合管理平台、智能感应存储柜、恒温恒湿空调及新风交换机等组成，具有出入库管理、储物柜管理、物品跟踪、信息查询、统计分析、自动生成和打印二维码等功能。在涉案物品信息录入上可采取直接登记录入、扫描二维码录入、手持终端入录三种方式进行，手持终端录入设备的运用，最大限度保证了室外案发现场证物的信息采集。搭建"互联网+检务保障"新平台。对办公楼实行"五化"智能管理，即办公自动化、大楼自动化、通信自动化、安全管理自动化、消防报警自动化。同时，依托物联网技术，开发集门禁、就餐、停车、文印、考勤等多项功能为一体的"e 卡通"管理系统。借助管理端的大楼自动化系统，后台动态设置刷卡权限，实时监控刷卡情况，提高管理效率。某检察院在全国率先建成公益诉讼快速检测实验室，快速检测、无人机航拍、卫星遥感及大数据分析研判等技术在公益诉讼检察中的作用日益突出。

三、数字检察背景下信息化管理的未来展望

习近平总书记强调："当今世界，信息技术创新日新月异，数字化、网络化、智能化深入发展，在推动经济社会发展、促进国家治理体系和治理能力现代化、满足人民日益增长的美好生活需要方面发挥着越来越重要的作用。"[1]数字技术的创新发展和迭代提升、社会联结形式和方式的迅速变更，促使司法发生数字化转型。检察机关传统办案方式依赖案卷进行被动审查，无法完全适应数字化形势并成为有效治理手段。最高人民检察院专门制定《2023 年数字检察工作要点》，提出要牢固树立"数字赋能监督，监督促进治理"理念，深入持续推动数字检察战略，以"数字革命"助推检察工作现代化、国家治理现代化开创新局面、迈上新台阶。

（一）以正确理念为引领，树牢数字检察意识

需要正确处理好三种关系：一是正确地处理好依靠与依赖的关系。从语义上看，依靠强调的是单纯需要他方帮助；依赖是各个事物或现象互为条件而不可分离，外来物质进入人体引起的一种心理生理过程的依赖性。从大数据的特征看，我们一般认为大数据具有"4V"特征，即容量（Volume）、速度（Velocity）、多样性（Variety）和真实性（Veracity），大数据的四个维度决定其对数字技术、数据管理的依赖程度。把办案人员的需求、经验和软件程序设计深度融合，防止检察技术拖着检察业务走。既要克服过度依赖信息技术，又要克服唯科技信息论。在此基础上抓住与检察工作相关的关键核心技术，进行重点突破，全面提升创新能力。正确地处理好改革与创新的关系。要聚焦法律监督主责主业，既要把科技与改革相结合，做到改革中靠科技力量提

---

[1] 习近平：《致首届数字中国建设峰会的贺信》，载 https://news.12371.cn/2018/04/22/ARTI1524374566154332.shtml，2023 年 12 月 6 日访问。

升改革成效，把科技融入司法办案、绩效管理、检务保障全过程。正确处理好主动与被动的关系。全体检察人员要主动应对，采取组织观摩、培训、交流座谈等多种方式，引导广大检察干警充分认识数字检察是法律监督方式的"革命"，是检察机关服务大局、为民司法的新引擎、新驱动，是落实好党的二十大对检察机关法律监督工作提出更高要求的重要抓手。引导各业务条线干警在司法办案中自觉践行"数字赋能监督，监督促进治理"理念，提高运用大数据开展法律监督的自觉性、积极性，助推提升监督质效。

（二）以需求为导向，增强数字检察的精准性

数据是新的石油，是 21 世纪最为珍贵的财产，谁掌握了数据，谁就掌握了主动权。实现信息化与检察工作深度融合，事关法律监督成效，事关检察事业长远发展。检察工作涵盖了检察业务、综合管理、检务保障等各个环节，只有将大数据运用于各个领域，才能最大限度地发挥科技信息的引领作用。要加强数据源的获取和管理。充分研究开展检察监督所需要的基础数据，为院领导做好参谋助手。做到整合检察机关内部数据，做好业务数据的返还，制定数据返还标准和方法。制定共享数据目录清单，争取政法机关和行政部门的外部数据。稳步拓展集纳社会公共数据，规范数据接口、实现数据对接。在法治信息化工程建设过程中，统筹管理内外部数据，为法律监督模型平台提供支撑。比如，有学者指导应强化审查、调查、侦查"三查融合"机制。大数据法律监督不仅要从个案审查中发现问题，更要强化数字分析研判，核实查明数据碰撞筛选出的类案线索，深入挖掘和促进解决执法司法领域深层次问题。[1]加强法律监督模型应用。比如，加强对浙江温州、安徽阜阳、广东广州、四川成都等地开展医保基金诈骗模型试点指导，验证模型的有效性、可行性和安全性。做好"非标油"综合治理监督模型数据获取、数据运算、线索筛选等项工作，会同相关部门开展专项活动。

（三）以机制为保障，增强数字检察应用实效

数字检察是一项复杂的系统工程，也是一项长期的、关乎检察工作全局的工程，需要以强有力的机制为保障，如此方能确保任务高效落地。要建立组织领导体制。以某省级检察机关为例，专门组建以党组书记、检察长为组长，其他院领导班子为组员的数字检察工作领导小组，组建专门的数字检察办公室，专司数字检察工作。要制定数字检察发展规划，明确数字检察发力方向，一张蓝图绘到底。比如，某检察院制定数字检察三年规划，对数字检察的目标、任务、重点等进行明确规定。要优化评价激励机制，作为数字改革既要强力推进，也要注重推进过程中的激励。通过定期召开数字检察工作领导小组会议、举办法律监督模型竞赛、举办数字检察培训、召开数字检察研讨会、试点推广等方式，鼓励各地检察机关既在总框架内认真落实，又注重结合办案的难点、实践中的突破点，积极研究新的法律监督模型，在数字检察战略中形成比学赶超的浓厚氛围。

---

[1] 贾宇：《论数字检察》，载《中国法学》2023 年第 1 期。

第六节 检务督察

阿克顿勋爵说:"权力导致腐败,绝对的权力导致绝对的腐败。"在社会主义法治国家,任何权力都应受到相应的监督。党的二十大报告指出:"强化司法活动的制约监督,促进司法公正。"检察机关是国家的法律监督机关,对司法活动负有监督职责。作为司法活动的一环,检察权同样需要制约监督,检务督察作为检察机关内部监督的制度安排,对检察机关增强法律监督公信力,建成公正高效权威的社会主义司法体系至关重要。

一、检务督察的源起

2005年最高人民检察院提出"建立纠正违法办案、保证案件质量为中心的检务督察制度",到2007年颁布《检务督察工作暂行规定》,标志着经过几年试点,全国检察机关检务督察制度得以全面推行。而后随着国家监察体制改革的推行,纪委监察委向检察机关"双派驻",检察人员违法违纪案件调查权移转至派驻纪检监察机构,检察机关内部监督范围和手段有所缩减。2018年12月,经中央批准撤销最高人民检察院监察局,新设立检务督察局,将"原监察部门的六项职能,除了剥离给派驻纪检监察机构的受理检察人员违法违纪控告、举报、调查检察人员违反检察纪律案件以及受理不服检察纪律处分的申诉三项职能外,其他职能均由检务督察部门承担。"随后,地方各级检察机关也对内部监督机构进行了相应调整。可以说,在检务督察制度改革之前,检务督察是在纪检组监察室的领导下开展工作。组织结构上,最高人民检察院的检务督察室是监察局下设的职能部门,很多没有单独设立检务督察部门的检察机关,也往往把检务督察职能归入监察室。从监督事项看,原先的检务督察主要侧重对履行检察职责、行使检察职权、遵守规章制度和检风检容等方面的督察,属于原纪检监察的监督职能之一。2019年6月,最高人民检察院印发《人民检察院检务督察工作条例》,为检察机关更好地履行检务督察职责提供规范性指引,为深入推进全面从严管党治检提供强有力的保障,检务督察作为检察机关专司内部监督的综合业务部门的职能定位真正用文件固定下来,新的检务督察部门在检察机关各项改革不断深入的背景下应运而生、行稳致远。

二、检务督察的工作方式

(一)书面督察

书面督察主要通过现场查阅党组会、检察长办公会和检委会的记录,以及党组民主生活会、各支部党建资料,掌握贯彻落实上级决策部署、执行民主集中制等情况;调阅案件卷宗有关资料等,检查规范执法办案的情况;查阅公务接待、公车使用相关凭证，检查手续是否齐备、是否有违反规定使用情况。

（二）现场督察

现场督察是指不发通知、不定时间，对检务接待、提讯、开庭、着装纪律、工作纪律等事项进行现场督察。

（三）专项督察

专项督察包括但不限于司法责任制落实情况专项督察、案件管理情况专项督察、主题教育活动专项督察，每季度对"三个规定"执行情况进行常态化检查等。

（四）重点督察

在刑事检察业务中，突出对不批捕、不起诉、适用认罪认罚从宽、羁押必要性审查、提出缓刑量刑建议等关键办案环节的监督；民事、行政检察业务中，突出对提出抗诉、发出再审检察建议等关系办案环节的监督；公益诉讼检察业务中，突出防止行政机关干预、说情和行政相对人不正当接触交往等方面的廉政风险防控。

（五）节点督察

抓住元旦、春节、五一、端午、升学、国庆、中秋等重要时间节点，利用下发通知、发短信等方式发文提醒，严明纪律要求，加强风险提醒、明察暗访力度。

三、检务督察的工作职责

作为内部监督机构，检务督察的对象为本院检察官、司法辅助人员、司法行政人员、聘用制人员，既包括内设机构，也包括个人。根据《人民检察院检务督察工作条例》第9条的规定，检务督察工作主要履行下列职责：督察检察机关、检察人员执行法律、法规以及最高人民检察院和上级人民检察院规定、决定情况；承担司法责任追究和检察官惩戒相关工作；承担内部审计工作；承担党组巡视（巡察）工作领导小组的日常工作；指导司法办案廉政风险防控工作；有关法律法规、文件规定的其他职责。

（一）深化落实防止干预司法"三个规定"

党的十八大以来，习近平总书记多次就防止干预司法活动作出重要指示，强调"司法不能受权力干扰，不能受金钱、人情、关系干扰，防范这些干扰要有制度保障"。[1]"司法公正对社会公正具有重要引领作用，司法不公对社会公正具有致命破坏作用。"[2]为防止违规干预司法活动，保障独立公正司法，2015年3月，中共中央办公厅、国务院办公厅印发《领导干部干预司法活动、插手具体案件处理的记录、通报和责任追究规定》；同年同月，中央政法委员会印发《司法机关内部人员过问案件的记录

---

[1] 廖文根等：《良法善治开新篇——以习近平同志为核心的党中央引领建设中国特色社会主义法治体系纪实》，载《人民日报》2023年3月15日。

[2] 习近平：《关于〈中共中央关于全面推进依法治国若干重大问题的决定〉的说明》，载https://news.12371.cn/2014/10/28/ARTI1414494606182591.shtml，2024年3月12日访问。

和责任追究规定》;同年9月,最高人民法院、最高人民检察院、公安部、国家安全部、司法部联合印发《关于进一步规范司法人员与当事人、律师、特殊关系人、中介组织接触交往行为的若干规定》,以上三个规定合称"三个规定";2019年8月,最高人民检察院发布《关于建立过问或干预、插手检察办案等重大事项记录报告制度的实施办法》,规定检察人员遇到其他人过问有关案件办理、干部选拔作用、工程项目等事项都需要填报,但职责范围内的询问除外。检察机关将落实"三个规定"要求作为防止干预、插手司法活动的"防火墙",违反规定过问案件、不当接触交往的"高压线",严防出现"关系案""人情案""金钱案"的"制度护法"。最高人民检察院及各省市级检察院每季度公布填报情况。以2023年第二季度为例,全国检察机关共记录报告过问或干预、插手检察办案等重大事项61 707件,且填报数量呈持续增长,抓"三个规定"的责任进一步压紧压实;记录报告违规过问或干预、插手检察办案为极少数;记录报告各方面向检察人员了解案件进展、陈述案情、反映情况、督促加快办理的占绝大多数,反映出检察机关更加注重案件质量、效率与效果的统一。通过以严的基调、严的措施、严的氛围,抓实"三个规定"的落实,实现了"有问必录",推动净化司法环境。

(二) 追责惩戒

新时代新发展阶段,随着司法责任制改革深入推进,以及捕诉一体、认罪认罚从宽制度等新型办案机制的运行,检察官权力相对集中、自由裁量权加大,如果缺乏健全完善的检察权运行监督制约体系,就会导致权力滥用,甚至徇私枉法。建立检察官惩戒制度是司法责任制改革的重要一环,也是重大制度创新。2016年10月,最高人民法院、最高人民检察院联合印发《关于建立法官、检察官惩戒制度的意见(试行)》,明确了制度基本框架,对惩戒工作的相关问题作出原则性规定;2019年修订的《检察官法》从立法层面对检察官惩戒的核心内容予以明确,并就检察官惩戒委员会审议惩戒事项的具体程序,授权最高人民检察院商有关部门;2020年10月,最高人民检察院印发了《人民检察院司法责任追究条例》,追责惩戒工作取得了一系列积极成效。例如,2021年最高人民检察院在全国检察机关部署开展刑事错案检察环节的追责工作,逐案、逐人地评查十几年甚至二三十年前发生的冤错案件,对检察环节确有责任的办案人员,依法依规依纪严肃追责,做到"应追尽追、从严处理",全部追责到位。通过追责惩戒,构筑起全面从严的底线,努力让人民群众在每个司法案件中感受到公平与正义。

(三) 系统内巡视

巡视是全面从严治党的重大举措,是党内监督的"利剑"。[1]党的二十大对坚定不移全面从严治党、深入推进新时代党的建设新的伟大工程作出战略部署,强调推进政治监督具体化、精准化、常态化,发挥政治巡视利剑作用,加强巡视整改和成果运

---

[1] 苏德良:《检察系统内巡视制度发展历程与经验启示》,载《人民检察》2018年第Z1期。

用。比如,早在2004年,最高人民检察院就已经建立起巡视制度,制定《巡视工作暂行规定》;2005年首次对广东、河北省检察院党组开展巡视;2012年,完成了对32个省检察院的首次巡视全覆盖。党的十八大以来,2013年先后制定巡视工作细则和《2013—2017年巡视工作规划》;2016年中央巡视工作领导小组正式作出批复,同意最高人民检察院党组继续开展系统内巡视,明确对省级检察院党组领导班子及成员的巡视工作;2017年8月,中央编办正式批复同意设立最高人民检察院巡视工作领导小组办公室。党的十九大以来,最高人民检察院党组制定《巡视工作规划(2018—2022年)》,不断深化系统内政治巡视,将系统内巡视作为一体强化检察机关政治建设、业务建设、职业道德建设的战略举措,接续推进七轮检察系统内巡视,实现了最高人民检察院党组一届任期内的巡视全覆盖。[1]

(四)政治督察

政治督察的本质是政治监督,是党中央加强政法队伍建设的重要制度设计,是政法机关加强党的政治建设的重要举措,是落实"从政治上看"的具体抓手,是巡视巡察工作在检察机关的拓展和延伸。最高人民检察院制定《关于检察机关开展政治督察工作的意见》,对政治督察的原则、对象、范围、督察的重点、方式程序、督察整改、组织领导等进行明确,为开展好政治督察提供制度支撑。各地检察机关围绕政治督察的重点,积极开展探索,推动制度落实。

(五)司法办案廉政风险防控

为从源头上更加有效防治司法腐败,保证检察人员依法用权、公正履职、廉洁司法,最高人民检察院紧密结合司法责任制改革和检察机关内设机构改革后检察权运行发生重大变化的实际,印发《人民检察院司法办案廉政风险防控工作指引》,对共性防控重点及刑事检察业务、民事检察业务、行政检察业务、公益诉讼检察业务的防控特殊点进行明确,对强化廉政教育、规范权力配置、加强案件监管、注重智慧防控、深化检务公开等防控措施进行细化。各地检察机关立足实际,结合本省检察工作开展情况,持续开展廉政风险防控。比如,某基层检察院通过明确职权底数,优化运行流程,做到权力运行公开、岗位职责明确、工作流程标准;通过排查廉政风险点,针对各业务条线细化风险防控管理办法;结合司法办案权力的重要程度、自由裁量权的大小、司法办案廉政风险发生的概率及其危害程度等因素,按照三个等级评定风险等级,对不同等级的廉政风险进行分级管理;最后根据查找出来的廉政风险,制定具体管用、切实可行的防控措施,进一步建立健全检察权力运行制度规范,强化检察权规范行使。

(六)内部审计

内部审计旨在发挥内部审计工作的"经济体检"和预防性作用,加强财务监督管理,提高财政资金使用效益,促进廉政风险防控建设。比如,为加强内部审计的专业

---

[1] 于潇:《政治监督助力新时代检察工作高质量发展》,载《检察日报》2022年11月4日。

性、针对性,某基层检察院在开展审计工作时,专门聘请第三方审计机构对单位财务管理、内部控制、"三重一大"、落实中央八项规定、"三公经费"、检察业务经费支出、政府采购、固定资产管理等情况,进行专业化审计,及时发现不规范问题和薄弱环节并整改规范。

第十一章
检察职业道德

党的十八届四中全会指出:"全面推进依法治国,必须大力提高法治工作队伍思想政治素质、业务工作能力、职业道德水准,着力建设一支忠于党、忠于国家、忠于人民、忠于法律的社会主义法治工作队伍,为加快建设社会主义法治国家提供强有力的组织和人才保障。"检察官是法治专门队伍的重要组成部分,作为专门的法律监督者和社会正义的维护者、公共利益的代表,肩负着重要责任和使命。为此,检察官必须德以配位。这个"德",既包括个人品德、家庭美德、社会公德,也包括职业道德。

党的十九大报告强调指出:"要提高人民思想觉悟、道德水准、文明素养,提高全社会文明程度……深入实施公民道德建设工程,推进社会公德、职业道德、家庭美德、个人品德建设,激励人们向上向善、孝老爱亲、忠于祖国、忠于人民。"十九大报告有四个段落提及"道德""职业道德"建设的相关内容,体现了党和国家对"道德""职业道德"建设的重视程度。可见加强检察官职业道德建设是党的十八大、十八届四中全会和十九大的重要内容和任务。

相对于个人品德,职业道德是社会分工的产物,是对专业从业者履行职务行为的规范要求和行为指引。不同的职业,具有不同的道德要求。在我国,检察机关被定位为"国家的法律监督机关",检察官承担着"公共利益代表"的重要使命,因此,检察官有着不同于法官、律师的职业道德规范。2013年最高人民检察院发布《关于加强和改进新形势下检察队伍建设的意见》,要求强化职业道德培育,把职业道德教育作为经常性思想教育的重要内容,深入学习、践行检察官职业道德基本准则、职业行为基本规范;开展职业精神、职业信仰教育,强化职业素质培育,建立和完善检察机关树立良好执法形象和加强执法公信力建设的措施制度;完善检察职业道德教育培训、监督制约、考核评价等长效机制,推动检察职业道德建设制度化、常态化和实效化。2016年11月,最高人民检察院发布了《检察官职业道德基本准则》,对2009年颁布的《检察官职业道德基本准则(试行)》(已失效,下同)进行了修改,提出了以"忠诚、为民、担当、公正、廉洁"为核心内容的检察职业道德准则。

第一节 检察职业道德概述

一、检察职业道德的概念及特征

(一) 职业道德

道德是伦理学上的核心概念,是一种特殊的意识形态。按照通说观点,它是以善恶为评价方式,主要依靠社会舆论、传统习俗和内心信念来发挥作用的行为规范的总和。道德是社会发展到一定阶段的必然产物,对社会的发展具有重要的促进作用,且内容随着社会的发展而不断发展变化。"国无德不兴,人无德不立",道德是立身兴国之本,对个人和社会的发展都具有基础性的重要意义。道德和法律是调整社会行为的两种规范,但二者在调整方式、强制力等方面存在诸多不同。与法律规范不同,道德是用善恶标准去评价,依靠社会舆论、传统习俗、内心信念来维持的非强制性规范。道德具有多元功能,包括认识功能、规范功能、调节功能、激励功能、导向功能和教育功能。作为调整社会关系的方式之一,道德在调整社会关系中不是万能的,但却是现代社会治理必不可少的部分。

职业道德是道德的一部分,其是社会分工的产物。社会分工产生了不同的职业以及职业从业者。职业是指人们由于社会分工所从事的具有专门业务和职责,并以此作为主要生活来源的社会活动。根据《中国大百科全书·哲学卷》的定义,职业道德是指"在职业范围内形成的比较稳定的道德观念、行为规范和习俗的总和。它是调节职业集团内部人们之间关系以及职业集团与社会关系各方面的行为准则,是评价从业人员职业行为的善恶、荣辱的标准,对该行业的从业人员有特殊的约束力。"概括而言,职业道德即职业生活中的道德规范,是指从事一定职业的人在职业生活中应当遵循的具有职业特征的道德要求和行为准则,包括从业人员和服务对象、职业与职工、职业与职业之间的关系。概括而言,职业生活中的基本道德规范包括爱岗敬业、诚实守信、办事公道、热情服务和奉献社会。

职业道德与职业伦理的关系。道德(morality)和伦理(ethic)在日常生活中几乎是一对通用的概念,理论上是两个不同的范畴。道德"是一种关于是非、善恶的判断,是一种诉诸人的良知和内心确信才能真正发挥作用的东西"。[1] 伦理则是比较具体、外在,其是道德的外化,是道德在人际关系中的具体表现和落实,构成了良善社会生活人际交往的规范准则。"道德是自律的,注重自我修养,自我约束;而伦理更多的是他律,强调通过激励与惩罚的制度设计规范人们的行为。"[2] "道德和伦理是本质与现象

---

[1] 张志铭:《法律职业道德教育的基本认知》,载《国家检察官学院学报》2011年第3期。
[2] 张志铭、徐媛媛:《对我国检察官职业伦理的初步认识》,载《国家检察官学院学报》2013年第5期。

的关系,从根本上是统一的,或者说伦理就是道德规范。"[1]职业道德和职业伦理是道德与伦理的下位概念,强调道德和伦理在具体行业中的体现。

(二) 检察职业道德

职业道德是随着社会分工,职业的出现而产生和逐步发展的,是社会道德在职业领域的体现,这就决定了不同行业、职业的道德规范存在共性,但同时,职业道德是社会分工的产物,是对专业从业者履行职务行为的规范要求和行为指引,职业道德的这一特性决定了不同职业的道德规范存在行业差异,不同的职业有不同的道德规范要求。"法安天下,德润人心。"法律离不开道德的涵养,法律职业更离不开伦理道德的支撑,法律事业具有自己的伦理性。"国无德不兴,人无德不立",道德是社会关系的基石,是法律的引导。法律与道德的结合,法律职业伦理的深化,也是全社会思想道德建设和法律教育的重大工程,为社会提供精神力量和道德支撑。

检察职业道德属于法律职业道德的重要内容。法律职业道德是社会道德体系的重要组成部分。法律职业道德是指法官、检察官、律师、公证员等专门从事法律职业活动的专业人员所应当遵循的行为规范的总和。由此类推,检察职业道德是指检察官从事检察活动时应当遵循的行为规范的总和,具体而言,是指检察官在依法行使检察权的过程中,以公正为首要评价标准,依靠社会舆论、传统习俗和内心确信维系的,调整检察官之间、检察官与当事人之间以及检察官与社会其他主体之间关系的行为规范的总和。检察职业道德既包括检察官在依法行使检察权过程中的调整检察官之间、检察官和当事人以及检察官和社会其他人员之间关系的行为规范,还包括与检察官执业活动密切相关的道德准则、道德情操和道德品质等。法律行业和其他的行业存在较大的不同,法律是正义、权利的体现,是实现正义、维护社会秩序的以国家强制力为后盾的手段。法律的特征决定了作为法律的具体实施者的法律从业人员应当具有远高于其他职业的道德品质,作为法律实施监督者的检察官尤甚。故检察职业道德区别于一般职业道德的明显特征是检察职业道德既是对检察官行使职权活动的要求,也是检察从业人员对社会所承担的道德责任和义务。

二、检察职业道德的特征

作为法律职业从业者,检察官与律师、法官一样,具有法律职业的共性,即接受过系统的法律职业教育和训练,有着以权力义务为中心概念的参照系,有以理性的、专业的话语和独特的推理方法去实现法律的确定性,有以维护社会正义和自由,维护法律权威为价值追求的职业意识。[2]同时检察职业道德又具有自己的个性,检察职业道德的特征主要体现检察职业道德与其它职业道德的不同以及我国检察职业道德与域外国家检察职业道德的不同。

---

[1] 张志铭、徐媛媛:《对我国检察官职业伦理的初步认识》,载《国家检察官学院学报》2013年第5期。
[2] 参见杨立新:《检察官的职业特点》,载《检察日报》2004年3月2日。

(一) 检察职业道德与其它职业道德的不同

2001年，我国公布了《公民道德建设实施纲要》，这是党中央从公民道德建设着手，具体落实依法治国与以德治国基本方略的重要举措。社会公德建设是检察职业道德建设的基础，检察职业道德是社会公德在具体行业和领域的特殊化和升华。作为社会公众普遍遵守的道德规范，社会公德具有共同性、低要求性、延续性和谴责性。共同性是指社会公德是社会公众都应遵守的行为规范。低要求性是指社会公德是对公民行为的最低限度的要求，且公民容易达到社会公德的要求。延续性是指社会公德是人类在长期的社会生活中不断总结、完善并延续的行为规范、行为准则。谴责性是指公民违反社会公德的要求时，会受到其他公民的谴责，这也是道德发挥作用的方式，通过社会评价约束人的行为。作为社会公德的进一步发展的检察职业道德与社会公德具有较大不同，与在社会公德基础上发展而来的其他行业的职业道德也存在重大差异，具体表现在如下四个方面：

1. 主体特定

如前所述，职业道德是在社会公德基础之上发展而来的行业道德要求，不同的行业存在不同的职业道德要求。不同行业的职业道德约束从事不同职业的主体，检察职业道德约束的主体是行使检察权的检察官等人员，而其他不同职业道德约束的主体则是从事不同行业的具体主体。

2. 职业特殊

职业特殊性，是指检察职业关系到国家法律的实施情况，检察职业道德应当体现该职业的特点和要求，才能保障职业的正确运行并树立检察职业的良好社会形象。检察职业的特殊性主要体现在：一是检察职业的政治属性。检察机关是专门的法律监督机关，负责对法律的实施进行监督，检察人员属于法律职业人员。法律属于社会的上层建筑，是政治文明的重要内容，一国的法律必然体现统治阶级的意志，是统治阶级实现社会管理的工具。检察职业道德必然要体现检察职业的上述政治要求，维护社会主义法治的实施，保障社会公平正义的实现。例如《检察官职业道德基本准则》要求检察官应当"忠诚"。二是检察职业的专业属性。《中华人民共和国职业分类大典》把我国的职业分为八大类，按照其规定，检察官、法官、律师等属于从事法律职业的专业技术人员，所从事的工作具有专业技术要求。法律职业对从业人员的专业性要求较高，从事法律职业的人员应当具备相应的资格条件。《法官法》《检察官法》《律师法》对法官、检察官和律师等法律从业者规定了较为严格的资格条件，比如要求通过法律职业资格考试，检察官的专业性程度是建设高素质检察官队伍的重要保障。三是检察职业的法律属性。检察职业是法律职业的一部分，法律职业本就是从事与法律相关工作的行业。作为国家专门的法律监督机关的检察职业的法律属性尤为凸显。

3. 内容特殊

检察职业道德约束的主体、规范的行业和其他职业道德不同，这就决定了检察职业道德与其它职业道德在内容上存在本质差异。不同的职业具有不同的职业知识、职业技能、职业规范、职业道德等要求，也因而具有不同的职业技能，在社会发展中发挥不同的作用，各职业通过合力共同促进社会的整体发展。检察官职业作为一种职业有其特殊的职业活动、职业知识、职业规范要求，同样也具有区别于其他职业的职业道德要求。即使同为法律职业从业者，检察官与法官、律师所遵循的职业道德也存在较大差别。2016年《检察官职业道德基本准则》通过5条规定了检察职业道德的核心内容：坚持忠诚品格，永葆政治本色；坚持为民宗旨，保障人民权益；坚持担当精神，强化法律监督；坚持公正理念，维护法制统一；坚持廉洁操守，自觉接受监督。

4. 约束力更强

检察职业道德属于法律职业道德的一种，与其他职业道德相比，其对检察人员具有更强的约束力。职业道德具体可以分为职业道德意识、职业道德行为和职业道德规则三个层次。[1]一般的社会道德主要通过主体的内在意识约束其行为，但是对于不遵守道德的行为一般只会受到社会的道德谴责，而鲜少有不利法律后果。检察职业道德则不同，一般从业人员的职业道德更具有倡导性，检察职业道德除了具有倡导性、鼓励性、引导性，还附随违反职业道德时的严厉后果。检察从业人员不遵守职业道德将面临各种不利后果，轻则受到职业纪律的惩戒，重则因为违反职业道德而失去从业资格，甚至可能被清除出职业队伍。违反检察职业道德要承担相应的法律责任，包括纪律责任和刑事责任。法律人的职业道德并不是只停留在意识的层次或沦为空洞的口号，而表现为一套具体的行为规范。这套规范应能使法律人在违反了它的时候受到追究或制裁。在有明确不利后果的情况下，检察职业道德对检察人员的约束力更强。

（二）我国检察职业道德与国外检察职业道德的差别

现代检察制度最早确立于法国，其后检察制度成为现代法治国家法治的重要内容。对大陆法系国家而言，检察机关的主要职责是指挥侦查，主导侦查程序，防止出现警察国家。而在英美法系国家，尤其是美国，检察官是刑事诉讼中的一方当事人，和被告人几乎是平等武装的诉讼两方当事人。而在我国，检察机关除了主要参与刑事诉讼活动，承担重要职能外，还积极参与到民事诉讼和行政诉讼中，对法律的实施进行监督，行使复合检察职权。检察制度不同的产生、发展环境和发展历史，导致了不同国家检察制度的不同，进而导致检察职业道德的不同。

20世纪90年代以来，国际社会逐步对检察官职业伦理问题形成共识，意识到检察官在从事检察工作时，除了应当具有基本的专业知识和技能之外，还应当具有与自身职业相对应的职业伦理，以促进检察官更有效地行使权力，促进司法公正的实现。国际上关于检察官职业伦理的规范文件很多，比如1990年第八届联合国预防犯罪和罪犯待遇大会通过的《检察官角色指引》，1999年国际检察官协会制定的《检察官专业择人标准和基本职责及权利声明》，2000年欧洲理事会部长会议通过的《刑事司法体系中公诉之原则》，2005年欧洲检察长会议通过的《检察官伦理及行为准则》。我国确立

---

[1] 李政主编：《法律职业道德》，法律出版社2017年版，第7页。

了中国特色社会主义检察制度,检察职业道德具有自己的显著特色。

1. 检察职业道德的内容不同

国外检察职业道德的核心内容是检察官的职业信仰,主要强调检察官应具有职业信仰,内化于心,外化于行,通过坚定的职业信仰引导检察官的职业行为。如美国检察官的首要职责是代表公众公正无私地调查和追究被追诉人的责任,检察官应通过"认真热忱的态度,正当合法的办案技巧"以确保"罪犯难逃法网惩罚、无辜者不受惩治"。[1]在我国,检察官除了要具有职业信仰之外,还要有坚定的政治信仰。检察官要以马克思列宁主义、毛泽东思想、邓小平理论、"三个代表"重要思想、科学发展观、习近平新时代中国特色社会主义思想为指导,忠诚于党,忠诚于国家,忠诚于人民,忠诚于事实和法律,忠诚于人民检察事业。我国检察职业道德强调检察官的政治信仰是我国的国体和政体决定的。中国共产党是我国的执政党,领导国家的一切事务,检察工作也不例外,因此检察官首先要在党的领导下展开检察工作,具有坚定的政治信仰,这是开展检察工作的前提和基础。

2. 关于检察官与诉讼当事人的关系

职业道德即职业生活中的道德规范,是指从事一定职业的人在职业生活中应当遵循的具有职业特征的道德要求和行为准则,包括从业人员和服务对象、职业与职工、职业与职业之间的关系。国际上一般区分不同的主体,并据此设定检察官职业道德规范,比如检察官和被追诉人之间的关系伦理,检察官和证人之间的关系伦理。与此不同,我国并未区分检察官和不同诉讼主体之间的关系。而是概括规定检察官和相关诉讼主体之间的关系。不同的诉讼主体与案件的利害关系不同,享有的权利义务也不同,检察机关在刑事诉讼中应当区别对待不同主体。

3. 关于检察官与其他法律职业者的关系

《刑事司法体系中公诉之原则》明确规定了处理检察官与法官、警察之间关系的职业道德规范,其他相关国际文件中也有类似规定。我国2009年《检察官职业道德基本准则(试行)》第21条概括规定检察官要尊重律师的职业尊严,依法保障律师参与诉讼活动;第22条概括规定检察人员出席法庭审理活动,应当尊重庭审法官,遵守庭审秩序,维护法庭审判的严肃性和权威性。2016年修改后的《检察官职业道德基本准则》则相对概括,只有5条,没有直接涉及检察人员与其他法律职业群体的关系。《宪法》《刑事诉讼法》只原则规定了检察院与法院、公安机关之间的关系,而没有具体规定检察人员和法官、公安机关工作人员关系的职业道德规范。

三、检察职业道德的功能

随着现代社会分工的发展和专业化程度的不断提高,社会对从业人员职业观念、职业态度、职业纪律和职业作风的要求越来越细化,越来越高。职业生活中的道德规

---

[1] Berger V. United States (1935) 295u. S. 78, 88.

范，既对各行各业的从业者具有引导和约束作用，也是促进社会持续、健康有序发展的必要条件。《新时代公民道德建设实施纲要》强调，要把社会公德、职业道德、家庭美德、个人品德作为着力点。

著名法学教育家孙晓楼先生在其专著《法律教育》中曾指出：法律人才"一定要有法律学问，才可以认识并且改善法律；一定要有社会的常识，才可以合乎时宜地运用法律；一定要有法律的道德，才有资格来执行法律"；"只是有了法律知识，断不能算作法律人才；一定要于法律学问之外，再备有高尚的道德品德"，"因为一个人的人格或道德若是不好，那么他的学问或技术愈高，愈会损害社会。学法律的人若是没有人格或道德，那么他的法学愈精，愈会玩弄法律，作奸犯科"。[1] 概括孙晓楼先生的观点，其认为法律人应当具有三种素质：法律道德、法律知识和社会常识。由此可见法律职业道德对法律职业者的重要性。

检察职业道德具有激励、引导、预测、凝聚、规范、制约作用，其既关注检察官的职业行为，更关注检察官的内心道德和检察职责之外的非职务行为。[2] 检察官是法律监督权的具体实施者，是社会公平正义的维护者，对检察官提出明确的职业要求，有利于全面提高检察官的综合素质，提高检察官的执法能力和水平，推进高素质检察队伍建设，从而树立检察官的良好职业形象，提高司法公信力，树立司法权威。同时，检察职业道德对于检察工作的有序展开，对于法治社会的建立和精神文明社会的实现具有重大助益。司法正义的实现需要外在的制度约束和司法者内在的道德支持，"需要我们筑起另一道屏障，它是无形的、内在的，它要挡住来自另一方的，来自一个灵魂的隐蔽角落的利剑，这就是道德的屏障"。[3]

（一）检察职业道德建设是建设高素质检察队伍的保障

"徒法不能以自行"，法律的实施过程以及效果在很大程度上取决于法律的实施者。2016年最高人民检察院发布《"十三五"时期检察工作发展规划纲要》提出"十三五"期间检察工作的重要任务和内容，反复强调要推进基层队伍专业化职业化建设，坚持把权力关进制度的笼子里，推进过硬检察队伍建设，推进司法公信力建设。检察职业道德的确立在一定程度上能够使检察人员修身养性，为避免违反职业道德承担不利后果而严格约束自己的行为。

检察官是检察队伍的最基本构成元素，检察权的具体行使主体是检察官。在检察机关拥有越来越多的权力的同时，权力缺乏制约容易导致腐败，对法律监督者遵守法律的情况同样需要监督。对检察官的制约一方面要通过法律、制度约束，而检察官的道德自律也是不可或缺的制约方式。法律和道德，一个是硬约束、一个是软约束，一个是外在的他律、一个是内心的自律，仅仅依靠强力推行的外在制约会削弱人的自觉性。道德则将外在的法律规范转化为内在的自我约束，促使人们主动认识自己的责任

---

[1] 孙晓楼：《法律教育》，中国政法大学出版社1997年版，第9~10页。
[2] 郭哲主编：《法律职业伦理教程》，高等教育出版社2018年版，第120页。
[3] 曹刚、戴木才：《论司法正义及其保障》，载《中共中央党校学报》2002年第2期。

与义务、自愿选择有道德的行为。近年来，检察机关在国家治理体系中的作用日渐重要。在刑事诉讼中，检察官拥有较大的自由裁量权，比如酌定不起诉和未成年人附条件不起诉、强制措施的适用等，对于上述权力的行使很难通过明确的立法加以限制，因为裁量权的行使本身需要一定的裁量空间。如何既能保证检察官充分行使自由裁量权又能保障其不滥用自由裁量权，是需要解决的棘手问题。相比明确的法律规定和各种规章制度，道德是规范检察官自由裁量权滥用的有效途径。厚德方能载物，检察官职业道德内化于心，对检察官的思维、决策、行为模式等潜移默化的影响。职业道德越完备、越有效，职业群体自身的组织就越稳定、越合理，越有利于工作的高效、有序展开。只有具有良好职业道德的检察人员才能充分根据立法目的，对法律的具体适用进行合目的的解释。

建设一支政治立场坚定、业务精通、作风优良、纪律严明的高素质的检察队伍，使人民群众对检察机关充分的认可与信任，树立检察机关的良好形象和执法公信力，通过提高检察官职业道德，将检察官的德才表现作为确定其等级的考核因素，使其具有坚定的职业信念、优良的职业素养、高尚的职业品德，树立一切以人民为中心的检察理念。

（二）检察职业道德建设是推进司法公信力、树立司法权威的重要路径

第一，检察职业道德建设对预防司法腐败具有重要意义。最高人民检察院在《"十三五"时期检察工作发展规划纲要》中提出：坚持把权力关进制度的笼子里，推进司法公信力建设。司法腐败问题由来已久，且屡禁不止，产生司法腐败的原因复杂多样，包括权力制约机制的不足和失灵、立法漏洞，但司法人员主观上存在侥幸心理，知法犯法，偏离初心是司法腐败的重要因素。司法腐败问题一方面侵蚀了国家法治建设，另一方面司法腐败导致公众对司法的不信任，使司法失去权威和公信力。司法腐败问题的治理是个系统工程，如果没有司法人员从内的自我约束，将司法腐败的治理完全寄希望于制度，则司法腐败问题永远不能真正解决。法律是成文的道德，道德是内心的法律。法律制定的各种制度的有效实施有赖于道德的支持，且法律难以规范的领域，道德可以发挥作用，对检察人员权力的约束需要法律和道德协同发力，需要法治和德治两手齐抓。因此，加强检察官职业道德建设，有利于检察官从内在对自我进行严格约束，保持清正廉洁，减少甚至杜绝司法腐败问题，在全社会树立司法的权威。

第二，检察人员道德品德的提高有利于保障司法公正，树立司法权威。检察机关作为连接侦查和审判的机关，在刑事诉讼中具有举足轻重的地位，尤其是认罪认罚从宽制度的确立在一定程度上导致检察机关对案件最终的实体结果具有实质性、决定性的影响。通过强化对检察官的职业道德建设，可以使绝大多数检察官成为清正廉洁、洁身自爱、以民为本的具有高尚道德情操的人。法律通过具体的人员加以落实，如果执法人员和司法人员是群众所信赖的具有高尚道德情操的人，那么结果就具有更强的可接受性，从而使人民对司法过程和结果充满信心，树立司法的权威，保障裁判结果被当事人接受。

（三）检察职业道德建设有利于实现以德治国，加强社会主义精神文明建设

党的十八届四中全会《关于全面推进依法治国若干重大问题的决定》，确立了全面推进依法治国的总目标是建设中国特色社会主义法治体系，建设社会主义法治国家。该决定明确提出：坚持依法治国和以德治国相结合，是实现总目标的原则之一；国家和社会治理需要法律和道德共同发挥作用。国家既要重视发挥法律的规范作用，又要重视发挥道德的教化作用，以法治体现道德理念、强化法律对道德的促进作用，以道德滋养法治精神、强化道德对法治文化的支撑作用，实现法律和道德相辅相成、法治和道德相得益彰。

以德治国，加强社会主义精神文明建设，是全社会的一项系统工程，需要方方面面的努力，尤其需要执法者、司法者以身作则。法律职业人员是具有专门法律知识的高层次专业人员，享有较高的社会地位，肩负实现法治社会、法治国家的责任和使命，其言行举止更要受到严格约束。法律人，尤其是作为法律实施监督者的检察人员更应该不断提高自己的职业道德水平，通过自己的言行带动社会精神风貌的整体提高，促进社会主义精神文明建设。

综上，在依法治国的过程中，我们一方面要将检察职业道德建设贯穿于检察人员的职业活动中，另一方面还应将检察职业道德建设贯穿在检察人员的日常生活之中。只有检察人员具备较高的职业道德素养，才能从根本上减少检察人员的违纪违法犯罪行为，才能更好发挥检察机关的法律监督职能，从而树立司法的权威，推进法治社会的建设。此外，检察职业道德是社会道德的内容，加强检察职业道德建设，对带动整个社会的道德建设具有较大的辐射作用，对于推动整个社会的精神文明建设，促进以德治国具有重要意义。

第二节 检察职业道德规范

一、检察职业道德规范的含义及渊源

（一）检察职业道德规范的含义

"规范"一词源于拉丁文 norma，包含模式、标准、规则、尺寸的意思。法律规范则是指由国家制定或者认可，并由国家强制力保证实施的具有严密逻辑结构的行为规则。[1]法律规范具有国家意志性、概括性、简洁性和可预测性。法律规范是组成法律的基本元素，其与法律条文是内容与形式的关系，法律规范通过法律条文来表达。法律文件则是法律规范的载体，没有法律文件就不会有具体的法律规范。检察职业道德规范则是指国家制定或认可的，规范检察人员职业行为的行为准则和规范。

我国确立检察制度以来，一直注重检察职业道德建设。对检察职业道德的建设是

---

[1] 孙笑侠主编：《法理学》，中国政法大学出版社1996年版，第30页。

一个逐步推进的过程。概括而言，我国关于检察职业道德规范的建设主要经历了初步探索时期、系统建设时期和进一步发展完善三个阶段。

第一个阶段是从新中国成立检察机关至21世纪初的2002年，此阶段是我国职业道德建设的探索阶段。在此期间，我国对检察职业道德的建设主要是将相关的内容规定在《检察官法》和各诉讼法尤其是《刑事诉讼法》中，1995年第八届全国人大常委会第十二次会议审议通过《检察官法》。《检察官法》明确规定了检察官在行使检察权的过程中应当遵循的职业道德。如检察官必须重视执行宪法和法律，全心全意为人民服务；担任检察官必须具有良好的政治素质、业务素质和良好的品行；维护国家利益、公共利益，维护公民、法人和其他组织的合法权益；清正廉明，忠于职守，遵守纪律；保守国家秘密和检察工作秘密等。

第二个阶段是2002年至2009年，此阶段是我国系统制定检察职业道德规范文件的时期，是检察职业道德系统化建设的时期。2002年最高人民检察院制定了《检察官职业道德规范》，同年发布了《人民检察院基层建设纲要》，2005年又出台《关于进一步深化检察改革的三年实施意见》。其中《检察官职业道德规范》系统规定了对检察官的职业道德要求。《检察官职业道德规范》确立了忠诚、公正、清廉、严明的检察职业道德八字箴言。其中，忠诚是指忠于党，忠于国家，忠于人民，忠于事实和法律，忠于人民检察事业，恪尽职守，乐于奉献。公正强调检察官要崇尚法治，客观求实，依法独立行使检察权，坚持法律面前人人平等，自觉维护程序公正和实体公正。清廉要求检察官模范遵守法律，保持清正廉洁，淡泊名利，不徇私情，自尊自重，接受监督。严明是指检察官要严格执法，文明办案，刚正不阿，敢于监督，勇于纠错，捍卫宪法和法律尊严。

除此之外，此阶段还先后颁布有关检察职业道德的其他规范性文件。如《检察人员纪律处分条例（试行）》（已失效）、《对违法办案、渎职失职若干行为的纪律处分办法》（已失效）、《人民检察院错案责任追究条例（试行）》（已失效）、《关于最高人民检察院机关实行〈廉洁从检十项纪律〉的决定》和《检察官法》，上述立法和文件从不同方面进一步强化检察人员的职业责任感和使命感，加强其职业荣誉和纪律观念。

总体而言，该阶段对检察职业道德进行了系统的规范规定，在第一阶段的基础上进一步完善了我国的检察职业道德的体系和内容，对于规范检察官的职业行为，促进高素质检察队伍的形成起到了不可或缺的作用。但也应当意识到，上述法律和规范对检察职业道德的规定过于原则、概括，以致操作性不强，威慑力不足。

第三个阶段是2009年至今，该阶段是我国检察职业道德的进一步系统发展、完善阶段，以2009年《检察官职业道德基本准则（试行）》的颁布为标志。2009年最高人民检察院通过的《检察官职业道德基本准则（试行）》，要求全体检察官执行其内容，检察辅助人员参照执行。自该准则印发实施之日起《检察官职业道德规范》失效。2013年最高人民检察院发布《关于加强和改进新形势下检察队伍建设的意见》，要求强化职业道德培育，把职业道德教育作为经常性思想教育的重要内容，深入学习、践行检察职业道德基本准则、职业行为基本规范；开展职业精神、职业信仰教育，强化职业素质培育，建立和完善检察机关树立良好执法形象和加强执法公信力建设的措施制度；完善检察职业道德教育培训、监督制约、考核评价等长效机制，推动检察职业道德建设制度化、常态化和实效化。2016年11月最高人民检察院发布了《检察官职业道德基本准则》，对2009年颁布的《检察官职业道德基本准则（试行）》进行了修改，提出了以"忠诚""为民""担当""公正""廉洁"为主要内容的检察职业道德准则。

（二）检察职业道德规范的渊源

检察职业道德规范的渊源是指规定了检察职业道德规范内容的法律、法规和文件，检察职业道德规范的渊源包括《宪法》《人民检察院组织法》《法官法》及其关联法律、立法解释、司法解释等法律解释以及其他的规范性文件。

1. 《宪法》

《宪法》是我国的根本大法，是制定一切法律的依据，一切与检察职业道德相关的法律、法规、司法解释都应当严格遵守宪法规定或者遵循宪法精神，而不能与之相违背。关于检察官的职业道德的所有规定都必须符合宪法关于检察机关在国家结构体系中的定位、职责的规定。

2. 《检察院组织法》和《检察官法》

《人民检察院组织法》第47条规定，对于领导干部等干预司法活动、插手具体案件处理，或者人民检察院内部人员过问案件情况的，办案人员应当全面如实记录并报告；有违法违纪情形的，由有关机关根据情节轻重追究行为人的责任。《检察官法》是检察职业道德的主要法律渊源，是制定其他专门的检察职业道德规范的主要法律依据。《检察官法》系统规定了检察官的职业道德，关于检察官任职资格、检察官必须忠实执行宪法和法律，检察官必须勤勉尽责，清正廉洁等。

3. 其他有关法律

国家立法机关制定的其他法律文件中有关检察职业道德的规定也是检察职业道德的法律渊源，如《刑事诉讼法》等。

4. 司法解释和其他规范性文件

除了《检察官法》系统、原则规定了检察官职业道德的内容之外，关于检察职业道德的内容主要体现在最高人民检察院出台的司法解释和文件中。具体包含但不限于下列文件：①2010年10月最高人民检察院颁布的《检察官职业行为基本规范（试行）》；②最高人民检察院发布的《检察机关执法工作基本规范（2013年版）》；③2016年颁布的《检察官职业道德基本准则》；④2022年最高人民检察院印发《检察官惩戒工作程序规定（试行）》；⑤《检察机关文明用语规则》；等等。

二、检察职业道德的基本准则

关于检察职业道德的规范文件诸多,集中规范检察职业道德的文件有三个:一是2002年最高人民检察院制定的《检察官职业道德规范》,最高人民检察院在该规范中确立了"忠诚、公正、清廉、严明"的检察职业道德八字箴言。2009年最高人民检察院通过了《检察官职业道德基本准则(试行)》[以下简称《基本准则(试行)》],要求全体检察官执行其内容,检察辅助人员参照执行。自该准则印发实施之日起《检察官职业道德规范》失效。《基本准则(试行)》提出了"忠诚、公正、清廉、文明"的检察职业道德准则。2016年11月最高人民检察院通过了《检察官职业道德基本准则》(以下简称《基本准则》),对2009年颁布的《基本准则(试行)》进行了修改,本次修改提出了以"忠诚""为民""担当""公正""廉洁"为主要内容的检察职业道德准则。具体内容包括:其一,坚持忠诚品格,永葆政治本色;其二,坚持为民宗旨,保障人民权益;其三,坚持担当精神,强化法律监督;其四,坚持公正理念,维护法制统一;其五,坚持廉洁操守,自觉接受监督。正确理解《基本准则》是践行《基本准则》的前提和关键,只有在正确理解的基础上,才能将其内化于心,外现于行,成为指导检察官职业行为的指南。正确理解基本准则确立的10字箴言,需要了解《基本准则》的修订背景和修订内容。

(一) 2016年《基本准则》的修订原则

从2009年《基本准则(试行)》到2016年《基本准则》,关于规范体系发生了变化,检察职业道德准则的具体内容也发生了变化,变化的原因即是《基本准则》修订的背景和坚持的原则。根据最高人民检察院有关负责人的解读,《基本准则》的修订遵循以下基本原则。[1]其一,以习近平重要论述为根本遵循。坚持习近平总书记关于"建设一支信念坚定、执法为民、敢于担当、清正廉洁的政法队伍"等重要论述并结合检察工作实际从道德层面具体化,真正用习近平重要论述指导和统领检察职业道德建设。其二,紧扣"道德"主体。坚持道德与纪律分开,坚持正面倡导,树立高线,开列正面清单。其三,突出职业。将个人品德、家庭美德、社会公德与职业道德区别开来,与职业无直接关系的其他道德不再列入检察职业道德范畴。其四,紧贴司法体制改革要求。深入研究司法体制改革,特别是契合司法责任制改革对检察官职业道德提出的更高要求,坚持权力、责任与道德相统一,增加相关职业道德规范。其五,坚持删繁就简。把握"准则"定位,努力做到内容精准、简洁、凝练、易记。

(二)《基本准则》修订的内容

从《基本准则(试行)》到《基本准则》,关于检察职业道德基本准则的规范体

---

[1] 参见徐盈雁:《职业道德流淌在每名检察官的血液里——最高检政治部有关负责人就〈中华人民共和国检察官职业道德基本准则〉答记者问》,载《检察日报》2016年12月6日。

系和内容都发生了变化,具体体现在如下四点[1]:

第一,体系有突破。《基本准则(试行)》采用章节结构,全部内容共六章48条。首先概括检察职业道德基本准则的原则,再通过具体的条文对高度概括的原则进行具体阐释。《基本准则》则没有细分章节体系,全部内容只有五条,通过五条高度概括检察职业道德基本准则。

第二,内容有创新。《基本准则(试行)》确立了检察职业道德的8字原则,即忠诚、公正、清廉、文明。《基本准则》则将检察职业道德的核心内容发展、拓展至10字原则,即忠诚、为民、担当、公正、廉洁。除了增加"为民、担当"的内容之外,还将"清廉"改为"廉洁",体现了继承与发展的统一。《基本准则》新增加的"为民、担当"高度体现了检察权来源于人民,人民性是检察机关的根本属性,检察官首先应当对人民负责的宪法原则和检察理念。

第三,内涵有拓展。《基本准则(试行)》通过具体条文对忠诚、公正、清廉、文明的具体要求进行了阐释、细化,便于实务操作。新修订的《基本准则》则通过高度概括的内容拓展了检察职业道德的核心内容。且随着时代的发展,"忠诚、公正、清廉"的涵义也在不断变化。首先,《基本准则》提出的"廉洁"充分体现了习近平总书记关于清正廉洁是好干部五项标准之一的思想,既承继了《基本准则(试行)》中"清廉"的内涵,又对其进行了与时代接轨的拓展;其次,"文明"在《基本准则》中消失并不意味着文明不重要。新修订的《基本准则》没有专门指明、强调"文明",是因为为民、担当、公正、廉洁等都不同程度蕴含了文明的要求,为避免内容上的逻辑交叉,《基本准则》没有保留"文明",但"文明"依然很重要。

第四,思想有提升。如前所述,《基本准则》对《基本准则(试行)》的核心内容进行了高度提炼,语言更加简练、精准,思想内涵却更加丰富,使检察职业道德的思想得到新的提升。

(三)《基本准则》确立的检察职业道德规范

《基本准则》以高度概括的方式确立了检察职业道德基本准则,具体包括"忠诚""为民""担当""公正""廉洁"为主要内容的检察职业道德准则。具体内容包括:其一,坚持忠诚品格,永葆政治本色;其二,坚持为民宗旨,保障人民权益;其三,坚持担当精神,强化法律监督;其四,坚持公正理念,维护法制统一;其五,坚持廉洁操守,自觉接受监督。

1. 忠诚

忠诚强调检察官的政治立场。依据检察机关在国家结构体系中的地位和职能,忠诚的含义包括忠诚于党,忠诚于国家,忠诚于人民,忠诚于宪法和法律,忠诚于事实真相,忠诚于检察事业,要做到坚持"四个自信"(道路自信、理论自信、制度自信、

---

[1] 参见徐盈雁:《职业道德流淌在每名检察官的血液里——最高检政治部有关负责人就〈中华人民共和国检察官职业道德基本准则〉答记者问》,载《检察日报》2016年12月6日。

文化自信），强化"四个意识"（政治意识、大局意识、核心意识、看齐意识），永葆政治本色。

2. 为民

人民是历史的创造者，我国是工人阶级领导的无产阶级专政国家，国家的权力属于人民，一切为了人民。检察机关由代表人民行使权力的人民代表大会产生，对其负责，受其监督。作为国家机关之一，检察机关的设置是为了服务人民。党中央自十八大以来不断强调"坚持以人民为中心的发展思想"。《检察官法》第3条规定："检察官必须忠实执行宪法和法律，维护社会公平正义，全心全意为人民服务。"检察职业道德中的为民意味着检察人员应当将人民群众的满意度作为考核检察工作的最主要指标，检察工作应当充分保障人权，实现公平正义，维护广大人民群众的利益，使人民群众在每一个案件中都感受到公平正义。

3. 担当

担当意味着检察机关应当能够充分行使职权发挥法律监督职能，并勇于承担责任。担当意味着作为法律监督机关的检察院能做到敢于监督、勇于监督、规范监督、监督到位、监督有效，以此确保法律的有效落实，保障社会公平正义，保障社会主义现代化建设的顺利进行。

4. 公正

"公正既是履行检察职能的根本要求，又是每一名检察官在职业活动中必须严格遵守的最重要的行为准则。"[1]"由检察工作的性质、工作主题所决定的'公正'就是检察官履职的最基本要求，是检察官的法律义务。"[2]相关立法和文件对检察官的公正义务作了要求。《检察官法》第5条第1款规定："检察官履行职责，应当以事实为根据，以法律为准绳，秉持客观公正的立场。"第10条检察官义务第2项规定检察官应当履行秉公办案，不得徇私枉法的义务。《基本准则》第4条规定检察官应当坚持公正理念，维护法治统一。检察官是专门的法律监督者，是社会公共利益的维护者，其在职业活动中首先要树立牢固的公正理念，在刑事诉讼中应当保持客观中立立场。

5. 廉洁

据考察，"廉洁"一词最早出现在屈原的《楚辞·招魂》中："朕幼清以廉洁兮，身服义尔未沫。"东汉著名学者王逸在《楚辞·章句》中注释说："不受曰廉，不污曰洁。"《辞源》将"廉洁"解释为"公正，不贪污"。由此可见，廉洁蕴含公正、不贪污、清廉、纯洁等内涵。作为国家机关从事法律职业的人员，廉洁是检察人员最基本的职业底线。《检察官法》第4条规定："检察官应当勤勉尽责，清正廉明，恪守职业道德。"廉洁内涵丰富，对检察官最基本的要求一是不接受他人不正常的馈赠、送礼等，不侵占国家、单位和他人的财产；二是洁身自好，接受各种监督，不作违背公序

---

[1] 参见吴建雄：《检察工作科学发展机理研究》，中国检察出版社2009年版，第63页。
[2] 常艳：《论检察官职业道德基本准则——公正》，载《中国检察官》2010年第15期。

良俗，损害国家利益的行为。

三、检察职业道德的规范评价

(一) 突出检察职业道德的中国特色

从确立检察制度之日始，我国一直高度重视在对检察职业道德内容进行修改的过程中更突出检察职业特色。我国检察制度在设立之初主要是借鉴、移植国外的制度。在逐步完善检察制度的过程中检察制度的中国特色逐步突出，该特征反映在检察职业道德建设中。中国的检察职业道德除了与检察机关的职权相关的内容外，还尤其注重对检察官政治素养的建设的培训，体现我国区别于资本主义社会的国体和政体。

(二) 强化检察职业道德的特殊性

检察官、法官和律师都是法律从业者，应当具备法律职业所需的职业道德。然而同为法律从业者的检察官、法官和律师在从事法律职业时所承担的角色并不相同，参与诉讼时地位也不相同，因此在遵循共同的法律职业道德之外，他们还应当遵守基于自己特殊职责、地位而应遵守的职业道德。我国在检察职业道德的建设中不断突出检察职业道德与法官职业道德、律师职业道德的差别。例如《基本准则》在修订中，更注重结合检察机关司法办案的实际和检察机关职能，更体现检察工作职业道德的特殊性，赋予检察官"忠诚""为民""担当""公正""廉洁"更深刻的内涵。比如，"忠诚"在强调忠于党、坚定维护以习近平同志为核心的党中央权威的基础上，突出忠于法律、信仰法治；"为民"突出让人民群众在每一个司法案件中都感受到检察机关在维护公平正义；"担当"突出敢于对司法执法活动的监督、坚守防止冤假错案的底线；"公正"，突出维护法制的统一、权威和尊严；"廉洁"，突出监督者更要严格约束自己，以身作则。

(三) 检察职业道德规范逐步系统化、体系化

我国检察职业道德的建设大致可以分成三个阶段，在2009年之前，基本没有系统的检察职业道德，关于检察职业道德的内容零散规定于《人民检察院组织法》《检察官法》等法律中。在2009年之后我国开启了系统制定检察职业道德规范的步伐，关于检察职业道德的规范数量逐步增多，内容更加体系。

在看到我国检察职业道德建设不断优化的同时，也应看到检察职业道德建设中还存在的问题与不足，为未来的检察职业道德建设提供借鉴。

第一，部分检察职业道德规范存在过于原则、抽象，缺乏可操作性的问题。原则上，法律文本应当尽量通过简洁、清晰的表述来展现法律规范的内容。然而过于抽象、概括的规定容易导致规范理解的分歧，从而影响规范的预测功能和落实程度。如2009年《基本准则（试行）》通过具体条文对忠诚、公正、清廉、文明的具体要求进行了阐释、细化，便于实务操作。2016年修订的《基本准则》则只有高度概括的5条内容。法律条文的高度概括可以解决时代的发展带来的规范内涵丰富问题，避免法律条文的频繁修改，然而弊端也是明显的，即规范的高度概括弱化了规则的可操作性。

第二,基于检察官的职业特殊性而确立的职业道德规范仍然不足。如前所述,检察官、法官都是从事法律职业的法律从业人员。但检察院和法院具体承担不同的职能,法官和检察官的职责也存在质的区别,在遵循法律从业人员共同的职业道德的基础之上,还应该遵循基于检察职能、审判职能的特殊职业道德。目前检察职业道德规范中基于检察职业特殊性而确立的职业道德仍然不足。

第三,检察职业道德的内容仍需拓展。检察职业道德是指检察官从事检察活动时应当遵循的行为规范的总和。检察职业道德既包括检察官在依法行使检察权过程中的调整检察官之间、检察官和当事人以及检察官和社会其他人员之间关系的行为规范,还包括与检察官执业活动密切相关的道德准则、道德情操和道德品质等。目前我国职业道德规范更多是从检察官自身对检察官作出要求,而对检察官与法官、检察官与律师、检察官与不同诉讼主体之间关系的规定相对不足,检察职业道德的内容仍需进一步拓展、完善。

第四,未来应通过立法系统规定检察职业道德。目前集中规定检察职业道德的主要是最高人民检察院的意见,会议文件内部规定等,从法律位阶上来说,其效力要低于法律。在未来,应该通过立法的方式系统规定检察职业道德规范。

第三节 检察官职业责任

一、检察官职业责任的概念

"责任"一词在不同的语境下有不同的含义,根据《现代汉语词典》的解释,一般从两个层面理解:一是责任是指主体分内应做的事情,此时"责任"几乎与"义务"含义相同,如监护责任;二是责任是指主体因为没有做好本职工作而应承担的不利后果,如追究责任。[1]在此基础上,职业责任是指人们在从事职业活动时造成他人财产损失和人身伤害时应当承担的责任。法律职业责任是职业责任的一种,是指从事法律职业的人员在进行职业活动时因主观过错造成损失时应当承担的责任,法律职业责任包括纪律处分、民事责任、行政责任、刑事责任和国家赔偿责任。检察官职业责任是指检察官在工作中违反法律法规、职业道德规范和检察工作纪律应当承担的各种不利后果。根据《检察官法》《检察人员纪律处分条例》和《检察官职业道德规范》的规定,检察官职业责任主要包括违纪责任和刑事责任。《检察官法》第 47 条规定,检察官有下列行为之一的,应当给予处分;构成犯罪的,依法追究刑事责任:①贪污受贿、徇私枉法、刑讯逼供的;②隐瞒、伪造、变造、故意损毁证据、案件材料的;③泄露国家秘密、检察工作秘密、商业秘密或者个人隐私的;④故意违反法律法规办

---

[1] 中国社会科学院语言研究所词典编辑室编:《现代汉语词典》(第 5 版),商务印书馆 2005 年版,第 1702 页。

理案件的；⑤因重大过失导致案件错误并造成严重后果的；⑥拖延办案，贻误工作的；⑦利用职权为自己或者他人谋取私利的；⑧接受当事人及其代理人利益输送，或者违反有关规定会见当事人及其代理人的；⑨违反有关规定从事或者参与营利性活动，在企业或者其他营利性组织中兼任职务的；⑩有其他违纪违法行为的。检察官职业责任具有下列性质和特征：

第一，检察官职业责任是一种职业责任。按照不同的标准，生活在社会中的人承担不同的角色，有基于身份而产生的角色，还有基于职业而产生的角色。显然，检察官职业责任是一种基于职业行为而产生的责任，只有具有检察官身份，从事检察业务，才涉及检察责任。从事检察职业是承担检察官职业责任的前提和基础。

第二，检察官职业责任主要是一种法律责任。法律责任相当于法律义务，是指由于违法行为、侵权行为或者法律的特殊规定而应承担的某种不利法律后果。法律责任一般是基于违法行为、侵权行为或者法律的规定而产生，其本质是"国家对违反法律义务、超越法定权利或滥用权利的违法行为所作的否定的法律评价，是国家强制责任人作出一定行为或不作一定行为，补偿和救济受到侵害或损害的合法权益和法定权利，恢复被破坏的法律关系和法律秩序的手段"。[1] 法律责任的承担需要符合下列要件：一是责任的产生有明确的法律依据；二是责任由国家授权的机关依法追究；三是责任由国家强制力保证执行。检察官职业责任是检察官在职务活动中违反法律法规、职业道德规范和检察工作纪律所应当承担的不利后果，是一种法律责任。

第三，检察官职业责任是一种过错责任。检察官职业责任属于过错责任，检察官承担职业责任的前提是检察官在主观上具有过错或者过失，主观上没有故意或者过失时检察官不承担责任。

二、检察人员纪律责任

检察官纪律责任是指检察官在执行职务中因为违反政治纪律、组织纪律而应承担的纪律处分责任。《检察官法》和《检察人员纪律处分条例》对检察人员纪律责任做了全面规定。

（一）检察人员纪律责任的种类和适用

1. 纪律处分的种类

《检察人员纪律处分条例》第7条、第8条具体规定了对检察官进行纪律处分的形式和各种处分的期间。检察人员纪律处分的形式包括警告、记过、记大过、降级、撤职、开除六种。其中警告的期间为6个月，记过的期间为12个月，记大过的期间为18个月，降级、撤职的期间为24个月。

2. 纪律处分的适用。

（1）各类纪律处分的具体内容。其一，检察人员在处分期间不得晋升职务、级别。

---

[1] 张百杰主编：《法理学教程》（第3版），中国人民大学出版社2019年版，第168页。

其中，受记过、记大过、降级、撤职处分的，在处分期间不得晋升工资档次。其二，受降级处分的，自处分的下个月起降低一个级别。如果受处分人为最低级别的，按降低一个工资档次处理；如果受处分人为最低级别最低档次的，给予记大过处分。其三，受撤职处分的，撤销其所有行政职务。在处分期间不得担任领导职务，自处分的下个月起按降低一个以上的职务层次另行确定非领导职务。办事员应当给予撤职处分的，给予降级处分。其四，受开除处分的，自处分决定生效之日起解除其人事关系，其职务、级别自然撤销，不得再被录用为检察人员。其五，受处分人具有法律职务的，按照有关规定重新确定或者依法罢免、免除法律职务。受开除处分的，依法罢免或者免除法律职务。

(2) 纪律处分的程序。纪律处分决定作出后，应当在1个月内向受处分人所在单位及其本人宣布，并由干部人事管理部门按照干部管理权限将处分决定材料归入受处分人档案；对于受到降级以上处分的，还应当在1个月内办理职务、工资等相应变更手续。

(3) 从重、加重纪律处分的情况。根据《检察人员纪律处分条例》的规定，具有下列情形的应当从重、加重纪律处分：一是在集中整治过程中，不收敛、不收手的；二是强迫他人违纪的；三是故意违纪受处分后又因故意违纪应当受到纪律处分的；四是本条例另有规定的。

(4) 从轻、减轻纪律处分的情况。根据《检察人员纪律处分条例》的规定，具有下列情形的可以从轻、减轻纪律处分：一是主动交代本人应当受到纪律处分的问题的；二是检举他人应当受到纪律处分或者法律追究的问题，经查证属实的；三是主动挽回损失、消除不良影响或者有效阻止危害结果发生的；四是主动上交违纪所得的；五是有其他立功表现的。

(5) 免予处分与不予处分。根据《检察人员纪律处分条例》的规定，对于检察人员的违纪行为，如果具有特定情形，可以免予处分或者不予处分。不予处分的情况包括：一是情节显著轻微，不认为构成违纪的；二是检察人员在纪律处分决定作出前已经退休的，不再给予纪律处分，但是依照本条例应当给予降级以上处分的，按照应当给予的纪律处分相应降低或者取消其享受的待遇。免予处分的情况包括：一是情节轻微，经批评教育确已认识到错误的；二是应当给予警告或者记过处分，又有减轻处分情形的。

3. 纪律处分的变更与解除

纪律处分的变更是指在处分期间出现法定情况而改变已经确定的处分期限或重新计算处分期限。根据《检察人员纪律处分条例》，变更处分包括：①受处分人在处分期间获得三等功以上奖励的，可以缩短处分期间；②受处分人在处分期间，发现其另有应当受到纪律处分的违纪行为，应当根据新发现违纪行为的事实、性质、情节和已经作出的处分，重新作出处分决定，处分期间依照本条例第14条的规定重新计算。③受处分人在处分期间又犯应当受到纪律处分的违纪行为，应当依照前款规定重新作出处分决定，处分期间为原处分期间尚未执行的期间与新处分期间之和。

纪律处分的解除是指受处分人在处分期间确有悔改表现，待处分期满后，经所在单位或者部门提出意见，由处分决定机关作出解除处分的决定。受处分人在处分期间确有悔改表现，处分期满后，经所在单位或者部门提出意见，由处分决定机关作出解除处分的决定。

（二）检察人员违纪行为的类型及对应的纪律责任

《检察人员纪律处分条例》将检察人员违反纪律的行为具体分为违反政治纪律的行为、违反组织纪律的行为、违反办案纪律的行为、违反廉洁纪律的行为、违反群众纪律的行为、违反工作纪律的行为、违反生活纪律的行为七大类，并具体规定各种违纪行为应承担的纪律责任。

1. 检察人员违反政治纪律的行为

政治纪律是最根本、最重要的纪律，政治纪律在党的纪律中具有头等重要的地位，是保持党的高度统一和团结、巩固党与群众的联系、实现党的各项任务的最重要的保证。《检察人员纪律处分条例》具体列明了17种检察人员违反政治纪律的行为。（1）通过信息网络、广播、电视、报刊、书籍、讲座、论坛、报告会、座谈会等方式，公开发表坚持资产阶级自由化立场、反对四项基本原则，反对党的改革开放决策的文章、演说、宣言、声明等；（2）通过信息网络、广播、电视、报刊、书籍、讲座、论坛、报告会、座谈会等方式，进行下列行为：①公开发表违背四项基本原则，违背、歪曲党的改革开放决策，或者其他有严重政治问题的文章、演说、宣言、声明等的；②妄议中央大政方针，破坏党的集中统一的；③丑化党和国家形象，或者诋毁、诬蔑党和国家领导人，或者歪曲党史、军史的；（3）制作、贩卖、传播《检察人员纪律处分条例》第43条、第44条所列内容之一的书刊、音像制品、电子读物、网络音视频资料等，或者私自携带、邮寄上述材料出入境的；（4）组织、参加反对党的基本理论、基本路线、基本纲领、基本经验、基本要求或者重大方针政策的集会、游行、示威等活动的，或者以组织讲座、论坛、报告会、座谈会等方式，反对党的基本理论、基本路线、基本纲领、基本经验、基本要求或者重大方针政策，造成严重不良影响的；（5）组织、参加旨在反对党的领导、反对社会主义制度或者敌视政府等组织的，对策划者、组织者和骨干分子；（6）组织、参加会道门或者邪教组织的；（7）搞团团伙伙、结党营私、拉帮结派、培植私人势力或者通过搞利益交换、为自己营造声势等活动捞取政治资本的；（8）实施下列行为之一的：①拒不执行党和国家的方针政策以及决策部署的；②故意作出与党和国家的方针政策以及决策部署相违背的决定的；③擅自对应当由中央决定的重大政策问题作出决定和对外发表主张的。（9）挑拨民族关系制造事端或者参加民族分裂活动的；（10）组织、利用宗教活动反对党的路线、方针、政策和决议，破坏民族团结的；（11）组织、利用宗族势力对抗党和政府，妨碍党和国家的方针政策以及决策部署的实施，或者破坏党的基层组织建设的；（12）对抗组织调查，且有下列行为之一的：①串供或者伪造、销毁、转移、隐匿证据的；②阻止他人揭发检举、提供证据材料的；③包庇同案人员的；④向组织提供虚假情况，掩盖事实的；⑤其他对抗组织调查行为的；（13）组织迷信活动的；（14）在国（境）外、外国驻华使（领）馆申请政治避难，或者违纪后逃往国（境）外、外国驻华使（领）馆的或者在国（境）外公开发表反对党和政府的文章、演说、宣言、声明等的；（15）在涉外活动中，其言行在政治上造成恶劣影响，损害党和国家尊严、利益的；（16）领导干部对违反政治纪律和政治规矩等错误思想和行为放任不管，搞无原则一团和气，造成不良影响的；（17）有其他违反政治纪律和政治规矩行为的。

对于检察人员违反政治纪律的行为，可根据行为的具体情况处以警告、记过、记大过、降级、撤职至开除处分。

2. 违反组织纪律的行为

党的组织纪律是维护党的集中统一，保持党的战斗力的基本条件。《检察人员纪律处分条例》具体列明了16种违反组织纪律的行为，具体包括：（1）违反民主集中制原则，拒不执行或者擅自改变组织作出的重大决定，或者违反议事规则，个人或者少数人决定重大问题的；（2）下级检察机关拒不执行或者擅自改变上级检察机关决定的，对直接责任者和领导责任者给予处分；（3）拒不执行组织的分配、调动、交流等决定的；（4）离任、辞职或者被辞退时，拒不办理公务交接手续或者拒不接受审计的；（5）不按照有关规定或者工作要求，向组织请示报告重大问题、重要事项的；不按要求报告或者不如实报告个人去向的；（6）篡改、伪造个人档案资料或者有下列行为之一，且情节较重的：①违反个人有关事项报告规定，不报告、不如实报告的；②在组织进行谈话、函询时，不如实向组织说明问题的；③不如实填报个人档案资料的。（7）领导干部违反有关规定组织、参加自发成立的老乡会、校友会、战友会等，情节严重的；（8）诬告陷害他人意在使他人受纪律追究的；（9）有下列行为之一的：①对检察人员的批评、检举、控告进行阻挠、压制，或者将批评、检举、控告材料私自扣压、销毁，或者故意将其泄露给他人的；②对检察人员的申辩、辩护、作证等进行压制，造成不良后果的；③压制检察人员申诉，造成不良后果的，或者不按照有关规定处理检察人员申诉的；④其他侵犯检察人员权利行为，造成不良后果的。⑤对批评人、检举人、控告人、证人及其他人员打击报复的；（10）有下列行为之一的：①在民主推荐、民主测评、组织考察和选举中搞拉票、助选等非组织活动的；②在法律规定的投票、选举活动中违背组织原则搞非组织活动，组织、怂恿、诱使他人投票、表决的；③在选举中进行其他违反法律和纪律规定活动的。（11）在干部选拔任用工作中，违反干部选拔任用规定的或者用人失察失误造成严重后果的；（12）违反有关规定在人员录用、考评考核、职务晋升和职称评定等工作中，隐瞒、歪曲事实真相，或者利用职权、职务上的影响为本人或者他人谋取利益的以及弄虚作假，骗取职务、职级、职称、待遇、资格、学历、学位、荣誉或者其他利益的；（13）违反有关规定取得外国国籍或者获取国（境）外永久居留资格、长期居留许可，非法出境，或者违反规定滞留境外不归的；（14）违反有关规定办理因私出国（境）证件、港澳通行证、大陆居民来往台湾通行证，或者未经批准出入国（边）境；（15）在临时出国（境）团（组）中擅自脱离组织，或者从事外事、机要等工作的检察人员违反有关规定同国（境）外机构、人员联系和交往的；（16）在临时出国（境）团（组）中脱离组织出走的或者故意为他人脱离组织出走提供方便条件的。

对于检察人员违反政治纪律的行为，可根据行为的具体情况处以警告、记过、记大过、降级、撤职至开除处分。

3. 违反办案纪律的行为

办案纪律是检察官在参与案件办理，尤其是刑事案件的侦查、审查起诉和提起公诉的过程中应当遵守的纪律。办案纪律是检察官公正司法的重要保障。检察官在办案中违反工作纪律极易产生司法腐败，导致办案不公甚至是冤假错案。司法公正是公正的重要保障。《检察人员纪律处分条例》具体列明了25种违反办案纪律的行为，具体包括：（1）故意伪造、隐匿、损毁举报、控告、申诉材料，包庇被举报人、被控告人，或者对举报人、控告人、申诉人、批评人打击报复的；（2）泄露案件秘密，或者为案件当事人及其近亲属、辩护人、诉讼代理人、利害关系人等打探案情、通风报信的；（3）擅自处置案件线索、随意初查或者在初查中对被调查对象采取限制人身自由强制性措施的；（4）违反有关规定搜查他人身体、住宅，或者侵入他人住宅的；（5）违反有关规定采取、变更、解除、撤销强制措施的；（6）违反有关规定限制、剥夺诉讼参与人人身自由、诉讼权利的；（7）违反职务犯罪侦查全程同步录音录像有关规定，情节较重或者严重的；（8）殴打、体罚虐待、侮辱犯罪嫌疑人、被告人及其他人员的；（9）采用刑讯逼供等非法方法收集犯罪嫌疑人、被告人供述，或者采用暴力、威胁等非法方法收集证人证言、被害人陈述的；（10）故意违背案件事实作出勘验、检查、鉴定意见的；（11）违反有关规定，有下列行为之一，情节较重或者严重的：①在立案之前查封、扣押、冻结涉案财物的；②超范围查封、扣押、冻结涉案财物的；③不返还、不退还扣押、冻结涉案财物的；④侵吞、挪用、私分、私存、调换、外借、压价收购涉案财物的；⑤擅自处理扣押、冻结的涉案财物及其孳息的；⑥故意损毁、丢失涉案财物的；⑦其他违反涉案财物管理规定的。（12）违反有关规定阻碍律师依法行使会见权、阅卷权、申请收集调取证据等执业权利，情节较重或者严重的；（13）违反有关规定应当回避而故意不回避，或者拒不服从回避决定，或者对符合回避条件的申请故意不作出回避决定的；（14）私自会见案件当事人及其近亲属、辩护人、诉讼代理人、利害关系人、中介组织，或者接受上述人员提供的礼品、礼金、消费卡等财物，以及宴请、娱乐、健身、旅游等活动的；（15）有重大过失，不履行或者不正确履行司法办案职责，造成下列后果之一的：①认定事实、适用法律出现重大错误，或者案件被错误处理的；②遗漏重要犯罪嫌疑人或者重大罪行的；③错误羁押或者超期羁押犯罪嫌疑人、被告人的；④犯罪嫌疑人、被告人串供、毁证、逃跑的；⑤涉案人员自杀、自伤、行凶的；⑥其他严重后果或者恶劣影响的。（16）负有监督管理职责的检察人员因故意或者重大过失，不履行或者不正确履行监督管理职责，导致司法办案工作出现错误，情节较重或者严重的；(17) 故意伪造、隐匿、损毁证据材料、诉讼文书的；(18) 丢失案卷、案件材料、档案的；(19) 违反有关规定，有下列行为之一的：①体罚虐待被监管人员的；②私自带人会见被监管人员的；③给被监管人员特殊待遇或者照顾的；④让被监管人员为自己提供劳务的。(20) 违反有关规定对司法机关、行政机关违法行使职权或者不行使职权的行为不履行法律监督职责，造成严重后果或者恶劣影响的；(21) 违反有关规定干预司法办案活动，有下列行为之一的：①在初查、立案、侦查、审查逮捕、审查起诉、审判、执行等环节为案件当事人请托说情的；②邀请或者要求办案人员私下会见案件当事人或者其辩护人、诉讼代理人、近亲属以及其他与案件有利害关系的人的；③私自为案件当事人及其近亲属、辩护人、诉讼代理人传递涉案材料的；④领导干部授意、纵容身边工作人员或者近亲属为案件当事人请托说情的；⑤领导干部为了地方利益或者部门利益，以听取汇报、开协调会、发文件等形式，超越职权对案件处理提出倾向性意见或者具体要求的；⑥其他影响司法人员依法公正处理案件的；(22) 对领导干部违规干预司法办案活动、司法机关内部人员过问案件，两次以上不记录或者不如实记录的或者对如实记录的检察人员打击报复的；(23) 利用检察权或者借办案之机，借用、占用案件当事人、辩护人、诉讼代理人、利害关系人或者发案单位、证人等的住房、交通工具或者其他财物，或者谋取其他个人利益的；利用职权或者职务上的影响，借用、占用企事业单位、社会团体或者个人的住房、交通工具或者其他财物的；(24) 违反办案期限或者有关案件管理程序规定，情节较重或者严重的；(25) 有其他违反办案纪律规定行为的。

对于检察人员违反政治纪律的行为，可根据行为的具体情况处以警告、记过、记大过、降级、撤职至开除处分。

4. 违反廉洁纪律的行为

廉洁纪律是检察官公正的重要保障。《检察人员纪律处分条例》具体列明了24种违反廉洁纪律的行为，具体包括：(1) 利用职权或者职务上的影响为他人谋取利益，本人的配偶、子女及其配偶等亲属和其他特定关系人收受对方财物，情节较重或者严重的；(2) 相互利用职权或者职务上的影响为对方及其配偶、子女及其配偶等亲属、身边工作人员和其他特定关系人谋取利益搞权权交易的；(3) 纵容、默许配偶、子女及其配偶等亲属和身边工作人员利用本人职权或者职务上的影响谋取私利以及检察人员的配偶、子女及其配偶未从事实际工作而获取薪酬或者虽从事实际工作但领取明显超出同职级标准薪酬，检察人员知情未予纠正的；(4) 收受可能影响公正执行公务的礼品、礼金、消费卡以及收受其他明显超出正常礼尚往来的礼品、礼金、消费卡等的；(5) 向从事公务的人员及其配偶、子女及其配偶等亲属和其他特定关系人赠送明显超出正常礼尚往来的礼品、礼金、消费卡等，情节较重的或者严重的；(6) 利用职权或者职务上的影响操办婚丧喜庆事宜，在社会上造成不良影响的或者在操办婚丧喜庆事宜中，借机敛财或者有其他侵犯国家、集体和人民利益行为的；(7) 接受可能影响公正执行公务的宴请或者旅游、健身、娱乐等活动安排，情节较重或者严重的；(8) 违反有关规定取得、持有、实际使用运动健身卡、会所和俱乐部会员卡、高尔夫球卡等各种消费卡，或者违反有关规定出入私人会所、夜总会，情节较重的或者严重的；（9）违反有关规定从事营利活动，有下列行为之一：①经商办企业的；②拥有非上市公司（企业）的股份或者证券的；③买卖股票或者进行其他证券投资的；④兼任律师、法律顾问、仲裁员等职务，以及从事其他有偿中介活动的；⑤在国（境）外注册公司或者投资入股的；⑥其他违反有关规定从事营利活动的；或者利用职权或者职务上的影响，为本人配偶、子女及其配偶等亲属和其他特定关系人的经营活动谋取利益的以及违反有关规定在经济实体、社会团体等单位中兼职，或者经批准兼职但获取薪酬、奖金、津贴等额外利益的；（10）领导干部的配偶、子女及其配偶，违反有关规定在该领导干部管辖的区域或者业务范围内从事可能影响其公正执行公务的经营活动，或者在该领导干部管辖的区域或者业务范围内的外商独资企业、中外合资企业中担任由外方委派、聘任的高级职务的，该领导干部应当按照规定予以纠正；拒不纠正的，其本人应当辞去现任职务或者由组织予以调整职务；不辞去现任职务或者不服从组织调整职务的；领导干部或者在司法办案岗位工作的检察人员的配偶、子女及其配偶在其本人任职的检察机关管辖区域内从事案件代理、辩护业务的；（11）检察机关违反有关规定经商办企业的；（12）领导干部违反工作、生活保障制度，在交通、医疗等方面为本人、配偶、子女及其配偶等亲属和其他特定关系人谋求特殊待遇，情节较重或者严重的；（13）在分配、购买住房中侵犯国家、集体利益的；（14）利用职权或者职务上的影响，侵占非本人经管的公私财物，或者以象征性地支付钱款等方式侵占公私财物，或者无偿、象征性地支付报酬接受服务、使用劳务的以及利用职权或者职务上的影响，将本人、配偶、子女及其配偶等亲属应当由个人支付的费用，由下属单位、其他单位或者他人支付、报销的；（15）利用职权或者职务上的影响，违反有关规定占用公物归个人使用，时间超过6个月，情节较重或者严重的；以及将公物借给他人进行营利活动的；（16）违反有关规定组织、参加用公款支付的宴请、高消费娱乐、健身活动，或者用公款购买赠送、发放礼品的；（17）违反有关规定滥发津贴、补贴、奖金等；（18）有下列行为之一：①用公款旅游、借公务差旅之机旅游或者以公务差旅为名变相旅游的；②以考察、学习、培训、研讨、参展等名义变相用公款出国（境）旅游的。（19）违反公务接待管理规定，超标准、超范围接待或者借机大吃大喝的；（20）违反有关规定配备、购买、更换、装饰、使用公务用车或者有其他违反公务用车管理规定的行为的；（21）违反会议活动管理规定，有下列行为之一：①到禁止召开会议的风景名胜区开会的；②决定或者批准举办各类节会、庆典活动。以及擅自举办评比达标表彰活动或者借评比达标表彰活动收取费用的；（22）违反办公用房管理规定，有下列行为之一的：①决定或者批准兴建、装修办公楼、培训中心等楼堂馆所，超标准配备、使用办公用房的；②用公款包租、占用客房或者其他场所供个人使用的。（23）搞权色交易或者给予财物搞钱色交易的；（24）其他违反廉洁纪律规定的行为。

对于检察人员违反廉洁纪律的行为，可根据行为的具体情况处以警告、记过、记大过、降级、撤职至开除处分。

5. 违反群众纪律的行为

《检察人员纪律处分条例》具体列明了七种违反群众纪律的行为，具体包括：（1）在检察工作中违反有关规定向群众收取、摊派费用的；（2）在从事涉及群众事务的工作中，刁难群众、吃拿卡要的；（3）对群众合法诉求消极应付、推诿扯皮，损害检察机关形象，情节较重或者严重的；（4）对待群众态度恶劣、简单粗暴，造成不良影响，情节较重或者严重的；（5）遇到国家财产和人民群众生命财产受到严重威胁时，能救而不救，情节较重或者严重的；（6）不按照规定公开检察事务，侵犯群众知情权，对直接责任者和领导责任者，情节较重或者严重的；（7）有其他违反群众纪律规定行为的。

对于检察人员违反群众纪律的行为，可根据行为的具体情况处以警告、记过、记大过、降级、撤职直至开除处分。

6. 违反工作纪律的行为

《检察人员纪律处分条例》具体列明了19种违反工作纪律的行为。（1）在工作中不负责任或者疏于管理，有下列情形之一的：①不传达贯彻、不检查督促落实党和国家，以及最高人民检察院的方针政策和决策部署，或者作出违背党和国家，以及最高人民检察院方针政策和决策部署的错误决策的；②本系统和本单位发生公开反对党的基本理论、基本路线、基本纲领、基本经验、基本要求或者党和国家，以及最高人民检察院方针政策和决策部署行为的；③不正确履行职责或者严重不负责任，致使发生重大责任事故，给国家、集体利益和人民群众生命财产造成较大损失的。（2）不履行全面从严治检主体责任或者履行全面从严治检主体责任不力，造成严重后果或者恶劣影响的；（3）有下列行为之一，情节较重或者严重的：①检察人员违反纪律或者法律、法规规定，应当给予纪律处分而不处分的；②纪律处分决定或者申诉复查决定作出后，不按照规定落实决定中关于受处分人职务、职级、待遇等事项的；③不按照干部管理权限对受处分人开展日常教育、管理和监督工作的。（4）因工作不负责任致使所管理的人员叛逃的或者因工作不负责任致使所管理的人员出走，情节较重或者严重的；（5）在上级单位检查、视察工作或者向上级单位汇报、报告工作时对应当报告的事项不报告或者不如实报告，造成严重后果或者恶劣影响的；（6）违反有关规定干预和插手市场经济活动，有下列行为之一，造成不良影响的：①干预和插手建设工程项目承发包、土地使用权出让、政府采购、房地产开发与经营、矿产资源开发利用、中介机构服务等活动的；②干预和插手国有企业重组改制、兼并、破产、产权交易、清产核资、资产评估、资产转让、重大项目投资以及其他重大经营活动等事项的；③干预和插手经济纠纷的；④干预和插手集体资金、资产和资源的使用、分配、承包、租赁等事项的；⑤其他违反有关规定干预和插手市场经济活动的。（7）违反有关规定干预和插手执纪执法活动，向有关地方或者部门打招呼、说情，或者以其他方式对执纪执法活动施加影响的或者违反有关规定干预和插手公共财政资金分配、项目立项评审、奖励表彰等活动，造成严重后果或者恶劣影响的;(8)泄露、扩散、窃取关于干部选拔任用、纪律审查等尚未公开事项或者其他应当保密的信息的;(9)在考试、录取工作中,有泄露试题、考场舞弊、涂改考卷、违规录取等违反有关规定行为的;(10)以不正当方式谋求本人或者他人用公款出国(境);(11)临时出国(境)团(组)或者人员中的检察人员,擅自延长在国(境)外期限,或者擅自变更路线的;(12)临时出国(境)团(组)中的检察人员,触犯所在国家、地区的法律、法令或者不尊重所在国家、地区的宗教习俗,情节较重或者严重的;(13)违反枪支、弹药管理规定,有下列行为之一的:①擅自携带枪支、弹药进入公共场所的;②将枪支、弹药借给他人使用的;③枪支、弹药丢失、被盗、被骗的;④示枪恫吓他人或者随意鸣枪的;⑤因管理使用不当,造成枪支走火的。(14)违反有关规定使用、管理警械、警具的;(15)违反有关规定使用、管理警车的或者违反有关规定将警车停放在餐饮、休闲娱乐场所和旅游景区,造成不良影响的或者警车私用造成交通事故并致人重伤、死亡或者重大经济损失的;(16)违反有关规定,有下列行为之一的:①工作时间或者工作日中午饮酒,经批评教育仍不改正的;②承担司法办案任务时饮酒的;③携带枪支、弹药、档案、案卷、案件材料、秘密文件或者其他涉密载体饮酒的;④佩戴检察标识或者着司法警察制服在公共场所饮酒的;⑤饮酒后驾驶机动车辆的。(17)旷工或者因公外出、请假期满无正当理由逾期不归,造成不良影响的;(18)违反有关规定对正在办理的案件公开发表个人意见或者进行评论,造成不良影响的;(19)有其他违反工作纪律行为的。

对于检察人员违反工作纪律的行为,可根据行为的具体情况处以警告、记过、记大过、降级、撤职直至开除处分。

7. 违反生活纪律的行为

《检察人员纪律处分条例》具体列明了6种违反生活纪律的行为,具体包括:(1)生活奢靡、贪图享乐、追求低级趣味,造成不良影响的;(2)与他人发生不正当性关系,造成不良影响的或者利用职权、教养关系、从属关系或者其他相类似关系与他人发生性关系的;(3)违背社会公序良俗,在公共场所有不当行为,造成不良影响的;(4)实施、参与或者支持下列行为的:①卖淫、嫖娼、色情淫乱活动的;②吸食、注射毒品的;③组织上述行为的;(5)参与赌博的或者为赌博活动提供场所或者其他方便条件的;(6)有其他严重违反职业道德、社会公德、家庭美德行为的。

对于检察人员违反生活纪律的行为,可根据行为的具体情况处以警告、记过、记大过、降级、撤职直至开除处分。

三、检察官刑事责任

刑事责任是指行为人因其犯罪行为所必须承受的、由司法机关代表国家所确定的否定性法律后果。[1]检察官刑事责任是指检察官严重违反职业义务构成刑法规定的犯

---

[1] 张百杰主编:《法理学教程》(第3版),中国人民大学出版社2019年版,第168页。

罪时，对国家所承担的最为严重的惩罚性后果，也是所有责任中最为严厉的一种责任，包括主刑（管制、拘役、有期徒刑、无期徒刑、死刑）和附加刑（罚金、剥夺政治权利和没收财产）。与检察官的纪律责任不同，《刑法》并未集中就检察官的刑事犯罪及刑事责任问题作出规定，检察官可能涉嫌的刑事犯罪及对应的刑事责任散见于《刑法》的不同条文之中。

检察机关作为专门的法律监督机关，肩负着监督法律实施，维护社会正义的神圣使命和责任。作为检察权的具体行使者，检察人员更应该以身作则，坚定信念，贯彻党的路线方针政策，模范遵守和其他法律、法规的规定。现实和理想总是存在差距的，实践中检察人员知法犯法的行为时有发生，检察人员违纪违法的案例时常见诸报端。根据最高人民法院和最高人民检察院的工作报告，每年都能发现检察人员的违法违纪行为。2017年至2022年以来，最高人民检察院机关10人因违纪违法被查处；地方检察机关3403人因利用检察权违纪违法被查处，其中追究刑事责任340人，杨克勤、蒙永山、张本才等严重违纪违法案件教训十分深刻。[1] 2021年检察机关落实"自查从宽、被查从严"政策，2800名检察人员被依纪依法查处，是2020年的2倍，其中移送追究刑事责任202人。最高人民检察院4人受到党纪政务处分、1人被移送追究刑事责任。坚决整治顽瘴痼疾，排查整改各类问题5.1万件，推动立行立改、抓源治本。持续抓实防止干预司法"三个规定"，检察人员主动记录报告有关事项16.2万件，是2020年的2.4倍。[2] 上述数据说明，作为法律监督的具体实施者，检察官违法犯罪的案例时常发生，了解其产生的原因才能防止其发生。

（一）检察官刑事犯罪的原因

检察人员涉嫌刑事犯罪的原因是复杂的，是多因素共同导致的结果。

1. 外在原因：制度漏洞、监管缺失

为了防范司法人员违法犯罪，国家制定了系列的法律、法规，然而法律具有滞后性，也不存在完美无缺的制度，制度漏洞的存在使违法犯罪行为的存在成为可能。故作为法律监督主体的检察人员也可能因为制度的漏洞而实施违法犯罪活动。虽然法律漏洞不可避免，违反犯罪行为也不可能杜绝，但如果监管制度完善，可以在很大程度上减少犯罪行为的发生。在我国，检察机关是专门的法律监督机关，负责对法律的实施进行监督，然而作为监督者的检察机关的权力极少受到监督。当前，检察机关受到党的监督、人大的监督、社会舆论的监督等，但是党的监督是宏观监督，而非对检察人员个体的监督。社会监督则因为监督途径不畅通，民众监督缺乏强制力而作用较为微弱。

2. 内在原因：缺失检察职业道德，缺乏职业信仰和敬畏

内因是事物发展、变化的决定性因素。制度漏洞的存在为检察人员实施犯罪行为

---

[1] 上述数据来自最高人民检察院2023年工作报告。
[2] 上述数据来自最高人民检察院2022年工作报告。

提供了机会,然而缺乏职业信仰,检察职业道德沦丧才是检察人员犯罪的最重要原因。涉嫌职务犯罪的检察人员不是对法律一无所知的法盲,甚至在一定程度上可以说是法律精英。其之所以在熟知法律规定的情况下还实施犯罪行为,最主要的原因还是主观因素,基于特权意识,基于钻法律漏洞或者利用自己职权掩盖犯罪行为的侥幸心理。法律可以修改,然而法律修改再频繁也无法避免法律的滞后性,法律无法规定实践中的所有情况。在这样的前提下,如何正确理解、适用法律,如何严格约束自己的行为完全取决于主体的自我控制。由此可见加强检察官职业道德建设,使其树立坚定的职业信仰和信念的重要意义。

(二) 检察官刑事责任的特殊性

作为法律监督权力的具体行使者,检察官的职务犯罪具有区别于其他犯罪的特殊性,比如犯罪构成要件的特殊性、犯罪成因的特殊性。同时,检察官因为主体的特殊性,一般要承担更严重的刑事责任,受到更重的处罚。具体而言,检察官刑事责任具有如下特点:

首先,检察官承担检察官刑事责任是基于其检察官身份。作为检察官的主体具有双重身份。任何检察官,不管是职位高低,其首先是社会的公民,具有自然人身份,享有作为公民享有的宪法和法律规定的公民权利并承担对应的法律义务,在自然人身份之下,其实施的行为是个人行为,行为的法律后果依照法律的规定,与其他公民并无区别。除了普通公民身份,检察官是国家公务员,其在工作中代表国家行使职权行为,享有一般公民不享有的权力,同时也承担普通公民无需承担的职责。在其以检察官身份进行职务行为时,其进行的行为属于公务行为。检察官职业责任在检察官履行检察官职责时产生,是检察官基于其职业角色而承担的责任。

其次,检察官刑事责任与其职务行为关系密切。检察官承担刑事责任前提是检察官身份,在此基础之上,承担检察官刑事责任还需要检察官是检察官履行职务的行为。检察官只有在履行检察官职务,行使检察权时实施了刑法规定的犯罪行为才需要承担检察官刑事责任。

再次,检察官刑事责任往往伴随着纪律责任。一般的主体实施刑事犯罪之后只面临刑事责任,检察官作为国家公务员其刑事责任比普通主体特殊。检察官在实施刑事犯罪时,除了面临刑事责任,往往还面临党的纪律责任和检察官纪律责任。

最后,检察官刑事责任往往重于一般主体的刑事责任。检察官是法律监督权的具体实施者,作为国家公职人员,社会公共利益的代表,检察官更应该以身作则,严格遵守法律的规定,做守法榜样人。基于其特殊的身份,国家机关工作人员实施某些犯罪行为时往往面临比普通主体更严重的刑罚。如《刑法》第238条规定,国家机关工作人员利用职权实施非法拘禁,以及因非法拘禁构成故意伤害罪、故意杀人罪的,依照相应规定从重处罚。《刑法》第243条规定国家机关工作人员犯诬告陷害罪的,从重处罚。《刑法》第245条规定非法搜查罪、非法侵入住宅罪,司法人员滥用职权实施非法搜查和非法侵入住宅的,从重处罚。

(三) 检察官可能涉嫌的刑事犯罪及其责任

《刑法》并未列专章规定检察人员的职务犯罪活动，检察人员利用职务犯罪的罪与罚零散规定在《刑法》的不同章节和条文中。《检察官法》第 47 条规定，检察官有下列行为之一的，应当给予处分；构成犯罪的，依法追究刑事责任：①贪污受贿、徇私枉法、刑讯逼供的；②隐瞒、伪造、变造、故意损毁证据、案件材料的；③泄露国家秘密、检察工作秘密、商业秘密或者个人隐私的；④故意违反法律法规办理案件的；⑤因重大过失导致案件错误并造成严重后果的；⑥拖延办案，贻误工作的；⑦利用职权为自己或者他人谋取私利的；⑧接受当事人及其代理人利益输送，或者违反有关规定会见当事人及其代理人的；⑨违反有关规定从事或者参与营利性活动，在企业或者其他营利性组织中兼任职务的；⑩有其他违纪违法行为的。

具体而言，检察官涉嫌的刑事犯罪主要规定在《刑法》分则第四章、第六章、第八章、第九章。

1. 《刑法》分则第四章规定的部分罪名

《刑法》第 238 条非法拘禁罪。国家机关工作人员利用职权实施非法拘禁，以及因非法拘禁而转化为故意伤害罪、故意杀人罪的，依照相应规定从重处罚。

《刑法》第 243 条诬告陷害罪。国家机关工作人员犯诬告陷害罪的，从重处罚。

《刑法》第 245 条非法搜查罪、非法侵入住宅罪。司法人员滥用职权实施非法搜查和非法侵入住宅的，从重处罚。

《刑法》第 247 条刑讯逼供罪、暴力取证罪。司法工作人员对犯罪嫌疑人、被告人实行刑讯逼供或者使用暴力逼取证人证言的，处 3 年以下有期徒刑或者拘役。致人伤残、死亡的，依照本法第 234 条、第 232 条的规定定罪从重处罚。

《刑法》第 254 条报复陷害罪。国家机关工作人员滥用职权、假公济私，对控告人、申诉人、批评人、举报人实行报复陷害的，处 2 年以下有期徒刑或者拘役，情节严重的，处 2 年以上 7 年以下有期徒刑。

2. 《刑法》第六章第二节妨害司法罪中的部分罪名

《刑法》第 308 条之一规定，司法工作人员、辩护人、诉讼代理人或者其他诉讼参与人，泄露依法不公开审理的案件中不应当公开的信息，造成信息公开传播或者其他严重后果的，处 3 年以下有期徒刑、拘役或者管制，并处或者单处罚金。有前款行为，泄露国家秘密的，依照本法第 398 条的规定定罪处罚。公开披露、报道第 1 款规定的案件信息，情节严重的，依照第 1 款的规定处罚。

3. 《刑法》分则第八章贪污贿赂罪中的部分犯罪

《刑法》第 382 条贪污罪。国家工作人员利用职务上的便利，侵吞、窃取、骗取或者以其他手段非法占有公共财物的，是贪污罪。受国家机关、国有公司、企业、事业单位、人民团体委托管理、经营国有财产的人员，利用职务上的便利，侵吞、窃取、骗取或者以其他手段非法占有国有财物的，以贪污论。《刑法》第 394 条规定，国家工作人员在国内公务活动或者对外交往中接受礼物，依照国家规定应当交公而不交公，数额较大的，依照本法贪污罪的规定定罪处罚。

《刑法》第384条挪用公款罪。国家工作人员利用职务上的便利，挪用公款归个人使用，进行非法活动的，或者挪用公款数额较大、进行营利活动的，或者挪用公款数额较大、超过3个月未还的，是挪用公款罪，处5年以下有期徒刑或者拘役；情节严重的，处5年以上有期徒刑。挪用公款数额巨大不退还的，处10年以上有期徒刑或者无期徒刑。挪用用于救灾、抢险、防汛、优抚、扶贫、移民、救济款物归个人使用的，从重处罚。

《刑法》第385条受贿罪。国家工作人员利用职务上的便利，索取他人财物的，或者非法收受他人财物，为他人谋取利益的，是受贿罪。国家工作人员在经济往来中，违反国家规定，收受各种名义的回扣、手续费，归个人所有的，以受贿论处。《刑法》第388条规定，国家工作人员利用本人职权或者地位形成的便利条件，通过其他国家工作人员职务上的行为，为请托人谋取不正当利益，索取请托人财物或者收受请托人财物，以受贿论处。《刑法》第388条之一第2款规定，离职的国家工作人员或者其近亲属以及其他与其关系密切的人，利用该离职的国家工作人员原职权或者地位形成的便利条件实施前款行为的，依照利用影响力受贿罪定罪处罚。

《刑法》第395条巨额财产来源不明罪。国家工作人员的财产、支出明显超过合法收入，差额巨大的，可以责令该国家工作人员说明来源，不能说明来源的，差额部分以非法所得论，处5年以下有期徒刑或者拘役；差额特别巨大的，处5年以上10年以下有期徒刑。财产的差额部分予以追缴。国家工作人员在境外的存款，应当依照国家规定申报。数额较大、隐瞒不报的，处2年以下有期徒刑或者拘役；情节较轻的，由其所在单位或者上级主管机关酌情给予行政处分。

4.《刑法》分则第九章渎职罪中的部分罪名

《刑法》第397条滥用职权罪、玩忽职守罪。国家机关工作人员滥用职权或者玩忽职守，致使公共财产、国家和人民利益遭受重大损失的，处3年以下有期徒刑或者拘役；情节特别严重的，处3年以上7年以下有期徒刑。本法另有规定的，依照规定。国家机关工作人员徇私舞弊，犯前款罪的，处5年以下有期徒刑或者拘役；情节特别严重的，处5年以上10年以下有期徒刑。本法另有规定的，依照规定。

《刑法》第398条故意泄露国家秘密罪、过失泄露国家秘密罪。国家机关工作人员违反保守国家秘密法的规定，故意或者过失泄露国家秘密，情节严重的，处3年以下有期徒刑或者拘役；情节特别严重的，处3年以上7年以下有期徒刑。

《刑法》第399条第1款徇私枉法罪。司法工作人员徇私枉法、徇情枉法，对明知是无罪的人而使他受追诉、对明知是有罪的人而故意包庇不使他受追诉，或者在刑事审判活动中故意违背事实和法律作枉法裁判的，处5年以下有期徒刑或者拘役；情节严重的，处5年以上10年以下有期徒刑；情节特别严重的，处10年以上有期徒刑。

《刑法》第400条私放在押人员罪、失职致使在押人员脱逃罪。司法工作人员私放在押的犯罪嫌疑人、被告人或者罪犯的，处5年以下有期徒刑或者拘役；情节严重的，处 5 年以上 10 年以下有期徒刑；情节特别严重的，处 10 年以上有期徒刑。司法工作人员由于严重不负责任，致使在押的犯罪嫌疑人、被告人或者罪犯脱逃，造成严重后果的，处 3 年以下有期徒刑或者拘役；造成特别严重后果的，处 3 年以上 10 年以下有期徒刑。

《刑法》第 401 条徇私舞弊减刑、假释、暂予监外执行罪。司法工作人员徇私舞弊，对不符合减刑、假释、暂予监外执行条件的罪犯，予以减刑、假释或者暂予监外执行的，处 3 年以下有期徒刑或者拘役；情节严重的，处 3 年以上 7 年以下有期徒刑。

《刑法》第 417 条帮助犯罪分子逃避处罚罪。有查禁犯罪活动职责的国家机关工作人员，向犯罪分子通风报信、提供便利，帮助犯罪分子逃避处罚的，处 3 年以下有期徒刑或者拘役；情节严重的，处 3 年以上 10 年以下有期徒刑。

第十二章
中国特色社会主义检察制度发展展望

第一节　中国特色社会主义检察制度发展的时代背景

中国特色社会主义检察制度是自党的十一届三中全会以来，在改革开放的过程中，在马克思主义、毛泽东思想和中国特色社会主义理论的指导下，通过长期的探索和实践并深刻总结经验教训的基础上所形成的一套完整的检察制度体系，具有鲜明的中国特色。

党的十八大以来，在习近平新时代中国特色社会主义思想的指导下，党中央提出了关于依法治国的一系列新理念新思想新战略，并形成了习近平法治思想，作为新时代全面依法治国的根本遵循和行动指南。在此基础上，我国的法治建设在依法治国的实践中也日臻完善，司法机关的公信力也不断得到增强，人们的法律意识也大幅度提高，这些都为中国特色社会主义检察制度的进一步发展提供了条件。

一、理论基础和思想指南

习近平法治思想为中国特色社会主义检察制度的发展提供了理论基础和思想指南。习近平法治思想是一个博大精深的科学理论体系，是马克思主义法治理论中国化的又一次历史性飞跃。马克思主义理论体系中包含着丰富的法治理论，20 世纪以来，马克思主义在中国广泛传播和深入发展，伴随着中国社会的巨大变革，马克思主义法治理论中国化实现了伟大的历史性飞跃。以毛泽东为代表的中国共产党人，把马克思主义基本原理同中国革命的具体实践结合起来创立了毛泽东思想。毛泽东从我国的革命和建设实际出发，创造性地论述了具有中国特色的社会主义国家制度和法律制度的基础原理，特别是国体、政体以及宪法原理，实现了马克思主义法治理论中国化的第一次飞跃。改革开放以后，我国进入了社会主义现代化建设新时期，并创立了邓小平理论，形成了"三个代表"重要思想，形成了科学发展观。邓小平理论、"三个代表"重要思想、科学发展观蕴含着丰富的具有重大创新意义的法治思想，从而实现了马克思主义法治理论中国化的第二次飞跃。党的十八大以来，中国特色社会主义进入新时代，以习近平同志为主要代表的中国共产党人创立了习近平新时代中国特色社会主义思想，而习近平法治思想是习近平新时代中国特色社会主义思想的重要组成部分，是顺应实现中华民族伟大复兴时代要求应运而生的重大理论创新成果，是马克思主义法治理论中国化的新发展新飞跃。[1]

习近平法治思想深刻总结了党领导人民进行法治建设的实践经验，从我国新时代法治建设的实际出发，科学回答了依法治国的一系列重大理论问题，是我国新时代全面依法治国的根本遵循和行动指南。习近平法治思想的核心要义是"十一个坚持"，也是新时代全面依法治国的指导思想，同时也为中国特色社会主义检察制度今后的发展和改革指明了方向。中国特色社会主义检察制度是全面依法治国的重要内容，在发展和改革的过程中必须服从全面依法治国的大局和政治方向。同时，习近平法治思想科学地提出了新时代全面依法治国的宏伟图景。在中共中央印发的《法治中国建设规划（2020—2025年）》中，明确规定了我国法治建设的具体目标：到2025年党领导全面依法治国体制机制更加健全，以宪法为核心的中国特色社会主义法律体系更加完备，职责明确、依法行政的政府治理体系日益健全，相互配合、相互制约的司法权运行机制更加科学有效，法治社会建设取得重大进展，党内法规体系更加完善，中国特色社会主义法治体系初步形成。到2035年，法治国家、法治政府、法治社会基本建成，中国特色社会主义法治体系基本形成，人民平等参与、平等发展权利得到充分保障，国家治理体系和治理能力现代化基本实现。在该规划中涉及检察制度改革的内容有：健全公安机关、检察机关、审判机关、司法行政机关各司其职，侦查权、检察权、审判权、执行权相互配合、相互制约的体制机制；落实检察官办案主体地位，健全担任领导职务的检察官直接办案制度；规范补充侦查、不起诉、撤回起诉制度；完善认罪认罚从宽制度，落实宽严相济刑事政策；改革刑事申诉制度，对不服司法机关生效裁判和决定的申诉，逐步实行由律师代理制度；健全落实法律援助值班律师制度，实现刑事案件律师辩护、法律帮助全覆盖。该规划中确定的具体目标以及有关检察制度改革的内容对今后检察制度的发展和完善具有较强的指导意义，是今后检察制度改革的具体依据。

总之，习近平法治思想在领导力量、工作布局、道路方向、人才培养、队伍建设、协调关系等方面都为中国特色社会主义检察制度的发展指明了方向，在今后的检察工作及检察制度的改革中必须坚持习近平法治思想的指导，开创中国特色的社会主义检察制度。

二、市场经济与中国特色社会主义检察制度

市场经济的进一步发展拓宽了中国特色社会主义检察制度的内涵。我国自1978年十一届三中全会以来，决定实行改革开放，把国家的工作重心转移到经济建设上来。1981年通过的《关于建国以来党的若干历史问题的决议》明确提出"以计划经济为

---

[1]《习近平法治思想概论》编写组编：《习近平法治思想概论》，高等教育出版社2021年版，第38页。

主,以市场调节为辅"的政策导向,国家已经开始重视市场的作用。1987年党的十三大将我国经济体制概括为计划与市场内在统一的经济体制,到1992年党的十四大明确提出"我国经济体制改革的目标是建立社会主义市场经济体制"。1997年党的十五大把"依法治国,建设社会主义法治国家"确立为党领导人民治理国家的基本方略,1999年修改宪法时把"发展社会主义市场经济"和"依法治国,建设社会主义法治国家"同时写入宪法。经过几十年的发展,我国市场经济建设已经取得举世瞩目的成就,中国特色社会主义检察制度发展的经济基础不断巩固,发展条件持续优化。

市场经济必然是法治经济,国家必须制定完备的法律法规对市场经济进行宏观调控。发展市场经济的关键是要厘清政府和市场的界线,其核心问题是处理好政府与市场的关系。在市场经济的背景下,经济利益无论对政府还是市场主体来说,都是一个非常大的诱惑,少数行政部门及其工作人员会利用手中的职权和对行业的垄断地位,在利益的驱使下搞权钱交易、滥用职权,从而损害市场主体的合法权益。此时就需要发挥检察机关的法律监督职能,对国家机关公权力的行使进行监督,将政府的权力限定在法律的范围内,这对于建设法治政府有重要的意义。除此之外,一些市场主体为了降低经营成本并追逐高额利润,不惜铤而走险从事一些违法的行为或采取一些不正当竞争措施,这种情况下也需要检察机关充分发挥法律监督职能,引导企业合法经营。

除了对市场主体进行监督外,检察机关还应对民营经济提供支持和帮助,引导其健康发展。我国《宪法》第11条规定:"在法律规定范围内的个体经济、私营经济等非公有制经济,是社会主义市场经济的重要组成部分。国家保护个体经济、私营经济等非公有制经济的合法的权利和利益。国家鼓励、支持和引导非公有制经济的发展,并对非公有制经济依法实行监督和管理。"可以说,非公有制经济的发展将会直接影响我国经济的发展质量,国家非常重视非公有制经济的发展。2023年7月,中共中央、国务院出台了《关于促进民营经济发展壮大的意见》,意见中提到全面构建亲清政商关系,使各种所有制经济依法平等使用生产要素、公平参与市场竞争、同等受到法律保护,引导民营企业通过自身改革发展、合规经营、转型升级不断提升发展质量,促进民营经济做大做优做强,在全面建设社会主义现代化国家新征程中作出积极贡献,在中华民族伟大复兴历史进程中肩负起更大使命、承担起更重责任、发挥出更大作用。意见中特别提到要强化对民营经济发展的法治保障,主要表现在:一是要依法保护民营企业产权和企业家权益;二是构建民营企业源头防范和治理腐败的体制机制;三是持续完善知识产权保护体系;四完善监管执法体系;五是健全涉企收费长效监管机制。检察机关应增强服务保障民营经济发展壮大的责任感、使命感,在监督办案中要始终坚持法律面前人人平等,全面准确贯彻宽严相济刑事政策,严格依法办案、公正司法,真正做到对各类市场主体、各类所有制企业一视同仁对待、依法平等保护,促进民营经济健康发展、高质量发展。

为经济发展保驾护航既是一项民生工程,也是一项政治任务,检察机关必须拓宽服务保障的范围,将服务经济建设作为检察工作的一个重要方面常抓不懈。

三、中国特色检察制度发展的新要求

新的社会治理模式对中国特色检察制度的发展提出了新要求。党的十八届三中全会提出全面深化改革的总目标是完善和发展中国特色社会主义制度，推进国家治理体系和治理能力的现代化，这是首次提出的一个创新性的表述，党的十九大又提出了坚持和完善中国特色社会主义制度、推进国家治理体系和治理能力现代化的目标，而社会治理特别是基层社会治理是国家治理体系的重要组成部分。

自新中国成立以来，我国的社会治理模式发生了重大变革，经历了三个阶段。第一阶段是单向度社会控制时期（1949年至1982年），这个时期无论是在农村还是在城市都呈现出政府自上而下、浓厚行政色彩的特点，各种制度的设计都是由政府主导，民众只是被动地配合。第二个阶段是全方位社会治理格局形成时期（1983年至2011年），这一阶段除了制度和政策的变化外，突出的表现是开始重视发挥基层自治组织的作用，同时社会组织开始蓬勃兴起，这都对社会治理格局产生了深远的影响。第三个阶段是协同共治格局形成时期（2012年至今），这一阶段社会治理的突出表现是多元参与、共同治理社会运行机制的形成。社会治理开始充分发挥社会各界的作用，注重共同参与协商。[1]现阶段的社会治理格局呈现出以下特点：①突出人本主义理念。社会治理的终极目标是维护和保障广大人民的根本利益，实现人的全面发展。这就要求把为人民服务落实到社会治理的各个环节中去，做到以人民为中心。在实际工作中要考虑人民群众的实际需要，转变工作方式，以人民群众能接受的方式开展工作，真正做到以民为本。②加强主体间的合作与互动。新的社会治理格局坚持自上而下与自下而上相结合的、双向互动的治理模式，是一种多元参与、共同治理的社会运行机制。在治理过程中，所有利益相关者都应参与进来，充分发表自己的看法，调动相关主体的参与积极性，相互协作，共同治理。在治理模式上实现由单项型、单一型向互动型、系统型治理模式变革，互动的治理模式不仅仅是治理主体和治理对象之间的互动，还包括各个治理主体之间的互动，多元主体与治理对象各要素之间的互动。[2]③社会治理的系统化与精准化有机统一。新时代的社会治理格局更加注重系统化，是一种自上而下与自下而上相结合的、上下互动式的治理模式。在这一治理模式下，第一个环节都是社会整体治理的一个组成部分，每个环节、每个领域相互配合共同实现对社会的有效治理。与此同时，社会治理还体现出精准化的特点。随着社会的发展，社会主体的需求日益多元化，传统的自上而下的治理模式只注重强调效率和秩序，而忽视个体差异，新时代的治理模式要求采取多元化的手段与方式，实现差异化治理，无论是治理方式还是治理内容，都要因人而异，这样才能收到较好的社会效果。

---

[1] 彭秀良、郭艳梅：《新中国70年基层社会治理格局的变迁》，载《社会工作》2019年第6期。
[2] 黄意武：《从社会主要矛盾转化视阈探析新时代基层社会治理体系的变革》，载《观察与思考》2020年第11期。

治理模式的变化带来的是检察机关工作方式的转变,检察机关作为国家的法律监督机关要充分履行职责,认真对待每一个案件。在办案过程中切实维护广大人民的利益,真正做到以人民为中心。要充分听取当事人的意见,让当事人实质性地参与案件,保障其诉讼主体地位与相应的诉讼权利,实现办案过程的民主化。同时根据案件特点注重吸收人民群众参与案件的办理,听取人民群众的意见和建议。检察机关应强化以人为本的理念,建立健全理性、柔性、人性化的司法办案方式,最大限度地促进社会和谐稳定,做到公正司法,让人民群众在每一个司法案件中都能感受到公平正义。

四、人民群众需求变化对检察工作的新要求

社会矛盾的变化要求检察工作更好地满足人民群众在公平正义方面日益增长的需要。自党的十八大以来,中国特色社会主义也进入了新时代,同时我国社会的主要矛盾也发生了变化。党的十九大明确指出,我国社会主要矛盾已经转化为人民日益增长的美好生活需要和不平衡不充分的发展之间的矛盾。在这一关系全局的历史性变化中,人民群众在民主、法治、公平、正义、安全、环境等方面有更丰富内涵和更高水平的新需求。检察机关行使传统职能的保障方式已经不能满足人民日益增长的美好生活需要,而应不断创新工作的方式方法,全面适应社会主要矛盾的变化,为人民群众提供更加优质的检察产品,切实增强人民群众的获得感、幸福感、安全感。

从人民需要看,新时代人民的需要发生了历史性变化,从日益增长的物质文化需要转变为日益增长的美好生活需要。人民美好生活需要非常广泛,不仅对物质文化生活提出了更高要求,而且在民主、法治、公平、正义、安全、环境等方面的要求日益增长。从发展状况看,改革开放以来我国经济社会发展状况发生了历史性变化,我国社会生产力水平总体上显著提高,社会生产能力在很多方面进入世界前列,更加突出的问题是发展不平衡不充分,这已经成为满足人民日益增长的美好生活需要的主要制约因素。就检察制度来说,某些程序还不够规范,有些机制的运行还缺乏系统性,功效发挥不足,这些都会影响人们对司法需要的获得感和满意度。

随着社会的发展,人们获取信息的渠道呈现出多元化、便捷化的特点,信息的传播速度也越来越快,更多的司法案件会被纳入人们的视野。另一方面,人们的法律意识、权利意识已经得到增强,利用法律手段维护自己权益的能力极大提高,人们参与司法程序的愿望也越来越强烈,这都给检察机关的工作带来了前所未有的挑战。

检察机关要不断提高工作质量,提升检察服务的保障水平。进入新时代后,人民群众对物质文化生活提出了更高的要求,不再满足于简单的生存生活,而是开始追求高质量的生活水平,在生活的各个方面都追求尽善尽美,在司法案件中对公平正义的要求也更高。这就要求检察机关要努力满足人民群众的这些需要,提升检察服务保障水平,创新检察工作方式,最大程度地满足人民群众对于公平正义的需求。对于每一起案件都要做到案结事了,要完善结案之后的追踪机制,做到为民解忧,彻底消除潜在的社会隐患,防止产生新的社会矛盾。在具体办案中,要突出打击、保护、教育、

预防相统一的司法导向，完善公开审查、公开听证、公开答复的工作机制，接受人民群众的监督，提升检察机关的司法公信力。

检察机关要紧扣社会主要矛盾，加强和改进民生检察工作，积极回应人民在司法方面的需求，将社会矛盾解决于萌芽状态，防止矛盾进一步激化。在新时代条件下，随着检察机关业务范围的拓宽，检察机关服务民生的范围也越来越广，人民群众参与、监督检察工作的愿望也越来越强烈，就要求检察机关要紧紧围绕人民群众关心的问题做好检察服务保障工作，比如在食品安全、环境保护等方面积极开展公益诉讼。在事关人民群众切身利益的事情上监督行政机关依法履行职责，促进依法行政。营造良好的营商环境，保障并引导非公有制经济健康发展，维护民营企业合法权益。

第二节 中国特色社会主义检察制度发展方向

改革开放以来，我国的经济体制与社会结构发生了深刻的变化，随之而来的是国家权力的配置也相应地跟着变化，作为国家权力重要组成部分的法律监督权也在发展变化中不断完善。我国的检察制度发展到今天已经形成了与我国基本国情相适应的、以法律监督宪法定位为根基的检察制度体系，检察机关紧紧围绕全面深化改革总目标，适应人民群众更高司法需求，深化检察改革，实现检察工作职能重塑、机构重组、机制重构，各项工作取得了新进展新成效。但整体看，职能、机构、机制等各方面改革仍然处在推进落实过程中，有的系统性协同性不够，有的配套制度不完善，距离检察工作现代化要求仍有差距。

新时代新征程，党中央高度重视检察机关法律监督工作。2021年，中共中央专门出台《关于加强新时代检察机关法律监督工作的意见》。党的二十大报告中，再次强调要加强检察机关法律监督工作，完善公益诉讼制度，对全面深化检察改革提出了更高要求。2023年党中央又印发《全面深化政法改革实施纲要（2023—2027年）》，为进一步深化检察改革作出了具体安排，为了适应新时代发展的需要，贯彻落实中央的决策部署，2023年最高人民检察院印发了《2023—2027年检察改革工作规划》为今后检察制度的发展指明了具体方向和具体任务。

一、坚持党对检察工作的绝对领导

习近平总书记强调："中国特色社会主义最本质的特征是中国共产党领导，中国特色社会主义制度的最大优势是中国共产党领导，党是最高政治领导力量。"[1]中国共产党经过长期的法治实践找到了一条适合我国国情的法治发展道路，即中国特色社会主

---

[1]《习近平在中共中央政治局第六次集体学习时强调 把党的政治建设作为党的根本性建设 为党不断从胜利走向胜利提供重要保证》，载 https://news.12371.cn/2018/06/30/ARTI1530337180320341.shtml，2024年3月12日访问。

义法治道路。检察制度的改革是法治建设的重要内容，今后检察制度的发展与改革必须沿着中国特色社会主义法治道路和政治方向进行。要坚持中国共产党对检察工作的绝对领导。政治方向问题是法治建设的根本性问题，事关法治事业的前途命运和兴衰成败。习近平指出："全面推进依法治国这件大事能不能办好，最关键的是方向是不是正确、政治保证是不是坚强有力。"[1]

党领导下的全面依法治国、中国特色社会主义司法制度和检察制度是社会主义的本质特征和根本要求，是中国特色社会主义法治之魂，是我们的法治同资本主义国家法治最大的区别，也是人民检察事业持续稳步健康发展的首要遵循和根本保证。坚持党的领导就是牢牢把握正确的政治方向，历史一再证明，只有在党的坚强领导下，我国法治建设才能克服各种艰难险阻，沿着正确的方向顺利推进。正是在党的领导下，我国法治事业和检察制度才能克服前进中的困难曲折，取得举世瞩目的辉煌成就。在今后的检察制度改革中，我们要坚持并完善党对检察工作的绝对领导。

贯彻党对检察工作的领导主要是从以下几方面进行完善：

第一，健全学思践悟习近平法治思想常态化机制。健全落实党对检察工作的政治领导、思想领导、组织领导、业务领导机制。落实意识形态责任制，健全检察人员思想动态定期分析、分类引导等制度。

第二，健全检察机关向同级党委请示报告制度。严格执行《中国共产党政法工作条例》，完善重大事项向同级党委请示报告制度。建立检察机关办案质效评价指标向党委政法委备案制度。完善法律监督工作年度报告制度。

第三，完善法律监督与党内监督等衔接机制。建立法律监督与法治督察、党委政法委执法监督衔接机制。健全检察机关自觉接受纪委监委专责监督制度机制。建立法院、检察院工作交流会商机制。完善最高人民检察院系统内巡视、省市两级检察院政治督察与地方党委巡视巡察融合推进制度。

第四，健全检察机关上下级领导机制。按照有关规定，做好上级检察院党组对下级检察院领导班子协管工作。完善检察一体化履职机制，细化重大疑难复杂案件层报指导的范围、程序和时限。完善依法统一调用检察人员办案机制。

第五，创新检学研共建机制。完善检察理论研究机制，深入研究阐释习近平法治思想的重大原创性贡献，促进丰富发展中国特色社会主义法治理论。深化习近平法治思想引领下的中国特色社会主义检察理论研究，为推进检察工作现代化提供理论指导。强化检察研究基地建设。

二、健全检察机关能动服务大局制度体系

我国的检察机关首先是政治机关，具有鲜明的政治属性。作为政治机关，检察机关全体工作人员必须增强"四个意识"、坚定"四个自信"、做到"两个维护"，检察

---

[1] 习近平：《论坚持全面依法治国》，中央文献出版社2020年版，第91页。

工作必须服从于我国法治建设的大局，坚持在法治轨道上推进国家治理体系和治理能力现代化，为最终实现中华民族伟大复兴的中国梦贡献检察力量。

健全检察环节维护国家安全和社会稳定机制，完善检察环节反恐维稳法治化常态化工作机制，健全常态化扫黑除恶工作机制，探索建立统筹协调、分工负责的网络检察工作机制。

检察工作要服务于经济建设，健全服务保障经济高质量发展工作机制，依法平等保护各类市场主体产权和合法权益，加大反垄断领域公益诉讼检察力度。防范化解金融风险，检察机关与金融监管部门、侦查机关、审判机关会商，健全涉众型金融犯罪案件追赃挽损机制。

进一步深化检察环节诉源治理改革，推动从源头上减少诉讼解决纠纷，完善司法求助与社会求助相衔接机制。推进信访工作和矛盾纠纷化解法治化，保障律师阅卷权，探索建立"异地阅卷、互联网阅卷、现场阅卷"三位一体的律师阅卷服务保障制度。协同推进我国法域外适用的法律体系建设。完善涉外案件和国际刑事司法协助案件办理机制。深化跨国司法检察合作。

三、强化对执法司法活动的制约监督

根据宪法的规定，检察机关是我国的法律监督机关，明确了检察权的法律监督的属性，这是中国检察制度最鲜明的特色。基于"一元分立"的国家权力体系架构和法律监督宪法定位，我国检察权是一项与行政权、审判权、监察权并行，独立而完整的国家二级公权力，并通四个层级、高度集中又独立统一的检察组织体系，专司法律监督职能。同时，检察权还体现出一定的司法属性、公益属性和行政属性，从而成为一项复合型权力。检察权运行中所体现的职能、属性等都应溯源至法律监督属性，其职权和运作归根结底都是体现和服务于法律监督职能。[1]所以，法律监督职能是检察权的主要职能，其他职能都是由其派生的，具有从属性，在检察制度改革创新中，我们一定要坚持检察机关的宪法定位，将强化法律监督作为其立身之本，探索法律监督的特点和运行规律。

在我国的法治实践中，检察机关作为国家法律监督机关的宪法地位始终未变，但检察机关的法律监督职能的外延却并非一成不变，而是受到国家治理任务调整的影响。2018年国家监察体制改革后，原来由检察机关主导的职务犯罪的侦查权几乎全部转由监察机关行使，这一变化虽然缩小了法律监督职能的外延，但同时也促使检察机关法律监督职能的外延得以持续拓展。一是法律监督职能的履行由"重刑轻民"向多元均衡发展。随着《民事诉讼法》与《行政诉讼法》的修改，确立了检察机关提起公益诉讼制度，并形成了包括民事公益诉讼和行政公益诉讼在内的公益诉讼制度体系。公益

---

[1] 桂万先、姜奕：《新时代中国特色社会主义检察制度的特色与优势》，载《法治现代化研究》2021年第3期。

诉讼在检察业务中的比重日益提高，同时也将法律监督的触角延伸至行政执法领域。二是法律监督职能的外部拓展。随着刑事诉讼中认罪认罚制度的确立，检察机关可以通过认罪认罚具结书、量刑建议等方式强化检察权的拘束效力，并获得一定的实质处断权，使得检察机关的法律监督职能在认罪认罚从宽制度领域得以拓展强化。[1]

根据《2023—2027年检察改革工作规划》，强化检察监督职能主要从以下方面开展：推进以审判为中心的刑事诉讼制度改革，加强审查逮捕、审查起诉、出庭公诉能力建设，进一步推进侦查监督与协作配合机制建设。完善宽严相济的刑事政策，加强对逮捕后羁押必要性审查与强制措施变更的审查，完善附条件不起诉制度。深化落实认罪认罚从宽制度，确保认罪认罚的自愿性、真实性、合法性，推进审查起诉阶段律师辩护全覆盖。强化对刑事立案、侦查和审判活动的监督，完善死刑复核法律监督机制和刑事申诉案件办理机制。完善民事诉讼监督机制、健全行政诉讼监督机制，完善检察公益诉讼制度，推动检察公益诉讼立法。完善未成年人检察制度，健全刑事、民事、行政、公益诉讼一体履职、全面保护的未成年人检察工作模式。

四、完善检察机关司法体制综合配套改革制度体系

司法体制综合配套改革是司法体制改革的进一步深化，核心是落实司法责任制。司法责任制是完善司法权运行机制的关键，在司法体制改革中具有基础性、全局性地位。为了实现检察权公正高效运行，必须科学界定检察人员、办案组织的职权和责任，明确司法责任承担的主体、范围和追责条件、方式，司法责任制改革有利于增强检察官司法办案的责任心，促进检察官依法公正履行职责；有利于解决当前司法活动中的突出问题，提高司法公信力，让人民群众在每一个司法案件中感受到公平正义；有利于促进检察人员提高自身素质，推进检察队伍革命化、正规化、专业化、职业化建设。

为了全面落实检察机关司法责任制，我国相继出台了相关文件。2014年2月，中央全面深化改革领导小组审议通过《关于深化司法体制改革和社会体制改革的意见》及贯彻实施分工方案，2015年2月，中央办公厅、国务院办公厅印发《关于贯彻落实党的十八届四中全会决定进一步深化司法体制和社会体制改革的实施方案》，对司法责任制改革作出系统安排。2015年9月，最高人民检察院出台《关于完善人民检察院司法责任制的若干意见》（已失效），明确了检察机关落实司法责任制的各项工作，指导全国各级检察机关推进司法责任制改革。

目前，我们在落实检察机关司法责任制方面已经取得一定成就，一是实现了对检察人员分类管理，按照《人民检察院工作人员分类管理制度改革意见》和《法官、检察官单独职务序列改革试点方案》等文件的规定，将检察人员分为检察官、检察辅助人员和司法行政人员三类，并完善了相应类别的人员比例、职务序列和管理规范。从

---

[1] 童建明等主编：《中国特色社会主义检察制度》，中国检察出版社2022年版，第106~107页。

队伍结构看，2022年，全国实行分类管理的检察人员总计18万余人。其中，检察官6.9万余人，占38.4%；检察辅助人员7.4万余人，占41.2%；司法行政人员3.7万余人，占20.4%。[1]实践证明，改革后的各类检察人员职权责任更加明晰，职业前景和发展空间更加广阔，办案人员与辅助人员结构更为合理。二是全面落实检察官员额制。实行员额制后，检察官占政法专项编制的比例从68.2%下调为39%以下，并对检察官员额实行动态调整。同时建立了检察官遴选制度，在中央和省级层面设立检察官遴选委员会，负责对最高人民检察院检察官人员和全省初任检察官的专业能力进行审核。三是改革了办案模式，2018年修改的《人民检察院组织法》明确了独任检察官、检察官办案组、检察长和检察委员会几类办案组织及其职责权限。

在落实司法责任制过程中，有些环节和方面依然存在不足，有待完善。一是优化检察人员管理制度，进一步畅通优秀检察官助理入额渠道。健全不胜任岗位职责检察官退出员额机制。适应法律监督工作需要，建立健全政法专项编制、检察官员额在各地区、各层级间的统筹和动态调整机制。二是完善司法办案权责配置和司法责任认定和追究机制。完善检察官职权清单，合理确定办案权责。健全各级检察机关院领导、内设机构负责人等领导干部履行监督管理职责的考评、追责机制。准确把握违法办案和办案质量瑕疵的界限，完善司法责任追究的启动、调查、处理程序和申诉、救济渠道，完善司法惩戒与纪检监察机关执纪执法衔接配合机制。三是完善内部制约监督制度，加强对办案流程的监控，突出质效考核导向，优化检察人员考核指标体系。四是完善检察人员权益保障制度，完善检察人员依法履职不实举报澄清和容错免责机制。会同有关部门建立检察官依法履职风险防范、人身安全保障机制。

五、构建现代化检察管理制度体系

（一）优化案件管理机制

2013年最高人民检察院研发的新统计系统开始上线运行，2017年初全国检察业务应用系统统计子系统上线运行，实现了对案件的在线统计与管理，案管办定期汇报整体办案数据情况并进行简要分析。2018年6月，《最高人民检察院业务数据分析研判会商工作办法》印发，7月，最高人民检察院召开第一次业务数据分析研判会商会议，拉开了全国检察机关定期召开业务数据分析研判会商会议的序幕，截至目前建立了集业务数据提醒、业务数据分析、业务数据会商、会商意见部署与反馈、业务数据发布与解读等"五位一体"的业务数据分析研判会商工作机制。2020年1月，最高人民检察院首次印发《检察机关案件质量主要评价指标》，2021年10月进行第一次修订。此次修订涵盖主要案件类型、主要办案活动、主要诉讼流程，以及立案监督、直接受理侦查案件、抗诉、纠正意见、检察建议、公益诉讼等所有检察监督方式。今后要进一步

---

[1] 中国人民大学诉讼制度与司法改革研究中心：《检察改革十年成就述评》，载https://www.spp.gov.cn/spp/zdgz/202302/t20230218_602525.shtml，2023年10月22日访问。

完善办案质效评价指标体系，探索分层分地域的考核评价方式，并完善业务数据研判会商工作机制。

（二）优化检察机关专业化布局和组织机构体系、职能体系

总结评估派出机构运行情况和效果，完善铁路、林区、农垦、矿区、监所等派出检察院改革。与最高人民法院共同完善跨区域司法管辖衔接机制，指导地方法检两院抓好落实。规范派出检察室管理。

（三）完善检察机关经费保障机制

经费保障管理是检察机关财务管理的重要组成部分，是检察机关能够履行法律监督职能的物质基础，经费保障不足会制约检察机关法律监督职能的履行。目前我国检察机关特别是基层检察机关还存在经费增长机制与实际情况不符、政法转移支付资金开支范围受限、财务人员编制不足、财务专业水平受限等问题。今后要因地制宜、积极稳妥推进省以下检察院财物统一管理改革。推动地方制定、修订市、县级检察院公用经费保障标准。适应法律监督格局和检察办案模式发展，修订人民检察院业务装备和基础设施建设相关标准。

（四）深化检务公开和检察宣传

人民监督员制度检察机关主动接受外部监督，确保检察权依法独立公正行使的有效机制，凸显了以人民为中心的政治属性，拓宽了人民群众监督检察办案的渠道，使监督方式更多元更深入。为了贯彻落实党中央决策部署，最高人民检察院先后单独或联合出台了《关于实行人民监督员制度的规定》（已失效）、《关于人民监督员监督工作的规定》（已失效）、《人民监督员选任管理办法》等规范性文件，对人民监督员的任职资格、选任模式、监督程序、监督效力和保障履职等进行明确和完善。完善人民监督员制度，建立人民监督员监督意见定期向司法行政机关反馈机制。建立上下联动检察宣传机制。

六、健全数字检察制度体系

随着信息技术的不断发展，数字检察在参与社会综合治理中的作用愈加重要，党的二十大报告提出"完善网格化管理、精细化服务、信息化支撑的基层治理平台"，为社会综合治理工作指明了方向。2022年，全国检察机关积极落实数字检察战略，以数字革命驱动新时代检察工作高质量发展，这不仅是检察机关贯彻落实党的二十大精神和党中央决策部署的坚决行动，也充分反映出检察机关更好履行新时代法律监督职能、推进检察工作现代化的主动作为。在今后的工作中，要建立健全数字检察工作机制。积极构建"业务主导、数据整合、技术支撑、重在应用"数字检察工作模式，创新大数据条件下的检察监督方式方法。建立数字检察工作统筹协调机制，统筹业务、技术、保障等各部门力量，突出业务主导，形成工作合力。加强数据整合和技术支撑。依托法治信息化工程、依法治国强基工程等建设，整合优化数字检察基础支撑环境，实现平台融合。完善与政法各单位的数据标准衔接，促进强化跨部门大数据办案协同，共建

数据共享共用新格局。推动建立检察机关法律文书、法院生效裁判文书共享与核对机制。推动建立网络、数据安全一体化防护机制。强化检察机关内部数据治理。推进数字检察深度应用。聚焦业务办案，完善司法办案辅助系统、大数据赋能系统，推进数字时代互联网检察办案工作。协同研究稳妥推行刑事案件在线审理机制，加强对在线审理案件的法律监督。推进检察管理和检察宣传的数字运用。整合检察机关互联网运用，增强检察公共服务供给，提升检察服务便捷性。

在新时代，我们面临百年未有之大变局，检察机关在服务经济社会高质量发展的同时也实现了自身的高质量发展，中国特色社会主义检察制度与实践也开启了新征程。中国特色社会主义检察制度将在推进国家治理体系和治理能力现代化、建设社会主义法治国家的伟大进程中发挥更大的作用，提供更加有力的法治保障。

第三节　中国特色社会主义检察制度国际影响力展望

检察制度是现代国家政治制度和司法制度的重要组成部分，与其他司法制度相比，检察制度出现的时间较晚。中国检察制度是中国特色政治制度和司法制度的有机组成部分，是立足中国国情、适应我国社会发展要求的、体现我国法律文化要求的一项制度。随着我国实行改革开放，在进行法治建设的过程中逐渐形成了中国特色社会主义检察制度，这为我国的检察外交奠定了基础。随着我国综合实力的进一步增强，特别是"一带一路"倡议的提出，我国加强了与其他国家和地区的包括检察工作在内的国际交流与合作。

一、西方检察制度对我国的影响

现代检察制度是西方的产物，我国检察制度深受外国检察制度特别是大陆法系的影响。大陆法系国家检察制度发端于法国，在中世纪时期，法国就出现了国王代理人的角色，代表国王参加诉讼维护国王的利益，国王代理人是国家利益的代表和维护者。14世纪时的国王代理人经过宣誓可以以国王的名义参加有关国王利益的一切民事和刑事诉讼，涉及王室利益的诉讼不准私人起诉，而转由国王代理人提起，此时的国王代理人已经具备现代意义检察官的雏形。15世纪时，国王代理人的职权范围不再局限于追诉权，进而扩张到对判决的执行以及对裁判官的监督。1670年路易十四颁布敕令在最高审判机关中设检察官，同时在各级审判机关设一定数量的检察官和辅助检察官，对刑事案件行使侦查和起诉权。1808年的《重罪法典》全面规定了检察官在刑事诉讼中的地位和职权，规定了公诉活动的基本原则和具体程序，这是法国现代检察制度正式确立的标志。之后随着法国的对外扩张，法国的检察制度传播到欧陆各国。我国的检察制度与大陆法系的检察制度在法律传统上非常接近并深受其影响。大陆法系检察制度的形成与发展始终与诉讼制度特别是刑事诉讼制度的发展密切相关，我国在建立现代检察制度过程中遵循了这一理念并将其作为确立检察制度的基本出发点。另一方面，大陆法系检察制度中强烈的国家主义观念也对我国的检察制度产生了深远的影响，主要表现在国家权力积极、全面地介入刑事诉讼以及诉讼中各国家机关之间的相互配合关系。此外在检察官的地位、检察机关的职能、检察机关的组织体制等方面我国也深受大陆法系的影响。

除大陆法系检察制度外，我国的检察制度也深受苏联检察制度的影响。在十月社会主义革命以后，列宁就提出要建立社会主义检察制度，1922年，全俄中央执行委员会第三次会议通过了《检察监督条例》，条例规定检察机关不仅是公诉机关，而且是监督机关。1936年的《苏联宪法》进一步明确规定了检察机关在国家体制中的地位、作用、职权范围及组织活动原则，规定检察机关是一个独立的国家机关系统，总检察长由苏联最高苏维埃任命。当时苏联的检察机关不仅具有独立的地位并且实行上下垂直领导。新中国在建立检察制度时，就把列宁的法律监督理论作为指导思想，把苏联检察制度的模式作为新中国检察制度的蓝本。我国之所以借鉴苏联的检察制度，一方面是因为在新中国成立之初我国实行"一边倒"的对外政策使中苏关系全面升温，苏联作为社会主义强国积极协助我国进行社会主义建设，并派专家对我国的法制建设包括检察制度建设进行指导。另一方面两国在政治制度上有高度的一致性，两国检察制度都根植于无产阶级民主专政的制度基础，在政权组织形式上都采取了"议行合一"的政治体制。苏联检察制度对我国的影响主要表现在检察机关法律监督机关的定位、检察权的独立行使、检察权的内容及检察机关的组织体系等方面。[1]我国的检察制度虽然是以列宁的法律监督思想为指导，以苏联的检察制度为制度渊源，但并非完全移植、照搬，而是结合了中国的实际情况，特别是结合了革命根据地时期的探索经验，结合人民民主专政理论、人民代表大会制度理论、民主集中制理论、权力制约理论等，经过了本土化的改造，创造性地发展了法律监督制度。

二、中国特色社会主义检察制度的对外交流与合作

自改革开放以来，我国的法治建设包括检察制度走出了一条具有中国特色的法治道路，并且取得了丰硕的成就。进入新时代，在习近平法治思想的科学指引下，中国特色社会主义法治体系建设包括检察制度的建设取得了历史性进展，为建成社会主义法治国家奠定了坚实基础。这主要表现在我国的法律规范体系更加完备，法治实施体系更加高效，法治监督体系日趋严密，法治保障体系更加有力，党内法规体系日益完善。在检察制度建设方面，我国稳定推进检察制度改革，坚持党对检察工作和检察改革的绝对领导，始终坚持司法为人民群众服务，不断提升公众检察改革的参与度、获得感和满意度。持续优化检察权运行方式，推行司法责任制，突出检察官司法办案的主体地位，推动省级以下检察院人财物统管改革，探索开展巡回检察、跨区域设置检察机构等，努力克服司法地方化的现象。对外主动接受监督制约通过检务公开、申诉

---

[1] 谢鹏程、任文松：《苏联检察制度对我国的影响》，载《河北法学》2010年第7期。

听证、不起诉案件公开审查、人民监督员制度等不断增强检察工作的透明度。

任何一种科学的理论，不仅是民族的，也是世界的，具有跨越国度、跨越时代的影响力。同样，我国检察制度是在结合我国检察实践的基础上，为解决检察实践中遇到的实际问题而形成的符合我国国情的制度体系，它不仅对推动我国的法治建设能发挥重要作用，而且对其他国家的检察制度改革也有一定的借鉴意义。同样，人类法治文明的发展呈现出多样性的规律，人类社会中的每一种文明，都深深扎根于本民族本国度的社会土壤之中，所以不同的国情条件必然形成不同的法治发展道路，各国的检察制度也必然各具特质，都是本国检察制度长期发展的结果，对他国具有一定的借鉴意义。法治文明的多样性决定了相互之间的交流互鉴，从而使法治文明的进程充满生机与活力。

我国检察机关非常重视与其他国家的交流与合作，近年来，我国与多国采取不同形式在检察领域开展合作与交流并取得丰硕成果，展现了我国检察制度的国际影响力。

在合作的内容上，涉及刑事执行监督、检务合作交流、司法协助、公诉制度、侦查监督、公益诉讼、打击恐怖主义、暴力极端主义、分裂主义和跨国有组织犯罪方面的合作。共同应对走私毒品、贩卖人口、洗钱等传统犯罪的威胁和新型网络犯罪的挑战，不断加强在打击金融、科技领域犯罪等方面的合作。在抓捕、引渡、遣返网络犯罪嫌疑人和调取、移交网络犯罪证据方面开展互助合作，各国检察机关信息共享和人员交流，互相吸收和借鉴立法、司法经验，共同研究解决司法实践中的困难和问题。人员培训、公益诉讼检察、打击网络诈骗犯罪、边境地区司法合作，在边境地区河流保护等生态环境方面的合作。

在合作交流方式上，主要有以下几种：

第一，举办国际研讨会及合作交流论坛。2017年11月6日至8日，由中国最高人民检察院刑事执行检察厅和挪威国会行政监察专员办公室主办、四川省检察院承办的"中挪2017年刑事执行监督与刑事司法人权保障国际研讨会"在成都召开。会议围绕刑事执行监督与刑事司法人权保障的主题，对被羁押人的人权保障、羁押必要性审查、刑事执行检察的功能与价值等议题进行专题研讨。2017年11月20日，"合成毒品犯罪治理"中法国际研讨会在北京举行，近百位来自中法双方有关部门和机构的代表将围绕合成毒品犯罪的形势、政策与预防，合成毒品犯罪的侦查、国际司法协助与审判，合成毒品犯罪的定罪与量刑，合成毒品犯罪的证据审查与运用等四大主题展开深入研讨。2018年11月12日至17日，由中国最高人民检察院主办、西藏自治区检察院承办的首届中尼检务合作交流论坛在中国西藏林芝举行。

第二，签署联合声明。2017年11月25日，最高人民检察院时任检察长曹建明与文莱总检察长哈雅提·赛勒一起签署了两国最高检察院联合声明。双方同意在合作谅解备忘录框架下，深化交流内容，拓宽合作途径，加强多边框架内沟通协作，推动中文检察友好关系提质升级。

第三，召开总检察长会议。2019年11月6日，第十二届中国-东盟成员国总检察长会议在柬埔寨开幕。最高人民检察院时任检察长张军与东盟各国与会代表团团长共同签署了联合宣言。联合宣言强调，跨境人口贩运犯罪不仅对本地区各国政治、经济和社会发展产生不良影响，也侵犯了各国人民的根本利益。在遵守各国平等以及相互尊重国家主权、管辖和法律的原则下，中国和东盟各国检察机关要加强合作，既要通过引渡以及中国和东盟各成员国中央机关之间的正式合作，也可以通过非正式途径、直接联系机制、指定负责国际合作的特定人员协助推进等方式，着力将人口贩运犯罪分子绳之以法。为密切在打击人口贩运方面的工作联系，各方同意建立特别小组，快速有效交换信息和办案经验。

第四，签署合作协议、谅解备忘录。中国与蒙古国检察机关先后签订了3份合作协议与谅解备忘录，双方在人员培训、公益诉讼检察、打击网络诈骗犯罪、边境地区司法方面开展合作。

第五，举办高级检察官研修班。"中国-东盟成员国检察官交流培训基地""中国-东盟成员国总检察长会议官方网站"建成投入使用和广西壮族自治区检察院涉东盟司法事务办公室成立以来，已成功为越南、老挝、柬埔寨、菲律宾、泰国、印度尼西亚等6个国家举办了多期高级检察官研修班。2018年9月，广西检察业务专家代表团一行6人，赴缅甸和柬埔寨进行为期7天的访问和交流活动。检察业务专家们运用视频、图片和数据等多媒体，分别介绍了习近平新时代中国特色社会主义思想、"一带一路"倡议和"人类命运共同体"倡议以及中国特色社会主义检察制度中的公诉制度、侦查监督制度、公益诉讼制度等，并就上述专题分别与缅甸、柬埔寨检察官进行了深入交流。2019年11月28日，广西壮族自治区检察院检察长崔智友在国家检察官学院广西分院会见了东南亚南亚法官检察官研修班一行。来自巴基斯坦、斯里兰卡、缅甸、越南、尼泊尔、老挝6个国家的26名法官、检察官参加研修，内容包括中国刑事民事法律制度、中国检察制度、中国多元纠纷解决机制等。

第六，检察长互访机制。我国历任检察长先后与多国检察长进行互访，在互访期间签署相关合作协议，并向他国介绍我国的检察制度。

通过与其他国家检察机关的交流与合作，推进了新时代检察外事工作的全新发展，积极在世界司法舞台上展现中国检察机关的新气象新作为，传播了中国法治文化与检察制度，努力为中国特色大国外交贡献检察力量。

三、中国特色社会主义检察制度国际影响力展望

党的十八大以来，习近平总书记提出了构建以合作共赢为核心的新型国际关系，打造人类命运共同体，构建共商、共建、共享的全球治理体系等一系列新理念新主张，在国际社会引发强烈反响，带领中国外交走出了一条中国特色大国外交之路。随着我国检察外事工作的不断深化，我国检察制度的国际影响力不断提升，越来越多的国家了解了中国的检察制度，并和我国开展检察合作。

（1）影响范围逐步扩大，从目前的发展中国家扩大到世界主要发达国家。随着人

类命运共同体的构建和"一带一路"倡议的提出和实施，越来越多的国家开始与我国合作，并从中受益。"一带一路"不是中国一家的事，而是沿线各国共同的事业。在与各国的合作中由最初的经济合作扩大到全方位合作，包括政治、法律、经济、文化等各方面，其中检察制度的合作将会是一项重要内容。随着我国综合国力的增强，未来我国检察制度的国际影响力会逐步提升，将会对世界发达国家的检察制度产生影响并与他们加强合作，在国际检察制度中占有一席之地，并成为国际检察制度的重要一极。在与发达国家检察交流中，我国将由被动学习转化为平等交流。

（2）与其他国家和地区检察合作的内容会更加广泛。检察合作的内容取决于国家的实际需要，当今世界瞬息万变，不稳定、不确定的因素依然很多，全球发展深层次矛盾日益突出，各种挑战更加严峻，新的案件类型日益增多，更加凸显了国际检察合作的必要性和紧迫性。我国与其他国家的检察合作将会在传统打击刑事犯罪、司法协助、公益诉讼等领域的基础上进一步拓宽合作内容，将会在民事监督、行政监督方面扩大和深化检察合作。今后检察合作还会进一步扩展到生态环境保护、打击电信诈骗、维护国家统一、立法监督等领域。

（3）国际检察合作方式会更加多元化。目前我国与其他国家开展检察合作的方式主要有召开专题型的国际研讨会，在研讨会上会签署一系列合作协议、声明、备忘录等文件，举办检察研修班，召开检察长会议以及检察长互访等形式。随着合作的进一步深化，合作方式将会更加多元化，在打击跨国犯罪中，双方可以探索组成联合办案小组，针对具体案件进行实质性合作，共同打击跨国犯罪。在公益诉讼领域可以进行经验交流、联合开展理论研究。

（4）分享中国经验，主导国际检察话语权。随着中国特色社会主义检察制度的进一步完善，我国的检察制度将会对世界检察制度产生重大影响。在对外检察合作中，我们会越来越注重宣传和传播，讲好中国的检察故事，扩大中国检察制度的品牌影响力。我国将会积极参与国际检察合作，推广我国检察机关参与社会治理的经验，协助其他国家积极推进检察制度改革，塑造中国检察机关的良好形象，主导国际检察话语权。

总之，我国对外检察合作要以习近平外交思想为指引，创新检察外事工作理念，要坚持国家利益至上，把维护国家利益作为崇高使命，坚决维护国家主权、安全、发展利益。要坚持合作共赢，通过平等合作、务实沟通实现互惠互利、双赢多赢共赢，共同建设人类命运共同体。要深化高层互访，广交朋友、增进共识、谋求合作。巩固双边、多边合作机制，不断充实国际司法合作新的内涵。加强国际司法协助，积极参与国际规则制定，作全球治理变革进程的参与者、推动者、引领者。在世界舞台上，中国正以更加积极的姿态参与国际事务，展现负责任的大国风范。检察机关认真贯彻落实习近平外交思想，自觉与中央决策部署同频共振，积极深化检察国际交流合作，正以"检察智慧"助力中国特色大国外交砥砺向前。

后 记

从开始谋划撰写《检察学》，到组织人员编写、修改、再修改……《检察学》走过了两年多的时间。在这期间，编委会全体成员始终坚持以习近平法治思想为指引，结合新形势新任务，不断加强中国特色社会主义检察理论研究，适时调整《检察学》体例、结构、内容，深度契合"总结提炼具有中国特色的检察概念、检察观点、检察理论，着力构建中国自主的检察学知识体系，为以中国式现代化全面推进强国建设、民族复兴伟业提供有力法治保障"要求。大家精益求精、通力合作、反复打磨，才使《检察学》这本"检察小百科全书"呈现在读者面前。在此，本书编委会向所有关心支持本书出版的各位领导、各界人士，表示衷心的感谢。由于编者水平有限，书中不足在所难免，希望广大读者给予批评指正。

《检察学》编委会
2025 年 2 月